JiaoYu
XuYao BaoRong Yu GuanHuai

教育需要包容与关怀

习海平◎主编

编 委

杜小清　刘朝晖　黄建军　洪耀明　朱　辉
刘安平　付步雄　张细萍　胡钦辉　孙惠民

中国出版集团
世界图书出版公司
广州·上海·西安·北京

图书在版编目（CIP）数据

教育，需要包容与关怀 / 习海平主编． -- 广州：世界图书出版广东有限公司，2014.6

ISBN 978-7-5100-7758-6

Ⅰ．①教… Ⅱ．①习… Ⅲ．①教育－文集 Ⅳ．①G4-53

中国版本图书馆CIP数据核字（2014）第062494号

教育，需要包容与关怀

责任编辑	黄利军
封面设计	梁嘉欣
出版发行	世界图书出版广东有限公司
地　　址	广州市新港西路大江冲25号
电　　话	020-84459702
印　　刷	虎彩印艺股份有限公司
规　　格	787mm×1092mm　1/16
印　　张	30.75
字　　数	506千
版　　次	2014年6月第1版　2016年3月第2次印刷
ＩＳＢＮ	978-7-5100-7758-6/G・1589
定　　价	62.00元

版权所有　侵权必究

序

教师，应该留下教育的痕迹

时隔10年后，在桂香氤氲的季节，我校又一本教师文集《教育需要包容与关怀》终于即将付梓。阅览厚厚的文稿，我思绪纷飞，百感交集。一是因为这本文集的出炉，抹去了我校近10年内没有正规出版物的遗憾；二是这本文集来得太迟太迟；三是文集的面世为我校以后的教师文章结集、出版提供了方法和经验。

可以坦诚地说，咸宁市实验小学在咸宁市乃至湖北省的教育界是有一席之地的。我校始建于1965年，历史悠久，文化厚重，办学成果斐然，所获荣誉众多。可每次面对满墙的奖牌时，我总有一丝丝缺憾，甚至是怅然。因为，建校至今，我校教师个人或学校集体的文集甚少。纵然我校有着成熟的办学理念，有着优秀的教师群体，老师们有着先进的教学技能，但仍然难以掩饰这一遗憾。

2011年4月，我担任咸宁市实验小学的校长职务，上任之初，我就憧憬着任期之内一定要让学校或者是老师个人出版几本书籍。近两年内，我积极鼓励全体教师多读书，多写作，记录教学的成败得失，记录教师的成长轨迹。让教师在教学反思中成长，在岁月吟唱中成熟。我本人也在工作之余，撰写教育教学随笔，撰写办学的所思所得，并且常有"豆腐块"见诸报刊。每次写作的时候，我总是喟叹时光似水，光阴不再，有一种追赶岁月脚步的感觉。因为我自1984年毕业后便一直在这块沃土中耕耘，迄今将近30年，可回顾我个人的教学生涯，自己留下的文字太少太少。正因为有这种"自省"，所以学校每年都要聘请专家、学者甚至是文学功底深厚的教师给全体教师作写作知识培训，并且给全体教师布置寒暑假作业——写一篇文章。所幸的是，我校教师都能如期上交作业，并且不乏优秀文章，所以才有得全体教师的文章再次结集出版。

我常常想，一名教育工作者，应该给社会、学生、学校以及自己留下什么呢？我不知道我校的老师思考过这个问题没有。我认为，为师者，应该服务社会，应该延续文化，传承文明，推动社会进步；为师者，应该为学生的成长指引光明的方向，教给学生立足社会的德行与本领，用教育的术语说就是"为学生的终身发展奠定坚实的基础"；为师者，应该为学校这个家庭添枝加叶，每个人都应该成为学校厚重文化、悠久历史的一个元素、一种符号；为师者，应该让自己的教育思想、教学行为留下痕迹。这个"痕迹"应该有初为人师的青涩与激情，有不断前行的教训与成功，有老到自然的成熟与经验，更应该有自己的良知与奉献。这些"痕迹"成为珍贵的财富，给后来者以榜样、以启迪。如果一个从事一辈子教育工作的人，在退休后盘点人生，蓦然发现自己一无所得、一无所有，那岂不是"白白走一遭"啊？

为了给青春留下精彩，给人生留下痕迹。故此，我倡导教师用手中的笔记录自己的生活、工作轨迹。

通读这本文集的所有文章，我不得不惊叹教师的写作水平。一是惊叹"教育感悟"中教师见解深刻，思想深邃；二是惊叹"教学随笔"中教师教学方法新颖，教学技巧独特；三是惊叹"成长故事"中教师文笔清新，感情细腻。可见，我校教师有能力，有文采。可能是学校一直缺乏一种机制、一种氛围，才让很多老师的才情埋没、文思堵塞，作为校长，我有责任、有义务给老师营造氛围、创设条件，让全体老师善于思考，勤于动笔。教师只有勤动笔，才会不断学习，不断积累与创新，不断更新教育观念、优化教学行为。每个教师都如此，学校才能更好地持续发展。

我坚信，写作是每个教师通往名师的必由之路，同时，写作是每个教师为自己的教育行为留下痕迹的应有之举。

我期待，我校教师在鞭策与鼓励中，在勤奋与努力下，写出更多更好的文章，学校出版更多的文集。

——是为序。

习海平

咸宁市实验小学校长

目 录

序...习海平 001

第一编　教育感悟.................................001

教育需要包容与关怀.................................习海平 002
义务教育，我们应该怎么做——一位基层小学校长的思考.......习海平 006
让学校成为师生的乐园.................................习海平 011
大道至简　无形胜有——让学校制度成为教师的自律和自觉.....习海平 018
我眼中的中泰教育差异.................................杜小清 025
夺命童话《猴子捞月亮》...............................黄建军 030
金钥匙之光...洪耀明 035
探索家校沟通渠道　构建社会评价学校新机制...............刘安平 039
别让孩子对世界失去信任对.............................付步雄 044
育人最美在无痕.....................................张细萍 047
教育杂感...谢　军 049
激发学生的兴趣.....................................曾　驹 052
学会赏识孩子.......................................陈晓伟 054

正确对待孩子撒谎的问题	程　敏 057
教育，就是培养好习惯	付　来 059
怀念外婆	甘　霞 062
家访，让我走进学生的生活	郎嘉娜 064
老师如何树立威信	李　丹 067
将责任铭记于心	历　星 069
老师，我想举班牌	林宏伟 072
善待问题学生——读《蒲公英的约定》有感	刘勇华 074
老师的慧眼	毛淑芳 078
好美一场雪	钱朝艳 081
初为人师	童　彬 084
良好习惯一生受益	王光虹 087
打开心灵之门的金钥匙	王　青 090
信息技术加快了我的成长	王亚平 092
正确的评价为孩子成长助力	熊　丹 095
批评也要有艺术	熊红娟 097
每一朵花都值得珍惜	徐惊雷 100
坚持一下，再坚持一下	杨　丽 103
班级管理要宽严相济	杨前香 106
家长，如何去解决"问题"	张　华 110
每朵花都渴望绽放	张　璐 113
挫折让优生更优秀	张梅芳 116
对基础教育改革的理性思考	赵　丹 118

您的孩子"笨"吗？.................................... 钱定煌 121

培养有人性的"人"——听钱志亮报告有感............... 赵　墉 124

给一个光明的方向.................................... 胡国良 126

靶向表扬的艺术...................................... 金丽娟 128

一张百元假币.. 李永霞 132

德育应该家校合力.................................... 梅汉云 134

有感麻城课桌事件.................................... 苏爱萍 137

愿阳光普照心灵的角落................................ 汪伶俐 139

教师要有担当意识.................................... 杨大明 142

爱生如子　言传身教.................................. 张　倩 144

家有小女.. 张卫星 148

我眼中的小学教育.................................... 秦　晴 150

做最好的老师.. 田清秀 153

第二编　成长故事.................................... 157

感动，让我情不自禁.................................. 朱　辉 158

让更多的期待成为现实................................ 张峻波 162

匆忙中进行　遗憾中前行.............................. 付步雄 166

成长小记.. 陈　艳 168

初为人师的点滴感悟.................................. 刘亚莉 172

春天与风筝.. 熊彩云 174

读书感言.. 付梦颖 176

标题	作者	页码
感谢你,孩子	余 芳	178
一棵草有一滴露水养	高纯炼	180
给梦想留一席之地	黄玉静	182
和孩子一起快乐阅读	李送梅	185
火车上	李亚文	188
吉光片羽之山西	胡钦辉	190
老屋	卢方祥	193
今天的孩子如何阅读	李晓芳	195
暗示的影响	梁 媛	199
风雨兼程三十年	刘凤霞	202
与主课教师"争宠夺爱"	骆传星	206
母亲琐忆	徐亚钰	209
木兰行	王立群	211
那一串串紫色的梦想	刘安平	213
爬武当	李 苗	215
品味耕耘	甘敏慧	217
在希冀中放飞梦想	阮珍珍	221
桑葚的记忆	赵存会	223
赏春	李 洁	225
我的赏心乐事	周 华	227
顺着老人就是孝	熊珍云	230
栀子花开	周 薇	232
似曾相识燕归来	谭惠英	234

诵读，与经典同行	刘娅玲 237
岁月匆匆又一年	骆明艳 239
今天你笑了吗？	汤荣霞 241
田野拾趣	王小明 243
容忍女儿犯错	王 蓓 247
为师八年	周 瑜 249
我的父亲母亲	陈 霞 251
童年·书包	镇 勇 254
用心浇灌这片沃土	陈沁梅 257
我进步，我快乐！	熊 梅 259
难忘的第一次习作	聂 静 261
如何培养学生的语感	李静（大）263
精心育得满眼春	吴倩妮 266
和你在一起	吴远情 268
闲游隐水洞	邹 红 272
幸福印象	覃旦君 274
用爱挥洒无悔青春	熊建梅 276
从明天起做一个幸福的人	许琼雯 279
老师，您真棒！	杨 琳 281
清明感思	杨淑敏 283
又是花生成熟时	李娟萍 285
盼	张晓玲 287
精彩背后	周 燕 289

走出去的感觉真好 .... 张晓萍 291

做一个幸福的班主任 .... 岳智慧 293

用心做班主任 .... 陈耿芳 296

国培，给我打开一扇窗 .... 李　纹 299

一名合格的体育老师 .... 彭　庆 303

教师眼中的学生 .... 郝大志 307

平凡背后的感动 .... 商　萍 309

我爱学校 .... 何　瑾 311

童年卫士 .... 周小琴 313

第三编　教学论文 315

合作学习中教师的作用 .... 刘朝晖 316

数学课堂教学问题探究 .... 郑传松 319

体育兴趣选项的探索与研究 .... 蔄英武 324

对小学高段英语教学的理性思考 .... 汪　菡 330

体育教育的人学取向研究 .... 张　晶 334

调动学生积极性方法例谈 .... 周　娟 337

在英语教学中巧妙唤起学生的注意 .... 李　静 340

快乐阅读英语之道 .... 王丽娟 344

面对计算教学的思考 .... 高　艳 347

培养问题意识，提高数学素养 .... 滑　丽 351

尊重个体差异，实施分层教学 .... 方如琼 354

小组合作的问题及对策探究	张海伦	357
网络技术在作文教学中的运用	樊　艳	360
视频媒体在教学中的有效运用	黄　勇	364
电子白板应用的常见问题及对策分析	程志华	367
电子白板，师生交互的新平台	刘向阳	371
培养注意力，让学生快乐学习	胡　柳	374
有效利用小学数学课的错误资源	朱亚兰	376
转变学习方式，培养创新能力	李秀英	381
在美术课堂构建新型教学模式	张雅琴	384
让评价变成一种习惯	鲍　琴	387
《竹子彩绘》一课随想	蔡慧芳	390
给学生一双数学的眼睛	张豫军	392
问渠那得清如许，为有源头活水来	孙惠明	394
提高学生学习英语的兴趣	黄捷雁	396
结合生活　激活灵感——习作指导《春天里的家乡》	郑　芳	399
培养小学生数形结合的习惯	苏海波	403
批评在教学中的应用	黄万里	407
让识字插上快乐的翅膀	罗　兰	410
让数学融入生活	樊春晖	413
让音乐与孩子一同成长	杨　明	415
培养学生的数学阅读能力	杜小平	419
实效评价　快乐写作	何丹丽	422
平年和闰年	刘春芬	425

语文课堂教学与教师自我充实 .... 孙　华 428

体育教学中的心得体会 .... 刘　涛 432

我与拼音教学 .... 张　萍 435

合唱在教学中的应用 .... 陈素芬 438

夸张手法在小学英语教学中的妙用 .... 谭艳芳 441

情境与阅读 .... 程　瑛 444

改变教学策略　培养探究能力 .... 曹三桂 446

用生活中的数学撞击学生心灵 .... 黄美芳 449

运用多媒体技术　优化数学课堂教学 .... 余水莉 453

在童话中引领学生说话写话 .... 李　刚 456

在数学教学中培养学生猜想的习惯 .... 陈顺园 460

体育教师的形象展现力 .... 阮国耀 463

把健美操融合在体育课中 .... 陈　娟 466

体育教学心得体会 .... 石　伟 469

充分调动学生的积极性 .... 黄　仙 472

跋 .... **黄解放 475**

第一编

教育感悟

教育需要包容与关怀

习海平

十八大报告明确指出："努力办好人民满意的教育"，"教育是中华民族振兴和社会进步的基础"。的确，教育是国计，更是民生；教育维系今天，更延续明天；教育传承文明，更推动社会。

现阶段，我们国家教育的发展还存在着很多遗憾的地方。教育要真正担负起振兴民族的重任，要实现中华民族的伟大复兴，还需要全社会的共同关注与努力。当然，如何办好人民满意的教育，培养高素质的人才，每个教育工作者任重道远。

毋庸置疑，教育在发展的过程中遇到太多的挑战与困难，同时也遭受太多的偏见与诟病。

在全社会都强调服务意识的时候，教育承担的职责更多的是服务学生、服务家长、服务社会，于是教育在服务的过程中，也必须接受大众的质疑和挑剔。

资讯飞速发展的今天，网络、电视、报纸等媒体的监督功能愈发强大，全社会的眼睛都关注着、监管着教育的生长、发展。现在通信设备发达，连学生都会用手机拍摄学校事件。学校、教师处理事情的方式稍有不妥，旋即便可在网上披露，进而遭受社会各个群体的攻击，这样的事情屡见不鲜。"吊瓶班""营养餐缩水""奥数叫停"等事件成为2012年教育热点。各大媒体纷纷披露，不少群体口诛笔伐，着实让教育部门防不胜防。媒体、围观者关注的可能仅仅是事件本身，对教育事件背后的苦衷没有深入思考与探究，没有深入跟踪与挖掘。大多数围观者也对事件缺乏深度剖析，对教育本质、教育之道、部门职能也是置若罔闻。网络、媒体追求的仅仅是新闻的噱头和事件造成的轰动效应。很少有媒体揣着公义、责任为教育事件追根溯源，为学校、教育呐喊助威，为

教育解决实际问题。

当全社会都跟着高考指挥棒前进的时候，分数成了衡量教育的唯一标准，教育便殆失了一些育人的功能，而成了锤炼分数的工厂。生活自理、动手能力、解决问题的能力成了中国孩子的软肋。1992年8月，日本孩子与中国孩子举行了草原探险夏令营。从结果来看，我们输掉的不仅仅一次活动，而是一代人，甚至更久远。当年的较量在全世界引起了不小的轰动，在部分家长中间也激起不小的涟漪。可20年过去了，真正警醒的家长的确不多，我们家长还是停留在追求孩子的分数上。对孩子的动手能力、解决问题的能力以及做人基本的道德与素质却不重视。虽然眼下人人都在倡导素质教育，学校在积极推进素质教育，可人们对"素质教育"的理解却出现偏差。一提素质教育便对"考试分数"嗤之以鼻，或者是错误地理解"素质教育"便是培养学生"吹拉弹唱"的能力。"素质"是个内涵丰富的词，应该是包括人的身体机能以及各种能力的统称，而"素质教育"则是这些能力教育的总和，而不仅仅是艺术教育。人的感恩之心、诚信之本、处世之道等等都属于素质范畴。

当家长过分强调独生子女的"以自我为中心"，把甜蜜当作成长唯一的营养，把溺爱演绎成父母情感的全部时，孩子道德缺失、诚信不再等问题便频频出现，教育又成了众矢之的。很多家长错误地理解孩子的"个性发展"，把"个性发展"理解成"任其发展"。生怕孩子在生活中"吃亏"，处处干预孩子的玩耍、交际，甚至助长孩子的戾气，久而久之孩子便变得霸道、偏激，甚至暴力。真正的教育，应该是学校、家庭、社会产生巨大合力的教育。而我们的部分家长却偏执地认为，教育孩子之责任应该在学校在教师。家长的言传身教对孩子潜移默化的作用比任何说教更具有意义。学校教育从育人的功能来说，其实更多地依靠集体的力量来感化学生。良好的校风、班风应该是学生成长的沃土。而社会这个大环境，主要依靠社会公德来熏陶学生、影响学生。

当全社会都反对食品"催化剂"的时候，应该意识到孩子的成长同样是不能速成的。家长对孩子的期盼折射出来的往往是"急功近利"，甚至"拔苗助长"。"不让孩子输在起跑线上"，这是很多家长信奉的话语，甚至有人说"如果孩子从出生的第三天开始接受教育，就晚了两天"。于是，广大家长对孩子的早教趋之若鹜。读幼儿园之前便对孩子进行幼儿园知识的教育，未上小学前便开始"灌输"小学知识，有的幼儿园甚至在学期结束前突击做试卷十几张，

目的是为了孩子在考试时考个好分数，聊慰家长那颗"望子成龙"之心。节假日，家长为孩子报特色班、培训班、奥数班，孩子们的美好童年便淹没在各种培训中。这是家长不懂孩子需求，不遵循孩子身心发展规律，不遵循教育规律的表现。这些培训，得来的可能是孩子短期表现优异，但牺牲的却是孩子童年的幸福。对待孩子成长，家长缺乏等待；对待教育发展，社会缺乏包容。

百年大计，教育为本；教育大计，教师为本。现今中国教育不尽人意的表现不仅来自外部的环境，教师队伍也暴露出不少问题。教育部于2012年底颁布了《关于加强教师队伍建设的若干意见》，我们真心希望能切实提高教师师德、师风、师艺。一直以来，人们总是给教师冠以"人类灵魂的工程师""太阳底下最光辉的职业"等光荣称号。而现实中，教师这个职业却并非人人向往，只是很多人不得已的选择。教师工作繁忙、生活清贫、社会地位低是主要原因。一些优秀的大学生选择公务员或者是到外企国企中工作，导致教师队伍良莠不齐。自身素质差、知识底蕴薄的老师能教出优秀的学生吗？答案是否定的。另外，很多教师日复一日年复一年在三尺讲台辛勤地耕耘，当物质和精神都得不到丰收的时候，能一如既往地坚守、一如既往地奉献的人毕竟不多。再者，教师群体是一个最需要与时俱进的职业，需要不断更新知识，不断学习，才能跟上时代的节奏，可现实生活中，教师因循守旧，疏于学习，知识日益贫瘠。教师专业得不到发展，教学水平得不到提升，必定会导致工作懈怠，敷衍塞责，久而久之，受害的不仅是学生、家长，更是社会的发展、民族的复兴。

十年树木，百年树人。教育是"慢"的艺术。教育因其过程慢，所以难免出现磕磕绊绊。或许因教师语言表达欠妥、行为失当，就可能招来投诉甚至谩骂；或许因学校的做法有损其他行业的利益，就可能受到举报甚至惩罚；或许因学生的分数暂时上不去，就可能让人们质疑学校误人子弟；学生的行为失雅、道德缺失这样的问题，社会却要求教育承担更多责任。

中国因其地域差别，经济差异，政府对教育的投入不均衡，教师待遇不同步，所以办学过程中定然会出现不和谐因素。或许因为待遇悬殊，很多教师"孔雀东南飞"或者是"改弦易辙"；或许因教师难以享受职业幸福，导致很多教师消极度日，对"太阳底下最光辉的职业"失去信心。或许因工作繁重，压力太大，很多教师无法选择坚守与奉献，无法促进专业发展。更有甚者，一些老师在工作压力、经济负担面前，表现得十分脆弱，采取极端的措施。河北馆陶

县第一中学高三年级班主任赵鹏，不到30岁的他选择在办公室服毒自杀。遗书中说道："活着太累工资月光"。海南省三亚市一所中学一黄姓女老师2013年3月份在毫无征兆的情况下在宿舍内自缢身亡，留下遗书称受到学生的恐吓和威胁，而且称"学校故意安排我做那么多活，我都累垮了"。接二连三的教师自杀现象昭示教师的生存状态不好。生命不保，职业幸福从何而来？

另外，教师编制问题也是很多学校的痛。在城镇化进程加快，农村人口包围城市的过程中，城市学校生源爆满，学校规模扩大，不断增加新教师。相当一部分老师却没有编制，工作得不到保障。张丽莉这么优秀的老师，这么受学生爱戴的老师，居然是还没有"编制"的代课老师！如果她没有舍身救人呢？难道她就不优秀了吗？为什么获得"编制"一定要付出如此沉重的代价？全国还有无数像张老师一样优秀却没有因舍身救人而截肢的代课老师，为什么就不能转正呢？

这些，需要政府甚至整个社会给予教育更多的关注，给予教师更多的鼓励与包容。让教师在享受精神富有的同时也享受物质的丰厚。让教师这个行业成为人人羡慕的职业，而不是被人视为弱势群体。其实，这是对整个社会负责，对整个民族负责。

教育是一棵大树，需要不同的营养培植，需要阳光的温暖，需要雨水的滋润。如果全社会都给予关注，那么这棵大树一定会茁壮成长；如果全社会理解支持而非挑剔指责，那么这棵大树一定会枝繁叶茂；如果这棵大树能够自由呼吸，自主成长，那么创新人才一定会涌现，人们素质一定会提高，教育一定会福泽千秋万代，惠及千家万户。

教育兴，则民族兴；教育强，则国家强！因此，我们深深地期待！

期待社会给教育更包容的环境，让教育在宽松的土壤中呼吸到更自由的空气；公众对教育多一些理解，多一些鼓励，因为教育改革本身就是一个探索的过程，需要直面挑战，甚至允许失败；家长多一些自省，理性看待孩子的成才；媒体多关注教育的现实困惑，解决实际矛盾。愿政策的阳光普照教育，温暖教育，让前行的脚步更有力量。

义务教育,我们应该怎么做

——一位基层小学校长的思考

习海平

2012年5月25日,省委第二巡视组咸宁教育座谈会上,就义务教育均衡发展问题,我发表了个人对义务教育的一点思考。客观地说,义务教育发展到今天,已经取得令人瞩目和欣慰的成就。特别是《国家中长期教育发展和改革规划纲要》中已经将优先发展教育摆在战略地位,提出"优先发展、育人为本、改革创新、促进公平、提高质量"的具体工作方针。教育情系民生,义务教育是民生工程的基础;教育事关下一代,义务教育是为学生终身发展的奠基工程。那么在义务教育方面,我们应该怎么做?

德育为教育之魂

古语云:"德者,才之帅也;才者,德之资也。"道德教育应该是教育的灵魂。可现在看来,教师、家长、社会都一味追求学生的考试分数,忽略孩子德行的教育。学生承受力不够,跳楼而亡;孩子不知道感恩,弑父母、杀同伴的事情偶有发生;不讲公共道德,诚信缺失等现象随处可见。义务教育是教育之基石,学生像一张没有污点的白纸,教师要用高雅的德育教育装点学生人生的底色。

中共中央《关于深化文化体制改革、推动社会主义文化大发展大繁荣若干重大问题的决定》中提到"各种思想文化交流交融交锋更加频繁"以及"文化安全"等。文化交流是指我们的先进文化与西方的先进文化互相交流、共享;文化交融是指西方与外来文化和我们传统文化的一种融合、互补;而文化交锋则是告诫我们,祖国的文化正面临着外来文化的侵略,特别是西方的自由主义

以及低级庸俗的文化气息浸染着年轻人，我们的社会主义核心价值体系经受着严峻的挑战。国外一些文学作品侵占中国的市场，作品良莠不齐。一些调侃、不健康的漫画书籍占领学生的阅读空间；一些暴力、血腥的快餐读本侵占孩子的思维空间。我们的孩子对中华经典文化产生消极抵触情绪，对传统文化不闻不问。义务教育为学生的终身发展奠基，为祖国的伟大复兴奠基，作为教育工作者，我们任重道远。

质量为教育之根

素质教育如何全面推进。在小学，琴棋书画以及体育舞蹈等科目，家长、孩子都有兴趣去学习、去发展，可到了初中、高中，这些艺术教育被束之高阁，为什么？因为这些在中考、高考时不计分。现在的初中、高中生，在读书上真正是"三更灯火五更鸡"，睡眠严重不足，成长发育中的身体正在受到摧残。前不久孝感市的"吊瓶班"、东莞市的"赤膊班"等这些现象，作为家长来说确实很心疼。高考的应试教育大旗不倒，全面推进素质教育只停留在小学阶段，素质教育恐怕只能是教育的乌托邦。

教育质量究竟是什么？在人人都有学上之后，人们对教育公平的关注主要体现在教育质量上。促进均衡发展要把提升质量作为根本，更加注重教育的内涵发展。要全面贯彻党的教育方针，推进素质教育，深化教学内容、课程体系和教学方法改革，促进学生德智体美全面发展。切实减轻学生课业负担，让学生从应试教育的重压下解放出来，生动活泼学习、健康快乐成长。作为教育行政部门和教师都要理性地理解何谓教育质量。如果把教育质量片面理解为升学率，那么一定有偏差。黄冈中学的升学率在全省乃至全国十分有名，可以说是湖北教育的一张名片，很多高考状元都出自黄冈中学。可近来有人在研究黄冈现象中发现，那些曾经由黄冈中学走出去的高考状元的后续发展好像也不甚理想，没有出现什么特殊人才。这就折射一个问题，我们在片面或者是一味追求学生拿高分的时候，往往忽略了学生的持续发展，扼杀学生的创造力等。提高质量，我认为应该是促进学生全面发展、持续发展，提高创造能力、学习能力、动手能力等这些受益终身的元素，而不仅仅是停留在追求分数的高低上。很多名人、政要、富翁的孩子都被送到国外去求学，一是为孩子镀金，更多的是认为中国的教育没有外国的好，东方的月亮没有西方的亮。这些也值得我们每个

教育工作者深思。

转变成才观念。家长、社会、教师都要改变成才观念。中国古话说得好"三百六十行,行行出状元"。现代社会分工细致,行业门类众多,对人才的需求也越来越专业,鼓励孩子向各个领域发展,树立多元的成才观至关重要。全社会要树立培养全面发展人才的教育观,人人都要关心,上下都要重视。教育行政部门要把"全面提高学生的综合素质"当成评价学校办学成功与否的重要标准,学校要把"保护孩子的天赋不受伤害"作为首要职责,让学生在丰富多彩的实践中学习、发展和成长,教师和学生家长要把培养学生的个性特长,培养学生的想象力、创造力和动手能力放在首位,为孩子一生的发展做准备。

均衡教育不是平均教育。为缩小城乡差距,整体提高义务教育质量,国家提出均衡教育的设想。其初衷无可厚非,可是有些地方或部门在对均衡教育的理解上有失偏颇。城乡免费义务教育全面实现后,城乡、区域间发展不均衡上升为义务教育的主要矛盾之一。在财政拨款、学校建设和教师配置等方面向农村倾斜,国家、政府都急切期待形成城乡同标准、一体化发展的格局。然而,教育均衡不应该是教育平均,更不是一个模式办学,千篇一律、千校一面。某些地方片面地认为促进教育均衡就是下大力气扶持农村学校,导致出现对市一级以上的学校在财力、物力、人力等方面不闻不问的尴尬局面,在这样的局面中,原本较为优秀的学校向前发展举步维艰,可持续发展无异于纸上谈兵。我认为,促进义务教育均衡发展应该是"隆谷增峰",而不是"削峰填谷"搞平均主义。国家应该加大中央财政支持力度,完善对口支援制度,促进老少边穷地区义务教育发展,同时应该积极统筹城乡教育发展,鼓励优质的学校持续办出水平,办出特色,让这些学校扶持帮扶欠发达地区、农村地区的薄弱学校,最终达到共同发展,共同进步。

创新是教育的软肋。创新能力是近代中国的软肋,"为什么我们的学校总是培养不出杰出人才?"这个被称为"钱学森之问"的问题,成为中国教育界有识之士关注的焦点。于是中国很多知名大学围绕这个问题作出了许多的反应,纷纷成立了基础学科拔尖人才培养试验基地。例如上海交通大学为回应著名校友的"钱学森之问"而成立了致远学院。教育部"基础学科拔尖学生培养试验计划"的入选高校有北京大学、清华大学、上海交通大学、复旦大学等知名大学。我个人认为,教育创新不仅仅是在高校搞突击,而应该从小学乃至幼儿园便将

创新的种子播撒在学生的心田，只有持续的创新教育手段的培养，杰出人才才会涌现。应试教育凸显出的弊端越来越多，其中最主要的是束缚学生自由、全面、健康发展，导致教师、学生、家长为考试而教、为考试而学、为考试而奔波，导致教育培养全面发展合格人才的社会职能发生偏移。为了改变这种状况，党和国家已经提出了以提高民族素质为宗旨的素质教育。由应试教育转变到素质教育需要过程，也需要时间，教育模式的转变不是一朝一夕可以做到的。

社会实践为何禁闭。在目前的义务教育阶段谈起社会实践，恐怕是红线，所有的学校都不敢越雷池一步。重要原因是全社会都担心学生的安全问题，这里的安全问题有些是学校的责任，有些是其他的因素，而最终则都归咎于学校承担。所以亲近自然、感受自然、动手能力、创造能力等都只停留在一纸空文上。

教师为教育之本

教师待遇亟待提高。教师待遇包括工资待遇、职业幸福感以及社会地位等。眼下，"最美女教师"张丽莉可以说牵动着整个中国教育的神经，不得不承认，张老师以一个女性的赢弱之躯撑起了整个教师形象，我们敬仰并且自豪！可是，通过接二连三的报道知道，张老师本科毕业，月收入仅一千元！黑龙江省城乡中小学教师的工资收入情况如此，全国除沿海发达地区外其他偏远地区的教师工资莫不如此。

国家在大力宣传教师形象，树立社会典型，引领社会主义核心价值观，这无疑是正确的。6月4日的《中国教育报》这样评价张老师：张丽莉精神主旨在于感恩国家、回报社会、奉献他人，这是对关爱他人的社会公德的生动诠释；张丽莉以高度负责的精神教书育人，以知行合一、以身立教的良好形象为人师表，其言其行是对师德的完美阐释；张丽莉崇德重义、向上向善的言行壮举，昭示了和谐社会建设的价值取向。这些评价极其正确并且有着极强的引领作用。但换个角度思考，为何国家树立的教师形象往往定位在清贫、勇敢甚至是献身上。虽然这些都是社会核心价值体系的元素，也是令人崇敬的理由。我们树立的教师形象是否可以不仅仅是让社会崇敬，而更多的是羡慕。让大家觉得当教师不仅有着崇高的名誉，并且有着与社会发展相等的经济价值，人人向往而趋之。行业反差是决定、影响教师待遇的一个重要原因。目前政府机关、电力、烟草、电信等单位，相对来说工资高、福利好，大家趋之若鹜。湖北省招考公

务员的时候，每个考点全是黑压压的人，千军万马挤独木桥。一些优秀的大学生乃至社会人员纷纷进入政府机关。我想，如果招录教师的考场能像招考公务员那样火爆，把一些拔尖的大学生乃至社会人员汇集到教师队伍中来，用他们的智慧和才干，教育好下一代，为何不好。

教师编制不能缺失。教师编制应该是大部分学校的伤痛。张丽莉这么优秀的老师，这么受学生爱戴的老师，居然是还没有"编制"的代课老师！我是校长，我的学校也有不少和张老师一样优秀但没有编制的老师，我不知道该怎样解决他们的编制，解决他们的后顾之忧。

校长是学校发展之源

校长要具备校长的素质。常言道："火车跑得快，全靠车头带。"一所好学校，必定有个好校长。这个"好"的内涵很广。第一，要求校长境界高，以开阔的视野、宽阔的思路、博大的胸襟考虑问题，以先进的理念立校，以超前的思维建校，以发展的眼光谋划学校的未来；第二，要求校长懂管理，"学校无小事，事事皆教育"。强调的就是学校管理要从细微处入手，让每一件"小事"都成为教育学生和促进教师发展的有效载体；第三，要求校长精通业务，校长是学校发展的第一责任人，教学工作是学校的中心工作，一个好校长应该是精通教学的校长，应该遵循教育规律办学；第四，要求校长懂文化，文化即灵魂，一名出色的校长，应把学校文化建设作为一项事业去经营，作为一种日常工作常抓不懈，把自己的办学理念变成可操作的具体措施，一点一点地渗透进学校的各项制度和规范中，日复一日地渗透进师生的言行举止和价值取向中，并最终转化为师生的自觉行动，形成独特的校园文化。

校长应该得到上级领导的支持。在《国家教育中长期发展规划纲要》中，把教育发展提到了战略地位，优先发展教育，各级政府表示极力支持教育发展。要发展就要有创新，校长要办出学校的特色，必定需要得到各方面的支持，有来自社会的、家长的、教职员工的，更重要的是来自领导的支持。在没有得到大家的认同之前，肯定有来自各方面的质疑，甚至是社会的匿名告状。这种情况下，上级领导深入调研，积极妥善地回应，并且卓有成效地指导学校工作，学校才能办出特色，才能持续发展，才能培养更多的人才。政府应该向教育倾斜，教育行政部门更应该为学校保驾护航，为学校排忧解难。

让学校成为师生的乐园

习海平

学校是学生和老师成长的精神家园。作为学校管理者应该提升学生的生命质量，促进学生可持续发展；应该让教师享受专业成长的快乐，提升教师的幸福指数。近年来，在学校管理方面我致力于和谐校园、生态校园、书香校园、快乐校园的打造，力求让学校成为师生成长的乐园。

用优秀年级组打造和谐校园

我一直喜欢"团队精神""合作意识"这两个词。任何一个人在社会上生存与生活，不可能脱离集体而独立存在，必将与社会发生着千丝万缕的关系，也就是说任何人都不可能成为一个单纯的自然人，必定是要成为社会人。社会分工越来越细，交往越来越频繁，这就要求每个人应该有较强的团队精神和合作意识，才能立足于社会。

学校教育应该重视"团队精神""合作意识"的培养，在学校管理层面更应该加强团队建设，用优秀团队的力量打造和谐校园。"团队"是个企业名词，它是一个有机整体，团队成员除了具有独立完成工作的能力之外，同时具有与他人合作共同完成工作的能力，团队的绩效源于团队成员个人的贡献，同时永远大于团队成员个人贡献的总和。一个真正的团队应该有一个共同的目标，其成员之间的行为应该是相互依存、相互影响、相互合作，积极追求集体的成功，把集体的荣誉当成个体最大的快乐，这便是一种"团队精神"。这种"团队精神"能使团队成员齐心协力，拧成一股绳，朝着一个目标努力，产生一种强大的凝聚力；能使团队成员产生共同的使命感、归属感和认同感；能使团队内部形成一种观念的力量、氛围的影响，去无形地约束、规范和控制成员的个体行为。

年级组是学校教育教学工作的基本组成单位，是学校团队的核心组成部分。因此优化年级组的管理，充分发挥年级组团队的工作职能，激发团队潜能，将直接关系到学校组织的高效运作、教育教学质量的提高乃至学校的生存与发展。当校长后，我实行分级管理，注重年级组的建设。在学期评优时，淡化个人荣誉，重奖年级组。上学期期末组内总结的时候，各个年级组长制作幻灯片，将各组的特色工作及取得的成绩一一展示，然后集体无记名投票，再经行政复议，评选出优秀年级组3个，优秀集体备课组3个。在定奖金的时候，对个人的荣誉尽量控制，而优秀年级组的奖金高达2000元，优秀集体备课组的奖金高达800元。一时间，全校哗然，在惊羡高额奖金的同时，开始反思如何群策群力努力打造优秀年级组了。

每学期开学，各个年级组便开始认真制定组内工作计划，大家齐心协力，出谋划策，既扎实开展常规工作，同时又创新思路，力求亮点。据我所知，有些年级组从养成学生良好的习惯入手，有的年级组以学生的国学诵读入手，有的年级组以交通安全知识进校园入手，有的年级组以提高教师的文化素养、专业技能为突破口，六年级组以全力迎小考为重点开展各种活动。学校教师个个热情高涨，组内凝聚力空前强大。

我相信，不久，实验小学这块沃土必将呈现欣欣向荣之势。

用环境育人理念打造生态校园

校园环境是学校文化精神的载体。我常常这样想，优美的校园环境不仅仅是让学生感官上获得美的享受；校园里的绿化不仅仅是为清新空气、美化环境。校园环境赋予更多的育人功能，雅致的校园环境通过美的可感性、可愉悦性对学生施以潜移默化的影响，陶冶学生的情操，加深学生对生命的体验和感悟，传递学校文化精神的内核。

近年来，我校一直致力于校园的添绿工程，这既符合咸宁市委市政府提出的"绿化咸宁，香化咸宁"的号召，同时也为学校教育增添育人资源。本学期，在学校游乐园里栽上果树，将游乐园改造成学校果园，师智敏果园及社会其他人士捐赠桃树、李树、柑橘等果树共计59棵，加上校园原有的绿色资源，现在的校园更是绿树成荫，生机盎然。

十年树木，百年树人。树木树人，意义一样。为了防止学生在果园里穿梭

游玩、摇曳果树、折枝摘叶，学校开展了认领班树的活动。利用课余时间，对果树看管、浇水、除草等。通过认领班树的活动，增强学生的主人翁意识、责任意识，让学生更加热爱学校。

将乐园变成果园后，学生在果园里可以感知果树的开花、结果、成熟过程，了解果树的成长规律。科学老师在讲授植物章节的时候可以带领学生进入果园，实地讲解什么是花蕊、花瓣、花粉，什么是植物受精等，这样的讲解比传统教学更加直观，更加容易激发学生的求知欲望。同时，果园更是学生晨读的乐园，手持一卷，漫步其中，悠悠古韵伴着桃李芬芳，让学生汲取知识与自然的养分。写作课上，让学生亲近果园，训练观察力，提高写作水平。

学校花坛里有几棵高大的枇杷树，每到初夏，树枝上总是挂满密密匝匝的果实。熟透的枇杷果黄澄澄的，十分诱人，让那些馋嘴的学生垂涎欲滴。往年，总有大胆者或攀爬树枝采摘果实，或三五成群用竹竿敲打果实，往往不出一个星期，所有枇杷果颗粒无存。大树下的花草遭殃了，周围3米以内的花草无一幸免于难。"诱人"的果实"诱惑"着学生，于是便有嘴馋者"铤而走险"——采取各种方法获得果实。这种行径，初看貌似行为习惯不好，深层次认识，其实就是抵制诱惑力能力不够，折射出精神层面的问题。在学生漫长的人生路上将会遇到更多的"诱惑"，如果从小没有渗透抵制诱惑的教育，那么学生以后的人生航线或许就会发生偏离。当下，各地正开展机关干部防腐拒变的警示教育，倘若我们能在孩子的心中种植"防腐"的种子，那孩子的人生一定会丰富多彩，社会一定会和谐繁荣。

如何让我们校园的果实没有人采摘而瓜熟蒂落呢？教育无小事，从小事抓起，也许收效更大。于是，学校开展保护校园环境等系列文明习惯养成教育活动，开展廉洁文化进校园活动，号召每一个孩子都参与到保护校园、美化校园、净化心灵的活动中来。让枇杷果以及校园的树木这些无声的教育资源，浸润孩子的心灵，使其情感得到升华，行为得到自律。

去年的枇杷果金黄一片，没有出现采摘、敲打枇杷果的情况。这些枇杷果见证了学生文明习惯的养成，考核着每个孩子的德育成绩。那一串串金黄的枇杷果在阳光的照耀下显得分外引人注目，我拍下了很多珍贵的照片，这既是珍贵的育人资源，也见证着学校环境育人初见成效，是孩子们文明的缩影，也是我校德育教育的成果。

我期待着，校园里的果园年年硕果累累。

用师生阅读打造书香校园

一个不爱阅读的民族是没有希望的民族。当下，全国各地正掀起全民阅读的热潮，意义深远。

学校是传递文明、传承文化的主要阵地。中国文化源远流长、博大精深。以传统文化为底蕴所滋生的校园文化，必定绚丽多彩、根深叶茂。保障阅读权利，培养阅读习惯，享受阅读快乐，提升师生内涵，对于学校来说，显得尤为重要。所幸我校一直倡导师生"多读书，读好书"，把阅读当成一种习惯，积极践行"阅读生活化、学习终身化"的学习理念，努力打造书香校园。

打造书香校园，离不开校园文化环境的优化，离不开师生阅读氛围的营造。我校力求"让每一面墙壁都说话""让每一棵花草树木都有情"。

学校大门口的装饰石头上镌刻着一个"炼"字，寓意深刻，启迪师生锻炼身体，磨炼意志，修炼本领。学校雕像底座上镶着"爱、思、雅、正"四个字，以及其具体内涵：爱，善物亲仁，宽厚博爱；思，笃学砺志，求新锐思；雅，明礼修身，言馨行雅；正，崇德弘毅，体健气正，是我校办学理念的高度浓缩，也是学校文化的精髓。学校的墙壁上处处张贴着古代名人画像，用名人名言激励学生成长。唐诗、宋词在教室及楼道里随处可见，师生书法作品点缀其间，学生张口可吟诵，见之可欣赏。学校的艺术长廊中，有祖国各地的名胜风景影印画，橱窗里展示学生的手工、书画作品，让人目不暇接，感受艺术的熏陶。还有楼梯间"右行，是给生命留条通道"、花坛里"你欣赏花的美丽，花赞美你的高尚""莲因圣洁污泥出，人品高洁廉中来"等提示语，无不温馨感人，沁人心脾。另外，本学期我校将名人名言刻在学校的公共场合的地面上，例如"千里之行，始于足下""壁立千仞，无欲则刚"等。学生在走路、打扫清洁时都可以阅读、记诵，这无处不在的文化渗透对提升学生的人文素养、夯实学生的文化底蕴大有裨益。

校园内绿树成荫，芳草茵茵，鲜花斗艳，每个季节都生机盎然。每一棵树、每一株名花下面都竖有一块精致的标示牌，说明花木的名称、由来和习性，让人在观赏中学到知识。果园内果树繁多，学校开展班树认领活动，每棵树上都贴有班级标签和有创意的班级签名。如梨树上"忽如一夜春风来，千树万树梨

花开"等，古诗文恰到好处的点睛，彰显班级文化，散发浓浓的书香气息。

师生阅读，可以提升文化积淀、精神境界、文化品位。教师的言传身教对学生具有潜移默化的影响，教师的阅读行为对学生的一生产生巨大的作用。

学校征订、教师购买书籍，倡导教师广泛阅读。在中华经典中提升文化内涵；在党报党刊中提升政治素养；在教学专著中提高理论水平；在教学报刊中提高教学技能；在休闲杂志中提升生活情趣。请社科联主席作讲座，请党校教师上党课，请市诗词协会的诗人作诗词讲座，请教育专家作专题报告等，拓宽学习渠道，开阔教师视野，提升教师境界。学校鼓励教师多写文章，记录教学点滴，丰富人生阅历。将国学经典诵读向深度、广度延伸，开展国学经典诵读课题研究。通过朗诵比赛、知识竞赛、书画展、演讲比赛等形式展示教师素养，提高阅读实效。

学校开设国学经典诵读课，选取唐诗宋词以及《弟子规》等作为教材。课余，学校LED大显示屏播放古诗文阅读、赏析节目。每个班级添置图书角，开展图书漂流活动，实现资源共享，让学生享受精神大餐，汲取知识养分。开展"每周一诗"的活动，要求学生每周背诵一首古诗。学校网站开辟国学经典诵读栏目，让家长参与到阅读中来。推行国学经典考级制度，颁发考级证书。学校定期举行国学经典诵读比赛，全体学生参加，激发学生诵读兴趣。诵读，成为我校一道亮丽的风景线。

阅读如一缕春风，抚慰每一位师生的心灵；阅读如一泓清泉，流淌在学校的每一个角落。师生阅读，书香浸润，书香校园才显得丰富、鲜活、灵动。

用多彩活动打造快乐校园

快乐，应该是每个人人生画卷的底色。教育的真谛是让学生享受快乐、幸福、成功的人生，学校应该让孩子在快乐中学习，享受学习的快乐；在快乐中活动，享受活动的快乐。我校一直致力打造快乐校园，让快乐成为学校的主旋律。

学生的快乐首先来自课堂。课堂中，我主张让学生在快乐的氛围中学习知识，要求教师开发一切有利于调动学生活动积极性和探索欲望的形式，创设形象生动的活动情境，调动学生多感官、全方位参与，提高他们的活动兴趣和学习兴趣。开发课程资源，让器乐、实践、多媒体进课堂，让学生在形象生动的情境中，愉快地活动、愉快地学习。关注学生成长与发展中的点滴进步，帮助

学生发现自己、肯定自己，以鼓励和表扬激发学生的学习潜能、学习兴趣，让更多的孩子陶醉在成功的喜悦中。

大课间是学生快乐的阵地。大课间里丰富多彩的体育活动让学生释放心情，享受快乐。运动操让学生翩翩起舞，在美妙的音乐声中，在欢快的节拍中，舒展着身姿，不仅是力的显现，也是美的表达和心的交流；韵律操，让学生在动感的节奏中，跳出欢乐与情趣，阳光而青春；跳绳、羽毛球、篮球等各类自选体育项目，展示学生风采，练就强健体魄。学生在操场上、在阳光下陶冶身心，有利于学生身心健康成长。这也是孩子快乐的源泉。

艺术教育提高学生的快乐系数。我校制定"三特方针"，即：学生有特长，班级有特点，学校出特色。全校开展丰富多彩的艺术教育活动，各班选择学生喜欢的项目，有书法、美术、诗歌朗诵、舞蹈、手工、竖笛、手风琴、韵律操等。教师因材施教，教学扎实有效，学生在艺术的海洋里遨游，接受美的熏陶，提高学生的艺术修养，提高审美情趣。通过各级竞赛及才艺表演，让学生享受成功的喜悦，夯实快乐的根基。

特色活动是学生快乐的重要因素。精心打造"六一"美育节活动是我校的传统项目，让3000多名学生真正享受金色童年。"六一"期间开展了趣味活动周活动，如：托乒乓球比赛、趣味接力比赛、花样跳绳比赛、"三人四足"趣味比赛等，让每一位学生参与其中，乐在其中。百米现场书画表演、管乐表演、腰鼓队表演、武术表演、跆拳道表演、健美操表演等，让学生一展身手，秀出特长，享受成功的喜悦。每年的运动会是学生展示体育技能，激发班级凝聚力，享受快乐的最佳方式。规模宏大的开幕式，鲜花绽放，管乐齐鸣，步履铿锵，学生精神抖擞，既检阅学生的精神面貌，又展示班级风采。校园形象大使的评选也是我校的一个传统节目，学校设计评选方案，从班级进行海选，通过校园投票再到电视台进行现场角逐，过程规范，竞争激烈，学生展示绝活，角逐各种形象代表。学校将最终评选结果在全校张贴，极大地鼓舞和激发学生积极向上的精神。

社会实践拓展校园快乐。暑假的"爱我咸宁，知我咸宁"的夏令营活动，带领学生了解家乡的自然风光、人文历史，感知家乡日新月异的变化，激发对家乡的热爱之情。封闭式的生活管理，提高学生独立自主的生活能力，增强合作意识和交流意识，让学生能力得到锻炼，意志得到磨炼。清明节，到汀泗桥

北伐战争遗址或者其他烈士陵园去祭奠先烈，既开阔学生眼界，让学生了解家乡的革命先烈，又发掘红色教育资源。到气象局去探寻天气预报的原理，动手参与，激发学生的科技探求欲望。

丰富多彩的活动，是快乐校园的源泉。

大道至简　无形胜有
——让学校制度成为教师的自律和自觉

习海平

没有规矩，不成方圆。任何一个单位或者团体，都必须有相应的规章制度。一个单位的兴盛与否，关键要看单位的制度建设。学校也不例外，完善的制度建设，能引领办学方向，保证教学秩序有条不紊，以形成良好的校风、学风、班风，能保持学校的长足发展。

现代学校制度建设属于学校文化建设的范畴，文化是一所学校的精神内核，是一所学校的文化底蕴。因此，只有当制度成为一种隐性的文化，渗透到每个教职工的骨子里，成为一种无形却又无处不在的精神力量时，学校的制度建设就可以达到"大道至简、无形胜有"的境界。当然，这也是现代学校所追求的一种制度建设的模式。

"大道至简"指大道理（基本原理、方法和规律），是极其简单的，简单到一两句话就能说明白。制度，是约束、规范人的行为的条文，与集体中的每个人息息相关，强化制度建设，在于凝聚人心，激发教职工的工作热情与激情，达到制度化人，而不是制度管人的目的。

"无形胜有"由老子提倡的无为思想衍生而来，老子一再强调无为才能无不为，所以"无为而治"并不是什么也不做，而是要靠万民的自为实现无为无不为，靠万民的自治实现无治无不治。同样，作为学校管理，不是以制度条文的框框去制约每个教职工的行为，而是以学校深厚的文化去唤醒教师的制度自律、自觉，形成一种自我约束的习惯，内化为一种自我需求，形成一种氛围、一种气场。让每个教职工爱上学校，以校为家，把自律、自觉当成是一种热爱。

这么多年来，咸宁市实验小学正是朝着"大道至简、无形胜有"的方向努力，并取得初步成效。

让刚性的制度渗透人文柔性

学校管理，既要坚持原则，但是也应该有灵活变通的地方，实现刚柔并济，人文管理，不断创新管理模式，会起到事半功倍的效果。

以考勤管理为例，与每所学校一样，考勤是学校管理者比较棘手的问题。学校曾经以签到的方式，监督督促教师按时上下班，但代签的现象比较严重。后来学校购买指纹机，教师上下班必须打指纹，半个学期后，教师怨声载道。小学里女老师居多，哪家没有个大事小事呢？再说，一些术科老师平时早上第一二节课都没课，特别是遭遇堵车或者是恶劣天气的时候，可能就不能按时打指纹。还有一些将近退休的老教师，在学校奋斗了一辈子，对打指纹这种对教师不信任的方式比较反感。

怎样既让老师按时上下班又无怨言呢？学校通过研究，决定在学校食堂为教职工解决早餐问题。每人每个月充值50元，集中在学校吃早餐。早点供应时间为7点20—7点50，时间错过便不再提供。另外，中午、晚上放学学校校车接送教职工，解决教师赶车、打车难的问题。在学校吃早餐、校车接送，既切实为教师提供服务，又让教师按时上班，何乐而不为呢？

同时，学校取消签到、打指纹，反而让人感觉到学校对老师的一种信任。在全体教师大会上，学校强调每个人都应该遵守作息时间，应该按时上下班。在校门口，设置一个牌子：遵守作息时间是我们的美德，并在上面详细写清楚值日行政上下班的时间。学校管理与文化感染相结合，教师迟到早退的现象基本上杜绝。

学校考勤管理基本上处于"无形"状态，效果却相当不错。当然，偶尔对教师进行一次提醒、监督，也是十分必要的。另外，请假也是比较麻烦的事情。学校管理不可能全部照搬企业的管理模式，扣除工资等。但是，为了预防无事请假，小病大养等问题的发生，学校决定分层管理，将请假权限下放到各个层面。校长、分管副校长、科室主任以及年级组长均有批假权限。无论谁请假都得登记在册，并且累计假期，一定范围内不扣除工资。对于特殊情况，学校校委会

集体讨论决定。遇到重大疾病或者是变故的教师，学校给予特殊照顾，并且给予资助。权力分解、下放，其实也是将责任分解，多些监督，多些制约。这样人性的请假制度，不同于企业管理的刻板与淡漠，让老师有更大的空间处理生活、工作中的小事，反而赢得老师的认同。

让个人的竞争充满团队文化

学校教育工作，是一种集体性极强的工作。怎样让教师个人的竞争充满团队文化，是我校管理机制建设的重要内容。我认为，年级组是学校教育教学工作的基本组成单位，是学校团队的核心组成部分。因此优化年级组的管理，充分发挥年级组团队的工作职能，激发团队潜能，将直接关系到学校组织的高效运作、教育教学质量的提高乃至学校的生存与发展。

我校实行分级管理，注重年级组的建设。在学期评优时，淡化个人荣誉，重奖年级组。学期期末组内总结的时候，各个年级组长制作幻灯片，将各组的特色工作及取得的成绩一一展示，然后集体无记名投票，再经行政复议，评选出优秀年级组、优秀集体备课组。在定奖金的时候，重奖集体。

打造优秀年级组，能够凝聚集体智慧，激发团队的活力，挖掘教师的潜能。学校各项活动，都以年级组为单位，以展示年级组的风采与实力为要求。每次活动，组长与组员齐心协力，推陈出新，组与组之间，暗中铆劲，良性竞争。2012年，学校举行盛大的元旦晚会，可谓我校的"春晚"。活动计划贯彻后，全校以年级组为单位，原创作品，精心准备，每个教师出谋划策，挖掘亮点。在节目尚未开演前，高度保密，即使是双职工的夫妻，也不奉告，生怕泄密。元旦当晚，来自教育系统和家长的代表们享受了一顿精神大餐。晚会内容丰富，形式新颖，有令人捧腹的小品，幽默诙谐的情景剧，欢快喜庆的腰鼓，别具一格的趣味体操，动感十足的舞蹈，激情飞扬的合唱，轻松调侃的快板等等。巧妙的节目创意，鲜活时髦的语言，惟妙惟肖的表演，恰到好处的音乐渲染，展示着教师的个人风采与学校形象。

每个学期的运动会，也是展示集体文化和才华的时候。盛大的开幕式、入场式气势恢宏，场面壮观。各年级组凝聚集体智慧，创新形式，别出心裁，匠心独运，令人振奋，催人奋进。

前不久举行的青年教师朗诵比赛，全校80名35岁以下教师集体亮相，以

组为单位。一时间，每个年级组加班加点，群策群力。设计节目，租赁衣服，购买道具，演员化妆等，全部由组内解决，不向学校提要求。整个比赛内容丰富，形式各异，朗诵篇目现代诗歌与古诗词相映成趣，相得益彰。有情感细腻的《再别康桥》，有慷慨激昂的《我骄傲，我是教师》，有内涵丰富的《古诗联诵》，有义愤填膺的《小草在歌唱》，有古文洋溢的《叹红楼》等。竞赛中，集全组之智慧，展全员之才能，融入表演、才艺等元素，让人耳目一新。

学校的每个人都知道，每次活动不是一个人在战斗，而是寄托着全组的希望，代表的不仅仅是个人形象，更多的是团队精神。这种积极昂扬的团队文化已经深入人心，组内拧成一股绳，学校汇成大河流，强大的凝聚力，是学校持续发展的不竭动力。

让辛苦的教师提升幸福指数

一所好学校，不仅仅是培养一大批合格的学生人才，更应该造就一大批幸福的教师。教师的幸福首先应该是生活的幸福，工作的愉悦。教师是个比较辛苦的职业，工作繁重，压力较大。很多外因与内因导致教师交往不广，活动匮乏。特别是市州以上的实验小学，工作更为辛苦。我校目前有4558名学生，66个班级，每个班平均70人左右，每个教师相当于承担两个人的工作量，学校为每位教师配备耳麦，扩音讲课。很多教师经常带病工作在第一线。

在待遇相对较低，工作繁重的情况下，作为学校的管理层应该给老师创造机会，提供舞台，丰富老师的业余生活，提升教师的幸福指数。

近年来，我校为丰富教师的业余生活，做出了一些有益的尝试。学校根据个人爱好，自愿报名，成立了许多兴趣小组。比如骑自行车、健美操、广场舞、篮球、排球队等兴趣小组。这些兴趣小组以民间自发组队和学校统筹安排相结合，让每个教师参与进来。学校为某些兴趣小组提供器材，甚至给予一定的资金资助。定期组织教师开展活动，活动中老师们走出户外，释放心情，有时采用AA制的方式，家属也参与进来，让教师、家属之间有交流的机会，开开心心，其乐融融。

在成立各种兴趣小组的同时，我校采取"走出去、请进来"的方式，加强与兄弟学校的交流与沟通。到兄弟学校举行篮球赛、排球赛等活动，增进友谊，加强了解。利用特定假日开展全校性的教师活动，比如"三·八"全体教师到

洪下竹海踏青，以及元旦爬潜山等，全体教师热情高涨，乐于参与，亲近自然，释放自我，以更好的心态投入到学校工作中。

近两年的元旦晚会，邀请全体教师家属参加，晚会现场主持人深情朗诵校长给广大家属的一封信，并给家属送上节日的礼物，感谢家属对学校老师工作的支持与关心。此举让全体教师与家属感动不已。调入学校不久的孙华老师在文章中写道："我换过四个工作单位，但是，只有市实验小学的这种对老师和家属真正的关心与尊重让我感动，我有什么理由不在学校好好工作呢？"

学校还在校园内为教师建起了健身房、咖啡屋，让教师在工作之余锻炼身体，愉悦身心。此举也赢得老师们的广泛赞誉。

"学校组织多种形式的活动，让老师们在活动中锻炼身体，充实生活，缓解工作疲劳，确实是一件深入人心的举措。"全体教师幸福感大幅提升。

让专业的发展促进教师成长

教师最大的成功是专业的发展，是自我价值的体现。这已经在我校形成共识。一所学校要想办学质量好，必须有一批爱岗敬业的教师，必须造就一批骨干教师、名师、学科带头人等。这样的学校才会有希望，才会持续发展，才会在传承前辈的优良传统中继续开拓创新，不断实现新的跨越。我们着力建设教师培养制度，让专业的发展促进教师成长。

有人说，教师培训已经不再是教师最大的福利，但在我们学校，只要到外面去培训，老师们都十分高兴，认为是学校给予的关照与关注。学校的老师十分珍惜在外面学习的机会，尽量把学校的传统与经验和大家分享，并学习新的理念，新的观点。回到学校后，以各种方式反馈学习所得，或者是小型汇报，或者是讲授示范课，或者是撰写学习札记等。近3年来，我校共有30名教师参加不同层次的国培，其中很多教师荣获优秀学员称号。

打造一流的教师队伍是我校办学目标的重点，学校以教师自我修研与学校培训的方式，不断锤炼，促进教师成长。三笔字、文章撰写、普通话培训等是本校教师发展的常规动作。每个星期，35岁以下的教师要上交一篇硬笔书法作品，由分管校长亲自批改。每个学期，学校聘请书法家给年轻教师开展书法知识讲座，聘请咸宁市语委主任孙和平为老师培训普通话，聘请杂志编辑、记者到学校来讲课。近年来的寒暑假，每个教师向学校上交作业——撰写一篇文章。

每个学期的教师教学比武更是锻炼青年教师，提高教师教学水平的重要措施。仅近3年来，我校就有20余人在省市优质课竞赛中荣获一二等奖，一批市级学科带头人、骨干教师脱颖而出。

让所有的教师成为学校名片

咸宁市实验小学在全省乃至全国一直都享有盛誉，究其原因，是每位教师都把学校当成自己的家，以饱满的激情和对学校深沉的热爱，兢兢业业地工作，让学校不断壮大发展。

学校的每位老师都以自己良好的形象，在社会上树立学校的崇高形象。学校也着力把每位老师打造成学校的一张名片，不仅是在专业发展上，在师德师风建设上也是如此。这是我校制度建设的又一成果。

着装，往往体现一个人的气质。我校要求老师的着装大方自然，不化妆，不穿奇装异服。从校委会成员、中层领导开始做起，给全体教师树立榜样。目前，我校教师从上至下，全部穿正装，朴素大方，树立形象。

无论是校内还是校外活动，我校教师均以阳光的心态、积极的态度、独特的才艺展示着个人与学校的良好形象。在咸宁市市直举行的大型活动中，我校的教师活动令社会各界啧啧称赞。2009年的红歌赛以及咸宁市全面阅读推进会上的师生诗书乐表演，均给全市人民留下深刻的印象。

爱校如家，莫过于每个教师勤勉工作，奉献自己的才华与热血；善待学生，莫过于把学生都当成自己的孩子，给予无私的关爱与帮助。我校有着一大批这样爱岗敬业的教师。

五（9）班有个学生患先天性脑瘫，上课根本坐不住，在课堂中大吵大闹，班主任孙惠民总是给予母爱般的关爱，不嫌弃，不放弃，5年下来，倾注了老师的无限爱心。在孙老师细心耐心地教育下，在班集体的温暖关爱中，这个孩子的病逐渐好转。孩子的妈妈在写给学校的信中说道："感谢孙老师这几年的无私付出，对我孩子的关心与关爱。作为家长，我们不胜感激。套用一句话：广告做得好，不如实验小学的老师做得好。"

子宫息肉亟需开刀的陈顺元老师，因不忍舍下学生，不给学校增添麻烦，坚持到学生考试完毕后才到医院开刀。整个寒假在医院里待着。过完春节后就回到讲台。

学校电视台的黄勇老师，因学校大型活动需要拍摄镜头，结婚后的第二天便投入到工作中来。黄老师说："学校需要我，我个人的事情都是小事。"

我个人在学校耕耘30年，用青春、热血、智慧谱写着对学校的热爱。为学校的发展殚精竭虑，曾经有过凌晨4点到学校来检查安防系统的经历。

正因为有这样一大批爱岗敬业、爱校如家的老师，学校才会如此朝气蓬勃，生机盎然。

每个曾经在实验小学工作过的老师，总是把学校当成自己的家，无论在哪里，都对学校怀有深厚的情感，始终眷恋着这片神奇的土地。

已经离开学校10年到广东学校工作的刘俊老师每年都要回到学校看看，感受学校的变化，感受学校浓浓的人情味。每次回到学校门口，他都抑制不住内心的激动，号啕大哭；到广东佛山任教的魏克雄老师在对外人介绍自己的时候，一直说自己是咸宁市实验小学的老师；学校40年校庆的时候，前任校长董宏文编撰校史的时候不慎落下了曾在学校工作过一年的刘老师。刘老师后来看到校史时，竟找到董校长理论，为何把他落下。"无论我在什么地方工作，咸宁市实验小学都永远是我的家。"刘老师说。

即使是老教师，也始终关心着学校的发展，感受着学校奋进的喜悦，始终把学校当成自己的家。2012年元旦晚会上，30位退休教师表演舞蹈，洋溢着激情与热爱，感染着每位年轻教师。

咸宁市实验小学在市委市政府和市教育局的关怀下，今年暑期学校装修一新，为所有的教室和教师办公室都装上了空调。学校办学条件，学生学习和教师工作条件有了极大的改善。但是，我认为，咸宁市实验小学的发展，最重要的是依靠现代学校制度的建设，依靠制度文化的魅力，凝聚人心，激发全体教职工的激情与活力。让学校管理以无形的文化形式深入到每个教师的心中，不断推动学校生机盎然、欣欣向荣的发展。

我眼中的中泰教育差异

杜小清

中泰两国交往历史源远流长，自古以来就有着十分密切的联系。在很多方面泰国都受到中国文化的深刻影响，因此泰国有很多与中国相似的思想、文化，这种相似既体现在泰国人民的各种饮食文化、建筑、语言上，同时也表现在泰国的教育上。另一方面，由于泰国本民族独特的民族信仰和历史条件，也使得泰国的学校教育有非同一般的特色。2011年至2013年4月，我有幸受国家委派，赴泰国南邦府育华学校任教中文两年。教学之余，中泰两国基础教育的差异引起了我的注意和思考。下面，我根据自己在泰国工作的实际体验，以及在泰国的所见所闻，从教育观念、教学方法、学校管理及课程设置等方面谈谈中泰基础教育的差异。

一、学制和管理体制差异

泰国现行的基础教育学制可以用公式表示为"6+3+3"，即小学6年，初中3年，高中3年，与我国相似。泰国的学生在不同的学习阶段都有全国统一的校服，中小学生一般是白衬衫加黑色西裤或西裙，不同学校的校服款式稍有出入，全国基本一致。学生在校期间周一至周五，要求每天都穿着校服。部分学校要求更严更细，甚至每天着装都有规定。比如育华学校，周一穿黄色，为国王祈福；周四穿运动装，因为这天下午为童子军训练时间。这些都严格的算在操行分里。

泰国一年的上课时间不变。早上8:00—8:30升旗仪式（育华学校住读生7:20—8:00会有一节早读课，全部由中文老师负责），上午和下午各上四节课，每节课50分钟，上午第一、第二节课和第三、第四节课连着上，只在第三

和第四节课之间休息 10 分钟。中午全校学生在学校食堂就餐，所有学生都是吃一样的份饭。就餐时间只有 40 分钟。下午也是一样：第五、第六节课和第七、第八节课连着上，只在第六节课和第七节课之间休息 10 分钟。泰国一般不开晚课。不过泰国人时间观念比较差，老师学生一般都会迟到，很少准时的，有时甚至迟到达 1 个小时。学生上课期间只需要和老师招呼一声就可以随时去洗手间。

泰国人重视着装整洁和个人形象，出门前都会洗澡，花很多时间精心打扮，却极少守时。这种反差主要是由于泰国人的价值观造成的。泰国人讲究享受生活，什么都喜欢慢节奏，他们重视心灵享受，经常节假日放弃工作和营业，是为了到庙里布施拜佛，每个泰国家庭几乎每个月至少有一次家庭小聚会，无论贫穷还是富有。

二、课程设置的不同

泰国是世界上唯一一个以佛教为国教的国家，泰国古代的教育也是随着佛教的传播而出现的。泰国整个社会佛教文化极其浓厚，并且佛教文化深刻影响着泰国人民的价值观和信仰。因此，泰国的课程设置除了常规的文化课程、专业课程之外，还开设两门比较特殊的课程——修行课（即打坐诵经）和佛教课（主要是一些关于佛教教义和佛教文化的内容）。对于这两门课，有专门的课本，每个学生必须修满一定的学分才能毕业。这两门课，在泰国从小学就开始开设一直延至大学，并且泰国还有专门的佛教大学。事实上，至今泰国设在佛寺内的中小学还为数不少，这也是为了适应泰国人民的传统习惯。

另外，泰国课程中还特别重视生物自然课的普及。由于泰国人民的佛教信仰，信奉神灵和崇拜自然，再加上佛教不杀生的教义，使得泰国人民极其重视认识和保护大自然以及大自然的生灵。泰国的学校也很重视这一块的教育，因此许多泰国学生对生物都比较拿手，但是数学和体育比较差。泰国高中学生的数学水平甚至远远不如我国初中学生的数学水平。泰国中小学体育课也很不受重视，上课基本上都是游戏加放鸭子，许多学校只要求学生每个学期跑够一定数量的步，学生可以自由安排跑步时间，而且不要求跑步质量，每次跑完到学校盖章即可。泰国的运动会更像是国内的趣味运动会，没有田径比赛等项目，

只有一些拔河等团体比赛项目和袋鼠跳之类的趣味性比赛项目，有些学校也会有篮球等球类比赛项目。

三、教学方法上的差异

中国与泰国的教学课堂最大的不同就是，中国人的课堂以教师为主，以课本为纲，而泰国人的课堂以学生为主，以创意为本。我们的老师往往脱离不了书本，过分强调注意背诵理论和大量习题式教育，把活生生的知识变得乏味、枯燥，不能与实际结合，更不用说让学生在学习中创新了。我们的课堂更多的是服务于考试，而不是学知识。而泰国的教学更显西化，他们上课往往不用课本，而是学什么当天老师复印什么资料发给大家，而且资料多为提纲式，没有限制死的内容，比较灵活，只提供主题让大家临场发挥。作业也多是以个人或小组形式进行的采访、做PPT讲解、手工实践等，很多泰国学生做作业的作业本都是自己设计的，十分美观。

此外，在教学课堂上，由于长期以来受传统教育的影响，我们的老师过于偏重知识数量的积累和基础知识，会自觉不自觉地会制造同一种思维模型下的思维统一，习惯于让学生去寻求唯一正确的答案，习惯让学生按教师思路思考，习惯注重语言知识的传授和强调基础知识而忽略了思维的培养和提高，学生因而缺乏创意和发散性思维。

四、师生关系的差别

除了佛教之外，鲜明的等级制度是泰国另一大民族特点。泰国人民很讲究尊卑长幼、身份地位的高低，这种等级观念从他们的师生关系中也可以窥见一斑。泰国人十分尊重教师这个行业，因此教师也相对有较高的地位。泰国不光有教师节，还有敬师节。教师节学生放假，教师们集中到某所学校开展活动，包括礼佛、表彰教师、向寺庙捐款等等。敬师节更为隆重，全校师生集中举行活动，先由领导跪拜他们的老师或是年轻老师跪拜年长的老师、敬献鲜花，然后全校学生从幼儿园小班到高三按年级逐一跪拜本年级老师，并且由学生代表给老师们敬献鲜花、花篮，花篮一律由学生自己动手制作，非常精美，场面热烈而感人。泰国学生不能随便和老师开玩笑，见面必须双手合十致敬，要注意身体不能高于老师，个子高的人要弯腰；许多泰国学生有问题请教老师或者交

作业给老师，都是单膝或双膝跪下，以示尊重。在泰国，一个学生如若被定性为不尊重老师可是很严重的错误。可见，泰国师生间的关系还是比较严肃的，各种礼节也比较繁多，有着严格的传统等级制度要求。相对而言，中国的师生关系较为平和，更体现平等、平行，接近朋友的关系。

其实泰国师生的这种关系也是泰国社会人际关系的一个侧面体现。中泰两国的社会人际关系其实都是以伦理支配为主线的，而由于维护等级身份制的伦理存在，以及由其衍生出来的各种人们日常交往必须遵守的繁文缛节，势必要求人们尊师、敬老，不同点就在于，泰国由于宗教信仰的宗法力量，使这种等级观念在人际关系中表现得更为明显而已。

五、评定学生成绩的方法差异

在泰国，学生没有什么升学压力，就业压力也相对小。老师也并不是只从单一的考试成绩来衡量学生，其更看重的是学生的实际能力和动手交际能力，以及学生的独立性、创造力和综合能力。在泰国任教期间，我就充分体会到了这一点。比如育华学校，每个学期的期评考核形式就十分新颖和有趣。除了必要的基础知识笔试之外，学生还要参加多种形式的实践操作考核，由学校统一考试，考试一般持续1周到2周。再比如育华学校的学校开放日，就开设有学生泰式按摩展台，为师生、家长按摩；开设有学生导游展台，介绍东盟十国；开设有学生自制泰式食品展台，现场制作美食供大家品尝等等，还设有学生自由表演区域，几乎每个学生都会在舞台上单独或集体演唱、舞蹈。这种活动方式很轻松又很能调动同学们的兴趣，有利于培养学生大胆、外向、开朗、大方的性格。这些活动方式深受泰国学生的喜爱。此外，各个学科平时还要根据学科要求的不同设置相关的实践活动，考核成绩列入学分。这不仅能提升学生的理论应用能力，而且还培养了学生独立思考和解决问题的能力。

如果说中国的学习是一口井，讲究的是深度，那么泰国的学习更像是一片湖，学生的积极性被充分调动起来，在老师的帮助鼓励下，他们学习如何独立地思考。正是由于老师并不是用单一的标准机械地衡量每个学生，正是因为他们对于问题的结论不要求统一的答案，允许学生怀疑和反驳，当学生的学习欲望被调动起来时，其潜能也就被发挥得淋漓尽致。中国传统教育强调知识的传授，而泰国的教育更强调学生能力的培养。造成这种差异的原因，从跨文化交

际学方面分析,我觉得,主要是民族文化的不同造成的。1300年的"学而优则仕"科举制度使中国人形成了一种思维定势——一考定终身,注重文凭和学历。它很大程度上决定了人们的职业、收入、财富、社会地位和将来的发展空间,因此学生家长都很重视"分数"和考试。中国学生受传统思想影响喜欢讲求谦虚、"中庸",比较内敛,不爱外显和活跃,而泰国由于历史原因受到了很多西方思想的影响,他们最初的教育也是受西方的影响而发展起来的,因此他们的教育方式更趋于"西化",再加上泰国人民本身的民族性格也比较开朗活泼、爱热闹、能歌善舞,所以相对比较活跃,爱表现。这样的考试方式他们觉得得心应手,而对于中国学生就未必人人都喜欢了。

  通过以上中泰两国在学制和管理体制、教学方法和学生成绩评定等方面的分析对比,我们不难看出中泰两国的基础教育模式既有相似又有区别,而造成这种区别的最主要原因就是两国的历史文化背景和两国人民之间价值观、信仰的不同,以及传统观念和民族性格、民族思维方式的差异,因此在对待外来文化时,我们一定要注意从其特定的民族文化入手,展开实际分析。两种不同侧重点的教育模式,各有利弊。当然,中国式的教育确实为我们提供了扎实的理论基础和书面知识,这点是值得肯定的,不过在解放个性、创新思维、动手能力等方面,尤其是培养人的道德素养方面,我还是比较推崇泰国更具灵活性和创造性的教育方式。

夺命童话《猴子捞月亮》

黄建军

在网上搜索"学生 手拉手 淹死",相关新闻竟有200余条,每一条都让人痛心不已。

2009年10月24日14时15分许,荆州市沙市区长江边两名十二三岁的男孩溺水,十余名长江大学大一学生见势组成人梯手拉手下水救人,其中还有不会游泳的女同学,当第二个小孩快救上岸时,由于体力不支和暗流,人梯散了,9名大学生落水,虽然两名落水男孩最终获救,但陈及时、何东旭、方钊等3名大学生溺亡,均年仅19岁。

2011年4月26日,安徽六安市金安区马头镇陈台小学1名男生在河边洗脸时不慎落水,其他4名学生手拉手进行施救,不幸5人均被急流冲走。

2012年5月27日下午3时许,湖北省孝感市孝昌县季店乡中心小学5名年仅12岁左右的女孩在季店河中溺亡。事发时有两三名女孩首先溺水,在岸边的女孩听到呼救后手牵手下河施救,最终施救者体力不支被拖入水下,导致5人全部溺亡。

2012年6月9日10时40分,在哈尔滨市呼兰区方台镇高家村附近的松花江边,1名女中学生在岸边洗手时不慎滑入江中,5名同学手拉手营救时不慎一同溺水。其中一男一女两名学生被好心人救上岸,另外4名学生遇难。

2012年7月31日上午,河南方城县拐河镇徐沟村徐青坡与同村4个小孩采完蘑菇后,徐青坡想到水库边洗洗脸,但刚站到水边就滑了进去。徐辛金和徐松林赶紧跑过去,手拉手想把徐青坡救上来,结果他俩进入水中后也从水面上消失了。

2013年4月28日下午,湘乡市育塅乡4名小学女生在河边石头上玩水,

其中1人落水后，另外3人手拉手去救，结果全部溺亡。

2013年5月11日，惠州市博罗县罗阳一中8名初中男生在江边滩地烧烤时，其中1名同学疑误踩江边石沙滑入水中，岸上的同学急忙手牵手去救，不幸其中4位男生落水，5人相继溺水身亡。就在同一天，相隔不远的梅州市五华县也发生了类似悲剧，6名初中生相约游泳，1人溺水后，另外5人试图采取手拉手的方式营救，结果仅有2人上岸。

……

痛定思痛，一方面，类似恶性事故的遇险现场，多半在野外河塘、江边，地理环境复杂，周围无法找到救生船、救生圈甚至一根木棍、竹篙等有效救生工具。另一方面，施救方法的错误选择也是导致悲剧的重要原因。

从上面几个案例来看，他们都选择了"手拉手结人梯"的救人方法。那么，一个象征着团结和力量的"手拉手结人梯"，为什么不能成功救起落水者，反而造成了更为严重的后果呢？

说出来，道理很简单，由于是单手拉单手这种"串联方式"，所有的拉力最终传递到最末端那个人，而最末端的那个人又没有一个有效抓手，后果可想而知。而且，由于落水者已处于慌乱状态，出于本能反应会死死抓住伸过来的"救命稻草"，从而使第二个人很快陷入严重危机之中，第二个人也会本能反应地死死抓住第三个人的"救命之手"，如此类推，最终谁也不会松手，一起落入水中，"中途脱钩"几乎成为一种奢望。

如此简单的道理，学生们为什么不懂？如此严重的事件，为什么一而再再而三地发生？身处异地的这些落难者，为什么会不约而同地选用"手拉手结人梯"这种错误的施救方法呢？

我认为，除了和教育缺失等因素有关，还和一篇老少皆知的童话《猴子捞月亮》有关。我询问过很多学生，当你面对同伴落水时，你会采用什么方法施救，大多数人不假思索地回答——"手拉手结人梯"，而且基本都认同灵感来自《猴子捞月亮》。再问知不知道采用这种方法救人会很危险时，他们要么说猴子都能做到，应该安全有效；要么说无法验证不知道。

多么可怕的回答呀，让我们再来回顾一下这个有着如此影响力的童话。内容大致是这样的：

在一座山上，住着一群猴子。

一天晚上，月亮又圆又亮。猴子们都下山来玩。它们蹦蹦跳跳，东瞧瞧，西看看，玩得很快乐。

一只小猴子看见一口水井。它趴在井沿上朝井里一看，咦，井里有一个又圆又亮的月亮。小猴子吓得撒腿就跑，大声叫喊："不好了！不好了！月亮掉在井里了！"

大猴子听见了，连忙跑过来，朝井里一看，真的，井里有一个又圆又亮的月亮。大猴子也吓得大声叫起来："不得了！不得了！月亮掉在井里了！"

老猴子听见了，也连忙跑过来，朝井里一看，月亮果然在井里。老猴子就把猴子都喊了来，对它们说："不得了！不得了！月亮掉在井里了！我们赶快把月亮捞上来吧！"

小猴子说："我们爬到大树上去，一个接一个倒挂下来，一直挂到井里，就可以把月亮捞上来了。"

大家说这个主意不错，都爬到了大树上。老猴子用两只脚紧紧钩住了树枝，倒挂下来。大猴子从老猴子身上爬下去，用两只脚钩住老猴子的手。就这样一个猴子接一个猴子，一直倒挂到井里。最后一个是小猴子，听见它在井里喊："行了，行了，够得着了。"

小猴子把手伸到水里去捞月亮，井水给它一搅，月亮碎成一片一片，在水里漂荡。小猴子吓得喊了起来："哎哟，不好了！月亮被我抓破了！"

老猴子听了，生气地说："唉，这么点小事都干不好！月亮抓破了，可怎么办呢？"

大家都埋怨起小猴子来。

一会儿，井水慢慢平静了，又出现了又圆又亮的月亮。小猴子高兴地喊："好了，好了，月亮又圆了！"

小猴子又伸手去捞，捞呀，捞呀，捞了半天，还是捞到一把水。小猴子捞不到月亮，急得吱吱吱直叫唤：

"哎哟！累死我了！月亮一碰就破，再也捞不起来啦！"

小猴子这么一叫唤，上边的猴子也都叫起来了。这个说："我的腿酸了，挂不住啦！"那个说："我的手疼了，抓不紧啦！"

这时候，老猴子忽然抬头一看，又圆又亮的月亮还好好地挂在天上，就对大家说："你们看，月亮不是好好地挂在天上吗？井里的是月亮的影子。傻孩子，

快上来看月亮吧！"

听老猴子这么一说，小猴子、大猴子，一个一个都爬上来。大家看着又圆又亮的月亮，吱吱吱吱笑起来了。

看得出，作者通过这个有趣的故事告诉了读者"光的倒影"现象，却无意中教了一个十分错误的救人方法。一群猴子怎么可能"老猴子用两只脚紧紧钩住了树枝，倒挂下来。大猴子从老猴子身上爬下去，用两只脚钩住老猴子的手。就这样一个猴子接一个猴子，一直倒挂到井里。"又怎么可能"小猴子、大猴子，一个一个都爬上来。大家看着又圆又亮的月亮，吱吱吱吱笑起来了"。早应该全掉到井里了。

一篇好童话可以影响孩子一生，但像《猴子捞月亮》这样有着致命常识错误的童话，相关部门是否应该效仿当年 BBC 等国际知名电台禁播《黑色的星期天》（英语：Gloomy Sunday，匈牙利语：Szomorú Vasárnap，也译作《忧郁的星期天》，是匈牙利自学成才的作曲家赖热·谢赖什谱写于 1933 年的一支歌曲。据说，《忧郁的星期天》是赖热·谢赖什和他的女友分手后在极度悲恸的心情下创作出来的。据称由于歌曲中流露出摄人心魄的绝望情绪，导致数以百计的人在听过之后结束了自己的生命。这支歌遂被冠以"匈牙利自杀歌"的称号）一样对它进行封杀呢？

现在，我欣喜地看到低幼年级的一篇看图作文《猴子捞皮球》，有些学生是这样写的：

小猴子捞皮球（一）

一天，四只小猴子在树下玩，它们又唱又跳，真高兴！忽然，有一只小猴子不小心把皮球扔进了一条河里。小猴子们都惊呆了，它们想啊想，终于想出一个办法。一只小猴子说："我们可以去找白鹅姐姐帮忙呀！"说着，它们就跑到了白鹅姐姐的家门口。

它们很有礼貌地问："白鹅姐姐，有一件事情，请您帮我们一下，好吗？"白鹅姐姐问："你们有什么事情呀？"于是小猴子们就把事情告诉了白鹅姐姐。听小猴子们说完，白鹅姐姐就出来和小猴一起走了。

白鹅姐姐与小猴一起走到了河边。小猴说："白鹅姐姐，请你帮我们拿一下皮球吧！"白鹅姐姐说："好的。"白鹅姐姐马上跳进河中把皮球拿了上来。小猴说："谢谢您！"白鹅姐姐笑着说："不用谢！"

说完，小猴又开始玩皮球了。

小猴捞球（二）

有一天，阳光明媚，四只小猴子一起在小河旁边的草地上玩皮球，它们玩得很开心，你踢来，我踢去。突然一只小猴踢得太用力了，把皮球踢到河里去了！呀，这下该咋办呢？小猴们都动起来脑筋，一只小猴挠挠头皮说："我们手拉手把皮球捞回来！"其他猴子听了直摇头，说："这个办法不行，很危险，会被淹死的！"另一只猴子说："我们爬到树枝上，一个用尾巴勾着树枝，拉着另一只猴子的尾巴，我们相互拉着伙伴的尾巴，把球捞回来，这样好不好？"又一只猴子说："这样太麻烦了，也不安全，万一树枝折了，咋办呢？还是回家去找个捞网来，捞一下就行啦！"大家都同意这只小猴的想法。

一只猴子飞似的回到家，拿来了捞网，把皮球给捞起来了。大家又高高兴兴地玩起皮球来了！

金钥匙之光

洪耀明

咸宁，一座新兴的生态旅游城市，这里群山叠翠、碧水泛波；桂花飘香、温泉淙淙。这里历史悠久、文化厚重；尊师重教、人杰地灵。这片神奇的土地，孕育了一所充满人文气息、被誉为鄂南一把金钥匙的学校——咸宁市实验小学。

咸宁市实验小学，始建于1965年，几代教职工艰苦创业，将自己的青春韶华无怨无悔地抛洒在这片希望的沃土上，用他们的才情和抱负，谱写着高亢激昂的奉献之歌。

咸宁市实验小学，以交给学生一把金钥匙为办学理念。在市委市政府和市教育局的正确领导下，在社会各界的大力支持下，执着追求，砥砺前行，实现了学校教育工作的跨越式发展。以习海平校长为首的新一届领导班子，确立了以德育为办学之首，教学为教育之本，创新为发展之源的学校发展指导思想，精诚团结，励志创新。以"作风朴实，工作扎实，任务落实"为工作目标，引领着学校不断向更高更强的方向迈进。

环境影响人，环境教育人，环境改变人。学校因地制宜，从教育性、艺术性出发，对校园环境进行绿化、美化、净化。花园般的校园布局巧致、生气蓬勃。朴实厚重的教学楼，色彩明丽、宽敞雅洁，默默承载着莘莘学子求知的梦想。绿树掩映下的科技教育馆，放飞着学生探索未来的翅膀。艺术教育馆雄踞在操场尽头，淡雅中透着庄重。百米艺术长廊，像凌空舒展的翼翅，亦庄亦趣。流淌快乐的音符，放飞心中的理想。诗一般的校园，芳草如茵、树木葱郁、鲜花盛开。卵石小径蜿蜒静谧，流连其间、心旷神怡。方方草坪藏巧于拙，仿生石凳悄然以待，读书小憩、自然天成。丹桂含英吐蕊，苍松傲然挺立，四季更迭、景色各异。枝影婆娑、鸟语花香，美不胜收。目之所染，耳之所濡；足之所及，

情之所怡。无不隐喻着教育者独到的匠心和鲜明的表达。与优美的自然环境相映成趣的是学校自成一派的文化氛围，校园中心的师生雕塑，诠释着师生和谐、面向未来的教育真义。"爱、思、雅、正"四字浓缩着人性精神的基本要素。LED全彩显示屏，普及百科知识，渗透人文教育，展示学生特长，记录成长足迹。校园广播隐身林间，美妙声音、轻轻流淌。绿荫处、青草旁、墙壁上、楼道间，一幅幅精心设置，富有启思功能的标牌，教育的功能随处体现，人性的关怀触手可及、鲜花含笑、草木怡情、墙壁说话，环境育人，这些无声的老师，无不给学生以心灵的熏陶和美的享受。

依法办学，航向自正；依法施教，行为自端。学校以文明创建推动学校发展。始终把规范管理摆在首要位置，建立科学规范的议事决策制度，完善教职工代表大会制度和行政决议制度，在民主管理中追求科学，在科学决策中体现民主，建立学校、社会家庭三位一体的教育网络，使教育变得和谐而更有力量。家长委员会，增进了家长和教师的情感和友谊。行风监督员是学校求方问计，良性发展的智囊高参。校务公开栏是开放办学的前沿窗口。学校与家庭报、学校网站拉近了学校和家庭、心理和空间的距离。家校联系平台，使家长和教师之间，沟通更顺畅，感觉更轻松。课外访万家活动，面对面交流，心与心相融，赢得了社会各界和广大人民群众的高度称赞。坚持正确规范的办学方向，贯彻以人为本的办学理念，追求恒久不竭的办学活力。正是秉承这种办学思想，咸宁市实验小学这片教育的沃土，显现出无限的生机与活力。

百年大计，教育为本；教育大计，教师为本。咸宁市实验小学确立了优化师资、净化师风、改造师德的师资建设总体方针，努力打造一支德艺双馨的教师队伍。近20年来，学校实行优者从教的人才引进机制，通过公开招聘、科学选拔，为精英教师开辟通道，按需设岗、优胜劣汰。每周一次的政治学习例会，20年来坚持不懈，历久弥新，学习政策、聆听报告、领悟精神、凝聚人心，提高教师的政治素养，升华教师的精神境界，成为学校政治思想建设的一道靓丽风景。

铸师魂，修师表。一系列师德主题教育活动，贴近实际，鲜活丰富。师德承诺活动，自我激励，社会监督。廉洁文化进校园，一岗双责展风采。为保持和增强学校发展的内在动力，学校提出了教师专业化成长，必须达到的三种能力，即学习力、教育力和创新力。依托教师团队优势，发挥名师引领作用，构

建成长网络平台，创设专业化成长环境。每周四的业务学习，各年级分学科的备课小组，解读课标，分析教材，教师们互动思想，分享心得，开展课题研究，形成浓厚科研氛围。扎实开展广泛推广，开发校本课程，利用家乡丰富人文自然资源，自主开放，贴近生活。教学活动月，名师示范课，骨干观摩课，新秀研究课，组内交流课，学术氛围浓厚，课堂激情飞扬。

通过学习和自我修炼，教师的知识底蕴、教育观念、教学手段都得到更新，紧扣时代脉搏。德高业精，专业引领发展，志趣广博，雅趣成就品位。德艺双馨的教师群体，秉承教学的艺术，不在于传授知识，而在于激励、呼唤和鼓舞的思想。"向40分钟要效益"的优质课堂教学，饱含了教师们的激情和智慧。减轻学生课业负担，学生们学得轻松，学得快乐。课后的精心辅导和耐心交流，建立起了师生之间沟通的桥梁。孩子们不仅学到了丰富的科学文化知识，也养成了良好的学习习惯。

成绩来自于孜孜以求，硕果来自于辛勤工作。一批富有真知灼见和真才实学的拔尖人才脱颖而出。省特级教师、咸宁名师、省骨干教师、市学科带头人、中学高级教师似张张名片，辉耀荆楚。教坛新秀、青年骨干如雨后春笋，破土而出。一篇篇文章，凝结着他们对教育规律的深入探索；一节节优质课、研究课、比武课，倾注了他们对教学艺术的不懈追求；一个个课题，展示着他们学者的风采和师者的情怀。做受学生爱戴、让家长满意的老师，不陶醉于那已成过去的荣誉，而是痴心于在平凡中品尝成功的快乐。为了学生让我们再次出发，为了学生我们始终在路上。

全面提高学生素质，是学校教育的终极目标。咸宁市实验小学坚持推行以人为本、着眼全面、知行合一、发展特长的素质教育理念。创设乐学、优学环境，促进学生自主、和谐、健康发展。树德以正身，立品而致行，学校树立以学生为主体的德育工作宗旨，注重德育落脚点和时效性，每周规范的升国旗仪式，让德育工作成效更加显著。全校师生沐浴晨曦，齐唱国歌，目光虔诚，心灵净化，注视着五星红旗冉冉升起，爱国之情、奋起之志油然而生。

校园形象大使评选，内容全面，形式时尚，注重引导，促进养成。学校注重学生的心理健康教育，抓好学生良好的行为习惯养成。同时在德育教育中渗透安全教育、礼仪教育、孝老爱亲教育，从而让德育工作多元化、健康化、和谐化。多年来，学校始终注重学生体育素质的提高，大力实施兴体强身、全

面育人的体育战略,磨炼学生的意志,培养集体精神。发展个性,发挥特长,取得了显著成绩,学校先后被定为市田径传统项目学校,市乒乓球训练基地。2003年学校被国家体育总局授予为"全国青少年体育俱乐部",同年被国家体育总局评为"贯彻体育锻炼标准先进单位"。学生有特长,班级有特点,学校有特色,是学校实施素质教育的突出成果。每到课外活动时间,同学们奔向自己喜爱的兴趣小组,去学习,去感受快乐。艺术类、体育类、科技类、学科类应有尽有。欢笑声、琴乐声、鼓号声、诵读声,声声入耳、生机勃勃。有的挥毫泼墨,笔走龙蛇;有的身背腰鼓,展臂挥舞,同学们在欢乐的海洋里自由翱翔。一年一度的美育节、游园节,内容充实,盛况空前,同学们像赶集一样,自主参与,释放天性。这里是放飞心情的空间,这里是施展才华、张扬个性的舞台,运动会、科技节,好戏连台,节节开花。同学们展示体育技能,激情飞扬,迸发智慧火花,创意无限。社会实践活动,形式各异,内容丰富。去向往的军营,摸摸枪,照张相,感受军纪,心系国防;去手拉手学校看望小伙伴,搭建连心桥;给灾区人民踊跃捐款,奉献一片爱心;去夏令营,感受家乡美丽风景,了解家乡建设成就;去当小交警,做交通安全宣传员;去推广普通话,为创建文明城市献出力量;去当志愿者,宣传咸宁,为家乡送去祝福。感悟自然,感知社会,关爱他人,善待自己,多彩的实践活动,为同学们提供了培养特长、锻炼能力、提高素质的发展平台。

春风化雨,润物无声。一颗颗小苗,正舒枝展叶,茁壮成长。一代代小雏鹰,正迎风展翅,翱翔未来。

长风破浪会有时,直挂云帆济沧海。悠久的历史传承,严格的教育管理,鲜明的学校特色,强烈的质量追求,四十余载耕耘。收获累累硕果,学校先后荣获:全国现代教育技术实验学校、全国依法治校示范学校、全国双合格优秀家长学校、省最佳文明单位、省中小学综合实力50强学校、省安全文明校园等称号,2009年和2011年被评为全国文明单位。

我们一路风雨阳光,一路踏歌而行。弦歌不辍,薪火相传。成绩属于过去,梦想就在前方。我们将继续手捧金钥匙,高扬起科学发展的新航帆,朝着心中的理想,铿锵前进。

探索家校沟通渠道
构建社会评价学校新机制

刘安平

随着社会的发展，人们对家庭教育寄予的期望值越来越高。对家庭教育指导的研究有很多，研究主要着眼于提升家长的素质和进一步提高学校教育效能。在中国，家庭教育与学校教育如何协调发展并形成有效沟通正成为一种潮流，但是家校沟通在整体上还未能满足所有家长和学校的需要。因此，学校把探索家校沟通渠道，构建社会评价学校新机制提上了议事日程。学校以本校为背景，考察了小学家庭教育与学校教育的沟通现状，尝试去探索如何使家庭教育和学校教育有效结合，以及学校如何指导家庭教育，以形成社会评价学校新机制。

一、现状分析

现代社会不仅要重视家庭教育和学校教育，还要重视家庭教育和学校教育的合作。目前，我国家庭教育和学校教育的合作存在许多问题，这种合作大多流于形式，为了改变这种现状，使合作稳定持续的发展，就必须树立学校教育、家庭教育合作的教育观念，确定合作教育的目标，建立合作教育的体制。充分发挥家庭教育和学校教育的作用，促进学生身心健康发展。学校、社会、家庭三者紧密联系形成合力对学生进行教育，已引起广大教育工作者的重视。研究家长的心理状态和由此引发的教育方式，探索拓展家校联系的新途径，以提高教育效果，进一步提高学校在社会的影响力，也显得格外重要。

近日，学校召开了各年级家长会，并向家长发放了《家校沟通信息反馈表》600份，有针对性地对各年级家长进行了一次调查。回收反馈表560份，调查

显示，学生家长对学校教育的满意程度达 98.7%，其中十分满意的占 72.4%。由于学校长期以来卓有成效的工作，通过学校家长委员会加强与家长的沟通和合作，教师经常性的家访与家长沟通，使得家长有更多的时间和机会了解学校，学校荣获了全国"双合格"示范（优秀）家长学校等称号。家长与学校及教师的有效沟通成为学校发展的必然趋势。

通过多年的管理与探索，我们认为，当前家校沟通面临的主要问题是：

1. 层次不均，难以沟通。由于学校面对的是广大学生家长，而家长知识水平和文化程度的差异使家校沟通难以形成老师、孩子、家长三者有机的统一。有的家长不能及时向老师反映孩子存在的问题，也不能及时了解孩子在学校的表现，特别是学习成绩、学习方式、学习习惯及学生品德、行为等问题不能及时与教师沟通。家庭教育存在着个体差异性，部分家长本身有着惰性和不良习性，不能很好地督促自己的孩子，从而影响到孩子在校的情绪和态度，久而久之就导致了孩子的慢慢滑坡。

2. 缺乏认识，责任不强。从家长方面来看，家长繁忙，很少有时间关心学校教育，普遍认为将孩子送到学校就是老师的事了。家校沟通仅仅限于家长与教师间的沟通，许多家长没有形成正确的育子观，往往只注重学生的学习成绩，对孩子关心不够，没有意识到家校沟通的重要性。加之与教师沟通多的家长往往是孩子存在这样或那样的问题，特别是后进生成为教师关注的重点，家长有时顾及脸面怕与教师见面或通电话。至于学校教育教学现状、学校发展状况、教师工作状况、学生在校表现很少有人会过问。从教师方面来看，教师整天忙于备课、批改作业，时间更是紧张，也没有更多的时间主动找家长沟通，甚至有部分老师认为一学期一次的家长会是流于形式，无从说起，所以家长会也就成为他们所认为的走过场。

3. 班额过大，联系面窄。作为教师尤其是班主任向家长反映情况时，由于受到种种局限而较为片面。一般来说，后进生家校沟通要及时些、多一些，其他的学生就少一些，中等生就更少了。各班学生人数太多，不利于家长与老师的沟通。加上不断竞争的社会现状让更多的家长忙于工作而无暇顾及孩子发展状况，更谈不上与老师进行长时间的交流。

4. 顾虑太多，难以坚持。家长普遍认为家校之间缺乏实时、快捷的交流方式。从学校工作现状来看，家校沟通还缺乏较为完整的管理体系和制度。虽然学校

成立了家长委员会，并做了卓有成效的工作，但因为所处的空间、时间、人员规模以及家长不同层次的差异给家校沟通带来了诸多不便，学校只能通过家长会的形式集中一定的有限时间，给教师与家长搭建一个交流的平台。家长会这种集中的交流方式固然很好，但留给个体独立的、有针对性的交流时间过少。另外，电话成为大家普遍认同的家校沟通的工具，以前的家访逐渐被电话所代替。虽然老师与家长经常通电话，但家长有时也担心会影响教师的工作和休息。

5. 重视不够，缺乏长效机制。各所学校由于经济条件有限，对建立家校沟通没有长效的约束机制和激励机制，往往教师与家长的沟通被理解为教师与家长对学生进行教育的形式。另外，由于教师的社会地位不高、待遇不好、压力太大等因素，影响了教师与家长的沟通，使教师更多地把精力用于孩子的学习上，而忽视了家校沟通的重要性。更谈不上由家长参与学校管理，提高学校综合实力。

及时、长效、有效成为学校和家长进行沟通的共同愿望，怎样实现还有待共同参与、讨论、完善。

二、改进措施

学校的发展离不开家长的参与，更需要广大家长的评价。学校办学的最终目标就是要办人民满意的学校。随着现代社会经济和科学技术的发展，家长的素质决定家庭教育的层次。由单一的学校教育来完成对孩子的培养已经显得力量不足，需要全社会共同担当起教育青少年的责任，因此目前教育界对学校、社区、家庭一体化的研究十分关注。

（一）提高认识，坚持养成教育和家庭教育相结合，以"三位一体"模式延伸养成教育。家长是学生的第一任老师，也是终身的老师。小学生在入学前已形成的行为习惯无一不烙上了家庭、家长的印痕。面对纷繁复杂、千差万别的社会，要使心灵幼稚、思维活跃、模仿性极强的小学生形成良好的行为习惯，仅靠学校教育是远远不够的。实践证明，只有通过成立家长委员会、家长学校等形式把学生行为规范的内容和要求，教育的方法和重点向家长宣传，定期开展培训，定时间、定人员（教育专家、教育专业人士）、定教材，全面加强对家长家庭教育知识的辅导，请家长支持、配合并身体力行、以身作则，才能收到良好的效果。

（二）建立家长沟通平台，让家长广泛参与学校管理。建立家校沟通平台，不仅有利于家长和老师更好地交流，架起家校沟通的桥梁，同时也可以让更多的家长了解学校，广泛参与学校管理，为学校健康发展奠定基础。

1. 家校联系制度。每个学生人手一册家校联系卡，由学生自己记录当天的作业及在校表现，每天带给家长，家长负责记录孩子在家开展"素质训练"和"孝敬日"等活动及完成作业的情况，第二天由老师批阅，并根据不同的学生或打☆，或写上一段鼓励性的评价，或善意地提醒。使联系册成为家长了解学校，了解自己孩子表现，与教师进行交流的良好载体。随着信息网络进入校园，运用更快捷的电子传媒手段——"校讯通"进行家校沟通，现已被老师们逐渐掌握。相信这一媒体的介入，会进一步促进这一活动的完善。开辟网站，设立家校沟通平台，如校长信箱、校长热线、家长为学校献一言专栏等。每班建立一个QQ群，并向家长公布，班主任和任课教师定期上网与家长面对面交流。学校有任何重要决定均应通过书面形式向家长发"告家长书"，并在学校网站等媒体上予以公布，每学期要与家长就学生安全等问题与广大学生家长签订"家长责任书"，让更多的家长重视孩子的教育，让更多的家长进一步了解学校。

2. 家长开放日活动。家长开放日活动是为深入家校沟通，让家长更多地了解孩子在校的表现，与同龄人之间有所比较，让家长走进校园，了解学校教育动态，促进家校联系所开展的又一活动形式。因此，我们强调每个学期各班进行家长开放日活动之前，都要仔细确定活动主题，活动重点要有新意，要有成效。让家长在听、看、参与中受到启发、影响，促进其素质提升，同时鼓励家长对学校工作提出合理化建议，促进教师和家长之间的进一步沟通，增进理解。

3. 开辟"家教天地"。组织班主任积极探索家校联系的途径与方法，调动家长参与教育的积极性，发动家长参与学校一些主题活动，如"成功家教案例""家庭美德"征文活动，"告别生活陋习，争创文明家庭""十佳以德育子家庭""优秀学生家长"等评比和表彰活动，促进家庭成员共同努力，巩固学校教育。

4. 设立校长接待日制度。每天由督查校长负责接待来访家长。任何教师，无论他具有多么丰富的实践经验和深厚的理论修养，都不可能把复杂的教育工作做得十全十美、不出差错。而且随着整个民族素质的提高，家长的水平也在

不断提高，他们的许多见解值得教师学习和借鉴。加之"旁观者清"，有时家长比教师更容易发现教育过程中的问题。因此，学校要与家长保持平等关系，保证交流渠道的畅通。要坚持这个原则最忌讳的就是教师以教育专家自居，或是在与家长交谈过程中使用过多的专业术语，给人以高高在上的感觉。校长还要学会倾听，及时捕捉家长发出的信息，并能够用家长的视角来看问题，只有这样，教育信息才能够双向流动。

5. 家长委员会轮值制度。即由学校通过民主选举产生学校家长委员会和年级家长委员会，在学校家长委员会统一协调下，由家长委员会成员定期来学校，参与学校管理，了解教师教学，了解学生在校状况，对学校工作进行评价，并提出建设性意见和建议，便于学校进一步改进工作。实践证明，我校多年来实行的家长轮值制度对加强家校沟通，进一步增进彼此了解，改进学校工作均取到了良好效果。

6. 治理周边环境。要取得工商、卫生、环卫、公安、交警等职能部门的支持，严格按照相关要求，清理整顿校园周边网吧、游戏厅、歌厅、舞厅，给学生营造一个良好的学习生活环境，让家长放心，让社会满意。

通过积极探索家校沟通渠道，让教师走进学生家庭，让家长深入了解学校，参与学校管理，为学校发展献计献策，构建社会评价学校的新机制，是学校教育发展中的一个新课题，我们将在工作中不断完善学校管理模式，以科学发展观统领全局，为把学校建设成为湖北一流名校而努力。

别让孩子对世界失去信任

付步雄

本学期期末考试，阅读题的文章是《信任的力量》，内容如下：

宽宽在美国一家幼儿园上学。昨天送他去幼儿园，刚进门，老师就跑来兴奋地对我说："我们有好消息给你！宽宽的自行车找到啦！"

然后全体小朋友一起唱了首不知什么歌祝贺宽宽，还每人跑来拥抱了他一下，真是比我们丢车的人还高兴。

我没想到他们这么重视这件事。上周五，宽宽把自行车忘在活动中心外的草坪上，过了一天一夜才想起来，回去找，已经不见了，他很伤心。

我们做家长的就想，自己粗心忘了东西，丢了也没办法啊，安慰安慰他就算了，并没想着要找回来。但宽宽从幼儿园回来后对我说，老师听了这件事很生气，说一定要帮他把车找回来，必要时可能还要找警察。因为老师曾看见一个小孩骑着宽宽的自行车到处跑，去问他时，那小孩却说是他自己的。

老师告诉我，是一个高年级的孩子把自行车偷走了，随手送给了那个小孩。那个大孩子因此被罚两星期不得去活动中心。她们说得兴高采烈，仿佛在庆祝正义的胜利。

我有点不安："两星期，是不是罚得太重了？是我们自己把车忘在外面了呀。"我心里认为，那大孩子是"捡"了一辆车，因为车没上锁，也没放在停靠站。

老师严肃起来："这是很严重的品德问题，他路过别人忘记的东西也是不应该碰的！另外，我非常担心宽宽对世界的看法。他去年已经丢过一辆自行车了，如果这辆车再找不回来，他就会有一种印象：如果我不小心忘了东西，肯定找不回来。这影响他对世界的信任，而他还这么小。"

这句话使我有点震惊。通常，我们习惯责备孩子——如果他因为忘性丢了

东西。但在这里，他们认为，保护一个孩子对世界的信任是一件大事。

文章带给我很大的震撼与震惊，正如文中老师所说的："这影响他对世界的信任，而他还这么小。"一个孩子从小对世界失去信心，对周边的人和事失去信心，是多么可怕的事情。在我们的日常生活中，作为教育工作者或者为人父母者，是否关注过、警醒过呢？是否用实际行动保护过孩子对世界的信任呢？我不得而知，而美国的教师则是在呵护孩子的童心，呵护孩子对世界的印象，美国的教育则是希望把美好的种子播撒在孩子的心中。

这可能就是中美教育的差异与差距吧！

这次考试的作文是话题作文，自拟题目，给孩子以广阔的思维空间。提示如下：

在成长的过程中，总有一些人、一些事或者一本书给你留下了深刻的印象，或许影响过你的成长，请把他（她）或它对你的影响写下来。

阅卷的过程中，我发现很多孩子，审题没有偏差，语句通顺，并且是写人、事或者书籍给予自己正面的激励。在改到程果同学的作文时，我不由得陷入了沉思。

程果同学的作文是这样写的：

一件印象深刻的事情

在我的脑海里有很多的往事，但令我印象深刻的事发生在三年级的时候。

那天，我和妈妈去菜市场买菜，忽然看到前面有一群人围在那里，纷纷扰扰，吵吵闹闹。我和妈妈情不自禁地跑过去，挤进人群。我看到一个老爷爷坐在地上，衣服破烂不堪，身边周围到处是菜，还有一些穿着警服的城管。他们指着老人大声呵斥："你快点收拾你的摊子走，别影响我们执法。"老人一脸委屈地说："我怎么影响你们执法，我有营业执照。"我赶紧问周围的一个叔叔是怎么回事。那叔叔说："城管的人来这里执法，刚好经过老人的摊子，结果不小心摔了一跤，他便以为是老人故意弄的，便叫来一群城管强行叫老人走。"我似懂非懂地点了点头。

那老人和城管的人一直僵持在那里，没有一个人出手相助，我失望极了：怎么没有一个人见义勇为呢？忽然，一个青年对城管说："你们怎么可以这样对待一个老人呢？"随之而来的围观人群也附和着，城管脸红了，开着车溜了。然后一些好心人帮忙老人收拾摊位，我也加入他们的行列。

回来的路上，我想那名青年真是见义勇为啊，我要向他学习，要热心，不能像那些冷漠的人一样。

这是一个五年级的孩子在考场上的作文。事情发生在三年级的时候，而令他耿耿于怀的是那些城管对待老人的冷漠，令他印象深刻的是那位青年的"见义勇为"。

试卷上，孩子的字写得不是很好，并且还有几个错别字，可是我还是没有扣分，给了满分。掩卷沉思，我心里沉甸甸的。

城管执法一直饱受国人的争议与批判，因为在执法的过程中出现很多不和谐因素，没有做到以理服人，而是以罚代管，甚至发生斗殴事件，影响恶劣。这样的事情已经深深地烙在一个五年级孩子的脑海中，挥之不去，着实令人担忧。作为一个五年级的孩子，以他的视角看世界，应该是充满快乐、充满童真、充满希望的，而在程果的作文中，他写道"失望之极"，一是对城管的暴力执法，二是对围观人的敢怒不敢言，三是对这个世界的美好印象已经大打折扣。他在文中几次用到"见义勇为"这个词，在孩子的心目中，"见义勇为"便是对弱者的一种帮助。其实，"见义勇为"这个词的解释是指为保护国家、集体利益或者他人的人身、财产安全，不顾个人安危，与正在发生的违法犯罪做斗争或者抢险救灾的行为。城管本来是政府的一个执法部门，他们的行为应该是合法合理合情的，但是由于城管执法的粗暴以及无理，导致其行为在孩子心目中等同于"违法犯罪"，这是多么可怕的一件事情啊！

有一句话在网上很流行：世界的模样，取决于你审视它的目光。在孩子的眼里，世界应该是一幅色彩艳丽的画，孩子的成长应该是在一张素净的白纸上图画色彩的过程。如果他们看到的、听到的都是一些黯淡的元素，那么孩子便会对世界失去信心，对世界失去信任，久而久之，他们何以承担起建设美好社会的重任啊？

教育，不仅仅只有学校教育，家庭、社会的教育资源对孩子的成长影响远远超过学校，家长、社会的熏陶感染远远超过教师的正面引导。因此，在培养孩子时，在面对充满希望的下一代，我们全社会都应该承担起教育的责任。给我们的孩子、后代营造一个明丽、灿烂的成长环境，让他们成长的空间更加纯净，让他们前行的脚步更有力量，让他们热爱世界，热爱生活，相信社会，憧憬未来。

育人最美在无痕

张细萍

著名诗人泰戈尔说:"不是槌的打击,乃是水的载歌载舞,使鹅卵石臻于完美。"每个学生就像发光的鹅卵石,色彩斑斓,形态各异。教师就像清澈透明的小溪,润物无声。

六年级毕业考试在即,学生们正处于紧张的复习阶段。课间,我在教室巡查的时候,发现学生们都在忙着写毕业留言。随手翻阅了几个学生的毕业留言册,感慨现在孩子的毕业留言册可真够精美!可仔细一阅读,真是让我瞠目结舌!诸多少儿不宜的话语映入眼帘:祝你早结良缘!早生贵子!祝你一路升官发财,当上大老板可别忘了哥们我!更有甚者写下一些庸俗不堪的咒语!

我不敢相信这竟然出自我心目中这群聪明伶俐、积极进取、善思多辩的孩子之手!我问孩子们:"别人写这样的留言送给你,你生气吗?"回答是:"不生气啊!只是觉得蛮好玩啊!"我真有点哭笑不得,孩子们凭着他们单纯的思想,简单的经历,把这些少儿不宜的话语当成了时尚语言,把这些哗众取宠诸如此类的做法当成了毕业分手前的开心果。作为语文教师,我不能让我的学生只会用粗糙世俗的思想和语言来表达所谓的"个性"!

第二天,我走上讲台,对同学们说:"孩子们,我们即将告别小学,走进新的学习殿堂,今天老师就带着你们一起写毕业留言,好吗?"教室里一片沸腾:"老师万岁!"我在黑板上出示了昨晚准备好的几段留言:"请大家欣赏我写的留言,看有什么特点?"

孩子们马上发现了第一则留言是一首诗,回忆美好的往事,表达依依不舍之情。第二则留言是讲一个小故事,提醒对方"坚持不懈才能成功"的道理。第三则留言写了一个同学的优点和缺点,劝告他尺有所短,寸有所长,只有扬长避短,才能不断进步。第四则留言是用倾慕的语气衷心地赞美同学的种种闪

光点，祝福他开拓进取，鹏程万里。

几番交流下来，师生共同概括出写毕业留言的几种写法，如回忆往事、谈论特点、勉励他人、交谈思想、衷心祝福等。我说："小学毕业是我们人生漫漫长路上的一个金色的脚印，一个美好的开端，它犹如初升的朝阳一般灿烂天空，犹如无声的春雨一样滋润心田，所以，我们留给同学的应该是最美好的最真诚的文字。现在，让我们拿起笔来写一两段话送给你最想给的同学！"教室里又是一片沸腾："耶——"大家都在奋笔疾书，我来回巡视，发现了喜人的起色。

王熠站起来声情并茂地朗读："成功的大门由勤奋的钥匙开启，生命的琴弦靠不懈的追求拨动，愿你扬起信念的风帆，把握好人生之舵，驶向灿烂的未来！"

曾鸣吟起诗歌来："友谊是春天的一缕微风，拂去烦恼；友谊是夏天的一丝凉风，给人启迪；友谊是秋天的一片落叶，带走寂寞；友谊是冬天的一束阳光，让人温暖！愿友谊地久天长！"

李林迫不及待地读出声来："以前，我经常搞恶作剧惹你掉金豆豆，我想向你真诚地说声对不起，你能原谅我吗？希望很多年以后你还能记得有这么一个为你的童年生活增添一抹色彩的同桌的我哦！沙扬娜拉！"

大家争相朗读自己的杰作……我激动地说："孩子们，用真情去浇灌出来的语言是最美好的！让我们永远把美好留在纸张上，更留在心中！当然，我也有一段祝福送给你们，不过是送给15年或20年后的你们！""什么祝福语？"大家急不可耐地问。

"15年或20年后，当你们步入婚姻殿堂的时候，白发苍苍的我会举起红酒，满怀喜悦地祝你们喜结良缘，早生贵子！"大家都笑开了，那笑声是纯真无邪的，是自由无束的，笑声过后是一片掌声，我在掌声中走出教室，我仿佛看到真情在涌动，热情在洋溢，心灵在真诚，思维在撞击。成功的教育不是喋喋不休的传经布道，而是春雨无声般的不露痕迹，不伤自尊心，不丢面子，更不会引来抵触和逆反。它有的时候只需要一种提醒，一种尊重，一种信任，一种期待，就能让学生接受一次春雨的洗礼与阳光的照耀！

教育杂感

谢 军

教育，是以促进人的发展、社会的进步为目的，以传授知识、经验为手段，培养人的社会活动。

小学阶段则是人形成正确世界观和价值观的最萌芽和原始的阶段，小学阶段不仅仅要教会孩子科学文化知识，更重要的是培养孩子正确的态度和认识，以及判断和推理的能力。

教育是一项伟大的工程，其成效不是一时半会儿就能体现出来的。在教学过程中，我力争通过课内课外让学生学到书本知识的同时能够更多地吸纳一些其他知识。鼓励学生走进课堂，走进书本，又要从书本走出，走向现实的生活。他们要接触社会，他们要自己去生活，那么书本的知识是远远不够的！我会在适当的时候给孩子讲一些自然科学、人文地理的小知识，以及一些关于日常生活的小常识，遇险的急救、突发事件的应急处理等等！

新闻、报纸经常报道"某某孩子学习成绩一流，可是在遇到突发事件的时候，却一筹莫展"。教育的真正目的是在"成人"的基础上再"成才"，而今天的教育评价体系，那一份经过"深思熟虑"制定出来的考卷是检测不出学生的"成人"水平的。

其实这倒还不是最恐怖的，最让人心痛的是很多一线教师认为考核自己成绩的是那份试卷，于是他们就一门心思地出题做题，根本不关心孩子的"成人"培养。当然，这是教育体系的不完善造成的，作为老师，我们无力来改变它。但是，从为师者的角度出发，就应当关心孩子的这些能力的培养，哪怕你的这些所谓的"额外付出"（其实是很实在的教育教学）得不到别人的认可也无妨，教育就是一种无私的付出，任何时候都不可以也不能成为功利的。其实想一想，

当你看到孩子健康快乐地成长，你就应该感到一种欣慰和鼓励。

孩子的兴趣是广泛的，孩子的求知欲也是很强的，那么老师就应该为孩子的兴趣和求知欲创造空间和营造氛围。班级图书角的建设，在很大程度上调动了孩子学习的积极性！在图书角建设之前，孩子来校以后不知道该做些什么。而当图书角建设好以后，通过一段时间的适应，孩子们来了以后很自觉地拿书、看书。阅读是很好的习惯，而这种习惯要从小的时候开始培养。

一次和一个学生家长聊天，他说到孩子最近成绩提高不大，甚至有的科目还有下降趋势，最后他总结出一个主要原因是孩子特喜欢看书，侵占了学习时间！听了他的话，我很惊讶，一是难得见到如此爱读书的孩子，令人欣慰；二是家长却要来扼杀孩子的阅读兴趣，着实吓人。

我思索片刻，向他提出我的见解：阅读是好的习惯，一个爱读书的人是不会没有出息的，而孩子有了这样的兴趣，是一件好事，现在"阅读"正离我们越来越远，应该珍惜和保护孩子的这种兴趣，并且鼓励和引导他更加积极阅读好文好书。更何况阅读不会太影响孩子的成绩，孩子的成绩不理想还可以再努力提高，而一旦阅读的兴趣和习惯没有了，可能一辈子都不会再有了！更不能以扼杀孩子的阅读习惯来换取孩子成绩的一时提高。我还让他想想除此以外还有没有别的原因，后来他说："当孩子取得好成绩时，会奖励他上网玩游戏一个小时，现在孩子不自觉地就上网了，可能是上瘾了。"我又和他说，奖励孩子上网的方法并不是太可取！那样会把孩子引向网络的深渊，因为孩子的自制力很弱，分辨能力也不高。后来我们又商量一会儿，达成共识：孩子读书家长不去多问，只是引导他看健康的书，减少上网的时间，今后取得进步以"奖励优秀图书"取代"上网一小时"。后来我们共同发现果然有效果，孩子在不断进步！

"十年树木，百年树人。"人才的培养是一项长期和艰难的工程，应该"目光放远，成绩滞后"，在点滴的积淀中升华。考核学生的体系和方法暂时还改不了，这也不是我们能改变的事情。我们要做的就是应该更加关注孩子1年后，10年后，20年后的发展和自己今天的教育有多大的关联，而不是仅仅停留在文化成绩的考核上。

孩子的水平、行为习惯存在差异，要求他们一起进步、同时进步是不大现实的。我在教学过程中，采取了特殊的做法，首先选择有待开发的对象，观察

一段时间，然后根据情况实时批评和表扬！让他知道自己是有可能进步的，但是又不是持之以恒的。接着选取适当机会，找一件比较特殊的事情给他做，有了之前的"批评"和"表扬"，他很期待再次证明自己，使自己得到表扬。其实通过观察，我就已经有很大把握他能将事情做好。等他出色完成任务的时候，再大加表扬，并且当众说"我觉得某某可以嘛，你们看，他真的了不起，我相信他会更加努力，一定会取得更大进步，大家给他掌声！"以后接连一段时间，积极寻找他的闪光点（其实有了之前的铺垫，他一定在默默努力着），给予大力表扬，而尽量不批评（而且说实话，也不再需要多批评了），"你们看，某某真了不起，我就知道他在不断进步，而且我还相信他会更加进步的。"

此时，班级其他同学会向他投来赞许和羡慕的目光，并且会情不自禁鼓起掌来。这样持续一阶段，他就会慢慢形成习惯，他会觉得自己就应该是这么优秀的样子，再也不想回到从前了。即使老师不再去表扬他，他也会按着优秀学生的标准来做事！间隔一段时间后，还可以再说"某某已经不用老师说了，已经步入优秀学生的行列了，老师相信他不会再回到原来的状态了"。记住，采用这种方法时，必须要突出这个学生，不要好多学生一起来，要突出这个重点，然后慢慢地"以点带点，以点带面"，要将孩子拉到一个更高的平台，当他自己"一览众山小"的时候，才会真实感受到进步和成功的喜悦。

"为师之道，道在何方？"我还在学习和探索阶段，但我坚信"用爱心和真心来对待孩子"是永远不会过时的思想。我更关心的是"如何通过自己今天的努力和付出，为孩子的明天、后天的发展奠定良好的基础"。我真心希望通过自己的努力把孩子健康、快乐、富有潜力地送到小学毕业，乃至人生未来的道路。

激发学生的兴趣

曾 驹

爱因斯坦说:"兴趣是最好的老师。"这句话很简单地说出了在学习中培养兴趣是多么的重要。心理学家马斯洛指出,知识本身是人类的基本需求,那么人类获得知识的过程,肯定是能够激发学习兴趣的。那么如何才能做到这一点呢?

首先,我们应该让学生理解"学习"这件事不只是在学校才能做的。

在校外,"学习"仍然无处不在。"学习"应该从校园延伸到校外,书本上的知识是非常有限的,孩子们可以利用课余时间,在知识的海洋里遨游,在那里他们可以接触到很多的教科书中没有的东西。如果说课本知识是前人从生活实践中总结出来的,那么在更广阔的世界,依旧会有许多未解之谜,学生深入生活,发现它,不也是一种探索学习吗?

我们应该淡化分数概念。分数当然可以检查学生的学习,但它不是唯一的方法。我们应该让学生明白考试分数高,并不意味着一个人将所学到的东西真正学会了。铃木先生是日本著名的教育工作者,日本的小学升学竞争是非常激烈的,所有家长都关心孩子的学习成绩,分数就像一座大山压得孩子们喘不过气来。但铃木的父亲对他要求不高,每门功课测试只要60点就行了。铃木当时很纳闷,就问他爸爸为什么,他的爸爸说:"求知是地球上最大的快乐,如果你整天想的只是考试成绩,知识将会成为一个无尽的苦难让人永远难以忘记,把其他的时间用来阅读吧,把喜悦带回到自己的知识。"

从那时起,铃木在父亲的教导下,只花少量的时间在功课上,课外书的阅读量却是同龄孩子的十多倍。也许在中国没有哪个家长和老师让孩子们到60点就行了,但这个非同寻常的思想和理念,创造了一个伟大的教育家,难道这

不值得我们深思吗？

其次，我们应该为学生创造一个宽松、和谐，有利于学生生理和心理发展的学习气氛。

很多媒体都提到了现在学生厌学非常严重的原因，包括社会因素、家庭因素、学校因素等等。尽管素质教育提了很多年，但在真正意义上还没脱离高考指挥棒控制，也没有真正地让每一个教育者理解。

我认为营造一个良好的学习氛围至关重要。一方面，爱每一个学生，让每个学生的教育平等，无论他是不是最贪玩的，最糟糕的学生。另一方面，对于后进生，教师更应多关心他们，帮助他们树立信心。美国著名的医学专家弗雷德在谈到他的成功时说，他的老师改变了他。在遇到墨菲老师之前，他是一个自暴自弃的孩子。小学五年级的时候遇到墨菲老师，墨菲老师不只是对弗雷德耐心帮助，并始终给予他热情鼓励，他对弗雷德说："你很聪明，孩子，我知道你一定会前景光明，我充满了信心。"弗雷德下定决心：一定不要辜负老师的期望，决不向困难低头。后来，他终于成功了。

学生参与创造，唤醒他们沉睡的潜能，充分激发学生的主动意识和进取精神，有利于学生的生理和心理发展。学校应组织集体活动，使广大学生在活动中锻炼自己的能力。一个学生参加学校组织的诗歌朗诵比赛，在他的日记中写道："得不得奖是次要的，关键是要参加这个比赛，老师锻炼我们的胆量，增强自信心，这是我最大的收获，我希望参加这样的活动，锻炼自己的能力，学到书本上不能学的东西。"

我认为，这是非常成功的，即使他没有赢，但在这一事件中获得了最宝贵的东西——战胜自我。这种品质，对他面对人生，走上社会是非常必要的。学校组织集体活动，不仅丰富了学生的学习生活，让他们觉得学习不再单调和乏味，而是充满乐趣的，也可以让学生收获活动中或书本上学不到的东西，以提高学生的素质。精力充沛的学生，他们的接受能力，可以挖掘的潜力还很大。如果我们能创造一些机会，让他们尽可能地参与，可以极大地调动他们的学习积极性。

学会赏识孩子

陈晓伟

一位哲学家说过:"人人都是天才。"要让孩子的潜力充分发挥出来,就要学会赏识孩子。

赏识孩子应该发自内心

作为父母,我们总是希望自己的孩子是最好的。但是在我们的眼里,自己的孩子总是不如别人的孩子好,这到底是为什么呢?这源自于父母们望子成龙的心态。但是,每个人都有优点,也有缺点,孩子也是一样。父母由于天天跟孩子生活在一起,眼中看到的似乎总是孩子的缺点,而忽视了他们的优点。在现实生活中,父母经常会把自己孩子的短处和别人孩子的长处相比,甚至把别人的孩子过度地美化和夸张,本想给自己的孩子树立榜样,其实却给孩子带来巨大的伤害,甚至会影响孩子的一生。赏识自己的孩子,应该发自内心。

杜鲁门当选美国总统后,有一天,一位客人来拜访他的母亲。客人笑着对杜鲁门的母亲说:"有哈里这样的儿子,你一定感到十分自豪吧!"杜鲁门的母亲微笑地回答:"是这样的,不过,我还有一个儿子,他同样让我感到非常自豪,他现在正在地里挖地豆呢!"杜鲁门的弟弟是一位农夫,但是母亲并没有认为这位做农夫的儿子是无能的,对她来说,每个孩子都令她感到自豪,无论儿子是总统还是农夫。

在接受记者采访时,杜鲁门的弟弟是这样评价哥哥和自己的:"我为哥哥感到骄傲,他将是美国最优秀的总统之一,但我同时也为自己感到骄傲,我是一名农夫,用自己的双手养活了自己,照顾了父母。"

这是何等的自信!而这种自信正来自于母亲的赏识。

爱迪生之所以能够成为伟大的发明家，正因为他有一位善于赏识他优点的伟大母亲。爱迪生上小学时，学校买了很多新教具，他很好奇，把教具全部拆了，又装不回去，气得老师请来了他的妈妈。老师对爱迪生的妈妈说："你的儿子太爱拆东西了，还经常问一些古怪的问题，你一定要严加管教，让他改改这个坏毛病！""老师，我看这就是你的不对哟！我观察儿子很久了，发现他同别人最大的不同就是喜欢提出一些不同的问题，并且爱拆东西，你叫他改掉，那我儿子不就同别人一样了吗？"爱迪生的妈妈是那么相信，这就是儿子最大的优点。也许没有爱迪生的母亲，也就没有爱迪生的成功，是她赏识儿子与众不同之处，发现了儿子独特的才能，也保护了儿子最珍贵的好奇心。

赏识孩子努力的过程

有一位到国外做访问的学者曾经历过这样一件事：周末，她到当地的一位教授家中做客，一进门她就看到了教授5岁的小女儿。小女孩满头金发，漂亮的蓝眼睛让人觉得特别清新，她不禁在心里称赞小女孩长得漂亮。当她把从中国带去的礼物送给小女孩的时候，小女孩微笑着向她道谢。这时，她禁不住夸奖道："你长得这么漂亮，真是可爱极了！"

在小女孩离开后，教授的脸色一下子就阴沉下来，并对中国访问学者说："你伤害了我的女儿，你要向她道歉。"访问学者非常惊奇，说："我只是夸奖了你女儿，并没有伤害她呀？"但是教授坚决地摇了摇头，说："你是因为她的漂亮而夸奖她，但漂亮这件事，不是她的功劳，这取决于我和她父亲的遗传基因，与她个人基本上没有关系。其实，你可以夸奖她的微笑和有礼貌，这是她自己努力的结果"。所以教授耸耸肩说，"请你为你刚才的夸奖道歉。"

这件事让这位访问学者明白了一个道理：赏识孩子的时候，只能赏识孩子的努力的过程，而不应该赏识孩子的聪明与漂亮，因为聪明与漂亮是先天的优势，而不是值得炫耀的资本和技能，但微笑和礼貌是孩子努力的结果，它是孩子后天的应该予以肯定。

作为父母，应该赏识孩子的勤奋和努力，对他们的努力给予最热情的支持和鼓励。不要因为自己孩子的不聪明而气馁，而应该为孩子的不努力而担心。始终记住一句话："所谓天才，是百分之一的聪明加百分之九十九的勤奋！"很多情况下，父母应该故意淡忘孩子的聪明，而重视孩子的努力，并把这种理

念传递给孩子，让他们感觉到只有努力才能获得父母的认可和夸奖，进而逐步明白一个道理：聪明往往只能决定一时的成败，而努力则决定了一世的命运。

及时赞扬孩子的成绩

"妈妈，今天跑步我得了第一名。"乐乐高兴地对妈妈说。"哦，知道了。今天有作业吗？快去做作业吧！"妈妈好像没有听到乐乐说的话。听到妈妈这么说，乐乐非常失望，闷闷不乐地躲进了自己的房间。他不明白为什么自己跑了第一名，妈妈却一点都不高兴，更没有夸奖他。正当乐乐不理解妈妈的行为时，爸爸回来了。爸爸发现乐乐很不高兴，就问他："怎么了孩子，有什么不开心的事情吗？""爸爸，我今天跑步得了第一名，老师都夸奖我了，可是妈妈却一点都不高兴。"乐乐很委屈地对爸爸说。"真是好样的，等会儿吃饭的时候一定要多吃点，这样才能让身体更强壮，以后还要跑第一名，好吗？""嗯，我以后还要跑第一名。"乐乐高兴地跑到饭桌旁边，等待吃饭了。

每个人都希望获得别人的认同，孩子更是如此，尤其是来自父母的肯定。孩子通过自己的努力，在学习或者比赛中取得好成绩，这是多么值得父母赏识的事情！这时候，父母应该为孩子感到高兴，应该及时给予热情的赏识和赞扬。

事实证明，及时赏识和赞扬孩子，比事后再给予赞扬所起到的作用要大得多。有时候，孩子需要的不仅仅是父母一句赞扬的话，他们也需要得到父母的重视和关心。如果父母没有对孩子的成绩表示出及时的关注，会让孩子感到失望，而这种失望很可能会让他们失去继续努力的动力。

及时赞赏孩子的成绩，表现出家长对孩子的真心赏识和热切期望，这能传递给孩子一种强大的精神力量，这种力量不仅可以让孩子更加努力和自信，而且会促进孩子智能发展和身心健康，大大增强孩子对学习和生活的信心和勇气，从而激励孩子奋发向上，让孩子健康快乐地成长。

正确对待孩子撒谎的问题

程 敏

"老师，怎么办？我家孩子自从上四年级后便开始撒谎了。期中考试数学考试只有 75 分，可回家骗我们说考了 94 分，并且最近还经常隐瞒作业。"李勇的妈妈在电话里焦急地跟我说。

面对孩子的撒谎，很多家长显得十分恐慌，都认为孩子变"坏"了，既有对孩子品行问题的担心，又有自己感情受到伤害的痛心。有些父母常常采取惩罚的办法来杜绝类似的事件的发生，但又往往事与愿违，收不到相应的效果。

直面孩子的谎言，做大人的确需要善待之。

善待孩子的谎言，不是漠视孩子的谎言。孩子的每句谎言背后都一定有原因，要么是虚荣心的驱使，要么是做事失误产生了不良后果等等。做家长的应该关注谎言产生的背景，而不是谎言本身。要通过不同的手段调查孩子撒谎的原因，只有找到症结所在，为孩子解开心中的结，才能根治孩子撒谎这种行为。如果孩子是因为羡慕别人的好成绩而"谎报军情"，那家长一定要找到孩子学习失利的原因，并且寻找解决的办法，帮孩子提高自信，帮孩子获取成果的喜悦。如果孩子是因为失误而造成不良后果，那家长一定不要迁怒与孩子。就撒谎而言，孩子就已经知道错了，你在严厉批评，那无异于雪上加霜。其实，每个人在做了错事或受了挫折之后，心中都会有种"挫败感"，孩子也不例外。这时候，耐心教育和引导会极大地增强孩子的自尊心和自信心，增强孩子克服困难、战胜自我的能力，使孩子即使身处逆境也能保持积极的、乐观向上的人生态度。相反，严厉和苛刻，会令孩子更加恐惧和焦虑，面对着犯错之后惹下的一堆"烂摊子"不知所措，要么继续撒谎，要么只有无奈地等待着"应得"的惩罚——呵斥甚至打骂。做家长的，一定要跟孩子分析事情办糟的原因，并且相机地帮

孩子分担责任，让孩子心中少些委屈与愧疚，并乐意与你做心灵沟通。

善待孩子的谎言，应该让孩子完全信任家长。不是常说，在父母的眼中，孩子永远长不大吗？其实，每个人，无论到多少岁，父母才是永远的依靠与依赖。家长，是每个孩子坚强的后盾，要时时事事让孩子感觉到父母是我们最坚实的后盾，无论发生什么事情，我们一定要信任父母。只有这样，孩子才会把心交给你父母，才会和父母坦诚相待。在生活中，父母要给孩子营造一个宽松的家庭环境。应当充分了解孩子在成长期间的特点，以合理的标准要求孩子，并允许孩子犯错误。错误出现以后，不打不骂，耐心细致地帮孩子找出解决的办法，并给孩子以安慰，消除他因害怕惩罚而产生的恐惧和不安。这样，孩子便会毫无顾忌地将实情讲出来，并且乐意向家长寻求帮助。孩子的安全感是通往坦诚的必经之路。

善待孩子的谎言，要求家长以身作则。孩子是父母的一面镜子，孩子的一言一行往往能折射出家长的影子。长期生活在一起，家长的举止和言行在潜移默化中影响着孩子，家长的模范作用是很重要的。凡是要求孩子做到的，家长自己首先要做到。成人的言不由衷最终会使孩子学会闪烁其词。

教育，就是培养好习惯

付 来

有一次，我发现一个小女孩在走廊的墙壁上画着什么，走近一看，墙壁上有一个用红粉笔画的小人。雪白的墙壁上如果留下这些印记，那是多么不和谐啊。

我快步来到小女孩跟前，大声说道："小朋友，你在干什么？"小女孩听到我的叫声，转过头来，一双眼睛吃惊地看着我说："老师，我在把墙上的娃娃画擦掉。"我这才发现小女孩的手中拿着一个橡皮擦正在擦拭墙壁上别的孩子留下的"杰作"，墙壁上的简笔画下面的部分已被清除干净。

我的心不禁一怔，多好的孩子啊！我摸了下小女孩的头，轻轻地说："孩子，你做得很好，真是一个乖孩子，老师和你一起擦，好吗？"在我的帮助下，小女孩很快将墙壁上的画擦拭干净。她稚嫩的小手沾满了白灰，高兴的心情溢于言表，望着小女孩离去的身影，我陷入深深的思索中……

一个六七岁的孩子在老师的教育引导下，发现墙壁上有污迹就想办法去清除。孩子的心中已经有了是非的评判标准，墙壁上不能随意涂画，要讲卫生、爱护校园环境。这不仅仅是简单的劳动行为，更是一种良好行为习惯的具体表现。我们经常看到，教室内外的墙壁上经常留下孩子们涂鸦的痕迹，课桌面上随意刻画，白色墙壁上的鞋印、球印，校园里追赶疯闹，上下公共汽车拥挤，遇到老人不礼让，坐车时随手从车窗丢废弃物品，所有这些我们看到并为之担忧的行为，凸显我们在学生行为习惯教育方面的观念和方法的缺失。

教育"德"为首，习惯形成性格，性格决定命运。著名教育家叶圣陶说："教育就是培养良好的习惯。"小学阶段是培养孩子良好品行的黄金时期，这个时期的品行教育对孩子的健康成长有着重要的意义。如何培养学生良好的行为习惯呢？这是每一名教育工作者必须面对的课题。有研究表明21天就能培养一

个好习惯，但要改掉一个坏习惯就要很长的时间，有些不良习惯可能会影响人的一生。因此，学生良好习惯的培养就势在必行。

一、制定适合学生行为习惯成长的评价标准

"没有规矩，不成方圆。"在班级教育教学工作中，结合学校和班级规范教育目标，细化规范标准。班主任组织学生学习规范内容，让学生明白自己努力的方向。比如，现在学校大队部正在全体学生中开展的"校内十个好习惯，校外十个好习惯"的雏鹰争章活动，内容具体，操作性强。学生在一个或几个方面做得好，班主任给予肯定，并按评比条件给学生颁发星级徽章。学生行为习惯标准涵盖了学生成长的各个方面，将学生的行为习惯评比活动渗透到学生的学习、生活之中，与学生校内、校外的表现相结合，将学生在家庭、学校和社会的行为表现统一纳入评比范围，建立多元评价标准，效果明显。

二、在实践活动中培养学生良好行为习惯

现在独生子女多，比较娇惯，生活自理能力差，劳动技能不强，不懂得感恩，以自我为中心。作为老师要组织学生开展一些有利于学生良好行为习惯养成的实践活动，让学生成为活动的主人，老师作为活动组织者、指导者参与其中。

比如，我们经常看到教室墙壁上、走廊里有乱写乱画的印记，学生没有理解劳动的辛苦，不懂得珍惜爱护劳动成果。我们可以开展"清除墙壁污迹、保护校园环境"的活动，让学生参与到活动当中来，不要怕学生干不好。活动时老师精心安排，做好指导，充分让学生体验劳动过程，享受劳动给自己带来的欢乐，感受到学校优美环境的创造也有自己辛勤的汗水。我们看到学生用砂纸擦拭墙壁时认真细致的神态，尽管满手沾灰，衣服满尘，但他们全然不顾，在老师的带领下将自己负责的地方擦拭得雪白如新。

我想，通过一系列行之有效的实践活动，将我们的口头说教转化为具体的活动情景，将合乎学生行为规范的要求内化成学生内在的需求，这样，我们的教育就会起到事半功倍的效果。

三、建立学生行为习惯培养的长效机制

学生习惯的养成不是一蹴而就的，需要家长、老师长期教育培养，需要学校、

家庭和社会的共同努力，根据学生身心、年龄特点，制定学生行为习惯的养成规划目标，制定学生习惯培养的长期目标和近期目标。作为培养学生成长的学校及老师应该切实担负起工作职责，每一名教育工作者都是学生成长道路上的引路人。学生良好行为习惯的养成是一个缓慢的、循序渐进的过程。

作为教育工作者，要允许学生犯错，对待学生的错误行为要有一颗平常心，特别是对待学生不良行为习惯的矫正策略要讲究科学性，以爱护学生为出发点，以保护学生幼小的心灵为原则，对待一些顽劣、品行不良的学生既不能操之过急，也不能放任自流。学生是在不断犯错、不断改错的过程中成长的。

作为教师要耐心、细致地做好学生不良品行教育的转化工作，密切关注学生的点滴进步，用欣赏的眼光看待学生的微小进步，不断提升学生成长的自信心。对待学生行为习惯的培养若从细节入手，常抓不懈，必有显著成效。

怀念外婆

甘 霞

　　暮色中，一位老人佝偻着背站在池塘边，寒风拂起她的苍苍白发，一双浑浊而温和的双眼望着小路的尽头，守望着儿孙的归来——这，就是我的外婆。

　　1924年农历十月二十七日，外婆出生于通城县雷家村一个贫苦农民的家庭，兄弟姐妹6个，她排行第5。由于家境贫寒，才9岁的外婆被送往长久屋卢家当童养媳，这一当便将近80年。80年中，外婆上山下地，纺纱织布，上奉公婆，下养儿女；躲过了日本人的刀枪，逃过了大火的肆虐，忍过了失去4个子女的疼痛，熬过了30多年寡居的岁月，尝尽了生活的苦难。可外婆从没有一声抱怨，从没有失去生活下去的勇气，她是那么地热爱生活，热爱儿孙，热爱长久屋的青山绿水！

　　去年外婆生日前的一个星期，我去看望她。她拄着拐杖，颤颤巍巍地走过来，用她枯枝般的手紧紧拉住我，刻满皱纹的眼睛里写满了孩子般天真的喜悦。她挽留我吃饭，我当时一阵心酸：外婆真的老了，虽然她已经没有能力再做饭给儿孙吃，可她却希望儿孙经常看望她，享受天伦之乐。

　　外婆去世前一晚，我再见她时，已如一盏即将燃尽的油灯。我反复摸着外婆的手，正是这一双枯瘦的手啊，抚养了8个子女，带大了多少儿孙，田间地头，锅台灶前，做过多少事！当我跟外婆告别时，她艰难地说了3个字"别走啊"，外婆的眼神中充满了无限的留恋，几滴泪水从她枯井似的眼眶里流出，可我因为工作，不得不忍心走了！

　　偶尔在夜深人静时，我便会想：含辛茹苦养大了这么多儿孙的外婆，除了逢年过节或生日，又享受了多少儿孙绕膝的天伦之乐呢？她在那个寂静的小村，陪着一个失去老伴的儿子，度过了多少苍凉寂寞的日子啊！当我们在呼朋引伴、

高谈阔论时，我的老外婆却孤独地蜷缩在火炉旁；当我们在喝酒品茶、摸牌欢娱时，我的老外婆也许正站在村头，翘首企盼着儿孙的归来。明明知道，您是那么一位爱热闹的老人，为什么我们每一位晚辈不能一年抽出几天哪怕是一天时间陪陪您？那样您该拥有多少慰藉与快乐？为什么总要等到"子欲养而亲不待"时才明白这个道理？我知道，外婆您会原谅我们这些不孝的孩子，因为在儿孙面前，您总是那么谦和，那么小心翼翼，那么替我们着想！可是，外婆，再也不能见到您慈祥和蔼的面容；再也不能听见您亲切温和的声音；再也看不到您熟悉的背影；再也见不到您企盼的眼神。

外婆的一生，是平凡而伟大的一生，她身上聚集了中国妇女善良、容忍、坚韧、乐观、勤劳的美德。外婆的一生，是短暂而漫长的一生，她留下了8名子女，25名孙子女，20多名甚至更多的曾孙子女。她的品德在传承，她的血脉在延伸！

我的外婆章冬莲，生于冬月，卒于腊月。她像一朵在寒风中绽放的美丽雪莲，又在冰雪中凋零。她的音容永远镌刻在儿孙的心中，她的馨香在故乡的土地上飘荡。

家访，让我走进学生的生活

郎嘉娜

从六月底就开始积极准备的家访终于告一段落，两三个月的昼夜奔波，其辛苦是可想而知的，但在扎实而具体的工作中积累了许多经验，这段经历将对我今后的工作产生深远的影响。

家访的过程让我认识到，这是心与心的沟通与交流，不是简单地完成任务。我被学生和家长所引导，不由自主地对家访的意义产生了新的认识。

家访，能更多地发现孩子的优点。班里有一个叫夏宜朗的男孩子，不管跟谁同桌都处理不好关系，随时摆出一副准备反击的状态。在别人下课不小心撞了他的时候，在上课写作业胳膊滑到了他的桌子上的时候，他马上愤怒地予以回击。每当这时候老师找他谈话，他口头上认错，眼睛里却固执地燃烧着怒火。他的母亲也反映，孩子在家里很不爱说话，任何人说他，他都是那样一种拒绝接受的姿态。

我一直觉得是有原因的，直到这次家访的时候，才了解到真相。原来，孩子是过敏性体质，家长为了让孩子少受伤害，就比较限制他出门去玩，所以孩子没有朋友，不爱运动，每天在家里自己跟自己玩，心情不愉快了就以沉默来对抗。我进门的时候，看见孩子坐在地上玩拼装玩具，于是蹲下和他一起玩起来，边玩边聊天。我向他请教，怎么看图，怎么拼。他讲得十分清楚，看样子在这方面确实很有研究，于是我趁机要求看一看他的作品。作品拿出来令我十分惊讶，那里面有一艘大船，一米多长，而这竟然是由一块块一两厘米正方形的小塑料块拼接起来的。我激动起来，继续询问，得知这都是由孩子独自拼成的，而且有很多时候还加入了自己的想象。"真了不起！"我由衷地表达了自己的佩服之情。我告诉孩子，同学们如果见到这些作品也会像我一样的惊讶与佩服。

我请他的父母把这些作品拍成照片,让我在班上向大家介绍。结果如我所料,在班上引起了不小的轰动,下课以后同学们都围着夏宜朗问这问那。我看到夏宜朗的目光变得柔和了,小小的脸上充满了光彩。他跟同学们开始交流了,上课也爱听讲,能发言了。同时我也跟他父母商量,让他们经常带孩子爬爬山,溜溜冰,做一些有益的户外运动,还可以带孩子到朋友同事家玩,给他创造一些与同龄人接触的机会。过了不久,夏宜朗又给了我几张照片,那是他的新作品,我依然展示给同学们看,还告诉同学们,如果谁在校外获了奖,或者做了什么得意的事一定要告诉老师,让老师也把你的成果向同学们介绍。我相信这会鼓励孩子们发挥特长,参加有意义的活动,也能从多方面增强孩子们的自信心。

留守儿童的邀请,让我不忍拒绝。班里有一个叫朱泽然的孩子,平时言语不多,却经常向我申请要为班级做好事,当我表扬他的时候,他出乎意料地说了一句:"老师,这是我应该做的!"我知道他父母在广东工作,平时就是奶奶爷爷带着他。奶奶原来是老师,教育孩子有一定的经验。家访的时候我只是跟他们简单交流了孩子的情况,对于他在学校的表现给予了表扬。老人们说,孩子在家里也比较懂事,经常帮走路不方便的爷爷倒水、拿报纸什么的,有时候甚至能帮奶奶煮饭。

我深深地认识到,跟别的孩子相比,他得到的父爱与母爱太少了。随后不久,我又与孩子的父母取得了联系,告诉他们孩子很听话,但同时也告诉他们孩子缺少父母之爱,当母亲的也觉得很亏欠孩子。其实,有时候打电话哪怕只说一两句话,对孩子来说也是一种安慰,所以不在于交流时间的长短,而在于时刻能感到父母的关心,这才是孩子最需要的。事情过去了一段时间,转眼间快到"十一"长假了,我们的家访工作已经接近尾声。

有一天晚上我接到一个电话,是朱泽然打来的:"老师,你10月1日晚上来我家访问吧!"我一愣,突然意识到:"是不是你爸爸妈妈十一回来呀?""嗯。""好吧!"我理解孩子的心情,这是他背着奶奶自己打的电话,他也想向别的孩子一样,让我当着他父母的面表扬他,也想让我亲眼看着他在父母膝下享受关爱。我不忍拒绝,我愿意成全孩子,也许他的父母并不能完全了解孩子的这种心情,可我了解,我希望我能为他做点什么。就这样,这个孩子的家访我进行了三次,我以我的重视唤起了家长的重视。虽然工作量增加了,可是看到孩子脸上满意、幸福的表情,我由衷地感到欣慰。

因为家访,增进了老师与学生,老师与家长之间的交流,使一部分家长对孩

子的重视程度大幅度提高,从而给孩子的学习与生活注入了活力,不少学生精神面貌上都发生了变化。看到这些变化,相信每一个老师都会认为,自己的辛苦是值得的,家访的意义是深远的。

老师如何树立威信

李 丹

古人云："有威则可畏，有信则乐从，凡欲服从者，必兼备威信。"作为一名老师，尤其是小学老师，要想在学生中树立威信，可不是件简单容易的事情，它应该是智慧、勤奋、爱心的结晶，是客观环境与主观努力的良好体现。

一、教师本人应该学识渊博，勤奋努力，有专长，最好是多才多艺。作为一名授业者，自身水平不够、缺乏专业技术、上课只能照书本念、学生提问不能回答，这都容易在学生当中形成一种印象：老师太差了，自己都不懂，还教我们呢！孟子说："资之源，则取之左右逢其源。"教师只有掌握精深的专业知识，教起书来才能得心应手，游刃有余。因此，教师给自己充电应该是一项必然的工作，而且必须坚持不懈。只有知识丰富了，在各种场合才能露一技之长，学生才会在心目中对你充满信心与敬意，威信无形中也就形成了。

二、教师应该严于律己，谦虚大度，爱生如子。一个人要想服人，首先必须严格要求自己。一名老师更是如此，严于律己，才能给学生树立榜样。老师是一名德育工作者，立德必谦，这是教育理念的经验之谈，谦虚大度总能给学生留下良好的印象。

另外，爱生如子，或者有大哥哥、大姐姐的风范也是十分重要的。高尔基说："谁不爱孩子，孩子就不爱他，只有爱孩子的人，才能教育孩子。"作为老师，要像父母、兄长一样用爱来感化孩子。一名学生，尤其是小学生，心中就会有一种仰赖之感，才能对你信任，与你亲近，才会把你当作最信任的人。

三、取信于生，能身体力行，用良好的师德感染学生。老师树立榜样，比要求学生树立榜样更能服人，效果更明显。一位好老师应该是"言必信，行必果"，不能出尔反尔。老师的言行对小学生的影响是最明显的。

在一次期末复习的过程中，为了让学生复习更扎实，我就要求学生（也包括我自己在内）每天早上提前15分钟上学，集中早读，迟到则罚扫地。有一次，我因早上起晚而迟到，我履行了诺言，亲自打扫了教室。孩子们都用一种赞许的目光看着我扫完，我就知道自己做对了，因为我的言行在潜移默化的感染着孩子，后来果然没有一个学生迟到。

四、平等对待每个孩子。有些老师，对于优生就另眼相看、极力呵护，而对于差生则不顾学生的尊严，出口不是骂就是讽刺，甚至当着学生和家长的面把差生说得一无是处，使学生无地自容。可想而知，这样的老师无法在学生中树立形象。现代社会是讲公平、公正的社会，在学校也是如此。教师只有公平对待每一个孩子，孩子才会信任你、敬重你，才会与你敞开心扉，交心谈心，学习才会更有信心，班上的差生才会不断减少，良好的班风也就自然形成了。

五、做学生的知心朋友。老师如果一味地苛刻要求，不让学生越出自己的教学方法与思维，会给学生无形中增加压力，阻碍小孩子想象力和创造力的发展，无形中学生就会害怕你，远离你，这时你的威信就是一种失败的威信。老师应该从小学生的心理特点出发，搞民主教学，给学生半个讲台，充分展现他的才智，让他们对自己充满信心，对老师充满信任与感激。苏霍姆斯基说："要像对待荷叶上的露珠一样，小心翼翼地保护学生幼小的心灵。"在教学中，老师的呵护，有时比家长关爱的效果更好，给他们广阔的空间，就像给点阳光就灿烂。学生在成长的过程中，自然就会对老师产生好感并爱戴他。

就像西方国家选举总统一样，有威信了，有良好形象了，民众支持才会多。教育本身只是一种理念问题，作为教育主导者，应该把树立威信作为首要工作来抓，有了威信，就有了学生，遇到困难就会迎刃而解。

将责任铭记于心

历 星

在一生当中,每个人都会面临许多选择。选择卓越不凡,选择朴素平庸;选择惜时如金,选择虚无度日……而我,也在无数次的选择面前苦恼过,每一次选择都要经过很长时间的思索,在一次又一次的选择中,我收获了成长。其中,将教师作为自己职业是众多选择中最为重要的一个。因为它使我意识到,我选择的不仅仅是一份职业,而且是一份责任。

从担任教师一职的那天起,心中便充满了喜悦。因为站在三尺讲台,认真传授知识,悉心教导学生的教师形象已深深刻在我的脑海中。但是,与喜悦期待一起存在于心中的是些许不安与担忧。初来乍到的自己能否胜任这份责任重大的工作,让学生在自己的指导下有所收获,有所进步呢?最终,在家人和同事的支持与帮助下,我放下了不安,迈出了脚步。从学生们一声声亲切童真的问候中,我感觉到了身为老师的骄傲,心怀一份责任,在学习与生活中用心守护他们。

在许多人看来,教师只是一个普通的职位,教师也只是众多社会角色中朴素的一员。可是,在我看来,教师不仅仅是一个称谓。家长们给予希望,孩子们给予渴望,而身为教师的我们也心怀许多期待。所以我们要更加明确自己的责任,去回应大家的信赖。

我们曾目睹了许多光辉的教师形象。2008年"5·12汶川大地震"中像老鹰守护雏鹰那样,完全不顾自己性命,张开双臂保护自己学生的谭千秋老师,不正是教师队伍中的优秀代表吗?在无情残酷的灾难面前,他忘记了恐惧,一心呵护自己的学生,哪怕是以自己的生命作为代价。

最美教师张丽莉也是其中一位。曾经在网上看到过这样一段描述"她是个

80后，活泼可爱，关爱学生，工作五年，深受孩子们的喜爱。在失控客车撞向学生的刹那，她用柔弱的身躯推开了学生，自己却被碾在车下。"几句简单的话语，道出了感人肺腑的故事。张老师舍己救人的壮举引起了社会的广泛关注，她的生命安危也曾牵动着每个人的心。在学生面临危险的时候，她没有选择置之不理，而是用自己的勇敢去换取学生们的平安，向世人展现人性最善良的一面。从此，美丽的她，刚步入婚姻殿堂的她只能坐在轮椅上，去面对接下来的漫长人生路。

同为80后，同为人民教师的我除了震惊，就是感动。她是在用自己的实际行动践行老师守护学生的使命，同时也为自己的学生上了一堂教育课，那就是在奉献中实现自己的人生价值。

这些事迹促使我重新审视教师这一身份，同时也加深了我向优秀教师队伍看齐的决心与信念。我希望自己能传授给学生的不仅仅是知识，还有作为社会一员应担负的责任。他们是社会的榜样，也是从事教师职业的我们应该学习的先锋。不仅仅是她们，还有许多人民教师正在自己的岗位上默默奉献着，他们不曾为大家所知晓，却在用自己的行动履行教师教书育人的职责，他们不仅满足了莘莘学子对知识的渴求，同时也守护了学生们的心灵。

在收获感动与欣慰的同时，我们也需要正视存在的问题，那就是在无数的老师忠于自己的岗位，扮演好园丁角色的同时，也有一些老师正渐渐忘记了身为人师的职责。近年来，关于老师素质下滑的评价层出不穷。令人发指的虐童事件，忽视学生生命安危的踩踏事件等将学校与教师推向了风口浪尖。有人评价说，许多老师并没有意识到自身的责任，只是将这一职业作为一个跳板，敷衍了事。

除此之外，社会上对教师一职还存在着许多质疑与不满。例如，教师的某些教学方法不利于学生创造力的发挥和自主性的形成等。这些现象与知识经济时代需求创新人才的社会现状是不相符的。在我看来，作为教师的我们不妨放低姿态认真思考一下自己的教学是否存在问题，是否真正满足了学生和社会的需要。同时，我们应当牢记我们的目标不是使学生变成书呆子，而是将她们培养成对社会有用的人。

同时，近年来，越来越多的老师感慨现在的孩子不如以前的懂事、听话。大概是因为她们中的大多数习惯被宠着，不愿意接受老师的指正与批评吧。的

确,刚步入教师职业,缺乏经验的我也曾因学生的行为哭笑不得,但是,即便这样,我还是希望自己能守护孩子们纯真善良的品格,帮助他们更好地成长。我深知自己还有很多不足之处,所以在今后的日子里,我依然会严格要求自己,恪守教师职业道德,充实自身知识涵养,在快乐和谐的氛围中与学生们共同成长。

作为一名教育工作者,一位责任重大的人民教师,我们应当坚守自己的岗位,肩负起一份责任,给予学生最好的守护。他们是祖国的花朵,未来的希望,可能我们心怀压力,但我相信,作为老师,我们必能促其前进。

老师，我想举班牌

林宏伟

放学时，一般是举班牌的同学带领路队走出校门。待路队散队时将班牌保管好，上学时再将班牌带回学校，周而复始。

一直以来，我都认为举班牌是班长的事情，没有觉得有什么不妥当的地方。一方面，我认为那是老师的信任和班长的职责，说得通俗点就是班长每天必须要完成的任务。另一方面，我认为班牌是班级的象征，举班牌是件严肃而光荣的事情，不是每个人都可以举的。就像升旗手和护旗手一样，应该是本班最优秀的学生来担当。

一次放学，班长没有上学。我手里拿着班牌在整队，想物色一个优秀的学生举班牌。我好像听到有个很小的声音："老师，我想举班牌！"我心里暗暗一喜，是谁这么了解老师的心思呢！声音这么小，应该是平时比较胆小、比较听老师话的学生吧，看来我得给他一个机会啊！

我一边寻思一边迅速地用眼光扫描了一下路队，发现唯一不正常的是平时班上很调皮，上课又不听讲的一个学生畏畏缩缩地看着我。就在与我眼光相遇的一刹那，迅速将目光移开。当时我就有九成把握那话是他说的，其他的同学有的就开始笑了，这更加证明了我的判断。当时就来气了，心想：凭你平时的表现怎么可能给你拿班牌呢，这关系着我们班的荣誉，怎么可能将这么严肃的事情交给你去做呢！是不是在瞎起哄啊？

尽管是这样在想，但还是笑着问他："你为什么突然想着要举班牌呢？"哪知他的回答令我大吃一惊。

"我不是突然想着要举班牌，早就想举了，你一直没有让我举啊！"

"那你为什么想举班牌呢？"我继续笑着问他。

"我觉得举班牌能走在路队的前面，别人看着很神气！我还一次都没有举，再说自己也觉得举班牌很光荣。"他的声音似乎大了一点。

"哦，你认为这是件很光荣的事情，那你觉得是不是只有班上优秀的同学才能举班牌呢！"

"嗯"，他一边点头一边用渴望的眼神看着我。

每个孩子都觉得自己是优秀的。"老师觉得你离优秀还有一点点距离，当然你要是能改正上课不认真听讲的缺点，老师到时候让你举班牌，怎么样？"我一边说一边将班牌交给一个平时较听话的学生手中。同时我也看到了他脸上流露出的失望。那一刻，我于心不忍，但是我还是坚持了我的做法。

说实话，那一刻我也在反思，不就是举班牌嘛。可能最坏的结果就是被值日的大队委扣分啊！是我太在乎什么了，还是我太较真了呢？也许想举班牌带路队是他很久以前的一个愿望，尽管他很调皮，说不定是他鼓足了勇气才敢提出来的呢。要真是这样的话，我想我当时肯定犯了一个难以饶恕的错误。如果我当时让他举班牌，可能会对他以后的表现产生积极的影响啊！而论常理，我们是学生有了优秀的表现才享受所谓优生的"待遇"，而我正是"屈服"在这常理之下。在接下来的几天，我一直在暗中留意他的表现，但是看不出下课后他表现有什么变化，但能明显的感觉上课批评他的次数少了。我相信他在改变什么，只是力度还不够，这应该算是进步吧！我应该帮他一把了。

在一次我"刻意"的表扬之后，我让他举着班牌放学。一方面是为了安抚一下我自己矛盾的心情，另一方面也想给他加把劲。

那天，我特别注意了一下他的表情，和受批评时真的不一样，虽然路队走得并不好，但他那神气十足的样子和发自内心的笑深深地打动了我。我听到有同学在小声说："今天潇潇当班长啊！"可以听出来是羡慕的语气，我笑而不言。接下来，我在我们班做了一个调查，一次都没有拿过班牌的约占九成，全班的学生都想举班牌，这是我意料之中的事情。可能有的同学从入学到毕业，都想着举一次班牌，最终却没有如愿。

于是，我决定每个礼拜由全班推荐一个进步最大的同学和班长一起承担举班牌的任务，这样既能满足学生愿望，同时又能激励学生努力表现好。一举两得的事情，何乐不为呢！也许就是一件举班牌的小事，是我想得夸张了些，但是想着学生那可爱的、发自内心的笑容，想着我的一念之间在若干年后能够给学生留下点点回忆，也就心态平和了！

善待问题学生

——读《蒲公英的约定》有感

刘勇华

寒假，学校健康课题组每人发一本书学习。那天，刘春芬老师拿着三本书给我选择，我一眼选中杨聪老师的《教育即唤醒 走近问题学生》。问题学生，即人们心中的"差生"，他们的学习问题，是让我最棘手的，每每因为这些孩子而苦恼不已。因此，我想看看这本书是怎样介绍好的教育方法来唤醒问题学生，帮助他们健康成长。

打开书，第一篇就是杨老师的教育叙事作品——《蒲公英的约定》。这篇文章讲了这样一个故事："问题学生"徐龙，一直是所有老师都头痛的对象，在杨聪老师接手这个班级之前，徐龙经历了被各位老师恶语相向、剥夺上体育课和公开课的权力等遭遇。而且，徐龙作为"差生"的身份定位，已经被所有老师、同学及徐龙自己所接受。

杨聪老师接手这个班级之后，先后运用出人意料的"惩罚"方式和符合习惯的奖励方式，来使得徐龙认识到这个老师对他格外地关注，并且自己有可能通过完成老师交代的事来获得他的认可。在此同时，杨聪老师向其他学生暗示了自己对徐龙的情感倾向，由此也扭转了其他学生对徐龙的成见。而在此过程中，徐龙变得越来越听话，并渐渐削减了对其他老师的敌意。正是这些转变，徐龙上课"脱胎换骨"。语文期中考试由上学期的 12 分升至这学期的 36 分。作文以前不会动笔，现在能写好长的一段。期末被全班选为"进步奖"获得者，徐龙第一次获得奖状。正当杨聪老师充满期待，徐龙同学信心十足准备好好学习时，徐龙却在一场台风中被吹倒的房屋砸中，不治身亡。暑假里徐龙还给杨

聪老师写了很长的一封信,杨聪老师收到这封信的时候,不幸已经发生,这封信成为徐龙给杨聪老师的遗言。

一个凄惨的故事,一个成功的案例。徐龙的不幸是意外,但杨聪老师对徐龙的教育却是成功的。徐龙的意外令人惋惜,杨聪老师的教法令人钦佩。

杨聪老师的做法,我认为有这些地方值得我去学习。

适当奖惩"问题学生"

为了使徐龙这个"问题学生"发生改变,杨聪老师主要使用了奖励的正向激励机制。

"杨老师,徐龙作业又没做。杨老师,你要处罚他。"组长佳佳翘着嘴巴说。

"那就处罚你……从现在开始——你专门检查佳佳的作业!"

徐龙一怔,眼睛亮了一下,好似突然看见电视中的某个精彩片段。他转过头,仔细地正眼望了望我,好像离我很远看不清,脸上的表情似乎在问,这是真的吗?不可能吧!

佳佳有些急了:"杨老师,我的作业是给班长检查的。要是这样变了,那我还检查徐龙的作业吗?"

"那好。徐龙,你帮老师把自行车推到车棚去!"徐龙表情丰富,动作麻利地抢过车把,一路小跑推车远去。

"谢谢你告诉老师。老师想把这本书送给你,你有空翻翻,说不定会喜欢上它!"我从抽屉里拿出上星期刚从县城买的那本《儿童文学》递给他。他双手搓了几下,好像在洗手,又在衣服上擦了擦,连忙接过书说:"谢谢老师!"

杨老师的方法是罚徐龙检查组长佳佳的作业,佳佳的作业肯定是写得好的,他这样变个方式让佳佳慢慢去影响徐龙,比罚徐龙把作业抄写10遍要强多了。至少,徐龙很乐意去完成这件事,那么,他就会很用心去做。通过检查作业,他会发现佳佳作业做得确实不错,渐渐地,自己也会主动去向佳佳学习。若罚徐龙抄写,他还带有情绪,不但起不到教育的效果,反而影响了师生的感情。推自行车这种事,特别是推老师的自行车,学生们都喜欢干,可杨老师就让徐龙干,徐龙这下可乐坏了,至少可以让他知道,现在的杨老师特别喜欢他。所以,徐龙表情丰富,动作麻利地抢过车把,一路小跑推车远去。至于杨老师送给徐龙的《儿童文学》,那更是别的同学都无法享受的殊荣,这下把徐龙感动得不

行了。他双手搓了几下，好像在洗手，又在衣服上擦了擦，连忙接过书说："谢谢老师！"这种行为充分地表现了徐龙对杨老师的喜爱。当然，由于徐龙看不懂这本书，最后，这本书在徐龙的建议下，由杨老师转赠给了徐龙的同桌小琴。一本书，不仅增进了师生情，更增进了同学情，提升了一个"问题学生"在同学心目中的位置，值，真值！

关注"问题学生"的心理

在杨老师之前，这个学校已经给徐龙贴上"差生"的标签，并且为大部分老师和学生所接受。我们从文中可以看出，之前的教师毫不掩饰对徐龙的鄙视，甚至当面对他做出了"多动症""智力差"的诊断，同学们也自然而然地认为，徐龙应该是那个"被监督的""被检查的""被排除在外"的人。

杨老师看到了徐龙在此之中受到的压制和歧视，他想去改变，于是，杨老师让徐龙去检查组长佳佳的作业、监督值日班长倒开水。徐龙的被尊重，使他成为最受老师欢迎的人，他可以与最高分、最美丽、最听话、最时髦的优生站在一起受到同学们的喜爱。不仅徐龙与同学之间是平等的，杨老师和徐龙也是平等的。"是啊，杨老师打心眼里也很感激你，因为你让杨老师在他们面前很有面子，这可不是别的老师能享受得到的！"杨老师笑着说。"杨老师，你对我也挺好……"徐龙的眼里露出了感激的神情。"对，我们也是一对好朋友！我是你的大朋友……" 杨老师和徐龙成了朋友，这种平等，让徐龙心里有一种自重感，正是因为这个，他就拥有了自信。

帮助"问题学生"

"杨……杨老师，我暑假里有……有三个打算，就三个……第一个给你写信，第二个给你打电话，第三……第三个就是把你说的把《植物妈妈有办法》这首诗，全部背下来。下学期开学……背给你听……我一定可以背下来，一定！"

在杨老师的引导下，徐龙给自己提了三个要求，虽然因意外最终《植物妈妈有办法》没有机会背给杨老师听，但是，前两个打算他都完成了，而且完成得很好，真是一个了不起的进步。上课，徐龙也变了，"……去年我数学课常常故意动来动去，还去捉弄身边的同学。""现在，我不会了……"帮助孩子做一个管得住自己的人，对他的成长多么重要。

杨老师就是这样：去倾听"问题学生"，去帮助他们找出自己的判断，但不为他们做判断。他帮助学生最好的办法是帮助他们有勇气去面对自己。

　　我们有时面对学生杂乱而幼稚的生命内核，感到无比挫败和沮丧，但是如果我们认为一个生命健康而自由地成长具有无上的价值，那么这一奖赏便有了重要的意义。

老师的慧眼

毛淑芳

为师这么多年了,发现老师一般都喜欢品学兼优的学生,我也是这样。常常安慰自己说,这是人之常情,没有什么不应该的。但要喜欢上那些调皮落后的孩子,还要教育转化他们,可不是一件轻而易举的事情。这需要长期的艰苦努力,除了要有强烈的爱心、高度的责任感、正确的教育思想和方法之外,还需要在日常的学习生活中,发现、捕捉这些暂时落后孩子身上的闪光点。

一、用辩证的观点看待学生

有这样一则故事,也许能给我们每一位教育工作者以感悟:杜鲁门当选美国总统后不久,有位客人前去拜访他的母亲。客人笑着说:"有哈里这样的儿子,您一定感到十分自豪。"杜鲁门的母亲赞同地说:"是这样,不过我还有一个儿子,也同样使我自豪,他现在正在地里挖土豆。"一位母亲能够从一个"挖土豆"的儿子身上找出优点并为之自豪,那么,作为教师的我们更应该从学生中的弱势一族——后进生的身上发现优点,从其所长入手,应用他们自身的有利条件促进转化。

小豆是班里最顽皮的学生,他不爱学习,经常在班里捣乱,甚至逼迫其他同学为其买东西吃。对此,我向他的家长、邻居进行调查,结果发现小豆身上的确有许多毛病,但也发现了他的一些被掩盖的优点,甚至还有一些受委屈的事。例如:明明是小豆学雷锋做的好事,却被班干部拿去冒功;小豆为不公正的事打抱不平,却被诬告为惹是生非。知道这些情况后,我利用各种机会,对他进行实事求是的评价,帮助他解除心里的疙瘩,使他感受到老师的关怀。次数多了,小豆感受到我的善意,下决心改正自己的缺点。接着我又发挥小豆口

才好、有一定组织能力的长处，让他给同学们讲英雄人物的故事，又让他当了大队部的干部。他受到老师的信任，自身的长处又得到发挥，变化很大，再也没有原来那样调皮，慢慢地也变得爱学习了，成了班里的骨干。每个孩子都会有这样那样的缺点，但我们都要有一双善于发现的慧眼，发现他们的优点和长处，然后激励，何愁孩子不进步呢！

二、给学生创造"闪光"的机会

《学记》中有句名言："教也者，长善而救其失者也"，是说教育的作用是发扬学生的优点，克服学生身上的缺点，使其对自己充满信心，使周围的人对其充满希望。

事实上，学习差的学生可能爱劳动，不遵守纪律的学生可能心地善良、乐于助人。要转化这个群体，教师要善于给他们创造机会。一次大扫除前，我找到一位平时不遵守纪律，而且爱跟老师作对的学生谈话，说学校那条水沟的打扫工作想叫他来完成，问他行不行。他答应了并且做得很好。在劳动总结会上，我当着全班同学的面表扬了他，说他勇挑重任，并把他的事迹登在黑板报上。从此，同学们对他刮目相看，他也以此为契机，进步很大。有事就主动向我请缨，主动承担班里的其他事务，学习也明显进步了许多。

如果老师都能为每一位后进生创造一次"闪光"的机会，我想只要孩子的自尊心不泯，上进心犹存，那么，后进生的转化就大有希望。

三、发现孩子的情感需要

马斯洛理论认为，人的最高需求是精神的需求，也可以理解为情感的需求或认同的需求。学生虽然还小，可他们同样有精神情感需要，不同的孩子都需要有爱、需要鼓励、需要被承认。

丁丁是班里最听话的孩子，上课从来不讲闲话，作业也按时完成，从不与任何同学发生矛盾，时间长了，教课的老师似乎都感觉不到他的存在了，他总是那么安静，成绩不好不坏，被忽略也可以理解。一个学期过去了，我发现丁丁各方面一点进步也没有，考试成绩也在慢慢下滑，我及时进行了家访，发现孩子的爸妈在这个学期离婚了，对丁丁的打击很大，虽然在学校里没有表现出来，可从他的情绪里我体会得到。于是，我时常借改作业或课间操的时候，跟

他说说话,有时候拉拉他的手,有时候摸摸他的头,还经常带他和同学们到家里来玩,让他感受到家的温馨。我还通过家访的形式,让他的父母给予孩子更多的关心和爱。1个学期后,丁丁成绩进步了,以前安静内向的性格也变得开朗多了。

拥有一双慧眼,让我们发现孩子的优点、了解孩子的需求,然后在我们的爱与激励中进步、成长,是我们为师最大的欣慰和成就。

好美一场雪

钱朝艳

已是初春时节，不知怎的，竟下起了一场大雪。

瞧，洁白的雪花带着对天空的眷恋，带着对大地母亲的向往，纷纷扬扬地飘落下来。

大雪整整下了一夜，直至次日早晨仍然潇潇洒洒下得欢畅。出门一看，哇！好美的雪景啊。大树披银装、屋顶戴白帽、大地铺上了一层白色的地毯，整个世界银装素裹，格外壮观。

踏着厚厚的积雪匆匆来到学校，竟觉得这披着银装的校园似乎比平日里多了几分美丽，格外迷人。

看，秀美的桂花树枝上积满晶莹而剔透的白雪，宛如巨大的白珊瑚。高大的松树被厚厚的雪花包裹着，多像孩子们最喜爱的棉花糖呀，我想孩子们一定早对它垂涎三尺了。最引人注目的是花坛中的白色石雕像，那对牵手的师生雕像微笑着注视远方，在白雪的映衬下显得更加恬静、圣洁……

顾不上仔细欣赏，我疾步走进教室，却见教室里闹哄哄、湿漉漉的，一片狼藉，显然这里刚刚被孩子们开辟为打雪仗的战场。

我的到来没有引起大家的注意，孩子们抑制不住内心的兴奋，依然高谈阔论，正在交流打雪仗的心得。哎呀！晨检就要开始了。我来不及发脾气，连忙招呼几个爱劳动的班干部把教室打扫干净，把桌椅摆整齐，安排班长带领孩子们晨读，维持纪律，让组长收家庭作业……在我的安排下，教室里逐渐变得井然有序起来。

忙乱一阵之后，上课铃响了，昊、祁、淦、达这四个淘气包踏着铃声气喘吁吁地冲进教室。一看见我在，愣在门口不敢动了。看他们头发湿漉漉的，显

而易见他们是跑到操场打雪仗去了。"哼！一大早就跑出去疯，也不读读书。"我心里这样想着，伸手就找他们要家庭作业。达说没带，昊说没写完，淦的字写得歪歪扭扭，祁把作业做错了。再听听其他孩子的读书声，时大时小，时断时续，有气无力。顿时，压抑了一个早晨的怒火在我胸中升腾起来，仿佛随时都会燃起熊熊大火。

"镇定，镇定，不要发火。"我一边暗暗告诫自己，一边埋怨孩子们不懂珍惜这一天中最好的时光。正在这时，教室外传来一阵阵清脆的笑声，孩子们的目光一下被吸引过去了。我也扭过头向窗外望过去，原来是熊老师带着同学们到操场打雪仗去了。

霎时，教室躁动起来，大家七嘴八舌地议论着，羡慕之情溢于言表。眼望窗外飞舞的雪花，好似嫦娥仙子撒下的碎玉，又像月宫里桂花树的缤纷落英。这冬天特有的小精灵仿佛在向我们发出热情地邀请，我的心情渐渐平静下来。"对啊，我怎么就没有想到带同学们出去玩一玩呢？"我忽然灵机一动，与其让大家在教室里心不在焉地读书，还不如干脆放他们出去玩个痛快。

"走，我们打雪仗去！"话音刚落，同学们都欢呼雀跃起来。一眨眼的功夫，大家像欢快的小鸟飞到操场上。操场更加热闹了。遗憾的是游乐场这块宝地早被熊老师班的同学占领了，看来我们要另辟战场了。看乒乓球台那一片场地空着，大家似乎心有灵犀，不约而同地朝乒乓球台那个方向跑去。我也被孩子们的情绪所感染，加快步伐直奔过去。

大雪更加自在地飘落下来，仿佛为我们助兴一样，飘得好欢，好欢！它轻轻地飘到孩子们的头上，肩膀上，甚至眼睫毛上，那么温柔，那么亲切，如同久别的朋友。孩子们也被这玉蝴蝶般的雪花吸引了，他们一扫往日的拘谨，奔跑着，跳跃着，欢呼着，热情地投入她的怀抱！不一会，大家按各自的兴趣自由组合，尽情地玩起来。几个女孩子围在一块堆起了雪人，她们的神情多么专注，似乎要堆一个天下最漂亮的雪人。还有几个好奇的孩子扑在雪地上，正在比试谁扑的造型最有趣。其余活泼的孩子就相互打起了雪仗。

忽然，顽皮的昊发现我就在他旁边，大大咧咧地叫道："老师，你也来打雪仗吧！"我点了点头，迅速抓起一团雪朝他扔去。他机敏地躲过了，得意地朝我吐了吐舌头，连忙扬起手中的雪团向我投来。见老师也加入打雪仗的行列，大家激动起来，纷纷过来参战。为了表示友好，他们全都把雪团对准我，那雪

团犹如流星般铺天盖地朝我飞来,打了我一个措手不及。

顷刻间,我的头、肩、手、衣服,甚至提包全都遭到他们的袭击,好不狼狈,他们却乐得哈哈大笑。虽然我浑身被打得生疼,但我不甘示弱,不停地抓起雪团乱扔一气。过了一会儿,我浑身上下都遭到侵袭,简直变成了一个雪人。几个机灵的孩子见我招架不住了,连忙加入我的行列,我们形成两支队伍相互攻击,雪仗打得更加激烈。在激战中,我忘了与学生年龄的悬殊,也忘了课堂的不快,仿佛也是学生中的一员,同他们一起尽情地笑,尽情地闹。听!我们的笑声多么爽朗,那笑声响彻校园,直冲云霄。

尽情地玩了大约 20 多分钟,我带领同学们回到教室。待大家终于安静下来之后,我让大家把刚才的情景回忆一下,然后小组之间相互交流自己的感受,再推荐说得好的同学到全班交流,并要求回家写成日记交给我。大家没有异议,听话地行动起来。他们此时依然沉浸在刚才的欢悦之中,虽然还很兴奋,但是很认真地在交流,有些孩子谈到尽兴处还手舞足蹈起来。

第二天,全班的学生都自觉地交上一篇日记,竟然都能洋洋洒洒地写上几段,没有胡编乱造的,也没有无话可说的现象。就连见到作文就头疼的达也写了三段话,语句通顺,表达清楚。更让我想不到的是,他还把昨天忘记带来的家庭作业也交给了我。望着手中的作业本,我心中十分欣慰,看来我昨天的决策是成功的。适时的放松,为孩子们创造游乐的空间,让孩子们在玩中学,在学中乐,这不正是新课改理念的体现吗?现在人们都在提倡高效课堂,提倡有效教学,我想,有时候,课外活动一定也是高效课堂的成分。

这场雪下得真是时候!我心中暗道:感谢你啊,洁白的雪花。

初为人师

童 彬

作为刚毕业不久来到学校这个大家庭里教书的我，在带班一个多月以来，发现自己不管是在教书上还是育人方面都存在一些疑惑和不解。某天一人待在办公室，站在窗口往下看，突然茅塞顿开，似乎明白了什么，现记录下来，留与大家共同探讨。

一、为什么学生不愿意听讲？

许多老师都有这个困惑，课堂上，我们恨不得在短短的40分钟里把所有的知识都塞进学生的脑袋，生怕少讲了一点就会给他们做题带来困难。因此，课堂上往往都是老师在讲台上讲得唾沫横飞，而学生却在下面昏昏欲睡，或交头接耳，左顾右盼。总之，听进去的人寥寥无几，作业情况自然不好，随之便是老师的气愤和担心。上课愈发讲得多，学生愈发地不听，作业越来越糟糕，大家都越来越累，如此恶性循环，最终结果就是老师厌教，学生厌学。老师本意是好的，可是，结果却是这样，到底问题出在哪儿了？

听讲座时，台上的人滔滔不绝，而我们却在偷偷地做自己的事情，纵使他们讲得再精彩，我们又听进去了几句呢？这与我们上课的情形是一样的，只是台上演讲的换成了我们。连我们成年人都无法强迫自己去听那么冗长的讲座，又怎么能指望学生会乖乖地听我们这么枯燥的讲解呢？他们没有听进去，我们讲得再好有什么用，教学的关键不在于你讲了什么，而在于学生学会了什么。学生才是教学的主体，一切讲解都要立足于他们的学，老师只是引导。所以老师们不要把学生摆在旁观者的位置，他们不是只要竖着耳朵听就可以了，把学习的主动权交给他们吧，让他们自己研究、探索、发现、总结，学生主动参与

的课堂才会有意义，由学生自己探索的结论才会记忆深刻。

二、怎样提高学生的学习兴趣？

古人云："知之者不如好之者，好之者不如乐之者！"想要学生学得好，光靠老师是远远不够的，必须要学生自己热爱学习，主动探究。那怎样才能让学生热爱学习呢？当然是让他们发现学习的乐趣。学生跟从老师学习，兴趣主要还是靠老师激发。在此与大家分享一下我的教学经历：我带三年级一个班的科学，有天下课，我跟同学们道别说："一个星期后见！"结果我刚走出门，一大群学生就围过来了，拉着我问："为什么一个星期只有一节科学课？"还说："好喜欢上科学课！"我很吃惊，他们竟如此喜欢科学课，因为我并没有把太多的精力花在科学课上，只是每次上课前在电脑上查一些相关的资料，尤其会注意搜集与知识相关的趣事，课堂上讲给学生听。结果他们听得津津有味，没有人在下面做其他事情，我讲过的知识如果再问一次，他们也基本都能回答出来。我每个星期只跟他们上一节课，没有布置作业，也没有让他们复习，可出乎意料的是，所讲的知识他们都记住了，并且喜欢上了这一门学科。反思我的数学课，精力花得最多，准备的教具也最多，可是，学生却并没有热爱数学。我按部就班地给学生讲解一个个的知识点，教他们记概念、背公式、练计算，他们也是机械地、不情愿地完成我布置的任务，上课完全没有热情。想来想去，问题还是在我这里。我都没有觉得我所讲的知识很有趣，讲出来的肯定也是索然无味的，学生听着这样索然无味的讲解又怎么会觉得有乐趣呢？时间久了，他们会对这门学科产生一种偏见，认为这门学科就是索然无味的。所以，要激发学生的学习兴趣，必先从老师做起！其实每一门学科都有它的趣事，作为老师，一定要尽力挖掘本学科里的趣事，先让自己从心底感觉到乐趣了，讲出来才能让学生也感受到。

三、教师容易走的两个极端

在课余时间，我们会发现有这样两种现象：老师与学生不是过于亲近，就是过于疏远。我们都想做一个既受学生欢迎，又被学生尊重的老师。但是，如何做到这一点却是一个难题。有人对学生很严厉，学生畏他，所以，一想到要上该老师的课就紧张，更别说与他亲近了，看到了都想远远地躲开。也有一些

老师对学生很热情，与学生很亲近，学生也特别喜欢他，上课也很放松，聊聊天、做下小动作也觉得理所当然。无论是哪种情况，上课效果肯定都不怎么好，我们得把这两种状态中和一下，该严厉时严厉，该亲近时亲近。教师要有自己的原则，不能被学生左右。

总而言之，作为老师，我们不能照本宣科，要做一个智慧的老师，不仅要教给学生书本知识，还要善于启发学生思考。"授人以鱼，不如授之以渔。"教师的队伍里，我们快乐地前进着！

良好习惯一生受益

王光虹

"养成教育"是素质教育的重要组成部分,也是素质教育的核心和灵魂。著名教育家叶圣陶说过:"什么是教育,简单一句话,就是养成习惯。"所以,无论作为父母,还是老师,从小重视培养孩子良好的行为习惯,是至关重要的。

养成教育内容很广泛,怎样举一反三,怎样从小处着手,是最重要的问题。要抓好养成教育,应当从培养孩子的良好习惯入手。如何养成学生良好的行为习惯,给少年儿童终身受益的东西,以利于学生健康成长,这就要求"家校"合作,家庭、学校、学生之间产生互动,这也是值得每个家长、老师深思的问题。

一、做事有计划

把一件事情做到底的奥秘就是,把简单的事情做好就是不简单,把平凡的事情做好就是不平凡。时间像流水,抓起来就是金子,要使学生明白"光阴似箭""惜时如金"的道理,有计划、有条理地安排自己的事情,克服依赖,学会自我管理,对自己负责,自己的事情自己做,今日事今日毕。通过循序渐进的"养成教育",培养学生做事要有耐心,克服急躁情绪,要善始善终,不能虎头蛇尾,半途而废,形成学生一如既往的做好简单事、平凡事的品质,让学生在今后的学习生活中,无论遇到多大的困难和挫折,都不忘记自己的目标,坚持不懈地努力,越挫越勇,在磨难中寻找勇气,直到最后的成功。

二、学会感恩

当家长为孩子的成长投入满腔心血时,孩子们往往不能理解父母的苦心,尤其是5~15岁的孩子,对父母的说教有强烈的逆反心理。这时,家长应该

静下心来与孩子进行交流,让孩子了解自己父母的生日、爱好、幼时趣闻、健康状况、工作情况等等,在了解的过程中,家长还可以适当地讲一些往事,加深孩子对父母成长经历的认识,从而更深地体会到父母的艰辛。

教育孩子学会理解,凡事除了从自身的角度考虑以外,还要学会为他人着想,这样才能不失偏颇。要教育孩子关心父母,学会感恩,对父母心怀感激之情。在这个基础上才会理解、关心他人。微笑待人,耐心倾听他人说话,学会提问,三人行必有我师,谦虚者受益最大。

教育孩子珍惜父母的劳动,让孩子也参与一些简单的家务劳动,在劳动的过程中让他体会到任何事情都不是轻而易举的,一分耕耘一分收获,并让孩子理解父母对他的期望及为此所做的一切。

三、坚持锻炼

锻炼身体对智力水平发展具有促进作用,运动对智力大有好处。很多孩子,为了学习主动或被动地放弃了锻炼身体,这是很不明智的。缺乏运动的人常会感觉四肢乏力,打不起精神,身体健康是保障,只有身体好了,学习起来才会更轻松。

参加体育运动,经常需要克服很多困难、遵守规则、调节和控制某些不利的个性品质,因此能帮助孩子培养坚强的意志和勇敢、果断、积极向上等良好品质。经常进行体育锻炼的人,会比一般人更加乐观和热情。因为体育能增进快乐,帮助人调节情绪。一些研究证明,经常进行体育活动的人,大脑会分泌一种叫作"内腓肽"的物质,科学家称之为快乐素,它就是能使人愉悦的秘密。

运动中需要伙伴,孩子能在运动中学会与他人沟通和相处。据研究结果表明,凡运动能力发展良好的儿童,其社会化的质量也好;相反,凡运动能力发展迟缓的儿童,其依赖性强,社会性也欠缺。

四、言出必行

从实际出发,量力而行,无论是大事还是小事,只要说了就一定要努力去做。看起来也许是一些不起眼的小事,可是平时养成的就是习惯了,一个习惯了"说话不算数"的人,到社会上以后就会是一个"言而无信"的人。

有些家长,虽然知道从小就要教育孩子做"说话算数"的人,但是从来没有认真、仔细地去感悟过,在孩子的教育过程中也没有特别注意,只是认为一

些小事不足挂齿，一些做法长大后就会改变。殊不知，决定人生的一切都是从小时候的每件小事做起的，我们应该不断地提醒孩子，帮助他们养成好的习惯，将来才能成为有用之人。

还有一些家长，由于工作的原因，不能时时陪伴在孩子身边，答应孩子的事情也是十有八九不能兑现，孩子质问时总是以各种理由辩解，自己无意的行为其实已经在孩子的心里留下了痕迹，孩子也许会因为父母的不守信而养成不诚实的习惯，也许还会因为过激的言语而受到伤害，家长应该给孩子做出好的榜样，才能培养出优秀的孩子。

五、认真写字

作为传统文化之一的汉字书写艺术，是我国几千年文化的结晶，是世界艺术之林的奇葩。它有着深厚而丰富的文化内涵，有着源远流长的历史，凝聚着数千年中国文化的精髓，而这一重要基本功的形成和发展的关键时期是在小学阶段。因此，让学生练就一手好字是我们小学教师的共同责任和目标。

良好书写习惯的培养是重要的，一旦养成良好的书写习惯，就能使学生建立起稳定有效的学习模式，使其受益终身。但是良好书写习惯的养成也是困难的，单靠课堂上的时间远远不够，必须课内外结合起来，各个学科结合起来，家庭与学校结合起来，让学生做到"提笔即是练字时"。只要锲而不舍，良好的书写习惯就必然会逐步形成。

当练字成了一种习惯，并成为一种兴趣的时候，一手漂亮的字体自然也就形成了，这样的学生自然是充满着自信和快乐的。

培养学生写好字，不一定每个人都成为书法家，但是总要把字写得规范，这样对养成习惯有好处，能够使人沉着心细，容易使人集中意志，凝神静气，字如其人，展示个性。

六、善于反思

"人非圣贤，孰能无过，过而能改，善莫大焉。"学生在学习的过程中难免会遇到困难不知如何解答而犯错误，犯错误并不可怕，学生的学习就是要在反思错误的过程中不断提高。反思是学生不断监督、评价自身的学习过程、学习方法与学习结果的行为。教师在关注学生全面发展的同时，应努力培养学生的反思精神，反思方法，一个善于反思的人才是一个不断进步的人。

打开心灵之门的金钥匙

王 青

小学教师是学生的启蒙教育者，不但要知识渊博，能通过新颖独特、深入浅出的教学方法教给学生知识，而且还要通过言传身教培养学生的优秀品德，教会学生做人。我作为一名小学教师并多年担任班主任，在教书育人的道路上摸索着，探求着。温情感化了他们的心灵，信赖增强了他们的自信，鼓励使他们感到了成功的乐趣。用这些来充当一枚金钥匙去开启学生紧闭的心灵大门。

一、缩短师生距离

俗话说："亲其师，信其道。"对这句话我深有体会，学生有困难，与他们谈心交流；课间一同做游戏；主动关心爱护他们。正是亲近学生，缩短与学生的距离，才使班内民主意识浓厚。有些班上出现错误倾向，由于及时从学生口中得知，而使其消失在萌芽状态。这样，我们班不但班风正，而且学习之风日益高涨。亲近，一次次感化了他们幼小的心灵。

二、激发学生的闪光点

开学初，我班转来了一个新生，叫刘松，上课时，我发现他总是很胆怯，显得很不自信。于是，在一次他刚刚举起手的时候，我就点了他，他站了起来，可答题的声音像蚊子的声音那样低，有个同学抢着告诉我："老师，他可笨了。"男孩脸红了，头垂得更低了。我走近他并鼓励说："大声点说，错了也没关系。"我来到他跟前凑近才听到他的回答正确，便又鼓励他说："你说得很对，请你再大声回答一遍。"这次同学们都听清了。于是我对全班同学说："这位同学回答得正确，他非常聪明。"我的话音未落，男孩的眼泪就止不住涌了出来。

以后我上课特意多让他表现，还鼓励他课下多和同学们交流、玩耍。刘松在我的鼓励下，自信心越来越强，进步很快。

所以我认为，尊重学生本身就是提高学生自尊心的良好手段，而学生越是自尊便越好管理，越能发现他们的闪光点，越容易成才。

三、注意多表扬，少批评

新学期开学不久，我去一个学生家家访，一进门就听见训斥声，进屋一看，这个孩子正双腿跪在地上，身子直挺挺地立着，显然闯了祸在受惩罚。这时，我默念着：不能再火上浇油了。于是我一把将跪在地上的孩子拉起来说："其实，这孩子品质不错。捐书最踊跃，劳动也积极，头脑也聪明，新学期一开始，表现很好，较以前进步多了……"一席话后，母亲的脸色渐渐由阴转晴，这时孩子突然扑向我啜泣着说："王老师，你对我太好了，请你相信我，我会改掉坏毛病，好好学习的。"从此，果然收到了成效，他懂事了，爱学习了，捣乱的次数也与日递减。如今，由于他进步很快，还被同学们选为小组长。

正如著名教育家陶行知先生说过："你的教鞭下有瓦特，你的冷眼里有牛顿，你的讥笑里有爱迪生。"这句话含义深刻，耐人寻味。对小学生要多给予鼓励、表扬，让他们感到老师的依赖，才会起到润物细无声的效果。

四、让每个孩子感到成功的滋味

俗话说："失败是成功之母。"但对小学生来说，我认为成功是他们前进的动力，成功是成功之母，为了让每个学生都感受到成功的滋味。我在班内开设"尖尖角""比比看""群英争辉""谁是第一"等专栏，引进竞争机制，给学生创造体验成功的机会。苏平为了争劳动第一，放下笤帚就是抹布；张兵、肖开文为了争学习成绩第一，在暗暗地使劲。

成功给他们带来自信，成功给他们带来快乐，成功是他们前进的动力，成功是成功之母。

此外，我还利用班会课，对学生进行思想教育，将丰富的"主题中队会"充实进去，例如："同在蓝天下""怎样看待团结""缅怀先烈，展望未来"……另外，我在活动课中，将不同形式的技能比赛充实到活动中，这些中队会的开展和活动课的举行，既拓展了学生的知识面，培养了多种能力，发展了兴趣特长，又全面提高了素质。

信息技术加快了我的成长

王亚平

说到我的信息技术教学故事，简单地说：信息技术加快了我的成长，其他的我暂且不表，单记录我在信息技术教学过程中发生的几个课堂故事及点滴体会：

在课堂导入上，如何利用丰富多彩的教学语言使信息技术课堂教学变得不再枯燥无味是我们教师一直苦苦追求的。俗话说：好的开始是成功的一半。教育家斯维特洛夫曾说过："教育家最主要的，也是第一位的助手是幽默。"信息技术教师语言要避免平淡的说教，要化平淡为诙谐，增强语言的幽默感，使自己教得轻松，学生学得愉快，使教学过程处处闪烁着智慧的光芒。

记得曾听过一堂信息技术课是关于盲打练习的。老师在评价学生时设立了"打字能手"、"打字高手"两个荣誉，哄得学生争着成为"打字高手"。当时听了那堂课，我非常欣赏这位老师的幽默，他不但给学生带来了快乐，而且提高了课堂的学习效果。

在讲授 word 中的使用文本框插入竖排文字时，我是这样引入的：今天老师给大家讲一则小幽默。有一个英国人到中国来学习中国的古典文学。学了一段时间以后，他颇有感触地说："你们中国人的祖先就是聪明，他们写的书是边看边点头，而我们的祖先写的书边看边摇头。"请大家说说看，为什么我们古人的书是边看边点头呢？学生回答"因为古书中的字是竖排的"。我接着说："前几节课，我们输入的文档都是横排文字。在我们编辑中国古代的文学作品时，如果我们采用竖排文字，将会产生一些特殊的效果，给文档增添古朴典雅的韵味。这节课，我们先一起来学习如何使文字竖排。"我发现通过这个幽默风趣的小故事激发了学生的学习兴趣，调动了课堂的气氛。

信息技术本身缺少一种幽默，如果我们不注意这方面的语言，很容易将课上得平淡无味，就像在读软件的使用说明书一样。当然，幽默的语言、灵活的课堂导入是老师灵感的发挥和智慧的结晶，是要经过长久的实践经验积累的，也是我们教学中努力的方向。

在课堂教学中，我真切地感受到结合学生日常生活的教学设计对于激发学生学习信息技术的兴趣、增强学生使用信息技术的意识有重要作用。同样的一个教学内容，通过与日常生活结合的紧密程度去设计，收到的效果是截然不同的。以下是我在教学《网上收集信息》这一内容时的两种问题设计。

第一种设计：

前两个班选取让学生搜索的内容是与课本相关的内容：搜索"潍坊新景"，结果很多学生都兴趣不大，搜索到相关信息后甚至看都没看就保存下来，应付交了作业，接着就赶紧看自己喜欢的信息。虽然这样做也达到了本节课的教学目标：学会利用搜索引擎查找信息。但总体感觉课堂组织比较松散。

第二种设计：

鉴于以上这种情况，又刚好学校组织学生去潜山春游，我把这一节的教学重新调整了一下，得到了较好的教学效果。我是这样重新组织教学的：首先，利用 PowerPoint 向学生展示有关的图片及文字介绍，马上就引起了学生的兴趣。当学生知道这么好玩的地方就是他们过几天要去春游的其中一个景点时，注意力就更投入了。这时我适时地提出问题：如何才能快速地上网查找所需素材？接着，我围绕"潜山"搜索相关的图片、文字资料。然后，轮到学生自己操作，上网搜索"咸宁名胜"的资料。学生很快兴致勃勃地开始了操作，并且在搜索过程中不断发出阵阵兴奋的笑声。我发现，这次几个班的学生都很郑重其事地在搜索，然后对搜索到的内容很认真地在看，绝不是为了完成作业而做的搜索。这种设计还为下一节的教学内容做好了铺垫：要求学生春游回来后给我发一封电子邮件，学生也表现出很大的兴趣，为学生的后续学习打好基础。

比较两个教学设计，比较出现的两种结果，可以看出第二种设计更接近学生的日常生活，更能呼唤学生情感的投入。在这一课时的设计中根据学生的日常生活及时调整教学思路，更好地培养了学生应用信息技术的基本技能，培养学生把信息技术应用于日常的生活、学习中。

在教学实践中我发现，一切应从学生主体地位出发，让学生成为知识技能

的"探究者"、难点问题的"突破者",使学生真正地成为学习的主人。实践证明,以此作为原则的课堂是生动的,学生所乐于接受的。在以后的教学实践中,我会把它视为永远不变的中心法则,使课堂真正成为学生的舞台。

正确的评价为孩子成长助力

熊 丹

每位家长都觉得自己懂得如何爱自己的孩子，可他们往往在孩子学习遇到问题时会说："你怎么回事，怎么总是听不明白？""看看你，怎么别人都会，就你不会……"其实，他们只是希望自己的孩子能和别人的孩子一样优秀。可是孩子是有差异的，家长的教育理念也是有差异的，所以我们常说："不同的家庭造就不同的孩子。"在教育孩子之前我们要考虑该用怎样的教育方式才是孩子乐于接受的，只有孩子乐意了，我们的教育才会取得较好的成绩。

前不久，学校举行了期中考试，试卷批改发放回家后，有些家长看着孩子的分数，焦急地问："你考试分数怎么总是不高？"孩子却不以为然地说："我们班还有好多人在我后面。"每每听到家长与我聊天时说起这种情况，我都莞尔一笑，其实孩子是很不喜欢父母把自己和最优秀的孩子放在一起比较的。如若我们将心比心，试想：如果家人总是在你耳边说别人怎么怎么厉害，你的心情会如何呢？我们应该尝试站在孩子的立场来看待问题。如果孩子不是很优秀，可是他一直在努力，那么我们尽量不要横向比，而是纵向比。简而言之，我们不拿孩子和别人比，我们只让孩子和自己比。就拿今天的我和昨天的我比，今年的我和去年的我比，看看自己每一天、每一年的变化是进步了还是退步了，是需要改进还是保持良好。我们不要吝啬评价的话语："你真棒！""你真行！""你今天比昨天表现得好多了。"……抓住每一个机会适时评价，拿你的放大镜来观察孩子的优点，你会发现它神奇的功效。让孩子学会自己跟自己比，把昨天的我与今天的我相比。我们要学会用发展的眼光看问题，让孩子看到希望所在，让孩子发自内心的觉得自己也很不错。当然，我们也不能凭空表扬，所有的表扬都得落到实处，以免孩子骄傲自满。

我们班有一个同学，生性顽皮，上课时不是玩玩具就是吃东西，下课了不是打这个就是打那个，同学们都对他"敬而远之"。对这样的学生刚开始我也是采用批评教育式的说教方法，效果甚微。刚好最近学校举行"少年先锋队队员"的入队活动，作为班级最后一批即将入队的新队员，名单中有他。早上，我特意在班上对这一批"新队员"说："老师希望你们能够为你身边的人做一件好事，就当是你们入队前的一个小小任务，我希望你们能用实际行动证明给大家看，你们也是最棒的少先队员，期待你们的惊喜！"中午，我就发现他主动帮值日生打扫教室卫生，仔仔细细地打扫那些容易被忽略的边边角角，认认真真地拖地，动作麻利，看他额头上细细的汗珠，我知道他是真的在卖力干活，在一旁的我看在眼里喜在心里。下午，我抓住这一契机，在班上表扬了他："老师发现你很乐于助人，而且你很会扫地，把教室打扫得非常干净，可以说是一尘不染了。窗户擦得十分明亮，教室顿时亮堂了许多。从这件事可以看出，其实你也有实力成为一名优秀的学生。"这只是当时我很真诚、发自内心的言语。没想到，这适时的评价使他发生了很大的变化，自此之后，他逐渐克服了缺点，和班上同学也能较友好的相处，偶尔也会帮助他人做些事，对学习也有了兴趣。虽说和班上优秀的孩子比还是有一定差距，但是他和自己比却是有很大的进步。通过这件事我发现，如果孩子能得到别人的认可，他会让你看到他更优秀的一面。同时他也会因为在意别人对他的评价而更加努力。由此看来，我们家长的态度对于孩子来说显得尤为重要。

让我们尝试对孩子给予适时、正确的评价吧，让每一位孩子发现自己的闪光点，也让我们的评价为孩子成长助力！

批评也要有艺术

熊红娟

当了十几年的高年级班主任，批评学生也是司空见惯，但是在批评犯错误的学生时，既顾及学生的自尊心又能收到良好的批评效果，鱼和熊掌如何能兼得呢？能做到两全其美吗？这就要求教师对学生充满爱心并讲究批评的艺术性。

一、要分清场合

俗语说："树要皮，人要面。"小学高年级的学生，尽管是孩子，可也长大了，爱面子了。要想批评取得实效，就绝不能与人的自尊对抗。批评的场合要慎选，遵循"宁小勿大"的原则。

就拿我班整队做操这事来说，刚开学那段时间，学生做操很不听话，整队时，打闹、说话的现象十分严重。有一次，我实在气不过，什么话也不说，走上前去，提了几个学生，虽然队伍整齐了，也安静了，可有一个学生却和我杠上了，干脆站在那里不做操了。这样不仅让他没面子，我更没面子。

当学生犯错误时，如果不问青红皂白、不分场合地一顿批评，会让学生觉得没面子，会严重挫伤学生的自尊心，让他们产生逆反心理，抗拒改造。其实只要冷静地思考一两分钟，暂时放一放，事后另行教育，是可以减少对他人的伤害的。事情的结局也许就不一样了。其实，让学生保住面子，也可以说是为自己保住面子。

二、用沉默来代替

沉默是一个值得注意的技巧，恰当地应用沉默，可产生"此时无声胜有声"

的效果。

上课时，教室里出现了许多与课堂不和谐的声音，影响了课堂秩序，干脆停下来，什么也不说，什么也不干，认真的和聪明的学生马上能明白是怎么回事，并且提醒其他同学，教室立刻安静了，不费任何口舌，问题解决了，目的也达到了。有时适当的沉默比大声的批评效果来得更快。

三、远离尖酸刻薄

学生毕竟是学生，尤其是小学生，有错误在所难免，因此，教师在批评学生时，要理智地把握自己的情绪，不要三句不离骂字，甚至说话含沙射影，造成孩子反感、抵触的心理。否则，久而久之，会使学生心理压力过大，甚至产生畸形心态。教师应设身处地为学生着想，理解他们，用平和的心态热情地和他们谈心，含蓄地指出他们的不足之处，委婉地提出要求，让孩子明白教师的心意，从而建立默契的关系。用爱心去感化他们，才能启迪学生的心智，达到教育的目的。

本学期邻班的四个孩子在校抽烟，被班主任带到了办公室。一进办公室，该班主任说道："来认识认识我班的四大才子。"一下子，老师们的视线聚集在那四个"坏"孩子身上。可是，令人吃惊的是他们面不改色，毫无悔改之意，看了很让人生气。几个有经验的老教师并没有大发雷霆，而是循循善诱，从小学生的身体发育、心理发育的特点出发，到抽烟的危害性，到班主任用心良苦，最后不仅让他们个个低下了刚刚还高傲的头颅，还让个别学生流下了悔恨的泪水。

四、适度的高帽子

许多人不喜欢批评，带刺激的批评就更不愿意接受，而我们的批评对象又是这样一群孩子，因此事后应以推心置腹的交流进行安抚。

拿我班的聂伟豪来说，是个十足的糊涂蛋，脾气又很倔强，吃软不吃硬，学习不认真，经常不写作业，就是心情好些时，劳动很卖力。有一天下雨，许多值日生没到，他主动帮助做值日，并且做得很好，上课时我大大表扬了他一番。那天，他听讲认真多了，并且把没写完的作业也补完了。

五、把握时机

无论办什么事，时机很重要，时机把握得好，会起到事半功倍的作用。批

评学生也要把握时机。

我班的吴恒是个很特别的孩子,不知道为什么,这个孩子总拒老师于千里之外,不管老师是好话还是歹话,总之没有任何效果。不过在事实面前,他还是敢做敢当的。一段时间,学生中流行一种类似戒指一样的尖锐的玩具,可以套在手指上。一天上午放学,就发现吴恒的中指上套了那么个东西,当时怎么也不肯给我,经过软硬兼施,才给夺过来,当时他眼睛通红,两眼充满了怒火。说真话,针对这种有个性的孩子,有时还真让人束手无策。正在我冥思苦想时,班会课上,学校主任通过广播讲到一孩子在公交上吃串串烧,把喉咙刺伤了。正好我以此介入到上午的"戒指"事件,该生听后,不仅恨意全无,并且当着全班同学的面告知此戒指不要了,由老师处置。抓住这一机会,问题解决了,没有批评,化解了师生之间的矛盾。

六、晓之以理动之以情

孩子大了,也有了自己的想法,说话要稍注意点,否则会引起他们的反感。本学期我们班有八个孩子在学校午托。一天,负责我班的老师向我诉苦,大概情况是:一个男孩不听老师劝解,甚至和老师对着干,另一个和低年级学生抢牛肉。当时听了,我也很生气。第二天在课堂上说了这个事,狠狠批评了那俩学生,教育学生要维护班级荣誉,可是,从那俩孩子脸上看不见悔意,相反是一脸的委屈。批评效果不佳,还影响了自己的心情。于是我又把所有午托的学生叫出教室,此时,虽然很生气,但语气尽量缓和些,在问明情况后,原来是这群小精怪和老师产生了误会:什么老师说他们吃得太多了,什么一餐饭要20元钱……我把我在午托时的感受(老师关心高年级的学生的身体发育,特意多给饭)告知学生,让他们明白老师是关心他们的,并且让学生明白一餐饭远不止20元钱的价值,有水费、电费、食堂师傅的工资,还有最主要的是给家远的同学以方便……经过一番苦口婆心的教育,总算让他们心服口服了。

批评学生一定要适事、适人、适时、适度、适情。在批评学生前,一定要冷静,压住自己的脾气,选择恰当的方式、方法和场合,讲究批评的艺术技巧,让批评"美丽"起来,达到更好的效果。批评有法,而无定法,它是一门高深的学问,是值得我们不断学习、探讨的教育艺术。

每一朵花都值得珍惜

徐惊雷

作为老师，最爱教的莫过于机灵乖巧、学习认真、成绩优异的孩子，对于习惯很差，又不听话的孩子，或多或少还是不太喜欢的。很久以前看过一个笑话：古代私塾有个先生，看到两个学生在教室里睡着了，两人面前都放着一本书。先生看着他不喜欢的学生，立刻摇醒并呵斥道："你看你，一读书就睡觉。"再指着喜欢的孩子笑眯眯地对其他学生说："呵呵，你看这孩子多用功，睡觉都在看书。"读完这段小笑话，在莞尔之余，是不是发觉这样的事情也会发生在我们身上呢？

看到优生，我们也许会心平气和，但在令人头痛的孩子面前，我们往往失去了耐心。但两年前的一件小事改变了我，使我彻底改变了自己对待孩子的态度。

那是腊月里，即将过年了，空气里都弥漫着新年的味道。我带着女儿到街上去购物，准备一人买一件"新年装"。来到第一街，我开始一家一家地去挑选。漫步走进一家不大的店面，我发现这里虽小，但衣服品种还是挺齐全的，于是就挑选起来。"徐老师，您好！"蓦地，一个年轻靓丽的女孩兴奋地冲到我的面前，扑面送来一阵清新的风，十分高兴地凑到我面前。"她是谁？"我很纳闷，"什么时候认识这么一孩子？"我急速地在脑海里搜索着。看着我困惑的神情，她发出爽朗的笑声，大声地说："徐老师，别想了，我是李甜哪！"哦，是她，我想起来了，是我来学校后教的第一批学生。那时的她又瘦又黑，现在可真是"女大十八变"，越变越漂亮了，都快让人认不出来了。

"你的变化好大哦，老师都要认不出来了。"我微笑着说道。

"噢，我在表姐的店里打工。呵呵，老师肯定只记得成绩好的孩子吧。小

时候，我让老师费心了。"她微笑着答道。

这么一说，我的脸微热了。是的，那时的小甜在班上成绩很差，我对她可是很严的，当时批评她的话真的说了不少。经她一说，往事又浮现出来。

有一次，她迟到了，畏畏缩缩地藏在门边，我记得当时她很怕，于是教育了她两句，说了要遵守时间的话，就让她上座位去了，依稀记得她瘦小的背影。还有一次，她的家庭作业没有带到学校来，我很生气，让她在课间补写起来。

现在的她对我却还是这般热情。一件衣服又一件衣服，她帮我拿着、挑选着，时不时还提供一些建议，十分耐心、周到。最后，一件咖啡色的大衣穿在身上看起来还不错，人显得比较精神，小甜极力让我买这一件，我犹豫着，她报了一个数字，几乎是对折，在腊月里，是拿不到这个价位的衣服的。可我还在踌躇，买还是不买？我还想多看几家，让自己的选择多一点，我偏向亮丽的衣服。

"买吧，徐老师，这件衣服的质量很好，也很衬您，我的表姐外出有事，我替她做主，这个价位很优惠了。您是我的老师，真的希望您穿得舒适又漂亮。"她极力推荐着，脸上呈现出热忱的光芒。我的心被轻轻地撞击了一下，就是这个女孩，也许我曾对她微笑过，轻抚过她的羊角辫，夸奖过她两句，现回想起来，真是少之又少。但在她的心中，她执着地相信老师对自己的严厉其实是一种关心，一种爱护。

不是吗？在若干年前的一个夜晚，我和朋友在路上散步，是她用甜甜的嗓子向我问好，对老师的尊敬如轻柔的春风吹拂到我身边。那时还是四年级的孩子，却和妈妈一起推着板车，妈妈踩车轮，她躬身在后，被生活压弯腰的时候，她微笑着。小学毕业后，她与我偶然碰面了，却依旧很恭敬，轻拍我的肩膀，微低头，大声喊"老师好"。

我呢？为这个孩子做过什么？更多的是盯着她的缺点，总是想着怎么教育好她，希望她一下子进步很多！现在细细想来，真是失去了做老师的乐趣。为什么要纠结这些，为什么不能多多发现孩子们身上的优点，多给这些学习上落后的孩子一些帮助，一些鼓舞呢？放好心态，真正做到从内心去善待每一名学生。他们就像花园里的花儿一般，有的娇艳，有的灿烂，有的暂时还很弱小，不吸引人，但每一朵都需要园丁去呵护，因为每一朵花都是值得珍惜的！

如果有一架时光机，我真想把它慢慢摇回到教小甜的时候，我会更关心她，更温柔，更耐心，用心去感动心。虽然那件大衣我没有买，可从这个女孩身上，

我懂得了很多，感受到了很多，作为一名老师，真的需要学会从内心去接纳每一名学生，尊重他们的差别，好好对待他们，因为每个孩子都是一朵独一无二的花朵，他们需要我们去灌溉、去培养！

坚持一下，再坚持一下

杨 丽

人在一生中会遇到很多很多的问题，无论是在生活当中还是在学习上都会有很多难以预料的困难。我时常教育橙子，认准一件事后就要尽全力去努力，只要有恒心，只要能够坚持，那么一切困难都会迎刃而解。

所以，在橙子还只能在床上爬的时候，我们就开始对他进行持久力的训练。在这一方面，橙子的爸爸做得非常好，只要橙子遇到困难，他就会用各种方法去鼓励他：坚持一下！再坚持一下！直到他取得胜利。

在橙子很小的时候，为了训练他的持久力，我们先从他注意力的持久性开始训练，因为注意力持久是行为持久的前提。为了培养橙子注意力的持久性，我用了一个能够引起孩子注意和兴趣的玩具，一只用布做的黄色的小熊。我先把那只小熊放在橙子的前后左右吸引他的注意，等到他产生兴趣后就把小熊放在他伸出手差一点就能够得着的地方，吸引他去抓。当橙子老是抓不着准备放弃的时候，我便用手推着他的脚鼓励他：使劲儿！使劲儿！在我和丈夫的鼓励下橙子往往会用力蹬几下腿，尽力地将小熊抓住。在小熊被孩子抓到手后，我们就用欢呼和亲吻来庆祝他的胜利，让橙子体验奋斗、成功的喜悦。在橙子能够爬行的时候，爸爸增加了训练的难度，在他马上就要摸到玩具的时候，把吸引他的玩具挪到更远的地方，然后鼓励他继续爬着去拿。这样做既培养了毅力，又练习了爬行，实在是一举两得。

等橙子稍大开始学习知识后，我和他爸爸仍然用类似的方法去培养孩子坚持不懈的能力，久而久之就让他形成了一种习惯，只不过后来不是用玩具而是用书本而已。橙子学习上每一次质的飞跃，都是克服困难、坚持不懈地努力的结果。

一次丈夫给橙子指定题目之后，他就开始像往常一样专心致志在书桌前认真思考起来。每当这时，我会离开房间，让他能够在安静的环境之中独立思考。

过了很长时间，橙子还没有从房间中出来。丈夫感到有些诧异，虽然那道题很难，但橙子以前从未用过那么长的时间去解习题。何况现在已经远远超出了丈夫给他规定的学习时间。丈夫走进房间时看见橙子仍然在那里冥思苦想，而桌上用来做习题的纸仍然是空白一张，什么字都没有。于是他问："怎么，是这道题太难了吗？"橙子抬起头来看了看他，一语不发。此时橙子满脸通红，虽然天气不热却满头大汗。我当时的第一个反应就是孩子一定生病了。

"橙子，有什么地方不舒服吗？"我关切地问道。"没有，我在想怎样解答这道题"橙子回答道。"现在已经超过了时间，如果你认为太难就先休息一下吧，明天再来解决它。"爸爸说道。"不，爸爸，再等一会儿。我似乎就快要找到答案了。请您再给我一点时间。"他说完继续埋头思考。我想儿子正在解答问题的关键时候，不应该打断他。于是，我和爸爸走出房间谈论这件事。

快要吃饭的时候，我有些按捺不住了，我对丈夫说：你应该让橙子出来了，恐怕那道题太难，孩子的自尊心太强，害怕做不出而难为情。你去劝劝他吧，不要让他太累。于是我又走到了儿子身旁。"橙子，你已经尽力了。解不出来没有关系，这道题的确太难了。"我对孩子说。"不，快要做出来了。"儿子说，"您不是告诉我要坚持不懈吗？我已经找到了解这道题的方法，就是差一点点。我想我马上就能完全解答它。"面对孩子这样的态度，我还有什么话说呢？只能和爸爸在外面耐心地等。其实我们已经做好了孩子不能解出题的思想准备，只是觉得孩子既然有那份恒心就尽量支持他。

"爸爸，爸爸。"不久，我终于听到孩子兴奋的喊声。在那一刹那我感到无比的激动，从孩子的声调来看，我知道他成功了。不出所料，橙子拿着那道题的答案，蹦蹦跳跳地跑了出来。我看了他的答案，完全正确，并且他的解题思路巧妙之极，似乎还在标准解题方法之上。

那天在晚饭的桌上，孩子不停地对我们说他是如何去思考，又是如何去寻找解题的着眼点。他也认为那道题实在太难了，他说他从未碰见这样的难题，但他同时也为自己能够成功地做出来而感到自豪。

当我问他在解题过程中有没有想到放弃的时候，他这样对我说："想到过，因为它确实太难了，有很长一段时间，我感到头疼，脑袋都要胀破了。我真想

跑出去对你说做不出来了，但每当那个时刻，我就会听到自己心中有一个声音在说：坚持一下，再坚持一下，所以，我就发誓一定要坚持下去，非把它解答出来不可。"那天晚上，橙子吃了很多东西，睡觉也比平时香许多。他的确累极了。

自从那次之后，橙子的解题能力得到了大大的提高。橙子也通过这一次的练习对只要坚持就会成功的道理有了更深的体会。

班级管理要宽严相济

杨前香

当好班主任,管理好一个班级并不是一件容易的事。如何才能管理好一个班级呢?我觉得最重要的是必须做到宽严相济。

班级管理的对象是处于成长期、既单纯又复杂、既有优点又有缺点、既逐渐长大又明显稚嫩、既有强烈上进心又容易产生消极情绪的学生群体。班级管理的目标就是要充分调动每个学生的积极性,促进学生健康成长,这就必须做到宽严相济,既严格要求,又充满人情味。

一、用严格的标准要求学生

班级管理首先必须有严格的制度和标准,严字当头,严格要求,严格遵循,确保各项制度和标准落到实处。

一是教育要求从严。古人说过:"取法乎上,仅得其中;取法乎中,仅得其下;取法乎下,其下下矣。"思想有多高,行动就有多远。要管好班级,培养出优秀的学生,首先就必须高标准、严要求。一个优秀的班级,应该是一个团结奋进的集体、一个良性竞争的集体、一个目标明确的集体、一个有利于学生在德智体美等方面得到全面发展的集体。这样的班级要求,是与素质教育的要求完全一致的。有了这样的要求,并且切切实实地按照这样的要求去努力,班级管理就有了正确的目标,有了努力的方向。方向明,才能决心大;决心大,才能做出突出的成绩,才能带好班,教出好学生。

二是品德教育从严。要立德树人,现代教育的最高目标就是要教出对社会真正有用的人,教出对社会能够做出突出贡献的人。用一个伟人的话来说,就是要通过教育,使我们的学生未来都能够成为"一个高尚的人,一个纯粹的人,

一个有道德的人，一个脱离了低级趣味的人，一个有益于人民的人"。教书育人不是一件容易的事，一定要严格要求，不能有丝毫的大意和松懈，要注意每个学生的一言一行，要用先进的社会道德标准来教育我们的学生。在每一堂课中，不论是语文课、数学课还是其他课，都把教书和育人融合在一起，让孩子们在日常的学习和生活中通过潜移默化，把良好的道德规范内化为行动的准则、生活的习惯。这样，当他们离开学校进入社会之后，他们就能够自觉地成为社会的进步力量，成为一个真正有益于社会、有益于人民的人。

三是学习要求从严。学生的天职是学习，学习的主要任务就是学习有用的知识，了解未知的世界。除了学知识，还要学做人，学会好的学习方法，培养创新能力和开放精神，实现全面发展。如何才能学得好，完成好学习任务？首先当然是要从严要求。"吃得苦中苦，方为人上人。""只要功夫深，铁锤磨成针。"学习是一件十分辛苦的事情，只有坚持不懈，刻苦努力，才有希望达成学习的目标，完成学习的任务。正如一位哲人所说："在科学上没有平坦的大道，只有不畏劳苦沿着陡峭山路攀登的人，才有希望达到光辉的顶点。"学习是一项科学的活动，也需要有"攻城不怕坚，攻书莫畏难"的勇气和毅力。

四是制度管理从严。"没有规矩，不成方圆。"规矩就是制度，就是规范。班级管理也需要有良好的制度和规范。要让每个学生都具有明确的制度意识和规则意识，而且还必须对每项制度和规则都有明确的认知。但是这些还不够，更重要的是要落实制度。落实制度要有有效的措施，而最重要的是把这些措施变成一个一个具体的行动，变成一个个持续不断的行动，正所谓"贵在实干，贵在坚持"。坚持制度，一定要讲原则，不能讲例外。如果总是强调"下不为例"，而不是从现在做起、从此事做起，制度意识就无法形成，制度也不会得到落实，而只能成为聋子的耳朵，成为纯粹的摆设。让每个学生通过严格的制度约束养成遵守规则的习惯。

二、用真挚的情感激励学生

管理工作的核心是管人，管人的核心是管人心。在班级管理中，制度约束固然重要，要想使每个学生释放出最大能量，充分发挥自己的积极性，情感管理有时候可能更重要，正所谓"三分管理七分情"。

一要尊重、信任学生。实践证明，尊重、信任可以给人以巨大精神鼓励，

激发责任感，增强向心力。有不少老师还存在一定的师道尊严的落后思想。总以为自己是老师，就应该高高在上，学生是孩子，就应该听老师的话，惟老师是从。当然，老师是应该尊重的，这也是每个学生都应该懂得的最起码的道理和礼节。但是，老师也应该知道，每个学生都是一个独立的个体，他们也有独立的人格，也有独立的思想。在现在这个资讯发达的时代，许多孩子通过网络、报刊等媒体了解了许多知识和信息，有些甚至是成年人都不了解的新事物、新东西。所以现在，要教育好学生，管理好班级，比过去任何时候都应该有一种平等意识。要尊重学生们的创造精神和独立意识，还要热情鼓励和大力培养他们这种创造精神和独立意识；要充分相信每个学生，相信他们尽管是孩子，也有他们的知识和能力，也能胜任许多工作，做许多力所能及的事情。他们不仅能够理解许多道理，掌握许多知识，也能在老师的辅导下，在班级管理上发挥主人翁的作用，成为一个个令人赞叹的小大人。

在班级管理中，平等意识和民主意识是非常重要的。与学生们交朋友，班级的事情充分发挥每个学生的积极性、主动性和创造性，不仅能够使班级管理事半功倍，而且也能够培养学生的平等意识和民主精神，而这种平等的意识和民主的精神正是现代社会所必需的。现代教育的重要目标正是要使每个受教育者都在教育中逐步形成这种平等意识和民主精神，成为一个真正的现代人。

二要关心、体贴学生。关心体贴是人们普通的心理需求。在班级管理中，最重要的是要有一颗爱心。孩子们都是感性动物，最需要感情，最需要关心，最需要爱护。每个学生都是可造之才，要用爱这把万能钥匙去开启每个学生的智慧大门。关心爱护学生要情真意切，一切都从老师的内心自然地流露。要把每个学生当成自己的孩子一样去爱护，特别是对那些"不乖巧"、有点调皮的学生，或者学习不太好、学习态度不太端正的学生，更要用爱去感化、去融化。

爱就是要理解和宽容，特别是对那些有不同想法的孩子要给予充分的理解，对那些有过错的孩子要给予特别的宽容。爱的实质就是"给予"：既需要给予理解，给予宽容，也需要给予关切，给予温暖，给予体贴，给予心理的补偿。如果你能让孩子们感到内心温暖，孩子们也会与你拉近心灵的距离，与你心交心、心贴心，信任你、靠近你、喜欢你、尊敬你、服从你。这样，你的班级管理就有了向心力，少了离心力；多了助力，少了阻力。有了学生们发自内心的积极参与，管理好班级自然是水到渠成的事情。"精诚所至，金石为开。"每

个学生的聪明才智在老师的关怀体贴之下得到充分发挥,教育的目的也就真正得到了实现。

总之,要管理好一个班级,就必须做到既严字当头,又爱在心中,也就是要做到宽严相济。

家长，如何去解决"问题"

张 华

教育就是一个不断出现问题再解决问题的过程。

当了十几年的班主任，经常被家长追问各种各样的问题：为什么我的孩子写作业总是那么慢？孩子不喜欢读书怎么办？……

现如今我也是一名家长。我想许多家长可能和我一样，并不期望自己的孩子将来一定考上清华北大，但最起码他能够凭借自己的本领，在这个社会生存下去，并且能够拥有比较幸福的生活。

要实现这一切，就要求我们的孩子必须具备一个社会人所应该具备的最基本的品质和素养。有人说：父母的素质、知识、学问、品德、修养、才能，就像火山底下的岩浆，积累得越厚实、越丰满，孩子成长的爆发力就越强。是的，每个孩子就是家长的一面镜子：透过孩子自信开朗的笑容，我看到了家长的鼓励；通过学生漂亮工整的作业，我感受到了家长的用心；同样，从急躁好斗的孩子身上，我想象到了他的家庭可能充满着争吵；从沾满污渍的作业本，我仿佛看到了一张混杂脏乱的书桌。孩子身上处处都能看到家长的身影。

孩子在成长的过程中必定会出现各种各样的问题，这就要求家长一定要有一双善于发现问题的眼睛。如果已经发现了问题，又该如何面对呢？我觉得有两种态度是不可取的：一种是束手无策型。有的家长在遇到问题时经常把"我也没办法"挂在嘴边，试问，孩子只有几岁的时候家长就无法管教，以后孩子大了，还将面临如交友、青春期的叛逆等更棘手的问题，那到时家长又该怎么办呢？第二种，轻视问题的严重性，以为孩子还小，没什么大不了的。当孩子一旦出现这种有关道德品质的原则性的问题时，家长一定要重视并及时纠正，以免形成恶习，影响孩子将来的一生。这种失败教育的案例，我想大家应该也

看到了不少，不用我在这里赘述。

　　发现问题，就应当立即解决问题。怎么解决，有的家长一想到解决问题，就是责骂痛打。其实教育真的不是简单粗暴的非打即骂，它不仅需要时间和耐心，更需要智慧和技巧。教育专家对我们中国独生子女的教育打了一个非常形象而又贴切的比喻，"没有拿驾照就开着车上路"，不经过任何的学习和培训，就从事这么一项复杂困难的工作，能不危险吗？孩子只有一个，机会只有一次，错过了就永不会再来。那么怎样才能减少错误少走弯路，避免教育失败的悲剧在自己和孩子身上重演呢？

　　有一个好办法推荐给家长，多向别人学习。孩子要学习，家长更要学习。怎么学，用我们的心去学。有的家长对我说，我也问了别人，好像也没什么啊。其实你错了。我想没有几个家长一问他，就能洋洋洒洒说出长篇大论，何况也没有一剂良药能包治百病。一位优秀家长的智慧，就渗透在他平时对孩子的一言一行之中。在我的办公室有一位非常优秀的老师，同时也是一位非常优秀的妈妈。一次在办公室，她的孩子不小心把一个玻璃杯摔碎了。孩子当时非常害怕，轻轻走到了妈妈的身后，低下了头。如果是一般的家长难免要责骂孩子几句，脾气急躁的可能上来就要动手了。可是这位妈妈，看到这一切后，对孩子说："你去把扫把拿来，把玻璃渣扫到垃圾桶去。"扫不干净的地方，妈妈捏着女儿的手一起扫。扫完后轻声细语地对女儿说："妈妈知道你不是故意的，也明白你已经认识到自己的错误了。杯子碎了一定要赶紧把它扫走，不然会把别人的脚扎伤的。"

　　第二天早上，孩子在办公室的门口发现一大滩水，主动拿起拖把把水拖干了。问她为什么这样做，她说别人踩到水会摔跤的。多么善良的孩子啊！就在这生活中司空见惯的小事上，孩子学会了为他人着想。什么是成功的教育？这就是。

　　孩子在和这位妈妈的闲聊中，因为在学校比赛中取得的一点小小的成功，妈妈表扬了她，孩子平静而又深情地说："妈妈，因为我是你的女儿啊！"多么质朴而又感人的话。我想，任何一位家长如果听到孩子对自己说这一句话，一定会比今天赚了多少钱更令人高兴吧。家长爱孩子的心是相同的，但是因为解决问题时采取的方式不同，就可能导致截然不同的两种结果。优秀的家长，之所以优秀，并不是因为他比您更爱孩子，而在于他善于找到正确解决问题的方法，并且凭借着这份爱心和智慧在这条路上奋力前行。难道这样的家长不值

得我们学习吗?

用心去学习他的一言一行,以及处理每一件小事的方式。只有这样才能帮助我们解决好自己在教育孩子面前所面临的种种困惑。

每朵花都渴望绽放

张 璐

俄国教育家乌申斯基曾说过:"如果教育学希望从一切方面去教育学生,那么就必须首先也从一切方面了解学生。"的确,作为教师要想所有的学生对你多一份亲近、敬爱与信任,使每位学生都能得到你平等的关注,这就需要我们的老师躬下身来主动去亲近每一位孩子,走进他们的心灵。

一天,刚打完上课铃,许多同学匆忙回到自己座位去,许多同学也急匆匆地把书丢回书架就往座位跑。这时我走进了教室,在教室逐渐安静下来时我看到一个身影在书架前忙碌着,他在把同学们看完的图书一本一本地整理好,按照书籍的大小形状给整齐地摆成了三摞,是谁这么有责任心?我定睛一看,竟然是他,我们的调皮大王——方智超。等他把书摆放整齐也迅速上位后,我开口了:"大家看我们的书架今天有什么不一样?"大家顺着我手指的方向看过来,齐声说:"很整齐!""这是谁的功劳呢?"大家立刻回答出来"方智超"。"那你想对他说些什么呀?"

孩子们眨巴眨巴眼睛,开始慢慢有人举手了,"方智超,你把书架整理得真整齐!""方智超,你真能干!""我以后也会像你一样把书放好放整齐!"

"让我们一起用掌声对方智超表示感谢吧!"我带头鼓起了掌,随即,班上响起了热烈的掌声,方智超的小脸变得红红的,但眼神里却透着兴奋和激动。那节课,他听讲特别认真。

自从书架上开始放上孩子们喜爱的课外书,大家看书的热情高涨,可是每次看完书上课了,却总是匆忙地把书往书架上随手一扔了事,在班上强调过好多次,但总是效果甚微,每次都只好我亲自动手整理书籍。没想到是他第一个记住了我的话,还认真地把书架收拾得那么整齐。

他是我接手这个班认识的第一个孩子，而且是"未见其人先闻其名"，因为别的老师对他印象太深，上个学期还因为这孩子让老师和家长之间闹得很不愉快。他总是坐到教室的角落里，小朋友们都是避而远之。

果然，开学才一个星期，事情就不断发生，我按高矮顺序给孩子们排好座位的当天，就有家长来跟我要求："方智超和我家孩子上个学期就经常打架，能不让他们坐一起吗？"于是给他换了个女生同桌，结果当天下午，女孩儿就哭着来告状："方智超咬我！"一看手臂上还真是几个牙齿印。批评教育过后，再次给他换同桌，他又把人家的衣服给撕破了。接下来的三天里，他竟然一连咬了三个人。在我一次又一次的批评教育后，他还是旧病复发，我一下子体会到了前任老师说的"对他无可奈何"。但今天，竟然是他自发地把孩子们丢乱的书籍全部整理好了，看来还真是每个孩子都有自己的闪光点，只是要用心去发现它。

自从那天全班小朋友一起感谢了方智超，他变化可大了，一连两三个星期都没再听到小朋友告他的状，而教室里总是多了一个忙着整理书架、忙着打扫教室的身影，还有那带着期盼的眼神。

在一次又一次得到同学的肯定和老师的表扬后，方智超的星星榜上也贴上星星，他身边也有了和他一起玩耍的小伙伴。每次的家庭作业他都能清楚地记得，并认真地完成。

今天，方智超的妈妈打来了电话，解释自己夫妻俩因为生意忙总是没时间顾及孩子，很高兴地和我谈到了孩子的进步。原来，自从那次感受到了获得大家认可的成就，他在家里也和妈妈约好，以后改掉打人的坏毛病，要做个大家喜欢的小朋友。

从一个让同学"讨厌"、让老师头痛的后进生，到现在判若两人的乖孩子，尽管其过程中也有时有所反复，但都能虚心听取老师的教导，及时努力地改正自己的毛病，不断获得老师和同学的表扬。他这件事，给我留下了深刻的思考。

其实每个孩子都有求上进的愿望，每个孩子都是渴望进步的。就像每一朵花朵都渴望绽放一样。有的孩子之所以暂时比较落后，只是因为他还没有找到适合自己发展的环境和土壤。

我们只要用"心"执着地去爱，所有的孩子都是可爱的。我们要以真情去创设积极向上的氛围，激发学生的潜能和创造力，使他们健康成长。仅仅因为

那一次整理书架的机会，我让全班小朋友重新认识了他，发现他身上的闪光点，就能唤醒他改掉不良习气，追求上进的心灵！

小学生是多么在意老师的鼓励和肯定啊！哪怕是你不经意的一个微笑，一个称赞的暗示，都可能会成为唤醒学生追求上进的内在驱动力，都会在他们的心中留下不可磨灭的印痕。所以只有用一颗善良宽厚、真挚热诚的心包容学生，用爱的眼睛去发现他们的闪光点，才能化干戈为玉帛，让学生在老师处理问题的过程中自我反省、心悦诚服。

挫折让优生更优秀

张梅芳

不同的孩子有不同的个性,在我的教书生涯中遇到过不少这样或那样的孩子。

俊是我们班的一个优秀学生。从一年级开始,他的学习能力和知识量就超出一般的孩子,为此得到了老师和同学及家长的赞许。或许是表扬太多的缘故,他一直很自信,甚至有些自负,常常当面讥笑一些成绩差的同学,每当他们考得不好时,他总会说:"你真笨,这么简单的题目都不会做。"

为此,他与同学的关系一直不好。到了三年级之后,大家都不喜欢他,不和他玩了。他也很苦恼,不知如何是好。有时别人三个一群、五个一伙在玩,他也想参与,可别人不理他,他就动手去撩别人,让别人注意他,可是其他同学却认为被侵犯了,于是就还手。这样恶性循环,他与同学关系就老搞不好。

针对这种情况,我经常找他谈心。让他认识到每个人都不是完美的,都有优缺点,你学习好,但不代表你什么都好,别人什么都不好,要虚心学习别人的优点。另外,生活在一个集体中,不能太自我,否则就没有朋友了。在班上我还发动同学们一起来帮助他,指出他的优缺点,正确地对待他。

在我的帮助下,他和同学的关系缓和了许多,但新的问题又来了。一天,我们誊写作文时,他突然指着作文本上的一个"怵"字对我说:"张老师,这个字怎么读?"我以为他不认识向我请教,于是马上告诉他怎么读。他狡黠地一笑,我也不以为然。过了几天,学新课文时,我让同学们在下面读生字,从他身边经过时,他在生字表边上又写了一个跟生字完全无关的"砼"字,问我这是什么字,我恍然大悟,他这是在考我呀。知道他的意图后,我有些生气,不耐烦地说:"不知道查字典去。"事后,我仔细地想了一下,这样的处理方式有点不妥:我不答,更让他误会觉得老师不会,滋生骄傲的心理;我答,他

更是得意,看,我连这么难的字都会。也许他只是想向老师炫耀自己吧。想到这,我觉得有必要告诉他,学习不是用来炫耀的资本。唉,但怎么引导他把这种上进心用在正确的方向?我颇伤脑筋。

五年级的数学奥林匹克竞赛,一向不错的他这次只考了80分。宣布分数后,同学们都把不可置信的目光投向他,还有同学小声说:"他这次都没小宇和小龙考得好,看他还得不得意!"一副落井下石的样子。我悄悄观察了一下他,有些失落,但还不是很在意。本想阻止同学们对他的打击,但转念一想,也许挫折能够帮助他更好地理解他人、认识自己。想到这,我决定不动声色,等待更好的时机。

这种机会终于来了。一天,我们在讲语文习题时,有一个字错得很多。一些人把"巷"字的底部与"卷"字的底部混淆不清。于是我在班上问谁会区分,这时他将手举得高高的,这也难怪,识字写字是他的强项,他一向都很自信。在同学们的期待中他走向了讲台,写了一个"卷"字和一个"巷"字,满以为会得到老师和同学的称赞,谁知一个同学眼尖,发现了"巷"字的最后一笔竖弯钩没包清,就大声嚷嚷说他的这个字写错了,其他同学也跟着起哄。这下子他有些蒙了,看了那个字半天,也不知哪里错了,还以为是自己记错了,就把两个原本对的字,又全部重新改,结果错得更离谱。同学们叫声更大了,从来没有遭遇过这种窘境的他,一下子急得脸通红,眼泪都要流下来了。看到这种情景,我觉得是时机让他低一回头了,于是连忙帮他解围,告诉他想不想知道自己错在哪里。他有些委屈,我说:"那就赶紧虚心向同学请教呀。"

下课后,我就这件事把他找到办公室来,让他谈谈今天的感受。一开始他还很骄傲地说:"他们不就会写一个字嘛!"我说:"是呀,但有人为什么都要哭了呢,被人嘲笑的滋味不好受吧。其实每个人都有优点,不能因为你某方面强,就可以去嘲笑别人,或是到处炫耀,因为强中自有强中手。"

听了这话,他没作声,不知道他听懂没。但这以后,他发生了很大的改变,不但成绩依然名列前茅,而且与同学相处融洽和谐多了,朋友也多了。前不久的作文竞赛,还荣获了省一等奖。

在俊这个例子中,让我明白了教育是一个长期过程,在这个过程中或许短时间内收获不大,但可以去进行大胆的尝试。每一个学生都是一个鲜活的个体,由于他们个性不同,作为老师一定要因材施教。有的学生也许需要谆谆教导,有的则需要批评;有的也许需要老师的鼓励,而另一些需要挫折来让他进步。

对基础教育改革的理性思考

赵 丹

中国近些年的发展迅速,但许多相配套的社会建设没有跟上,基础教育就是其中之一。

我们都知道,国家在教育这一块这些年来的投入一年比一年多,教育改革也一直努力地进行着,各种教育思想,新型的教学模式层出不穷,也出现了许许多多的教育新名词和相关的学者、专家。然而,一些家长、老师、学生、校长却在这举国上下的教育改革洪流中随波逐流,不知所措,犹豫着,彷徨着……

我倒不是对教育改革和投身教育研究的举措有何异议,正相反,有问题不改那才是大问题。亡羊补牢,未为晚也,但是,羊圈的窟窿在哪里,怎么补,却需要所有人理性地看清楚、找准确,教育改革的明天才有希望!

为什么这样讲呢?因为在基础教育中,存在着许多现阶段异常明显的矛盾、冲突,这些矛盾冲突深深地束缚着教育改革前进的脚步,影响并左右着全国基础教育的发展,甚至一刻不停地撼动着中国基础教育的根基。

首先是家长的成才观与基础教育的目的相互冲突。有的家长会拿出实际行动和学校一起共同实施教育大计,有的把希望完全寄托在学校。不可否认,每个家长都望子成龙、望女成凤,都希望子女将来能有个美好的未来,能成为国家的有用之才。而要实现这一切,就要求孩子在接受基础教育后,能考上一个好高中,然后上好大学,所以一切的一切都化作了一个分数,这个分数,就是家长把孩子送到学校,在基础教育时期要达成的最终目的。

而现阶段,我国努力追求的基础教育的目标,简单来说就是:强调形成积极主动的学习态度,使获得基础知识与基本技能的过程同时成为学会学习和形

成正确价值观的过程。加强课程内容与学生生活以及现代社会和科技发展的联系，关注学生的学习兴趣和经验，精选终身学习必备的基础知识和技能。这样改，这样做，家长能理解吗？这样改，这样做，学校能生存吗？答案是否定的，不然，那愈演愈烈的各种培训班，那如雨后春笋般崛起的各种培优辅导班怎么会有如此强大的生命力呢？失去了家长和社会的理解支持，那教育为何而办呢？

其次，是教师的生命价值与教育的核心内容——爱心与奉献互相冲突。看到这，有人可能不明白了，难道教师的生命价值会限制他在教育教学中对学生付出的爱心吗？其实，仔细想想，谁都能明白其中的道理。教师作为一个人，生存是必需的，如果为了教育，连生计都难以维系，还有多少人能坚守在这样的岗位上呢？也就更谈不上付出爱心了吧！

而基础教育却又偏偏需要这样的"傻子"，而且还需要一大批，不然基础教育的普及就是空口白话了，所以，就有了最美乡村教师阿力甫夏·依那亚提汗、最美教师张丽莉等等。可是这样的"傻子"，又有多少人在当或者准备来当呢？即便自己愿意，父母愿意吗？即便父母愿意，老婆孩子愿意吗？再进一步说，教师的发展，放眼全国，就个人而论，无非就是荣誉、职称。

实现这些，要么参加各种教育教学比赛，要么努力写文章投稿发表，而真正对学生付出爱心全身心地投入到教育教学中，并且十年如一日工作的教师们未必就能获得这些。

社会一直称赞：老师的工作是神圣的，老师是园丁，老师是蜡烛，教师是天底下最光辉的职业，又或者说，既然你选了这个职业，你就得有奉献精神。如果这样几句话就能够改变全国大多数教师的精神生活和物质生活，那也就不存在什么最美教师了。我不是在否定一部分眼界高境界也高的教师，但我国这个庞大的基础教育工作者队伍中大多数还是凡夫俗子吧！能够全身心投入教育事业又把自己和家庭收拾得体体面面的人不是没有，只是鱼与熊掌，难以兼得而已！

再次，学生个人发展需求和基础教育所实施的应试教育目标相冲突。

为什么在这我说的是应试教育，而不是素质教育，实际上，素质教育在现阶段的基础教育中最多也只能是一句空话罢了，在初中可能并不明显，但如果你不信的话，可以去高中看一看。即便在学习压力最小的小学，素质教育也仅仅只是在部分学生家长中开展的教育活动而已。在学校中实施素质教育，有着

太多的掣肘和羁绊，所以我提到的是学生个人发展需求和基础教育所实施的应试教育目标相冲突。

其实在现实生活中，新闻报道、学者研究都对这方面有所关注，基础教育一味求分，可儿童的成长如果仅仅只为分而学，那么儿童的成长还有何乐趣可言呢？教育在儿童心中如果被打上了这样的烙印，那教育还能深深吸引儿童兴致勃勃地自发自主学习吗？所以就出现了种种社会现象，如刚脱离基础教育的大学生们难以适应从中学到大学的转变,逃课、上网成瘾、总静不下心学习等等。教育不遵循人发展的规律，就像人类不懂自然的生态平衡肆意污染一样！

基础教育是一项复杂而庞大的工程，如何透过这些表面现象，抓住问题本质，从人们的社会价值观与道德观念出发，进行行之有效的改革，才是我们每一个社会人希望看到的！也才会有教育兴邦的美好未来！

您的孩子"笨"吗?

钱定煌

一转眼已经到了而立之年,同学聚会时总有很多感慨。谈事业、谈家庭、谈未来,话题总是显得很多。有时不少同学还带着小孩一起参加聚会,这时总会谈论到孩子。相比之下,有的孩子嘴巴甜,大家都很喜欢他,逗他玩,给他买好吃的。可是有的孩子却沉默寡言,显得那么不合群。作为家长,我们羡慕那些活跃的孩子。当我们谈论到孩子的学习情况时,有的同学感叹自己孩子学习成绩老是跟不上,总显得比其他孩子要笨一些,要我多多关照。这时我都会满口答应,能帮上忙一定尽力。从事教育多年,我个人认为孩子的成才与生活的环境、受教育的程度有很大的关系。古时候不是有"孟母三迁"的故事吗?这个故事对我有很深的影响,我也一直认为生活环境、教育环境、工作环境是影响人一生的关键因素。

去年10月有幸参加小学科学"国培计划",在东南大学学习了半个月左右的时间,其中让我印象最为深刻的是东南大学韦钰院士的脑教育的视频讲座。把教育和孩子脑发育特征联系起来,可以提高学习的效率;更科学的教育好下一代。教师也好,家长也好,都可以针对儿童脑发育特征来进行教育教学活动。

我在认知神经学中了解到,6岁时儿童记忆能力超强,具有强大的学习能力。这时候的儿童主要是在幼儿园大班、学前班或一年级。学校的教育教学不一定能满足儿童的学习需要,这时家庭教育就显得非常重要,家长可以有选择有针对性地教给孩子更多的知识。另外,认知神经学中还提到早期(1~3岁)语言刺激不够,就会影响孩子的听说能力,在我认识的亲戚中有个孩子,3岁还不大会讲话。初为父母的一定要注意,这段时期对孩子的语言刺激一定要足够。比如多听听音乐(儿歌),与孩子多交流等,提高孩子的听说能力。

14岁时脑部处于重要发育时期，具有强大的学习能力，但是情绪很不稳定。这时候，我们可以一方面提供更多的学习内容，同时很重要的一方面是要树立典范，为孩子树立榜样，以某个杰出的人作为偶像是很有必要的。这可以在一定程度上影响孩子的情绪，有助于孩子控制自己的情绪，提高学习的效率。

7～29岁的青少年对奖赏反应的回路已经发育到成人的水平，简单地说就是这段时期的孩子注重奖赏，这是由脑发育的特征决定的。因此我们可以学习过程中制订一定的奖赏制度，对于提高孩子的学习积极性有很大的帮助，能更好地促进孩子学习。不管是教师还是家长，把奖赏贯穿于教育中是很有必要的。

有关儿童的记忆，认知神经学里有这样的描述：当询问儿童一个假的事件是否曾经发生过（父母证实没有发生过），他们会正确回答没有发生过。但如果在一段时间内重复讨论这件事，儿童就会开始相信这些假的事件曾经发生过。大约12周以后，儿童就会详细地描述这些虚构的事件，涉及父母、兄弟、姐妹，并附上大量的"证据"。那么对于儿童记忆的这种特殊性，我们该怎么办呢？针对假的事件，我们一定要严肃地告诉他们事件的真相。一些错误的认识，要及时纠正，不然很容易在儿童脑中形成错误的概念，即使以后有人再教他们正确的概念，也很难纠正过来。因此我们要帮助儿童形成正确的概念。

在学习过程中，大家经常会遇到孩子不专心的情况。我也经常听到一些老师在向家长反映孩子的学习情况时，说到某某孩子上课不专心，不认真学习，喜欢乱动，调皮，爱说话等。其实在认知神经科学中是这样说的：脑发育过程中，没有"不专心"这回事。大脑总是专注于某些事物。这告诉我们，大脑总是专注于它感兴趣的事物。因此我们不能怪孩子不专心，而是我们没有把孩子的注意力吸引过来。教育要想尽一切办法吸引孩子的注意力，激发他们的兴趣，这样才能更好地提高学习效率。不是有个成语叫"事半功倍"吗？这也需要引起老师和家长们的重视。

成绩好，听话的孩子总是让人喜欢。老师也特别喜欢，而一些很调皮，上课不认真的孩子，老师总是不大喜欢。家长一旦知道自己的孩子上课不认真，学习成绩差，回家后总爱批评孩子。这样的例子在我身边有很多。可能有的家长会说，我批评孩子是让孩子改正缺点，不断进步。这里我要提到的是，在脑发育过程中，孩子的记忆力有这样一个特点：在受到越来越大的压力时，记忆力会萎缩。表现出来的就是越来越笨，学习能力下降。其实这是由大脑发育特

征决定的。越批评越笨，越笨越批评，这样容易形成一个恶性循环。因此在这里要告诫我们每一位教师和家长，在学习过程中不要给孩子太大的压力，尽量不要批评，奖赏和表扬能更好地提高学习能力和效果，促进孩子大脑的发育。我们要在孩子身上找到他的闪光点，给予鼓励和表扬。中国人讲究谦虚，但对于自己的孩子该表扬的时候一定要表扬，这对他的大脑发育有帮助，能提高孩子学习的积极性，也能促进学习效果。

作为一个多年从事教育的工作者，给父母们一些我个人的建议：

不要低估孩子的能力，从孩子的角度来看事情。

当孩子的反应跟你的不一样，跟你的预期不一样的时候，不要责备他，先问为什么。

最厉害的虐待是忽视。

要陪伴孩子成长，必须跟他有同样的经验、同样的回忆、同样的语言。

你要他超越你，你要给他超越你的空间，假如他事事都听从你，将来最多和你一样，他没有超越你的空间。我们要孩子比我们更好，比我们更强。

培养有人性的"人"

——听钱志亮报告有感

赵 墉

3月22日,北师大钱志亮教授来给我们老师做了两场生动的报告,上午是《回到原点看人》,下午是《有效课堂哪里来》。整个报告听完意犹未尽,受益匪浅。

钱志亮教授借着两千多年前先贤圣哲的智慧,分析了教育的逻辑起点——人性,从人的本质属性——精神属性出发,提出教育的根本目的在于培养有人文精神的人,有人性的人。钱志亮教授开讲就是分析全球的人性关系及特点。从中国"人"和"育"两字的演变来分析人性。传统的中国教育是仁爱的人文情怀教育。当他讲"中国梦"的教育要努力传承弘扬人的本质属性——人文精神人类生命至上,我就想起前不久在微信看到的一篇文章,讲述的是一位美国教师在中国某医学院讲的一个故事:

在暴风雨后的一个早晨,一位男士在海边散步,注意到沙滩的浅水洼里,有许多被昨夜的暴风雨卷上岸来的小鱼。被困的小鱼尽管近在海边,也许有几百条,甚至几千条,然而用不了多久,浅水洼里的水就会被沙粒吸干,被太阳蒸干,小鱼就会干涸而死。这位男士突然发现海边有一个小男孩不停地从浅水洼里捡起小鱼扔回大海。

男士禁不住走过去:"孩子,这水洼里有几百几千条小鱼,你救不过来的。"

"我知道。"小男孩头也不回地回答。

"哦?那你为什么还在扔?谁在乎呢?"

"这条小鱼在乎!"男孩儿一边回答,一边捡起一条鱼扔还大海。

因此，教育之"育"应该从尊重生命开始，使人性向善，使人胸襟开阔，使人唤起自身身上美好的"善根"，也就是让学生拥有"这条鱼在乎"的美丽心境。

正如钱志亮教授说的教育的根本目的在于培养有人文精神的有人性的人。他的报告中也提到这样一件事：一位纳粹集中营的幸存者，当上了美国一所中学的校长，每当一位新教师来到学校，他就会交给那位教师一封信，信中写道："亲爱的老师，我亲眼看到人类不应该见到的情景：毒气室由学有专长的工程师建造；儿童被学识渊博的医生毒死；幼儿被训练有素的护士杀害。看到这一切，我怀疑：教育究竟是为了什么？我的请求是：请你帮助学生成长为有人性的人。只有使我们的孩子在成长为有人性的人的情况下，会读会写会算的能力才有价值。"

是啊，面向未来的教育，不仅仅是开发孩子的智力。我们的学校教育往往过多注重分数而忽略了学生基本人格、基本道德、基本情感的养成，以致于有些学生对生命、对世事愈来愈冷淡、冷漠甚至冷酷。2013年3月31日中午，复旦大学2010级硕士研究生林森浩将其做实验后剩余并存放在实验室内的剧毒化合物带至寝室，注入饮水机槽。2013年4月1日早上，与林森浩同寝室的黄洋起床后接水喝，饮用后便出现干呕现象，最后因身体不适入院。还有马加爵事件：马加爵大学三年半最好的朋友，因为打牌与马加爵发生口角，批评了马加爵的为人，于是被杀。

很显然，人类有兽性的一面也有天使的一面。教育者的目的是使人的灵魂得到锻炼，克服兽性而转化向天使的一面。教育是人的灵魂的教育，而非单纯的理智知识和认识的堆积。这是教育久远而宏大的终极目标。否则，你拥有的知识愈多，对人类，对生命的危害愈大。钱志亮教授是站在整个国家、民族的利益上引领教育。可以说一个对外部世界冷漠无情的人，是没有希望的人；一个由许多对生活、对生命无动于衷的人组成的民族，是没有希望的民族。

给一个光明的方向

胡国良

最近,读了一篇名叫《迷路的飞虫》的小故事,让我有很深的感触。故事大意是:小王陪朋友去爬山,一只飞虫钻进了他的左耳,弄得整个耳道奇痒无比,而且有点痛。小王想用掏耳勺掏又怕虫儿进到深处伤了耳膜。朋友的爱人是医生,建议他滴一两滴食用油把飞虫粘住。可在山上没有人家,到哪儿弄油呢?

大家正想着办法时,小王那读小班的女儿不高兴了,她对她妈妈说:"小飞虫不是存心让爸爸痛的,它一定是在爸爸的耳朵里迷路了。"过了一会儿,小姑娘又扭头对小王说:"爸爸,我有办法了!"

说着,她让小王把头低下来,右耳朵贴到石桌上,用她的小电筒对着小王的左耳朵照。大家一时找不到食油、棉签和温水,也就听任小姑娘摆布。

很快,小王的耳朵就不痛了,大家惊喜地看到一只小飞虫从小王的耳朵里飞出来,飞到手电筒的亮光里。

对待飞虫,其实人们不必太心急,更不必只想着惩罚和消灭,只要设法给它一个光明的机会就好了——对待每一个有缺点错误的人都应如此。

看完这个小故事,我不由得心中一震,做了十几年教师,我有多少次因学生犯错误而发火,对犯了错误的他们进行惩罚。结果呢?胆小的学生怕我,胆大的学生也克制不了几天依然照旧。然而一只飞虫都有向着光明的习性,更何况是一个正在生长发育的人呢,我为什么不能给他们一个光明的方向、一个光明的机会,引导他们投奔光明呢。回想过去,偶尔我也曾经给过个别孩子一些改正的机会。

记得那是我刚走上讲台不久,我教二年级的数学,班上有一个叫张仲的小男孩。他很聪明很喜欢说话,但他又很懒,因为上学时年龄较小,手部肌肉发

育不完全，字写不好，慢慢地变得不愿动笔写作业了。为此我批评过张仲多次不见成效，其他老师给我支招让我通知家长，希望家长配合我帮他转变过来，但他还是改不了这个毛病，课堂作业他总是最晚交，家庭作业经常不做。我心里都有点想放弃这个孩子了，不过他却依然如故的在我的数学课上大胆发言，精彩的观点让我一次次对他刮目相看，我对他是又爱又恨，担心他长期不做作业会影响他将来的发展，他可是根好苗子呀。不得已，我只好在课余下功夫：利用他喜欢说的特点与他聊天，给他讲故事，一起做游戏。不久他就把我当成了他最好的大朋友，对我无话不说。我也暗暗引导他应该努力完成各项作业，他也答应了我，一段时间内有了一些转变。

　　有一天早上，我又发现张仲的家庭作业没有交，别的小朋友说他又没有写作业，我很生气想狠狠批评他一顿。他看到我去找他，却一反常态昂着头、扁着嘴用那双含着眼泪的眼睛看着我，看着他那像受到天大委屈的样子，我心里一软，只好把怒火压了下来问他："你昨天晚上到底写作业了没有？"他抽噎着说："我真的写了，可书包里找不到了，大概是放在家里没有带来。"看着他那既委屈又倔强的样子，我只好相信他说："那你中午上学带来给我检查吧。"下午上班时我才刚进校门，张仲就在校门口把作业交给了我，看样子是早早就到校在门口等我的。我摸着他的头说："不错，你真是个讲信用的好孩子。"从那以后他的作业写得比以前工整多了，作业也能按时交来。那段时间我也为我能信任他那一回引起他的转变而暗自欣喜。今天我又想起张仲，我的信任不正是给了张仲一个改正的机会，一个光明的方向吗？

　　今后我可要记住这只飞虫，记得给孩子们一个光明的方向。

靶向表扬的艺术

金丽娟

著名教育学家第斯多惠说:"教学的艺术不在于传授本领,而在于激励、唤醒、鼓舞。"低年级的孩子还没有形成完整的价值观念,在对世界的认知与体验过程中,每一步都是全新的尝试,而对与错的认知大多来自老师的评价。人的内心深处都有一种被肯定、被尊重、被赏识的需要。在孩子心中,老师是权威,是标杆。

在日常生活中,孩子如同在知识海洋中徜徉的小帆,老师的评价就是那两股风,一面鼓舞,一面予以指引。如何运用这两股风,我的指导老师谢老师提出了"靶向表扬"概念,使我受益匪浅。

靶向表扬即课堂上赏识教育的一种运用,是对学生的一种有效激励。学生就如同你要瞄准的一个个"靶",不仅要确定靶心,定好靶向,而且不偏不倚,准确发射。在对学生给予肯定、鼓励、表扬时要目标明确、语言准确、导向性强。如何打造趣味课堂,让学生在课堂上成为主人,感到快乐,教师要抓住师生之间每一次交流中的闪光点,运用靶向表扬,使他们的心灵在表扬中得到成长。

一、靶向表扬要目标明确,切忌泛化

初上讲台时,对于学生的回答我只会机械地表扬"好""回答得真好""你真棒""你真厉害",起初还能让学生感觉到成就感和快乐,久而久之,学生很快就对这类似"程式化"的表扬不再"感冒",不再热情高涨地举手。一次在点同学进行《难忘的泼水节》最后3段抒情段落朗诵时,学生朗诵完毕后我赞扬"读得真好",而实际几个重点句的感情略显苍白,又点了一个学生朗诵后依然没有读好。我才蓦然明白这简单而笼统的表扬,不仅成就感不强,而且

让其他学生感到模糊与迷茫，不知好在何处。

于是，我表扬第二个学生"你是在用心读书，仿佛就是那位正在回忆的傣族人民，正在深情的回忆与怀念，我都仿佛被你带进去了。如果在深情回忆的基础上再注入压抑不住的激动，把难忘的深刻读出来就更棒了"。如此表扬后，举手的同学多了起来，而且第三名学生就很好地掌握了情感，朗诵非常到位。

表扬学生时一定要目标明确，明确到是某位学生、某处得到赏识、某处还可进一步升华，让学生感觉到这种表扬独一无二，专属于他，从而获得巨大的荣耀感。相反，简单而无用的表扬，不仅使学生降低通过努力所带来的成就感，而且容易形成学习的惰性，对那滔滔不绝的表扬产生麻木与倦怠，继而对老师对课程产生倦怠。

二、靶向表扬要准确，不可存在认知与价值上的错误

教师的职责是教书育人，不仅教会他们知识和认知社会的能力，还要教会他们正确的情感态度与价值观。著名特级教师王兰说："不是聪明的孩子常受到表扬，而是表扬会让孩子变得更聪明。"教师的每一次表扬对孩子都是一次启迪，都是一个榜样的树立，为孩子指出努力和赶超的方向。故而，教师的表扬要准确，不可存在认知与价值上的错误。

一次在指导老师谢老师班上卜课，一学生回答问题后我继而引导该学生的小组进行朗诵。为了调动学生积极性，我提出小组同学要支持该同学的号召，结果反应平平，仅寥寥几人开口朗读。我进一步鼓励："看来你们组的同学好像不是很支持他呢，他能大胆且正确的回答问题，是你们组的骄傲，你们是一个团队，要团结友爱，我再给你们一次机会。"结果情况依然不理想，我有意批评，故打趣对该名学生说道："你这么优秀，他们既然这么不支持你，那你以后也不要支持他们。"谢老师及时指正：此举违反了靶向表扬的原则，存在认知上的错误，给了学生错误的情感价值指引，而且易对学生造成心灵的伤害，此时应该对那名学生说："你这么优秀，即便他们不支持你，你也要以德报怨，支持他人，让自己更加优秀。"

还有一次在课堂上进行随文识字后要学生趁热打铁在书上的田字格里写字，以强化记忆。在下位巡视发现一名学生很快写完并把别的生字也写完了。我随即赞许了他，结果第二次随文识字时发现许多同学都提前把生字表里的字

写完了，失去了训练的目的。故而教师在表扬时一定要准确，推敲所树立的榜样是否是积极向上的，以防对学生产生误导。此时教师可运用"…很好…但是…"的句式，如一学生带病上课，老师可如此表扬他："你是一名非常热爱学习的好学生，即便病了也坚持上课，但是身体是革命的本钱，拥有一个健康的体魄才能更好地学习。"

前苏联教育家苏霍姆林斯基在谈起教育技巧时说："教育者与自己对象的每次接触归根到底是为了激励对方的内心活动。"在课堂教学中教师要特别注意运用好表扬的准确性，让榜样的形象变得丰满，使每一次表扬都能正确有效地"激励"每一个学生的"内心活动"，让他们用正确的情感态度价值观看待与认知世界。

三、靶向表扬要有导向性，要能产生辐射效应

表扬的目的在于激励，是为了让学生保持良好行为，并号召其他学生向他学习，从而产生辐射效应。当提出问题后学生踊跃举手时，我会说"某某同学举手姿势正确，我请你回答"，随即其他将手高高举起的同学笔笔直直地端坐着举手。当学生发言其他同学哄闹不已时我表扬一学生"同学发言不吵闹，尊重别人也尊重自己，你是个品行兼优的好学生"；对很少举手的同学，我说"为他今天敢站起来回答，我们为他的勇气鼓掌"……这样的表扬让他们真的清楚了什么样的行为是别人认同的，其实孩子内心深处十分乐意保持这些别人认可的良好行为。教师在学生的学习生活中要做善于从多角度透视的有心人，务必练就一双善于发现的眼睛。教师只有充分发挥表扬的先导性作用，同学们才学有目标赶有方向。

四、靶向表扬离不开真诚，要学会由衷地赞美学生

在课堂教学中，为了帮助学生体验成功、建立自信，适当地对学生进行肯定和表扬，使他们享受成功的愉悦，扬起自信的风帆。尤其在学生智慧的火花闪现之时，教师要给予充分的肯定。不能敷衍对待，随便用"好""不错""你真棒"的泛泛语言代替，也不能用同一形式的习惯代替，如鼓掌等。这种表扬要发自真心，不仅要尊重学生也要对得起孩子信任的目光。

在《泉水》公开课上，一学生回答他最想去"静静的山谷"，并朗读了该

段,聂老师赞赏道:"你的声音很清脆,就像很美很美的琴声一样,我都想为你伴奏了。"随即聂老师号召全班同学向他学习将该段美美地再朗诵一遍,不仅那位学生快乐地又朗诵了一遍,全班的朗诵热情也高涨了起来。聂老师的表扬不仅优美、独到,而且响应了原文,并极大地调动了朗读积极性。二年级语文组的赵老师深受学生爱戴,听过她几次课后终于了然,她对学生的每一次表扬都是那么独到、深刻和真诚,伴随着她温柔的声音、肯定的微笑和期许的目光,学生从她那里获得了极大的满足感和成就感,于是造就了一个活跃无畏、热情十足、创造无限奇思的课堂。

从身边这些教师的例子中我终于明白:教师的语言如钥匙,能打开学生心灵的窗户;如火炬,能照亮学生的未来;如种子,能深埋在学生心里。

一张百元假币

李永霞

开学报名那天,我拿着收好的钱上交财务室,验钞之后才知道里面有张假钞,从来没有想过假钞这种事会发生在我身上,又向工作人员确认了一遍才确信我没有听错。盯着手中的一百元假币,心情跌到谷底,有被欺骗的感觉。

现在的社会怎么了?喝牛奶时担心有三氯氰胺,买东西时担心是假冒伪劣产品,老人跌倒怕被诬陷不敢搀扶等。人与人之间互不信任,相互提防。

"人无诚信不立"、"国无诚信不稳"。"狼来了"的故事家喻户晓,说谎终将为自己的言行付出代价。诚信教育对于一个人,尤其是正在成长中的小学生来说有着非常重要的意义。有了这些想法后,我决定在开学的第一天就给他们上一节以"寻找诚信"为主题的班会。

我迈着沉重的步伐一脸严肃地走上讲台,什么话都不说,把那张百元假钞"啪"的一声往黑板上一贴,一声不吭地盯着他们。孩子们都傻了,不知道我葫芦里卖的什么药,大气不敢出地盯着我。我看火候差不多了,便压低嗓音说:"同学们,这是我在报名的时候收到的假币,我想听听你们的想法。"顿时孩子们都炸开了锅,有的很气愤说要把这个人找出来,有的说回家找父母要一百元给我……大家不愿我吃这个亏,想把我的损失降到最低。

这时,有一个孩子站起来教我怎么把它花出去,并绘声绘色地讲述自己家人用假钞的经历。从其他孩子的脸上看到"羡慕"的神情。糟糕!我立刻请那个孩子坐下,平静地把教室扫视了一遍,捕捉到了几张欲言又止的脸,换了一种语调,缓缓地说:"如果都这样做,也许不知道什么时候这张假币会落到你们的手中啊!"教室顿时就安静下来,孩子们低着头不作声,这时有个女孩站起来说:"老师,下次报名的时候你可以像超市一样把它贴在桌子前面,提醒

想用假币的人。""老师,你可以把它交到银行。""老师,要不就算了,反正我以后是不会拿假钞去骗人的。"

听到这里,我微笑着说:"你说得真好,不能去骗人!同学们,老师想告诉你们,不管在什么时候,都要做诚实守信的人,不能因为一点微小的利益失去了做人的基本准则,所以我决定把这张假钞撕掉丢进垃圾桶,不能让它再去害别人。我们要把所有的谎言扔进垃圾桶,让诚信更美丽的绽放。"说完,我撕掉了钞票,扔进了垃圾桶。看见学生们若有所思的样子,我欣慰地笑了。

"同学们想一想在我们的身边有哪些不诚信的行为?你该怎么做?"我看见班上的一名小捣蛋鬼小心翼翼地举起了手,十分好奇他会说些什么,"老师,我平时的家庭作业自己不动脑总是抄别人的,这是不诚实的表现,我以后要自己认真做作业,做个诚实守信的人"。说完小脸涨得通红,他的发言迎来了一阵阵掌声,孩子们都知道,对于钟钊同学来说,要下这样的决心是多么不容易。

"老师,以后考试遇到不会做的题我再也不抄别人的了。"

"老师,以后我捡到钱就还给失主,再也不拿去买零食了。"

"老师,我成绩没考好就诚实地告诉家长,再也不说谎骗他们"

……

孩子们都争先恐后地发言,我突然觉得一百元已经不是很重要了,重要的是学生的心灵得到了净化,思想境界得到了升华,这比钱更重要。

"听了这么多同学的发言,我相信你们对诚信有了新的理解。诚信是人生最高的美德,希望这是你们诚信人生里具有里程碑意义的一课。"

孩子们笑了,其实诚信很简单不是吗,看看学生的笑脸,我如释重负。

于是我面带微笑,看着讲台下的同学,用最感染人的语气,将我心底最真切的愿望表达出来:"希望大家可以永远记住今天心里所想的,看看 10 年后、20 年后,你是不是还在按照自己的想法,坚定自己的信念,做一个拥有高尚人格的人。"

德育应该家校合力

梅汉云

我有一位朋友,她有个六岁的儿子,叫小明,是一个让人羡慕的才艺宝宝。小明每天在家练钢琴,周末上午还要到少儿英语班学英语,下午还要学拉丁舞。可有一次参加聚会,当他的妈妈拉着一位朋友要小明喊伯伯时,他居然斜着眼睛骂了一句粗话,让人尴尬之余瞠目结舌。

"重才轻德"使得许多孩子变得自私任性、蛮不讲理、敏感脆弱,失去了亲情、爱心、诚信等一些可贵的人性品质。一位社会学家指出儿童的生理与心理发育不成熟,受家庭、学校,同龄群体和大众传媒的影响很大,3岁至12岁是孩子个性形成发展,自我观念增强的最重要时期。如果在这个时期不做好品德培养,孩子极可能形成不健全乃至畸形的心理,造成情感失控、心理变态、行为失常、有智商没人性、受教育没有教养等现象。

大教育家苏霍姆林斯基说:"我们的教育对象的心灵是一片已经生长着美好思想道德萌芽的肥沃土地。"因此,学校和家庭义不容辞要承担起德育的重任。

一、学校教育德育先行

如果学校仅仅以学习成绩论好坏,那么我们的教育是残缺的教育,是危险的教育。一个人的行为如果没有道德意识来约束,没有法律意识作底线,那么他所拥有的知识越多,技能越高,将来对社会构成的威胁越大。学校教育要以爱心教育、情感教育为突破口,让爱的种子在学生心灵的土壤里生根发芽。我班有个学生叫小杰。刚上学时,上课要么扰乱他人学习,要么低头搞小动作;课间胡乱打闹,同学间经常闹矛盾,同学们都嫌弃他;于是,我找他谈话,希望他在学校遵守纪律,像个小学生的样子,让爸爸妈妈高兴。但经过几次努力,

他只在口头上答应，一转眼又忘了。为了有针对性地做工作，我决定先专程访问他的家长，让他把妈妈叫来，他说他没有妈妈，把他奶奶叫来了，通过他奶奶的介绍，我明白了。原来，他的父亲没有工作，在工地打工，时间颠三倒四，根本就没有时间辅导其儿子的学习；他的母亲前一年因病去世，而奶奶自己年纪也大了，更加没有辅导能力，何况也管不住孙子，现在祖孙俩还住在他姑姑家……奶奶也代表家长表达了他们的意思：成绩、纪律不好不怪老师，我们也知道老师尽力了，做家长的也没有办法，他奶奶走后，我内心久久不能平静，像打翻了的五味瓶！怎么能因为大人的原因而耽误学生的学习呢！大人辛辛苦苦的赚钱不也是为了学生嘛！既然得不到家长的支持与配合，那我就靠自己，因为他是我的学生！于是，转化他的行动在悄然中进行。我首先设法接近他，处处关心他，让他感受到失去的母爱。上课只要有了一点小小的进步，我就使劲的表扬他。让他给小朋友发本，让他给班级拖地……使他处处感到老师在关心他，信赖他。通过我的努力，他上课开始认真起来，与同学之间的关系也改善了，各科任老师都夸奖起他。在以后的日子里，经过老师和同学们的不断努力，他得到大家的认可，同学开始喜欢和他一起学习，一起游戏了。

心理学家认为"爱是教育好学生的前提"。对于小杰这样特殊家庭的后进生，以关爱之心来触动他的心弦，"动之于情，晓之于理"，用师爱去温暖他，用情去感化他，用理去说服他，从而才会促使他主动地改正错误。

我们要根据学生的身心特点和接受能力，从学生身边做起，从行为养成做起，从注重实践做起，从学会做人做起。学校要创办各种综合实践活动基地，设置多种服务岗位，如：小记者、信息员、管理员、领操员、水电节能员……让更多的学生得到实践锻炼的机会。

通过生活的体验、角色的转换，使遵纪守法、文明礼貌、勤劳节俭、团结友善、甘心奉献等道德品质在学生身上得到内化，达到知识、情感和行为的统一，构建起自己的价值体系，塑造独特的主体人格。大力加强校园文化建设，形成良好的班风和校风。只有这样，德育教育才有生命力，才有实效性。

二、家庭教育刻不容缓

家庭是孩子最初的教育者，良好的家庭教育会给孩子未来的幸福生活起一个良好的开端。古有"其身正，不令而行；其身不正，虽令不从"的名言，家

教育，需要包容与关怀

长要多学点教育学、心理学，在谆谆教诲的同时，更要注意自己潜移默化的身教。不要一面教孩子爱父母，一面却做出对自己父母不敬不孝之举。父母要关注孩子的做人品质和健全人格，尊重孩子的个性发展和兴趣取向，关注孩子内心的需求与情感体验。

建议家长在家庭内部设立家务劳动小岗位，请家长督促孩子干些力所能及的家务活。孩子与父母签订"家务劳动聘用合同"，如：拿牛奶、洗自己衣服、洗碗、拖地、倒垃圾、购买小件日常生活用品等。

与此同时，学校指导学生在家庭中开展以孝敬父母、尊敬长辈的家庭道德实践活动。如："为父母洗一次脚"、"我给爸妈过生日"、"小鬼当家"、"我长大了"……学校通过展览、竞赛、评比等形式，为学生展示劳动成果创造条件。家校合一的道德教育机制，会因为孩子全身心的投入而充满了勃勃生机。

"道似无形却有形"。当今对素质教育的认识，已经提升到"以德育为核心，以创造精神和实践能力为重点"的层面，先成人后成才。我们要确保德育的核心地位，让学校教育和家庭教育充分发挥各自的阵地优势，积极营造一种平等和谐的人际氛围，唱响这曲永恒的德育之歌，使德育焕发生命的活力！

有感麻城课桌事件

苏爱萍

2012年9月1日，新生开学日，全国上下中小学都洋溢着喜庆。可是，湖北麻城却是那么的不平静。这份不平静并非来自开学的喜悦，而是因为长江商报上的一则报道麻城农村学生需要自带课桌上学的消息，使麻城犹如它的杜鹃花一样"闻名"全国。

报道中，村民们接受采访时的发言，记者拍摄的照片，图文并茂，直观形象，深深刺痛人们的心。虽然时隔半年，但我心中依旧无法安然。走在美丽的校园，看着优越的教学环境以及孩子们开心快乐的笑容，农村孩子们背着课桌走在上学路上的弱小背影不时在脑海中浮现。

21世纪已经进入第二个20年，小学生上学依然需要自带课桌，令人瞠目结舌，匪夷所思。仿佛一夜之间又回到了20世纪。开学期间，准备课桌与准备学费一样，成了让家长们焦头烂额的事情。"70后"，"80后"农村孩子的遭遇依然在"00后"身上重演，没有任何的改观。再看看家长们给孩子们准备的课桌——有父母流传下来的，有借来的，有临时拼凑的，有的甚至将自家的破旧茶几搬进了教室。简陋的教室中，高矮不平，颜色不一，大小各异的课桌，看着实在令人心寒。

如今网络发达，微博更是加快了消息的传播。一时间，人们奔走相告。各界人士群起指责，微博上草根明星纷纷发帖跟进，媒体记者深入调查。校方、政府也开始处理"危机公关"，各自给出回应：

校方解释说，1990年代"普九"时，教育部门曾统一为学校配过桌椅，但因使用时间长，绝大多数当时采购的长条形桌椅都已经用坏，现在的桌椅都只能靠家长自备。

政府解释说，麻城市仅2012年校舍安全工程等项目，需要地方财政配套投入4000万元左右，这些资金用途已经非常明确，没有一项可以用于添置课桌椅。

但是这样的解释似乎没能消除人们的质疑：现如今的教育环境还不如20世纪，难道是历史在倒退么？随着舆论进一步的追问，公众终于等到了自己期待的结果：麻城市计划在未来两个月内为全市所有学校配齐标准化课桌，结束学生自带课桌上学的历史。和以往一样，群众舆论又一次打了胜仗。这样的结果似乎能让人宽慰，但是我们不应该有丝毫的轻松。麻城课桌问题是解决了，但是全国上下，没有被报道的地方依然大量存在。这不仅仅是一个简单的教育资源的公平分配问题，更是关系到国家的民生大计。我们常说，民生大于天。可是，在重大民生问题面前，政府的诚意在哪里？为什么很多问题只有在舆论的督促下才能得到解决？

著名教育家陶行知说过："人民贫，非教育莫与富之；人民愚，非教育莫与智之。"前国务院总理温家宝一再强调："再穷不能穷教育，再苦不能苦孩子"。多少年来，我们都本着"百年大计，教育为本"的方针，发展着我们的教育事业。殊不知，教育资源的不公平分配依然无处不在。农村财政再贫困，教育资源要尽量得到满足。农村经济要发展，"非教育莫与富之"，首先要进行的应当是教育投资。当我们的"父母官"们在舒适的办公楼里办公时，他们是否有想过，他们统辖下的"子女"们依然在简陋的教室中，用高矮不一、唯一的共同点就是"破旧"的课桌学习知识。华中师范大学教育学院教授范先佐认为，中小学校提供课桌椅，是义务教育免费性的最基本体现。"如果学校连课桌椅都无法提供，谈何追求更高层次的教育目标？"

事件已经过去了，新闻图片中孩子们背着课桌的瘦小身影也已慢慢走出了人们的记忆。但是作为一名人民教师，肩上有着改变农村教育环境的责任，我希望所有的孩子，能有一套好的桌椅，好的教育，安全的校车，放心的餐饮，实现这些，需要每个人共同参与，一起监督，哪怕微不足道，至少能给孩子们的童年涂上几笔鲜亮的色彩。自带课桌上学现象并非麻城一地独有，农村教育资源的缺少也并不仅仅体现在课桌的不足上。农村资源的投入以及公平分配是农村经济发展的根本性支撑，希望能早日解决这一问题，让阳光早日照耀在全国农村儿童的课桌上。

愿阳光普照心灵的角落

汪伶俐

每个孩子都是有故事的，教育者能做的就是用心倾听他们的故事，读懂他们的故事，让孩子在成长的过程中幸福得像开放的花儿一样。作为一个刚踏入教育行业的新教师，在与学生两年多的接触中，我深深感受到了孩子们的内心是脆弱的，在心灵的某个角落里，他们渴望肯定、追求梦想以及爱的温暖。

记得在实习的日子里，我第一次感受到了当教师的快乐。当然，也让我碰到了一群令人头痛但又值得疼惜的孩子。也许是分班不均衡，当时的毕业班——六（4）班留守儿童较多，每学期的插班生也较多。缺少父母关爱与照料以及孩子对新环境的适应较慢，以致班级学习成绩一直滞后，孩子们的学习兴趣也在逐渐减弱。班上孩子每天上课都是一副有气无力、目光呆滞的模样，让老师甚是头痛，继而老师上课也缺乏激情了。

实习期间就遇到了这样棘手的问题，于是我开始留心观察孩子们的举动。渐渐地，我发现了问题的症结所在：班上以杨洋为首的调皮捣蛋的"孩子王"，总是有号召全班的"领导能力"，让想读书的孩子静不下心来读书，让本就有些贪玩的孩子更加肆无忌惮地疯玩。其实杨洋很聪明，逻辑思维清晰，反应快，但总喜欢做一些捣乱的事，比如：在同学笔盒里放个蚂蚱；把女生的辫子夹在书里；吃饭时把不喜欢的菜丢给其他人吃；上课躲着看漫画……看到调皮的他，不禁让我想起自己读书时班上的"孩子王"。看过一些教育方面的书籍，你会发现，不管时间怎样流逝，似乎每个班上都会存在那么一两个调皮捣蛋的孩子，他们总是有着吸引其他孩子的本领，也总是做出一些令老师头痛的事，你和这些"孩子王"总是要斗智斗勇，而他们似乎也乐在其中。

基于这种现象的存在，课间休息时间，我经常和孩子们待在一起，有时聆

教育，需要包容与关怀

听他们的烦恼，有时和他们一起玩耍，有时和他们一起打乒乓球、跑步、玩游戏，有时也和他们谈论那些明星，只为尽量争取孩子们的信任，拉近和他们的距离。时间一长，孩子们慢慢接纳我了。于是，我要求六（4）班班主任周老师给我一节班会课，和孩子们敞开心扉聊一聊。我们一起聊最新的游戏、最近热门的电视、各自喜欢的明星。当气氛活跃起来后，我顺势说了一句："看来我们有蛮多共同点呢！看，生活是这么有趣，那为什么学习却总是不见长进呢？"这时，班上孩子安静了，一个个又蔫儿了。"我们是没有希望的人，成绩不好也没人责怪，学不学都无所谓的，到时还是要出去打工的。"角落里的"石头"冒出了这么一句让我很吃惊的话，接着就是此起彼伏的应和声。

都说儿童是无忧无虑、天真烂漫的，但一节课下来，我听到了很多出乎意料的话语，大人的口吻、悲观的态度让我印象深刻。事后，我向周老师了解情况才知道，班上很多孩子的父母都在外打工，家里只有爷爷奶奶，一部分还在学校寄宿，还有的是随父母打工来到这个城市读书的，生活习惯、语言的不同让他们不合群或自卑，加上可能经常转校，一环套一环的"恶性循环"让孩子们渐渐放弃了学习。可以说，这是一个普通却又特殊的群体，生活的压力让父母们无暇顾及孩子内心的想法。一群有着类似经历的孩子们在一起，相互间的影响也是可以理解的。

我一直认为孩子的健康成长需要的不仅仅是吃饱穿暖，还有家长与老师的互相沟通，对孩子正确价值观的引导。当出现某种偏差时，我们要及时去关注并了解，这是我们共同的责任。在科技越来越发达，生活越来越好的现代，孩子的心理健康是我们不容忽视的问题。客观现实我们无法改变，但我们可以及时沟通了解孩子近期动向，让他们感受到温暖与关怀，对他们多一点鼓励与肯定，用真心、用真诚去改变孩子的想法。

这让我不由得想起现在所带班上的一个女生。卫生、班级活动、学校活动她都积极参与，而且组织能力很强，性格也很开朗，与同学相处融洽，唯独在学习上，可以毫不夸张地说，那真是令你头痛不已啊！课堂上报听写从未及格过，家庭作业从来都只做一半，每次与她谈心交流时她都保证以后不会再犯，但事后依旧如此。我给家长打电话总是不通，发短信也从来不回。学期末时，她奶奶来学校我才知道，她家是组合家庭，父母长期在外做生意，孩子的性格很野，没人管得住，奶奶也只能管她吃饱穿暖，对于学习也是无能为力。这样

的遭遇，让我今后面对她时多了一份宽容与理解，但学习关系到孩子的未来，这个原则还是要坚持的。所以，我让班里另一个优秀的孩子实行"一帮一"计划，尽量与她多交流多谈心，让她感受到老师和同学的关怀，心灵上能够得到慰藉。只有心灵强大了，孩子才会真的用心去学习，去感受学习的乐趣。

冰心曾说："童年啊！是梦中的真，是真中的梦，是回忆时含泪的笑。"身为小学教师，我一直虔诚地希望我的学生在充满童真童趣的小学阶段快乐幸福。学生在学习知识的同时，我们做教师的也能够将阳光洒向孩子心灵的每一个角落。我想，教育是需要爱、需要信任、需要赏识的。

教师要有担当意识

杨大明

"中国梦"已成为时代的最强音,鼓舞人心,催人奋进。

"中国梦"是个体和单元梦的凝结和升华。我们学校第六届职代会确立了学校"五年规划"发展蓝图,这是我们学校师生员工的共同梦想。要想梦想成真,我作为一个普通的老师,作用似乎微乎其微。但我想,九牛爬坡个个攒劲,心往一处想,劲往一处使,再高的山我们也能逾越!所以,我要一如既往地选择两个字——担当。担当,听起来似乎是豪言壮语,也许有点自不量力。可是,我们是教师,从事的是太阳底下最光辉的事业,肩负着培养社会主义合格建设者和可靠接班人的重任,能偷懒、能推卸、能懈怠吗?人的分工不同,但责任是一样的。首先要有政治担当意识。在学生面前发牢骚,宣泄社会不公、不满情绪是不负责的行为;顺着学生,不想办法解释学生心中的疑团也是不负责。

有一次学生问我:"我国现在为什么问题那么多?"这是一个大问题,我一时不好准确回答。回家后,翻阅了大量资料,归纳了自认为准确的答案后,找到那个同学并与同学们一起交流。我说,现代化进程分为三个阶段:第一阶段的目标是维护国家安全、解决温饱问题;第二阶段的目标是促进经济发展、增加国民财富;第三阶段的目标是社会文明、生活有尊严。我国处在第二阶段,发展是硬道理,不发展一点道理也没有。在发展的过程中,就像孩子学走路一样,一点错误不犯是不可能的,在探索中前进,总有些坎坎坷坷,所以就出现了很多问题。如环境问题、贫富差距问题等等,这是发展中的问题。同学们意识到了,我们党更会意识到,更会迫切地去解决。现在党的系列方针政策不正是在解决问题吗?发现问题解决问题是一对循环的矛盾,矛盾越激烈,推动社会进步就越快。通过这次交流,和同学们的感情更加深厚了,后来,这个班的学生有什

么问题都愿意与我探讨。

第二就是职责担当。我认为,一个老师起码有四种职责,即教书、育人、管理、科研。一个普通老师有管理的职能吗？有,组织课堂教学是管理,收集反馈意见是管理,引导学生的言行是管理。更直接的管理是当班主任。虽然我水平有限,但我始终牢记教师的四种职责并愿意去担当。我在学校当了15年田径教练员。当教练员是辛苦,思想问题、情感问题、生活问题都要分散很多精力。但,我们是老师呀,我们不担当谁担当呢？

记得每期田径队中总有少数田径队员经常早上训练后不吃早餐,我总是带上早点到教室找队员。校园中教育无小事,事事皆育人。一次,一个一年级小学生在厕所外号啕大哭,我急忙上前,询问得知,他由于来不及上厕所拉到内裤上,我及时与家长联系并带学生回办公室等待家长。

老婆唠叨:"你经常借钱给学生,收得回来吗？"我总是笑嘻嘻地说,谁说他们中不出一个"华盛顿"呢？这是潜力投资,懂吗！说实话,借钱给学生我从来没打算收回,帮助学生解决一点小困难,也许可以成就学生大事业。有位学生训练受伤了,我二话没说就带他去医院治疗。没想到6年后,这位学生登门还钱,并带来了家乡的土特产。我对老婆说,看,我们的幸福指数提高了吧！

每次下午放学后,我总是顺便把无人的教室灯关掉,滴水的水龙头关紧,饮水机电源拔掉。

一次看到垃圾桶里有两个包子,我就拿到教室,结合课程讲国情,当讲到西部地区有些家庭一年吃不到一次肉时,有些女生哭了。最后我跟同学们讲:"吃多一点,吃好一点都可以,请不要浪费,我们有权享受财富,但没有资格浪费资源呀！"现在,学校处于快速发展时期,困难与机遇并存。只要大家在党政的领导下,戮力同心,愿意担当,勇于担当,再大的困难也能解决,再难的机遇也能抓住。我相信,我们的目标一定能够实现！

爱生如子 言传身教

张 倩

班级是学校进行教育教学的基本单位,是教师和学生开展各种活动,培养人才的基本组织形式,是学生接受教育,增长知识,得以健康成长的主要场所,而班主任是班级的直接组织者、教育者和领导者,是学生健康成长的引路人,是联系班级与各任课教师的纽带,是沟通学校、家庭和社会的桥梁。可以说班主任是班级的灵魂,班主任是学校中的一种特殊的岗位,有其自身的特点。

小学班主任要面对6～12岁的儿童,工作更加繁重。在工作中,我深深体会到一位班主任只有爱生如子、言传身教,努力提高自己在班级的影响力和威信,才能胜任这项工作。

以"慈爱"呵护学生。没有爱就没有教育。"爱心"不能以学生家庭的贫富、衣着的好坏、成绩的优劣而分等定级,要一视同仁,让"爱心"的阳光,洒满每一个学生的心田。班主任要像慈母一样爱学生,"母爱"是伟大的,"母爱"的力量是无穷的。因为她给予子女是真诚的、无私的爱。

作为班主任对学生应该具有这种爱,当学生需要的时候更要不惜倾注。多年来我很注意这方面的修养,时常提醒自己要把学生当作自己的孩子。生活中要时时关心学生,在他们玩累时用毛巾帮他们擦一擦汗,脱一件衣服;帮女孩子将弄散的辫子重新扎起来;在他们口干舌燥和生病时倒上一杯水;帮助他们一起做值日;小学生呕吐、腹泻是常有的事,我总是细心地帮他们擦洗干净,然后送回去换衣服;跌伤、摔破的事偶有发生,我及时把他们带到医务室治疗;有时遇到特殊困难我主动承担义务把学生带回自己的家。这些不经意的小事,在孩子心中会产生很大的影响。班主任心里必须时刻"装"着学生,尤其是能关心爱护后进生、贫困生、留守生,因为他们更需要"爱心"的抚慰。班主任

热爱学生，对学生寄予厚望，耐心地走入学生的心灵世界，学生在心理上得到满足，从而乐于接受你的教育。所谓"亲其师，才能信其道"。"爱"是无声的语言，它能叩响学生的心门。

以"真情"感染学生。传统观念认为管理就是控制，现代观念则认为管理就是服务，寓教育和管理于服务之中。作为班主任，要努力创造适合学生学习、生活的班级环境，营造有利于每位学生健康成长的良好氛围，这也是素质教育对班主任工作的内在要求。以真情换真心，以真情换真诚。因此，班主任仅作为具有爱心的"长者"出现是不够的，还应该同学生交朋友，像朋友一样关心学生，这样一来才能更多地了解学生，使学生有亲近感。班主任要放下架子，多挤出点时间参与同学们的活动，多渠道沟通师生间的感情，努力成为他们中的一员。下课时我经常和学生一起说说笑笑、踢毽子、砸沙包、跳绳；课外活动经常和学生说故事、做游戏，该罚则罚。与学生建立互相尊重、互相理解、互相信任的平等的师生关系。通过"感情"这条纽带，通过"服务"这条渠道，把准学生成长的"脉搏"，以便对症下药，及时解决各种问题，促进学生的健康发展，使班主任工作实现从控制型到服务型、从封闭型到开放型、从专制型到民主型的转变。

以"师德"熏陶学生。加强师德修养，做学生为人的楷模。班主任的一言一行都对学生起潜移默化的作用，都会在学生心目中留下深刻的印记。因此，提高思想道德水平，加强自身修养是对每位班主任的基本要求。班主任的威望与号召力的大小，在很大程度上取决于班主任的道德修养即人格的魅力。由于青少年学生的可塑性、模仿性较大，而班主任的思想品德、治学态度、行为习惯等，时刻处于学生监督之下，所以班主任对学生的影响和熏陶是潜移默化的。"欲明人者，先自明；欲正人者，先正己。"班主任要自觉提高道德修养，要具有终身从教的敬业精神、刻苦钻研的探索精神、爱生如子的园丁精神、不甘落后的拼搏精神、不计得失的奉献精神，从一言一行、一举一动，给学生施以正面影响。身教重于言教，班主任的榜样作用是无可替代的巨大的教育力量。

以"才干"启迪学生。俗话讲"给人一瓢水，自己必须有一桶水"。班主任的榜样作用之所以巨大，学生之所以尊敬和依赖班主任，除了班主任的"德"之外，还与其"才"密切相关。教师的天职是"传道、授业、解惑"，而学生最不能原谅的就是教师的一知半解，也没有谁喜欢古板刻薄而又才疏学浅的班

 教育，需要包容与关怀

主任。作为班主任，首先要精通自己所任教的学科，做到业务过硬，具有扎实的基本功，如"三字一话"等。试想，一个连自己担任的课程都不能胜任的班主任，怎能受到学生的尊敬和欢迎呢！"问渠哪得清如许，为有源头活水来。"作为班主任，要不断地自我加压、自我"充电"，不断地更新知识，这样才能"才"源不断。作为班主任，还应努力做到既专又博，涉猎广泛，具有多方面才能。比如你在联欢会上抑扬顿挫的朗诵，或声情并茂的演唱，都可能赢得学生的仰慕，这些都是增强班主任影响力的积极因素。作为班主任，要用自己的真才实学启迪学生，使他们懂得"书山有路勤为径，学海无涯苦作舟"；懂得只有勤奋学习，才能获得真才实学；只有真才实学，才能立身处世。

以"仪态"吸引学生。首先，仪表美。班主任要注意自己的仪表。有人认为穿着打扮只是个人的事，因此可能出现两种倾向：一种是衣帽不整、头发蓬乱、不修边幅；一种是刻意打扮、浓妆艳抹，过分追求服饰华丽、奇特。这些都无助于树立良好的班主任形象。班主任应做到心灵美和仪表美相统一。仪表要做到朴实、整洁，适度的穿着打扮也是必要的。和学生见面，必须衣着得体、举止大方、神情端庄、态度和善，使学生见了有亲近感。鼓励和赞赏的眼神，提醒或刻意制止的目光，真诚的微笑，大方自然又亲切的动作，有时胜过苦口婆心的批评和劝说，学生感到老师就生活在他们中间，从而大大缩短师生心灵之间的距离。其次，行为美。我们一直提倡教师要教书育人，提倡言传身教。我们强调家庭教育中父母的重要性，但是作为学生的第二个生活的主阵地，我们的班主任也应该时时注重自身的行为表现，且不要光数落孩子，而忘记了自己的表率作用。这样才能达到"润物细无声"的目的。

以"宽容"善待学生。"于己严、于人宽"更是为师之道。班主任要学会宽容，不要将学生的错误都看成是有意违纪，要兼顾主、客观；不要认定后进生一无是处，要善于发现他们身上的闪光点；不要急于求成，要坚持循循善诱、循序渐进；不要只是简单地用纪律、制度约束学生，要多用说服教育的方法。刚工作不久，班上有个新转来的男生，上课不认真听讲还影响了其他同学，我当着全班同学的面奚落他。结果他不但没有认错，反而对我有所排斥。这件事虽小，但在我心中却产生了不小的震动。使我认识到：遇事要避免感情冲动，避免粗暴训斥、严厉批评，无情数落甚至讽刺挖苦，往往事与愿违。班主任言行举止要沉着冷静，有分寸，不急不躁，精细周密。要用一颗宽容之心去理解学生，给学生留下思考的时间和改过的余地。课余时间我会经常找学生谈心，

了解学生的思想、学习、生活等方面的情况，征求学生对班干部及老师工作的看法，请学生就如何抓好班风出谋划策，让学生真切地感受到他们的老师就像自己的朋友一样。这样，他们乐于接近老师，心中有话敢对老师说，犯了错误敢在老师面前承认。真诚的付出换来了学生对我加倍的回报，也赢得了学生对我的尊重、理解和爱戴。

家有小女

张卫星

家有小女，小名庆儿。何谓"庆儿"，事出有因！两年未孕，焦虑万分。后乃得之，欣喜若狂。举家欢庆，故而名之。庆儿瓜子小脸，眉清目秀。早在她四岁时，我俩就带她去武汉电脑预测身高。天！"你的未来身高1.72m，有着苔丝一般的身材……"那一夜，我们两口子简直喜得一宿未眠！如今年方十一的庆儿，已有156cm，出落得亭亭玉立。每每听到同事们的"啧啧"赞叹，我那心里比吃了蜂蜜还甜啊！

单位的小院里大大小小的孩子们一大串。每天放学后，院子里就沸腾起来，热闹的孩子们成了院子里独特的风景。在我眼里庆儿是这风景中最耀眼的一个。谁说女儿不如男！那自行车表演赛的队伍中，能"白鹤亮翅"的便是我庆儿！你瞧她，双手轻握龙头，单膝跪在自行车的座位上，另一只腿向上高高翘起，腰略微往下压，小脑袋稍稍扬起，眼睛注视前方，神情专注！一脸镇定自若的表情，满眼闪烁着自信的光芒！那优美的姿势、娴熟的技术，那从容不迫和潇洒自如，不能不让我汗颜和佩服啊！接着又来了个飞车表演。她把车沿那石阶骑下去，车子一纵一纵，如此危险，她还面不改色心不跳。更甚的是还有几个才三四岁的小家伙，他们被庆儿带在车后，在院子里飞来飞去。看车上，我儿是满脸的虚荣！而她身后的小东西则乐得"咯咯"直笑！庆儿的玩具可谓是不计其数。什么滑板、跳跳鼠、呼啦圈、溜冰鞋……别人有的她应有尽有，别人没的，她也总是领先潮流。庆儿会玩，所以练就了一副好身体。这为她自己的一生赢得了"本钱"啊！

庆儿一直活泼开朗，可是忘性大，好丢三落四。自上小学起到现在，她丢的钥匙不下于五次。起初一两回的时候，我们还只是数落她，叫她以后要细心

些，长点记性，别乱丢东西。可情况并没有丝毫的好转。没几天，她故伎重演，钥匙照丢不误！唉，我一边严声斥责，一边下最后通牒："再有下回，我定不饶你！"终于有一天，她把我从上海买回来的新羊毛衫穿到学校去，结果"壮士一去兮不复返！"这下可把她爸爸惹恼了，也是"积怨已久"吧。他怒眼圆睁，像一头发威的狮子咆哮着，对庆儿拳脚相加。我一边用身体挡住她的父亲，一边也跟着责备庆儿"死性不改"，大有夫唱妇随之势！说也说了，打也打了，女儿爱忘事的毛病还是没改！那个星期五晚上去老师那儿学琵琶，到了琴房，她才发现自己忘了带琵琶教材！唉！如此情形是数不胜数，也让我们烦不胜烦啊！女儿啊！什么时候你才能真正长大，让你老妈少操这份心呢？

庆儿乐观向上，好学进取！不管什么事情，她总是开开心心地去做，而且什么事也难不倒她！她七岁开始跟随她爸练习书法，如今，她的楷、隶、行、草，都有了长足的进步。在近一年的时间里，庆儿学琵琶每天一小时风雨无阻。她不懈地努力着，经她指间流淌出来的《金蛇狂舞》《阳春白雪》，在我们听来那是天籁之音啊！

庆儿极具爱心！那回学校里发动了"同在蓝天下"的扶贫帮困活动，为这活动，庆儿开始了自己的行动——街头卖报。那个星期六的早上，她起了个大早，订完报纸后，她便开始在街头吆喝了。开始半天都无人问津。迎面走来一位阿姨。她鼓起勇气说："阿姨，我为了贫困的失学儿童出来卖报，请您奉献一份爱心吧！"在阿姨赞许的目光里，她的第一份报纸卖出去了。面馆里坐着一位慈眉善目的叔叔，在听到她的卖报意图后，掏出五元钱来，买了一份报纸，然后说："不用找钱了。"这位"贵人"给了庆儿无限的鼓励和信心。卖报归来的晚上，庆儿把自己卖报的经历和感受都写进日记里。

"我爱世间一切美好的东西！"这是庆儿美好心灵的写照！她是美的精灵！是清晨天边那一抹最绚丽的霞光！

我眼中的小学教育

秦 晴

教育是培养新生一代准备从事社会生活的整个过程，也是人类社会生产经验得以继承发扬的关键环节。我国上下五千多年的文明历史，得以传播至今，离不开教育。华夏文化源远流长，在岁月的历史长河中不断地对周边民族文化进行着深远的影响，而且还对人类的文明发展做出了巨大贡献，这也离不开教育。孔子说："少成若天性，习惯如自然。"《颜氏家训》提出"当及婴稚，识人颜色，知人喜怒，便加教诲"，原因是"人生小幼，精神专利，长大以后，思虑散逸，固须早教，勿失机也"。早在古时，我们的祖先就知道了小学教育的重要性，因为孩子在这个阶段养成的习惯将影响他的一生。

作为一名小学老师，每天和天真活泼的孩子们处在一起，我深深地感受到他们的纯洁无瑕和对这个世界的求知欲。老师作为每天和他们相处时间最久的人，一言一行都会吸引孩子们去效仿，同时影响孩子们的性格养成。虽然我从事教师职业还不久，但是我深深明白自己处在一个什么样的位置，担当的是怎样的一种责任。我不能把自己简简单单定位为知识的传授者，更应该把自己定位为学生全面发展的促进者。

我国的教育普遍注重学生的知识积累，让学生考出高分才是第一要务，也是每个老师上课的目标。但是反观中美，美国的学生论考试，绝对"考不赢"我们中国学生，可是在科学人文领域，我们也是绝对"考不赢"人家的。因为美国的教师注重培养学生的自信心和创新意识，让每一个学生都能独立面对问题，思考问题，最终解决问题。在这样的前提下，自然就培养出了创新和创造型人才。而我们，很大一方面限制了学生能力的发展。比如回答问题时，我们的学生需要举手并起立。在那么多同学的注视下，站起来回答问题，答对了自

然心里无比"骄傲"。可是答错了呢？现在孩子的自尊心都很强，他们会对自己失望，下次可能知道答案也不再举手，也就限制了他们的个性发展。

我们的小学教育，告诉学生不能乱扔垃圾，行人不能随意闯红灯，学会关爱他人，向雷锋同志学习等。反观我们的社会现状呢？街边经常会有行人随处乱扔垃圾、横穿马路的现象。儿童天真纯朴，求知欲旺盛，可塑性强，但思维能力较弱，知识较少，因而小学品德蒙养教育不宜简单地向孩子灌输大道理，而要将"大道理"化为"小道理"并与"生活"相结合，坚持教、学、做合一，从行为的养成着眼，从生活常规、日常小事入手，进行指导，逐渐反复强化，形成习惯，进而促成孩子良好品德"雏形"的建构。

小学教育在生活中要培养学生的勤劳，洒扫应对，奉事长上，知道怎样奉事父母，怎样友爱兄弟。在德行、学问上是培养他的根本智。什么叫根本智呢？根本智的意思就是真实的智慧，是从这个本生出来的。这是用植物来作比喻，植物有根有本，才能生出枝叶花果。由此可知"根、本"的重要。根本智的培养，实际上讲就是真心、真诚。儒家所说的"格物、致知、诚意、正心"，其中诚意、正心就是根本智。培养的方法就是如何防止他的妄念。我们要知道小孩子也有妄念，如何把他的妄念给打断，保持他的正念，这是教育的功能。正念是什么呢？正念是无念，无念才是正念，就是心地的真诚、清净。

我们有句俗话说得好，"儿时偷针，长大偷牛"。这就是告诉我们，小孩子不好的习惯要尽快改正过来，不然长大轻则害自己，重则害社会。李双江的儿子李天一，从小能歌善舞，4岁成为申奥大使，钢琴获得很多奖项，外人都以为他的前途必将一片光明。但是事与愿违，与人一言不合便动手相向，造成了很不好的社会影响。劳教出来后，又不思悔改，和一群社会青年轮奸少女，被公安机关捉拿归案。这都是由于父母娇纵过度，疏于管教，养成了天不怕地不怕的性格，没有良好的社会道德水平，最终危害社会，成为社会毒瘤。这是典型的小时候道德教育失败的例子，而这种例子，我们身边可谓是不胜枚举。

作为一名小学老师，我要用心对待教育，把每个学生当成自己的孩子，以对自己孩子的期望来培养他们，不仅要掌握知识，还要学习做人的道理，先成人再成才。

"少年强，则中国强"。少年强指的并不仅仅是在知识的掌握上，而是个人的处事能力、做事的创新能力、遇事的担当能力，是要对祖国忠诚，对父母孝敬，对亲朋关爱，对自己自信。而这些能力，都是要从小学阶段开始努力培养、

尽力发展的。每个小学生都是含苞待放的花朵，而作为园丁的老师不能温室种花，因为我们的花朵需要面对变化无常的未来。小学老师不仅要帮助学生掌握知识，更重要的是教会他们如何成为一名对国家有用，让父母自豪的人。

做最好的老师

田清秀

《做最好的老师》是李镇西老师多年来教育教学思想和智慧的精华集萃，全方位地阐述了李镇西老师教育观、学生观、班级管理、思想工作、心理教育以及语文教学的理念与实践。从这本书中，我深刻地感受到了李老师对学生浓郁的爱和对教育事业的执着。小学教育是需要爱心和耐心的事业。

怎样才能做一名最好的老师呢？用李老师的话来说就是："所谓'最好的老师'，不是与我敬仰的于漪、钱梦龙、魏书生等老师相比——他们的人格、学识、能力乃至天赋，我是永远无法企及的，比也白比；但我可以和自己比呀！也就是用今天的李镇西与昨天的李镇西相比——我今天备课是不是比昨天更认真？我今天上课是不是比昨天更精彩？我今天找学生谈心是不是比昨天更诚恳……每天都不是最好，甚至每天都有遗憾，但每天都这样自己和自己比，坚持不懈，我便向'最好的教师'的境界靠近……反正'做最好的教师'是我永远的追求，直到我教育生涯的终点。"

读《做最好的老师》，我赞赏李老师平和的心态。他说过："我为我现在这种状态而感到高兴，不，准确地说，应该是感到内心的宁静。因为这种状态能够让我感到踏实，感到我不浮躁，没有被所谓的'专家'的名声所累。毕竟我是和学生在一起的。我一直都在一线，一直都在讲台，一直都和学生零距离！"

读《做最好的老师》，我赞赏李老师对待工作的执着。他说过："我时时提醒自己，我是一名教师，我的生活在讲台，我的生命在学生。所以，我坚持每天完成好我的'五个一工程'——上好一堂语文课，找一位学生谈心或书面交流，思考一个教育问题或社会问题，读不少于一万字的书，写一篇教育日记。"这些真诚的话语映入眼帘的那一刻，我就在想，能做到这些的老师我能说他不

是一位好老师吗？

读《做最好的老师》，我赞赏李老师"爱是永恒"的教育理念。李老师认为教育工作者所特有的师爱，首先应该是理解学生的精神世界，和学生一起忧伤、欢喜、激动、沉思。只要注意环境、场合，只要把握学生的情感，教师的任何"过分"的亲切、幽默、嬉戏都不会是多余的，这只会让学生感到"这老师真有趣！他真是我们的好朋友！"李老师还说过："教育的爱，这不是为了达到某种教育目的而做出来的一种姿态；它是一种思想，一种情感，一种氛围……它自然而然的贯穿于教育的每一个环节，也不声不响地体现在教育的每一个细节，更潜移默化地浸润着每一个学生的心灵。"但是李老师也并不强调毫无原则地去爱学生，他认为："凡是离开了严格要求，迁就和纵容学生的'爱'，绝不是我们所提倡的真爱。"

读《做最好的老师》，我赞赏李老师转化"后进生"的做法。他认为即使是某些教育者心目中"一无是处""不可救药"的学生，其心灵深处或多或少也有着美好道德的萌芽。因此，对"后进生"的成功转化，与其说是教师向他们"灌输"（即使是很巧妙地"灌输"），不如说是引导他们发现自己身上的善良之处、高尚之处，帮助他们树立"我是有缺点的一个好人"的道德自信。在所任教的学校准备集中成绩拔尖的学生组建"六年一贯制实验班"的时候，李老师曾要求将考试中最后几十名的学生，也就是俗称的"后进生"编成一个班，并主动要求担任此班的班主任和语文老师。在转化"后进生"时他主张让"后进生"享受成功，把更多的关爱给"后进生"。事实证明，李老师成功了，这个班的学生在总体上取得了很好的成绩。人民教育家陶行知曾经提醒教师："在你的教鞭下有瓦特，在你的冷眼里有牛顿，在你的嘲笑中有爱迪生。"是啊，转化"后进生"的工作是一项长期、复杂、艰巨的教育工作，但李老师做到了。

读《做最好的老师》，我赞赏李老师独到的教学理念。关于语文教学，李老师的观点是"语文，请给学生以心灵的自由"。他认为对学生创新精神的培养首先是要点燃学生熊熊燃烧的思想火炬，让学生拥有自由飞翔的心灵。他坚信每一位学生都有着创造的潜在能力。举重若轻、行云流水是他追求的课堂教学境界，他说："如果把语文课比作画国画，那么有人喜欢画工笔画——追求课堂的精巧，甚至对每一个细小的环节在课前都精心设计因而胸有成竹，对这样的老师我充满敬意。但我不愿意画工笔画，而更愿意'大写意'，愿意课堂

上有一些"突发情况"……这最能激发我即兴发挥的教学灵感;不要把课堂填得太满,留一些空间给学生,留一些空白给自己。教学的流程随课堂现场的情况而自然推进,教师的'教'的思路和学生的'学'的思路融为一体,教师和学生不知不觉地走进对方的心灵,同时也走进课文的深处。"

读着这本书,我激动着、赞叹着……同时,我受到了激励、鼓舞,找到了前进的方向,看到了未来和希望。

李镇西老师告诉我们:"做最好的教师是一种平和的心态,也是一种激情的行动;是对某种欲望的放弃,也是对某种理想的追求;是平凡的细节,也是辉煌的人生;是'竹杖芒鞋轻胜马'的闲适从容,也是'惊涛拍岸,卷起千堆雪'的荡气回肠。"

这句"做最好的教师"可以是一种心态,可以是一种行为,也可以是一种境界,而对我们小学教师来说 是教师职业里最良性的竞争口号,更是多年教学以来所能感受到的最原始最纯洁的动力。让我们一齐努力,做最好的教师!

第二编

成长故事

感动,让我情不自禁

朱 辉

有一种生活,你没有经历过就不知道其中的艰辛;有一种艰辛,你没有体会过就不知道其中的快乐;有一种快乐,你没有拥有过就不知道其中的纯粹。我感动,我正经历着这种艰辛;我幸福,我正体会着这种快乐。这一切都让我情不自禁,因为我挚爱着我的学校。

有一种力量让我感动

那年冬天,雪比哪一年都来得突然、来得凶猛。

入夜,狂风停止了肆虐,随之而来的是铺天盖地的雪花,从半空中撒落,只消几分钟,便白了树梢,厚了屋顶,没了小路。因着担心雪大路滑,学生起床后行走不便,早晨便早早起来,给后勤的几个同事打电话要求他们迅速赶到学校,拿了工具,心想着先把学生从寝室到教室的路和进校门的路清理出来。不料,还未进校门,远远地便听到几声细微的声音,仔细看去,朦朦胧胧中,一人穿着大羽绒服,挥动着扫帚,正一下一下清理着校园道路前的积雪。不用问,我也知道那肯定是校长了。走进了,看清了,旋舞着的雪花不时落在他的头发上、眉毛上,不知是汗水还是融化了的雪水,额前的头发湿漉漉地紧紧贴在额头,在他身后已是长长的一条小路。风雪中,那弯腰挥动扫帚的身影是那般清晰、那般坚定。

无需言语,走到校长身边,两个人一人向左,一人向右,陆陆续续有同事走来,小路便在你一下我一下中不断延伸着,一条学生通道便展现在孩子们眼前。很多时候,学校的领导就是这样,身先士卒,率先垂范,用自己的行动,感染着身边的每一个人,用自己的方式感动着每一个人。老师们都看到了学校

这几年的变化：新修的校门敞亮大气，视野开阔；校园地面的彩色小瓷砖，明丽轻快；教学楼的外墙砖红白相间，焕然一新，大气灵动；桃李园里果树成荫，更有石桌石凳，象棋、围棋、五子棋等棋盘相间其中；改造后的小操场铺上人造草坪，建成学生足球场；学生游乐场里各种健身娱乐器材应有尽有。每个教室里的两台立式空调，解决冬冷夏热的问题。添置直饮水机，解决学生饮用水的问题。学校逐步推进教育信息化，既给每个班配备电子白板，也给教师配备手提电脑。多媒体教学，提高课堂效率提高教学质量。分期分批组织全校教职工外出旅游、重阳节老教师外出活动，解决教职工电话费、早餐和每月物资供应，组建教师兴趣小组，丰富教师的业余生活，缓解教师的工作压力。

老师们都忘不了，烈日下校长带领后勤一班人穿梭在工地上，协调技术人员，统筹工作安排，解决突发疑难问题；学生们也忘不了，每天在校门口迎接他们的是学校校长们那一张张熟悉的笑脸，等夜晚寄宿班的学生就寝巡视校园后他们才离开；我们都忘不了，工作中的困惑、生活中的迷茫、学习中的困难，校领导都会帮你排difficult疏导。感动之余，我常想，是什么力量，让他们如此痴迷工作？是什么力量，让他们如此永远默默地做着，不事张扬？记得有这样的诗句"为什么我的眼里常含泪水，因为我对这片土地爱得深沉"，我想借用来作注解再合适不过了，为什么他们的身上总是洋溢着工作的激情，因为他们对学校爱得深沉。

有一种温馨让我感动

今天的记忆，常常定格于一个画面：

办公室里，一个高高瘦瘦的女生，一个眼里满是母亲般温柔的女老师。女老师坐着，抬手将手中的衣物递到女生手中，女生双手接了过来，俩人没有太多的语言，只是四目相对，相视一笑。老师抬头凝视着女生，那是怎样一种眼神啊，那是三月的春风对娇花的抚弄，那是夏日的晚霞对嫩柳的辉映，那是秋夜的月光对修竹的依恋，那是冬日的朝阳对小草的温柔！这样的眼神是那样的熟悉。这位女老师就是周薇老师；这位女生，就是她班上的寄宿生。最是那一抬头的温柔、那份温馨的感动让我情不自禁。

细细想来，相似的画面又何止这一个呢？奋战在教育一线的老师，特别是寄宿班的老师更是默默无闻地辛苦奉献着。既要负责教学工作，又要照顾学生

的生活。学生生病了，总有老师会端上热水、递上药物，或者送去医院，跑前跑后拿药打针；天气突变，总有老师会找出自己甚至是孩子的厚衣服，让学生穿上；学生功课落下了，总有老师会心急如焚，谈话、辅导、鼓励、鞭策，哪怕是占用自己的休息时间。

付出总会有回报，我的妻子也是寄宿班老师，看看毕业时孩子们给她的祝福留言：罗老师，我有一个小小的甜甜的心愿，想叫您一声姐姐，也想叫您一声妈妈，您总是用心良苦，细心地去了解每一个孩子，挖掘每个人的潜力，让我们变得自信、乐观。我们这群长势良好的幼苗，是您无私地奉献出自己的羽翼精心呵护的结果。在这里请接受孩子最真挚的祝福，祝妈妈永远年轻快乐！

这就是我们实验小学的老师，他们只是默默无闻地做着一个老师应该做的一切。正是因为这份平凡和普通，让我的感动藏于心，安于怀。

有一种习惯让我感动

学校的桃李园旁有一块这样的标语牌："当果实挂满枝头，带着占有的欲望而来你只会收获痛苦；带着欣赏的眼光而来你就能享受快乐。"秋天，收获的季节，黄橙橙的橘子密密匝匝挂满枝头，十分诱人，让那些馋嘴的学生垂涎欲滴。令人惊奇的是孩子们只是在果园里嬉戏玩耍看书，任由那些橘子掉落地上，无人采摘。这是孩子们良好行为习惯的象征、高素质的彰显。教育就是培养习惯，良好的习惯是学生终生的财富。一直以来，学校着力培养学生的良好习惯，为学生的终生发展奠定坚实的基础。为了激励学生，学校推出"校内校外十个好习惯的争章教育活动"，同时积极打造精致的校园环境。环境对人的影响是潜在的、隐性的，但它却是直接长效的。

每一处环境都感染人，每个细节都教育人。现在，当你随时走进校园，都是那么干净整洁；当孩子们穿着统一、漂亮的校服行走在校外时，已成为一道靓丽的风景，随时提醒他们注意自己的身份言行。

每每看到学生们这种良好的行为习惯，我真的为他们感动。"教育无小事"，我感动于老师们为培养孩子们所作出的努力和牺牲。

我喜欢在校园的小路上散步，尤其是夏日的晚上，月光下微风中夹杂着迷人的桂花香，静静地呼吸着校园醉人的气息。看着自己和领导同事们一手建造的花园般的校园在夜色中显得那样静谧和美丽，一种自豪感不觉从心底升起。

不知不觉中，我已在实验小学走过了23个年头，见证了学校的发展和壮大。我欣慰，在自己身上已经拥有了一种精神，这种精神叫做坚持；坚持奉献大爱，坚持奉献激情，坚持自己的三尺讲台，坚持做一件值得一辈子铭记的事情；我欣慰，在这个满是喧嚣与浮躁的社会，还能时时有一种情绪叫感动，还能时时有一种感动让我情不自禁。

让更多的期待成为现实

张峻波

"平儿免试上了武汉理工大学。"老校长轻声说道。在座的同事们很惊讶，都说看不出来。老校长接着说："要是文化课再好点儿，他可能会被清华、北大录取了。"我赶紧问老校长是不是他的那个动画作品《懒汉与女仆》被那些名校看中了呢？"是的，那个作品获得了全国动画制作一等奖第一名！""你看过吗，做得怎样？"大家的眼光都注视着我。"怎么说呢，我没看见电视里放过比那个作品还漂亮的动画了！"我说的时候，脑海里马上就浮现出平儿那目光——期待的目光。

平儿是个调皮好动的孩子，而且爱说话，是那种下课天真可爱、上课令人头痛的孩子。信息技术课有新鲜、奇妙、动手性强等学科特点，孩子们学起来兴趣盎然。平儿却上课不爱听讲，整天缠着我，闹着要玩游戏。我们几个老师偶尔也议论他，孺子不可教也。估计他也认为自己是差生，索性我行我素，破罐子任其摔了。

记得是六年级下学期刚开学不久，我在上课的时候发现平儿一反常态地静静地坐在座位上，低头翻着一本书。哈哈，一定是在看漫画书。我悄悄地走到他面前把手一伸，威严地说："拿来！"

平儿惊讶地一抬头，结结巴巴地说道："我、我、我不看了。"

"我什么，放在我手上。"我仍然威严地说。

平儿很不情愿地把书放在我手上，对我说："求您，求您别撕。"

我翻了翻手上的书，那是一本画得很精美的漫画书，吓唬着说："知道害怕了，借的书吧，我就是要撕，撕了它，看你怎么赔别人。"

平儿慌了，惊恐地叫起来："别，求您别，那是我画的。"

我说："你撒谎，本来我没打算撕的，我最讨厌别人撒谎了。"

平儿的脸涨得通红："我没撒谎，真是我画的。"

旁边的同学说："张老师，真是他画的。"

我仔细地看着那漫画书，真的是手绘的，最后一点的墨汁都没干，可是这哪里像一个小学生画的呀，画得跟街上卖的漫画书差不多。我把书小心地放到讲台上，组织好教学，上完课，把平儿叫到办公室，他小心翼翼地问我："您还是要撕吗？"

我没直接回答他的问题，而是放缓语气问他："这都是你画的吗？"平儿肯定地点点头。

"能跟我讲讲你的漫画故事吗？"

平儿抬起头看着我："您愿意听吗？"这是我第一次看到平儿的眼睛闪着光——期待的目光。

我饶有兴趣地听完平儿的叙述后，亲切地问他："那漫画里的故事也是你编的吗？"

"故事是我和然儿一起编的。"

"你的画画得——真好！"我故意拖了个长音。

"真的吗，您认为我的画画得好吗？"平儿兴奋极了。

这是我第二次看到平儿的目光——期待的目光，但比第一次亮了许多。我肯定地说："真的画得好，你可以把你编的故事用电脑绘画软件画出来，完全可以参加今年全省的电脑绘画比赛。"

"可我以前上课光贪玩儿了，电脑绘画软件我不怎么会。"平儿沮丧地低下头。

"知道贪玩儿不对就好，现在还来得及补救。我们从今天开始，你想起哪里不会就问我，我一定马上告诉你，你自己也多摸索摸索，尽快熟练起来，行吗？只要你用心来做，我相信你一定能获奖的。"

"真的吗，我也能获奖吗？"平儿抬起了头。我又一次看到了平儿的目光——期待的目光。

平儿变了，不再缠着我要玩电脑游戏，而是缠着我问电脑画图的技巧。班主任也说，平儿最近安静了许多，疯闹少了些，一下课就和然儿嘀嘀咕咕地说着什么。两周后平儿说他画好了一个故事，叫作《100年后的地球危机》。他

一手拿着软盘，一手拉着我的手去计算机实验室，还红着脸求我不要笑话他。那是一组由十几张图组成的电脑连环画，由于参赛的时间很紧，我只提了几个修改建议，第二天就和别的一些作品一起送到了省里。此后每隔一两天，平儿就到我办公室来问结果如何。一个多月后的一天，我到省电教馆出差，馆长听说咸宁来了人，专门过来跟我们见面，一见面就说："今年你们咸宁送来的作品中，有一个竟然是电脑连环画，别人可都只有单幅图呀，省里这次比赛只有这一幅连环画，很有创意呀，给我们提了个思路呢，只可惜没好好雕琢下，获得了省三等奖，但在我心里很欣赏这幅作品。"

我回到学校的时候已经是晚上了，给平儿打了个电话，告诉他作品获奖了，只听得他在电话里兴奋地叫着："耶，太好了！我也能获奖了，我马上到学校来看证书！"我告诉他太晚了，路上不安全，证书在我手上，明天我一早就带着证书到学校门口等他。他说他明天穿一件红上衣，免得人多错过了。

第二天我临时有急事耽误了时间，快8点才赶到学校，远远地就看着一个穿红上衣的孩子踮着脚，在焦急地眺望。他看见了我，高兴得直跳，一下跑到我面前："张老师，您可来了，我6点多就来学校了，一直在门口等您，昨晚就没怎么睡，证书在哪儿，您没骗我吧，我真的获奖了吗？"看着面前这个眼圈有点黑的平儿，满眼都是那种期待的目光。我急忙从包里抽出证书递过去，平儿赶紧把手放在衣服上擦了擦，双手接过证书，仔细地看着，眼睛湿润了："真的获奖了，我真的获奖了！"此刻，我感到他身上散发出春笋拔节的力量。孩子啊，我对你也有期待，期待你在电脑领域颇有建树。

平儿初中毕业后离开了咸宁，我们就失去了联系。几年后我带着学生到省里参加全省电脑作品现场决赛。开幕式一完，一位老师走到我面前问："您好，我是华师一附中的老师，您是咸宁市实验小学的老师吧？"我说是。他接着说："我的一个学生听说咸宁市实验小学来了选手，想来看看。"我诧异地问是哪位，华师一附中我可没熟人呀。

不一会儿，那老师就领着一个小伙子走过来，小伙子一看到我一把搂住我："真是您来了，张老师好！"看着那熟悉的目光，我一眼认出了平儿，平儿壮了许多，高了许多，成熟了许多。他告诉我他现在在华师一附中读书，今年参赛的作品是电脑动画《懒汉与女仆》，要我一定抽时间去看他比赛。由于我当时带着6个学生参加决赛，和平儿参赛的时间相冲突，没能到现场去看平儿。

回到家，我一直在关注着平儿，终于在参加全国决赛的名单里看到了平儿的名字，我的眼前又浮现出那期待的目光。

此后，每每我眼前浮现出那期待的目光时，我就在思考那期待的目光中期待着什么？答案出来了，孩子的目光中期待着被发现、期待着认可、期待着鼓励、期待着赞赏、期待着成功、期待着尊重。世界上本没有一个自卑的人；世界上本没有一个怯懦的人；世界上本没有一个差生；世界上本没有两个相同的人。我们每个学生原本都是信心十足，求知欲强，只是由于每个人的性格不同，呈现的不一样，当人的发展潜力处于萌芽状态时，特别渴望、期待被发现和认可。

师者，传道授业解惑也。作为老师不仅仅只是授业，更重要的当好伯乐，善于发现千里马，多发现千里马，善于给千里马以驰骋千里的环境。因此以学生为本，关爱每个学生，关注每个学生，保护每个学生，因材施教，关注保护每个学生的个性发展，加强每个学生的个性发展，给各种千里马提供不同的发展空间，引导每一个学生从事有意义的学习实践活动，帮助他们各得其所，把各种才华施展开来，从中获得成功的体验，得到社会的认可和赞赏，让孩子们更多的期待成为现实！

匆忙中进行　遗憾中前行

付步雄

时维九月，序属三秋。水果湖畔，鏖战正酣。

省小语精英齐聚一堂，高手云集，身手不凡，展示个人魅力，探寻语文规律，或朗诵，或书写，或写作，或授课，或评课，五项全能角逐，盛况空前。

吾有幸适逢盛会，然，成绩不佳，至今思来，遗憾多多。

"清高自负，懈怠轻敌。"汪力斥责。汪力者，市教研员也，湖北特级教师，曾以《枫桥夜泊》风靡全省。吾领导、师傅、朋友是也！做事精细，做课细腻，凡事精益求精，力求完美。备战期间，不吝指教，全程参与，言语殷切，期冀尚高。然，吾匆忙参战，随意而为，结果欠佳。汪摇头跺脚，失望之极。

"魂不守舍，身心分离。"李娟萍训斥。李氏乃学校教务处掌舵者，数年来，以其所有，倾囊相授。然，目睹吾参战之恍惚，神情之紊乱，也不免杏目圆睁，严厉训责。

出征之际，领导谆谆叮嘱，寄予厚望；同事真诚祝福，期待问鼎。

备战期间，心如浮萍，难以入定，且自恃不凡，目空一切。看似游刃有余，实则心虚意乱。

参战过程，历历在目。粉笔书写，属我强项。教学书法，十载有余，书法之道，深谙心间。横竖撇捺，刚劲遒直，间架结构，运笔自如。然，竞赛之时，一蹴而就，不假思索，不事雕琢，其以为然也！后，小道消息，书写项目未列三甲。首战告负，思绪纷飞。命题作文，也属强项。自少年起，酷爱文学。发表作品，数量不少。尤其近年，肩负学校宣传之重任，种种文体，皆有涉猎。并文思泉涌，挥洒自如，深得领导认可，同事钦佩。然，作文以"为师之道"记之，顿觉题目宏大，无法入笔。思忖良久，匆匆书写，思路尚不清晰，字迹尤为潦草。

时间飞逝,半个时辰眨眼消失。虽字数颇多,可文采寡然。平淡之中,仍然未列三甲。次战又失利。此后比赛,更是磕磕绊绊。朗诵《山中访友》,音色不错,可语速过快;讲授《诉衷情》,教学环节有出入,过渡台词有漏掉,紧张之极,以至满头大汗;评课环节,激情与才情已然消殆,草草了事,且有词不达意、思路不清之嫌。

以匆忙之行径,告别省小语舞台。虽忝列一等奖之行列,然排位靠后,且与既定目标相去甚远,难免黯然神伤。

回首来路,经历坎坷,起伏跌宕;教研之路,踏实前行,有峰有谷。细细咀嚼,亦有味道。

毕业之初,遣返幼时母校,母校乃一偏僻山区之村小,学生尚不足两百。方言教学,方法落入窠臼,无学习渠道,全凭自教自省。偶有参赛,未获好评。初出茅庐,人气不够,经验不足,情有可原。难能可贵之处在于不懈努力,钻研教材,钻研教学。世纪之交,调入乡中心小学。教学之道,有所顿悟。且往省城学习几番,均是省一等奖课例展示。眼界大开,茅塞顿开。返校后,上公开课,全乡老师,观摩学习。毫不懈怠,认真设计,甚至复制省优质课之模式。历练几次,又有长进,山村小镇,声名鹊起。其间,参加朗诵比赛,次次夺冠,小小县城,崭露头角。工作出色,调往镇中。癸未深秋(2003年秋天),省中学语文优质课竞赛于温泉打响,吾以《学习写消息》一课,过五关斩六将,县冠军,市冠军乃至省冠军。一时间,美誉如潮,个人事迹竟在《中学语文教学参考》以名师风采刊登。县中学,某高中,沿海学校均抛出绣球,选项太多,竟不知取舍。次年,南鄂教育名家黄解放相中,调入咸宁市实验小学。由乡村中学跳至市级学校,人又飘飘然。其间五六载,成家立业疏于教研。直至2010年,省第二届教师教学比赛在汉举行。挣得机会,再展风采,位列榜眼,与第一擦肩而过。虽然有憾,可不胜欣喜,且自命不凡。学校重用,老师仰望,俨然专家架势,殊不知两年恍然,不进则退。直至今日失利,方才醒悟:往事已成过去,荣誉属于昨天。湖北小语,人才济济,藏龙卧虎,须刻苦勤奋,方有出头之日。

痛定思痛,为时未晚。年纪尚轻,教研之路漫漫远兮,积蓄力量,三五载后,定可重返小语舞台,重振雄风。

期待:山花烂漫时,我自仰天笑。

成长小记

陈 艳

又大了一岁，与10年前相比我们似乎多了些胆怯和顾虑，而少了那份初生牛犊不怕虎的冲劲儿。在前几年还有兴趣写一些小文章在自己的空间上晒一晒。说说工作上的烦恼、感触；吐一吐家里的趣事和宝贝的糗事，也顺便得瑟一下自己的小幸福。不知怎么了，随着岁月的流逝，对生活的热情和工作的态度与我的年纪成反比增长。小文章停写了，工作也倦怠了许多，就想墨守成规。我想，也许是生活的洪流把我们年少时的棱角给打磨光滑了，没了那份勇气和担当，而多了几分圆滑世故。也许是家长里短的生活把我们这些单纯的少女给催化成了东家长西家短的三姑六婆了！

从教14年了！回顾一下，还是在幼小班的那两年给我留下的感触最多。翻开当年的记事本，如果我能穿越到那时的话，很多事情会做得更好。我还有好多话想对那些小宝贝说，有更好的方法帮助那些孩子们改掉那些坏毛病，律动版的《弟子规》宝贝们还没学完呢，这可是你陈老师独创的哦！陈老师不会再让你们的小手使劲儿地写字了，多听、多认、多读才是你们当时那小身板儿该做的事儿。我家宝贝儿长大了，我学会了好多好玩儿的游戏，在游戏课上我们会玩得更尽兴了，决不落下任何一个，大家一起来！哦，有点儿想你们了，你们长大了许多，你们还记得陈老师吗？

2007年6月　　某天
不舍的离情

期末又到了，每年的这个时候是我最期盼也是最多遐想的时候。今年的此时却没了这些兴奋，而多了一份不舍与些许遗憾。回想这一年过往，从忐忑、迷茫、无奈到期盼、自信、欣慰和不舍，不同的心境见证着我的转变和孩子们

的成长……

2007 年 9 月　　某天

圈养和放养

下课了，为了和孩子们套近乎，我在教室里和孩子们有一句没一句地"拉家常"。我问小丫："丫丫，是幼儿园好还是小学好呀？"

丫丫不假思索地说："小学好！"

我挺得意的，接着问："为什么呀？"

"小学有下课，幼儿园没有下课！"

原来小学的魅力不在于使出浑身解数讨好他们的我，而在于下课自由的 10 分钟，属于他们自己的、自由自在的 10 分钟。这让我想起了两个词语——"圈养"和"放养"。也许，这 10 分钟就是孩子们最初对于幼儿园和小学的不同理解。

2007 年 10 月　某天　　早自习

临时妈妈

班上孩子们整齐地背诵《弟子规》。

小轩高高地举起了小手，他站起来报告："老师，我要上厕所。""好的，你去吧！"我轻轻地说道。过了 15 分钟，我讲完了《弟子规》里今天所学的内容，发现小轩还没有进教室，心里有些生气，猜想他肯定是躲到外面去玩儿了。

我站在男厕所门口叫："小轩！在不在里面？"还好，有人回应"在呀！"

"你在干吗？这么久了，厕所还没上完吗？"

"老师，我上完了！我在等我妈妈来帮我擦屁股！"

我满头问号："你妈妈来了吗？我怎么没看见？"

"我妈妈没来呀！老师你给我妈妈打电话，说我在这里等她！"

我当时差点笑岔了气，边喘边说："不用等你妈了，老师来帮你擦！"我呢，托他的福，进入男厕所后，看到满头大汗、光着屁股蹲在那里的他。这孩子站起来后，一瘸一拐地走着。可怜呀！脚都蹲麻了吧！强忍着笑意的我，觉得脸上直抽抽，嘴上却一本正经地说："下次要上厕所没有纸找老师要，男子汉要学会自己擦屁股！知道吗？"

2008 年 3 月　某天　　语言课堂上

蝌蚪的妈妈哪去了

我正在声情并茂地讲着《小蝌蚪找妈妈》的故事。

"小蝌蚪从卵里孵出来了，它和它的兄弟姐妹们在水里游来游去，突然看见鲤鱼妈妈带着小鲤鱼玩耍，小蝌蚪就想：我的妈妈呢？我的妈妈到哪里去了呢？小朋友，你来说说看，小蝌蚪的妈妈到哪里去了呢？"

小哲"突"地站起来，瞪着眼睛举着手，嘴巴也不闲着："我知道！我知道！"

算了，看他这么积极地举手让他说吧！"好，小哲你来回答！"我想答案应该是地球人都知道的"它们的爸爸妈妈捉害虫去了！"可他的回答却是——

"它们的爸爸妈妈去谈恋爱了！"他还是一本正经地说的。

我张着嘴愣了几秒钟，回过神，擦掉头上的汗，转过身，在最短时间内平复自己的情绪，然后眨着眼睛，温柔地微笑着说："小哲你先坐下，听听其他同学怎么说！"

唉！这就叫哭笑不得。

……

无数的点滴陪我度过了这匆匆的一年，还来不及细细品味，就要和他们说再见了，有太多的不舍与牵挂。

小锋经常不写作业的习惯刚改正过来就要放假了，不知道进入一年级还能否坚持，要跟他爸妈交流，要认真监督，坚持不懈。小博是个好孩子，就是长得太瘦弱，吃饭又挑食，希望他改掉挑食的毛病，养得壮壮的。小天俊，男子汉，你憨厚可爱。希望你跟妈妈、同学多交流，多看故事书，多多锻炼你的语言表达能力。还有时间的话，老师还要你为同学们多讲讲你最喜欢的故事。胖宇航，你答应了老师多吃青菜少吃肉的，可老师发现你一点也没瘦下来。你还要加强运动哦！太胖对身体可不好……

畅畅，懂事的丫头。你是老师的好帮手，是同学们的好榜样。这么小的年纪每天自己走路上学回家。你总是用清澈明亮的大眼睛静静地微笑着看着老师，你表现出与你年龄不符的稳重和懂事，让老师放心。可老师今天心里也很难受也很后悔，对不起，因为你的懂事，因为你的乖巧，老师对你的关注较少。真希望你还能留在老师身边，让老师再多疼疼你，多关心你。你是妈妈的骄傲，也是老师的骄傲！

记得妈妈跟我说过的一句话："没有当过班主任的老师不算是真正的老师！"直到今天我才真正体会到这句话后面所包含的情感。我还真羡慕那些能

带到六年级的老师,有那么多的情感融入其中,但我又害怕那时的离别会更加不舍!孩子们,在与你们相处的过程中,我也成长了。你们长大后还会记得我吗?老师希望你们都能健健康康,平平安安地长大!老师不想跟你们说再见,因为我们会再见面的!

2013年2月 某天

花香满园

又回到音乐教师的岗位上来了,虽然叫苦叫累的,但是苦中作乐也是乐呀!我希望我在新的一年里变得更年轻,像10年前一样拥有年轻的冲劲儿,我希望学校的桃李园,桃李芬芳,花香满园!

初为人师的点滴感悟

刘亚莉

2013年是我大学即将结束的一年，在面对写论文与找工作双重任务的时刻，我有幸顺利通过面试，成为咸宁实验小学的一名老师。学校安排我教一年级语文并担任班主任，在这1个多月时间里的点点滴滴，让我有很深的感悟。

我难以忘记自己第一个星期的课堂状况：尽管初为人师，但自己还是挺有自信的，因为3个多月的顶岗实习，让我有了一定的经验。现实是面对一年级71个小朋友，在课堂上还是有点手足无措，管理方法的缺乏使我的努力付诸流水。当我在课堂上讲得口干舌燥、声嘶力竭的时候，有些孩子却无视我的存在，在课堂上嬉笑打闹。最基本的课堂纪律我都控制不好，精心准备的教案和设计好的教学环节也不能有效实施，更不用谈精彩的教学片段和良好的教学效果了。我对于为人师的期待过于美好，面对此种困境肯定是有些失落的，但我并没有因此泄气，而是更积极去面对，虚心向有经验的老师请教。

为了保持自己不断进步，我坚持每天写计划安排，细化自己的工作，经常总结反思，对于一年级班主任管理工作，我在实践中总结了以下几点：

一、加强班级常规管理

1．任课教师和班主任及时交流，统一要求。比如说上课维持常规的一些口令，布置作业的方法等等。

2．课堂上的常规管理要细致地抓，比如要求学生回答问题时要大声说，全班回答时小声而整齐，要说完整的话。鼓励学生学会倾听老师和同学的话，课堂上发现问题要及时解决等。

3．充分发挥班干部的作用。孩子一般很愿意担任班干部，培养小班干部

协助管理，可以调动孩子的积极性，管理别人时能做到自律。如果班干部的作用发挥得好，还可以增强班级凝聚力。

4. 充分发挥家长的作用。在一年级学生的学习中家长的作用也是不容忽视的。这么多的生字光靠在校的时间就想让学生熟练地掌握是很困难的，必须让学生回家后也有读书的习惯，这就要靠家长的监督。

二、认真做好组织教学

1. 注意把握课堂节奏，合理安排教学内容。一年级的学生注意力不容易集中，一定要想办法激发孩子的学习兴趣。一节课要关注学生的疲劳点，适时进行活泼有趣的组织教学。

2. 重视课堂里的每一个细节是抓好纪律的关键。你要求学生做的每一件事，必须事先给他们讲清楚。然后，我们需要的是足够的耐心，让孩子知道你要他们做什么，怎么做，先怎样再怎样。比方做作业，具体格式是怎样的，都要说清楚。一开始的细致对以后的教学会非常有用。

3. 要大面积夸奖表扬，每个学生都希望得到老师的赏识。这样的赏识应该发自我们的内心，而且要是适当、及时、孩子真正愿意听的。其实孩子是非常敏感的，他们非常在乎老师的评价，所以我们的表扬也要很到位。

4. 要注意运用适当的教学用语。审视一下自己的教学语言，面对一年级的孩子，我们的语言要尽量儿童化一些，同时注意是否在课堂上说了些容易激起小学生兴趣的话题。

5. 要有较强的应变能力和课堂控制能力。一年级学生年纪小，自我控制力差，情绪易激动，即使是一点小事也往往让他们兴奋半天，其行为突出表现为：拍桌子、砸笔盒、大呼小叫、拍手、离开座位跳跃等，所以教师要在突发事件刚出现苗头时，就及时给予转化或制止。

我爱我的职业，爱班上的每一个孩子，在工作中我会不断提高自己，对孩子负责是我的责任。在教师这个行业里，我相信会有很多收获，在未来的人生路上我会不断提高自己，迎接更多的挑战。

春天与风筝

熊彩云

桃红柳绿、草长莺飞。每年的春天我都会带孩子来到美丽的温泉河边,感受这大自然浓妆艳抹的盛典。

河边的垂柳一副青涩少女般羞答答的模样,展示着一年中她最迷人的身段。胭脂色的桃花或含苞欲放或肆意盛开,吸引着游人们依在树边拍下这人面桃花相映红。迎面跑来一只随主人出门踏青的小狗,撒欢奔跑在无边的春色中。

满眼都是新绿,这是一种只有这个季节才拥有的色彩清亮却又质感浓厚的绿。花草的芬芳和着泥土的呼吸散发开来,沁人心脾让人回味其中。倾心聆听,似乎隐约可以听到自然万物生长拔节的声音。

最不能少的定是那漫天飞舞的风筝,孩子们迫不及待地用这炫目的姿态告诉大家,春天来了。于是我坐在柳絮花雨下静静地欣赏着陶醉在春风里放风筝的人们。

这是一个文静的小姑娘,她手中举着一只普通的彩虹风筝。她放风筝的技巧一般,为了让那只自己好不容易放飞到半空中的风筝不掉下来,她不知疲惫在广场上快乐地来回奔跑着,头发散乱、大汗淋漓。她的脸上透出的是再高档的腮红也画不出的红晕,是自己独立放飞梦想的发自内心无比快乐的笑容。她的快乐源于自己努力奔跑所获得的高高飞翔。

这是一对父女俩,从父亲手上戴着的白色手套和超大的专业滚轴线可以看出他们的级别是"发烧友"。那只燕子风筝早已高飞得只看得见一个小黑点。他们悠闲地谈笑着,时而仰望天空把线收收放放。忽然,他们的风筝线一不小心挂到一棵树上,悠闲地节奏立刻被打乱了。慌乱焦急,他们尝试压低树枝把线抖开但没有成功,他们想爬到树上,无奈枝干太细太软也没有上去。折腾了

许久，女儿爬到父亲肩头用一把伞终于把线挑开。他们欢乐的笑声回荡在广场上，这笑声感染了旁边为他们着急的人们，也感染了我。他们的欢笑源自对困难的积极面对和成功解决的过程，这种快乐早已超出了在高空放飞风筝。

这是两个活力四射的小哥俩，穿着轮滑高举风筝线轴，他们以一种竞赛的形式出现在放风筝的广场上。他们借助着娴熟的轮滑技巧，想快速地将自己的风筝飞得比同伴更高。滑行中其中一个绊倒了，另一个赶紧停下来扶起他。刚扶起来两个人的风筝线又不小心缠绕到了一起。两个半大的小伙子一边手忙脚乱的清理，一边面红耳赤地互相埋怨着。理清之后两个人又嘻嘻哈哈你追我赶蹬着滑轮，在围观的小不点们崇拜的眼神中开始下一次的竞赛了。他们的嘻哈逗乐源自朋友之间的随意无拘和孩子之间的真实简单。

这是一个可爱的爸爸，他放风筝的样子用可爱来形容再合适不过。在刚刚蹒跚学步的宝贝面前，他把风筝捏在手上随着自己的跑动忽上忽下忽左忽右，小宝贝乐得咯咯直笑。这个可爱的爸爸顾不得自己西装革履，动作夸张滑稽的跑来跑去，像小朋友一样开怀大笑。这种开怀一定源自一个可爱的爸爸对孩子深深地爱。

这是一对情侣，他们的老鹰风筝躺在地上，显然醉翁之意不在酒。他们时而窃窃私语时而掩面微笑，那只威武却无辜的风筝成了他们春风里的道具。他们的微笑源自最美好的年华里最浪漫的情怀。

这是一个盼望自己快点长大的小男生，四五岁个头的他拿着奥特曼风筝，用一种羡慕的眼神仰望着天空中高飞的风筝们，他一定在想什么时候自己的奥特曼才能神气地飞翔呢；这是一个耐心的妈妈，不厌其烦教着她的孩子放风筝的要领；这是一个老顽童似的爷爷，手舞足蹈地为自己努力放风筝的小孙儿加油呐喊……

享受春天的人们在以各种各样的美丽神情放飞着各色各样的风筝，他们也成了别人眼里的春天。每一个风筝就是一幅描绘春天的画，向人们展示着生活中各种各样的温馨、各种各样的快乐、各种各样的美。人与自然，和谐如此。感谢春天，也感谢这春天里的风筝。

年年岁岁花相似，岁岁年年人不同。那飞舞在春风里的五彩缤纷，在有些人眼里只不过是风筝，而在读懂大自然心声的人眼里，它代表整个春天。

读书感言

付梦颖

新年伊始，万象更新，当大家都沉浸在新年的欢快中，走亲访友之际，我却被《优秀班主任的六项修炼》一书深深地吸引着。整整一个假期，我爱不释手地将此书读了两遍。通过阅读此书我更明确了班主任工作需要提升的几个方面。

一个有思想的班主任，应当要有自己的想法。有思想，以学生为重，只有这样，时时处处用实际行动呵护学生、关心学生的成长，才能够拉近我们与学生的距离、走进学生的心里，真正做到以学生为本。提高自身的职业道德素养，严格要求自己，做好孩子的榜样，在每一次的活动中班主任应该注意自己的言行，讲究秩序，这样我们所带的班级才会形成一种坚不可摧的凝聚力和向心力，成为师生共同成长的精神乐园。

班主任应尊重学生的自由意志，把学生看作是独立思考和行动的主体。在与教师的交往和对话中发展个体的智慧潜能、陶冶个体的道德情操，使每一个学生都达到最佳发展水平。课堂教学效果是评价教师教学质量的重要指标，教学工作质量是衡量教师是否称职的重要标准，作为班主任应当努力提升个人专业化水平，深刻领会新课改的精神实质，积极主动地参与教研活动，只有这样，班主任才能够真正做到能教学、真正地站稳课堂。班主任能教学，让学生在课堂上快乐学习、茁壮成长，让学生信服、得到学生认可，才能更好地管理班级。

班主任在班级管理中应该做好教室的文章，建设好教室，创造良好的班级环境。即布置好教室的环境，使用好教室，利用我们教室的每一处，一面墙也好、一幅画也好、一则名言也好，让教育无痕，让教育无处不在。管理好教室，发挥全班学生的力量，保持环境卫生、桌椅整齐，让学生一坐进教室就能感受到一份开心与快乐，这样的教室管理，让班主任的工作更加轻松、有序。

班主任还应当加强班级管理工作的探索与实践，努力使自己成为一名懂管理的班主任。班主任勤于反思，能够更加有效地开展班级管理工作，促进班主任的专业能力成长，有效地提高班主任的班级管理水平，推动班主任不断地向上向前发展。班主任勤于反思，能够让自己的思维变得更加缜密、眼界更加开阔、思路更加清晰、思想更加成熟。在班级管理中，班主任总会遇到一些难以解决的事情，如果能够静下心来，反思利弊，那么今后再遇到类似的事情，我们解决起来就会更加得心应手。

班主任在班级管理中措施要得当，可以建立后进生的成长档案，将后进生的家庭、个人爱好、教师评价等等进行详细具体的记录。为后进生制定有针对性的辅导方案，有目的有计划地进行跟踪辅导；定期召开后进生会议，帮助他们进行心理疏导，解决学习上的难题；密切后进生家校联系，定期或不定期家访，取得家长的理解和配合，形成有效地教育合力；面对紧急事、危机事，要随机应变。应变的前提是班主任要站得高、看得远，要对学生了若指掌。如问题学生，他们的问题出在哪里，是父母离异，还是父母和孩子沟通较少，是沉迷于游戏，还是被不良孩子影响等等。班主任要了解班级中的每一个孩子。

班主任还要注重和家长沟通的艺术。在学校工作中，个别接待家长是常有的事，对家长怎么样做到以礼相待，直接关系到接待的效果，也关系到对学生的教育。首先语言要注意，班主任和家长说话时要注意说话的艺术性，不要打击家长对于孩子学习的信心，和家长坐下来，客观分析孩子的情况，与家长共同找寻解决问题的对策，使家长对教师和孩子都充满信心，更好地投入到教育孩子的过程中来。其次，在接待家长时，教师要学会平等协商，切不可武断，也切不可自己说了算。说话要留有余地，要充分征求家长意见。在具体问题上有不同看法时，要尊重家长的看法。即使家长的看法有不对的地方，也要有耐心，有的可以留待以后说。俗话说"语言是人类沟通的桥梁"，教学管理中语言的运用很关键，"说什么，怎么说"，要把握好分寸，一句话可以打动一个人的心，也可以把一个人激怒。最后是一定要熟悉一定的法律法规，在发生一些突发情况时才能化解学校、老师和家长之间的纠纷。

细细品读了这本书之后，我知道要成为一名优秀的创新型班主任，自己真的需要多学习，多做大胆的探索和尝试。我将以此不断鞭策、激励自己，努力工作，终身学习。

感谢你，孩子

余 芳

上周学了孟浩然的《春晓》一诗。课后，小航跑到讲台上，一本正经地问我："老师，我想问你一个问题，孟浩然几岁了啊？"本想好好"接招"的我，却被他这可爱的问题弄得忍俊不禁："啊！孟浩然啊，那可不是几岁了，他有一千多岁了，他是一千多年前唐朝的大诗人。""啊！孟浩然有一千多岁了！"小航得到答案后，连忙跑到同学当中，骄傲地与他们分享这个新的知识。看到孩子们惊讶的神情，我仿佛看到了一颗颗纯洁无瑕的心灵在跳动。

小泽是班上的小调皮，平常没少让我费心，受我批评，但天真可爱却是孩子们的共性。最近学校提倡孩子们利用课余时间背诵国学经典，并为每个学生印发了其中的《弟子规》，低年级还是注音版的。前天早晨教孩子们诵读时，小泽破天荒发现了一个问题，拿着《弟子规》，一脸责备状找到我说："老师，你是怎么搞的，怎么把'g'写成'g'呀？写错了吧，你是怎么搞的嘛。"哦，原是一通无理的兴师问罪，我开心地松了一口气，耐心地对他说："你真是一个会发现问题的好孩子。但书上这样写却不是错误。这个'g'是印刷体，印刷机印出的'g'就是这样的，但我们在书写时就写这个'g'。"嗨，长了见识又得到了难得的表扬，小泽高兴地回到了座位。

阳春三月，群芳吐蕊，我的这些花朵们啊，怎能不惹人喜欢、不叫人怜爱！小灿的父母在外地工作，很多个周末她就留在学校，亲情的匮乏对这样一个6岁的孩子来说是可想而知的。平时的她神情落寞，像一株小花，渴求别人的关怀。

有一日，我在讲台旁批改作业，不知何时她已站在了我跟前，犹犹豫豫，躲躲闪闪。许久，只听她小声却满怀深情地说了一句："妈妈！""老师，你好像我的妈妈呀。"我心头一震，毕竟我未为人母，但我却急忙放下手中的红笔，

将她紧紧拥入怀中，内心百感交集，异常沉重。假如我多关注她一点，小灿会不会开心些呢？小灿看着我却是满脸幸福，陶醉得很呀！

小宁是这学期来的新同学，性格外向，活泼机灵。报名那天，出于对新环境的好奇，他一直到上第一节晚自习都沉浸在兴奋之中，当第二节晚自习同学们安静地写作业时，他却嘤嘤地哭起来了。我倍感意外：好家伙，终于想妈妈了。于是，我将他带到教室外的走廊上，询问得知，果然是想家想父母了。小家伙哭着说要给妈妈打电话，看来激动的情绪一时难以抚慰。于是我将他牵到教室门口，其他孩子正睁着大眼睛望着他，我顺势对他说："看，同学们都在望着你，他们多么希望你不要伤心，回到教室和他们一起学习啊。"说罢，我让孩子们停下手中的笔，请几个学生将小宁拉回教室。还真佩服孩子们的说服力，大家围着小宁你一言我一句的，竟将他弄得破涕为笑，很快又和同学们打成一片了。

又到课间操时间了，听着轻快有节奏的韵律操口令，我来到走廊窗前，我喜欢看着孩子们做操，伸手弯腰，抬腿跳跃……总能一次又一次将我拉回20年前的童年。童年的我做过不同于现在的韵律操；童年的我也天真可爱。而现在，有时想令自己可爱一把，天真一回，无奈，年岁大了，性情变了。

所幸，如今我能每天徜徉于"花海"，感受烂漫的花香气息。我可爱的孩子们啊，老师得感谢你们。在你们身上，老师找到了自己的童年。在与你们相处的时光中，老师也收获了很多，那感觉是甜蜜的。因为你们，我体验到了做一名老师的快乐与价值！

谢谢，我的孩子们！

一棵草有一滴露水养

高纯炼

  桃生现在挺有出息的,不仅成家结婚生了娃,还在县城买了商品房。悬在家长心头的一块石头终于落了地。桃生在浙江沿海打工,凭着自己的一门技艺和刻苦耐劳的实干精神,不但找到了工作,而且月薪大几千块钱呢!桃生是熟练车工,整天和数控机床打交道,成了老板们的抢手人才。这桃生呀,据说一刻也闲不住,总爱琢磨个事儿,靠着埋头苦干踏实认真,在工厂里还当起了师傅哩。

  桃生现在令人刮目相看,可桃生原来却是个小学都没有毕业的差等生,甚至乡亲们鄙视他"扁担落地,一字不识"。

  桃生在家里排行老幺,要说家长怎么娇惯他可不见得,但在学习上拿他没办法倒是事实。桃生只读到小学三年级,他自己说什么也不愿意到小学去读书了。桃生成了名副其实的"桃生"——逃脱上学读书的学生。

  桃生并不是特别顽劣的孩子,不打架也不骂人,就是怕读书怕做作业,当然也特别怕考试。读小学二年级的时候,那年期末考试数学破天荒考了个60分。桃生回到家双手把卷子举过头顶,慢吞吞走到家长面前,一副十分得意的样子,惹得家长哭也不是笑也不是。桃生上学三天打鱼两天晒网,做的作业一塌糊涂,老师拿他没办法,家长也拿他没辙。读到小学三年级,他在教室里已经是高个子了,大概觉得自己没办法再混下去,说什么也不愿意到学校读书。家长哄、赶、压、逼,什么招数都用尽了,走到上学的半路他自个儿就独自玩儿去了,教室里经常见不到他的人影。时间久了,老师、家长也就随他去了。

  桃生不愿意读书,但人特别勤快。稍微大一点就能帮家长干一些力所能及的农活。但这不是长久之计呀,家长托人托保,找了一个亲戚,那亲戚有几架

老旧机床，专门为方向机厂加工零部件，桃生就到这个厂做了学徒工。这个小作坊设备简陋，工棚又低又矮，可桃生竟然学得很起劲，从来没有向家长抱怨过。桃生这一次怎么这么"老实"了呢？家长不解，亲戚朋友也担心桃生吃不消。这桃生当年也就不足15岁吧，骨架子还没有成型呢。那些铁疙瘩搬上搬下没有几分力气是不行的，尽管做学徒工有师傅帮着罩着，但总归好多事情还得靠自己。桃生经常累得大汗淋漓，气喘吁吁，但他从不叫一声苦和累。大六月天，工棚里气温高得像蒸笼，但桃生还是挺过来了，并没有像上学一样逃工回家。

  师傅和老板当时就认定，这孩子还是个可造之才，将来找到一碗饭吃是没有问题的。桃生在那里学了大半年就可以独立操作了。

  桃生做学徒的时候，操控的还是即将淘汰的老式旧机床。至于桃生这小学三年级的文化是怎么搞懂现代化的数控机床，又是如何车出比头发丝误差还小的机械零部件的？我们不得而知。大概只能用"一里通百里通"来作解了，亦或是用"人的开悟有早晚之分"来看待了。据说现在桃生本事大着呢，在车工这个行业，他经手的零部件，误差率一直都是很小的，而且功效也比较高——没有这两条，怎么可能成为老板争抢的人才？

  桃生的成长史，使我思索着，并且悟出了一个道理，也就是前人告诫后人所说的"一棵草有一滴露水养""上不了檀树上桠树"。也使我想起了孔子"有教无类"的话。在老师的眼里，不可视读书成绩不好的学生"没出息"。每个人的兴趣爱好不一样，小孩子的悟性是有差异的。无视这种差异不是教育者应持有的态度。桃生在上学的时候的确是学困生，可他对数控机床这个现代化的设备怎么就成了行家里手了呢？倘若桃生能顺利接受九年制义务教育，岂不更好？但又是什么原因导致他视上学为畏途呢？他的老师是循循善诱了呢，还是简单粗暴地只看分数，不然就训斥？胡适有句名言："怕什么真理无穷，进一寸有一寸的欢喜。"套用在教育上"怕什么知识无穷，学一点有一点的欢喜"。倘若学校、老师都这么来区别对待学生的个体差异，桃生们就不至于流学吧？！

  只要我们真的做到了"有教无类"，老师们也就自感轻松多了，至于孩子，来自四面八方的压力少了，成长的自由空间也就自然大了。——每一个人的童年都应该是自由快乐的！

给梦想留一席之地

黄玉静

我不好意思说给理想留一席之地,在这个物质至上娱乐至死的社会,谈理想是一件不齿于人的事。梦想,每个人,每个年龄段都有的吧!

我小时候的梦想是能吃个饱睡个够,还有看不完的书。所以一直到现在,我的食欲都极好,觉得吃东西是人生一大快事。我做了30年的饭,手艺却一直不见长进,最大的原因就是我不挑食。睡觉也是很惬意的事,尤其是午睡。午间饭足菜饱,关上窗户,拉下窗帘,尽量将一切声音挡在外面。开一盏台灯,床头边放点小点心,找本书翻上几页。一旦有了睡意,随手抛书,缩颈睡去,其乐何及?至于看书,更是和一日三餐一样,成了生活中必不可少的营养品。如果一天没看书,这一天就浑身不舒畅。从原本古文到文学名著到期刊杂志到佛道经典到医学书籍,家里摆了不少。

小时候的三个梦想,现在看来,竟然都可以成真。吃不了山珍海味,肚子填饱是没问题的。可惜的是,肚子不能填太饱了,一则撑得慌,再则肚子经常是饱的,不利于身体健康。好多人都在抱怨睡眠不好,我不知道自己为什么那么能睡。那年搬到现在的房子,冬天的晚上,屋顶上有群鼠奔腾,宛如军队出操;对面院子有恶犬狂吠,状若临终惨叫,影响我的好梦。为了保护自己的睡眠权,我力挫群鼠,勇战恶犬,终于世界清静,又可以放心大睡。

在这个时间就是金钱的时代,我竟然还沉湎于吃和睡,把人生的目标定位为猪的等级,只能说我的趣味太低级了。除了吃和睡,空闲时间还得娱乐吧?我最大的娱乐就是看书。每到一个新的生活环境,我第一要找的就是图书馆、书社、书店等地方。找到了,就像一个夜行的流浪汉又多了一个遮风避雨的地方,心里就有了安慰和温暖。那次附近的一个书社关门歇业,处理一批书架。那书

架2米高，60厘米宽，我扛了两个回来，把家中的书一一摆了上去，看着那满满的两柜子书，心情大为舒畅，恨不得引吭高歌。这心情就好比老农看着满仓的粮食，是那般的满足和幸福。

小时候的梦想，其实很简单，但是我们的梦想和我们一起在长大。吃，不仅仅是吃饱，要吃尽天上飞的水里游的地上走的，要吃出品位吃出格调吃出档次。小时候，一碗白米饭，一盘炒青菜，一个鸡蛋汤，就可以满足我们的胃口。小时候，不用起早床下田干活，不用起早床上学念书，就是一种享受。但是现在丰富的夜生活，让我们黑白颠倒，混淆了白天和夜晚的界限，我们的睡眠就这样被偷走。小时候，能跑十几里夜路去看一场露天电影，能有属于自己的几本连环画，一年能看到几本书就是很好的娱乐了。现在，我们娱乐至死，感官已经麻木了。

有一段时间，最强烈的梦想是有一间自己的房子。这个梦想也是女儿的梦想，一次又一次搬家的时候，她就充满憧憬地说："妈妈，我们什么时候有自己的房子就好了。"我告诉她："会有的，一定会有属于我们的房子的。"这个梦想让我日夜煎熬，斑秃就是在那段时间开始的。当我终于有了自己的新房子时，并没有多少喜悦，相反还嫌住得远麻烦，继续住旧房子，新房子租给别人住去了。只是，那斑秃却盘踞在我头上了。

我的梦想大多是通过一己之力就可以实现的。作为一个女性，最好的梦想应该是找个有能力有担当又重情又专一的男人，让自己一辈子生活在温柔富贵乡。我却从来不敢有这样的梦想，因为这个梦想寄托在另一个人身上。作为一个母亲，最大的梦想就是孩子聪明上进会读书有出息，当妈的老了能跟着孩子周游列国，尽享天伦之乐。这个梦想催生的是一种没有温情的亲子关系，我也不敢把这个梦想压在女儿的头上。女儿有时沉浸在未来生活的幻想中，我就会说一句："努力啊，你今后会过上这样的好日子的。"她就会一脸警惕地看着我："你会不会老了想跟着我一起旅游？"我连忙否认："我老了有钱的，身体又好，可以自己出去旅游。说不定，以后还会有个老头子陪我一起旅游的。你放心好了。"这样的对话多了，有一次，她终于抵挡不住我的梦想的诱惑，说："我决定以后还是跟你走，我们一起出去旅游。"

所以，我现在的梦想，就是把身体锻炼好，存一点点钱，退休以后，找个有特色的小镇，在那儿住下来，住个一两年，都可以。一个小镇住腻了，再找

下一个，反正中国地大物博，有特色的小镇多得很。存的钱不够了，就卖房子，房子卖完，钱花得差不多，估计也七老八十，可以到另一个世界再享极乐了。

你我皆凡人，生在人世间，终日奔波苦，一刻不得闲。凡人就过凡人的日子，吃好睡好，做一只快乐的猪。终日奔波，再忙再累，想一想我们小时候的梦想，规划一下我们将来的梦想，给这些梦想留一席之地，好好感受那种简单平凡的快乐。

和孩子一起快乐阅读

李送梅

现今时代,我们越来越认识到阅读对于培养孩子的写作能力起着非常重要的作用,所以大家都达成了这样的一种共识,那就是阅读要越早越好,书读得越多越好。

是不是我们这样做了,孩子的写作水平就一定会提高?我们常常会面临这样的困惑:我们不断为孩子买书,可是孩子却不爱看,书买得再多也只是成了书柜里的摆设。也许有的家长会暗自庆幸自己的孩子不是这样的,但是他们却有着另外的担忧,那就是他们的孩子虽然喜欢看书,但仍然惧怕写作文。

为什么会这样?难道是我们的认识出现了偏差?实际上,之所以会出现以上状况,是因为我们没有培养孩子对阅读的兴趣。

虽然我们不能说喜欢阅读的孩子写作能力一定很好,但是我们却不能否认写作能力强的孩子一定喜欢阅读。所以对孩子阅读兴趣的培养就显得尤为重要。

一、读什么?

培养孩子阅读的兴趣首先从为孩子选一本好书开始。因为书是为孩子买的,给孩子看的,所以一定要挑选孩子爱看的。否则书再有价值,孩子不爱看也是枉然。因为孩子的思维和大人不一样,他做任何事不是因为这件事很有价值很重要才去做,而是取决于他对这件事感不感兴趣。选书亦是如此。

挑选孩子爱看的书对培养孩子阅读的兴趣固然重要,但是仅仅关注孩子阅读的兴趣还不够,还要关注孩子是否从书中得到了心灵和智慧的启迪,这也是阅读更深层次的目的所在。所以我们为孩子选书时一定要考虑孩子的年龄特点,挑选他们能够理解接受的且思想性、艺术性强的图书。

现在市场上的图书种类繁多，良莠不齐，家长选择的余地大了，同时难度也大了。那些错字层出不穷、故事情节粗制滥造、插图毫无美感的盗版书一定不能买；经典童话被改得面目全非也不要买，因为孩子年龄还小，没有辨别是非的能力，阅读这样的书籍不仅不能启迪孩子的智慧和心灵，反而会误导孩子。

为了稳妥起见，家长可以给孩子订阅几份适合孩子看的期刊，但是一定要关注是否为正规出版社，在市场上的口碑如何。低年级的孩子推荐看绘本，因为绘本的故事不是特别长，每一页的字不多，孩子一般能够独立阅读。而且好的绘本通常是由知名的童书作家和画家合作创作的，不论是插图还是故事都很吸引人，对孩子人格的完善和培养孩子的审美能力、鉴赏能力都大有裨益。只是要注意不论是选绘本还是其他的书籍一定要兼顾不同题材不同风格的作品。

二、怎样读？

作为家长对孩子读什么书可能比较重视，但是怎样读也许关注得还不够。如果我们的任务只是把书买回来，读书完全交给孩子，那么孩子的阅读兴趣可能不够持久，新鲜感一过就放置一边。其实这也是与孩子的年龄特点有关，低年级的孩子做事的专注度还不够，持久力也不长，所以需要家长的引导与鼓励。

最好的办法是陪孩子一起阅读。当孩子年龄尚小，识字不多时，家长可以先把书上的内容讲给孩子听，为了检验孩子是否听懂了，理解了，可以根据书上的内容提问让孩子回答。如果孩子对某个故事熟悉了，也可以要求孩子讲给父母听。如果孩子的识字能力慢慢增强了，可以让孩子试着读一读，遇到不认识的字可以告诉孩子，同一本书可以在不同的时间反复读，直到读得很流利。在和孩子阅读的过程中有一样是不可忽视的，那就是鼓励和赞美。当孩子能坚持和我们读完一本书、正确回答了我们提出的问题、完整地复述了书中的故事、独立读完一个故事时，我们一定不要吝啬我们的赞美，特别要赞美孩子一次比一次有进步，给孩子阅读的动力，让孩子体验到阅读的成就感。

如果孩子能够独立阅读简单的故事或书籍，我们可以和孩子一起探讨书中的问题，比如让孩子对书中的某个人物、情节或语言描写、插图绘制发表自己的看法。特别是当孩子不小心阅读了前面我所说的故事情节粗制滥造、经不起推敲的书籍后，一定要和孩子探讨故事情节哪些地方是不合理的，要让孩子认识到并不是所有书上的东西都是正确的，每一个看书的人一定要有自己的思想，

要学会分辨。

  陪孩子阅读，最好能做到孩子看过的每一本书我们都看了，而且要提前看，这样我们才能确定适不适合给孩子看，看了之后我们可以探讨哪些话题。如果在阅读的过程中遇到特别喜欢的句子，可以和孩子一起大声朗读，感受语言的优美和精深。

  当我们和孩子在轻轻的微风中、在和煦的阳光下共读一本书，闻着书本散发的油墨清香，那一刻一定很陶醉。和孩子一起阅读，和孩子一同收获快乐！

火 车 上

李亚文

一

　　刚上车那会儿，人比较多，还有一部分行李没地儿放。我正眯着眼睛倚在车窗上，忽然听见俩清脆的声音，在车厢内互相喊话：

　　"哎——你把这箱子挪一下，把那箱子往那边儿推一下。"

　　"我这不没力气了嘛，推不动，你来！"

　　声音脆亮悦耳又带有少女特有的音色，像黄莺儿叽叽喳喳般，好不热闹！还是第一次听见这么美妙的声音。我睁眼望了过去，是两个和我一样20出头的女列车员，身材高挑，面容俊朗，一个头发往后挽了个发髻，一个扎了个马尾辫子，露出雪白的脖颈。也许是因为刚刚晚班工作过于劳累，脸颊白里透红，细细的汗珠从毛孔沁出，挂在肌肤上，显而易见，像是夏日的荷叶上挂着清晨的露珠，又让人想起校园田径场上奔跑的少女。看来基层列车员大部分已经换成所谓的90后了，如今真是90后的天下了。铁老大总算是迈出了改革的第一步。

　　年轻化固然有年轻的好处，服务效率高了，车上也不至于那么死气沉沉了。变化最大的，在我看来便是更亲民了。不管如何，总算是有个服务意识在那儿了，列车员的对乘客的态度都是很有礼貌的，看得出他们都是经过严格的训练了。不过年轻化的坏处也不是没有。年轻人总有年轻人特有的憨劲，对于有些事儿固执的让人不可思议，近乎像是强迫症了。以前，车上经常可以看见大妈们在地板上铺上一层报纸，让小孩儿或是老人睡椅子下面。记得很小的时候，我也有睡过道的经历。这可以说是没办法的办法，购票困难，旅途太长远，空间狭窄，人又多，如何睡觉便成了大问题。不能不夸赞咱们中国百姓的聪明才智，竟想

出这么个办法，空间利用率得到了最大化。

当然，火车上是公共场所，席地而睡，自然是有点儿不雅。恰恰又是这不雅，最容易触动年轻人心中紧绷的那根弦。年轻人看见小孩、老人没地坐，或许会挪出一点地。地上看不见一张报纸，反倒让人觉得少了点什么。这些列车员新官，每到站前总会打扫一次车厢，垃圾不见了，报纸也没了，环境是干净多了，但这乘客的睡觉问题，总得想办法解决吧？不知铁老大，下步做何打算？

二

那时我正坐在候车厅里，他背着包，右手拖个箱子，左手提着两个袋子，在我旁边的空位上坐了下来。他左顾右盼，像是很想找我搭话。我仍旧是低头看着书，并没有抬头的意思。过了约三分钟，他实在忍不住，便问我："小姑娘到哪儿去啊？"很普通的车站搭讪套语，没办法，这下想躲躲不过了躲不过了，出门前爸妈还叮嘱我火车上不要随便搭理陌生人呢。"广州。"我合上kindle5，抬头对他说。就这样，我们便算是认识了。出门在外，身处异乡，虽然互有防备，人们还是比在家乡更容易与陌生人交流。聊了约三五分钟，他便对我说："小姑娘，帮我看看包，我去厕所抽根烟。"我一愣，随后便笑着应允了，还真是个爽快的男人。后来，他回来的时候，站在我面前，摸摸上衣口袋，微笑中略带紧张地对我说"手机丢了"。再后来，我把手机借给他打了几通电话，但他仍是坐立不安，一会儿摸摸上衣口袋，一会儿摸摸裤子，最后连箱子也倒腾起来了。在最难熬的火车上，没了手机，倒的确挺让人难受的，如今吃饭睡觉，没有一样可以少得了手机。人与商品就这样相互影响着，人创造了商品，商品也在不知不觉中改变着人。还有50分钟便要开车了，这时他对我说："我出去买个手机办个号，最慢30分钟，你帮我看下东西，好不好？"我犹豫了一下，看看时间，便答应了。我们对了对车票，正好在一起，他是3车87号，我是85号。我笑着催他赶紧去，"半小时没来，我就直接把你东西拎上车去"。他倒是一脸认真地问了一句："你拎得动不？"然后便走了。后来想想倒真是有意思，人在旅途中虽然总惦记着防备别人，但事到临头却又如此容易相信人。

火车的呼啸声和车轮的轰轰声将我从记忆中带了回来。我靠着车窗，桌子上的方便面盒子已经不见了，窗外依旧是单调的黄土戈壁。冬日的阳光透过车窗，铺在人们身上，我第一次发现，原来在火车上，也可以这么温暖安详。

吉光片羽之山西

胡钦辉

8时许,车入山西,到停娘子关站,两侧山岩雄峙,说不出肃杀苍凉之气,不知是否当年林彪率八路大败日军处。

看得见绵亘天际的高大山脉、直立的黄土崖和成群的山羊了,天有点阴,但心情很好。

人说山西好风光,的确有道理,铁路路基多比四周高,路基下偎一弯或深或浅的河流,河流的那边是稻田或池塘,再过去就是带子般的公路,公路那边是绿树掩映的白色房屋,房屋后头有渐高的山岭,再往后就是绿屏般耸立的高山。

列车不时从隧道中穿过,隧道或短或长。出来必见两侧壁立的怪石默然相对,石的顶部长满绿色植被,浅浅的绿带子一样安静的卧着,往上又是新一层的石岸兀立,有重叠相加达六七层者。鲜活流畅的绿线一层层点缀在冷傲峻峭的石岭上,煞是好看。山脚流过的河流,或黄或黑,水势汤汤,匆匆前行。

民居多以青砖砌成,也有石砌的,一层的平房居多,也有四合院。正房上房及院墙上都砌有"十"字花墙,式样古雅朴素,稳重大气,与这片厚厚的黄土地相得益彰。

山势多质朴厚重,或平缓浑成,或高踞雄峙,即便再小的山丘,也是圆线条的。

下午2时,到达乔家大院。所谓"皇看故宫,民看乔家",大院主要院落分六进,往往院中有院,院中套院。所有建筑全部青砖到顶,结构紧凑。雕梁画栋,喜气洋溢;高墙四起,财富内敛。

大院主向朝东,取紫气东来之意。凡门庭,必前有廊,后有栏。廊前必有阶,后进阶数必较前进多且高。栏旁必置花草,水缸之物。凡所门、庭、院、

廊,上必挂牌匾,曰"毋不敬"、曰"宜静"、曰"大夫弟"、曰"碧琳",不一而足。牌匾下皆有对联,左右分列,最喜乔致庸居所前的一幅,上联为"处世无奇但率真",下联为"传家有道唯存厚"。

乔家大院镇宅之宝有三。其一为一面镜子,高约2米,底座为红檀木雕就的一尊犀牛,牛头微昂,尖角锐然。牛背负一段云纹,云纹上竖一面古镜,直径可1米,团团圆圆,灿然有光,此宝名"僖牛望月"。

其二曰"万人球",以一篮球大小的铜球高悬于厅堂之上,能反射出人像。凡入室之人,无论多少,均有影像于其上,故名。其灵光通透,似能照见人心,非普通镜球可比。

其三曰"九龙灯",上下八龙,一端四龙,呈"卍"字形伸出龙头,每龙首着一烛头,齐齐点燃,则灯火通明,更有数片明镜镶嵌于灯身四侧,灯影交辉,更增光明。另有一龙头伸于灯下,似欲问人观灯之感。此灯共一对,传为慈禧所赐。

离开时于大院前石街货摊上购得绿玉珠一串,好搭配我的绿碎花裙子。后来才发现上有瑕疵,大败兴。乔家后人做得如此生意,乔公乔致庸倘地下有知,不知做何感想。

下午4时,离开乔家大院,赴平遥古城。天微雨,空气湿润。古城墙主体为黄土夯就,二丈余高,城门楼早已湮毁,现存城楼为明代重建,青砖砌成,高可三丈余,有巍峨之势。城砖坚硬异常,长一尺有余,宽逾五寸,高二寸,较一般砖块厚实多了。

城中遍布明清民居,一色青砖灰瓦。街道均以方石铺就,可容两车并行。我们先后参观了县衙,明清古街及日昇昌票号三个地方,可记之处甚多。

比如县衙,从正门进去,依次为仪门、亲民堂、宅门、二堂、思哺堂、勤勉堂,这是古代七品县官办公生活的主要场所。每一进房屋都有院子,院内以砖块铺出道路,间出草坪,坪中或绿草一片茵茵如梦,或鲜花数朵灼灼欲燃,或古树参天浓荫匝地,间或有三两只鸽子麻雀跳跃飞翔,说不出的清平安乐自然祥和。我若生为古人,怎么也要成为一县父母,住上这样的官宅。今天才算明白,古人寒窗十年,苦读诗书,售予帝王之家,实是物有所值啊。从侧门出去,可见门房、刑房、司法房、牢狱等等。门房附近一棵大树底下有一口古井,现已干涸,下有暗道通向县令的二堂,以备不时之需。

日昇昌在清代是一家饮誉海内外的知名票号,康熙曾亲口嘉奖,谓之"汇通天下"。日昇昌的银票密字很有讲究,用几句行话,代表汇票的年、月、日、数额及计量单位,外人是仿造冒取不来的。另外,日昇昌对员工的管理方法也可圈可点:譬如店伙选用10多岁的男孩子,试用3年转正,期间考查其人品才华,量才为用;再比如伙计工资按年限累加计算;入行10年即可计身股;对主要领导如大掌柜的用人用钱都有精明而人性化的监督机制。日昇昌的管理文化深合中国人立身齐家闯天下的思想,值得现代企业家好好研究和学习。

最后,总结一下今日行程:青砖灰瓦的明清建筑古雅简朴,中正平和的晋商文化厚重隽永。这里有些东西已经成为我们中国人的灵魂和血脉。正所谓:抚平遥兮思古,仰乔门而怅往,叹重游之渺茫,感神韵而流连。

下面几句话是特为平遥写下来的:

面对平遥,我想要拥抱她的斑驳陈旧;

走进平遥,我觉得与她神交已久,她是如此平和简朴却自然深重;

品味平遥,我好像和一位老友在仲夏的岁月里倾心相谈相知;

挥别平遥,我的相思从此开始,却让我如此愉快和感动。

老　屋

卢方祥

人过三十，乡思也熟了。

走过弯弯曲曲的石板路，走进幽幽静静的深巷，走向老屋。

没有城市的喧嚣，只有静谧与深沉。灰墙斑驳、门环脱落，两扇裂缝褪色的黑门严严地关着，等待着乡音敲开。

阴湿的天井、石板浸透丝丝凉意，连夏日的阳光也吻不着潮湿的石板。是我儿时"鼠目寸光"还是我今天"见多识广"？儿时眼中巨大的天井、高大的老屋，今天却显得那么矮小，正如佝偻的父亲。天井里栽花、养鱼、打弹子的孩子就是我吗？永远长不高的花、养不大的鱼，只有我长高了，飞远了。

进入老屋，一股柴火烧成的灶灰味扑鼻而来，四壁被烟熏得漆黑。我出生的第一声啼哭就诞生在这里，而这里再也没有我的户口。

我的童年是倚着二楼的小窗长大的。全家十口人拥挤在两间窄小的老屋里，说是二楼，其实是父亲用了木梁把老屋隔成二层，铺上木板，楼下做饭放杂物，搭木梯上楼而卧。从楼上小窗放眼望去，俯视全村屋顶，有"一览众山小"之境。那是一幅优美的风景画。层层青砖瓦房，那淡蓝淡蓝的炊烟，像姐姐的长辫子，天亮梳一遍，正午梳一遍，傍晚再梳一遍。村前那条幽长幽长的山路，把我的思绪伸向远方，路的尽头是什么？每当我寂寞之时，常托腮窗前遐想。

童年的趣事，总是萦绕着我，使我总有丝丝莫名的情愫。年关，父亲将装满鞭炮的竹篮高悬在老屋熏黑的木梁上，那便是我兴高采烈的希冀。麻雀成群地在老屋的土墙里筑巢，受小伙伴怂恿，我找来钉锤与竹竿，咚咚上楼，敲开土砖缝，将鸟蛋一一掏尽，把对对恋鸟赶出家门。直到今天，我才懂得，老屋其实如人一样，与大自然是那样地和谐相处，给我的回忆是那样的温馨丰盈。

离开老屋是在1980年代初，父亲在异地山坳里盖起了六间宽敞的新瓦房，村民们羡慕不已，搬出老屋时，家人异常兴奋，而我却有种失落感，我悄悄地敲着老屋的墙壁，想听见熟悉的回声。但欢乐的童年再也回不来了，我带走的是搬家具时的一些旧物，一枚绿锈斑斑的铜钱、几颗麻麻点点的玻璃弹子，还有一颗象棋子——马。

如今，三个哥哥已将父亲盖的新瓦房拆了，矗起了三栋小洋楼，父亲也住进了真正的楼房，我也在遥远的城市拥有自己的亮堂套居，老屋仍寂然无声地站在那里，我是老屋的"客人"了。当我携妻儿来时，左邻右舍用陌生的面孔惊疑地打量着我，孩子们更是"笑问客从何处来"，他们不知道我是从这老屋走出来的。

人人都有老屋，老屋永远只是故乡的代名词，只能给每个从老屋出来的人留下美好回忆，不能成为漂泊他乡的创业者的永久归宿。正如那枚掉在地上写着"马"字的棋子，时时想着，明天一跃。

今天的孩子如何阅读

李晓芳

> 书籍或许是人类在通向未来的幸福富强道路上所创造的一切奇迹中最复杂和伟大的奇迹。
>
> ——高尔基

> "准备,稳定——阅读!我们与Usborne出版社举行的不仅是一个最简单的读书事件,也是最有利可图的工作!艰辛的工作已经由Usborne出版社当地的负责人干完了……我们所要做的就是和孩子们一起鼓励他们在家里阅读。我将向我们全体繁忙的老师和文学助教老师们郑重建议,准备,稳定——阅读!"
>
> ——英国布莱利小学副校长萨拉·沃特女士

2013年3月22日,星期五早晨,我有幸参加了女儿暂读的学校Clifford Infant学校举行的"世界读书日表彰"晨会。全校90个孩子和学校全体老师、所有的家长一起围坐在学校的大堂里见证了这次别开生面的表彰活动。

这次晨会将先总结学生在3月6日至3月12日读书周中为学校募集到的读书资金的情况;然后再表彰各班筹集资金最多的同学。

说到这个读书拉赞助活动,不得不回顾学校前期的工作安排了。3月7日世界读书日前,女儿带回来一封学校给家长们的信。

信上内容大致是说学校准备以鼓励孩子一周在家阅读来给学校图书馆建设筹集资金,学校将以这种方式来庆祝世界读书日。具体做法是在一周的时间内,孩子们通过给亲朋好友读书来获得捐款。孩子们可用来阅读的内容可以是故事、漫画、报纸、诗歌,甚至是做饭的菜谱。亲朋好友听完之后一定要捐钱并签名。

一周之后，孩子们再把活动的记录表和筹集到的钱一并交给学校。活动表彰大会中将对每个年级筹集到读书款最多的同学进行表彰与奖励。这个学校一共只有三个年级：幼小班、一年级和二年级，每个年级只有一个班，每班30人。学校与Usborne出版社联合主持这一活动。筹集到的所有读书款，学校将全部订阅该出版社的儿童读物，出版社也将会再给学校捐赠购书款60%价值的儿童读物。"To encourage a life long love of reading at home and school"（鼓励孩子们在家在学校养成终身阅读爱好），这是这一活动的目的。孩子们在筹集读书资金的同时，不仅增加了自己阅读量，也给学校筹集到更多的购书款。这样，学校将会有更多的好书供孩子们阅读。所以，活动的终极受益者还是孩子们自己。

让我们回到今天的晨会中来。首先，出版社的当地负责人，也就是幼小班的William的妈妈Emma向家长和孩子们公布了这次活动共筹集到了800多英镑的资金（折合人民币约为8000多元）。这些钱除了能给学校买到许多的新书之外，还能获得很多书店捐给学校的图书。孩子们都欢呼起来。接下来，Emma给每个班在这次读书筹集资金活动中领先的同学颁奖，奖品是一本精美的儿童读物，校长还给孩子发了大大的奖状。领奖的孩子雄起起气昂昂地走上台，领到这份通过自己读书而得到的奖品。在掌声中，他们是那样的自豪。幼小班一个同学筹集到50多英镑（约为人民币500元），女儿班的一个同学筹集到36英镑光荣胜出。我相信，此时此刻他们都在心中种下了要好好读书的种子。这样的活动，学校每年都有一次。

这所小学里的90个孩子能有这么多的课外书，是多么幸福呀！作为一个教了12年小学的英语老师，我有的不只是有羡慕，还有思考！

孩子们的这些书，有一部分是他们在师长的帮助下，通过他们的努力获得的，我们是否能受到一点启示呢？我们都知道，英国是个非常热爱阅读的国家，但是我们可能不明白这个国家的人们为什么喜欢阅读。通过今天小学组织的读书活动，我不难理解英国人对书的热爱，对阅读的痴迷了：师长们先给孩子们提供大量优秀书籍，再组织这些孩子通过自己读书来获得更多的图书，然后更多的图书又激发培养了孩子们的阅读兴趣，最后浓厚的阅读兴趣又带动着孩子们有更大的热情投入到下一次的"读书拉捐款"的活动中来。如此生生不息的循环，孩子们主动阅读习惯就培养起来了。"问渠哪得清如许，为有源头活水来"，英国小学这样的读书活动之所以成功，原因是来自于学生自主阅读兴趣。

今天的孩子如何阅读

李晓芳

> 书籍或许是人类在通向未来的幸福富强道路上所创造的一切奇迹中最复杂和伟大的奇迹。
>
> ——高尔基

> "准备,稳定——阅读!我们与 Usborne 出版社举行的不仅是一个最简单的读书事件,也是最有利可图的工作!艰辛的工作已经由 Usborne 出版社当地的负责人干完了……我们所要做的就是和孩子们一起鼓励他们在家里阅读。我将向我们全体繁忙的老师和文学助教老师们郑重建议,准备,稳定——阅读!"
>
> ——英国布莱利小学副校长萨拉·沃特女士

2013 年 3 月 22 日,星期五早晨,我有幸参加了女儿暂读的学校 Clifford Infant 学校举行的"世界读书日表彰"晨会。全校 90 个孩子和学校全体老师、所有的家长一起围坐在学校的大堂里见证了这次别开生面的表彰活动。

这次晨会将先总结学生在 3 月 6 日至 3 月 12 日读书周中为学校募集到的读书资金的情况;然后再表彰各班筹集资金最多的同学。

说到这个读书拉赞助活动,不得不回顾学校前期的工作安排了。3 月 7 日世界读书日前,女儿带回来一封学校给家长们的信。

信上内容大致是说学校准备以鼓励孩子一周在家阅读来给学校图书馆建设筹集资金,学校将以这种方式来庆祝世界读书日。具体做法是在一周的时间内,孩子们通过给亲朋好友读书来获得捐款。孩子们可用来阅读的内容可以是故事、漫画、报纸、诗歌,甚至是做饭的菜谱。亲朋好友听完之后一定要捐钱并签名。

一周之后，孩子们再把活动的记录表和筹集到的钱一并交给学校。活动表彰大会中将对每个年级筹集到读书款最多的同学进行表彰与奖励。这个学校一共只有三个年级：幼小班、一年级和二年级，每个年级只有一个班，每班30人。学校与Usborne出版社联合主持这一活动。筹集到的所有读书款，学校将全部订阅该出版社的儿童读物，出版社也将会再给学校捐赠购书款60%价值的儿童读物。"To encourage a life long love of reading at home and school"（鼓励孩子们在家在学校养成终身阅读爱好），这是这一活动的目的。孩子们在筹集读书资金的同时，不仅增加了自己阅读量，也给学校筹集到更多的购书款。这样，学校将会有更多的好书供孩子们阅读。所以，活动的终极受益者还是孩子们自己。

让我们回到今天的晨会中来。首先，出版社的当地负责人，也就是幼小班的William的妈妈Emma向家长和孩子们公布了这次活动共筹集到了800多英镑的资金（折合人民币约为8000多元）。这些钱除了能给学校买到许多的新书之外，还能获得很多书店捐给学校的图书。孩子们都欢呼起来。接下来，Emma给每个班在这次读书筹集资金活动中领先的同学颁奖，奖品是一本精美的儿童读物，校长还给孩子发了大大的奖状。领奖的孩子雄起赳气昂昂地走上台，领到这份通过自己读书而得到的奖品。在掌声中，他们是那样的自豪。幼小班一个同学筹集到50多英镑（约为人民币500元），女儿班的一个同学筹集到36英镑光荣胜出。我相信，此时此刻他们都在心中种下了要好好读书的种子。这样的活动，学校每年都有一次。

这所小学里的90个孩子能有这么多的课外书，是多么幸福呀！作为一个教了12年小学的英语老师，我有的不只是有羡慕，还有思考！

孩子们的这些书，有一部分是他们在师长的帮助下，通过他们的努力获得的，我们是否能受到一点启示呢？我们都知道，英国是个非常热爱阅读的国家，但是我们可能不明白这个国家的人们为什么喜欢阅读。通过今天小学组织的读书活动，我不难理解英国人对书的热爱，对阅读的痴迷了：师长们先给孩子们提供大量优秀书籍，再组织这些孩子通过自己读书来获得更多的图书，然后更多的图书又激发培养了孩子们的阅读兴趣，最后浓厚的阅读兴趣又带动着孩子们有更大的热情投入到下一次的"读书拉捐款"的活动中来。如此生生不息的循环，孩子们主动阅读习惯就培养起来了。"问渠哪得清如许，为有源头活水来"，英国小学这样的读书活动之所以成功，原因是来自于学生自主阅读兴趣。

而他们最初的阅读兴趣培养的领路人还是成年人给予他们的关注与帮助。这些离不开学校的倡导、家长的支持。

在国外，阅读被当作"总统工程"。美国、法国、德国、日本等国家都由元首、王室出面倡导阅读。英国政府拨款数千万英镑资助"阅读起跑线"项目，给每一位妈妈和低幼儿童发放内含绘本、笔、贴纸等的大礼包，这一项目已经被全球20多个国家和地区借鉴，中国香港、台湾地区都已引进。英国还有"1英镑购书计划"，每个孩子都可以领到1英镑，去书店购买指定的、定价为1英镑的图书。3月6日读书日的前天，女儿和她的同学都得了一张一英镑购书券，我陪着女儿一起去书店用这张代金券买到了她喜欢的书呢！

在我国，如何重视阅读呢？"我们上至政府官员、领导、出版社、文化部门，下至妈妈、宝宝、儿童、学生，都应该重塑对阅读的认知，而国家应该把阅读当作一项国家战略，早日设立国家读书节和国家阅读基金。"徐升国透露，聂振宁、冯骥才等人大代表、政协委员已经多次提议，希望尽快得到批准。但是作为一名老师我们不能消极地等待我国全国性的阅读工程的建立，我们要尽可能早地帮助我们的学生自己去发现更多的书籍，寻找合理有效的读书评估机制，激励孩子多读书，读好书！

作为英语老师，我常常会穿梭在不同的班级。课前，我常常会看到我们学校的很多孩子喜欢抱着优秀的儿童读物痴迷其中。很多家长也给孩子购买了大量的优秀儿童读物。学生们家里不就闲置着很多读过的书吗？我们为何不搭建一个平台，让孩子们都乐意把看过的闲置的优秀读物集中到班级里来，供他们交换阅读呢？为此，我想到了两个好的点子：

捐出买进，加强图书的流通。学校发动学生捐出家中闲置的二手书。每年的世界读书日当天，学校举行大型的买二手书活动。因为这些书都来自于学生，所以要让它们都回到学校手中。这是二手书书市的宗旨。因此每本书，最高不要超过五角，最低一角钱都可以买进。这样，孩子都可以用很少的钱买到自己想要看的书。因为买得便宜，看完之后又可以再捐回到学校的书市了。这样的活动贵在持久，每年都不能间断，最好能形成一种习俗，它的效果就会非常明显了。

增强兴趣，推行多样的阅读作业。班主任组织学生捐出家中的书籍，组建班级图书馆。每学期初，班主任可以把孩子们从家中带来的书籍编号整理，再

把所的有书目编号打印成阅读作业本。孩子每天读什么书，读了多少，家长非常容易在阅读作业本上签字跟进了。这样更容易培养孩子们阅读的坚持性、连续性。阅读作业，不仅可以替代部分生字词的抄写，还可以让学生有更多的机会亲近母语，感受经典名著，他们的语文素养自然就更容易提高了。今后的语文课不就有更多思想的共鸣，思维的碰撞了吗？甚至，我们也可以根据收集读本的数量与难易程度，在阅读作业本上划分出不同的阅读级别。达到不同的等级有不同的奖励。有了挑战，孩子更喜欢去阅读了。我记得女儿为了早日从粉色级别读到红色级别，主动要求老师每天在她的书包里放两本英文读本呢！班级与班级之间还可以进行资源的交换。具体做法，我们也可以参照英国小学家庭阅读作业本的设计。

另外，我们的学校班级也可以设计一些针对性强，能激发孩子们阅读兴起的读书活动，如每年定期举行读书交流、优秀儿童作品校园签售等活动。这些都是有效地培养孩子们阅读兴趣的好办法。

暗示的影响

梁 媛

今天在班上批评了几个学生,为的是他们总不能坚持上星期天的小鼓手仪仗队的训练课。几个孩子其实都很可爱,但都有相同的缺点——做事不能持之以恒。他们无论在学习上还是处事上都是3分钟热情,成绩总也提不上来。而由他们的上训练课不积极,我深刻感受到来自他们家长的一种错误的意识,好像这个训练无关学习,想去就去。而这无形中就给了孩子一个错误的暗示——做事可以随意,可以不用持之以恒,可以不用负责任。殊不知这样的暗示真正害了孩子,孩子会养成做事随意、对任何事凭自己兴趣来的习惯,当然包括学习在内。

其实家长这种无意识的错误暗示在日常生活中,在孩子的各个年龄阶段经常出现。就拿我儿子幼儿园的一次活动来说吧。今年"六一"儿子幼儿园举办游园活动,内容是让家长预先给孩子准备10元钱并陪同孩子在园内设置的各个游戏场所进行购物消费。老师提醒各位家长要让孩子学会合理运用这10元钱,孩子的消费不要超过10元的金额。幼儿园的这次活动准备很充分,游戏内容包括了捞鱼、套圈、投球等,各种游戏的票价不一。当然也设立了免费游戏,搭配还是很合理的。然后还有多个"购物小超市",每个地方出售的品种不一样,吃的玩的反正都是吸引孩子们的。各班的班级室内活动一结束,游园活动一开始,大人小孩们立刻像潮水般涌向了室外,整个幼儿园顿时人声鼎沸,热闹非凡。

儿子从小就非常喜欢鱼,而从教学楼下来首先跃入眼帘的就是捞鱼游戏。游戏规则是每个参加的小朋友进入捞鱼场地,自己用捞网捞鱼,捞前自愿购买一个鱼缸,价格5元,每捞一条鱼1.5元。当我们下来时,捞鱼场里已经挤满了人,场地外围挤满了拿着钞票的家长和孩子,有急着买鱼缸进去的,也有

提着满满一缸鱼等着结账的,三个负责老师被挤得摇摇晃晃几乎招架不住。由于只许小朋友进去捞,大人们在圈外看,只见小朋友们在圈里捞得不亦乐乎,大人们在圈外指点江山。绝大部分孩子拿着小捞网在灵活的小鱼中转来转去,半天捞不着一条,这可把场外的家长急得满头大汗,声嘶力竭地教着战略战术——"捞不到就用手抓,两只手""直接用鱼缸在里面舀""鱼游到那边去了,站到水里去捞"……更有甚者顾不得形象直接钻入场地中为孩子代劳,为了让孩子玩得开心有所收获,家长们可算是绞尽脑汁,竭尽所能了。

看到眼前的一幕,我不禁紧张地看了一眼儿子,我甚至是有点害怕。我在想儿子现在脑子里会想什么?当他结束这次活动会学到什么?他也许正在想:妈妈快点挤进去。妈妈我要捞很多很多鱼,比别人都多。在他捞不着的时候他可能会叫:"妈妈,进来帮我捞""妈妈,我也要用手抓,用鱼缸舀",而这些正是我担心的。"快点挤进去"意味着他绝对没有想到要排队;"要捞很多很多"意味着他压根就忘了他的消费额最多只有10元,消费毫无计划;要妈妈帮他捞或不用捞网直接用鱼缸舀则表示他压根儿把游戏规则抛之脑后……而这些可怕的观念正是眼前的家长们给的暗示,他们虽然没有刻意去灌输、教导,但孩子却会在这个游戏过程中形成那么多可怕的意识。

生活中,有许多家长因溺爱孩子,不讲原则、是非不辨、失去理智。上述家长的错误言行无疑会对孩子的思想行为带来错误的暗示,从而产生不良影响。少年儿童正处在对事物的认识期,分辨是非的能力还很弱,这些家长的错误思想和言行自然不自然地就会起到示范作用,有的甚至会根深蒂固,影响孩子的一生。或许有的家长认为教育孩子是学校和老师的任务,但孩子的思想品质、行为习惯绝大部分源自第一任教师——家长,这是毋庸置疑的。

常看到有的家长就在上学路上一边唠叨着要孩子讲卫生,一边随手就扔掉了刚给孩子擦嘴的纸巾;一边教孩子唱着"我在马路边捡到一分钱",却转眼将捡到的5块10块装进自己的荷包;一边跟孩子说要与同学团结有爱,下一秒就对不小心碰了他一下的人骂骂咧咧……孩子永远是简单和单纯的,他更容易相信并学习亲眼看到亲耳听到的东西,如果大人们自己没有良好的行为习惯仅仅只是嘴巴说教,那无疑是给孩子这样一些错误的暗示——乱扔没关系,捡到东西可以自己得,人若犯我我必犯人……

家庭是孩子的第一所学校,家长是孩子的第一任教师。培育孩子健康成长是每个家长义不容辞的责任,每一个家长都应该做孩子的学习楷模,以良好的

第二编 成长故事

思想品质、行为习惯去影响孩子、感染孩子、教育孩子，从而促进孩子的健康发展。真诚地希望家长们都能在严格要求孩子的同时严格要求自己，不要将道德礼仪只放在嘴边上，时刻注意自己要言行一致，用好的意识和习惯影响孩子，让孩子各方面都均衡发展，越来越优秀。

风雨兼程三十年

刘凤霞

岁月如梭，一晃我已经教书30余载，我的教学生涯，见证了风雨兼程的30年教育改革的巨大变化。从这一系列的变化中，我欣喜，我振奋。

一、日新月异，教学环境呈现巨大变化

我1980年参加工作，在我们村小教书。学校那会儿没有足够的教室，两个年级在同一个教室上课，是真正意义上的复式教学。课桌是村里几棵很大的树锯成木板做桌面：有一尺多宽，好几米长，一块木板搭在砖头上（桌角是用砖头砌成的）一排可坐七八个学生，椅子都是自家带的，高矮不一。没有玻璃窗，就用塑料袋糊住，教室的门就是一张破旧的木板，条件很差。我一个人包班教学，在那样艰苦的条件下也不会灰心，因为我心中有希望——办学条件会越来越好。看到孩子们渴求知识的双眼，我坚守在教师岗位上。

后来，社会对教育的投入逐渐加大，学校的办学条件已有了飞速发展。如今，在花园式学校内，一幢幢设计新颖、造型各异的教学楼取代了昔日低矮破旧的砖瓦房。图书馆、电脑房、语音室、舞蹈室等功能齐全的教室极大地保障了师生的生活和学习。

1980年代初，什么电化教学手段都没有。1986年师范毕业后，我来到咸宁市实验小学，录音机开始盛行，老师可以用录好的音乐配乐朗读，也可以买名家朗诵的磁带放给学生听。这些做法有效地辅助了教学。后来条件有了改善，教室里装上了幻灯机，有些内容可以提前写到自制的胶片上，一张一张地放给学生看。那时，哪里能想到30年后的今天，学校为每位老师配备了一台电脑，上课居然用起了电脑等多媒体设备，黑板改成了电子白板。只需鼠标轻轻一点，

资料应有尽有。从粉笔加黑板到幻灯片、录音机，再到实物投影仪、多媒体。30年来，越来越多的现代化教学设备开始走进学校，走进教室，和我们的教学相辅相成。教学工具的现代化给课堂教学带来了前所未有的变化，教师们惊喜地发现，以前需要到处托人寻找的教辅书，如今电脑上应有尽有；以前需要将备课内容一点点书写到黑板上，如今不仅可以用电脑备课、制作课件，并且随时可以在课堂上调出来。把文本、图形、图像、动画和声音等多种信息综合在一起进行课堂教学，减少了教师单调乏味的讲解，激发了学生的学习兴趣，节省了大量时间，在有限的40分钟内获得更高的效率，有效地提高了课堂教学效果。

原来期中、期末考试时，试卷都是用铁笔刻字、蜡纸油印的。由于学科多，每考一次试，几个钢笔字写得好的老师要连夜加班，常常累得手腕酸疼。一张刻好的蜡纸最多能印几百张，而且还得轻轻地、小心翼翼地用油磙子滚，稍不留神蜡纸就会有皱纹，印好的卷子上就会出现一道黑印痕，字迹就会模糊不清。最怕的是蜡纸破损，那就需要重新刻一张才能继续印。教师辛苦，费时费力，效果还不好。可为了学生能在课堂上用上试题或讲义，以加大课堂教学内容的容量，提高课堂教学效率，教师也只能这样做了。

而现在只需要在电脑上打印一份试卷，再用复印试卷的机器印刷，上千张美观清晰的试卷在短时间内就印好了。

二、博采众长，教育教研长足发展

原来备课是每个老师一本教科书，一本参考书，个人自己写教案，一学期下来写两三个备课本，空堂时间除了改本子，其余时间都花在写教案上。要是不抓紧时间写，备课进度就跟不上。很少有时间和别的老师讨论，也不知道每一课别人是怎么备的怎么教的，各自闭门造车。

现在实行集体备课，一个老师主备说教案，其他老师听后发表各自的意见。由于教师的教学年限、业务水平、学科专长和教学经验各有不同，导致教学水平的差异，而开展集体备课就解决了这一问题。通过同科教师的积极讨论，可以集思广益、博采众长，在讨论的过程中相互启发，取长补短，既提高了教师的教学水平，又提高了教育教学效果。集体备课还能使老教师转变观念，使年轻老师进步更快。在研究教学思想碰撞的同时还增进了教师之间的相互交流。

三、彰显个性，课堂教学精彩纷呈

原来学一篇课文开始是点一个同学读课文，其他同学边听边思考，除了一个朗读的同学的声音，教室里静悄悄的。现在是自由读课文，用自己喜欢的方式读课文，想怎么读就怎么读，教室里人声鼎沸，场面极为热闹。

原来学习课文内容时，要么满堂灌，要么老师问学生答。现在提倡学生自主学习，"你学懂了什么？"教师话落，学生纷纷举手回答，仁者见仁，智者见智。"你想学哪一段，就先学哪一段。"如同在语文课堂中设置了学习超市，教师根据多数学生的选择进行教学，尊重学生的主体性。在汇报（全班交流）时，学生汇报什么，教师就教什么，营造了自主学习宽松的教学氛围。

随着课程改革的逐步深入，教师的教学观念、教学方式都在发生着变化。我们欣喜地看到教师的观念在逐渐更新，教师的角色在悄悄变化，学生的主体地位在慢慢凸显。以培养学生"知识与能力、过程与方法、情感态度与价值观"三个维度为目标的"自主、合作、探究"的学习方式正逐步走向教学前台。教学理念由"满堂灌"到现在的"自主、合作、探究"的思想转变。

四、温馨亲切，个性评语激励学生

原来班主任都按老模式写传统的评语。如：该生学习认真，能按时完成作业，积极参加体育活动……但上课发言不积极……希望你以后发扬优点改正缺点。套路似的传统的评语不符合学生的心理和年龄特点，难以激起学生的共鸣，因而达不到应有的教育效果。

现在的评语如：你是一个认真学习的好孩子，每天老师都能欣赏到你漂亮的作业，运动场上总能看到你活跃的身影……如果课堂上能经常听到你发言就更好了……首先改变了人称，以第二人称"你"替代冷冰冰的"该生"，让学生倍感亲切。其次是改变了语气，以真挚平等的语言，以深情的期望，以亲切的鼓励替代说教训斥的话语。尊重他们的个性，呵护他们的心灵，让学生感受到老师对他的关爱。

正由于在这样的教育大环境中，我也逐渐成长起来，更新观念，与时俱进，努力成为学生喜爱的老师。当我的学生在毕业之后，还相约到小学来看望我，在教师节送上他们亲手制作的爱心。那几颗红扑扑的纸制爱心贴在我的办公室墙上，如同一簇燃烧的火焰，映照着我的教育人生，让我懂得了教育要融入深

深的爱。

回顾我任教的 30 年，是一个翻天覆地、日新月异的 30 年；是一个实实在在、风云激荡的 30 年；也是教育腾飞的 30 年。从砖瓦房到教学楼，从小黑板到多媒体，反映出教育的巨大变化。风雨兼程，一路走来，真可谓：心血育桃李，粉笔写春秋！

与主课教师"争宠夺爱"

骆传星

与我拍档的教师经常问我:"我们班的学生怎么就那么喜欢上你的美术课呢?""你一来,学生都沸腾起来了,他们很喜欢你呀!"班主任教师有点醋意地说。

"你一不吼,二不罚,三不打,也不那么严肃,学生上课的纪律还是那么好,绘画兴趣还是那么浓,是不是有什么高招?"同行教师好奇地问。

其实哪里谈得上有什么高招,要说有什么方法的话,就是像奶奶一样真诚地关爱他们,要真心地去鼓励他们,在教学中注意激发学生的学习热情,用关爱的态度面对他们,用赏识的眼光去欣赏学生每一幅作品,着重培养学生的学习兴趣、审美意识的提高,以及创新能力的锻炼。下面谈谈我在教学中的一些体会:

首先,鼓励学生携带好美术工具。美术课不同于其他课,绘画工具是必不可少的,在美术课上学生不带工具是让美术老师头疼的问题。据了解,学生不带工具的原因很多:忘了、家长不买等等。学生与家长及部分主课教师对美术课的态度不端正,认为美术课是副科,可学可不学,那么美术工具带不带无所谓。其实美术课没有工具后果是很严重的。学生没有工具,就想找别人借,讲话就产生。不愿意借给别人,吵闹就开始,甚至打起来,矛盾重重,这样会影响带了工具的同学正常学习,整个课堂无法静下来,教师的教学工作无法开展,更谈不上高效率的完成教学任务。那么,有的教师就采用高压政策,用强制手段,气呼呼地匆匆结束美术课,学生自然也不开心。

没有规矩不成方圆。良好的纪律是课堂高效率的保证。对此,开学时,我想了一些办法:提前将下节课所需的工具写在黑板的右上角,让学生抄写在家

庭作业本上，提醒学生勿忘；制定一些奖惩制度，不定时检查工具，带了的重奖，没带的不奖不罚，课堂上不许借工具，谁借就没收；用工具完成的作业得高分，没用工具完成的作业得低分；课堂上反复强调带工具的优势，不带工具的恶果，增强学生的荣辱意识。几天下来，全班没几个不带工具的，这样就有效保证了课程顺利进行。

其次，鼓励学生安全使用工具。学生有了工具不会使用，也会给课堂带来麻烦。因为美术课的特殊性，剪刀、小刀、针线是手工课常用的工具，也是学生容易产生好奇、攻击新强的工具。这些工具存在着使用不当带来的危险，同时，给教师组织教学增加难度，稍不留神，美术课变成受伤课。有些教师为了减少安全隐患将手工课调换成绘画课，或者从不上手工课。

其实，我认为手工课也是美术课的重要环节，不能因为害怕学生受伤而一辈子不让学生接触剪刀、小刀。这是教育的逃避和失败。

对此，我是这样做的：从一年级起，花一定课时专教学生如何正确使用工具，讲一些工具使用不当带来恶果的故事，增强学生对工具的警觉性；让学生回家与父母共同完成一些剪切之类的任务，有效地训练学生尽快熟练正确使用工具；鼓励学生谁最会使用，谁最棒！让学生养成良好的使用工具的习惯，为上好手工课做好准备。

再次，鼓励学生艺术的表现，激励学生艺术的灵感。美术没有"对"与"错"，不同的视角产生的感觉也不一样。"有一千个读者，就有一千个哈姆雷特。"有些学生因不自信而不敢动笔画、动手做，害怕同学取笑。为此，我要求学生不要说"你画得乱七八糟""你画了个丑八怪""他画得难看死了"之类的话语。对于那些不自信学生的作业，要夸一夸"你一次比一次画得好！"对于优秀的学生夸一夸"你比老师画得还要好！"尽量给不自信的学生一点动手、动笔的勇气，给优秀学生自由发挥的空间。

现代美术教育家伊顿说："教育一种勇敢者的探险——尤其是艺术教育，因为它涉及人类的精神创造。"可见，创造性的思维在美术艺术的重要性。美术课上，如果教师引导不当，激励的语言不够，学生就会无法动笔，要么千篇一律，要么作品死气沉沉，毫无兴趣。为此，我借鉴语言艺术的感染力将课本上的作品进行讲解：欢快的节日——色彩鲜艳的美，广阔的海洋——宁静幽远的美，绿绿的植物——生命的美，金秋时节——华丽丰收的美……美出现了，

学生思维活了，这时，鼓励学生将自己喜爱的事物，用自己独特形式表现出来，不要求相同，每个学生都要有自己的想法。结果，学生们的作业各有千秋，内容形式都很丰富。我从他们的美术作业中感受到了认真、专注、兴趣、喜爱，更体会到了美育的力量。

同学们在我的鼓励和赏识中发现美创造美，在宽松、严谨、有序的教学中，学生学得有滋有味，加上美术课比语文、数学有趣的优势，学生能不喜欢吗？这么一来，与主课教师"争宠夺爱"是势在必得！

母亲琐忆

徐亚钰

母亲离我而去已经10多年了,每每看到母亲这个字眼,心中呼唤"母亲"这两个字,我的心都会潮湿,眼睛也会模糊起来。母亲啊母亲,女儿知道在天国的您一直在默默地注视着您的女儿,女儿在努力地延续着您的生命,您该欣慰。回忆往昔,有母亲您伴随的27年的点点滴滴开始清晰回放。

年幼的记忆中,母亲一直就很白,尤其有一双白皙的腿,以为是母亲一直穿着长裤和袜子的原因,从不被太阳晒,不像我们这些孩子喜欢露着腿脚去外面野。偶尔也听母亲说,她似乎有点贫血,小时候的我对贫血不太懂,只听母亲说:贫血,劳累了就会有点发晕,过一会就好了。

得知母亲的病情是在母亲去世前的一年,母亲得的是白血病,谁也没想到。

在头一年的秋天里,母亲不知怎的就晕倒了两回,父亲以为是母亲劳累了,母亲也以为自己的贫血加重了,抓了些补血的中药调理,却再不像以前那样过一阵子就好了。母亲显得很乏力,精神不如以前。去县医院、市医院做各种化验检查,去找专家,几乎可以确诊母亲得的是白血病!专家说,这个年龄了,骨髓移植的成功可能性比较小,家庭也难以承受这个经济负担,保守治疗吧,尽量满足病人最后的心愿。

父亲沉默了,儿女们知晓了,大家没对母亲说过多的话,母亲也不多问,似乎都明白了。母亲保持着一贯的平和淡定,在儿孙面前依然是微微地笑。

在这最后的一年里,母亲去每个女儿家小住了一阵,在我这个最小的女儿家里足足住了1个月。她说自从我出嫁还没去过我的婆家,说我嫁得最远最牵挂。其实母亲知道了我和丈夫正闹别扭,她要来。

母亲在我的小家小住的1个月里,没把自己当成一个需要照顾的病人。正

是三四月份，她在我的小院里打理着那几畦菜地，看到几个花盘，又伺弄起花来。母亲是爱花的、会养花的。家里洋楼顶上的空中花园是她的劳作和荣耀。母亲移栽了一棵月季花，精心呵护，过了两三个星期，没见那棵月季精神，长出新叶。母亲蹲在花盆前喃喃自语："看来没活。"神情有点黯然。看着母亲的后背我悄悄转过身去，泪滴滑落下来，是预兆吗？母亲真的好不起来了吗？我怎能失去我的母亲！这时母亲已经站了起来，回转了身，看到我，依然笑着说："下班了，可以炒菜啰。"我也勉强一笑。

母亲还是要回去了。一起来的父亲悄悄对我说，母亲白天强打起精神，晚上睡不安宁，住这么长是要看着我们小两口好好的。现在只能靠输血维持，怕时日不多，该回老家去，不能再住了。叮嘱我们好好过日子，不要让父母担心。我点点头。

母亲回老家去了，这一回去后的几个月，母亲再也没出远门。中间我回去看过几次母亲，母亲越来越苍白，可是依然不说自己，只询问我的日子，告诉我做妻子和母亲的本分，她心里牵挂的还是她的儿女们。

深夜家里打来电话，母亲真的离我们而去了！我无法抑制地痛哭，一直哭到天亮，哭到早上的第一趟班车启动，哭回家。五岁多的儿子看着我，愣一阵子跟着我哭一阵子，只知道外婆去世了。

等我赶到家，已经有人在打点后事了，我看到一块大白布遮盖了母亲的遗体，母亲真的就这样去了？我没在家守住母亲。父亲过来了，来到了我们姐弟们中间，他说："你们的母亲走得很安然，她呀，临到头了，也不想你们担心，也不想拖累任何人。那一天啊，她在一楼吃了饭，要自己上三楼去休息，等我洗完碗收拾好，上去看她时，她还没爬到三楼，撑着扶手喘气，听到我的脚步声马上转身继续往上爬，生怕我看到了……"父亲诉说着母亲最后的一幕幕，我们姐弟一个个泪流满面。

母亲走了，在最后的日子里，也没给我们留下一个悲戚苦楚的面容，没让我们额外的担忧和负重。展现给我们儿女的，除了微微的笑，还是微微的笑。我的坚强的母亲！我的慈爱的母亲！

母亲走了，那一年我27岁，一年后我也成为了一个真正的母亲，现在我是一个5岁孩子的母亲。

木 兰 行

王立群

数年之前的一个流火的七月，我曾和木兰草原有过几天短暂的亲近。未曾想到，分别之后她总是姗姗然频频入梦来，挥之不去，驱之不走，顽固地在我心中种下一片翠绿，一片清凉，静静地留存。

木兰草原规模不大，没有内蒙古草原的一碧千里，从严格意义上来说，称为"草原"似乎奢侈了点，抬眼望去，草地的尽头隐约可见。可是，这又有什么关系呢？她依然给予了我无所不在的自由和驰骋的权利，给予了我生命的灵性。

汽车飞驰，将路边的一排排大树快速地抛在身后，我似乎已经闻到了木兰草原独特迷人的气息。近了，近了，更近了，车窗外出现了一大片一大片翠绿的草地，草地上三三两两地散落着几座造型别致、颜色鲜艳的蒙古包。一车的人都欢呼起来，我在心里默默地念着：木兰草原，我来了！

跳下车，我仿佛久关笼中的精灵，在草地上肆无忌惮地撒着欢儿，打着滚儿，尽情地呼吸着清新的草香，亲吻着柔美的大地。

草原安详地敞开自己的胸怀，小丘和平地的线条一气呵成，柔美自然，丝毫不矫揉造作。大大小小的湖泊犹如散落在草原上的颗颗明珠，在阳光的照射下熠熠生辉。白鹭浑身洁白如玉，有的在水中悠闲地划着圈儿；有的则对着水面欣赏自己的倩影，梳妆打扮过后，振翅而飞，向人们展示曼妙迷人的舞姿。草地上开满了花儿，黄的明亮耀眼，红的热情奔放。看看这一朵，很美；看看那一朵，也很美。城市花坛中的花儿虽然也美，但总如带着桎梏的女子在孤独地舞着，拘谨、呆板、无奈。而这里的花儿，广阔的草原就是她们的家，她们心有所属，裙袂飞扬，绽放得自然，大方，无比放松。看来，世间万物，只有

内心的自由，才会让她们焕发出异样的光彩。犹豫再三，轻轻地摘下一朵别在发间，平常普通的女子顿添了几分妩媚。都说女人如花，两花相伴，互相辉映，岂能不别有风情？想昔时替父从军的木兰，数载戎装，回到家乡后，"脱下战时袍，著上旧时裳，当窗理云鬓，对镜贴花黄"，美目流盼，衣香鬓影，引得众人皆惊忙。古往今来，爱美都是女人的天性和特权。只是不知那自私的一折，是否弄疼了娇弱的花儿；是否让它对身旁美丽的女子生出几分嫉妒。

天空无比的湛蓝，空气中细碎的尘埃被滤清，这一方天地仿佛远离尘世，充满生命的广大和美丽，向人们展示出一片剔透纯净的画面，深邃，高远，宁静，却又让人倍感亲切。空中的朵朵白云也都文静秀气，似乎不忍打破这份自然和谐的美。四周听不到一点儿声音，静得出奇，万事万物都融入这令人心疼的凝固了的海洋之中。

每天傍晚，我都要到草地上，到垂柳依依的湖边走一走，去眺望远方的蓝天和群山，晃晃悠悠，懒懒散散，任时光在轻移的脚步声中溜走。累了，轻轻地坐在草地上，周围的群山也和我一起安静地盘坐，我无语，山亦无语，我们犹如心有灵犀的故人一般默契，此时无声胜有声。偶尔，脸被微风轻吻了一下，柔柔的，断然感觉不到夏日的炎热。夕阳投射下深深浅浅的暗影，高高矮矮的水草在湖面摇曳着曼妙的身姿。五彩的蝴蝶绕于左右，翩翩然于花丛之中。湖边的女子，眉目缱绻，回首经年。

一日午后，雨过天晴，正立于庭前，一抬头，蓦然发现不知何时天边架起了一道半圆的彩虹，一端若隐若现，一端清晰艳丽，我如孩童般手舞足蹈，兴高采烈。兴奋之间，彩虹越来越完整，越来越鲜艳，像一道五彩缤纷的拱桥，横跨在群山之上，两端直插进天际幽深的山谷。氤氲的霞光，变化万端，迷离了双眼，衬托着天边那片片彤云，愈发美妙。

天高地阔的空灵境界，人与自然和谐相处的美丽意境，拉近了心灵与大自然的距离，引发了内心潜在的某种细腻的情感，让我忘记了所有的烦恼，身心彻底地放松。虽然我明白，我会很快地离开这里，回到原有的生活之中，但是，木兰草原已经永远地留存在我的记忆中。

"永远有多远？永远不在未来，而在逝去之中，在凝固的时间里。"很喜欢这两句富有诗意的话语，木兰草原，今天我将它赠与你……

那一串串紫色的梦想

刘安平

静谧的夜,铺满璀璨夺目的星。莹然万星里,有一颗小星静挂在天边的一隅,明朗如镜,熠熠生辉。

儿子教室的窗外,层层翠绿的小叶,正轻盈地舞动在挺拔的竹竿上,一串串青绿色的葡萄缀满枝头。微风如同顽皮的孩子不时地逗着那饱满而晶莹的珠玑。

"给你们出一道谜语,什么东西每一个人都有,平凡又不平凡?"老师嘴角扬起,轻点头,微咧嘴。学生们齐刷刷地看了一眼鲜红醒目的高考倒计时的牌子,一齐从心里,从那颗最炽热、最真诚、最明媚的青春之心里,喷涌出两个字"梦——想——"

好一幅快乐动人的学海夜战图!那翠绿的小叶也抵挡不住诱惑,悄悄地爬上窗台,绿叶里,还有一只小蜗牛正伸出脑袋好奇地探望……

梦想就是答案。它不仅是谜语的答案,更是学生为何苦读的答案。梦想正如那一串串玲珑剔透的葡萄,等待着在最美的时刻褪青为紫,化涩为甜。

其实,与儿子一样,每一个高三学子的心里都种着一颗葡萄树,还有一只小蜗牛在上面努力地爬着。等到小蜗牛攀上高枝,那美丽的紫葡萄就已挂满枝头,小蜗牛就能尝到这世界上最甜的琼浆玉液了。

但是,梦想的实现又岂如将一铲铲土填上,用一杯杯水灌溉那般轻巧便捷?这平凡又平凡的梦想之树,是从每个学子的汗水与泪水、欢笑与痛苦、希望与失望中艰难地抽芽伸枝拔节的!

还有43天,时间在不停逼近,不停地在它四周奔跑、集结,时间携带着无数秘密,又把无数秘密提炼成凝重一线。小蜗牛仰起脑袋,抖了抖沉重的大书包,朝着那青绿色的绿枝头努力地扭动自己的身子。近在咫尺的果实已经晶

莹透亮，醉人的香甜正在空气中荡漾。

"我终于看到了所有梦想都开花，追逐的年轻歌声多嘹亮……"听着鼓舞人心的歌，亲眼目睹青绿色的葡萄褪去青涩的面孔，紫色晶莹的珍珠缀满枝头！小蜗牛终于在紫色溢满的时候攀上了枝头。甜蜜而芬芳的气息让它陶醉，成功的喜悦弥漫在心头。

我静静地徘徊在儿子教室外的走廊上，身心是这样纯净，脚步是这样轻盈，轻得没有一点声音。偶尔能清晰地听到教师的粉笔声。静谧的夜铺满璀璨夺目的星，莹然万星里，有一颗小星，正明朗如镜，熠熠生辉。

爬 武 当

李 苗

　　清明小长假，邀约了几位好友一起去爬武当山。

　　我们几经辗转来到山脚下，这座道教名山今日香火依然。我们搭乘上山的巴士，一路欢声笑语，40多分钟的盘山公路之后我们下车，接下来有两种选择，可以直接坐缆车上山，也可以选择自己爬上山去。经过一番争执大家决定：来武当不爬山那怎么能算来过了武当山呢？于是大家背好背包开始徒步登山。

　　天空中下起了细雨，我们穿着雨衣拾级而上，野树修竹任其生长，杂花老藤随之纵横，林中处处都回荡着我们的笑声叫声。

　　当地的导游告诉我们如果再不走快些，可能今天晚上就爬不到山顶了。我们不由得加快了步伐，抬眼望去只有望不到边的台阶，我们抬起脚奋力地向上爬着。

　　继续往前走，台阶越来越陡，越来越窄，台阶上的人也越来越多，上的下的，大家自觉有序地靠着右边行走，只是没有人再大声喧闹，大家都只是埋着头向上爬，偶尔有些人爬累了会在较宽敞的地方稍作休息便又继续攀爬。我们变得烦躁起来，不停地向下山的人打听道：请问还得多久才能到达山顶？下山的人们行色匆匆，都说还远着呢，你们得加快脚步啊。我不禁在心里打起了鼓：已经爬了几个小时了，抬眼似乎能看到顶峰就在不远处了，能有多远呢？不知道爬了多久，与无数个人擦肩而过，左右脚机械地交替着抬起放下，只听到自己粗重的喘气声。

　　天空中不知什么时候起飘起了细小的雪花。越往上爬雪越大，山间的树儿草儿静候雪花的到来。眼前还是一眼望不到头的台阶，我们爬得热血沸腾，雪花落在我们的头上脸上马上就化成了水。当我们感觉到了山顶的时候，出现在

我们面前的却是一座石门——朝天门。跨过朝天门台阶又顺着山势向下延伸，台阶实在是太陡了，不得不伸出手来紧紧地拉着台阶上的铁链一步一步探索着下行，走完下坡又上坡，眼看着又到山顶了，出现在我们眼前的还是一座石门，如此反复了好几次，我的心也随着山势起伏了好几次却始终没有到达顶峰。有人开始埋怨：这么高的山什么时候才能爬到山顶啊？我今天把这辈子的山都爬完了，以后再也不要来这种鬼地方了。

身前身后都是层层叠叠的台阶，如同一部直达苍穹的天梯。我们艰难地攀爬着，不想再因为埋怨而浪费一丝一毫的力气，努力地让自己的心平静下来，想起林海音《童年》里的片段：要学骆驼，沉得住气，看它从不着急慢慢地走，总会到的，慢慢地嚼，总会饱的。我不再埋怨，只是静下心来一步一步地爬着，也不知是云雾绕着山，还是山托着云雾，只感觉它们早已融为一体，这山间上仿佛只有我一人，如同漫步在人间仙境。

不知过了多久，我们终于登上了金顶，那悠扬的道家音乐，那虔诚的香客，无不传递着古老的文化气息。不尽的台阶，仙境般的云雾都已在我脚下，耳边风声呼呼作响，吹红了脸颊，吹乱了头发，可是心却很静很静。

品味耕耘

甘敏慧

题记：学海千秋勤汲取，心田万亩好耕耘。
以下为我平时记录的点滴小事，带着我的思考，我的感悟。

别吝啬赞美

张志和的词《渔歌子》——西塞山前白鹭飞，桃花流水鳜鱼肥。青箬笠，绿蓑衣，斜风细雨不须归。恐怕大家都喜欢和羡慕"斜风细雨不须归"的这份惬意。要一个五年级的学生去体会词人的那种闲适自得的隐居生活情趣，实在有点好笑。他们能欣赏的，只是词中的美景，对于为什么"不须归"，意见可就多着了。昊说："就算是雨不太大，不会感冒吧，他也应该回家呀，说不定他妻子儿女等着他钓的鱼下锅呢，从他的打扮看，他家应该是很穷的。"

这孩子的发言带着自己的思考。人，首先满足物质需要，如果吃不饱肚子，还观赏什么美景呢？这个渔夫拿什么去超然如仙呢？这时，我提醒大家找找有关张志和的资料，有学生找到，原来张志和在朝廷做过官，后来出家当了和尚，是一个看破红尘的渔夫。昊说："我说呢，原来如此，一人吃饱全家不饿。"

昊，你的表达精彩极了！热烈的掌声送给你！

你就是我的明星

过年前我买了一部新手机，是带摄像头的，能拍一些模模糊糊的相片，因此，就自拍一些景物作为壁纸了。今天学生做作业时，教室里特别安静，我在他们中间巡视着，看看这个，掩卷而思；瞧瞧那个，奋笔疾书……就像欣赏一幅优美的画卷，一种温馨的成就感在我心中涌动着，如果每一节课都有这样的境界

多美好！于是突发奇想，用手机来拍下这一幕！对，拍一个今天作业做得最快最好的学生。选啊挑啊，最后决定拍婷婷——一个文静的小女孩，除了不声不响地听讲，做作业，几乎不多说一句话，平时我很少注意她，她会不会感觉老师常常忽略了她？等到下课铃一响，我向大家宣布我的决定：好多人喜欢用明星的相片做手机的屏幕背景，我决定，我也来拍明星做手机的屏幕背景，今天我要拍的明星是婷婷，她的作业做得这么漂亮，我非常喜欢看她写作业的样子。一边说着，我一边按下了OK！

同学们兴奋起来了，有的围过来要看我手机屏幕上的婷婷，好不羡慕她；有的拿着婷婷的作业本赞叹着；也有同学不服气地问我，老师，我的作业和她的一样漂亮，为何不拍我？

我说，同学们，你们人人都有机会成为明星，我还会继续拍的。大家欢呼起来。

妙计祛懒病

"洁，我发现你是一个很会学习的学生，刚才，你是第一个拿起笔写笔记的人。"在第一节语文课上，我这样夸奖洁。

一片惊讶。因为，洁是有名的"懒虫"，经常不完成作业，就算是完成了，也是乱画的。大家习惯了听老师点名批评她。

下课了，我回办公室批改昨天的作业，特意请洁和妮帮我翻作业本（这是我的学生最乐意做的事），洁翻开一个个漂亮整洁的作业本递给我，我一边批着"漂亮极了！""为你加油！"等字样，一边无意地说，怎么还没改到洁的作业呢？洁低下了头。我说："作业本不多了，只要妮一人帮我翻就可以了，洁，你把你的作业本找出来吧。"洁难为情地找出了自己的本子，并不打开，我笑笑说："我都改累了，下午再接着改吧，如果你觉得有要修改的地方，可以下午交给我。"

下午，我收到了洁最漂亮的作业。同时，她的同桌来"揭底"：老师，上午你表扬她时她是在画小人，后来才补笔记的。

我笑了，说，不会吧，难道我的眼力这么差？

小家伙调皮一笑，那明亮的大眼睛里荡漾起慧黠的波光。

你们才是最棒的!

"六一"前,孩子们早就沉浸在各种欢庆的活动中。上周五,我们年级举行了舞蹈比赛。那天演出后,大家都在等待评比结果。

"老师,我们的节目得了三等奖!"一群孩子在办公室门口兴冲冲地朝我喊,没有卸妆的脸蛋灿烂得赛过鲜花。我当然知道这个三等奖意味着什么,只是面对他们如此灿烂天真的笑脸,谁都会被感染,谁都会为之振奋。我说,祝贺你们的成功!

不由分说地被他们拥进了教室。教室里面的面孔可不一样了,没有灿烂的笑脸,有的是气愤,有的是难过,有的是叹气,还有的在埋怨着。原来,当这一群听到我们班获三等奖时就冲出教室去向老师报告消息的时候,广播还在无情地播着获得二等奖、一等奖的班级!天呐,原来我们班的节目……突然教室里静了下来,一双双期待的眼睛望着我。

我走上了讲台,同学们排练时的情景一幕幕在我眼前浮现:他们分成几个小组,自己找来喜欢的音乐,自己编排动作,最后在杨老师的指导下编排成音乐小品组合。由五段音乐舞蹈组合而成,其中还组合了拉丁舞、健美操。尽管动作不算规范不能到位,但我感动于孩子们的想象力和创造力,感动于他们为班争光的满腔热情,感动于他们的团结协作精神!然而舞蹈比赛评比注重的是演出效果,和那些聘请专业的老师来排练一个舞蹈,高价租赁专业服装演出的班相比,我们的确比不上。然而,我仍然感到欣慰,我们班的孩子们在排练的过程中得到了最好的训练,是自我创造的锻炼和磨砺,那个过程是最有意义而又快乐的!

想到这儿,我骄傲地大声说:"同学们,你们才是最棒的!"

请让我来关心你

"老师,请您帮帮我!"一个醒目的标题映入我眼帘。这是 ZQ 同学日记的标题。他,一个学习成绩优秀的学生,前天(3月13日)的奥数竞赛他居然不参加(因为他是一定能够进入决赛并获奖的学生,我班 9 名学生参加,有 8 名进入了决赛),数学老师都气坏了。这个活泼调皮的小子遇到什么难题了?日记全文用铅笔写的,字挨挨挤挤,写了满满一整页纸,与前页的大个的黑色钢笔字形成了鲜明的对比。

我细心地看着每一个字，真想不到，这个看上去整天乐呵呵、喜欢惹点小事的男孩，在这快乐的外表下隐藏着这么深重的心事。

他生活在一种不安与害怕中，一直困扰着他的，是他父母的争吵。妈妈不在家时，他担心妈妈在外出事；妈妈回到家里，他又害怕两个大人吵起来。爸爸脾气暴躁，有时还打妈妈，他感到无处逃、无处躲了，他鼓起勇气向我求助。

我陷入了沉思。近几年，随着我国离婚率的提高，我目睹了好几个家庭的破裂。在学校，常常帮着那些没有监护权的父母悄悄地叫孩子出来，让他们躲在某一个角落里相聚片刻，然后挥泪话别，我也莫名地陪着落泪……

我虽然无法去了解或阻止你的父母之间发生什么事情，但我有责任帮你做一个真正的快乐的孩子。

金钱的诱惑

说洋洋是小生意精，一点也不夸张，他的经济头脑赛过他的父母。他家经营着一个小卖部，才上三年级的他就在班里做过小买卖，上学时从自家小卖部里带上几个小椰子，然后以市场零售价卖给班里的同学享用。据说一个能挣到2元钱，还有不少人预订了，要不是因为大量的椰子壳堆放在垃圾桶引来苍蝇到处乱飞，被我制止了他的买卖，可能他会赚得更多。

今天他又用新招赚钱了，这回是因为规则问题和同学发生争执，找我评理来了。原来，他用自己的10元钱做资本开起了"摸奖店"，用硬纸片做奖票，模仿着福利彩票分组编号，中大奖奖金5元，小奖1元，5角钱一摸，不一会儿，就吸引来了好几个摸奖者，5角一张的钞票纷纷进入洋洋的口袋。可是洋洋得意的好景不长，摸奖者罗同学和叶同学提出这样不公平，要求重做奖票，这下可好，罗同学和叶同学合伙改写了奖票的组和号，这样一来，叶同学连中两个大奖，洋洋哪容得亏本？马上发现了其中的奥秘，他们为此争执起来了。

我听完他们各自的理由，问他们："你们认为这只是普通的游戏吗？"经过一番漫长的探讨，最终决定暂时不在学校玩这类游戏了，可洋洋反问道："什么时候才能玩呢？"

请支招：金钱，诱惑着单纯的小学生不再单纯。他们到底有没有错？面对这样的满脑子都是钱的小学生，我们应该怎样引导？

每个人心里一亩田，老师就是要在孩子们的心田里种桃种李种春风，品味耕耘，享受教育快乐！

在希冀中放飞梦想

阮珍珍

如果说刚入学的新生是一张洁白的画纸,那么,班主任与学生的最初接触就是作画的第一笔。画得好也许会成为一幅名画,画不好也许会成为一张废纸。在接手班主任工作前,我就想了许多第一次管理班级的方案,但实施起来和我想象的相差甚远。

新学期伊始,我和学生的心理是一样的,充满了新奇和期待,都在想象着对方的形象。教师第一次出现在学生面前时,每一个学生都会在内心给老师打一个分,这个分数将决定着教师能否顺利开展工作。所以,我特别注意第一次在学生面前的亮相。开学第一天,要以班主任的身份见学生,知道自己在学生面前已有的形象,平常上课气氛比较压抑,于是我穿得特别精神,想让所有学生在好奇心的驱使下被我的热情感染。当然班主任第一次在学生面前讲话一定要做好准备,不要啰唆。新手心中难免有几分胆怯,说话会紧张。于是我提前将要说的话都写在纸上,讲话时尽量做到让每个孩子都注视着我。当我讲完话后从学生的眼神中我知道自己的开场白有了一定的效果,这让我对班主任工作有了信心。

第一次卫生大扫除。当他们完成我布置的任务后我开始检查,一看,教室地面依旧脏乎乎的,纸屑依然明显,负责扫地的几个男生在旁边闲聊。我压制住没有发火,希望他们再扫一遍。话是下去了,可是看着他们很不情愿、慢悠悠的样子,我很生气,我要过一把扫帚,扫掉一个男生旁边的垃圾,接着什么也不说继续扫下去。这时在教室内外的同学都来看着我,扫地的几个同学也开始意识到了什么,各自回岗位,把地面的纸屑全部清除干净。清扫完后我想了很多,作为班主任,我认为最重要的是组织一个团结和谐的班集体。

首先，班主任是班级的核心，是组织者，更是引导者。班主任应融入到学生当中去，做一个学生信服、尊敬的好老师，千万不要与学生对立，变成单纯的管理与被管理的关系，最重要的一点就是不要当众发脾气，这样起不到好的效果，而且会在学生心中形成老师爱发火不亲善的形象。

其次，班主任管理要公平。这就体现在一言一行、一举一动之中。成绩有差异的同学间要公平，班委与同学之间要公平。处理问题要就事论事，避免戴有色眼镜，不要针对个人，要针对事实做出相应处理。

再次，班主任要以身作则。班主任的一言一行都是孩子们模仿的对象。有些时候，在处理一些细节问题上，一个动作能胜过千言万语，所以，在处理问题时，我尽量不批评，而是用行动去教育他们，以老师的行为和力量去影响他们的思想。

最后，班主任要充分尊重和信任学生。有问题要及时处理，有进步要及时表扬，不要吝惜赞扬之词。学生希望得到老师的认可，更渴望得到表扬，一句简单的表扬会激发学生强大的学习动力，增强他们的信心，也会使班主任更容易融入班集体。

第二天，我专门开了一节班会，没有一句批评，依据我想的这几点，结合我们班开学以来出现的各种问题，我给同学们讲做人的态度，讲习惯的养成，讲细节影响成败的道理。临近下课，我鼓动性地问了一句："今后再搞卫生大扫除，能不能做好？"全班齐声："能！"我知道有效果了。果然，后来卫生大扫除我再去检查的时候，大家都能各司其职，每到一处做得好的话，我都会给他们表扬和鼓励！

因为我还在学习期间，所以有时处理班集体的事情效率不高，经过一学期的锻炼，我决定对表现好的同学要抓住时机表扬他们，使他们更有坚持下去的动力，同时要激励那些纪律差的孩子，给他们进步的空间。

当班主任经历了很多的酸甜苦辣，可也感受到从来没有过的充实与幸福，有什么能比学生们的进步让你更有成就感，有什么能比学生们向你敞开纯洁心灵更幸福的呢？每个孩子都是在老师的希冀中成长起来的。印度大诗人泰戈尔说过："花的事业是甜蜜的，果的事业是珍贵的，让我干叶的事业吧，因为叶总是谦逊地垂着她的绿荫的。"

用希冀放飞理想，我将会在班主任这个位置上默默耕耘，为学生们的成功甘做一座幸福的桥梁！

桑葚的记忆

赵存会

今天回家了。看到一位老人坐在街旁卖桑葚。熟透了的桑葚饱满多汁,紫褐色的极诱人……我忍不住停下来尝了一个,甜甜的,软软的,好熟悉的味道!卖桑葚的老太太也很和善,像邻居大妈。

多年前,我家后院的水井边也有一棵不算很粗壮的桑树,也是这个季节,桑葚由青变黄,由黄变红,最后是紫得发黑,只要爬到楼顶,就可以摘到最好的。经常是一边摘一边往嘴里塞,吃得满嘴乌黑。夕阳西下,清风轻抚,坐在楼顶,一边看着蓝天白云,一边吃着怀里的桑葚,屋旁是潺潺的流水,秧苗安静地守候着一方水田。远方炊烟袅袅,倦鸟儿飞回巢了,劳作的乡亲也陆续从田野小径上回村……这样的情景我忘不了!

后来,读书在外,不知什么时候桑树不见了,那堵绿绿的篱笆墙也消失了。篱笆墙由一棵一棵的月季排在一起编成,每到五月,这里是个缤纷的世界,玫红色的月季无拘束地开放,招蜂引蝶的热闹情景,我还记得!后院是个菜园,妈妈的青菜长势总是不见好,哥哥种的花草却异常兴旺。春天有各色的凤仙花,这里一团那里一伙,雨后总会很随意地鲜艳起来!夏天,胭脂花从几个大石头缝里努力钻出来,紫红苗条的花姿,从花骨朵开始,到结成一颗颗黑色的小圆果子,我目睹了它的繁盛衰竭,经常会把胭脂籽捣烂,很奇怪里面并不是胭脂红,而是细腻的白粉末,胭脂居然是白色的?但还是小心爱惜地把粉末收藏起来,没用处,而至今不知道它为何叫胭脂。让我念念不忘的是那一小片向日葵,听哥哥讲金色花盘会随着太阳转动,觉得神奇不已,于是起个大早,踏着露水来看向日葵怎么向日的。就这样随着太阳升起,眼睛一眨不眨地望着,也不见花盘抬起头,所以没坚持几天就放弃了。向日葵不仅花大色艳,还高高地仰着

脖子，高调得很。最后便宜了那些觊觎很久的偷花小子，在一个清晨，几株花盘陡然消失了。养到最后，只剩下唯一一个，我和哥哥等到它实在是熟透了，才搬个凳子小心翼翼地摘下来，小葵花籽一粒一粒欢快地跳进簸箕里，那清脆的声音，我还记得！

后院给我的印象是清凉的。两株葡萄架的绿藤都绕上了房梁，园中有一棵桃树，桃子成熟的季节，哥哥爬上枝头，我拿着塑料盆在树下接桃子，可是哥哥用力太猛，丢下的桃子"嘭嘭嘭"几下把盆砸了个洞，熟透的桃子滚落一地，那滑稽场面，我还记得！

后院还有一丛篱竹，四季常青，每年都在不停地扩大势力！两株矮矮的梅树，也是春天才开。旁边一棵杏树，满树又青又涩的杏子，只有眼巴巴地等到大端阳才熟透变黄……要说最难忘的还是那丛太阳菊，每次花开都静悄悄的，淡淡的芬芳，柔和的黄色，一点都不耀眼，高高低低，大大小小，多而不闹，花谢也是在一阵秋雨过后，在不经意间，没有忧伤没有沮丧，安然接受自然的恩赐。可是，在我来年再寻它的踪迹时却销声匿迹，连一株小苗也不曾留下！仿佛那块地它从没来过！至今，我还在思忖它的去处，是谁全部带走，还是它自己不愿留下？那丛菊花是二姐种下的，竟奇妙地消失了……

桑葚的味道还在，记忆也在。如今的后院呢？那群种花捕蝉的孩子呢？时间走了，梦依旧，生活依旧，心依旧……

赏 春

李 洁

今年的天气让人捉摸不透,立春后的料峭春寒让羽绒服总脱不下来,可突然间在三八前后来了次大升温,最高温度居然直逼27摄氏度。几天后的倒春寒又让人裹上了厚棉衣,就在这冷热的交替中,春天的使者已经悄然来到了我们的身边。

去年九月我入住了一个新建成的小区,之所以选择它,就是看中了它对于楼房的布局和绿地的规划,应该说是个挺漂亮的小区。

在这里过的第一个春天更是让我为它着迷,有时早上出门时觉得时间还早,就慢慢地走出去,有时下班回来后都要在小区里转转,是什么总在吸引我的目光呢?谜底就是各种朝气蓬勃的植物。

每两栋房子之间都栽植了种类繁多的花草树木,我也叫不出名字来,只觉得颜色怎么那么丰富,形状怎么那么可爱。高高低低的树是这幅美丽图画的主旋律,最高的树大概有三层楼那么高,碧绿的叶子向人们张显着它旺盛的生命力,那些身高两米左右的小树就不是单一的绿了,一棵树上就会有绿色和暗红两种颜色,趴在地面的灌木丛特别的整齐划一,这一片是嫩绿,旁边则是深绿,再远些又是紫红色,目之所及都没有泥土。叶片的形状也是值得你去观赏的,有手掌形状的,有椭圆形的,还有一些说不清楚的不规则图形,总之很漂亮。

虽然花远不及绿叶多,但我更关注前者,因为在绿叶的衬托下,花的美丽更加光彩夺目。我经常会用手机拍下我觉得漂亮的花,在空闲时再细细地看,看得久了我就想知道它的名字,可家人、邻居都说不出,越不清楚就越想知道。前两天,我上网查找小区常见花卉的图片,皇天不负有心人,经过细致地观察、比对,我终于认出了三种花:鸢尾花、日本晚樱、大岛樱。

鸢尾花是多年生草本，虽然个子矮小，相比之下花朵不小而且特别漂亮，我经常俯下身子去观察它，粗略一看，你会说它有六片蓝紫色的花瓣，不相邻的三片花瓣上有金黄色和白色的斑点，颜色搭配真的是堪称完美，仔细看就会发现另有玄机，在有斑点的花瓣上还长着一小片花瓣。我通过网上的资料知道因为它的外形像蝴蝶，所以它又被叫做蝴蝶兰，我更喜欢这个名字，既说出了它的形状，又包含了它的颜色，它可不就像是一只停在叶片上休息的蝴蝶吗？

鸢尾花不仅具有较高的观赏价值，还有较强的抗逆性，就是说它具有抵抗不利环境的某些性状，如抗旱、抗寒、抗盐、抗病虫害等。真是美丽不娇气，在这乍暖还寒的日子勇敢地展示着自己的风姿。

日本晚樱和大岛樱都是樱花的一个品种，但是外形完全不一样，日本晚樱的树干略高些，花朵也要略大一些，你如果想数清楚花朵有几片花瓣，那是不可能的，因为花瓣重重叠叠地长在一起，根本无法数，大岛樱却能很清楚地数出五片花瓣来，日本晚樱的花瓣颜色比粉红要深一点，呈玫瑰红色，大岛樱的则比粉红还要浅一点，红得低调。不过她们也有共同点：美则美矣，却没有一点儿香气，对于这一点我经常觉得很遗憾，没能成为色艺双绝的美人；两者的花朵都紧紧地簇拥在一起，少的有八九朵，多的可能有二三十朵，远望时感觉像有红布把枝干的某一个部分包上了，走近时你就会感觉到它是那样在恣意挥洒自己的热情。

几年前，我曾去武汉大学看樱花，至今都难以忘怀。白居易曾有诗，"小园新种红樱树，闲绕花枝便当游"。周总理也曾留下"樱花红陌上，杨柳绿池边；燕子声声里，相思又一年"的诗句。

在樱花树下读着这样的诗句，生活的美妙尽在其中！看着看着，我时常被感染，"一年之计在于春"，在这大好春光里，我是不是也应该打起精神，活出我的精彩来呢？

我的赏心乐事

周华

闲来翻书，读到苏东坡老先生的赏心乐事十六件：清溪浅水行舟，微雨竹窗夜话，暑至临溪濯足，雨后登楼看山……意境悠远，实为赏心乐事也，但细细观来，这都是文人骚客们的雅乐。我等俗人，没有多少雅骨，一介教书匠，似乎赏心乐事不多。自从踏上这三尺讲台，扳指数来，已匆匆十五载有余，我就一直在寻找自己的赏心乐事。3年前，就有一件赏心乐事在我身边发生，不过最初是以让我烦恼的形式出现的。

小龙是四年级的时候转到我的班上，一个重新组建的班级——四（10）班。在来这个班之前，整个年级的老师都认识他：聪明，有超强的记忆力，知识面广泛，学习基本不用费劲。但是所有老师领教的不是他的这些优点，而是为他的顽劣而头疼。几乎每天都要被老师抓到办公室来：任性、调皮、爱搞恶作剧。和很多老师心目中的刺儿头的唯一区别就是考试的分数还不错。能犯的错他都犯过，是年级的名人。

因为有了很多老师的提醒，我特别关注了他。不出众人所料，他不到1个星期打哭了3个女生。我忙着安慰这些被欺负的女生的同时，肝火也一直往上蹿：小兔崽子，还没法治你了！终于在一次上课的时候，他当着我的面打了一个女生一拳后，我再也忍不住了，使出绝招：找家长。这还了得，一个新的班级，人都还没认全呢，就敢在我眼皮子底下动粗？

小龙的妈妈来了之后，和我一起对小龙进行了教育。我们苦口婆心，威逼之，利诱之，摆事实，讲道理。但小龙软硬不吃、拒不认错，认为是别人的不对自己才动手的，甚至在我的面前踢了妈妈一脚。这一脚彻底激怒了我，这还了得？杀手锏随之拿出：要么写检查，要么回家，转班吧，从哪个班来的回到哪个班去。

本意是吓唬吓唬他的，但是他的一句话彻底粉碎了我的小小伎俩："转班就转班，你以为我想来这个班啊？巴不得呢！"咱这个面子哟，一时半会儿还真没找个台阶下。还是小龙的妈妈领他回家，这才解除了尴尬。

虽然第二天他还是写了一份事实过程清楚、错误认识深刻的检讨书，但是我在思考：我除了这些吓唬，就没别的本事了？

之后，我约小龙的妈妈长谈了两次，终于找到了治他的招数。他特别希望得到老师的表扬，而且特别在乎别人对他的评价。以往和人干架多半都是其他同学对他评价不高而激怒了他。他喜欢踢足球，下象棋、围棋，热衷智力游戏，喜欢做奥数题。这些不也是我喜欢的么？

在接下来的几个月里，我和他侃足球，他认识的足球明星我都熟悉，他不认识的我也了解；我和他下象棋，盘盘杀得他落荒而逃；给他布置奥数题，用最简单的方法解决他认为很难的问题。在这个过程中，我了解到小龙家庭条件很优越，特别是爷爷奶奶很宠爱他，甚至是溺爱他。小龙从小就是一个人在家玩，几乎没有什么玩伴，所以导致他在上幼儿园之前没有小伙伴，除了书本。这些养成了他现在很多不好的习惯：任性、好强、以自我为中心，不会和小伙伴交往。

几个月下来，他看我的眼神发生了变化，我看他的眼神也发生了变化。但是细细想来，许是因为我的眼神发生了变化才引起了他的变化吧？当我定位小龙是一个小调皮的时候，他如了我的愿；但是当我去掉了有色眼镜的时候，他也很配合地如了我的愿。

多年前，有一个教育专家说："没有教不好的学生，只有不会教的老师。"我深以为然。小龙的变化同学看到了，班上的任课老师也看到了，甚至是同年级的老师也看到了。虽然他有时也管不住自己，但是没有了当初怎么也意识不到自己错误的时候。六年级毕业，他以拿到奖学金的优异成绩考取武汉市华师一附中寄宿中学奥赛班。

去武汉上学之前有一个军训。军训完，小龙的爸爸妈妈邀请我一起去观摩小龙的军训汇报，我欣然前往。看到小龙一板一眼地在队列中立正、稍息、正步走，用铁一般的纪律约束自己、要求自己，我笑着对小龙的爸爸说："小龙长大了！"

解散之后，小龙张望着找到我们站立的地方，快步跑到我们的身边。本以为要跟爸爸妈妈诉一下离别之苦，但是他快步跑到我的面前，立正站好，朝我

深深地鞠了一躬:"周老师,谢谢您!"这一躬身中饱含了小龙多少感激之情呐!然后他害羞地跑回队伍中去。小龙的妈妈对我说:"小龙真的长大了。谢谢周老师悉心培养。"

整整一天我都被幸福包围着,这不就是我的赏心乐事么?还有什么比一个学生口中的谢谢更让老师感到欣慰的呢?苏东坡的赏心乐事十六件,我狗尾续貂地加上了一件:得英才而教之,师之乐也!

顺着老人就是孝

熊珍云

母亲不知道她的生日,只知道自己出生在民国二十年,庚午年。母亲也不记得我们兄妹的生日,只知道谁在什么季节出生!从我记事起,母亲就不再年轻。衣服只有蓝色和青色,头发挽成髻。为了我们兄妹六个,她每天拼命地埋头干活:洗衣,做饭,去地里种菜,去田里插秧……为了生活,她跟我们几乎没有交流。在那个年代,尽管父母终日忙碌,但我们仍然吃不饱穿不暖,母亲更是忍饥受饿。

母亲老了,不能再干农活,我便将母亲从老家接到城里。为了不给我们添麻烦,她选择独自一人住在我的旧居里,自己照顾自己。我每天下班时便去看她,进门看她在忙碌时,我就知道母亲是健康的。几分钟后我便要走,母亲也不留,她知道每人都有自己的事要做。

大约两年前母亲迷上了捡垃圾,卖废品。刚开始,别人以为她是个没人管的老太婆(我的母亲又老又瘦又瘸),有好心人买面包给她吃,也有人把不要的废品送给她,后来她们才知道那是我的母亲,她们好心地劝我,让我多给点钱给母亲,让她不再过这样拮据的生活。可是她们哪里知道我的母亲是不缺钱的,我的几个哥哥也非常孝顺。

为了自己的面子,我曾多次为这事对我年迈的母亲红过脸,发过脾气,但她还是我行我素。她絮絮叨叨地说:"那都是别人不要的,扔了多可惜啊!捡回来还可以买点钱,怎么不行呢?买菜又不能少别人一分钱。"母亲的脸上没了笑容,那一刻,我对母亲有了一丝不忍。随她去吧,只要她高兴!

有一天,我依旧去看我的母亲,远远地看见她快步走向不远处的垃圾堆,那里有一些别人刚扔掉的书。看到这里,我与老公加快脚步赶上去,赶紧帮着搬,

母亲看着我们的举动，满是皱纹的脸成了一朵菊花，她跟在我后面竟然哼起了儿时唱过的小曲呢！在清理那些书时，她说："一年也难碰到一次啊！竟然能捡到这么多书！"那兴奋的神情好像中了大奖一样。由于母亲执着于卖废品，我只好常把一些不要的废品攒起来送她，我的女儿也把在学校用过的废纸带回来送给外婆。

我的母亲虽然已经很老了，但还健在。我很幸福，因为我不会有那种"树欲静而风不止、子欲养而亲不在"的遗憾；我很幸福，因为我的母亲勤劳、善良、节俭、顽强！

我常想什么是孝顺？顾名思义，顺着老人的意思，让她干自己想干的事，这就是孝！

栀子花开

周 薇

夏季来临的时候,栀子花就开了,淡淡的,轻轻的,却让我在一瞬间体味到了一种别样的馨香……

——题 记

夏日里的一个早上,姗姗同学来上学(她是走读生),只见她一身洁白的衣裙,衬托着脖子上的红领巾,显得格外鲜艳火红。她像一只可爱的白蝴蝶轻盈地飞进教室,微笑着停落在老师身旁,"老师,早上好!"随即背在背后的小手捧出一朵几片绿叶包裹着的栀子花,洁白的栀子花笑得那般甜美。"老师,送给您!""哞!"花的芬芳早已醉上心头。

"好香啊……谢谢!"我接过那朵栀子花贪婪地嗅了个够,爱不忍释啊!久违的花香令人心意绵绵,思绪翩翩。

纯洁芳香的栀子花啊!我不禁又想起了那个乖巧的小男生,是上一届的学生。我从三年级带的他,一个聪明调皮的学生,他不太爱学习,特别怕写作文。我和他在一起,四年的时光,那股深深的师生情谊犹如栀子花的芬芳醇厚浓烈。他喜欢上我的语文课,渐渐地也爱上了写作文。

"老师在我的心目中就像栀子花一样漂亮!"每年初夏时节,他都会送上洁白芳香的栀子花给我。插在小瓶子里的花朵摆放在办公桌上,笑靥迎面,芬芳四溢,整个办公室都是栀子花的香味。

一年又一年的时光,最美的时刻,还是少不了栀子花开的时刻。

那年他六年级小学毕业了,在七月初,栀子花已经开过了。记得毕业离校的那一天,天空上的太阳时隐时现,窗外的树枝随风摇曳,70多个学生的教室里,没有了往日的喧闹,变得沉重了许多。女生擦着泪眼向老师告别,还是男

生坚强些，把告别老师、告别童年时光那俊美的泪花深深地藏在心底。我把每一个学生视为自己的孩子，此时此刻他们就像蒲公英一样纷纷飞向广袤的天地，鹏程万里搏击长空，志在四方扬帆起航。

他是最后一个离开教室的，紧紧地拥抱着我，将一个信封悄悄地塞在我的挎包里，"老师，我回家了！"他说话的声音有些颤抖。

我是多么地不舍得他们的离去，老师深深地爱着他们！他那双有力的手慢慢松开了我的肩膀，背起了放在一旁的书包，向我深深地鞠了一躬："谢谢老师，再见！"

我害怕眼泪止不住，没有去送他。回到了办公室，打开了他留下的一封信，对了，他很擅长绘画，书法也不错，原来信封里装着一朵他心中的栀子花呀！画的花朵像真的一样，洁白的花朵下面还附有一行字：老师，我长大了也要当一名教师，我要和你一样教语文。我把画紧紧地贴在胸前，心中好是欣慰啊，顿时一股暖流涌上心头！

连忙走到窗前，希望能看到他远去的背影，可是来不及了。他那乖巧的样子，还有那些学生们离去的样子，深深地印刻在了我的心里。我的视线再一次模糊了，心中更是空荡荡的。站在窗前许久许久，那湛蓝高远的天空飘浮着朵朵白云，仿佛栀子花的海洋；那雪白娇嫩的花瓣摇曳着芬芳的航船驶向远方……

在这个热情奔放的季节，缤纷多彩的世界里，老师将这些正处于蓬勃向上的种子尽情播撒，让他们在大千世界里发芽、生根、开花、结果。那个栀子花开的季节永远是美丽芬芳的；天上的太阳永远明媚着灿烂的夏天；洁白的栀子花依然香溢心田。

似曾相识燕归来

谭惠英

　　房梁是很粗大的圆木，梁上铺着厚实的楼板。不知是刷过油漆还是被岁月烟熏火燎的缘故，房梁和楼板都沉着一张深褐色的脸。那个燕子窝，就垒在长廊右侧的房梁下，给这幽深的老屋，添了些许生气。

　　燕子每年都会把巢筑在同一处地方。尽管有老人再三叮嘱，燕子在谁家筑巢，就能给谁家带来福气，还是有淘气的男孩儿，会在冬日里闲着无聊时用棍子把窝给捅掉。等到燕子第二年飞回来，看到断壁残垣，会绕着房梁叽叽叫上几声，然后振翅飞出天井，衔来泥土干草，一口一口，一点一点，重新垒成新房。那时我总是很奇怪，家乡的土以黑土居多，可那筑好的燕子窝，为何颜色总是带灰白色呢？更奇怪的是，那燕子为何每年都会找到这里来呢？那飞回的燕子，还是去年的那一对吗？她们会一直一直那么恩爱下去吗？

　　老屋的走廊很长，可供燕子筑窝的地方很多，可那么长的走廊，居然只有这一个燕子窝，而且每年的巢都筑在同一个地方，难道燕子也是很恋旧的么？老人们为什么把这燕子叫做家燕？难道它们也已成了这老屋的一部分了？常爱在傍晚时分，搬一小凳，坐在长廊上看日光渐曛，看燕儿从天井上方，收拢剪刀似的尾翼，以最完美的弧线插进窝里，偎依着相互梳理着羽毛，悄悄说着情话。这燕儿的呢喃细语，我虽听不懂，却总能穿透我的内心，让浮躁的心平静，把杂乱的思绪抚平。

　　晨曦暮语，时光在小小的天井里不经意地流转，也不知过了多久，燕子窝里，居然有了我听不懂的情话，唧唧啾啾，嘈嘈杂杂，热热闹闹，全然不理会我，从晨到暮，从冬到春，经年累月，绵延不息。天啦，那一对纯情的燕儿夫妻，居然孵出了燕儿宝宝。

现在回想起燕儿宝宝来,眼前还是那笨拙丑陋的模样。刚孵出来的小雏燕,肉肉的翅膀上长着稀疏的黑色羽毛,整天待在小小的窝里,等着燕儿夫妻来喂养。印象特别深的是小燕子那张开的大嘴,细小的喙,喙的两旁是宽大而黄色的唇。这些燕儿宝宝好似能听到父母归巢的捷报,刚刚还很安静的燕巢忽然传出嘈杂声,小燕子叽叽地叫着,声音里透着迫切的饥渴。抬头看,大燕子已经用那最美的弧线出现在天井那方透亮的天空中,视线顺着大燕的身影回到燕子窝,那几张小嘴已齐刷刷地张开,不仅是张开,而是张得足够大,好似婴儿使着吃奶的力气,期盼能得到燕子爸爸抑或是燕子妈妈嘴里那点食物。那点食物,可能是一只虫子,也可能是一条蚯蚓。在哺育雏燕的那些日子里,大燕子整日里辛苦奔忙,在那方天井里来回穿梭。

后来,燕儿窝里的小燕子不见了,后来,大燕子也不见了。我裹着冬衣,闲时仍坐在那小凳上,守着从天井里漏进来的点点光阴,等着又一个春天的来临,等着燕子的身影重新出现在天井里。我的岁月,就在这美好的憧憬和期盼中流转,直到有一天,我离开老屋,离开了那筑着燕巢的老屋。

后来,我也回去过,老屋还在,却没了往日里人声喧哗的景象,青壮年都筑了新巢,大而透亮的新屋都建到了公路两旁。那么大一栋老屋,就只有两三个恋旧的老人守着。也许是我回去的时节不对,也许是回去的时间太匆忙,我没有再见到那个燕巢,也没有再见过燕子。

后来,也曾听同事说过她家屋檐下有一个燕巢,这很让我惊诧了一阵,因为那时我已好多年没见过燕子了,燕子差点都淡出了我的记忆。

前些日子,好容易有了些空闲,下午不等太阳落山就出门徒步。小区环境非常好,出门就是宽阔的柏油路,一侧的石头护墙上,垂着一碧茂盛的迎春藤。曾经,那藤上也曾热热闹闹缀满了黄色的花朵。苗圃里,五月里盛开的黄的红的花也都不见了,绿,似乎成了这个季节最鲜明的主题。那湖畔的垂柳,无风时总保持着谦逊低调的姿态,风起时,轻飘曼舞戏碧影,丝丝缕缕皆含情,只是不知何时,那叶片上已透出了淡淡的倦意。

也许,坐在这柳树下,手捧一本书,风吹哪页读那页;或坐在湖边大大的卵石上,手持钓竿,看水的微笑,听风的禅语,才是人生最美的境界吧。正遐想间,居然听到了那似从梦境里传来的呢喃。抬头看,是那既熟悉又陌生的剪影,翻飞盘旋,姿态是那般潇洒自如。一只,两只,好几只……停下脚步,看了又看,真的是我心里念想了那么多年的燕子吗?是的,没错,是燕子,这么多年没见,

居然有了陌生的感觉。还好,那剪刀似地尾巴,那么清晰的勾勒出了我所有美好的记忆。那一方天井,那长长的走廊,那个总筑在老地方的燕巢,那一群张着黄色大嘴的小燕子,那翻飞起舞的黑色精灵,那份永远抹不去的温情。

诵读，与经典同行

刘娅玲

每天，走进校园，我都会听到孩子们对经典诗文的诵读，稚嫩的嗓音传达出来的是华夏千年的文化精髓。他们赏析那些精美的诗句，熟悉那些伟大的诗人，在诵读中品味着经典的芳香，感受着经典的力量。因为，这些经典是人类历史长河中大浪淘沙逐步磨砺沉淀出来的宝贵典籍，这些文化的精华已经渗透到了民族的骨髓。

在国学经典诵读课上，看着孩子们在诵读活动中的踊跃和投入，听到那些精美、雄浑、充满激情的诗句，我也忍不住和孩子们诵读起来。"日出江花红胜火，春来江水绿如蓝"，多么美好的一幅风和日丽、花红水绿、生机盎然的江南春景图；"碧玉妆成一树高，万条垂下绿丝绦"那婀娜的柳枝，在春风中的飘洒，仿佛近在眼前；"接天莲叶无穷碧，映日荷花别样红"展现的是大自然的美好，天地间的壮阔；"停车坐爱枫林晚，霜叶红于二月花"又为我们描绘了一幅美丽动人的山林秋色图；"千山鸟飞绝，万径人踪灭"极目远眺，四野茫茫，让人感受到了冬天的寒意凛冽……走过诗中的春夏秋冬，徜徉于湖光山色之中，孩子们感受到的是大自然的美好，是诗人对自然之美的喜爱之情。

在诵读这些经典诗句的同时，孩子们还可以和那些逝去的先贤们穿越时空对话。你听，"欲穷千里目，更上一层楼"告诉我们只要不断进取，才会有更多收获；"不识庐山真面目，只缘身在此山中"在遇到问题的时候要多思考不莽撞；"桃花潭水深千尺，不及汪伦送我情""劝君更尽一杯酒，西出阳关无故人"朋友之间真挚的情意要珍惜；"谁言寸草心，报得三春晖"要拥有一颗感恩的心，让世界变得更美好；在诗句中还能看到诗人高洁的品质和情怀"不要人夸好颜色，只留清气满乾坤"……这些代代相传的经典教给孩子们的是生

活的智慧，是做人的道理，我相信这些经典会让孩子们的内心变得强大起来。

经典传承文化，雅气浸润人生。我们期望孩子们通过经典诵读的滋润，成为知书达理、优雅诗意的翩翩君子，让经典纯洁他们的心灵，让经典陪伴他们成长，让诵读与经典同行！

岁月匆匆又一年

骆明艳

伴着漫天的焰火，伴着纷飞的雪花，2012年又画上了句号。新年就这样在幸福祥和的气氛中悄然来到。中国人过新年的热情绝无仅有，家家户户张灯结彩，贴春联、打年货、扫尘土……从腊月开始，到元宵结束，热热闹闹的要近1个月。

40载时光走过，收获的不仅有各种人生历练积淀的睿智，更有且行且珍惜的珍贵感悟。儿时过年的场景还历历在目：进入腊月就开始盼望着新年，和妈妈上街准备年货，做鱼糕、鱼丸子、炸馓子、炸翻饺；除夕夜大家聚在一起，即使物质不丰盛，全家人也其乐融融。小时候，总觉得时间过得太慢，新衣拿出来看了又看，新年却还没到来。那时简单却幸福的时光，想起来永远是个嘴角上翘的景象。

年纪渐长，过春节的那种简单的快乐，被更复杂的情感取代。每年倒计时钟声响起来的时候，喜悦中也夹杂着一丝丝惆怅; 岁月匆匆，又一年就这样过去。光阴荏苒，我们究竟应该用怎样的态度对待生活，对待匆匆易逝的岁月？

少年时每过一年，便觉得自己仿佛离目标又近了一步。那时对新年充满期待，随着时针的转动，觉得自己的那些希冀那些梦想，总会在某一天实现。那时人生在不断地做着加法，学业事业爱情，排着队等待着你一一去体会，时间如白驹过隙而不自知。及至有一天猛然发现，自己已经站在了中年的当口，小有成就的事业，幸福温馨的家庭，个头高过自己的儿女，白发苍苍的年迈父母……而当年的那些梦想，有的实现了，有些却变成了遗憾。

每个人，为了有所成就，为了不让自己的人生在平庸中度过，都在辛劳奔波，都在努力拼争。岁月就在这种奔波忙碌中匆匆流逝。也许人生就是这样，总是

在不停地四处奔波，总是在不停地碰壁受挫，总是在不停地艰难跋涉。生活不复童年时的美好，也绝非年轻时认为的那么简单，因为有了这些经历，我们体会了无数事业上的艰辛曲折，积累了许多生活中的宝贵经验，也收获了金钱无法买到的人生阅历。即使没有显著的成功，这样的人生也有一份厚重，如一本耐读的书。

拥有的越多，越是明白健康的可贵。财富、名誉、利益种种，都不及健康重要。身体是自己的，在奉献精力的同时也不忘为自己索取健康。生命弹指过，记得留给自己多一些珍惜、多一些关爱，哪怕只是在辛苦工作后翻一本喜爱的书，或是午后一次安然的小憩。在天气晴好的周末，和家人一起走出门，让大自然清新的空气洗洗肺；找朋友聊聊各自的近况和烦恼，让一吐为快的语言爽爽心。人到中年，应该开始学着做做减法，偶尔放下肩上的重担，学会善待自己，学会感恩生活，更加懂得珍惜和留恋。

人生是一个过程而非一种结果。40多年走过，才知道这一路的不平坦，但只要有付出，终究是风雨之后彩虹现。在平凡的日子里应不断思索，自己还能够在哪些方面努力，哪些地方还有改善的空间，在教学中还需要如何创新，如何使平淡的生活变得丰富多彩。无数细微处的努力，合在一起也可以变成巨大的推动力。既然生命无法重来，那么我们要做的就是享受过程，精彩生活。

这么些年，经历过风雨，也沐浴过彩虹；品尝过成功的喜悦，也咀嚼过失败的滋味；承受了痛苦，也收获了经验。看过大风大浪的人生起伏，才懂得平平淡淡才是真的道理，最宝贵的东西原来就在身边。以后的日子里，应学会不为生活的曲折与磨难而抱怨，不为得到的掌声与赞美而飘然。宠辱不惊，脚踏实地，积极对待每一天；去留无意，潇潇洒洒，微笑面对每一件事。

岁月匆匆又一年。人生短暂，转眼已过半，尽力工作，享受生活，善待自己，活得充实，过得快乐，应是最明智的选择。回首望，过去都已变得不重要，日历翻过又是崭新的一天。

心怀希望，心怀初心。2014年，愿你我被新生活点亮。

今天你笑了吗？

汤荣霞

女儿放学一进门，我便会面带笑容地迎上去问她："宝贝，今天你笑了吗？"女儿总是开心地答道："当然了，妈咪。"我总是及时地表扬她："真棒！继续加油！"

也许有人会觉得奇怪，为什么要这样问呢？孩子每天笑与不笑是很正常的呀！她觉得开心就笑，不开心就不笑，这是无可厚非的呀！可我却非常在意女儿的笑。希望天天能看到女儿天真无邪的笑、开心爽朗的笑。

女儿小时候是一个活泼可爱的小精灵，上幼儿园时，爱唱爱跳，爱说爱笑，见到认识的人都会甜甜地打招呼，可谓人见人爱。上小学以后，女儿很用功，每次考试都是名列前茅。老师常常表扬她，同学们也很崇拜她，我们也以她为傲。为了奖励她，我常让她用电脑玩游戏、看电视。也许是没注意用眼的时间和距离，到了三年级时，发现女儿的眼睛近视了。没办法，只好配上眼镜。我心里也很烦，于是不止一次地说："看你戴上眼镜一点也不好看。"女儿也感到戴眼镜带来许多不便。渐渐地女儿不再爱笑，显得心事重重。在学校里更是不敢和老师说话，不爱和同学们玩，女儿越来越内向了。

了解到女儿的情况，我心急如焚，曾经那么优秀的女儿，怎么会变得那么内向呢？我深刻反思着自己的教育方式。这一切都是因为我平时对女儿的教育太严厉，犯了一点小错误便会数落、批评她。俗语说："金无足赤，人无完人。"何况是小孩呢！

我决定要帮女儿把笑容找回来，让她重新变成一个爱说爱笑的快乐精灵！于是我每天都会面带笑容地和女儿谈心，遇到困难我们一起想办法解决，尊重女儿的想法并加以引导。每逢节假日我们都会便带她出去玩，并约上几个小伙

伴，陪她们一起疯、一起笑。让她把所有的烦恼都抛到九霄云外，留下的只是快乐和欢笑！

在学校，我要求女儿多笑一笑，面对老师和同学要热情开朗，笑容能代表一切，能化解所有的误会和烦恼。这样能让自己开心，也能把快乐带给别人！其实笑是不需要理由的，只要你有一颗喜悦之心就行。我们大人有很多的抱怨，其实小孩子也有抱怨，她们抱怨学习压力大、考试多、作业多。我们要让孩子学会不管事情会怎么样，都要笑一笑，这样每天才会快乐。

对女儿的教育和帮助，我做好了进展缓慢的准备，没办法，因为她是我的孩子。当母亲越久，当老师越久，越觉得我几乎没入教育的门。尽管我做到了坚持，但我依然不知道什么时候会见效。也许我努力的时候见不到效果，也许某一时刻我没准备的时候女儿忽然成长。谁说得清呢？但，我要坚持。就像人的身高发育有早晚一样，说不定，智商、情商也如此。对女儿，如果我轻言放弃，万一孩子的将来不如意，我会内疚和后悔，在她需要的时候，我没有帮助她。

教之道，贵以专。既然做了母亲，就只有执着地对孩子，别无选择！

"今天你笑了吗？"今天的关键是笑吧，笑对生活！

我期待着女儿每天绽开灿烂的笑容！

田野拾趣

王小明

真好，放寒假啦！这下可以舒舒服服、开开心心、无忧无虑地做一些自己想做的事情。儿子也放假了，正好也需要一些户外活动，潜山我们去得很多，这回要选择新奇的、好玩的去处，于是我们商量到田野去玩。

原本只是想去放松放松，休闲休闲，来到田野才知道我们的这种选择真正是最好的。这里远离喧闹、远离浮躁、远离尘土；这里一片空旷、一片寂静；这里天是那么的蓝，水是那么的亮，空气是那样的清新，泥土是那样的芬芳；这里的人是那样的亲，这里的一切都属于我和儿子！我们俩伸开双臂在田埂上奔跑，我们俩变成了自由自在的小鸟！我们的心灵在这里放飞，我们的心灵在这里休憩！快乐的心情无以言说，儿子对我说："妈妈，我们慢慢地享受这个滋味。"

牛

老远，我们就看见河堤上有一个人在放牛。走近之后，才看清是一位老爷爷，老人手里还拿着一本书。儿子对牛感兴趣，很想和牛亲近，可我又害怕，正好可以求助于这个爷爷。

老人很热情地和我们说起话来，让我知道了以前从未听说过的关于牛的知识。在我们这个地方，牛分为两种，毛皮呈黄色的是黄牛，毛皮成褐色的是水牛。水牛的寿命大约是50年，黄牛的寿命大约是30年。水牛怕热，喜水，夏天常泡在水里。黄牛不怕热，夏天只是站在水里。生殖器官在屁股后面的是母牛，器官在肚子下面的是公牛。母牛胆子较小，陌生人可以逗它玩。公牛的脾气比较大，不能随便挑逗。儿子马上接过去说："妈妈，这头牛是女孩，是女

孩。""傻孩子，爷爷说这头牛已经有20岁了，它是牛妈妈，你喝的牛奶就是从牛妈妈身上挤出来的。"是女孩，就是女孩……"儿子在那儿不停地嘀咕，是呀，牛妈妈就是从女孩变来的，说得也没错。

在老人的帮助下，儿子上前摸了摸牛的皮毛。最终因为牛的毛参差不齐、太脏，儿子没能坐上牛背。老人告诉我们，牛身上的毛，就像地上的草一样，现在慢慢地脱落，到了春天就会长出新的来。

儿子看到牛的鼻子那有一个鼻环，"爷爷，牛的鼻子给堵住了，不能呼吸。"

"鼻环是人给安上去的，并没有堵住的，牛是可以呼吸的，不能呼吸，怎么可能生存呢？"老人笑着对儿子说。

牛似乎也成了我们的朋友，和我们一道慢慢地往前走，边走还边吃着草，看见前面有一堆牛屎，把自己的鼻子凑上去闻了又闻。"妈妈，你看牛在闻什么呀？"老人和蔼地告诉我们，"牛在闻这堆屎是公牛拉的，还是母牛拉的？"

突然想起狗的眼睛是色盲，那牛是否也有特别的地方呢？带着好奇，我开始向老人求证，没想到却有意想不到的答案。牛的眼睛更奇怪，它看到的任何事物都是倒立的，而且它的眼睛是一个放大镜，看到的东西比本身都要大很多倍。牛是没有上齿的，难道它靠下齿就能把草给咀嚼掉？真是奇妙！

老人要带着他的牛回家了，我们依依道别，这个时候我才看清楚老人手里拿着一本《名人经典散文》。老人说他最喜欢看鲁迅的散文，百看不厌，越看越有味道。一个70岁的老人，一边放牛，一边欣赏经典散文，这般境界，这种品位，不是亲眼所见，我是怎么也不可能相信的，万般皆下品，唯有读书高！在这样宁静的地方，坐在草地上，安安静静地欣赏着自己喜欢的美文，用文字滋润心灵，这是一种至高的享受！这不就是我要找寻的心灵的快乐吗？

看鱼游泳

正当儿子叹息没趣时，突然发现堤边的鱼塘里有许多的鱼儿凑到水面上吃食，一张一合的小鱼嘴顿时把我们给吸引住了，马上在这里驻足。

"儿子，快看……"就在我叫唤的时候，鱼儿全不见了，难道是我的声音惊扰了它们？真是些小机灵鬼！我们俩只好小心翼翼，轻手轻脚地从河堤上走下来，生怕又吓着了它们，无奈，还是被这些小精灵发现了，瞬间这些小黑头又没了踪影。奇怪，还有一条黄色的鱼，无视我们的存在，依然悠闲自在地在

我们面前游来游去，好像是条鳡鱼，它是眼睛、耳朵都不灵敏吗？不对，它就是勇敢的使者，敢于挑战。不行，还得看看那些小黑头，好不容易才逮着这样一个难逢的机会，一定得蹲在这里耐心地等待。只要河面上有鱼饵，鱼儿一定还会来的。我从随身带的背包里拿出报纸，垫在地上，和儿子撑着下巴、瞪大眼睛翘首期盼着鱼儿的再次出现。

终于，看见水面上慢慢地，慢慢地，探出了越来越多的一张一合的小嘴，小黑嘴越来越近了，看见黑影了，条条黑影一点一点地向我们靠近，正在我暗自高兴时，随着儿子"噗嗤"的一笑，所有的鱼儿顷刻间全跑了，只留下水面上一层层向外荡漾开来的波纹。"儿子，就怪你，这下好了，又得等好半天。""妈妈，我实在忍不住了，对不起。"话还没说完，儿子又开始"咯咯"地笑个不停。实在是受不了，"你这个小笨蛋，今天妈妈算是看不成了。"

没办法，跟这个小调皮一起就别想安静了，几次游过来的鱼都被他给吓跑了。只好再觅新地了。当我们走上河堤准备离开时，低头一看，却发现黑压压的小鱼嘴，全聚到水面上来了，可气，他们是在故意向我们示威。我挑唆儿子大声叫唤，这些鱼儿，就知道我们要走了，一点也不害怕，不动声色地吃着鱼食，怎么叫都不灵验了，原来它们还通人性，一群精灵！

棒槌洗衣

漫步在农家门前的小路上，仿佛走进了另一个世界。

这里有的是宁静、悠闲。牛站在远处的田埂上不紧不慢地吃着草，边吃还边甩着尾巴。公鸡和母鸡带着它们的孩子们自由自在地在草地上找虫吃，顽皮的小鸡们时而追逐、时而嬉戏。这里的人们三四个一群、五六个一伙，有的聊天，有的打牌，有的不慌不忙地在地里劳作。无思无虑，田家乐也！

突然，我发现就在我们走近的塘边石板上，有一个年轻的妈妈正在用棒槌洗衣服。这个只在电视上看过，今天是第一次亲眼所见，也想让儿子见识见识。"儿子，快看，阿姨手上拿的是什么，是棒槌，阿姨正在用棒槌洗衣，我们下去看看吧。"儿子从未见过，听我这样一说，小眼睛顿时一亮。我们小心翼翼地下到石板，来到那位妈妈的前面，谁知她正好一棒槌下来，喷了我们俩满身的水，好不容易才碰到这样稀奇古怪的事情，喷一身水也就无所谓。想让儿子摆弄摆弄棒槌，我蹲下身来搭起话来："怎么，你还用棒槌洗衣呀？"年轻的

妈妈抬头看了看我们，亲切地回答："我刚用洗衣机洗过了，洗衣机清不干净，拿到这里来清洗。"这才看清楚，原来都是小孩的衣物。"用棒槌洗衣，到底有什么作用呢？""我是河南人，我们用棒槌，是要把衣服里的洗衣粉槌出来，这样清洗得干净一些。"原来是这么回事。在我的鼓励下，儿子拿起了棒槌，学着那位阿姨的模样，用右手拿着棒槌，高高地举过头顶，猛地一下，只听"啪"的一声，无数的小水珠飞溅而出，儿子的脸上也随即飞出了阳光般灿烂的笑容"妈妈，好玩！"

田野的趣事是说不完，道不清的。回想起来，只记得在儿子的带领下，跑过田野，茅草、苍耳和一些不知名的草穗粘得满身都是，鞋底满是黄泥，跳过泥坑，冷不丁地泥水就溅满身……欢笑却一路伴随，一路被我们播撒。

来过田野，鸡、鸭、鹅、羊、牛，在儿子的脑中的印象越来越清晰，经常拿起画笔来描绘最喜欢的牛。见到了他从未看见的水井、锅灶、棒槌……想到田野，就想到了我们俩傻傻地站在那里看牛犁地，看鱼游泳，看乡亲们搓麻花……

想念田野，渴望宁静，真想时时拥抱！

容忍女儿犯错

王 蓓

孩子突然生出了一个想法,就像小树突然长出了一个树杈,没有人能阻止。那个欲望可能导致孩子出现一系列错误的行为,但是也许正是这个错误,在催化孩子的成长。

女儿上小学以后,一会儿生出一个念头,紧接着干出一系列荒唐的事来。她的眼睛开始盯上五光十色的世界,并且想拥有那些东西。有了小小的虚荣心,她学会了攀比,总拿别人有什么引导我来满足她的要求。小女孩都玩金卡、小卡片,而且还互相比谁的花样多。每次路过学校门口的小摊贩,女儿都要转几圈,然后就要求我给她买。如果不买,她就不走,实在磨不过我,才极不情愿地跟我回家。

她一直没有得到金卡和小亮片,心里很不自在,她放学后经常对我说的第一句话就是:"妈妈,前面那家店里有好看的卡片,我们去看看吧。"或者说:"我们班的同学都有金卡了,她们还互相换,就我没有。"那样子可怜兮兮的,眼睛却在偷偷地看我的反应。我仍按兵不动,因为我小时候家里很穷,从小没有乱花钱的习惯,再加上受传统教育的影响,总认为没有用的东西不该买,浪费钱,所以,不管女儿说什么,我坚持自己的原则没有答应她。

直到有一天放学的时候,女儿脸上挂着一串串泪珠,看都不敢看我一眼,低头钻进了自己的房间。后来我才知道,体育课她没有去上,在教室里拿同学的卡片,还分给别的同学,事后被老师知道了,老师批评了她。

我愤怒了,从她上学的第一天,我就告诉她不能拿别人的东西,小朋友的东西你喜欢,回来告诉妈妈,妈妈会去买给你,不给你买,也一定要讲清道理。别人的东西再好也不能要。我的话怎么突然失效了?是她忘了么?这么重要的

事情不能忘记啊!

　　我推开她的门,想对她发脾气,甚至想痛打她一顿,可是看她满脸的泪水,冲到嘴边的话又咽回去了。她毕竟还是个孩子,很多时候,她还分不清自己和他人的关系。拿别人的东西,对孩子来说往往不是品德出现了问题,因为孩子的道德意识还没有建立起来。更何况我也有责任,我一直拒绝给她买,她就特别渴望从别人那里得到。孩子分不清拿别人的东西有什么问题,也不知道危害。我的教导早就被女儿的欲望冲淡了。教导有时是虚无的、苍白的,和她的生命没有发生联系的时候,教导对她的行为起不了作用。

　　现在好了,她被惩罚了,老师批评了她,她痛哭流涕了一场,真真切切地知道随便拿别人的东西是要受到惩罚的,是错误的。小小的自尊心被自己的错误伤害了。她害怕惩罚,或者是害怕惩罚的痛苦,自己当然知道该怎么做。这比我说一千道一万都管用。

　　不允许和不容忍孩子出错,好像是天经地义的。因为出错就意味着没有做好,没有成功。可孩子的成长就像植物生长一样,不长出枝杈,就难往高长。各种植物都要长出一些无用的枝杈来,最后只有一部分枝杈能真的结果。孩子出的错误就如同植物长枝杈一样,是成长过程中必需的经历,是正常的。通过自己的生长,找到正确的路径。

　　所以,尽管我和所有的父母一样,对孩子犯错很头痛,但值得庆幸的是,我还能理解,也能容忍自己的女儿犯错。让她在错误中改正,在成长中前行。

为师八年

周 瑜

中国人很喜欢八这个数字，因为很吉利。今天我用八年来作为一个时期的界定。这八年，承载了我人生中太多的酸甜苦辣，这八年，也承载了我人生中太多的变化。

2005年，毕业于咸宁学院的我，通过实验小学的公开招聘，踏上了教育的征程。怀着对未来的无限憧憬，我进入到我市这所最好的小学当了一名英语教师。俗话说："万事开头难。"八年前我刚进校时，学校安排我带整个六年级的英语，由于缺乏教育经验，而且六年级的孩子正好到了一个叛逆期，在头半年里，我与学生的关系形同水火，这在当时很是让我懊恼。后来我冷静想了想，有果必有因，一方面，是我缺乏教育经验；另一方面，是我在课堂上为了维护老师表面上的尊严，拉大了与学生之间的距离。痛定思痛，在后来的日子里，我对学生多了些宽容，少了些严厉，尤其对待高年级的学生，我更多时候以朋友的态度和他们相处，事实证明，我所做的努力并没有白费，而且取得了不错的效果。今天，我再也不会头痛于师生关系的不和谐了。这八年，我从一个青涩的大学毕业生成长为一名合格的英语教师。

八年前，我认为自己还是个孩子，八年后儿子跟在我后面叫"妈妈"。从毕业、工作、恋爱，到结婚生子，我从一个女生蜕变成了一个孩子的母亲。儿子是我的宝贝，我知道每一个学生都是父母的心头肉。自从有了自己的孩子，我更能以一个母亲的情怀去对待每一个学生，经常会有些学生脱口而出喊我"妈妈"，那种感觉只有我们老师知道，虽然明知是学生喊错了，可是心底还是溢满了甜蜜。今年我带了全寄宿的学生，看到他们小小年纪就离开父母并能生活自理，我对他们不禁又多了一份关爱。没有爱就没有教育，在今后的日子里，

我会继续用心对教育，用爱对学生。

八年前我还是个初出茅庐的大学生，八年后我也可以算是桃李满园了。八年的时间说长不长，说短也不短。虽然青春正一点点离我远去，可是学生却给了我最大的慰藉。我教的学生中，有很多经历了初中高中，已经进入了大学的校园，学生的容貌也从稚气变成了帅气，从可爱变成了漂亮，甚至有很多我已经认不出来叫不上名字了，可他们在马路旁、公汽上的一声"老师好！"像是往我的内心深处注入了一股股暖流，那感觉如春天般温暖。

八年前要为踏上讲台紧张激动好半天，八年后已经能轻松驾驭课堂了。八年前，为了讲好一节课，我虚心向办公室的老师们请教，尽可能地查阅资料备课，生怕误人子弟。我希望在教学过程中能形成个人独特的教学风格。这些年，我先后参加学校的研究课，咸宁市的优质课竞赛，我一步步地成长起来，在一次次教研活动中，一次次反复斟酌与推敲后，我的教学水平得到了很大的提高。这一路走来真是付出了很多的心血和汗水。人的精力是有限的，有时候我也想偷个懒，所以偶尔有敷衍了事的想法，可是当我一进课堂，看到那一双双渴求的眼睛，我又不由自主打起了十二分精神，继续前行。

人们常说的和歌曲里常唱的是"人生有多少个十年"，而我的从教生涯，虽不及十年，却也让我对"教师"二字有了太多的感悟。我想，等到我谱写十年的时候，一定不会像陈奕迅的《十年》一样，让唱的人和听的人都平添伤感。我的十年一定是美好的、甜蜜的、充实的。这种美好甜蜜，不仅是让自己感受到，更会让大家感受到。

向着明天，努力！

我的父亲母亲

陈 霞

很长时间以来，我一直想写写我的父亲和母亲，其实他们很普通，一辈子没有做过一件大事，一辈子都在我们那个小小的农场里度过。他们平淡地在一起生活了近40年，就连他们结婚30年纪念日那天都没有一个人给他们送去祝福，因为没有人记得他们的结婚日期，其实就连他们自己也差不多忘记了！就是这么一对平凡的夫妻，踏踏实实地一路相伴走来，有争吵也有不快，可他们还是一路走了过来，而且这一走就是近40年！

父亲和母亲结婚的时候都属于大龄青年，父亲29岁，母亲27岁，听母亲说当时有很多人给她说媒，可不是她没有看中呢就是姥爷没相中，就在她已经不太小的时候，父亲的二嫂亲自上门说媒，这个能干的女人打动了姥爷，同意让母亲和父亲见面，而父亲又在第一次见面时打动了母亲，就这样，他们交往了一段日子后结婚了。听母亲说她当时的陪嫁就是一口箱子一床被子，而父亲则就是一张桌子几把椅子一张床地把她接进了老陈家，成了老陈家的三媳妇。

结婚后，母亲和父亲一起回老家举办婚礼。父亲说，他当时是挑着担子回老家的。我问他担子两头担着什么，他嘿嘿一笑，一头是一条鱼，一头是几十斤肉。一条鱼？我惊讶大方的父亲怎么会只挑一条鱼回家办酒？母亲接过话茬，那可不是一般的鱼，那是一条半人长的鱼。半人长的鱼？那该是一条多么大的鱼呀，有多少斤？母亲摇摇头，说不记得了，反正那条鱼一路引来好多人看！

母亲结婚不久就有了我，10个月后，我顺顺当当地从母亲的肚子跑了出来，就这样小小的家里又多了一个新的成员。听母亲说，她的奶水很足，所以从小我的身体就很好，从没有生过什么病，可就在这时，父亲却出现了问题。由于我们那里是血吸虫害重灾区，而父亲又从小在河边劳作，所以患上那可恶的血

吸虫病，更让人难受的是血吸虫还钻进了父亲的肝脏里，在那里肆掠破坏着他的肝脏。父亲的脾气坏了起来，经常在家发火，而善良的母亲总是忍着眼泪把一切她认为该做的事情做完做好。好在苍天有眼，父亲得到了县血防站一位老中医的医治，他给父亲开了很多中药。父亲说，他上县城去买药，一定得带上箩筐，因为他的中药是用箩筐装回来的。就这样整整一年的工夫，父亲病休在家熬药喝药，总算把病情控制住了，家里又有了些欢笑。也就在这时，弟弟在奶奶的爆竹声中，来到了我们家，从此我们老陈家的三房也有了传宗接代的人了！

在以后的日子，过得都很平淡，父亲又换了几个单位，最让我舍不得的单位是面包厂，要知道那蓬松松热乎乎的面包在我们那食物贫瘠的年代是多么的诱人呀，可父亲还是调离了那个单位。而母亲由于没有什么文化则一直在加工厂里上班，先是在酿酒车间里，那几年的工作经历把母亲培养成了一位喝酒的高手，所以每每家里有了客人，敬酒喝酒的一般都是母亲，而父亲则在一旁憨憨地笑着。

父母亲总是很忙，他们很少顾及我和弟弟的学习，并不像现在的家长经常去学校打听孩子的学习情况，可就在我小学升初中的时候父亲却做了一件让我惊讶的事。

我不知道现在的升学是不是还像我们那时根据排名来安排班级，只知道，向不大管我学习的父亲，为了让我进他认为比较好的一个班级，去找了当时正在当主任的一位老乡，请他帮忙把我安排在那个班级，而按我的成绩排名则应该安排在另一班。开学那天，我按照父亲的叮嘱进了他给我选的那个班，可我还没有在那个班级找位置坐下，我应该去的那个班级的班主任就气势汹汹地跑来，二话不说把我拉回了我本应去的班。就这样换班风波以我们家失败而告终。我想那时的父亲已经尽他所能了，而幸运的是我因为此事在那个班里当上了班长，开始了自己风光的初中生活。

母亲在家里总是不大拿主意，有的时候，我甚至认为她知道的事情还不如我多，像二妈家嫁姑娘、接媳妇，父亲表面上送的是200，其实背地里送的都是300。若干年后，我把这事当作天大的秘密告诉母亲时，母亲淡淡一笑说，她知道，只是她不愿意揭穿罢了。她还偷偷告诉我，其实她有时也背着父亲多给钱她的娘家，当然给的是她的私房钱。哈哈，真没想到，我那老实善良的父母亲都有着自己的小秘密。想想，这是多么甜蜜的小秘密呀！

随着我和弟弟的长大，家里只剩下了父亲和母亲。母亲退休了有几百块钱的退休工资，而父亲自从 1999 年下岗后，就一直在家里做点小生意，两人的日子虽然过得比较清贫但看得出来是很幸福的。现在父亲也退休了，母亲的退休工资也涨到了一千多，他们总是在我们回家的时候叨念几句"还是共产党好"这些诸如此类的话！我相信，这是老人的心里话，虽然他们的退休工资在很多人看来并不多，可劳苦了一辈子的他们，对目前的境况其实是非常满足的！

有时我真的很想谢谢上天，让我拥有这么一个幸福的家，有这么好的父亲和母亲！

童年·书包

镇 勇

下雨了,我到学校去接上小学的女儿。接过她背上漂亮的粉红色书包,手里沉甸甸的坠感让我感慨,如今孩子的负担似乎和这书包的重量一样。放眼望去学校门口走出的一列列路队,蓝色"迪斯尼"、粉色"白雪公主"、绿色"耐克"……这些和现代丰富的物质文明紧密相连的书包,呈现的是现在孩子们五颜六色的物质享受,还有一些和他们年龄不相符的沉重与浮华。"书包"作为童年时代的代名词,我不禁想起了童年时代我最珍爱的那个书包。

和现在的孩子不一样,1970年代出生的我们,虽然没有经受那场翻天覆地的"革命洗礼"和可怕的大饥荒,但在那个物质极度匮乏的年代,身处偏远贫困的闭塞乡村,能够在上学时背上一个那个年代最盛行的军绿色帆布挎包,已经是无比幸福的事情。班里很多同学背的就是用各种颜色的三角形碎布片拼缝的小布包。为了让书包好看些,手巧的女人会在书包的正面绣上美丽的花朵,能背上这样的书包孩子们就会很高兴了。

我的父亲当时是镇上中学的数学老师,逢到节假日和农忙就会赶回那山沟沟里的家帮妈妈做农活。在我7岁那年的某一天,爸爸从镇上给我带回了这个我盼望已久的帆布军书包。我背着这个被我当成宝贝一样的空荡荡的书包,在村子里小伙伴们羡慕的眼神里晃来晃去炫耀着。

上学了,农村的学校和城里的不一样,每天要走很远的山路。我们中午都不回家,上学的时候书包里除了书本用具以外还要带点米和蒸饭用的铝饭盒,另外用个小瓶子装点豆豉腐乳什么的当中午的菜。有时候大人怕我们嘴馋还会往我们书包里塞点豆子花生之类的炒货。自己的弹弓和小人书也是一定要放进书包里的。于是每天早上一群流着鼻涕的丫头小子就背着鼓鼓囊囊的书包,叮

叮当当地在泥泞的山路上上学去，晚上再又背着瘪下去的书包哐啷哐啷地在炊烟袅袅中回家来。这来来去去的路上，时而是零嘴大餐，时而是搞笑故事会，小子们不时地来几次村落之间的斗殴事件，丫头们喜欢在路上摘些花花草草。逢到炎热夏日，有胆大的顾不得大人的反复嘱咐，脱个精光钻到村外的水库里倒腾半天再回家，难免在晚饭时听到那家大人的训斥声传来。

  我最喜欢的就是冬日里上学路上的时光。所有的树会盖上一层皑皑的白雪，逶迤的山路被冬霜冻得异常结实，路旁的流水会凝固成冰柱或冰块。我提着爸爸为我特制的灰炉，挎上书包，并去邀约同班的伙伴。如果灰炉的热气快没了，赶紧两脚分开，用手抡圆了使劲舞动灰炉。这可超难学，搞不好会洒满一鼻子灰，书包更是被蹭得黑漆漆。舞动几圈，烟越来越浓，最后一声脆响"啪啪"火着了。火是着了可又不敢碰那玩意儿，火苗像只猛兽在灰炉里疯狂地咆哮，铁丝一会儿就变得红彤彤的。此时的我们只有远之，等它冷静了才敢又提在手上取暖。

  时间久了对新书包就不那么爱惜了，奶奶给我烤的红薯我会直接塞进书包跑着去上学。有时候爬树摘桃就顺手往包里塞。我还在书包里装过抓到的麻雀等小动物。这样的次数多了，我的书包也比以前花了黑了，不再是崭新的军绿而是类似于榆树皮的那种斑驳色。有一天，在和邻村的阿狗打架时书包带硬是被他扯断了，还刮了一个大洞。我怕大人会骂我，回家也不敢吱声，偷偷求邻居的奶奶帮我缝了一下，我的脏书包背面自此多了一个大补丁。

  我和村里的孩子们一样，虽然没有可口的糖果，但是书包里却有香甜的玉米和红薯；虽然没有多余的零花钱，但还是会把好吃的东西留给同行的伙伴；虽然没有漂亮的单车，但有一双自信和勇往直前的双脚，多半孩子成天光着个脚丫满世界跑。一直到多年以后，我都怀念那时候的某一天，五婶娘给饿坏了的我做的一碗油炒饭，香喷喷的油炒饭在暗黄的灯烛下异常美味，都顾不得油花撒到书包上。后来我自己却怎么也炒不出那种味道了。

  后来上中学、考大学，由于父亲工作的变动我们搬了很多次家，我们小时候用过玩过的宝贝们也都慢慢不见了，那个早已破烂不堪的军书包我也忘了扔在了哪儿。尽管后来我陆陆续续拥有了好几个书包，其中不乏像如今孩子们一样时尚的双肩尼龙背包，但是我仍然对小时候用过的那个书包念念不忘。不仅仅因为它是我背的第一个书包，更是因为那空荡荡的书包承载了我儿时太多太多的欢乐，承载了我儿时太多太多的记忆。那书包上的每一处斑驳都有一个难

忘的童年故事，那书包里的每一个宝贝都是现在的孩子无法买到的无穷乐趣。

童年里的书包，书包里的童年，将永远留在我心中最柔软的地方。

用心浇灌这片沃土

陈沁梅

咸宁市实验小学，是一块神奇的沃土。在这所学校，有一个特殊的群体——寄宿部，一群忘我工作的人们在这里用心、用情浇灌着这片沃土。

一群可爱、有趣、稚嫩的孩子迎着清晨漂亮的朝霞开始晨练，口号是那么清澈响亮，步伐那么潇洒整齐，从他们灿烂的脸上能让人忘掉所有的辛苦、劳累、烦恼。当太阳映红了浩瀚的天空，挂满晶莹剔透露珠的小草向4500名到校的孩子微笑点头之时，这群早起的孩子已坐在了明亮宽敞的教室里，整个校园里到处充满歌声、笑声、琅琅读书声。

在寄宿部，我们就像一个团结的大家庭，教师们不遗余力地坚持在教学第一线，在他们的眼里，课堂是第一生命线，向40分钟要质量成为他们一致的目标。在这里，没有一成不变的教学，没有应试教育的风格，更没有为追求分数而灌输知识的陋习，取而代之的是现代素质教育模式的不断创新。寄宿部的孩子长期生活在学校，方方面面更需要教师的关怀和呵护，这一点也成为所有寄宿部教师的共识。寄宿部的教师既是教师更是父母，他们成了孩子们心目中无可替代的航标。这里没有鲜花和掌声，没有丰厚的工资和奢华的享受，只有平淡和繁琐，只有忙碌和责任，但他们却知道，这种辛勤和汗水换来的一定是最美的报答。

美丽的校园沐浴在灿烂的阳光之下，一切都显得那样生机勃勃。午餐时间到了，孩子们在教师的带领下排着整齐的队伍去餐厅。食堂里人来人往，饭菜香气四溢。孩子们吃着可口的饭菜，不时发出欢快的笑声。生活教师身着整齐的工作服穿梭在孩子们饭桌边，不时地为孩子们加菜添汤。饭后，孩子们你追我赶，尽情玩耍。跳皮筋、捉小鸡、拍卡片成了孩子们的至爱。孩子们在校园

花坛小径间漫步、打趣,校园里篮球场上可以看到孩子们矫健的身影,足球场上可以听到孩子们进球时一浪高过一浪的呐喊声……校园中芳香的花朵引来无数蝴蝶、蜜蜂的眷顾,它们在花草中采蜜、嬉戏,与这群可爱的孩子组成了一幅美丽的画卷。

夜色降临,校园内静谧的灯光映在深绿色的草坪上,就像无数颗星星在闪烁。悠扬的夜曲回荡在静静的校园中,传播着学校深厚的文化底蕴。晚自习开始了,每个教室窗口灯光明亮,教室里一片安静,同学们都在老师的带领下在知识的海洋里遨游。生活在这样优美的校园环境中,就像生活在鲜花簇拥的后花园,凉爽的秋风迎面扑来,一团团,一簇簇,让人感到温馨,感到温暖。

用心浇灌这片沃土,因为她的温暖温馨;用心浇灌这片沃土,因为她的无私奉献;用心浇灌这片沃土,因为在这里有我爱着的孩子;用心浇灌这片沃土,因为这里有我爱着的事业!

我进步,我快乐!

熊 梅

近年来,为了加强教师队伍建设,提升教师教育教学水平,我们学校启动了"五个一工程",着力提高教师的教育素养,即"写一手漂亮的字、说一口标准的普通话、上一节高质量的课、写一篇教学论文、读一本教育教学专著",通过专家引领、自我修炼的方式,促进教师专业发展。

学校首先进行的是粉笔字培训。我校青年书法家、中国书法协会会员卢方祥老师给我们讲解书法的文化渊源,书写楷书的方法,分析字的间架结构以及书法的创作等。主管教学的刘校长还亲自授课,教授写字心得。主抓教师基本功的教务处付主任还将自己练习书法的诀窍毫无保留地传授给老师们。学校为35岁以下的老师每人买了一本田英章会长的字帖——《把书法老师请回家》,一本练字本,一个黑板磁贴,一块小黑板。学校近2个月来练字的热情蔚然成风。老师们只要有空闲,就在自己办公桌上练字。我也不例外,有一次上午第四节课练字,一时沉浸在练习书法的愉悦境界中,忘了已到放学时间,后来还是学生来催促放学,才知道已经过了放学时间。我把这块漂亮精致的小黑板带回了家,一有时间,就在上面书写古诗词,还请家人指点迷津。

几个月的培训之后,学校举行了一次年轻教师粉笔字比赛,那天我提着小黑板来到学校多功能报告厅,老师们已经早早地摆开了小黑板,我好不容易找到一个空位,摆好小黑板,往讲台前的大屏幕一看,原来比赛的内容是晚唐诗人杜牧的《泊秦淮》:"烟笼寒水月笼沙,夜泊秦淮近酒家。商女不知亡国恨,隔江犹唱后庭花。"付主任提醒大家诗歌的书写方式分两种:第一种是横着写,横着写要先写标题,然后再按照从左到右,从上到下的顺序写诗句,最后在空余的地方署名;第二种是竖着写,竖着写先不要写标题,直接写诗句,从上写

到下，从右写到左，最后空余一排写题目，最后署名。我选择了第一种写法，可是怎么看怎么不舒服。刘校长看到大家在比赛过程中出现了困惑，就点拨了一下："老师们不妨先画个格子，讲台前面有尺。"我把前面好不容易写好的字全擦掉了，然后又在小黑板上画了格子再写，感觉就容易多了。这就是书法中的"布白"了。单个的字写得好看，还要摆在一起美观。我正写着，已经有人写完交黑板了，我心里并不着急，我想：就把比赛当作平时的练字慢慢写，争取发挥自己的最好水平。我一笔一划地完成了这首诗。

付主任为我们的作品拍了照，摆在讲台前展示给评委看。我欣赏着老师们陆续交上来的作品，整整68幅作品啊！每一幅精心书就，凝聚了老师们的功力与创造。每幅作品的字都书写得很认真，布局很合理，让人有一种美不胜收的感觉。尤其是张晓玲老师的作品脱颖而出，她别出心裁地在小黑板上用红色粉笔画出5竖排线条，外围也用两个框框起来，好像一张黑纸上勾勒出鲜亮的边界，然后采用竖排方式书写，最后写题目、署名，特别是后面还手画了一个红色小印章。字体别致，笔画清楚，设计巧妙，受到评委的一致推崇，一举荣获一等奖。最后，张晓玲、张海伦、张华等12名老师获得一等奖。

虽然我没有获得一等奖，但一点也不沮丧。因为在这个练字的过程中，我的字在飞速地进步，我深深体会到了成长的快乐。正如刘校长所言，比赛不是目的，真正的意义应该是通过培训促进老师们的快速成长，使大家的基本功得到磨炼，个人素质得以提高。人民教育家陶行知曾说过："学高为师，身正为范。"教师在学生面前起一个典范作用，试想一名教师的字写得不美观，学生的字能漂亮起来吗？

我想起一位名人说的话：有效的教育还需要这样一种媒介，那就是学生对你的景仰！我仿佛看见我的每一点提高与进步，迎来了那一双双稚嫩的、纯真的眼睛里发出的景仰的目光，从而与我一同进步。这一切让我陶醉、让我痴迷！

不积跬步，无以至千里；不积小流，无以成江海。每一天，我充实着自己。我进步着，我快乐着！

难忘的第一次习作

聂 静

这学期我们六（1）班新转来一个孩子，名字特威风，叫元帅。人如其名，开学那天，他高高壮壮地立在我面前，爸妈跟在后面一个劲地嘱咐："这孩子有点调皮，老师你要严一点……"这时我就知道这孩子不简单。

果然，开学第一次作文，他就给了我个下马威，不交草稿。问他，他说三年级开始就没有写过作文，到六年级了更不可能写，也不知道怎么写，写什么！开学的第一篇作文是《难忘的"第一次"》，我想既然他说没写过作文，那就让他写一次，也算是他难忘的"第一次"吧！可是要他动笔谈何容易，看着他那桀骜不驯的样子，你就算磨破嘴皮也没用。

于是我从跟他谈话开始，我没有批评他没交草稿，而是装成好奇的样子问他："为什么三年级开始就不写作文？"他说："不喜欢，烦。""因为什么事情让你烦写作文呢？肯定有原因的。"他看我一副好奇的样子，暂时信了我，跟我讲起了他三年级的那件伤心事。原来他在第一次作文的时候因为不知道怎么写，没交作业被老师狠狠批评，还甩了他作文本。因为刚开始写作，很多孩子都不知道从何下笔，被批评和否认也是有的。只是他高傲，自尊心又特强，所以那次事情过后他就采取不合作的态度来对待作文。出于诉苦心理他绘声绘色地向我讲述了三年级被老师甩本子那件事，还不时加一些动作。我呢，当个好听众，偶尔适时地引导：当时心里对老师是怎样想的？对自己作文能力又是怎样评价的？回家心情怎样？他还沉浸在往事的回忆中，很激动地跟我说出了他当时的心理活动。"这么痛苦啊！"我同情地看着他，又问，"那这几年每次写作文你是怎么过关的呢？"他说："抄，开始还抄一整篇，后来我抄得烦，就抄个开头结尾算了。""那这次到我班上来，要你写作文，你不是很烦我？""是

啊！"他倒也是个有勇气说真话的孩子。"有多烦啊？说个比喻给我听听啦！"我拍拍他的肩膀。"头像要炸了一样，想把本子都丢了，恨死了发明写作文的人……"他一口气说了一大串，看来他对作文真是深恶痛绝。

看他说这么孩子气的话，我笑了起来，心里也有谱了，说："元帅，你这次的作文已经过关了。"他马上扭头瞪着大眼睛看着我，"是的，刚刚你说的就是这次作文内容，难忘的第一次作文啊，你先是回想了因为什么事情你不写作文，然后又说了你多年写作文的痛苦经历，最后你表达了这次写作有多烦。这就是你第一次作文的主要内容啦，动笔吧，开头就这样说：来到一个新班级，老师又要我写作文，让我想起了三年级我第一次写作文……结尾我帮你写！"他在我的鼓励下，拿起笔来，因为都是他亲身经历的，又刚刚跟我讲了一遍，所以很快就写出来了。下午他有点得意地把本子给我说："老师，你说的，结尾你帮我写。"我看了一下，语句通顺，多处心理活动还写得很精彩，"很不错啊，还说不会写，简直是下笔如有神啊，哈哈。"他也不好意思地笑了起来，这时高高壮壮的元帅可爱比暴躁更多一点。

我帮他写了作文的结尾："这次作文是我第一次原创，并没有想象中的那么烦，其实作文不难，就是把自己心里想说的说出来就行了。万事开头难，我已经有了一个好的开始，相信以后我能写得更好！"其实这话也是写给我自己的，第一次碰到这么顽劣的孩子，难免有些沮丧和无奈。可再差的孩子，都不能放弃。万事开头难，他能自己完成了第一篇作文《难忘的"第一次"》，我的聊天教育在他身上初见成效，说不定还有更大的惊喜在后面。加油吧，一起做得更好！

如何培养学生的语感

李 静(大)

语感是人们对语言感知和领悟的能力,通过语言的表层意义迅速而准确地捕捉深层含义。语感的强弱直接影响学生阅读文章和体会思想感情的能力,反映学生的语文修养。

培养学生语感应该从小抓起,并且有序进行,在实际教学中,我做了一些尝试,取得一定效果,具体做法是:

读清每个字

现在每个孩子都能说普通话,课堂上,我要求语音标准,吐字清晰,字正腔圆。我班生源混杂,来自咸宁不同的县市区。咸宁每个县市区的方言不一样,有些学生或多或少存在边鼻音、平翘舌和前后鼻不分的情况。特别是崇阳、通城两地的方言容易闹笑话,汉语拼音里的 g、k 发音分不清。曾经听过一个老师把 he shui 读成 ke shui。这就要求教师重点指导和训练,不仅要教给孩子正确的发音方法还要坚持天天练习,及时纠错。

读准每个词

词语是最小的语言单位,朗读词语是朗读课文的基础。有些词语是带有感情色彩的,在读前要帮助孩子理解词义,体会词语所含的情感,从而做到正确朗读。就拿描写秋天的词语来说吧,有"秋高气爽、天高云淡、秋风送爽",也有"秋风瑟瑟、秋雨绵绵、西风落叶"。秋天的味道是什么呢?既然秋天的味道都无法确定,上学生如何去用声音表现?况且,很多词语放到不同样语境里,它们的意思、感情色彩是会发生变化的,比如说"糊涂"这个词,在"你

太糊涂了"这句话中可能表达斥责之情,也可能表达惋惜之情,而在"我真糊涂啊"这句话中则表达后悔和自责。让学生脱离语境读词语的感情、味道,是很没有道理的。教师予以及时的指导和示范,长此以往孩子们就能从中悟出规律和方法。

读通每一句

课文中有很多长句子,读这一类句子的重点就在如何停顿。停顿得不好会影响表达的效果,从而让人难以理解。除此之外我还要注意特殊标点所表达的不同语气,譬如问号和感叹号。教学《妈妈的爱》一课时,我以舒缓、富有激情的语气,将学生带到充满母爱的意境中。"在盛夏的夜晚,妈妈为我送凉风;在雨天,妈妈为我送伞。。这种深深的母爱无处不在。学生在范读中融入这美妙的意境中,同时,抓住孩子易于模仿、易于感染的特点,很容易便会产生自己读一读的欲望。而且这样即学技仿,无论语调、表情都会模仿得恰到好处。

读顺每一段

每篇文章都是由自然段组成的,低年级的课文每个自然段都会表达不同的意思,这就要求我们不同的段落要确定不同的朗读基调。低年级的孩子在阅读课文中,对某些词语的意思往往是"只可意会,不可言传",教学中,通过"换词"的方式,让学生理解文章意思,加深对文章情感的感悟。例如《乌鸦喝水》,"瓶子里的水渐渐升高,乌鸦就喝着水了"中的"渐渐",我们可以引导孩子换词思考:水是怎样升高的?或者说可以换成什么词,把你想换的词放在句子中再读一读。孩子们很快就会想到"慢慢"等近义词。在知道"渐渐"与"慢慢"意思相同后,还可以让孩子用"渐渐"说一句话,以加深理解。

读好每一篇

文章的每个段落不是孤立的,只有联系上下文才能更好地理解课文。《司马光》中,有个小朋友爬到假山上去玩,一不小心,掉进大水缸。别的孩子都慌了,孩子爬山怎么会掉进水缸里,而且别人为什么慌?只有联系前文才能知道原因。所以要让孩子在读中悟,读中理解。低年级的孩子特别好表现自己,分角色朗读最能满足孩子的表现欲。让孩子们把自己当作文中的一员,一边朗读一边做动作。这样的朗读不但饱含感情,课堂气氛也会异常活跃,不仅巩固了课本知识,

还锻炼了孩子们的朗读兴趣和语感能力。回家也可以和父母一起分角色朗读，既提高了朗读能力又增进了家长与孩子之间的情感。

总之，培养学生语感是一个循序渐渐的过程，只有正确处理好字词句段篇的朗读，学生的语感才会逐渐形成。

精心育得满眼春

吴倩妮

我是一名小学老师，上班、下班，生活简单而充实。两点一线的生活十年如一日。不知从何时起，我喜欢上了养花。闲暇之余，在自家的阳台上养起了吊兰、茶花、茉莉花。久而久之，无论多么繁忙，总要抽空浇上一瓢水，施上一勺肥。这些枝繁叶茂的小花小草，一株株叠翠留香，悄然绽放，我的心里便生出许多喜悦。慢慢地，你会觉得花草离不开你的照顾，你也不愿离开花儿草儿们的陪伴。

当花枝蜷缩着身子时，我会心疼，连忙浇上一些水，滋润到根部的土壤。当叶子重新舒展开来，精神抖擞，我会特别高兴。小花们就像犯了错误的孩子又回到了正道，显出勃勃生机。

爱花如爱人，看看我们的学生，不就是祖国可爱的花朵吗？老师是辛勤的园丁，育人如育花啊。有了老师的不辞辛劳，就有孩子们的健康成长。每一个学生都非常需要老师的关心与指导，课堂上的老师更是学生瞩目的焦点，只有老师才这么被学生在意，也只有老师甘愿默默奉献，最甘心地为学生指点迷津。学写作文算是语文教学中的重难点，为了让学生有话可说有文可写，老师得帮助他们发掘生活的源泉，找到说不完的话道不完的情。当孩子们心中有谱了，就要鼓励他们拿起笔大胆认真、细致地写出来。把语言编织成文字的过程，是一道小小的坎儿，既要让他们有信心又要合理要求。当如释重负的孩子们交上作文时，你要在班上作一个温情评论，将不足之处细心点拨出来，此种情形不是养花，胜似养花。

作为护花使者的老师，要想花圃里开出五彩缤纷的花，你得播撒不同的种子，种出爱心之花、智慧之花、友谊之花，让思想的火花永远绽放。有一段时间，

我们教室书架上的书因同学们不注意及时归还,只剩下寥寥几本。老师号召捐书放满班上小书架,他们积极响应,将自家的图书精挑细选送到这儿,让班上有了一个交流阅读的小平台。可现在那些捐书的孩子怀疑自己的书被别人偷了,就又把捐出的书带回家里。怎样才能引导他们把书拿出来,让蔫了劲的心灵花儿重新开放呢?我没有正面批评那几个借书不还的孩子,只要求书看完了大家要及时归还到书架上,莫让别人误会。至于说有人偷书,我可保证我们班没有一个这样的同学,何况老师还给每一本书写了名字呢。孩子们听懂了,也理解了,便陆陆续续把书拿回班上了。孩子们渴求知识的眼睛被课外读物牢牢吸引。哦,那一朵朵智慧之花在悄然绽放。

　　春光明媚,我家小阳台上,小花大花,芳香四溢。校园里四季如春,白玉兰晶莹剔透,婉约多姿;枇杷树上硕果累累,惹人嘴馋;杜鹃花、月季花未曾谢尽又在开放;还有田野上的花更是来不及让人欣赏,比赛"接瓜吊果"。而更让人欣喜的是孩子们绽放出来的心灵之花。

　　精心育得满眼春,无论在工作上,还是在生活中,我身边都是一派生机勃勃的景象!

和你在一起

吴远情

曾经为自己的将来做过许多梦，可是从来不曾梦想过要当一名教师。机缘巧合中我成为了一个不被人羡慕的"孩子王"，不过我并无怨言，反而感到满足快乐。因为在孩子们中间，得到了别人无法感受到的乐趣，在孩子们中间，就仿佛在四季中选择了春天，一张张芬芳稚嫩的笑脸，像朵朵蓓蕾，清新馨香，让我心为之坦然，神为之怡然，情为之盎然……

蓦然回首，做"孩子王"将近三载。在此期间，高兴过，伤心过，犹豫过，彷徨过，但始终坚持着，快乐并幸福着，把自己的一颗心奉献给了我最亲最爱的孩子们。做一名教师容易，但做一名真正合格的受欢迎的教师却是不易的。所幸有学校领导、老教师的指导，特别是活泼可爱的孩子们彻底激发了我的工作热情，哦，不，是激情，很快我便与孩子们打成了一片，他们口中的"吴老师"也很快变成了"吴妈妈""美羊羊老师"。得到孩子、家长、同事的认可，成了幼小衔接班的人气老师，同事笑说我是"横刀夺爱"，因为现在孩子们的心中仿佛只有我一个老师了，刚踏入校门便得到了肯定，我很享受这份独特的职业幸福感。

也许每个人都会说自己是全心投入工作中去，我也是如此，但真正体会到投入后的快乐，还是在我工作的第二个年头。在12月中旬，接到学校通知，1月份要举行家长开放日，要求全体幼儿都参加，算算日期只有1个月的时间，太紧了。这期间要选材、找音乐、编动作、做道具、排练幼儿、变换队形，谈何容易。于是我们幼小班6个人，经过多次探讨，终于确定选择表演《拉丁操》。题材确定后，马上分工，两个人负责编排动作；一个人负责教授幼儿；我负责找音乐，把它们一一衔接、搭配成一支完整的音乐。接下来的日子是紧张而忙

碌的，一个动作一个动作地教，学会之后合音乐，反复如此。老师的嗓子喊哑了，用哨子代替，更想不到的是我突然发起了高烧，全身酸软，面如黄纸，真想歇几天，可240个孩子只有6位老师，时间是那么紧迫。我再休息，那么其他几位老师的工作量可想而知，不行！必须得上班。于是早点儿去打完点滴，继续去上班。3天之后退烧了，懂事的孩子们也看出了我是带病工作，孩子们拿着自己的水对我说："吴老师，您喝点水吧，注意休息。您放心，我们一定好好练习。"多么可爱的孩子，感谢你们的关心，老师再苦再累也心甘。

当这次开放日圆满结束，获得学校和家长的一致认可时，我再也控制不住自己的感情，激动地哭了。3年了，每一次任务都是全心投入，忘我工作，唯独这次感触最深。那是品尝过酸甜苦辣之后的欣慰，那是喜悦的泪水，那是忘掉自我融化自我、全心投入后的快乐。我真真切切地感受到了全心投入的那种快乐，只有真正用心去做的人才能体会到它的快乐！

3年的工作经验，使我体会到教师在孩子心中的分量。孩子的心灵是一张白纸，教师的言谈举止是他们模仿的榜样。记得在开学的时候，孩子们有带零食、带钱的现象，为了培养学生良好行为习惯，我不厌其烦地跟孩子们讲道理，可收效甚微。有孩子说，老师还吃东西呢！我顿时无话可说，还有什么理由去说孩子呢？于是，我马上向全体幼儿道歉，请他们监督自己，自己要给孩子们做榜样。一段时间后，果然没有人再带零食和钱了。由此，我时刻注意自己的一举一动，孩子是一面镜子，可以让你看清楚自己，凡是要求孩子做到的，教师必须以身作则，做个榜样。

远远地像欣赏一道美丽的风景一样欣赏孩子，他们在老师面前也许唯唯诺诺、有所顾忌，而当你有意回避后，远远地去欣赏他们，你会觉得孩子多么有趣。看，自由活动开始了，有的孩子一起玩卡片，有的孩子找蜗牛，有的孩子学跳绳，玩得不亦乐乎。不一会儿，玩卡片的孩子起了争执，我并没有马上去解决，而是远远地静观其变。其中一个孩子跑过来向我告状，我并没有告诉他怎么做，而是让他自己去解决。这个孩子思考了一会儿就回去了，不一会儿，问题解决了，他们又在一起玩了起来。我不知道他是用什么办法解决的，但我知道他一定用智慧化解了一场小小的冲突。

我觉得孩子们真的长大了，他们有思想、有主见，只是我们大人平时不给他们机会罢了。记得那次活动课，休息时我和志淼聊了起来。我问他："你在

玩什么？""玩卡片。""卡片好玩吗？""好玩！""怎么玩呢？""它可以飞，飞起来的时候像流星、像蝴蝶、像风筝、像飞机、像孙悟空、还像蝗虫……"天哪！一个小小的卡片，居然能让孩子的想象力如此丰富。于是我接着问他："你想飞吗？""当然想飞了，可就是飞不起来。""那么你想想怎么就飞起来了？""嗯，买个老鹰的翅膀插上就飞起来了，飞上天去找玉皇大帝，让它下雨，因为好多地方没有水，地都裂了那么大的缝，我还想告诉所有的人，都要节约用水。"听！多么稚嫩的语言！这个在老师的眼里特别调皮的孩子竟有如此的责任感，我不得不自责，带他一年了，为什么就一直没有发现他的可爱之处？其实每个孩子都有他的闪光点，只是没有用心去发现。从那以后，我时时刻刻注意每一个孩子的一切，从中发现了许多平时所不了解的。我真的好感动，发现让我重新认识了自我，认识了孩子。

因为学会了发现，所以还要学会赏识，不要吝啬说赏识的话，它是幼儿充满自信的源泉。我班有个名叫许靖浩的小朋友，他在幼儿园里非常调皮，总是做一些不友好的动作引起别人的注意，经常有小朋友来告状：老师，靖浩拿了我的彩笔不给我了；老师，靖浩老拽我的胳膊。于是，大家都不愿意和他玩。集体活动他不感兴趣，每次活动中，问他为什么不和大家玩，他总是说"我不会"。我们也想了很多种办法去引导他，但都没有收到理想的效果，真是拿他没办法。

有一次，户外活动时，孩子们玩得可开心了，可我总觉得少了点什么，原来是靖浩不在场，哪里去了呢？我不禁紧张起来，孩子不会有啥事吧！事情出乎我的意料之外：原来是他怕脱下的衣服弄丢了，把孩子们脱下的衣服都搬回了教室。我赶紧抓住这个机会，抓住孩子的这个闪光点，在全班幼儿面前进行随机谈话："你们脱下的衣服怎么都跑到教室里来了？"孩子们七嘴八舌地开始猜测："是老师拿进来的，是鲁玉拿进来的……"听着孩子们的议论，我笑了笑，说出了事情的答案，并及时表扬了靖浩，此时他的脸上露出了羞涩的笑容。后来在日常生活中，我有意识地鼓励他，表扬他，经常抓住他身上的一点微小的进步大做文章，同时告诉他老师和小朋友并不讨厌他，渐渐的，他的脸上有了自信和笑容，后来，他慢慢地参与到我们的集体活动中来了。由此我认识到，赏识会改变孩子的一切，会让幼儿充满自信，挑战自我，超越自我，让幼儿终身受益！赏识的运用，给我增添了极大的帮助，使我的各项工作很快就能展开，赏识挖掘了幼儿的优点，增强了自信。

记得曾有人这样问过我:"做教师你真的幸福吗?"不少人习惯于把教师比做蜡烛、人梯、春蚕、铺路石,把教师的劳动与这些牺牲者、悲苦者的形象相连,于是便有了感慨:"当老师有啥意思?"而我认为,老师应该有老师的境界,老师更应该有老师的情怀——"传道、授业、解惑""舍我其谁?"面对这群天真无邪的孩子们,我还有什么理由不开心呢?我有这么多疼我爱我的孩子,还有什么理由难过呢?何况我的一个眼神,一个微笑,一个手语对他们来说是那样重要。孩子们,有了你们,我感觉很幸福,有了你们,我的人生才会这么丰富多彩。

当我从浮华的嘈杂声中静下心来慢慢品味孩子们带给自己的种种感动,我惊奇地发现,原来自己就沉浸在幸福的海洋里!面对这份幸福,我骄傲、我激动、我更加难忘……孩子,很高兴和你在一起!

闲游隐水洞

邹 红

在刘家桥吃过中饭后，我们一行便往通山隐水洞驶去。

两辆小车各由一位男士驾驶，我们8个女士则悠闲地坐在车里，倒也别有一番情趣。

这两位男士都是刚刚拿到驾驶证，也都是第一次跑长途，或许是其中一位的胆子大些，他的车始终跑在我们这辆车的前面。我乘坐的陈先生开的车要慢得多，车速一般保持在每小时50公里左右，坐在他旁边的刘小姐不时催他开快一点，他说再快些如果遇上特殊情况他就控制不住了，这样我们就不好强求他了。目睹他一路上小心翼翼地把车子开得慢慢吞吞的，我们就跟他开玩笑说："哥开的不是小车，哥开的是蜗牛。"他听了也觉得好笑，也不生气，依然是慢悠悠地驾驶着。不过，我们也都能够理解，毕竟安全才是第一位的。

陈先生的车有卫星定位系统，他事先设置的是"刘家桥至通山隐水洞"，可是不知道什么缘故，屏幕上却没有相应的显示，没办法，他就只好将目的地设为通山县。

设定之后，定位系统便不断地提示着司机如何前行。这高科技的家伙也真神，什么地方笔直行驶，什么地方要拐弯而行，它是明明白白清清楚楚。一路上，由于我们一直是南辕北辙，总是没有按照事先设置的方向行驶，所以系统便不断提示司机掉头。这一插曲倒也为我们此行平添了一些乐趣。

从刘家桥到隐水洞，如果是租车，可能个把小时就可以到达，而我们则花了2个多小时。

来到隐水洞的进洞口，抬头便可以看见一幅飞流而下的瀑布，据说那瀑布是从地下抽上去的水形成的，尽管如此，在不知情者看来，这首先映入游人眼

帘的景观能让人自然而然地联想起花果山的水帘洞来。

隐水洞，顾名思义，洞内应该少不了水，这水会有多深？水中会不会有鱼？会有些什么样的鱼？有没有什么水怪？

隐水洞全长5180米。这么深长的一条洞，里面到底会藏着有一些怎样的稀奇古怪？

怀着种种好奇，我们一行在导游小姐的引导之下缓缓地步入了这神秘的隐水洞。

入得洞穴方知隐水洞的游览方式分为三段：上游乘船观光，中游步行零距离接触古老的溶洞地貌，下游乘电瓶车浏览。

这三种游览方式各有其趣。最有趣的是我以为坐电瓶车。那电瓶车，隐水洞人称之为小火车。其外形虽并不很像小火车，可它行驶在铁轨上发出的隆隆的响声，却酷似小火车行驶时发出的声音。在这幽深的洞穴里坐在这种小火车上，我倒觉得恰如在大都市的隧道里坐地铁一般。这种感觉，恐怕是游览国内其他溶洞都没有的。隐水洞开发者的这一别具一格的创意，实在是值得一些开发溶洞旅游的策划者们借鉴。

隐水洞与我到过的国内其他的溶洞比起来，我以为该洞恐怕主要是以深长见长，其实洞内的景观并没有什么很特别的。1个多小时的洞内游览，我总的感觉是，隐水洞的确不愧为大自然鬼斧神工的杰作。不过呢，这神工运用的大都是大手笔，缺少些精雕细琢，故此，洞中的一些景观都显得有些粗犷，失之细腻与多变。所以尽管导游小姐一路上与我们形影不离，却很少听到她的解说，偶尔说上几句，也都明显有些牵强附会。尽管如此，该洞还是值得一游的。它虽然不像其他溶洞那样洞中有洞，别有洞天，也没有一些溶洞的钟乳石多且变化多端，可该洞之幽深却是罕见的，其游洞之方式在国内恐怕也是独一无二的。

下午5点多钟，我们一行在一家农家乐就餐。这家餐馆其实就是一栋典型的老式民宅，一进二重，上下各一个堂屋，中间隔着一座小小的天井，上下两个堂屋便是这里最宽大的餐厅，这两个大厅坐满了人，其两侧的厢房也都设有带空调的小间。此外，大门口前面的空地也可以摆上好几桌。不一样的餐厅，地道的农家菜，让我们着实享受了一回农家乐。

这次隐水洞半日游，时间虽然短暂，可我们一个个都玩得很开心。总的说来那就是：游洞游得舒心，坐车坐得放心，吃饭吃得开心。

幸福印象

覃旦君

为了锻炼身体，我坚持每天步行40分钟上班。初秋的一天早上，我照常在差不多的时段出现在学校门口，时间还早，进校的小学生并不多，背着大书包赶路的都是隔壁中学的学生。突然前方5米处出现一个熟悉的身影，我觉得她很像刚毕业的一个学生，在她即将跨入我们学校传达室大门时，我下意识地喊了她的名字，她回过头来了，没错，就是她！见到我，她脸上露出灿烂的笑容，对我说："覃老师早，我正要找你。""有什么事吗？""明天是教师节，我来给你和周老师送这个。"她递给我两个信封，然后心满意足地上学去了。我打开给我的那个信封，发现是一张她亲手制作的贺卡，贺卡上这样写着："覃老师，由于我的任性和不懂事，我曾经对您多次苦口婆心的教育不以为然，也惹您伤心生气过，但我知道您是关心我的，我非常感谢您，我永远都是您的学生。祝您节日快乐！"那一刻，我非常感动。稍后，我碰到周老师，转交了另外一个信封，他读完贺卡后，也非常开心。孩子送来的纯净祝福让那个平常的早晨变得如此美好，也让我幸福了一整天。

下班回家的路上，碰到一位曾经的家长，她热情地和我攀谈，告诉我一些关于她儿子的近况，说儿子在武汉上班，单位待遇还不错，孩子工作也顺心，已在武汉买房。她述说着，夕阳的余晖映在她幸福的脸上。我知道，这个母亲因为我教过她的孩子5年，参与过她孩子的成长，想与我分享她的幸福呢，我也乐得被她的幸福感染，随后带着一路好心情回家。

暑假里，烈日炎炎，我正在外地办事，突然接到一个电话："覃老师，你在哪儿，我们到你家看你来了。"听到这话，我赶忙坐车回家，下得车来，门口站着一大群女孩儿和小伙子，数一数，好家伙，18人！他们3年前小学毕业，

如今已是参加完中考的学生。尽管只有 3 年，可他们的变化相当大，女孩儿亭亭玉立，男孩子人高马大，我一一叫出他们的名字然后把他们迎进家门，原本宽敞的客厅一下变得逼仄。孩子们还带了一些当季水果和饮料，红红的桃子、圆滚滚的哈密瓜、爽口的凉茶，我责备他们不该让父母破费，他们说："没事，我们用的是自己的零花钱。"坐定后，他们告诉我很多喜讯，谁谁考上了鄂高，谁谁进入了奥赛班，谁谁在中考中进入了前几名。一个孩子冷不丁地说："老师，您老了。"另一个女生对他说："不能这么说老师。"我笑了，说："没事，你们都长大了，我自然得老了，这是自然规律。"一个曾经的调皮蛋说："老师，我当年让您太费心了，真对不起。"我说："当年批评你最多，有时还责罚你，恨不恨我呀？""哪能呢，感谢还来不及呢！"交谈声、欢笑声充满了整个屋子，我的心也是暖融融的。整个暑假，想起这件事我就幸福满溢。孩子们和我分别时说："老师，3 年后我们再来看您。"于是，我又开始憧憬那些个准大学生来到眼前的时刻。

一天早上，在食堂吃早餐，办公室张主任没头没脑地对我说了一句话："覃旦君，你很值得哟。"我莫名其妙："此话怎讲？"他说："我昨天在做教师资格证考试的考官，一个考生说要做像勤（音）老师一样的老师。我问他是哪个勤（音）老师？他说就是实验小学的覃旦君老师呀！你这辈子还真值了。"我非常讶异，非常惭愧，无意中居然还当了一回偶像，成了别人眼中的一个理想，那一刻，幸福又击中了我。

作为一个教龄近 30 年的老师，每日在嘈杂、喧嚣的环境中工作，面对堆积如山的作业、繁重的教学任务，经常身心俱疲。有段时间身体状态很不好，白天嗓子疼，讲课张不开嘴，晚上辗转反侧，夜不能寐，感觉变得迟钝麻木。那段日子真是苦不堪言，我知道进入了职业倦怠期。经过近 2 个月的休养，我开始调整自己，积极锻炼身体，改变自己的心态，让自己变得平和。于是，健康和活力逐渐回归，我又能感受到快乐和幸福了。

幸福的脚步近了！笃笃笃，你听，幸福在敲门！

用爱挥洒无悔青春

熊建梅

"没有爱就没有教育，没有爱就没有一切。"自参加教育工作以来，我深深地体会到爱对教育工作的重要意义。从踏上讲台的那一刻起，我毫无怨言地在三尺讲台上默默耕耘，几年来，用真情和爱心无私地挥洒自己的青春。

一、用爱凝聚集体

参加工作以来，我一直担任班主任。作为一名年轻的班主任，如何博得学生的信任进而建立一个有凝聚力的班集体呢？我深入学生中间，和他们交心谈心，了解他们的困难，欣喜地看到他们的进步。不知不觉间，我惊喜地发现，我已经和学生打成了一片，而我，也赢得了学生的拥戴和尊重。这时我才知道，其实，我已经用自己的行动，回答了自己提出的问题——那就是用爱去凝聚集体。因为爱，我关注他们的学习。我不仅努力教好本学科，对其他学科我也非常关心，经常将学生的意见和要求反馈给各科老师，努力协调各科学习，帮助学生全面发展。因为爱，我关心他们的生活。在平时的生活中，我像家长一样将无微不至的关心送到同学们的身边：天气变冷时提醒学生多穿衣服，夏天炎热时提醒学生注意多喝水，预防中暑。学生生日时为学生送上生日祝福……看似简单的小事，让学生感受到了浓浓的亲情关怀，使我们建立了亲密的师生情谊。

因为爱，我让学生自己管理自己。根据考察和竞选，任用得力的班干部，并让学生轮流当值日班长，每个人都参与管理，每个人都接受监督，在管理中体验责任，在监督中品味信任。学生在自主管理中得到了成长，班级的凝聚力在自主管理中得到了增强。

二、用爱创造奇迹

说起后进生,这是个令大多数教师烦恼的学生群体。教师说起优生总是津津乐道,而对后进生则往往缺乏教育耐心,甚至在转化不顺利后放任自流。其实,后进生并不可怕,只要给予他们爱心和尊重,多给些"偏爱",再加上点"艺术",知其性而教,宽严有度,引导得法,后进生就不会再后进,甚至能成为"前进生"。

记得2009年担任五(2)班班主任时,学校有个后进生叫陈鹏飞,是全校出名的调皮鬼,成绩特差且爱打架。2008年因为和老师打架被父母带回家管教了一年。2009年他返校时,没有一个班主任愿意接收他,都说见到他就头疼。他找到我,有礼貌地问道:"老师,你能收留我吗?请你给我一次机会,若是我再不用功我就自己回家,好吗?"望着他那渴望的眼睛,我实在不忍心拒绝,于是收下了他。通过跟他父亲的交谈,我了解到,在他休学的那段时间里,父亲带着他干农活,他在艰苦的劳动中认识到了知识的可贵,主动要求返校读书。重返校园的他,果然带给我们很多惊喜,学习用功,待人礼貌。有几次他控制不住自己,又和同学吵架,我立即找到他,跟他谈心,提醒他注意遵守当初的承诺,并根据他热爱班集体的特点,让他当了班长。此后,他变得勤奋好学,知礼守纪,学校老师都夸他是学生的典范。如今,他的成绩在班级名列前茅。

陈鹏飞的转变让我非常欣慰,假如当初我拒绝他,或许我们就失去了一个品学兼优的学生,更重要的是,他的人生也许会因此拐向一条未知的歧路,我的教育人生也会因此留下永远难以弥补的缺憾。从这件事中我深深地感觉到,后进生并不是不能转化,只要我们合理地引导,及时发现他们的点滴进步,为他们创造成功的机会,就能帮助他们逐步树立起自尊和自信,激发他们不断进取。

三、爱洒留守学生

随着我国经济社会的发展,大量农村剩余劳动力外出打工或经商,留守学生越来越多,他们的教育和管理成了教育的难题。大多数留守学生在学习上自觉性差,纪律性不强,没有良好的学习习惯,学习成绩较差。而且,由于缺乏有效监管和教育,他们往往对事物分不清好坏和是非,容易受社会上反面现象的影响,养成一些不良行为习惯。如何关爱"留守孩子"成为摆在我们班主任面前的一个全新课题。

我班的男生大多数是留守学生,常年跟爷爷奶奶生活,生活习惯和卫生习

惯都不够好。我经常提醒他们按天气变化适时添减衣服，勤洗澡洗手，养成良好的卫生习惯。我还经常督促他们拆洗床单、被套，勤晒被子，有时还亲手为他们缝合被套，教他们叠被子，摆放物品，把寝室整理得井井有条，引领学生逐渐学会自理，学会独立生活，学会热爱生活。

在学习上，我对他们严格要求，要求认真听课，按时完成作业，根据他们的学习情况及时地给予辅导，引导他们努力学习，让他们在学习中快乐地生活，在生活中快乐地学习。

但是，总有一些孩子并不是那么容易就能把坏习惯扭转过来，这时，我们需要付出更多的真诚与关爱。如2008年秋学期，我班上的一名学生许晓东因为母亲去世，父亲不在身边，因此成了一名问题学生，在学校打架斗殴，无所不为，甚至曾经与任课老师发生冲突。我多方了解他的家庭情况，知道他一人在家，生活无人照管，我便经常找他谈心交流，鼓励他努力改正缺点，认真学习。渐渐地，他改掉了身上的坏习惯，不再打架了，心思也放到了学习上，学习成绩也有了较大进步，偶尔犯错，他也能主动认错。有一次轮到他打扫卫生，班上被扣了1分，他非常自责。为讨我欢心，他跑到学校附近的小山坡摘了许多小野果送给我。看到那满满一饭盒红色的小野果，看到他满头的汗水，我很感动，更有喜悦。人们常说，教师是一种播种爱的职业，在此，我有了更深的体验，只要你播种爱心，你就会收获希望和奇迹。

四、在爱中收获爱

我在爱中默默地奉献着我的青春，孩子们看在眼里，记在心上。课余时间，学生经常簇拥在我身边，要我和他们一起聊天、活动；嗓子沙哑说不出话时，学生悄悄在讲桌放上草珊瑚含片；春天的早晨，经常有学生送上带有露珠的野花…… 所有这些，给我带来的是内心里无法形容的愉悦与自豪，远远超过了物质的享受。在学生的关爱中，我品味着为人师的幸福与快乐。

在今后的教学中，我将不断地学习，努力提高自己的理论基础和教学水平，我会继续做好我钟爱的教育事业，用全部的爱去关爱每一位学生，用爱挥洒我无悔的青春岁月。

从明天起做一个幸福的人

许琼雯

多年以前，读了海子的诗，留下了深刻的印象，尤其喜欢那首题为《面朝大海，春暖花开》的诗：

"从明天起，做一个幸福的人／喂马，劈柴，周游世界／从明天起，关心粮食和蔬菜／我有一所房子，面朝大海，春暖花开／从明天起，和每一个亲人通信／告诉他们我的幸福／那幸福的闪电告诉我的／我将告诉每一个人／给每一条河每一座山取一个温暖的名字／陌生人，我也为你祝福／愿你有一个灿烂的前程／愿你有情人终成眷属／愿你在尘世获得幸福／我只愿面朝大海，春暖花开。"

每每读着这首诗，不由心生感动。我们每一个人，不论出身高贵还是卑微，皆为滚滚红尘中的一个凡夫俗子，食着人间的烟火，过着凡世的生活。幸福着的人儿，还在期盼着更加幸福的生活；不幸福的人们，渴望能够得到幸福的生活。

究竟什么才是幸福的生活？按照常人的标准，定是要有比较充裕的物质条件作为基础，比如居有房宅，行有车马，食有滋味，穿有靓装，当然还要有爱人——就是爱你的人和你爱的人，两者相互统一为最佳。诚如海子所言，有一所面朝大海的房子，可以喂自己的马匹，劈着那些干燥的柴火，关心着田间地头粮食和蔬菜的长势，没事的时候就去周游世界，心存博爱，为陌生人祝福，祝他们有情人终成眷属，获得幸福。有了物质上的满足，加上心灵的快乐，幸福指数自然水涨船高。即便物质上不是很富裕，甚至物质缺乏，但倘若有着丰富的精神财富，且能保持平常的心态，宁静、祥和，也是能做到知足常乐的。如颜回的一箪食、一瓢饮，仍能不改其乐。这，也许是幸福生活的另一种方式吧！但古往今来，如颜回者又有几人？只恐怕那绝大多数的芸芸众生，还是信奉基

于物质和精神双重满足上的幸福生活。

　　海子，也不过是凡夫俗子中的一个，一直在追求着幸福的生活，并且渴望拥有一所面朝大海的房子，而且是在春暖花开的季节。明净的天空，碧蓝的大海，怒放的鲜花，馥郁的花香，这真的是理想国里无可挑剔的美好生活。有几人能过上这样的生活，就有几人的生活主题是这般简单而恒久。

　　想来，诗人海子的生活，定然不是很安逸悠闲或者说幸福安康的。于是，他一直在努力追求着理想中的生活，对明天寄予了太多太多的希冀，立志从明天起做一个幸福的人。然而，何其多的明天和艰难的现实，慢慢蹉跎了人生岁月，练就了诗人高超的诗歌成就，却无法成全诗人的幸福生活。

　　这，也许就是造化弄人，岁月无情，幸福无常吧！

老师,您真棒!

杨 琳

从教十余年,做了多年班主任,给过孩子们许多赞美的话语,发过学生许多精美的奖状,不经意中,也得到过孩子们的夸赞,那种甜甜的感觉至今难忘。

那是几年前,在学校的秋季运动会上,我班的孩子们好好地露了一次脸。记得那时秋高气爽,全校三至六年级的学生聚集在一起进行运动会的入场式,大有沙场秋点兵的气势。各个年级方阵依次出场,轮到我们班了,看,孩子们多精神哪!他们每个人都挂着一枚金牌,亮闪闪的金牌映衬着容光焕发的笑脸,开心、振奋,赢来了观众们"啧啧"的称赞声。他们的入场式装扮与众不同,一下子成为全场的亮点。由于入场式获得好评,孩子们信心大增,在比赛中也取得了好成绩,拿到了一枚又一枚奖牌。

可有谁知道为了入场式的彩排,我费了多少心思?首先,我想了几个方案,拿鲜花?太俗套,拿气球?很过时。不如自己动手,指导孩子们制作金牌,这样既新颖又美观,还能激发学生们在运动场上勇夺奖牌的斗志,实现运动会上追求"更快、更高、更强"的目标。说干就干,我迅速购买了材料,在家动手制作起来。首先用纸板剪出圆形,然后贴上金纸,再穿上彩带,一块金牌就做好了。摸索出制作方法后,我就在班上指导学生们怎样做奖牌。课堂上,我耐心地讲解,悉心教那些学得慢的孩子,最后,大功告成,孩子们戴上自己的金牌,喜悦之情无法言表。

运动会结束后,班上一个小姑娘走到我面前,悄悄地说了一句:"老师您真棒!我觉得我们班的金牌最好看、最神气!"听到学生发自内心的称赞,我心里甜滋滋的。是呀,老师倾注在班上的努力,其实孩子们是看得很清楚的。他们也会以自己的方式来评价老师。

教育，需要包容与关怀

要办艺术橱窗了，孩子们的画，贴过；孩子们的习作，展示过。那么，还有什么更有创意的东西呢？出新招，用新意，这样能调动学生的创新意识，更好地展现自己的风采。我冥思苦想，终于找到了一个好点子：发动学生寻找身边的材料，动手设计，奇思妙想，制作实用的东西。这个提议一说，很多不爱动手画画写作的同学仿佛找到自己身上的长处，集思广益，班上的橱窗隆重推出了学生们的创意作品。有易拉罐拼成的小车，有吸管制作的壁画，更神的是一盏台灯，全用小药瓶儿组装成的，外观很亮，装上电线，居然还能发光。喔，孩子们还挺行的。完工后，一班学生一同参观橱窗，他们不约而同地喊道："杨老师，你真棒！创意无限！"

听到孩子们的赞美，我真的很高兴，工作上的苦和累，仿佛一扫而光。是呀，当一名班主任，不仅要管理好班级，还要学会想点子，做好其他方面工作。只有讲方法，寻求班主任管理的艺术，并且融入教育的智慧，一件事才能做得完美。

去年的秋季运动会上，我在运动场上是起点裁判。所有事做完之后，我被邀请到一个班上观看20×50米的迎面接力赛。我把平时所想的及自己总结出来的诀窍教给运动员们，例如把握迎面接力的方法，赛前突击练习了两次，没想到他们一下子获得了全年级第一名！学生们与我根本不熟悉，但他们在喜悦中还不忘感谢我，对我说："老师，你真了不起。教我们十来分钟，我们就胜利了！"

孩子们的称赞就像赠给我的一枚枚果实，我咀嚼着，品味着，在这酸酸的、甜甜的味道中，我感受到作为一名教师的快乐和成就感。在教育的道路上，我们还要走上漫长的一段，做一个智慧型的老师，勤于动脑，敢于创新，善于总结经验，倾注自己的力量，为学生创造一个快乐、新奇的童年。这是我执着地追求着的目标！

愿在教育教学的前行路上有喝彩者，有支持者，有同行的人！

清明感思

杨淑敏

自从国家把清明节列为法定节假日后，回乡扫墓的人明显多了，路上又如春节期间一样出现了大堵车的场景。面对公路上排起的汽车长龙，身边有位朋友感叹，还是倡导"水葬"好呀！人死火化后将骨灰撒入江湖河海，清明节只要到任何一处水边，看见水就能想起亲人，向水中洒些花瓣就能祭祀故去的亲人，既少了后人来回奔波拥堵，又避免了修造坟茔占用毁坏土地的弊端，真是经济又环保。同行的另一位朋友马上反对，如果不是有"到墓地为亲人扫墓"这一古老传承，天各一方的亲人怎能在清明节重逢？活着的长辈对游子更要望眼欲穿了。清明扫墓不仅是对逝去的亲人的追思，也是对活着的老人的安慰，还能提醒下辈儿孙不要忘记身上流淌着共同的血脉，从而加强联系，增进团结，不忘根本。朋友们出发点不一样，说的都有一定的道理。我想，清明扫墓是中国源远流长的传统，这个传统节日能一直保留并且越来越受重视，是有理由的。中华民族自古崇尚忠孝，对长辈的孝敬是传统美德。在清明节这一天，我们应该静下心来，让自己的精神沉淀，回顾一下我们民族和家族的历史，从历史的长河中汲取营养，先辈们为了我们的幸福，艰苦奋斗，流血流汗，甚至付出了生命的代价，他们无私奉献的精神是我们的民族之魂。

那么，怎样过一个有意义的清明节呢？我从报道中得知江浙一带为了给长辈修墓，常常相互攀比，耗资数十万元，大规模修建豪华的水泥陵墓建筑，致使大量山林被毁，整座整座的山体都是大大小小的水泥坟墓，植被破坏，土地无法复耕，真是触目惊心，令人惋惜。我也曾见过在长辈坟前大量燃放鞭炮、焚烧冥币，引发山林大火，造成巨大经济损失的事件。还有为了所谓风水宝地而互不相让，在家族之间大动干戈，酿成的流血事件，如此等等。不知道从何

时起,我们的传统节日中充斥了太多的金钱观念和愚昧思想,少了清明节应有的虔诚素雅。

我曾见过两个不同的清明扫墓情景。一个父亲带着十来岁的小孩去老家给逝去的祖父扫墓,小孩眼里只会比谁的坟墓气派豪华,谁坟上的坟标多而艳丽,并将吃完的饮料瓶、饼干袋随手乱扔,眼中只有对自然世界的新奇,没有对清明文化一星半点的理解,与清明节应有的氛围格格不入。做父亲的也只当是带儿春游,从没想过向儿子介绍一下祭祀亲人的有关情况,唤起儿子对已故亲人的认识和尊敬。另一位父亲因为身在异乡,没能回老家扫墓,就带着儿子来到当地的烈士陵园。父亲向儿子讲起曾祖父生前抗日救国的故事,并告诉儿子,因为路途遥远,不能回家为曾祖父扫墓,但是心里非常怀念曾祖父,虽然不能亲自给曾祖父扫墓,但烈士陵园里埋葬着跟曾祖父一样为抗日战争流血牺牲的先烈。他们当年与曾祖父一样,为了一个共同的目标英勇献身,他们跟曾祖父一样值得我们尊敬,我们给他们献上一束花,寄托我们的怀念。他们在天堂里能碰到曾祖父,我们请他们转告曾祖父,我们很想念他,我们生活得很好,我们会孝敬祖父母,一家人幸福和睦地生活,请曾祖父放心。儿子听了父亲的介绍,对曾祖父及烈士陵园里长眠的烈士非常崇敬,和父亲一起虔诚为烈士鞠躬。相比之下,前一对父子之间缺失了对清明文化的传承,让人深感遗憾。后一对父子虽然不能亲自为亲人扫墓,但却充分表达了对亲人最美好最深情的思念,将清明文化一代代地传承下去,令人感动。

在物欲横流的今天,我们常常会陷入一个误区,以为只要在物质上付出了,我们就对先人尽了孝心,而忽视了内心的虔诚,心灵之间的沟通对话,丢失了清明节应有的内涵。透过形形色色的世间万象,我们应深刻反思:我们的思想行为合乎道德礼数吗?我们迷失了自己吗?要过一个真正有意义的清明节,我认为概括起来就是要遵从忠孝之道、常怀感恩之心,珍惜现实生活。我们在缅怀亲人的时候,不是要浪费土地、钱财大修坟茔,更主要的是精神的传承,要学会感恩、懂得珍惜、热爱生活。

又是花生成熟时

李娟萍

又到了花生成熟的季节。大街上，菜场里，随处可见那一筐筐还裹着泥土芬芳的新鲜花生。

从很小的时候开始，我就特别喜欢吃生的花生，因而只要看见了就总要买几斤回家，用水洗净泥土后放在篮子里晾一晾，待到表面干爽后就迫不及待地剥开吃。生的花生吃到嘴里脆脆的，而且越嚼越甜，满嘴弥漫着一股淡淡的清香。生花生不如熟的好剥，表皮因为有水分而韧劲十足。花生壳仿佛母亲般用自己的身躯紧紧地拥抱着那红嫩的幼儿，唯恐它们受到伤害，非得使劲按压才能剥开。有时，遇到一个顽固的，实在没力气了，就只好用牙齿咬开。虽然那模样极不文雅，但也顾不了那么多，只管嚼个不停。

我喜欢吃生花生，不仅仅是喜欢它的味道，更重要的是因为在品尝之时，它总能勾起我儿时的回忆，总使我想起外婆，想起家乡的那一畦畦绿油油的花生地。

小时候，妈妈在乡下教书，离家十几里地，每周才回来一次。我没上学前都是跟着外婆一起生活。那时候家里没什么钱，也买不起零食。只有等到过年过节的时候，家里才会有一些糖果、饼干之类的零食，就这样还不能由着自己，得留着慢慢吃。平时，实在馋了，外婆就在菜园里摘几个黄瓜或掰几个玉米回来，把玉米煮熟，把黄瓜切成片，再拌上醋，放些白糖，拌匀了给我吃，虽然不如糖果香甜，倒也着实解馋。

最让我难忘的是外婆还在地里种了些花生，每到花生成熟时，我就缠着外婆，要她带我去菜园。外婆知道我的心思，就用她那宽大的手掌牵着我来到菜园，吩咐我坐在树荫下等着，然后弯下腰，用又粗又大的手指在花生的根部用力掏

了掏，像变魔术似的，不一会儿，就塞给我一捧带着泥土的、湿润的花生。这时，我就会用手反复拍打花生上沾着的泥土，然后慢慢地剥开，有滋有味地吃起来，还不时"吧嗒"着小嘴，仿佛这就是世界上最美味的东西。外婆蹲在旁边看着我，见我吃得香甜，就会笑着打趣："小馋猫，慢点吃，小心把舌头吞进去了。"那时候的我一听，以为真的会把舌头吞进去，所以放慢了速度，吞得格外小心。后来长大了，外婆还经常提起这句话，不过我再也不怕了。

岁月匆匆，我已从不谙世事的小姑娘跨入中年，外婆也更老了。流水般的岁月如刀般无情地在她脸上刻下了一道道深深的印记。她的头发早已全白，满头银丝见证着她走过的每一个日子。她的手上布满了老茧，摸上去就像老干树枝，只有那双眼睛，虽然笑起来眼角全是鱼尾纹，但依然那么有神。现在家里生活条件好了，外婆也早已从乡下搬到了城里，但她从来也不肯闲着，又在屋后拾掇了几块地，种上一些蔬菜。每次回老家，临走时外婆总是要塞给我一些她自己晒好的干菜，如豆角、苦瓜、辣椒等，嘴里还反复念叨着："孩子，放心吃吧，这些都是没有施过化肥的纯天然食品，你在外面可买不着啊！"捧着这些干菜，心里总感到酸酸的，眼睛也湿润起来。我知道这些都是外婆自己种的，然后一把一把晒干积攒起来的。看上去不大的一袋干菜，外婆收了晒，晒了收，如此反复，不知道是经过了多少个日头。即便如此，外婆却从不提起，也从不叫苦喊累。

我很想把外婆接到自己家里来住一段时间，可她每次总说来不了，说放不下那几块地。直至有一天，突然听到电话那头传来外婆病故的噩耗时，才猛然意识到，自己的遗憾永远变成了遗憾。已过耄耋之年的外婆永远离开了我们，长眠于那一畦畦花生地旁。我的心也随着外婆的离去而碎成了一瓣一瓣。愧疚、自责一起涌向心头。平时总是忙于工作，无暇顾及她的感受，甚至连她的喜好都不是特别清楚。每次想回家看看，她也总怕耽误我的工作。人生就是这样，每个人都拼命地往前赶，拼命地想要干出一番成绩，似乎只有这样才能出人头地。殊不知，在我拼命往前的同时，年迈的外婆却在倒退。耳朵听不清了、眼睛看不清了、步子也不稳了，最后就连呼吸与心跳也停止了。这就是外婆的一生，平凡而伟大。她虽然没什么文化，也不懂什么大道理，但是，她就像花生一样质朴无华，无私奉献，把自己的灵魂交给了土地，在泥土中默默地耕耘与收获。

又是一年花生成熟时，大街上、菜场里，又摆满了那一筐筐果实饱满的花生。我知道，那是外婆留给我的做人的根。这时才猛然发觉，其实这根早已深植心中。

盼

张晓玲

星期五一大早，我径直到体检中心去体检，直到第三节课下课，才匆匆赶回学校。一到教室走廊，就被几个孩子围住了，他们似乎比平日高兴许多，争先恐后地要和我说话："老师，你到哪里去了，怎么现在才来呀？"还有小朋友冲到教室里，大声喊着："张老师回来啦！"马上有一部分学生跑出来，又跑进去，欢呼雀跃起来："下节课，语文课……下节课，语文课……"这犹如迎接明星的场面，在小学里倒也经常出现。这群天真善良的孩子，哪怕是一个平平常常的清晨，当他们没看见自己的老师时，他们幼小的心里竟有一丝自然生发的牵挂和盼望。

午休时间，我躺在床上，细细体味学生们带给我的那份温暖。这温暖，渐渐入梦，勾起我生活中的多个与"盼"有关的回忆……

我的女儿从1岁多开始，便每天晚上坐在客厅沙发上，在6点半至7点那固定的半个小时里，不时踮起小脚尖，趴在窗台上往外瞄一瞄，只要看到早出晚归的妈妈回来了，甚至是一听到开门的声音，她必定第一个溜下沙发飞奔向我，我也照例蹲下来，任她在我脸上亲着，听她嫩声细语地说："妈妈，快洗手，抱宝贝。"等我洗完手，她绝对不忘问的话又来了："妈妈，给我带棒棒糖了吗？你买什么东西给我吃呀？"周一至周五，每晚必问，我当然也会天天递给她一个漂亮的小小的棒棒糖，大多数时候她只玩不吃，等她睡着了，我又把这漂亮的棒棒糖连同女儿的期盼一起装回我的包里，去承诺明天的那个"盼"。

记得自己小时候，也经常和弟弟妹妹一起站在家门口，抑或是跑到一里路之外的田埂上，两里路之外的公路边，等着去城里卖东西的母亲回来。偶尔有一两个挑着担子回来的妇女，在暮色里，身高、发型都极像母亲，我们姐弟几

个便比赛似地喊起来："妈，妈！"我们一起冲过去，这才知道认错了人，被善良的阿姨挡回来，说："你妈还在后面呢。"我们站着继续等。天上亮起了星星，母亲总算回来了，带回我们最喜欢吃的辣萝卜丝。晚上，偷偷舔一舔，但不吃下肚，第二天，我们要把辣萝卜丝带到学校去馋一馋同样好吃的同学呢。20多年过去了，这盼着母亲带回辣萝卜丝的场景分明还清晰得如同刚刚放过的电影一般，历历在目。

我的母亲，快60了，还在辛苦劳作，她在盼什么呢？我从没问过。有时，她会送些土鸡蛋给我，叮嘱我每天煮几个，和孩子、爱人一起吃，这亦浅亦深的"盼"哪，都藏进小小的鸡蛋里了。

我，被我的学生和家人天天盼着，享受着这人间最真诚最朴实的爱。夜晚11点多了，还是毫无睡意，便偷偷起床，打开台灯，希望自己能通过尖尖的笔端，对他们也添些盼，添些爱……

精彩背后

周 燕

2011年12月5日至8日，在我校举行的湖北省思品优质课竞赛中，我主讲的《家乡的变化真大呀》一课获得省一等奖。回顾两个多月来的准备，感慨颇多。

"今年湖北省小学思品优质课竞赛将在我校举行。我们学校要通过自愿报名选拔一位选手代表咸宁市参加此次比赛，想参加选拔的老师都可以报名。"9月份刘校长几次在全校大会上这样宣传动员。

我从来没有经历过这样大型的优质课竞赛，这是一次机会。我毅然报名参加了选拔，不管结果怎样，先去试一试吧！学校组织了两轮选拔，先说课，再讲课。拿到课题后，我认真听取了几位老师的意见，经过一天一夜的准备，幸运地冲过了第一轮的说课选拔。接到一周后将进行第二轮讲课选拔的通知后，我抓紧一切时间收集资料，向有经验的老师请教，积极准备。在我不懈的努力下，终于获得了这次宝贵的机会。

此次活动将在我们学校举行，既是机遇又是挑战。学校领导非常重视。万一讲砸了，那可真是在自家门口出丑了，出于这样的想法，无形之中又给自己施加了很大的压力。思品课与语文课有很多相通的地方，作为一名数学教师，语言关是首先要加强的，一筹莫展时我们三年级组的所有语文老师自发去听课，提出了很多宝贵的意见，甚至包括语速和语气这样的小细节，老师们都一一指点出来。在参赛的准备过程中，学校也非常重视，习校长亲自听课，参与评课，教育局的黎老师和刘校长、郑主任、郎老师、樊老师更是亲力亲为，为我出谋划策。为了修改教案、制作课件，我们经常加班到很晚。如果没有这么多领导和老师的无私帮助，也就没有12月8日那精彩的一幕。

我参赛的内容是《家乡的变化真大呀》。作为一名土生土长的咸宁人，以前我还真没有用心去感受咸宁的变化，但是要想讲好这节课，首先自己要对家乡有充分的了解。于是，我利用节假日对咸宁进行实地走访、拍摄、查找资料，让自己对咸宁有了全面的了解，差不多是个"咸宁通"了。

课堂不是我一个人的课堂，学生是课堂的主体，在全面了解咸宁后，我指导学生去收集一些震撼的、有说服力的资料，体验家乡的变化，让学生们在学习中体会到团结合作的重要性，锻炼了搜集资料、整理资料的本领。最后我和学生一样都发自内心地觉得咸宁近几年发生了翻天覆地的变化！尽管很累，但也让我体验到了教学的成就感。

赛场上的我认真上课，精彩的背后有那么多有力的帮助。这次获奖离不开默默支持我的领导和老师们，也是他们让我的个人素质有了很大的改善和提高。这次宝贵的参赛经历将让我受益终身。其实，现在回头想想，对我个人而言，获奖不算什么，最重要的是我享受到了一次挑战自我的乐趣，体验了一次成功的喜悦。我相信：只要努力，一定会有收获，过程永远比结果更重要！

走出去的感觉真好

张晓萍

七月里，骄阳似火。放假了，难得轻松，与好友阳子相约自费游凤凰古城。我们打算先乘火车从咸宁到怀化，然后乘汽车至凤凰古城。打点完琐事，稍许整理内务，我们随即动身了。我们背起简单的行李，兴致勃勃地从咸宁登上列车，那情形就像放生的鸽子展翅翱翔、心花怒放，心情好极了！

下午6:08火车准点出发。因为连续几天的高温，我们准备了充足的仁丹、清凉油等防暑降温药品。其实整个行程列车上空调开放，一点也不热，感觉就像家里纳凉一样，真好！半躺半坐在卧铺上的我与阳子聊起了天，品尝着自带的食物，酝酿着怎样游玩古城景点。"这次咱们的旅游要充分体现咱单身汉自由的特点，想游的时候就游，疲劳的时候就休息，不赶时间。"

阳子立刻兴奋地赞同道："对，不赶时间，除了尽兴地游玩，还要尽兴地品尝当地小吃。"

"啥？啥？小吃？完了完了，你你你——你的减肥计划从现在开始宣告破产，改增肥计划吧！"我故作姿态、压低声调、满脸认真地冲阳子言道（其实阳子的话说到我心坎儿里去了）。

"哈哈，对——对——"顿了顿，阳子也装模作样地说："好！你说不吃咱就不吃，你说吃咱就吃，一定要实施减肥计划！"

"哈哈哈——"又是一阵开心爽朗的笑，多么轻松，多么惬意。

我和阳子是中铺。我的上铺是一名20岁左右的小女生。离火车晚寝熄灯时间还早，这会儿她坐在下铺与人聊着，话语不时从我耳边掠过……

"你是学生吧？"

"嗯，是的，咸宁学院艺术专业。现在放暑假回怀化。"

听说是"艺术生",我带着仰慕往下望。一米六左右的个子,圆脸,马尾辫,一身休闲装,说起话来甜甜的,青春又阳光。

"是咸宁大还是你家乡怀化大?"

"肯定是怀化大!"

"那你怎么跑到咸宁来读书?"

"是被咸宁学院老师忽悠来的。"

"那怀化的大学也可到咸宁去忽悠学生嘛。"

"才忽悠不过来呢。"

"为什么?"

"这个,不知道啊!"

"哈哈哈——"满车厢的笑声。

我私下里想,这应该是一个发展速度的问题,这是不是说明咸宁比怀化发展好、发展快呢?是啊,这几年,我们咸宁物质文明建设和精神文明建设的发展是日新月异啊,咱咸宁人的素质和品位也在与时俱进。作为咸宁人的我,第一次有了"咸宁不错"的感觉,我为我的家乡感到自豪。这种感觉只有在走出去的时候才有,走出去的感觉真好!

我的下铺是与我年龄相仿的两位中年帅哥,也是咸宁人。一个稍高,方脸,看上去较精干。一个稍矮,微胖,看上去年长,这次是出差贵阳,因没买到直达贵阳的火车票,所以先到怀化,再转车贵阳。其实他们完全可以坐飞机,可为了节约开支,才这样来回地倒火车。在当今不是亲眼所见、亲耳所听,我还很难相信真有如此"在家为家、在朝为朝"的守业人,我为他们的爱岗敬业叫好,向他们学习!"读万卷书,行万里路",原来走出去也是在学习和进步!

夕阳西下,窗外飞驰而过的田野、村庄、郁葱树林渐渐模糊起来。车厢里渐渐安静了,小女生已回上铺,我与同伴也草草收拾,不一会儿就进入了睡眠状态。这就是我们旅途的第一天。期待更多走出去的惊喜……

做一个幸福的班主任

岳智慧

老师是开启人生智慧心田的锄犁,班主任更是怡情悦性、三省吾集、学而不厌、诲人不倦、闻鸡授业的排头兵。要用春天的和煦、夏天的火热、秋天的爽朗、冬天的严峻凝成深深的爱与殷殷的希冀,塑造高尚的灵魂和美好的心灵。我初到咸宁市实验小学,就有幸当上了一(10)班的班主任,在教育教学上都经受了锻炼,感触颇深,在倍感压力的同时更感到骄傲和幸福。

将班主任工作作为主业

2009年的8月12日教育部颁发的《中小学班主任工作规定》中明确提出:"教师担任班主任期间应将班主任工作作为主业。"这是新的提法,新的要求,新的方案,更是新的高度。

班主任有了"将班主任工作作为主业"的意识,教学活动就会富有生命表现力,就会以学生为主体,尊重学生,信任学生,关爱学生,充分发挥学生的积极性和能动性。班主任有了"将班主任工作作为主业"的观念,德育工作就会充满艺术性和创造性,就有了不竭的创新动力,就有了丰富的创造灵感。班主任有了"将班主任工作作为主业"的行动,就会视教育如生命,生命不息,超越不止。在整个教育生涯中与时俱进,开拓创新,不断攀登教育教学的新高峰,真正从班主任工作中体验到人生的最高价值和极大的生活乐趣。"将班主任工作作为主业"是班主任工作的新亮点,以教书育人为己任的班主任有责任放大这个亮点,增加亮点的亮度。

做一个有使命感的班主任

2009年的8月12日教育部颁发的《中小学班主任工作规定》明确指出："班主任是中小学日常思想道德教育和学生管理工作的主要实施者，是中小学生健康成长的引领者，班主任要努力成为中小学生的人生导师。"班主任工作是艺术，也是科学，只有掌握了相关的知识，班主任工作才能科学有序地进行。

班主任工作大有作为，青年班主任应该自觉地增强"班主任工作大有作为"的意识，启动内驱力，增强主动性、自觉性，保持教育激情和热情，持之以恒，锲而不舍，兢兢业业，刻苦钻研的精神。

做一个有追求的班主任

班主任需要高扬追求的大旗。在困境中，只要这面大旗在，什么困难都不在话下，就有希望，就能转败为胜。在顺境中，班主任高扬追求这面大旗，就能攀上更高的山峰。我们或许没有理想的生活，但是我们要有生活的理想。只要有追求，心中就会涌动希望的浪花，即使在滴水成冰、百花凋谢的数九隆冬，也能感觉到春天的脚步。

只要有追求，班主任就会感到内心充实，不空虚，就会斗志昂扬，不懈怠，工作就会充满热情，不会冷漠，就会不断前进，不会裹足不前。只要有追求，班主任就会积聚能量，积累智慧，一旦时机成熟，就会水到渠成，展示才华，展示生命的辉煌。教育是给人以希望和幸福，如果为师者丢失了追求，就等于丢掉了希望和幸福。生命不息，追求不止！只有追求，才能实现生命的最大价值。只要心中有追求，班主任就可以大有作为，一展宏图，就可以完成破茧化蝶的历程，就可以实现教育人生的辉煌。

做一个幸福的班主任

什么是幸福？这是千千万万人一生的思考。怎样获得幸福？这是千千万万人一生的追求。无论是教育事业发展的需要，还是青少年生命成长的需求，抑或是班主任自身综合素质的提升，确实都应该发出这样的呼吁——做一个幸福的班主任。

当今，教师的压力是很大的，而班主任的压力毫无疑问更胜一筹。有的人也许会说，我们如牛负重，筋疲力尽，哪里有什么幸福？前段时间，有朋友问我

"当班主任，特别是实验小学的班主任，你累吗？"说心里话，有时我确实感到非常累。但当我看到一个个孩子在我的引导与呵护下走出迷茫时，当我尽情欣赏自己用真爱托起一颗颗新星的灿烂光芒时，当我用心品味自己用辛勤换来的累累硕果时，我感到的只有两个字：幸福！为这幸福的事业付出爱，我无怨无悔！

　　工作中遇到困难，遭到挫折，会让人感到苦闷。其实，这大可不必。须知，幸福不是一马平川，不是艳阳高照，往往是历经磨难，遭遇挫折后取得的。可以说，痛苦尽头是幸福，艰辛后面是幸福，挫折后面是幸福，关键是心态。把幸福放在心中，即使遭遇浩劫，天灾人祸，也会挺直腰杆；把痛苦放在心中，即使生活在蜜罐里，也不会觉得甜蜜。心中装满痛苦，满眼都是痛苦；心中装满快乐，幸福就会与你形影不离。

　　老师用忠贞、纯善、心血、汗水陪伴日升月落。浇灌着一株株茁壮成长的桃李。班主任以无声的呼唤，无私的奉献，无边的大爱，像春晖沐浴小草，像春雨滋润大地，丝丝缕缕，点点滴滴精心培植世纪的雏形。如琢璞玉，如磨顽石。下功夫，下力气。一年，两年，几十年，年年耐心，年年努力，年年怡情斗室！

　　让我们都快乐起来，做一个幸福的班主任吧！

用心做班主任

陈耿芳

从2000年工作至今，我已是有13年教龄的"老教师"了。我从2007年开始担任班主任工作，就像张万祥老师在《致青年班主任》一书中说过的"做班主任真好，教师不担任班主任是一种缺憾"。真的，这是我亲身感受到的。我曾教过音乐，也教过思品，因为生孩子，学校照顾我，让我带最轻松的手工课……到如今，我真真正正地感受到，做班主任的这几年，我的人生价值才有了完美的体现。

过去教音乐课的时候，每每看到搭班的班主任总是起早贪黑地忙前忙后，觉得班主任工作真累，心中发誓：打死我也不当班主任。2007年，我被分到了幼小组，担任幼小（1）班的班主任。我真有点诚惶诚恐，没有经验，怕这怕那，患得患失，心情有些低落，考虑到学校工作的难度，就只能硬着头皮上了。一进教室，看见一群"小萝卜头"，吵的吵，闹的闹，哭的哭，笑的笑，我真是欲哭无泪啊！当时就打退堂鼓了，多次找学校领导要求"卸任"。

教务处李娟萍主任是资历很深的教师，班主任工作经验丰富。她根据我的情况，一边开导我，一边传授我做班主任的经验。我当时一心想离开幼小组，对她的话也没怎么放在心上，心里想只要学生每天平平安安就好。抱着"做一天和尚，撞一天钟"的心态，我艰难地在幼小组度过了1个月。到了第2个月，各种问题出现了，学生习惯、班级纪律等都比平行班差。我班音乐课的陈艳老师，跟我提意见了，说我班上课特别吵，学生一点纪律都不懂。我至今还记得她当时跟我说的一句话"学生上课不听讲，是教的老师没用，一个班的学生上课不听讲，那就是班主任没用。"陈老师跟我是特别好的朋友，我们之间都是直言不讳，我知道这句话的分量有多重，我当时简直懵了，生怕别人说我没用。

于是我潜心学习，多方请教，在班主任工作上下足了功夫。

首先，我对学生的关注度提高了。每当小朋友之间发生矛盾时，我认真聆听，及时给出建议和评判化解他们的小纷争。没想到那么小的孩子还挺精灵的，对我提出的建议，他们自己还会掂量，估计还是符合他们的心意，因为很多家长回馈说："陈老师，我们家的孩子每天回家都说你怎么怎么地好，特喜欢你！"那时，我第一次尝到了当班主任的甜头，这个甜头就是成就感，那种发自内心的快乐和自豪无法用言语表达。从那之后，我在班主任工作上更加用心了，在与学生交流上也更加下功夫了，真正感到和他们交流也是一种学习呀！

其次，我特别注意保护好每个孩子的自尊心。我们每个人都是有自尊心的，尤其是孩子，老师如果处理问题方式不当，伤了他们的自尊心，孩子们会记得一辈子。其实，我们做老师的，谁不是从学生时代走过来的，那时老师的一些言语，我至今都还记得。所以将心比心，无论什么时候，无论是成绩多差的孩子，我都会尽力保护好他们的自尊心，从不用语言攻击和伤害他们。我总是相信"天生我材必有用"。渐渐地我在孩子心目中的威信也越来越高，我的学生都知道："陈老师总是用眼睛提醒我。"

最后，就是尊重家长。在这里，不得不再一次提到一个词——"将心比心"。我既是老师，也是家长，如果我孩子的老师是敷衍塞责的人，我又会怎么想、怎样做呢？结果可想而知。所以，我对待家长总是尊敬的，遇到困难和问题，总是平心静气地和家长沟通，说明情况，听取家长的建议和想法，以保护孩子为前提，晓之以理地解决家长之间的矛盾。面对孩子的学习时，我中肯地表达对孩子的肯定，婉转地提出对孩子的建议，因此，我在家长中也获得了好评，很多家长至今看到我仍特别热情，过节时还给我寄贺卡。这些都是用再多的钱也买不到的，这也是我在幼小班的这些年担任班主任收获的硕果。

今年，我因为工作需要，担任了一（11）班的班主任，我们班孩子都挺可爱的，当然也有几个小调皮，我花了不少心力，可是上学期的期末考试还是不理想，这次的期末成绩一直都是我心里的一个结。整个寒假，我都在想怎么样才能提高孩子们的成绩。直到腊月二十八那天，看了中央台10套的一个纪录片，我才放下这个心结。片中一名艺校的声乐老师说了这样一句话："学生不是我发怒的对象，而是该被我去爱的人。"记者采访几个学生，其中一个学生说："刘老师在课后从不要求我们做多少题，而总是用行动告诉我们，将来掌握在自己

手中，今天多一分努力，明天将多一分收获。"我从这里获得了启示，学生的成绩真的不重要，重要的是他能学会如何做人，老师的教只是工作的一部分，关键是"育"。我也懂得了，教师这门职业，关键不是教出了几个名牌大学生，而是教育的过程，而最能感受这个过程、享受这个过程的就是班主任。

在今后的教书生涯里，我会一直当班主任，也许我不是最好的班主任，但我一定会是个认真的班主任；也许我们班的成绩还是不理想，但我要让我们班的孩子有个快乐的童年，有个难忘的小学生活。我相信，我的努力会开出一朵朵鲜花，还会结出一个个硕果。

国培，给我打开一扇窗

李 纹

2010年10月8日，我有幸加入了国培计划骨干教师学习的行列，开始了为期两个月的学习生涯。这次培训最大的收获是专家、教授对我思想上的冲击。

当今语文教学全方位的新课程改革很多时候让一线教师无所适从，我们很多时候感到茫然，感到束手无策，而这次培训学习犹如为我们打开了一扇窗，使我在一次次的感悟中豁然开朗。

在这短短的两个月中，我接触到一种全新的教学理念。湖北大学每天为我们安排了丰富多彩的课程，既有讲座又有教学观摩，10多位教授、专家、特级教师以及一线教师从微观的角度开展了涉及教育教学多方面领域的精湛讲座，让我们从全新的视角了解当今语文教学中最前沿的理论和研究，得到了方法上的指导和方向上的指引。

这些专家的理念，内容既深刻独到又通俗易懂，既旁征博引又紧扣主题，既发人深省又生动有趣。他们对小学语文的前沿引领，让人耳目一新、心生敬意，让我经历了一次思想的洗礼，享受了一顿丰盛的精神大餐。他们的讲座为当前的语文教学指明了方向——全面提高学生的语文素养。专家们鼓励青年教师要善于发现、善于反思，要求我们做高素质的语文教师，做有品位的教师。每场讲座结束之前，学员都会和专家们进行互动交流，针对学员的困惑，专家们都一一给予解答。

潘纪平老教授造诣高深，深入浅出地讲解了《新课标解读》和《语文名师教学专题研究》，使我对新课程下的语文教学有了全新的认识和理解，以前感觉这些理念很空洞，但在潘教授的讲座中，觉得触手可及。他说语文教学要全面提高学生的语文素养，语文老师要正确把握语文教育的特点是从知到行，他

极力倡导学生学习方式的改变，语文教师要注意培养学生的问题意识，要努力建设开放而有活力的语文课堂。

文学院的柯华桥教授温文尔雅，他深入而详实地剖析了各种案例，讲到教师如何备课的问题，他说一堂好课的标准是教学内容与语文课程目标一致，教学内容切合学生的实际需要，因为只有这样才有利于更妥帖地解释语文教学实践。教师要依据学情选择教学内容。从学生的角度讲，学生不喜欢的，使他喜欢；学生读不懂的，使他读懂；学生读不好的，使他读好。备课要做到：生课熟背、熟课新背、全册粗背、逐课精备、课前默备、课后复备。

靖国平教授、叶显发教授的讲座《课程改革与教师专业发展》，让我对教师的专业发展有了全新的认识。他们说，教育的力量在于教师的成长。老师应是学生智慧成长的引导者、促进者，同时也是自我智慧成长的反思者、实践者。一个有魅力的教师应表现良好的专业自我，应具有突出的教育理解力、教育表现力、教育创造力，我们应与学生一起成长，在接受教育中感受教育，在感受教育中享受教育，在享受教育中创造教育。教授们独到的视角、深邃的思想给我留下了深刻的印象，深深地激励和影响着我。

在这次学习中，最让我感动的有两位教师，他们是特级教师余映潮和华师大特约教授胡明道。他们上课时信手拈来的精妙发问，形象生动的讲解，令人如沐春风。余老师是一位语文教学研究的能人，是一位善于创新的中学语文教研员，作为一名中学语文教研员，能够那样有声有色地开展工作，能够写那么多优秀论文，可以说是功成名就。但他不满足于此，他坚持课堂教学艺术的研究，坚持进行课堂示范，长期送教下乡，在课堂教学上同样地闪现出自己智慧的光彩。

10月28日，61岁的余老师精神矍铄地站在讲台上，妙语连珠地谈起《教学创意例谈》，让我们深深地感受到了语文课堂教学之美和余先生的执著精神。他说，教学创意要"简""实""活"，成功的创意必须做到教学思路清晰，提问精粹实在，学生活动充分，课堂积累丰富，优化教材处理，深入课文文本。

下午聆听了余老师的《夸父追日》和《走一步，再走一步》，让我深深体会到他的课堂艺术的魅力。积累是语文教学一个永恒的话题，"笔参造化神始足，腹有诗书气自华"，而在被练习册、考试卷异化了的语文课堂上，我们通常见到的是课堂上讲授、练习，课外积累，常常忽视了课文这个最重要的积累资源。对此，余先生谆谆教诲：要达到的教学境界应该是"学生活动充分，课堂积累

丰富"，课堂教学中最为重要的基本积累是语言积累。

他在《夸父追日》中就设计了美妙成语这一环节，学生在文言文中把词语的意思用成语表达出来。这样的语言积累教学，如同汩汩流动不息的泉水，注入到学生的语文课堂学习中，使语文课堂教学变得丰盈起来。正如语言学家叶斯大林帕森所主张的"把孩子们投入到语言的海洋中去"，学生语文素养的提高不再是无本之木、无源之水。

另一位特级教师胡明道老师是教学中心理事，国家骨干教师培训导师。11月16日她亲临湖北大学，给我们讲起了《促发生成的教学预设研究》，告诉我们生本教学要尊重生命的自主性，要关怀生命的整体性，要赞赏生命的独特性。教师应是教学的组织者、参与者、促进者和指导者。由于生成具有即时性和多元性及难料性的特点，预设就应动力化，它必须为教学过程中师生都能施展创造性创设平台，必须使不同差异、特长、层次的学生都能得到学习机会，必须为课堂上可能生成不同维度、不同方向、不同内质的信息发生碰撞提供条件。总之，生成因预设而丰富，预设因生成精彩。

听了她的报告，我想：课堂是一个充满活力的生命整体，处处蕴含着矛盾，阅读教学化被动接受为主动探讨，化知识注入为思想沟通，化单向吸收为多方面交流，尤其需要强调动态生成，但也不能贬低和忽视课前预设。预设应以生成为目标追求，应为生成留下广阔的空间。

其实，培训是一个反思进步的过程。两个月的培训学习是短暂的，但是给我的记忆和思考却是永恒的。通过这次培训，使我提高了认识，理清了思路，学到了新的教学理念，找到了自身的差距和不足。

综观目前我的教学，最注重的似乎就是学生学习成绩，简单地说就是学生的考试分数，它就是我们教师的生命。于是整天围着学生转，课内效益不高，就利用课外补，花了大量时间，结果学生累我更累。

如何使语文课堂显得真实、自然、厚重而又充满韵味？作为语文老师的我更要关注的是蕴藏在语文课堂中那些只可意会不可言传，只有身临其境的教师和孩子们才能分享的东西，要关注那些伴随着师生共同进行的探究、交流所衍生的积极的情感体验。我们不但要传授知识，而且要善于以自身的智慧不断唤醒孩子们的学习热情，点化孩子们的学习方法，丰富孩子们的学习经验，开启孩子们的学习智慧。让我们行动起来，做一位有心的"烹饪师"，让每一节语

文课都成为孩子们"既好吃又有营养"的"语文大餐"！

此外，我还认识到：一节好的语文课，新在理念、巧在设计、赢在实践、成在后续。一节好的语文课要做到两个关注：一是关注学生，从学生的实际出发，关注学生的情感需求和认知需求，关注学生已有的知识基础和生活经验是一节成功课堂的必要基础。二是关注学生的学习兴趣，使学生真正体验到语言文字的乐趣，从而爱上语文。一节好的语文课，不要有"作秀"情结，提倡"简洁而深刻，清新而厚重"的教学风格，展现思维力度，关注学习方法，体现语文课的灵魂，使语文课上出"语文味"！

一名合格的体育老师

彭 庆

1995年参加工作至今,在我所教的科目体育课上,见到各种各样类型的学生,有活泼型的、偏执型的、爆发型的、攻击型的等等。但是,不管对于哪种类型的孩子来说,体育课都是他们最喜欢的课。教师应做好本职工作,严格要求,有一颗公平公正的心,从爱孩子出发,加强孩子的身体素质。通过幽默诙谐的教学,开展有趣的体育运动,培养孩子保持锻炼身体的好习惯。多开发课余团体配合活动,有利于孩子的身心健康同步发展。

因为成年人身体素质比孩子们好很多,所以当你上任何一个项目的时候,要给他们表演,做直观的示范。比如引体向上、立定跳远、仰卧起坐等。他们发现老师很棒,就会自觉听话。

下面我就从以下三方面来谈谈如何做一名合格的体育老师。

一、对学科专业的了解

如何做一名新时期的优秀教师,首先就要对新时期体育教师有一个全面了解。

了解本专业的具体要求,分析当下对体育教师的具体要求。只有对自己专业全面了解的教师才能根据要求去努力改变,一步步成长为优秀体育教师。从师德、专业知识、专业技能、教育教学理论等方面去了解本学科教师的具体要求才能发现自己的优缺点,进而找到努力的方向。

了解本学科专业的发展趋势。我们都知道如今是个知识更新换代飞速发展的时代,唯有了解专业发展方向才能更好地明确做一名优秀教师的具体要求,才能更好地为之努力。我认为,学科的发展趋势应从以下几点去了解:

1. 专业知识

体育教师必须具备相当全面的专业知识，因为教学是个比较复杂的工程，我们所面对的是一个个活生生的、有思想的人。在学生面前，你不能说"我不会""不知道"，就算你真的不会，也可以换种方式去回答学生，如：你提出的问题我现在要是告诉你了，你就不会动脑筋去思考问题了，或者说你可以回家上上网查阅一下资料，明天我们再交流等等，类似的方法很多。为什么说我们体育老师是万金油？因为你必须了解很多有关体育的专业知识，包括各种书本上的理论知识和媒体上的更新迅速的体育知识、体育事件、新兴的体育项目。在小学生的眼里，体育老师是最棒的，只有这样才能更好地满足学生的学习需求。

2. 专业技能

专业技能是立足之本，也是不同学科教师之间的最大区别，是我们之所以称为体育教师而不是其他科目教师的关键，也是我们对学生进行教育的载体、桥梁、手段，是一名体育教师的基本功。只有全面了解各项技术的变化和发展才能更好地在教学过程中对学生进行教育，才能教给学生最基本的、全面的、科学的身体锻炼方法。

3. 教育教学理论规律

教育教学理论规律是我们教学中不变的、可靠的理论，全面了解这些内容可以让我们在教学过程中省时省力、事半功倍。但是，随着时间的推移，这些规律也有变化，所以我们要及时更新自己的知识理念、更好地利用这些规律去开展教学活动，取得更好的教学实效。

二、熟知当一名体育教师的基本要求

1. 课堂形象：着装要得体（必须是运动装，不背包、不穿皮鞋、身上不装过多的物品），由于所从事的学科的特殊性，我们必须严格要求自己，着装专业。也就是说，体育老师要求学生做到的，自己必须得做到。要在学生的心目中树立良好形象。

2. 上课守时：按时到课堂，上课前教师应提前到达规定的集合地点等候上课。十几年前，我刚参加工作，我的一位老师曾对我说过："你想要学生遵守你的时间，要想学生尊重你，不管任何时候你都要提前到，也就是说是你等学生上课而不是让学生等你上课，否则的话你将会失去在学生面前的威信。"

3. 课前准备：课前准备要充分，确定上课地点、场地分布（组织教学活动），学生不携带危险物品（如：钥匙、小刀、塑料玩具之类），确保场地无杂物。在练习活动中可能会出现诸多的问题，作为一名体育教师都应该预见到，灵活处理突发事件。为什么说我们备课要备学情、备场地、备器材、备教学教法，就是要了然于心。

4. 规范上课：口令准确到位、语言精练、眼观六路、耳听八方。课堂教学有内容、目标，教学流程要清晰，要提防可预见性的事情发生，和学生时间交流久了，一声哨声、一个眼神、一个动作学生都会知道老师要他们做什么。

三、语言精练训练到位

在每一类课的教学内容中都有它的重难点，我们可以动动脑子、花花心思教学生用口诀来解决学习要点，语言精练，便于记忆，利于上课管理。例如：

集合——
集合信号一声响，快快跑步到操场，
站队做到快静齐，纪律好来精神爽。

看齐——
向右看齐右摆头，向前看齐平举手，
横队纵队成直线，向前看呀快还原。

站立式起跑——
两脚开立膝稍曲，两臂弯曲体前移，
思想集中听信号，蹬地起跑向前冲。

跨越式跳高——
侧向助跑短而疾，踏跳重心稍上提，
一脚蹬地一腿摆，过杆内旋稍曲膝。

老鹰捉小鸡——
小鸡小鸡莫调皮，老鹰要来抓住你，
小鸡小鸡莫着急，母鸡回来保护你；
老鹰老鹰你来捉，我们会跑又会躲。

以上只是举了几个简单的例子，我们可以用类似的生动口诀让学生在学习中觉得不那么枯燥，同时也掌握了课堂教学中的重难点。

体育课中游戏是孩子们最喜欢的内容之一，因为游戏的趣味性、竞争性和偶然特征，决定了体育游戏比赛必须有明确的规则约束，需要有裁判来监督和执行规则，并客观公正地评定游戏结果。那就要求我们在执裁的过程中要认真、公正、准确、严格地执行规则，保证比赛的公平竞争，达到教育的作用；否则，会大大降低学生的兴趣，失去教育价值，甚至会发生不利于团结的相互争执。因此，通过游戏可以培养学生公正、诚实和遵守规则的意识，增强遵纪守法意识从而形成良好的行为准则。

总之，我会不断探索体育教学规律，成为学生们心目中的好老师！

教师眼中的学生

郝大志

不知不觉来到实验小学已经有些年头了，和这些活泼可爱的孩子们在一起，每天都是满满的幸福，感觉自己也始终年轻着。虽说有时候孩子们顽皮，但是花点功夫，花点时间，用心去对待他们，看着他们一点点地改变，一点点地成长，心里的自豪感油然而生。

去年到午托班工作的那几个月使我懂得：选择教师这份职业，也就意味着要担当更多的责任，需要传授这些小孩子们知识，需要告诉他们什么是对的，需要引导他们沿着正确的方向前进。这些孩子正处在智力成长、思维逻辑不断成熟、认识观不断完善的时期，需要我们多一份关心、多一份耐心、多一份鼓励，少一份责备。现在的小学生，比起我们那个年代的孩子，自是聪明得多了，想象力也丰富一些。现在生活条件好了，孩子们见多识广，看到的、听到的、了解的也多了。在学习知识的时候，他们很容易联想到自己的所见所闻，比如：有一道题目，有66个座位，每排安放11个，需要安放多少排？有个学生马上联想到她曾经去电影院看电影，她就会根据电影院的座位思考，11个一排，然后在纸上大致画一下，结果马上就出来了。所以说现在的孩子无论从知识的接受能力方面，还是知识的运用能力方面，都强了许多。当然，天生的好奇心，也让他们小小的脑袋瓜里装满了奇奇怪怪的问题。由于他们知识面比较窄，思维比较局限，所以有些问题我们其实很难彻底地解释清楚、解释明白。

一方面，现在的孩子更加活泼，更善于表达自己，也比较会表现自己，或多或少的有各式各样的才艺，比如钢琴、跳舞、唱歌等等。现在开办的各种补习班和才艺班给许多孩子创造了条件，使他们能够各尽其能，在学习之余，也拥有属于自己的一些爱好和特长，所以他们都比较会玩，也比较爱玩。

另一方面，现在物质条件好了，父母过度的宠爱，让这些孩子顽皮得多，独立性也比较差，吃苦的劲头也没有那么强！有些孩子经常恶作剧，和同学之间闹矛盾，遇到一些事，受到老师的批评，就喜欢闹情绪，喜欢依靠父母去给自己出风头，自己一定要占到优势。有些孩子一生病，就不愿意来学校。不愿意一个人面对一些事，不能够很好地处理自己的问题。

现在的孩子比较好面子，有一定的攀比心理，自尊心强，你可以说他错了，但不能说他不行。他们都不喜欢听太多的批评。如果哪天你表扬了他，那么他在接下来的一段时间就会表现得特别积极，他愿意主动去和老师讲话，喜欢问问题；但是如果哪天批评了他，他就会感觉自己在同学面前丢了面子，就会把自己封闭起来，不愿意去听你说什么，见了老师会埋下头，不愿意主动打招呼。和同学之间，喜欢攀比自己去过哪些好玩的地方、吃过什么不一般的东西、有着怎样优越的家境，每当提起这些，就感觉自己特别有面子。

现在的电子产品多了，小孩子的玩心比较重，喜欢和游戏打交道，不愿意和同龄的孩子交往，交际能力比较差。随着电脑的普及，开发的游戏增多，玩游戏占用了他们大量的课余时间，有的孩子一回家就趴在电脑前，连饭都不好好吃。和同龄人相处很容易起矛盾，不善于和同龄人玩耍，对于其他孩子表现出来的优势不是很愿意接受和承认。

需要提醒的是，现在的孩子心理过于脆弱，逆反心理也尤为突出，依赖性也很强。由于大多是独生子女，物质生活条件好，什么都不缺，过着无忧无虑的生活，经历的困难也非常少，基本上没受过什么挫折，从而导致许多孩子遇到事情束手无策，不能自己想办法解决，心态也不是很好，起伏比较大。加上父母一直扮演着多重角色，什么都帮他们安排好了，所以孩子很少有动手机会，就连农村的孩子，许多事情都做不来。

作为一名老师，对于这些成长中的孩子，我们需要做的，就是帮助他们挖掘身上的潜能，同时努力帮助他们改掉自身的毛病，使他们能够健康茁壮地成长。这就需要我们的家长、老师，能够多一份耐心，多一份责任心，能够尽自己的努力做好孩子的领路人，做好灵魂的指引者，做好知识的传播者！

平凡背后的感动

商 萍

有人说了，小学教师是世界上最简单的活，告之句读，照本宣科，只要识字，便可为之。其实非也，古人有云：师者，所以传道授业解惑也。小学教育可以称之为所有人的启蒙阶段。在这一阶段，老师不只承担着传授课业的责任，还教导学生们做人的道理、做事的准则。小学生的世界最是单纯也最是懵懂，需要我们耐心地引导。

小学教师，其实是平凡的。春夏秋冬，三尺讲台数十书桌；斗转星移，往返之路岁月蹉跎。教室还是那个教室，知识也还是那些知识。教师不需要有超人的禀赋，也不需要有坚强的意志，但需要有教导孩子的耐心，甘于寂寞的决心；必须有幼吾幼以及人之幼的爱心和与时俱进、不断学习的进取之心。面对不同的孩子，面对同一份童真，几十年如一日地教授，激扬文字，从一双双充满求知欲的眼睛中感受幸福。终于，从平凡中获取了崇敬。终于，桃李三千圃、硕果满神州。实验小学就是一个由这些教师组成的大家庭。

她，工作勤恳严谨，不断创新，精益求精。她便是我校教师刘凤霞老师。刘老师自1982年从教以来，就过着家与学校两点一线的生活。教室是刘老师倾注汗水的地方，每一堂课都饱含着她的心血，每一堂课都见证着她探索、实践、总结、改进的过程。她课下努力钻研，虚心请教，融入精华，逐步形成了自身独特的教学风格。她的教学方式多样，只要是能帮助学生们高效掌握知识的方法，她一定会采纳。刘老师爱读书，她常对学生说："'胸无点墨心常怯，腹有诗书气自华'，成长的道路上，有书为伴，就永远不会孤单；有书为伴，生活多了一份乐趣，人生也就多了一份睿智。"黑发积霜织日月，粉笔无言写春秋。刘凤霞老师从教三十余年，培养了无数的学生，也许她所做的每一件事都是那

么细微、那么平凡，可难得的是，她三十余年如一日的专注和坚持。

他，从不在乎个人得失，以集体为重，以工作为重。他就是我校的黄勇老师。黄老师一直承担着我校电视台录像与宣传片制作工作。面对学校分配的任务，他总是保质保量地完成。哪怕他身患疾病，也从来没有耽误过工作。他的病耗尽了家里的积蓄，但是他从来不向学校提要求，对于学校领导的关心、全校老师的资助，他总是心存感激。为了按时完成工作，他经常在身体条件允许的情况下，住在办公室里面，累了就地入睡，睡醒继续工作。就这样，他完成了一个又一个其他老师参赛的教学课件制作。衣带渐宽终不悔，为伊消得人憔悴。正是凭着这种对学校事业的热爱，对本职工作的高度责任感，他多年如一日地服务学校。

一转眼，我加入咸宁市实验小学这个大家庭已经23年了。这些年，不乏挫折，也不缺烦恼，但，实小带给我最多的是点滴平凡背后的感动！春去春来，实验小学不断有老教师退休，也不断有年轻老师进驻。校园的环境在变，教书的老师在变，读书的孩子在变，然而始终不变的是，实验小学总是有着这样一群平凡而又伟大的老师。春蚕到死丝方尽，蜡炬成灰泪始干。正是许许多多如刘凤霞和黄勇这样乐于奉献、矢志不渝的教师，实验小学才能在咸宁市基础教育领域傲视群雄。而这也是我在工作中遇到难题时，可以不燥不恼，坚持下来的动力！23年来，我从来没有后悔加入实验小学这个集体中，我很荣幸有这样一帮平凡的同事，可以感受到他们带给我的感动。就在这感动的一瞬间，我的心悄然绽放；就在这绽放的一刹那，我忘记挫折、忘记烦恼，与他们一起共创辉煌！

我爱学校

何 瑾

我爱活力四射的实验小学,更爱来自每位教师脸上温暖的微笑。

还未迈出大学校园,我就走进了咸宁市实验小学的校园成为了一名小学英语教师,并迅速融入到这所有着200多名教师的学校里。是什么让我如此顺利地站上这个岗位,又是什么让我在这个岗位如此满足?回味这匆忙的一个学期,我品到了学生们的稚嫩可爱,读到了教师岗位的认真负责,而更多的是我身边每一位老师传递给我的教导与温暖,让我感受到我们的学校是一个温馨的家,我可以沿着大家的热情一直往前走,也成为这个"家"中一名幸福的老师。

第一天去上班,李娟萍主任带我见了我的第一位"师傅"——黄捷雁老师。黄老师二话没说就领着我去了英语办公室。上班之前特别忐忑,担心上班时会手忙脚乱不知所措,可是在看到黄老师的那一刻,我立刻安心了。是她的随和和那简单的一个微笑让我知道,我可以在她的指导下充满信心地站上讲台。第一次听她的课,第一次站上讲台模仿她的课程讲给自己的学生听,第一次坐在她身边听她讲述上课的种种注意事项,第一次她和我的第二位"师傅"周瑜老师听我的课。每一次经历我都没有紧张害怕过。因为每次经历她们都用自己的耐心来教会我如何成为一名优秀的小学英语教师,我感受得到她们毫无保留地把自己多年的教学经验传授给我。很庆幸自己来到了这样幸福的集体,是她们的赞许让我可以像孩子一样放松而又偶尔任性地成长,成长为一个大胆面对孩子的英语教师。

除去教师的工作,在教务处做教务员使我更感受到了每一位教师的爱。教务处的工作让我有机会接触和认识学校的每一位教师。每一次分发材料到各个办公室,从最初的不好意思推开门到后来礼貌地敲门进去;从最开始对不上号

到后来的见面立刻招呼说"你好"。渐渐地,我开始熟悉教务处的每一份细致的工作。特别感谢教务处几位主任对我的教导与包容,一个学期里我犯了不少错误,不是打错表格就是漏掉表格信息,但是她们从来不会训斥我,而是手把手地教我应该怎么做。是她们的包容让我可以正确面对每次工作的不足,让我一点一点地把每次任务都做得比从前更完美。

一个学期下来,最让我深切感受到爱的是英语演唱会前前后后的所有工作。如果没有每一位班主任老师的积极配合,我们不会有这么精彩的晚会;没有每一位音乐老师的协助,我们不会有这么美妙的歌声唱响全场;没有电视台老师的加班拍摄,孩子们的笑脸不会走上大荧幕;没有李主任的每一次努力沟通,我们上不了政府广场的舞台。是每一位教师的美丽笑容感染着身边的我们,让我们有动力去成为更好的自己,去为我们的学校做更多的贡献。而最最满足的,便是那晚演唱会结束,校长脸上洋溢的幸福的笑容、满意的笑容,还有小演员们开心的笑和家长们赞许的笑。

是我们每一位老师发自内心的微笑让我在这个大家庭中切切实实感受到了工作的幸福。笑容的力量就是这么神奇,它让我成长,它让我们可爱的实验小学成长,让我们每一位小学教师更懂得用爱去微笑。

童年卫士

周小琴

我童年的卫士，就是我家那条老黄狗。

小时候，我家住在离村庄一公里外的东岭上。那弯弯曲曲、坑坑洼洼的沙土路像一根黄线，系着村庄和我的家，路两边是茂密的树林和庄家地。林中的树枝、树叶不动声色，比赛似的伸展，虽然很拥挤，但平和谦让，因而林子越来越密，树荫也越来越厚重。

那是1960年代，我还上小学，学校抓得很紧，晚上有自习课。因我家住在上岭上，每天最让我犯愁的事，就是晚上放学独自穿越树林回家。

夏天，月光下的群上是有层次感的，千姿百态，像拉练的队伍。近处的树荫却像一个个黑洞，阴森森的，林子里的各种小动物，金蝉、蟋蟀、青蛙、野兔、黄鼠狼、蛇等，时常在身边弄出声响来。风穿过林子，树叶一阵躁动，就连地里那茁壮的高粱、玉米也惊吓得你推我搡，沙沙作响。

树叶、庄稼叶沙沙的声响和脚步声纠缠在一起，好像有人跟随在身后。有时，脚下踩到一只软乎乎的蛤蟆，我会被吓得一蹦老高，拔腿飞快地跑，但不管跑得多快，那声音依然紧跟在身后。

我清楚的记得，那夜雷雨交加，闪电在空中飞舞，路已被水冲得沟沟壑壑，我背着书包往家跑，脚底和腿上粘满泥浆。回家的山路的南侧是一片林地，其间立着无数的坟头。

坟边和坟头上长着许多灌木，像站立的人在晃动。望着周围的景物，我只觉得头皮发麻，全身发抖，泪水悄然涌出眼眶。这时，有一个黑乎乎的东西，在路边的树林里蹿动，我迅速弯腰摸起一块石头。肯定是遇上狼了，我的心一下子提到嗓子眼儿，站在那里一动不动，只等着与狼拼命。突然，"狼"冲了

出来，我正要扔石头，却听到熟悉的汪汪声，难道是我家的那条老黄狗？我疑惑的大喊一声："黄——"正在我犹豫之时，老黄狗已跑到我跟前。我定神一看，老黄狗早已被雨淋透了，它摇着身上的水，竟然伸出前爪扑到我身上，用舌头添了添我的脸，摇着尾巴，围着我转了好几圈。这真出乎我的预料。我扔了石头，用力抚摸着它的头，说不出有多高兴。老黄狗特别懂事，可能是担心惊吓了我，竟用嘴从我身上扯下书包，叼起来跑在我的前面，为我开路。没走出几步，远处山岭上传来令人毛骨悚然的叫声，老黄狗也有几分惧怕，跑回来，把书包扔给我，贴着我的身，伸直了尾巴，一边汪汪的叫着，一边急匆匆地伴我往家里赶。等我们回到家中，我的衣服上满是雨水汗水，全身颤抖。老黄狗也躺在地上，抽动着长舌头，喘着粗气。

从那以后，老黄狗每天晚上都要到村东头接我。村东头有口老井，等我放学出来，它早已坐在井旁。有几次，我到井旁时，却找不到它，谁知它就藏在周围的树丛中或墙角边。它调皮地跟我捉迷藏，突然现身给我一个惊喜。我把书包挂在它的脖子上，它就跑一会儿，坐在路中等我一会儿，等我赶上来了，它再跑一会儿，然后再等我一会儿。有时我抚摸它，理顺它乱蓬蓬的毛，一块儿往回走。从此，我走夜路不再寂寞，也不再害怕，反倒还增添了几分乐趣和坦然。

无论是春夏秋冬，还是风霜雨雪，无论是星光灿烂，还是伸手不见五指，在那林间的小路上，老黄狗像一位忠诚的卫士，护送着我度过了那段难忘的时光。

狗重情义，也通人性。人与动物相逢、相遇、相识都有缘，珍惜相处的时光，就会留下美好而温馨的记忆。

第三编

教学论文

合作学习中教师的作用

刘朝晖

小组合作学习是适应素质教育需要的一种新的教学方法，它在协调学生智力和非智力品质的和谐发展，增进学生合作意识和提高社交能力，激励后进生，避免教学中的无效活动和提高教学效率等方面有着积极的作用。笔者发现一些教师在教学过程中虽然重视了小组合作学习这个环节的设计，但是小组合作学习流于形式，并没有起到真正的作用。下面笔者结合本人的教学实践谈几点感受。

一、创设情境，使学生想合作

创设情境是现代教学的重要手段。创设情境能够激发学生的好奇心和求知欲，创设情境能够引发学生的自主探索与合作交流。老师在教学中必须巧妙地创设情境，使学生想合作。例如，在教学《小统计》时，我播放了一段车辆通过一座大桥的录像，要求学生统计出2分钟内通过大桥的货车、客车、小轿车、摩托车的各车辆数。放第一遍时学生手忙脚乱，统计很困难。这时有一位学生向老师提出能否将录像放慢一点，老师满足了学生的要求，将录像慢放了一遍，学生还是难以统计。这时就有学生提出："老师能否让我们4个人一起数？""4个人怎么数？""我数小轿车，孙赛数货车，刘阳数客车，任琪数摩托车。"按照这种小组合作的方法，同学们轻松、快乐地统计出2分钟内通过大桥的各种车的辆数。

二、开放时空，使学生能合作

根据新课程的开放性及其实施的亲历性原则，在数学课堂教学中可以采取开放时空的方法，使学生能合作学习。一是根据需要改变课桌的排列方式，如

由"秧田式"变为"圆桌式"或"马蹄形"。二是将课堂由室内延伸到室外。如教学《千米的认识》时，可以以合作小组为单位，让学生在操场上自由组合，亲历"千米"概念的形成过程。三是课堂中小组合作学习的时间不是固定的，要根据小组合作学习中信息生成的状况灵活掌握。四是小组合作学习向课前和课后延伸，使小组合作学习不受课堂的限制。例如：在教学《年、月、日的认识》时，课前我布置学生以合作小组为单位，搜集整理连续10年的年历并制成表，提出"为什么每月的天数不是一样多？""为什么不是所有的单月为31天？""为什么只有2月有时28天，有时是29天？"等问题。学生通过这一合作活动知道：1年有12个月。1、3、5、7、8、10、12月的天数是31天；4、6、9、11月是30天；2月有的年份是28天，有的年份是29天。每连续4年中有1年的2月是29天，其余的是28天。这为《年、月、日》的教学做好了充分的课前准备。这一合作活动就打破了课堂时空的限制，使学生能自主合作。

三、适当介入，使学生会合作

在小组合作学习的过程中，有时因学生缺乏必要的合作技巧，使小组出现一些问题，有时因学习内容的难度大，合作学习进程缓慢或陷入停顿。笔者认为教师是合作成员中的一份子，是"平等中的首席"。"平等中的首席"应当发挥"首席"的作用，在学生遇到困难时，应当适时适度地介入，给学生一定的帮助，使学生会合作。例如在学习《平行四边形的面积计算》时，有的小组为平行四边形的面积是否等于相邻的两边相乘高声争论不休，其他小组也遇到障碍，这时候，"首席"就应该介入。我的方法是，让这个小组的合作活动暂停下来，告诉同学要小声说话，要虚心听取对方的意见，要有勇气反思自己的想法，要大胆创新，寻找新的思路。同时我还给每个小组一幅用4根木条钉成的活动式平行四边形教具（如下图）。

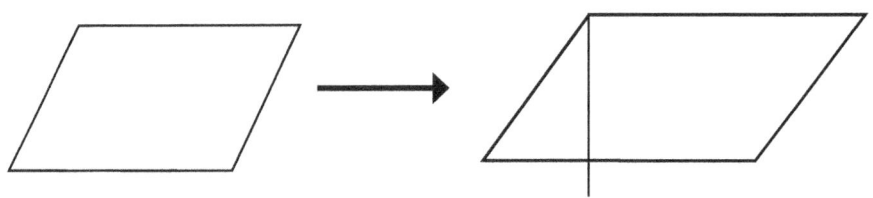

在教师的帮助下，每个小组又重新开始合作研究平行四边形面积大小的变化与什么量有关。老师这时的介入，就为学生的进一步合作学习活动排除了障碍，指明了研究方向。

四、积极评价，使学生乐合作

《数学课程标准》明确指出："激励学生的学习热情"是评价的目的之一。为此，对学生小组合作学习的评价既要关注合作的结果，也要关注合作的过程；既要关注学生的合作和学习水平，也要关注合作者在合作学习过程中表现出来的情感与态度。因此，教师要充分发挥合作学习中即时评价的功能，把握评价的契机，审时度势地给予小组合作学习恰当的评价，激发学生学习的积极性，建立学习的信心，使学生乐于合作学习。例如，在学习《平行四边形的面积计算》一课时，先放手让学生分组探索，讨论中有的同学提出"长方形的面积等于长乘宽，平行四边形的面积是不是也可以用相邻的两边相乘？"同学们就这个问题争论不下，最后将评判权交给教师。有的教师遇到这种情况，可能会因为学生没有做出正确的猜测而像法官一样评价学生——"错了""没有好好动脑筋"。我认为，学生用长方形的面积计算方法类比平行四边形的面积计算方法，这是认知过程中自发地顺应和迁移现象，更是学习中勇于探索所做的大胆猜测。于是我把握契机，积极评价学生："你能做出大胆的猜测真好，挺有探索精神的！小组里再对你的猜测验证一下，看看有没有道理？"这种激励性的即时评价，有效地提高了学生合作学习的热情，从而使合作学习更主动、更积极，使学生尝到了合作学习的乐趣，达到乐学的目的。

数学课堂教学问题探究

郑传松

新课程实施以来，我校数学课堂教学发生了巨大变化，正在逐步从传统课堂教学模式走向新课程理念指导下的课堂教学模式，呈现出丰富多彩、精彩纷呈的数学课堂教学新景象。但是，在实施新课程理念的课堂教学过程中还存在着一些不可忽视的问题，为了促进我校新课程理念的数学课堂教学的快速发展，增强数学课堂教学的实效性，这些问题应该得到及时有效的解决。

一、课堂教学存在的主要问题

1. 不能准确把握教材呈现的编排意图。实施新课程，教师不仅是课程的实施者，更是课程的开发者与建设者，教师有了自主权，就有了灵活使用教材的空间。如果教师对教材解读不够，不能领会教材体现教学目标和教学要求的精神，把握不住教材的知识点，不能结合学生的实际情况对教材进行整合，不能创造性地使用教材，那么，数学教学仍然是处于教死书、死教书，费时低效，学生的数学思维、问题意识、情感体验都使教学目标难以达成。

2. 重教材轻学生的现象普遍存在。在学校的集体备课过程中，重心仍然是备教材，备教材中的知识和技能。没有实现备课重心由"备教材"向"备学生"的转移。死盯知识和技能目标，忽视数学思考、问题解决、情感态度价值观的培养。多数数学课堂，教师似乎想体现以学生为中心组织活动，然而，在时间分配、知识传授、课堂组织与评价等方面仍是教师占绝对主导和控制地位。不愿也不放心放手让学生自主学习，舍不得把时间交给学生。对学生缺少"信任"，怀疑学生的学习能力，生怕学生不好好学习，完不成教学任务。

3. "学"服从于"教"的现象仍然存在。调查发现，大多数数学课堂仍然

以教师的讲为主，一节 40 分钟的课，教师的讲授时间长达 30 分钟。教师无法从知识的占有者和传授者中解放出来，不愿从学生已有的知识和经验出发，更没有遵循学生的认知规律组织教学活动，仍然是以讲为主，先教后学，不教不学，导致学生亦步亦趋，按部就班，严重影响了学生学习的主动性和积极性，看不到思想碰撞的火花，也感觉不到学生思维的灵动。教师的课堂教学严格执行预设的教案，过渡衔接千篇一律，甚至是背诵教案，以完成教案设计为终极目标，缺乏应有的灵活运用教材、灵活组织课堂教学的智慧和机智。对课堂中生成的资源不是视而不见，就是回应能力弱，不能及时捕捉，更不能善于利用和加以引导，学生总是处于被动接受的学习状态。

4. "多维"的教学目标难以得到实现。多维目标不能有机整合，只图课堂气氛活跃，忽视"双基"的培养及训练，或只重视获得"双基"，不重视获得"双基"的过程与方法。多数数学教师脱离具体内容和特定的情境，孤立、机械、生硬地进行贴标签式的情感态度价值观的教育，严重影响课堂氛围，冲淡教学激情，学生体会不到教育和学习的真情实感。对数学思考、问题解决目标把握不准，"满堂灌"变成"满堂问"，"一问一答打乒乓球"式的数学课堂频频出现；以问代讲，一问到底，语言单调拖拉冗长、模糊不准确的问话使学生捉摸不透，摸不着头脑，无法回答；不停地重复学生的回答，让学生感到烦躁；不断打断学生的回答，使学生感到很压抑；数学问题琐碎而没有思考价值，养成了学生随意应付的学习态度。很多教师人为地给学生的数学学习增添"陷阱"和"障碍"，给数学学习带来负面影响。

5. 盲目进行探究、合作学习，流于形式。探究学习是要将学习活动变成学生自主去发现和提出问题，分析并解决问题的过程，并不是任何知识都适合探究。听课过程中发现，很多教师在课堂上设计探究学习的环节，包括数学概念、计算结果的比较、乘法口诀的识记、甚至是用圆规画圆也要让学生去探究，结果是学生产生不了探究的欲望，大多数学生不愿动，有少数学生不知道怎么动，学生只好当录音笔、收音机或摄像机，时间长了就好开小差，甚至影响课堂纪律。在小学进行探究学习要认真设计，严密组织，特别是低年级学生。合作学习对发挥学生的主体作用能起到积极性的作用，对培养学生的团队精神、合作精神、思维能力与语言表达能力都有很大的帮助。但所有课堂都进行小组讨论、合作学习，教师一说讨论，几个同学就把头凑到一块，人人都在讲话，谁都听不清

讲什么，教室里像飞进了一群蜜蜂，到处都是嗡嗡声。合作学习没有中心议题、没有具体要求、没有明确分工，有点随心所欲，流于形式，具有明显的表演色彩。

6. 对现代媒体辅助教学功能的认识与使用不够。现代媒体的运用可以激发兴趣，突破难点，形象的再现情境让学生经历思维的过程。随着教学条件的改善，拓展了师生的教育视界，为师生了解现代教育信息和教育方法提供了便捷，加大了教育资源的共享等。在现代媒体的使用上出现两种情况：①用于教育教学的很少，甚至连录音机等简单教学设备都不想用或不会用，更不用说实物展台、投影。②让现代媒体代替教师的讲解，盲从于现代媒体的作用，整节课整节课地让学生看课件，过大地放大了现代媒体的作用。

7. 只关注少数优等生，不能面向全体学生。教师不能面向全体学生，"课霸"屡见不鲜，一两个学生当主角，几个优等生控制课堂，读说演练，都是那几个人，其他学生当配角和观众，开始他们还零零星星的举手，到后来他们连手也不举了，呆坐不动或低头玩耍，甚至在私底下小声说话。因为他们举手也白举，老师根本不放心让他们回答，甚至是早有安排。这样的课堂不能让每位学生都获得真实的体验，更无法有效地促进全体学生发展和提升。

8. 课题研究是极少数教师的闭门造车行为。课题研究，只有一些领导干部和个别教师参与，将教学和研究割裂开来，为研究而研究，为荣誉而研究，为人情而研究，甚至是突击性地完成课题资料的收集与课题结题报告的撰写，课题研究的针对性与实效性严重不足。

二、课堂教学问题形成的原因分析

在教学实践中存在这些问题，一方面说明教育教学改革的复杂性，一些陈旧观念和习惯仍然不同程度地影响着教师的教育教学行为，从理念的更新到行为的落实，需要一个过程。另一方面说明新课程理念与要求和教育教学的实际情况之间存在矛盾。造成这一矛盾有以下几个方面的原因。

1. 教学管理理念有待更新，管理过程落实不够。学校领导没有真正把教育教学管理工作当作头等大事来抓，制定的管理制度，策划的教学教研活动，只停留在事务性管理层面，没有深入到教学具体问题的层面。"以校为本"的教学研究制度停于表面，流于形式。教师的课时太多，理论学习严重不够，没有时间进行备、研与教，备、研和教的用心度和效度严重缺乏。有时集体备课只

是应付，图数量不图质量，讨论的问题没有针对性和时效性，更不能把集体的智慧变成自己的教学智慧，故而常教无新。再加上评价不科学、不全面，只关注考试排名，师生疲劳应试，以时间换取分数。教师间缺乏竞争力，教学热情不高。

2. 教师队伍的个人素质参差不齐。教师年龄老化，平均年龄偏高。有的教师虽然通过自学获得了大学文凭，但是专业知识和教育理论知识依然薄弱，现代教学能力普遍偏低。教育教学能力很强的中年教师，由于个人成就与发展的空间缺失，导致敬业精神不够，职业倦怠情绪较浓，进取意识不强，有"刀枪入库、马放南山"的感觉。大部分教师不能认真学习钻研并准确把握新课程理念，有的还不能理解教材编者意图，对学生的学法指导单一，无法有效地进行课堂教学。

3. 教师培训不能面向全体或学而不用。尽管省市教育主管部门要求对绝大部分教师进行培训，在我校只有领导或少数教师参加，而且学得不实或学而不用。教师的视野不开阔、视界不高、理念不新。在课堂上，尽管他们都重视学生的活动组织，重视课堂气氛的营造，但一节课听下来没有耐人回味和让人耳目一新的感觉；教师提出的问题质量不高，语言缺乏魅力；学生的讨论虽然激烈，教师却给不出高出学生一筹的见解，致使学生总在原有的认知层次上徘徊。

4. 落后陈旧的教学观念依稀可见。教学改革必须面对教学观念改变与教学策略革新的阵痛。必须进行旧观念的变革甚至是彻底的改革，而变革的往往又是那些大家都已经驾轻就熟的东西。实施新课程，就是要改变教师在过去形成的严谨的教育教学体系和根深蒂固的教育教学习惯，改变教师每天都在进行着的习以为常的教学方式和教学行为和理解教育教学的思维模式，改变他们已经习惯了很久的生活方式，其难度不言而喻。

5. 班级学生人数过多。班级人数最多的接近80人，最少的有70多，班级学生人数平均为74.6人。班级人数太多，"大班"现象严重影响着教育教学质量和教育教学效果，其引发的各种问题也接踵而来，与之相伴相生的危害也逐渐"显山露水"。班大人多，在70多人的群体里，总会有几个顽皮的学生喜欢搞小动作、乱说话，甚至恶作剧，老师管不过来，课堂纪律差，几乎每节课都要花费相当一部分时间来维持课堂秩序，严重影响教育教学的效果。批改作业和试卷又要占用很多时间，加上备课、解决学生间的矛盾、处理学校的事

务性工作，这样教师没有时间与精力顾及每位学生，对学生进行有针对性的教育和辅导更是难上加难，只能是心有余而力不足。

我们理应加强新课程理论的学习，立足课堂教学，开展教育教学研究，提升课堂教学的有效性，切实提高教育教学质量。更应着眼于全体学生，帮助他们自主、全面、可持续性地发展，从小培养学生良好的行为习惯、学习习惯与思维习惯，引导学生体验并享受学习的快乐、成长的快乐、成功的快乐，让每位孩子都拥有快乐而又幸福的童年。

体育兴趣选项的探索与研究

蓟英武

一、研究目的

百年大计，教育为本。素质教育作为我国教育改革的一部分，占有举足轻重的地位。传统的体育课教学课程体系课程门类过多，偏重知识学习，忽视能力培养以及脱离实际，内容陈旧、方法刻板。学生学习兴趣不高，收获不多。在多年的教学中，我尝试用兴趣选项，以学生为中心的教学方法体系来组织教学，收到了较好的教学效果，现将实验整理分析呈现。

二、什么是兴趣选项？

兴趣选项就是同学们在上体育课的时候，根据自己的爱好选择适合自己的运动项目，采用从易到难、从浅入深或从难到易、深入浅出的学习方法。传统体育教学采用准备部分、基本部分、结束部分的三部曲模式。不管学生爱不爱学，爱不爱练，爱不爱做，统统塞给学生，典型的填鸭式教学。而兴趣选项首先考虑的是人的因素，学生的主观能动性调动好了，学习就认真、练习就刻苦、做什么都有兴趣。小学体育，是终身体育的入门期，也是较关键时期，在这个时期的学生兴趣广泛，爱憎分明，对他们予以正确引导并辅以较好的训练方法，将会成就一个优秀运动人才。反之，则容易产生一个对体育运动失去兴趣，对体育运动错误认识的群体。

三、研究对象与研究方法

研究对象为咸宁市实验小学在校六年级9（D）班的学生，人数为45人，

对照班为六年级 9（C）的学生，人数为 45 人。

表 1 学生体育运动兴趣调查统计对比表

班别	有兴趣	兴趣一般	没兴趣
实验班	14（31.25%）	2（27.08%）	19（41.67%）
对照班	13（29.17%）	15（33.33%）	17（37.5%）

表 2 研究对象综合素质测试情况对比表

班别	性别	年龄	人数	50米平均值	立定跳远平均值（厘米）	仰卧起坐平均值	50米X 8平均值
实验班	男	11	24	9″03	165	33	1′45
	女	11	21	9″11	160	27	1′52
对照班	男	11	25	9″01	164	32	1′44
	女	11	20	9″12	158	30	1′49

研究方法采用测量与观察研究法、调查研究法、实验研究法等。研究之前对全部学生进行了学生体育运动兴趣的调查与身体素质测试，结果无明显差异（见上表 1、表 2）。

四、理论依据与实施步骤

在实验班的体育课教学时间不变、人数不变、教师不变的情况下，提出 5 项体育项目：武术、乒乓球、田径、羽毛球、篮球（由于一个教师的精力有限暂设 5 项）。学生自愿报学自己喜爱的项目，原则上报好项目以后不可以换项，决心要换项目的同学一个月以后才可以更换项目。教师按学生的特长、兴趣爱好分成 5 个小组，根据学生掌握本项项目技术水平的高低形成"一帮一"的格局，让每组选出大家都认可的组长，充分发挥学生干部的作用。实验班除进行体育课中必须有的常规教学以外，绝大部分时间进行本班的特色项目教学，教学计划与教学内容参照大纲的规定及更高的要求制定，并由体育教研组讨论通过，

一个月为一个单元，一个单元结束后进行一次学生讨论会，让学生在练习中找出自己的不足，教师好及时修改教学进度与手段。每一个项目先是让学生自由练习（是为了提高学生的兴趣），找出不足（让学生明确自身的不足），再进行教育（应该怎样去提高自己的身体素质和技术水平）。如：武术步型不到位（柔韧性不好），篮球投篮不准（专项技术水平太低），羽毛球扣杀没力量（我们身体各运动部位的力量不足）等等。 实验班的教学有以下几方面特色：

1. 更好地培养学生的学习兴趣，在练习中找差距，提高身体素质

小学生对体育的初步认识主要是通过感知获得的，并逐渐有了自发性和自主性。因此培养小学生参与体育锻炼的意识应开始于体育情感的培养，而体育情感则以体育兴趣的培养为突破口，必须把一切有利于体育情感培养的因素，都要渗透、贯穿整个体育教学活动。选择自己擅长而喜爱的项目，加之体育教师生动的组织形式、具体的情节，给予了学生体验并享受运动乐趣的机会，这良好的体育情感可激发学生对体育知识的需求，对体育运动的渴望。实验班的学生刚刚开始练习时，只不过是凭着一股子热情。热情过后，就会看出自己身体素质的不足，这时，教师要抓住时机，善于诱导启发学发现问题、解决问题，从而达到提高身体素质的目的。

2. 发展学生的个性，培养体育特长生，为校运动队输送人才

在实验班中有体育特长的学生有更多的机会得到教师的指导，更能将自己的运动潜能发挥出来，而体育教师也有更多的机会发现有潜质的学生并挑选加入各类校运动队。现校运动队已有多名该实验班的学生，有的已成为校运动队的主力队员。在2008年5月咸宁市少儿田径比赛上，大部分由该实验班的学生组成的校田径队获得了男子团体第一名，女子团体第一名，团体总分第一名的好成绩。

3. 以点带面地带动全校同学积极参加学校体育活动

在实验班中这些有体育特长的学生在广大同学当中一般都具有较强的号召力，并有一定的组织能力，充当教师的小助手，同学们的小老师。他们可以给同学们做动作示范表演，影响和带动班级、年级甚至全校同学积极参加学校各项体育活动。2007年校运动会团体总分第一、2008年校园集体舞表演一等奖、毕业杯篮球赛冠军等辉煌成绩都证明了这一点。

4. 锻炼吃苦耐劳的意志品质，提高自信心

体育运动既提高学生的身体素质，又是一个发展心理素质的过程。在教师

由浅入深，循序渐进的教学引导下，学生们通过克服一个个生理和心理障碍、技术难点，以及运动场上的激烈竞争，塑造了个性风格，培养了顽强的意志品质。

5. 掌握更多的体育基础知识、基本运动技巧、技能及体育的社会文化

在实验班中的学生有更多机会了解并掌握一定的体育、卫生健康的基础知识，尤其是体育本身的一些社会知识，这些共同喜爱并擅长某项体育运动的同学在一起，通过教师的指导，他们更能了解什么是奥运会、全运会、省运会、世界杯，乔丹是谁等等。学校体育与社会体育没有结合，学生基本不会欣赏体育比赛，不了解体育的魅力，这是体育知识面的残缺，也是体育教学的落后，而"兴趣选项"则可以弥补这一些不足。

6. 培养学生互相帮助的集体主义和团结奋进的精神

每一个运动项目小组，教师定期公布训练进度，表扬优秀小组，并在全班表演，激发同学们的上进心。使每组同学都团结互助，技术好的同学帮技术差一点的同学，技术差一点的同学也非常虚心地向技术好的同学学习。

表3 学生体育运动兴趣调查统计对比表（实验后）

班别	有兴趣	兴趣一般	没兴趣
实验班	34（72.92%）	10（25%）	1（2.08%）
对照班	15（33.33%）	19（41.67%）	11（25%）

表4 研究对象综合素质测试情况对比表（实验后）

班别	性别	人数	50米/秒 平均值	立定跳远 平均值	仰卧床起坐 平均值	50米X 8 平均值
实验班	男	24	8″6	176	37	1′40
	女	21	8″9	168	34	1′46
对照班	男	25	8″9	170	35	1′50
	女	20	9″06	158	31	1′50

表 5 教学中自信心调查统计对比表（实验后）

班别	人数	自信心强	自信心一般	自信心差
实验班	45 人	24（52.08%）	18（39.58%）	3（8.34%）
对照班	45 人	13（29.17%）	19（41.67%）	13（29.16%）

表 6 竞技体育与社会体育知识统计调查对比表

班别	人数	了解	一般了解	不太了解
实验班	45 人	30（64.58%）	10（22.92%）	5（12.5%）
对照班	45 人	13（29.17%）	15（33.33%）	17（37.5%）

五、结果与分析

经过近一年的试验教学，从"兴趣选项"班的信息反馈中可以看出以下几个方面的初步结果。

1. 从兴趣调查的情况来看，实验班与对照班的差异较明显，实验班实验前后的差异很明显（见表3）。说明学生对自己喜爱的运动项目兴趣大大增强。

2. 从综合素质测试情况来看，两个班级的差异并不显著（见表4）。我们估计试验的时间才一年，在综合体质方面的差异还不明显，需进一步跟踪观察。

3. 在对竞技体育、社会体育知识的了解方面来说有一定的差异（见表6）。说明实验班学生的体育知识面比较广，参与的热情较高，掌握的体育知识较丰富，这对学生今后参与体育运动有着深远的影响。

4. 在运动竞赛成绩方面有较大的差异，说明体育运动能力提高了；学校拥有了高水平的运动队，"兴趣选项"起着积极的作用。

5. 在自信心调查反馈来看有较大的差异（见表5），而增强自信心对小学生面对今后的学习、生活等各方面的压力有着深远的意义。

六、总结

经过实验后,可以充分说明"体育兴趣选项"对小学生参与学校体育活动的兴趣加强了,自觉性提高了,运动能力增强了,运动卫生与运动社会的知识面拓宽了,有效地促进了小学生整体素质的全面发展。

对小学高段英语教学的理性思考

汪 菡

根据2001年颁布的《教育部关于积极推进小学开设英语课程的指导意见》文件要求，我国城市和县城小学基本都开设了英语课。至今小学英语已经开设10年有余，但是在很多地方小学英语仅处在一个起步阶段，存在许多问题。目前不少小学英语教师教到高年级觉得很辛苦，倾注心血，却收获甚微。小学生在刚接触英语时都喜欢，积极性也很高。但随着学习内容的增加，难度的提高，学习过程的深化，学习困难与挫折的不断出现，学生之间的差距越来越大，基础好的同学接受能力很强，基础薄弱的则什么都不会。不少学生对英语的兴趣锐减，学习主动性变弱，甚至有的同学出现厌学情绪。我们不得不反思为什么会这样？我们又该何去何从？笔者在实际教学中发现以下问题：

第一，合作学习中学生协作意识不强。现在的家长把自己的孩子视为掌中珠、心头肉，对孩子过于溺爱，造成现在的孩子性格自私，感情淡漠，独立性差，合作意识、协作能力不强。有的只愿与成绩好的同学交流，不愿帮助后进的同学。大家在划分小组合作过程中是否经常碰到这样的情况："老师，我想扮演谁，他非要跟我争！""老师，他一句都不会，我不想和他一组！""老师，他笨死了，教都教不会！"在小组合作中，有些学生自以为是，不能与他人有效合作。小组合作成了部分同学的合作。

第二，教师设计问题未能兼顾个体与整体。高年级学生主要以阅读和理解为主，老师在提问过程中不能兼顾个体与整体。有些教师的课堂提问，不顾及问题的难易程度及学生的语言能力强弱，随意点学生回答，打击了后进生的自信心；有的教师在提出问题后不给予足够的等待时间，就急于自己说出答案，结果学生失去了思考的绝好机会；还有老师为达到活跃课堂气氛，有效推动教

学流程进展的目的，总是点那么几个优等生回答，而忽视了后进生。基础薄弱的同学认为老师提的问题与自己无关，最终造成课堂的两极分化，好的学生更积极思考，后进生就干脆干自己的事情。

第三，教师只注重课文的理解和交流，忽略了对文本的认知和知识点的灵活运用。平时课堂似乎气氛活跃，互动交流也很热烈，学生的口语水平确实有很大的提高。可是，一到期末考试的时候，问题就出现了：学生平时脱口而出的单词、句子到了试卷上就不认识了，知识点稍微换一种题型，学生就不会了。就是因为有的教师在课堂上过于强调与学生互动，创设情景教学，缺少板书；有的教师在完成说的活动后才板书重点句型，板书呈现不到位使学生认读困难重重。有的教师一节课上完了，才匆匆忙忙打开书，学生还没来得及仔细阅读，下课铃响了。结果在一阵热热闹闹的课堂后，学生对本课的认知目标并没有达到。

第四，小学英语课时少，班级人数多，客观因素制约了高年级学生学习英语的可持续发展。教师每天忙于应付上课，改作业，做道具，跨课头教学，从而不能精心设计教学活动。这些无形中增加了老师的负荷量，教师很难在一周内让每一节英语课都充满活力。教师在创设情境和游戏操练的时候，因为人数多，教学活动也难以顺利进展。而高年级课文越来越难，内容也越来越多，如果课外不能及时地复习和巩固，学生就会很快遗忘已认读的知识，结果影响其认读能力的发展。

第五，很多家长对于小学英语重视不够。在很多家长心目中，小学英语就是一门副科，这种观念使家长忽略了对孩子英语学习的关注，时间久了，学生自然而然就缺乏自主学习英语的意识。再加上语文、数学作业的繁重，孩子自我约束能力差，总是抱着侥幸的心理，能偷懒就偷懒。

反思小学英语教学存在的问题，我们又该如何促进学生英语的有效学习呢？笔者总结了以下对策，供大家共同探讨。

一、精炼教师课堂用语，确保每个学生都能听懂

对于高年级的学生我们主要提倡英语组织教学，培养语感。但使用什么样的课堂用语，如何恰当使用是值得我们关注和探究的问题。由于高年级课文内容较多，老师的课堂用语也变得繁琐起来，这必然会对部分学生造成心理上的负担。本来要教授的内容很简单，但老师的英文解释过于复杂，虽然配有肢体语言，还是有许多学生不明白，几次打击之后学生干脆就放弃努力了。因此老

师的课堂用语一定要简洁、精炼、便于理解。

二、问题的设计，兼顾个体和整体

从一定意义上说，教师在课堂上提问的质量决定着学生的求知欲望。因此教师在设计课堂问题时要依据材料，针对不同层次的学生设计难度不同的提问，尽可能使每个学生都有回答问题的机会和能力。比如阅读课，教师可以先根据图片提些简单的问题，例如：人物，地点，大概故事内容。先问后进生，帮助他们理解故事的背景，这样有助于提高他们的积极性，也给他们观察和思考的机会。根据不同层次的学生，问题的设计也要有层次。

三、激发学生的合作精神，以优等生带动后进生

小组合作之前教师要对学生进行科学分组，教师将不同层次的学生根据具体情况分为一组，并且形成长期合作伙伴，在活动中各司其职，共同协作。评价手段尽可能做到细致，有创意。比如，团队可以设置"最佳表演组""最佳合作精神奖"；个人设立"最佳辅导奖""最佳进步奖"等等。让学生意识到自己不是个人，而是一个团队。在提高同学们合作意识的同时，创造一个和谐、融洽的合作环境。

四、加强学生的认知能力，教学设计真正与认读目标相结合

板书是对教学内容的提炼和概括，帮助学生认读所学知识，因此教师要及时呈现清晰的板书。根据小学生的心理特点，教师的板书应形象、创新，比如用不同颜色修饰重点，或配上生动的简笔画，使整个板书整洁、合理、吸引学生眼球，从而达到更好认读的效果。在阅读过程中，要求学生眼看词句，脑思语义，耳听读音，模仿语音、语调。培养学生按意群朗读的习惯。因此，教师必须创新教学方法，让学生扎实认读，才能不断提高学生的认读能力，从而形成良好的阅读习惯。

五、培养学生自主学习的能力

高年级的学生必须重视学习能力的培养。俗话说："授人以鱼，不如授之以渔。"教师的责任不仅仅是传授知识，更要培养学生学习英语的兴趣。首先，

要让学生意识到英语作为一门语言将会伴随他们终身，它不仅是门特长，有可能还是某些同学将来谋生的途径。其次，培养学生自主学习的能力，要求学生能够明确自己的学习目标并能完成规定的任务。再次，培养学生自己看图、读书，学会发现问题、提出问题、解决问题、创新问题的能力。最后，学会与同学合作、交流与讨论、检测与评价等。在日常教学中注意培养学生科学安排时间、刻苦学习、经常归纳整理的习惯，使学生学会自律，真正发挥学习的主体作用。

六、与家长搭建沟通平台，为学生创造学习英语的家庭环境

由于我市小学英语主要存在下列问题：课时少，班级人数多，英语知识复现率低。教师普遍带班较多，仅仅依靠课堂教学是远远不够的。因此，与家长搭建沟通平台显得尤为重要。教师可以利用家长会的机会，向家长阐明本学期英语课的总目标、教学要求和家长辅导英语学习的办法，或者在开学时以家长联系单的方式给家长提些建议和要求，对家长进行简单的调查，比如家长的英语水平，是否关注孩子的英语学习，是否经常检查孩子的书面作业，录音跟读及背诵。最后教师也要积极听取家长给老师的宝贵意见。如果家校紧密配合，定能收到事半功倍的效果。

体育教育的人学取向研究

张 晶

一、体育教育研究的人学取向的时代背景

党的十六大以来,党中央提出了以人为本、全面协调、可持续的科学发展观。以人为本,不仅主张人是发展的根本目的,回答了为什么发展、发展"为了谁"的问题,而且主张人是发展的根本动力,回答了怎样发展、发展"依靠谁"的问题。"为了谁"和"依靠谁"是分不开的。人是发展的根本目的,也是发展的根本动力,一切为了人,一切依靠人,二者的统一构成以人为本的完整内容。只讲根本目的,不讲根本动力,或者只讲根本动力,不讲根本目的,都不符合唯物史观。自改革开放以来,体育教育学科体系已基本建立,研究取得了很大进展,体育教育中产生了一些体育教育分支学科。其中,体育教育人学的研究也开始起步,它以马克思主义人学为理论分析框架,研究体育教育的活动,以深刻揭示其本质和规律。体育教育学科的价值就在于用科学的价值观引导学生全面发展,使人学最终化为现实社会生活实践中的人文精神。为了进一步推进体育教育人学学科的发展,我们必须加强对现代人本体育教育重要理论问题的深入研究。

二、传统体育教育对忽视人性,忽视人学基础的表现

任何一种教育都必须建立在一定的人性基础之上,其人性基础是否正确,直接关系着教育活动是否合乎人性:合乎人性则能达到预期目的,不合乎人性就达不到预期目的。传统体育教育主要是与计划经济体制相适应,以掌握运动技能为主要手段,以提高学生身体素质为唯一目的。随着社会主义市场经济体制的建立和改革开放的不断深入,传统体育教育的弊端越来越明显,从人性基

础方面讲,主要表现在以下几个方面:

1. 教育方法上,过分依赖单一强制性的"灌输法",使教育对象始终处于被动地位,不利于教育对象主观能动性的发挥。

2. 内容上,过于强调教育内容目标的一致性,用统一的理想化的标准来要求和塑造一个人,忽视人的差异性,使体育教学缺乏针对性和实效性。

3. 教育目标上,过于强调培养整齐划一的"听话型"和"服从性"人格,忽视和抹杀了不同教育对象之间丰富多彩的差异性和独特性,不利于教育对象个性化人格的培育。众所周知,时代不同,体育教育也应有所不同,与时俱进是体育教育青春永驻的法宝。因此,现代体育教育应当用人性的眼光来正视现实,用真诚的态度来培养受教育者的个性,培养他们的能动性、自主性和创造性,鼓励他们以自己的能动性、自主性和创造性来发展和张扬自己的个性。

三、坚持以人为本,树立体育教育正确的人学取向

说到底,体育教育工作的对象是普通学生,是以人为工作对象的社会实践活动,是人类社会实践的重要组成部分,其目的在于帮助人们形成符合社会发展要求的体育品德,激发人的积极性、主动性、创造性,提升人的主体性,从而促进人的全面而自由的发展。这与"以人为本"的理念完全一致。因为"以人为本"就是要重视人的价值,肯定人的作用,承认人的力量和能动性,立足于以人为根本。简而言之,以人为本的核心在于对人性的充分肯定,对人的潜能智慧的信任,对人的自由和民主的追求,最广泛地调动人的积极因素,最充分地激发人的创造活力,最大限度地发挥人的主观能动性。以人为本,就是要以人为中心,突出人的发展。人是体育教育的中心,也是体育教育的目的;人是体育教育的出发点,也是体育教育的归宿;人是体育教育的基础,也是体育教育的根本。以人为本,就是要把体育教育与人的幸福、自由、尊严、终极价值联系起来,使体育教育真正成为人的教育,而不是机器的教育。以现代人的精神培养现代人,以现代人的视野培养全面发展的人。体育教育必须以人为本,这是现代体育教育的基本价值。

在体育教学中,教师的教法要进行创新。在蛙跳练习中,班上的几个肥胖的同学偷懒,当时我的第一感觉是很生气,我的想法是那几个胖胖的同学应该做更多的练习,但是转念一想,也许体重大的人做运动要比体重小的人更吃力,

所以他们不愿意跳。我得变个法子让他们自己动起来。于是，我走到他们面前问："喜欢不喜欢做拍熊游戏啊？"他们齐声说："喜欢！"我就顺着他们说："老师允许你们拍熊，可是输的同学要做 5 个蛙跳，可以办到吗？"他们毫不犹豫地就答应了，结果那节课学生们一面做拍熊游戏，一面练习蛙跳，他们的运动量竟然是平时的两倍，而且一点也没有觉得累，下课了都还意犹未尽，恋恋不舍。在一年级的队列队形训练中，我感到小学生在学习中注意力只能持续几分钟，于是我寓教于乐，将各种新颖的游戏引入课堂，如学大雁排排队，推火车等，让学生在游戏中轻松学会各种队列队形的变化，学生兴趣盎然，积极性高涨。

我还允许学生自己创新。比如说在跳绳教学中，完成了课程要求后，有几个学生自己玩起了绳子，我走过去，准备批评他们，可仔细一看，那几个学生的跳法很新颖，有跳花绳的，有跳双人绳的，所以我临时改变了主意，并没有批评他们，而是大张旗鼓地表扬了他们，并且还让他们在全体同学面前做示范，鼓励全体同学像他们一样进行创新练习，学生自主学习的积极性得到了充分的调动。

我们现在的体育教育要以马克思主义人学为指导，借鉴西方人本主义教育思想，立足于对时代精神的把握，倡导构建社会主义和谐社会中现代人本体育教育的理念和实践模式，呼吁传统体育教育实现向人本体育教育的转向，创建体育教育科学化的人本体系，从研究内容和方法论上使体育教育理论朝着更加系统化、理论化和科学化的方向发展。要开展体育教育学科理论研究，在当前多种学科发展取向中，扬各家之长，避各家之短，融合提炼，自成一家，建设有中国特色的、有相对稳定性和坚实理论内容，并为社会认同的现代体育教育学。同时进一步探索体育教育的规律，加强其针对性，提高其实效性，真正发挥体育教育在构建社会主义和谐社会中的地位和作用，对我们进一步加强有效的体育教育工作，具有重要的现实意义和长远的指导意义。

调动学生积极性方法例谈

周 娟

在日常教育教学中,不少学生在不同时期学习消极被动。这些学生的思想、性格、特点各不相同,针对不同的学生,我们应采取不同的方法来调动学生积极性。具体做法如下:

一、引入竞争

竞争,是时代的要求,是社会发展的必然。没有竞争,无以求生存;没有竞争,无以求发展。作为班主任教师要不断地向学生灌输这种思想,经常为他们设置竞争的环境,竞争的氛围。当竞争意识和学生的自尊心、荣誉感相结合时,可以很快转化为个人的内部动力。当今的学生,生活条件优越,大多数学生过着衣来伸手、饭来张口的日子。在生活上他们不用"竞"、不用"争",因而竞争意识相当薄弱,有的只是短暂的好胜心理。针对这种情况我们注重从多种角度培养他们的竞争意识,为他们树立竞争目标,帮他们确立竞争对手,奖勤罚懒,奖优罚劣,让学生生活在竞争的环境中,时常有紧迫感。有了竞争意识,还怕调动不起他们的积极性吗?

二、目标驱动

没有切实可行的目标作驱动力,人是很容易安于现状,不思进取的。教师的职责就是教书育人。要想让学生学习目的明确,态度端正,积极性高涨,就必须经常对学生进行理想教育。理想是竞争的前提,但空洞的说教,讲道理,今天的学生是极不欢迎的。那样不仅使其厌烦,还会使成绩差的同学谈理想色变。为解决这一问题,我采用了达标法来调动学生的积极性。开学初由教师、

学生、家长三方面依据每个学生的具体情况制定切实可行的学期指标。期末依据计划目标，评优，发奖。注意目标不可过高，应是努力有可能达到的，不要急于求成，要步步为营，螺旋上升。在日常学习生活中，要注意时时检查学生实现小目标的情况，并不断提醒学生，培养自我监控的能力。解决了理想与现实的矛盾，学生的积极性就自然调动起来了。

三、合理激将

"激将法"适用于那些自尊心强，又比较外向的学生，他们对这些反面的刺激能经受得住，能转化为前进的动力。如果说"点将法"是反话正说，有意夸大学生能力，那么"激将法"则是正话反说，有意强调别人的长处、优点、成绩，适当放大他的弱点，以长他人志气灭该同学威风的办法刺激该同学，以激发他争抢任务的积极性。但要注意拿捏得当，一定要有个限度，控制在这个限度之内，能收到良好的效果，超出限度，便会适得其反，挫伤学生自尊心。激将法要故意说反话，但这种方法在形式上可有意挑选那些比他能力低得多的同学委以重任，让他品尝"英雄无用武之地"之苦，以刺激其自尊心，达到让他放下架子，恳求任务的目的。

我班的小焦在幼儿园就被称为"神童"，学习在班上一直名列前茅，不管是哪个老师上课他都是歪歪斜斜地坐着，课堂上如果有谁回答问题错了，他就说："这么简单都不会，太笨了。"他的这些表现我看在眼里，急在心里，根据他的性格如果给他直接指出来的话，他是不会有任何改变的。一次，一位名师在我们班挑40人去上公开课，当我把这一消息告诉同学们时大家都希望能和这位大师对话，小焦的眼神中也流露出了这种愿望，我强调，这次要选上课守纪律、态度端正、举手发言积极的同学去，不论成绩好坏。我没有选他去。公开课上完后我把大家组织到会议室看录像，当小焦看到同学们的精彩表现时，眼睛里满是羡慕的同时也流露出了一丝失落。从这以后小焦像变了一个人似的，听讲认真了，发言积极了，还主动帮助成绩差的同学。

四、真诚鼓励

人人都喜欢被表扬。优等生需要表扬，学困生更需要表扬。班主任要善于引导他们有意识地去发扬优点，克服缺点，扬长避短。

有些同学由于成绩不好、纪律较差，自制能力差而经常或长期受到歧视、冷遇。这类学生缺乏自信心，性格也逐渐变得孤僻、冷漠、怪异，常常以敌对的态度看待周围的事物，调动其积极性很难。班主任要善于发现他们身上的闪光点，对他们的长处给予充分肯定，以坚定其信心，大胆参加竞争，对他们在竞争活动中取得的成绩，哪怕是微小的也要及时给予充分肯定和表彰。

我们班的小成性格内向，少言寡语，成绩平平，从不主动参加活动。一次听其他同学说，上体育课时，他长跑耐力很厉害。于是，我抓住这个机会，对小成进行鼓励，充分肯定他的能力，让他带领同学进行早训练，准备参加学校田径运动会。小成积极负责，每天早早来到学校组织大家训练，参加校田径运动会比赛获得第一名。教师赞赏的眼神，同学激励的话语使他变得活泼大方、积极阳光起来。

"找到了每个学生身上的闪光点，往往也就是他们人生的转折点。"真诚的赞美，热情的激励往往能给学生带来人生的改变。

五、真情感召

人非草木，孰能无情。教师应该用自己的情感去感召学生，唤起他们的热情，唤起他们对美好事物的追求。尤其是对那些家庭困难，缺少温暖、缺少爱的同学更宜使用感召法。因为这类同学由于种种原因容易产生自卑心理，在学习上缺乏自信心，所以干什么积极性都不高。

小丽是五年级转到我班来的，来到班上后她每天下课除了上厕所就呆坐在自己的座位上，从不主动去找同学玩，同学找她玩她也不搭理别人，并且经常不完成家庭作业，课堂作业正确率也不高。时间久了小丽似乎成了一个局外人。看到这些我就找小丽了解情况，原来小丽的父亲常年在外打工，母亲一人在家带三个年幼的孩子，既当爹又当妈，生活上的艰辛可想而知。小丽是家里的老大，每天回家还要帮妈妈带弟弟，所以没有多少时间学习。找到原因了，我就指定班上几个成绩好的学生下课轮流去问小丽上节课的学习情况，如果有不懂的地方就跟她讲解直到弄懂为止。一段时间后，小丽的成绩赶上来了，人变得自信、大方了，能和同学正常交往了，脸上时常露出开心的笑容。给学生温暖和耐心的疏导，以诚相待，并且付出心灵的关爱，才能得到学生的信任，学生才会心悦诚服地接受我们的教育，这正是"精诚所加，金石为开"。

在英语教学中巧妙唤起学生的注意

李 静

"注意"是心理活动对一定对象的指向和集中。它是人们细致观察、良好记忆、创造想象、正确思维的重要条件。"注意"是学习好的前提。有人把"注意"比作通向知识的"门户",只有打开它,知识的阳光才能透进心灵,智力才能得到发展。

小学生"注意"发展的一般特点:

1. 由"无意注意"占优势逐步发展到"有意注意"占主导。小学低年级学生无意注意仍起重要作用,他们的有意注意基本上是被动的。随着年龄的增长,学生的有意注意逐步发展起来。中高年级小学生的有意注意基本上占主导地位。

2. 对具体生动、直观形象的事物的注意占优势,对抽象材料的注意在发展。低年级小学生的知识水平和语言水平很有限,具体形象思维占重要地位,具体生动的、直观形象的事物更容易引起他们的注意。随着学生学习活动的发展和知识水平的提高,学生对具有一定抽象水平的材料的注意也逐步发展起来。

3. 注意有明显的情绪色彩。例如,学生在课堂上,如果听得入神,就会表现出安静的样子;如果听得高兴,就会露出欣喜的笑脸,甚至会手舞足蹈。

注意力的保持,就是教育心理学上讲的注意的稳定性或持久性,指的是注意在较长时间内能保持在某一事物或某种活动上,它是注意在时间上的基本特征。英语教师尤其是低年级英语教师面对的一个共同难题就是学生在英语学习过程中,注意力难以保持较长一段时间,因而影响教学质量、教学效果。那么,如何在英语教学中引导学生保持注意力呢?

一、精心设计教学结构，吸引学生注意力

1. 巧妙导入，激发兴趣。良好的开端往往是一堂课成功的基础。如果在一节课的开始，教师就能抓住学生的心理，对整节课中学生注意力的集中会大有裨益。新课的引入方法很多，我常常采取兴趣导入法。例如：开始时，师生一起唱一到两首英语歌曲，学生间用英语自由问答，师生间用英语亲切交谈，做个英语小游戏，从而激发起学生对学习新知识的浓厚兴趣，引起学生的有意注意，激起学生的求知欲，继而使学生在不知不觉中集中注意力。

2. 调动感官，加强记忆。教师还应积极调动学生的各种感官协同活动。在英语课堂教学中，有些单词、词组或对话片断，如：zoo, cat, duck, bird, middle, hill, climb the hill, fly the kite, at school, go to school 等，教师可用教学挂图或用简笔画，边画边教，既能吸引学生，使他们注意力集中，又能激发学生学习英语的浓厚兴趣，使他们易于理解，乐于接受。教师还可以安排各种兴趣活动，如听听做做，听音填词，bingo 游戏，听音乐或唱歌传认卡片，找朋友，猜物猜人，听词头字母读音拼写单词，单词接龙，等等。通过这些 TPR 活动，不仅满足学生的求知欲和好胜心，而且使学生对同一语言知识加深印象，加强记忆。

3. 创设情境，快乐学习。情境教学法是英语教学中应用很广泛的一种教学方法，教师利用课文人物，创设与课文相当的场景，从而激发学生的学习兴趣，把他们的认知活动与情感活动结合起来。如 Book4, Lesson4 Shopping 一课，我们可以把教室布置成一家商店，陈列各种不同的学习用品，贴上价格标签，请几个学生充当营业员，其余学生就在老师的示范下购买自己所要的东西。学与用的结合，真正达到了语言学习的目的。快乐教学法也是一种常见的教学法。我在教学去餐馆就餐的对话时，事先准备了牛奶、橘汁、梨汁、香蕉、面包等，上课时把它们陈列出来，讲台便成了餐馆的柜台。教师扮演营业员，学生扮演顾客，顾客要喝饮料时说："Can I have some Coke（milk, pear）？"营业员就拿出该件商品回答："OK."然后问："How many would you like？"顾客答："Three."营业员就拿出顾客想要的东西说："Here you are."顾客说："Thank you."表演完一遍以后，教师再用学生学过的其他吃的喝的东西的单词套用句型，然后让学生两人一组到台上进行表演。这样表演了数遍之后，同学们在轻松、愉快的气氛中不知不觉地掌握了新的句型。

二、努力锤炼教学语言,激发学生求知欲

1. 语言要有感情。教师要用热情诚恳的语言获得学生的信任,对学生要充满信任和期望,师生坦诚相待。教师充满感情的语言既能唤起学生的积极思维,又能激发学生的热情、师生之间感情上的共鸣,可以取得好的教学效果。

2. 语言要有韵律节拍感。在英语课堂教学中,往往遇到有些词型或句型相近,难记难区别,我把它们编成小诗、歌曲、绕口令,利用其韵律节拍感,读起来朗朗上口,唱起来押韵合辙,激发学生的认知兴趣,使学生的注意力集中。如"he, she; he's, she's"两对词,who'she/he? Is he/she? 两个句型,义务教育教材中就有一首小诗:Who'he? Who's she? He's Dean. She's Jean. Is he free? Is she free? Come here and play with me. 这首小诗运用了韵律节拍,学生被深深地吸引,很快就记住了这两对词和两个句型。

3. 语言要幽默诙谐,有创造性。如课堂上可以穿插这类猜谜游戏, T(教师有表情地问):"Hello, boys and girls! I'm your good friend. I have no arms and no hands. But I have four legs and a back. I can stand, but I can't walk. Guess! What am I?" S(学生边笑边答):"Ha! Ha! Ha! You're a chair!" T(教师有表情地问):"Hello! Who am I? Liu Ming is my son. But I am not his father. Do you know who I am? Guess, please." S(学生边笑边答):"Ha! Ha! You're Liu Ming's mother." 通过猜谜活动,缓解了学生思维的紧张,通过创造生动有趣的语言环境,动静相谐,情景交融,有效地吸引学生的注意力,从而取得良好的教学效果。

三、积极营造和谐氛围,发挥评价有效性

增强学生的主体意识,需要我们在教学中师生之间有一种民主、平等、和谐的学习气氛。心理学家马斯洛指出人的五层需要,其中"尊重需要"已为我们广大教师所重视,并已经在教学中发挥了很好的作用。教师尊重学生,关心和期待他们,这种期待通过言词交际和非言词交际传达给学生,会使学生们的主体意识得到增强,学习的潜力得到发挥,因而提高学习效果。罗森塔尔效应(Rosenthal Effect)和霍桑效应(Hawthorne Effect)都证明了人是需要关心和尊重的。我们教师要密切关注学生的生命价值,关注学生的生活实践,建立平等的师生关系。

教师在课堂教学过程中敏锐适度的评价，能使学生感到教师在注意他，也能让学生时刻想到：老师在参加课堂活动，我也要认真参与。带有激励性的评价，能直接让学生分享成功的喜悦，增添学生的成就感；带有针对性的评价，充分重视学生的个性发展，能使学生了解自己的优点和不足之处；而富启发性的评价，使学生思考更深刻，学习更深入，从而对自己提出高标准的要求，变被动学习为主动学习。

总之，巧妙唤起学生注意力是教学中需要特别精细处理的问题。教师作为课堂的主导者，要随时观察学生的注意力，想方设法地吸引学生的注意力，从而达到事半功倍的效果。

快乐阅读英语之道

王丽娟

小学生英语阅读是语言学习的一个重要方面，是巩固和积累词汇量的好方法，是提高语言运用能力的方法，还是培养语感的重要方法，同时也是扩充英语知识和了解外国文化的重要手段之一。国家英语课程标准指出小学生毕业要达到二级要求，其中对"读"有明确的描述。能够借助图片读懂简单的故事或小短文，并养成按意群阅读的习惯。新课改更是规定小学阶段阅读量达到累计10万~12万字。要达到这样的目标，没有足够的语言输入量是不行的。因此小学生英语阅读教学是不容忽视的，下面就谈谈如何引导小学生快乐阅读英语。

一、掌握阅读方法

古人云："授之以鱼，供一饭之需；教之以渔，则终身享用。"由此可见，掌握学习方法才是关键，而学习方法的掌握需要老师平时在课堂教学中逐步启发、引导、授予。与其"满堂灌"，不如授予学生合适的阅读方法和技巧。教育的根本目的不仅仅是"学什么"，更重要的是"如何学"。

小学英语阅读教学主要是通过课堂的训练提高学生的阅读理解能力以获取更多的信息。为了使学生便于理解文章，老师应逐步引导学生由浅入深，由易到难，由抽象到具体一步一步进行阅读，可采取泛读法和精读法两种。

1. 泛读（Skimming）又称略读。所谓泛读，是指以尽可能快的速度阅读，这就要求读者有选择地进行阅读，可跳过某些细节，以抓住文章的大概，从而加快阅读速度。在泛读中老师可给学生安排稍微简单点的任务，比如根据文章判断正误。

2. 精读（Intensive reading）是为了达到对文章的深入理解，熟练掌握的程

度，而对文章进行反复钻研细心体会的一种阅读方法。要求能够分析文章中的单词、短语、句子、语法等。教学活动的形式通常有根据课文回答问题、填表、排序等。这种阅读方法只适合小学高年级的学生，低年级的学生由于掌握的词汇，语言点有限往往是达不到这些要求的。

二、培养阅读兴趣

爱因斯坦说："兴趣是最好的老师。"因为它是学生主动学习，积极思考，勇于探索的强大内驱力。学生只有对学习产生浓厚的兴趣，才会专心听讲，积极思考，学到新的知识。如果学生对英语阅读产生了兴趣，就会表现出一种特殊情感，学习起来乐此不疲，正所谓"乐学之下无负担"。那么，兴趣，该如何培养？

1. 选材要有趣味性。给学生提供好的阅读材料，阅读内容要恰当，难易要适度。可以在网上下载一些短小简单的故事，并配上图片。选择一些学生感兴趣的故事，学生就会自觉地去阅读。

2. 组织课本剧表演。整合教材，将教材中的单词、对话、阅读整合成一个小故事，这样既达到了巩固教材、灵活运用教材知识的目的，同时也培养了学生英语阅读的兴趣。

3. 开展阅读比赛。适时在班上开展一些英语阅读比赛，并建立相应的评价机制，通过比赛来提高学生的阅读兴趣。

4. 成果展览。根据小学生善于表现自己，乐于表现自己的心理特点，将学生阅读过的故事通过小专栏展现出来。

三、拓宽阅读视野

叶圣陶曾经说过："得法于课内，得益于课外。"这正说明了课内阅读与课外阅读对于学生的重要性。由此可见拓宽学生的阅读视野是不容忽视的。

1. 开发与利用教材资源。小学英语教材中的 story time 部分是很好的阅读材料，每一单元的 story time 既有一定的趣味性，又重现了本单元的教学重难点知识。可将此部分的内容让学生通过分角色的形式表演出来或以故事形式讲出来。

2. 开发与利用网络资源。今天是信息化时代，英语是信息传载的主要符号，

而阅读是与巨量信息的"最亲密接触"。在网上下载一些短小精悍的故事供学生阅读，充分利用多媒体在网上下载一些易懂的电影给学生看。

3. 发掘生活中的阅读材料。教师要善于抓住每一个契机，对学生进行教学，让他们经常有所收获。当我们在使用多媒体教学时，可以让学生看一看电脑上面的英文商标"lenovo"，让大家猜一猜是什么牌子。学生新买了一本练习本后，看到上面的英语单词会好好阅读，并急切地猜测其中的意思。久而久之，学生就把阅读当作了一种内在需要。现在，多数学生都知道很多小巧玲珑的橡皮上印的"Made in Korea"是"韩国制造"，"sony"是日本的一个电器品牌"索尼"，卡片上的"Merry Christmas"是"圣诞快乐"，一些服饰上的"Made in China"是"中国制造"，"KFC"是"肯德基"等。

阅读教学在英语教学中有着非常重要的地位。阅读教学不是发生在某一学段的教学行为和教学任务，它是一个系统工程。当学生从开始学习英语时，就开始了他们的阅读。"教学有法，教无定法"，掌握正确的阅读方法是提高英语阅读能力的重中之重。激发培养学生的阅读兴趣，使学生养成良好的阅读习惯，感受阅读之乐是提高阅读能力的动力。拓宽阅读视野是提高阅读能力的重要渠道。在英语阅读这块神圣的领地上，我们英语教师要不断地摸索并想方设法地为学生创造愉悦的环境，使其感受阅读之乐，学习之乐。

面对计算教学的思考

高 艳

加强计算教学，有效地提高计算的正确率是小学数学一个非常重要的方面。计算数学直接关系着学生数学基础知识的掌握与基本技能的发展。同时也关系着学生学习习惯、情感、意志等非智力因素的培养。而在小学阶段学好计算并形成一定的计算能力，这是终身受益的事情。

在传统的计算数学中，教师是按照教材的设计，机械地、程序化地叙述算理，示范算法，学生模仿记忆和强化方法，计算成为单调和枯燥的一种不断反复。当算理讲起来吃力，学生学起来困难时，多数学生知难而退，久而久之，甚至对数学产生了畏惧心理。随着新课程改革的深入和普及，学生的计算活动从单纯的依赖模仿和记忆转化为富有创造性的过程，具体表现为：（1）在低年级，通过直观操作，激发学生学习的兴趣，从而理解四则运算的意义。（2）在中高年级注意运用知识的迁移、类比规律，充分运用学生的知识经验来解决问题。（3）强调灵活简便和个性化、多样化的计算方法。那么目前的数学课堂中是否已经体现了计算教学改革的方向呢？经过资料调查和分析，发现在计算教学中存在着亟须解决的几个基本矛盾，我努力寻求较好的教学策略来解决这些矛盾。

一、情景创设与复习铺垫

新教材取消了计算法则的条款规定，其目的是激发学生学习的主动性，而根据学生学习建构特点，把由教师"牵着教"转向学生"主动学"，让学生通过尝试，找到解决问题的方法，将新知识纳入自己已有的知识体系。在现在的计算教学中几乎不见传统教学中的复习铺垫，取而代之的是情境创设。许多的计算课，特别是参赛的计算课中，不是从"买东西"开始，就是到"逛超市"

结束。现在的计算教学,很难再看到过去常见的复习铺垫了。那么如何正确地把握情境创设和复习铺垫之间的关系呢?计算教学之前还要不要"复习铺垫"呢?其实,上新课前的复习铺垫的主要目的,一是为了通过再现或再认等方式激活学生头脑中已有的相关旧知;二是为新知学习分散难点。前者,只要有必要,则无可厚非。问题在于后者,在一些计算教学中,常有一些教师为了使教学"顺畅",而设计了一些过渡性、暗示性的问题,使得学生不必深究,正确的结论就出来了。

例如教学一年级"9加几"时,有人精心设计了铺垫:9+( )=10,9+1+2=( ),9+1+3=( ),为学生学习"凑十法"进行简便计算埋下伏笔,接下来出示例题"9+4"的教学中,立足于让学生掌握"凑十法"。但是这样的教法却忽视了学生的认知和个性特点。其实,计算"9加几"时,由于学生的生活背景和思考角度不同,所使用的方法必然是多样的。《数学课程标准(实验稿)》中指出:教师应尊重学生的想法,鼓励学生独立思考,提倡计算方法的多样化。因而,在计算教学中,教师应允许学生采用多样化的方法,而不必把学生的思维局限在把另一个加数分解成1和几的这一种所谓的"凑十法"上,显然,这种把知识嚼烂了再喂给学生的所谓的"铺垫"对于提高学生主动获取知识的学习能力是不利的。

可见,创设情境和复习铺垫并不是对立的,并不是所有的计算教学都必须从生活中找"原型",而选择怎样的引入方式取决于计算教学的特点和学生的学习旧知。

二、算法的多样化和算法优化

新教材计算教学的例题大多呈现多种计算方法,允许学生采用不同的方法进行计算,承认个体思维差异,尊重学生自主学习探究,充分地激发学生学习的积极性。在例题教学中,一定要充分开展学生之间对各种算法的讨论交流活动,让学生经历从独立探索、合作交流到选定最合理算法的过程。教师应该努力做到:(1)给学生尝试的机会,要相信学生,让每一个学生尽可能找到自己解决问题的方法。(2)重视师生之间、生生之间的交流,培养学生比较各种方法发现其特点的能力。(3)在最基本,最一般或最佳的算法中,教师有责任去引导学生进行比较、评价。从而掌握那些公认的更好的算法。数学课程改革实施的初期,许多教师在计算教学中一改过去的机械模式,出现了非常可

喜的变化，"算法多样化"已成为计算教学最明显的特征。

有的教师在讲"两位数减一位数的退位减法"时，通过问题情境设计例题"23－8"。然后，教师精心"引导"，出现了多样化的算法，教师花了较多的时间进行一一展示。最后，教师说："你们喜欢用什么样的算法就用什么样的算法。"那么在计算教学中，算法越多越能体现课改精神吗？有多少学生是用逐个减1的方法或后面几种算法进行计算呢？

数学课程标准中提出的算法多样化，并不是"每题必须算法多样化"。上面案例反映在计算教学中，少数教师对算法多样化和算法优化的认识模糊。算法多样化应是一种观念、一种态度、一种实践、一个过程，它强调的是学生学习中真实的体验。教师不必苦心积虑地"强求"多样化的算法，也不必引导学生寻求"低层次算法"。有时在实际教学中学生没有出现教材编排的算法，说明学生已超越了"低层次算法"，作为教者，可以不再出示。

在计算教学中，如何更有效地处理算法多样化与算法优化呢？现代心理学研究表明，实施算法多样化也是有前提的，各种不同算法要建立在思维等价的基础上，否则多样化就会导致泛化。以学生思维凭借的依据看，可以分为基于动作的思维，基于形象的思维，基于符号与逻辑的思维，显然这三种思维并不在同一层次上，不在同一层次上的算法就应该提倡优化，而且必须优化。这个过程是学生不断体验与感悟的过程，在"经验""经历""思考"的基础上，让学生逐渐找到适合自己的最优算法。而我们教师要正确地发挥主导作用，不断引领和逐步提升学生的学习和计算能力，从而促进全体学生的发展。

三、解决问题与计算技能形成

新课标中不再设置专门的"应用题"领域，而是注重让学生经历一些实际问题抽象为数与代数问题的过程，掌握数与代数的基础知识和基本技能，并能解决简单的问题。现在的计算课堂中，是如何处理解决实际问题与计算技能形成之间的矛盾呢？计算自身的问题又是如何解决呢？

在课改实施这几年中，可以发现，为了体现计算与应用的密切联系，在计算教学时不少教师总是从实际问题引入，在学生初步理解算理后，马上就去解决大量的实际问题。表面上看，学生的应用意识得到了培养，但另一方面我们也发现，学生常常是算式列对了，计算错误率却很高。长时间下来，发现学生

的计算能力并未达到目标，于是又反过来进行大量的训练，使得不少学生短时间内似乎计算正确率和速度提高不少，可实际上违背了学生的认知规律，学生的计算技能并没有实质的提高，更严重的是这种简单化的处理很大程度地伤害了学生的学习热情。

教育心理学认为，计算是一种智力操作技能，而知识转化为技能是需要过程的，计算技能的形成具有自身独特的规律。一般来说，复杂的计算技能总是可以分解为单一技能，对分解的单一技能进行训练并逐渐组合，才能形成复合性技能，再通过综合训练达到自动化阶段。

在计算教学中，对计算技能形成的过程一带而过，是不利于培养学生的计算能力的。特别在学生初步理解算理，明确算法后，不必马上去解决实际问题，因为这时正是计算技能形成的关键阶段，应该根据计算技能的形成规律，及时组织练习。具体地说，先进行专项和对比练习，再根据学生的实际体验，适时缩减中间过程。再进行归类和变式练习，最后让学生面对实际问题，掌握相应策略。只有这样，才会在解决问题的同时形成一定的技能。

总之，计算教学的优化与基本矛盾的解决对于数学课程改革的成败起着重要作用，数学课程改革的深入推进对计算教学的基本矛盾起着缓和或激化的反作用，在处理计算教学的基本矛盾时，应从数学教育本质的角度出发，采用较好的处理策略，促进计算教学的深入改革，为切实提高学生的计算能力打下良好的基础。

培养问题意识，提高数学素养

滑 丽

所谓学生的问题意识，是指学生在认知活动中遇到一些难以解决的、疑虑的实际问题或理论问题时，产生的一种怀疑、困惑、研究的心理状态，它在学生的思维活动和认知活动中占有十分重要的地位。专家指出学生的思维发展是从问题开始的，而问题则是推动学生创造力发展的动力。美国著名的教育家布鲁巴克说："最精湛的教学艺术，遵循的最高准则，就是学生自己提问题。"可以说培养学生的问题意识，让学生敢于提问，乐于提问，善于提问，是学生自主学习和创新学习的重要标志。下面就谈谈如何在教学中培养学生的问题意识。

一、营造氛围，让学生有疑敢问

俗话说："亲其道而信其言。"在小学数学课堂里，融洽的师生关系，愉快、民主、和谐的教学氛围，能使学生敢于提问，主动参与到课堂学习中来。教师要帮助学生消除畏惧心理，鼓励学生大胆质疑，同时要设法保护学生发问的积极性。教学时，可以采用激励的语言，肯定的手势，赞许的眼神等方法对学生的提问行为给予充分的肯定和赞许。由于学生个性之间的差异，所提的问题可能五花八门、良莠不齐，有些问题质量好、价值高，有些问题的质量一般，价值不大，但不管怎样，这些都是学生脑力劳动的成果，理应得到尊重。因此教师要善待提出问题的学生，有价值的问题要引导学生认真探究解法，没有价值的问题要区别对待，采取妥善的方法给予处理，从而保护和鼓励学生发问的自尊心和积极性。对学习后进生更要"高看一眼"，这样的激励和赞赏使学生始终处于一种兴奋状态积极思考，只要有疑问就会毫无拘束"抢着"提问，从而营造良好的学习氛围，让学生真正体会到自己是学习的主人，学习是自己的

事情，才会积极参与到学习过程中，充分发挥自己的主体作用。

二、创设情境，让学生有疑乐问

著名的教育学家顾明远说："不会提问的学生不是好学生。"学生不仅要"学答"，更要"学问"。但是小学生年龄小对提问的意义认识不足，或者缺乏适当的问题情境，或是没有调动起学生的学习积极性，导致学生在课堂上不愿开动脑筋，不愿主动提问，只想当"观众""听众"。要知道问题是思维的源泉，教师只有根据学生的认知发展水平，结合已有的知识经验，创设有价值的生活情境，或问题情境才能让学生"有问"。如：创设悬念式的问题情境，"小明今年12岁了，可是只过了4个生日，为什么？"质疑式的问题情境，"这道题小明这样做对吗？"矛盾式的问题情境，"1/3=1/3，大杯牛奶的1/3等于小杯的1/3吗？"开放式的问题情境，"这道题还有其他解法吗？"等等。通过创设问题情境，让学生生疑，诱发学生的问题意识，同时让学生感到问题无处不在。教师在教学中要善于提供富有思考性的内容，留给学生足够的自主学习的空间，让他们主动地发现问题，提出问题，解决问题。学生在提问时不仅要提出自己不理解的、不明白的问题，更要引导他们对一些问题能提出自己独特的见解，对课本、练习中出现的问题能大胆质疑。在教学中利用容易出错的辨别题组织学生讨论、分析。这样既有利于学生自主参与到知识的形成过程中来，也有利于培养学生的表达能力和创新意识，学会用数学的眼光观察现象，用数学的思维分析问题。

三、适时引领，让学生有疑善问

学生想问、敢问、好问，更应该会问、善问。小学生的一切学习活动都是从模仿开始的，那么教师的言传身教就显得尤为重要了。首先教师在设计问题时既要给学生提供学习的机会，又要有助于学生对于新知识的理解，引导学生逐步明确在新旧知识链接处，或者是学习过程的疑惑处，新的法则、性质、规律等结论处寻找疑问，提出疑惑。如：在教学倒数时，书上给出的概念是"乘积是1的两个数互为倒数"。有一位学生问："互为是不是互相的意思，那也就是指两个数之间的相互关系吧？""为什么说乘积一定是1呢？""那么1的倒数是不是1，0有没有倒数呢？"随着学生一个接一个的问题的提出，对

倒数这个概念的理解也就逐步清晰起来，这种大胆质疑、提出问题，让整个课堂精彩纷呈起来。其次教师要教给学生善问的方法，使学生在寻找疑问的时候多提一些"为什么？""怎么样？"的问题，引导学生注意语言表达，能用恰当的词语表达自己的疑惑，从而使学生问得精、问得巧、问得新、问得有价值。

　　教师要培养学生的问题意识，只有学生"有问题"，他们的思维就会为解决某一具体的实际局部问题而启动。因此，在课堂教学中，教师应当结合教材、学生的知识水平和生活实际，选择适合的方法培养学生的问题意识，让学生有问、敢问、乐问、善问，真正有效地提高学生的数学素养。

尊重个体差异，实施分层教学

方如琼

老师在课堂上，经常会遇到这样的情况：一部分学生表现活跃，发言争先恐后；一部分学生则丝毫没有进入思考状态；还有一部分学生在思考，但没有优等生那样反应快，还没等他们想好，别人早就说出了答案。这是由学生的个体差异造成的，中国从孔夫子时代起就一直倡导"因材施教"，新课程改革的实施，强调教学在面向全体学生的同时要正视学生的个体差异。它要求我们一定要从学生的实际情况出发，从学生的个体差异出发，有的放矢地进行有差别的教学，以便使每个学生都能扬长避短。对学生进行分层教学，是使全体学生共同进步的一个有效措施，也是使因材施教落到实处的一种有效方式。

一、目标要分层

《数学课程标准》提出"让不同的人在数学上得到不同的发展"。我们的课堂教学要针对不同程度的学生制定不同的教学目标。对基础较差，接受能力弱，学习积极性不高的学生只要求掌握课本上的基础知识，学会基本方法；对智力优秀但学习积极性不高或者智力一般但学习态度认真的学生，要在熟练掌握基础知识的基础上，灵活运用知识，解决实际问题；对智力好，基础扎实，接受能力强，成绩优秀的学生要培养创新意识，形成一定的数学思想，有良好的数学素质。当不同层次的学生达到既定目标时，学困生有了学习信心，中等学生的潜能被挖掘，优等生的能力不断被释放，最终达到全面提高教学质量的目的。

二、提问要分层

在设计课堂提问时要依据教材，针对不同层次的学生进行设计，有计划地提出问题，引导学生积极思考，使不同层次的学生都有解答问题的机会，都能得到发展。根据问题的难易程度，慎重选择提问的对象。比较简单的认知性识记性的问题，请基础较差的同学回答；稍微难一些需要分析的问题，让中等的同学回答；而一些综合性的需要比较分析归纳的问题，交给能力较强的优等生解答。如果是复习巩固旧课，可提问中等程度的同学，以了解学生班级普遍的情况；如果为了巩固当堂所学的知识，可提问程度较好的同学，以利于其他同学对当堂知识形成正确的理解；如果为了检查教学效果，就提问基础较差的同学，只要他们理解了，其他同学往往不成问题了。

三、练习要分层

练习是巩固知识、运用知识的学习环节。如果练习难度稍大，学困生完成起来有困难，容易失去对学习的信心。而练习难度过小，对优等生来讲，花费了时间和精力收获却很小，练习的价值不大。我们在设计练习时要按照循序渐进的原则安排练习的内容，由浅入深，由易到难，分三个层次设计练习。第一个层次是技能初步形成阶段的练习，这类练习带有模仿性，让学习有困难的学生解答这类习题，使其有成就感，消除自卑心理，树立信心。第二个层次是技能巩固阶段的练习，这些练习难度一般，能够有效地调动中等生的学习积极性。第三个层次是发展性练习，内容有综合性，灵活性，应用性，有利于培养创造性思维，这些练习难度较大，适宜让学有余力的学生做，让其吃得饱，又不至于产生骄傲情绪。

四、辅导要分层

个别辅导是课堂教学的延伸和补充，也是分层教学的重要辅助环节。对后进生，要做到耐心辅导，让他们逐步克服学习过程中碰到的困难，体会到付出努力后获得成功的喜悦，激发学习积极性，让他们完成力所能及的作业，逐步形成学习自觉性，让学生的潜能得到充分发挥；对中等生，注重启发他们的思维活动，能将所学的知识灵活运用，逐步提高自学能力；对优等生，注重培养他们独立思考和融会贯通应用知识的能力，丰富他们的思维、想象力和创造力。

俗话说："十根手指有长短。"由于学生的接受能力参差不齐，班内需要实行分层教学。中等生和学困生由于起点较低，容易入手，这样就能较好地调动他们的积极性；优生拔高要求，为他们展示自己的才华创造条件。这样整个课堂自始至终各个层次学生的思维都处于积极活跃的状态，他们互相激励、启发，共同进步、提高，整个班形成良好的学习氛围，学习能力也会与日俱增。

小组合作的问题及对策探究

张海伦

《语文课程标准》倡导自主、合作、探究的学习方式。合作学习适合小学生的学习特点,他们喜欢在一起交流和讨论问题,用共同的视角观察事物,用共同的方式探究新知。小组合作学习是合作学习的一种重要形式,是最常用也是最有效的学习方式。笔者就如何在小学语文课堂教学中有效地实施小组合作学习做了如下探究。

一、小组合作学习过程中存在的问题

1. 教师注重合作的形式,忽略了内涵,出现形式化倾向。很多老师在上课时都有意识地安排小组讨论,动辄让学生"讨论讨论",于是几个孩子围坐在一起泛泛而谈,好像不这样的话,就不是顺应课改潮流,就不是健康的课堂。这样的小组合作学习表面热闹,流于形式,效果不明显。

2. 教师缺乏对合作学习过程的关注指导。在小组合作学习中,教师未介入小组讨论,对讨论相持不下或者不深入的小组没有适时点拨,对信息交流的收集不及时,不了解合作学习的进展,教师主观地决定合作学习的时间长短,没有从学生的学习实际出发,这样的合作学习不仅空耗了时间,还大大降低了课堂效率。

3. 学生的参与面不广泛,重优生、轻全员。在小组合作学习中,学习好或者性格外向的学生大出风头,学困生则静听或游离课堂之外;我们经常看到成绩好的学生发言的机会多,代表小组汇报的现象多。这样的小组合作学习达不到共同发展的要求。

4. 学生间的合作不够积极主动。小组合作学习过程中,经常会出现不友好、

不倾听、不分享、自说自话的现象。学困生独立思考能力较差，质疑精神不够，在新知识的探讨中，往往没有主动地参与合作学习；而学优生由于基础较好，反应快，往往不顾学困生是否已经明白，就匆匆结束小组合作学习，没有发挥小组合作的优势，因此达不到共同进步。

二、实施小组合作学习的有效方法

1. 灵活运用小组合作学习的方式。对于低年级小学生而言，他们合作学习的知识、能力、意识等都是有限的，开展有效的小组合作学习有一定难度，但并不能因此而放弃小组合作学习在低年级教学中的运用。可以通过讲故事、玩游戏、比赛等多种形式组织合作学习。在识字教学中，让小组内的每位同学都参加，先读准每个字，然后交流各自的记字方法，再用这个字组词，用这个词练习说话，最后以小组为单位，以"打老鼠"这一游戏形式检查合作效果。在合作学习过程中，每组学生都全身心地投入，会读的带动不会读的，说得好的带动说得不好的，你教我，我教你，在轻松愉快的氛围中共同学习，共同进步，学生也会在不知不觉中喜欢上合作学习。

2. 合作学习的内容要有选择性。并非在任何教学条件下，合作学习都是最佳的教学组织形式，缺乏启发性和思维张力的问题不必合作探究，学生没有共同兴趣的问题也不必合作探究，偏离文本重难点的节外生枝的问题更不必合作探究。教师在进行课堂教学设计时，一定要充分了解学生、把握教材，对课堂上所要解决的问题要有一个基本估计：哪些问题学生能够独立解决？哪些需要学生之间的优势互补？凭学生个人的力量不能完成的难点问题，需要经过争论、质疑和交换意见才能解决的开放性问题等可以采用小组合作学习，通过合作来探究解决问题的思路和方法，给更多的学生以思想的启迪，这样的合作才有意义。在语文学习中，也有很多适合合作学习的内容。我们常会碰到优美生动的文章，如果合作研究其优点，人均发现一两个，一组就可讲出七八个；也会碰到不理解的描述性文字片段，几个人一合计，意思就会豁然开朗；碰到小学生喜欢的童话课文，合作演一演，就使学习更有趣了。

3. 教师参与到学生合作学习的过程中。合作学习的过程中，教师应了解学生学习的进程，及时给予肯定与表扬。学生遇到学习障碍时，教师应适当点拨引导，使合作学习顺利进行。还要让学生有序发表意见，避免个别学生占用

全部时间，关注调动每个学生的参与积极性，使合作学习真正面向全体学生。

4.准确把握小组合作学习的时间。这要求老师对讨论的难度有充分的把握，对学生的认知能力有充分了解，对合作学习的时间要有比较精确的预算，对合作学习的过程要密切关注，对合作学习的小组要主动深入，避免出现学生交头接耳、窃窃私语、东张西望等不良行为。

5.科学设计、合理组织学习小组。合作探究的形式要多样化、科学化。小问题的讨论可以同桌合作；多人小组学习适用于内容难度较大的讨论；也可以分工合作，每人负责其中一部分的任务。不管是何种形式的小组合作学习都需要合理组织学习小组，使小组内有具体明确的学习要求，能够灵活讨论方法，把握学习方向，便于学生在合作中学会分析、学会判断、学会归纳整理，从而达到真正意义上的自主、合作、探究。

健康的课堂不仅能看到知识的魅力，更能见到思想的力量与生命的灵动。我们在平时的语文教学中要积极有效地实施小组合作学习，使合作学习在健康课堂中焕发生命活力。

网络技术在作文教学中的运用

樊 艳

21世纪是以网络为主体的时代，随着互联网日新月异的发展，网络技术逐渐步入课堂，并扮演着越来越重要的角色。它弥补了传统教学在情景营造、时空转换、情感渗透、思维创新等方面的不足，凭借其鲜明的教学特点，丰富的教学内容，形象生动的教学情景，显示出得天独厚的优势。尤其在语文学科的作文教学中，它完全可以为我们摆脱传统教学的桎梏，开创出一片全新的天地。

一、利用网络营造浓厚的氛围，激发学生的写作兴趣

兴趣是获得知识、形成技能、开发潜能和智力的内在动力。爱因斯坦曾经说过："兴趣是最好的老师。"大教育家孔子也曾经说过："知之者不如好之者，好之者不如乐之者。"要提高学生的写作能力，只有激发学生的兴趣，他们才会化被动为主动，乐于接受，勇于尝试。

在作文教学中，电教媒体借助形式多样、功能各异的感性材料，形象生动的感性画面，悦耳动听的音乐背景，卓越不凡的动画技巧，通过音像并茂、动静结合、情景交融的感官刺激，把人、事、物、景生动形象地展现在学生面前。它不仅能有效地调动学生的好奇心，激发学生的写作兴趣，还能拨动学生的心弦，激起思维的火花，开启学生的智慧之门，最终达到引发学生写作兴趣的目的。

二、利用网络建立作文资料库，丰富学生的写作素材

俗话说："巧妇难为无米之炊。"当代学生往往处在"学校—家庭"两点一线的狭小空间，学生生活的单调直接导致他们作文题材狭窄，虽然绞尽脑汁、挖空心思却还是老一套，毫无新意，写出的作文读来让人味同嚼蜡。利用多媒

体可以从以下两个方面努力：

1. 积极查询调用网络中丰富的作文资料库。教师既可以自己制作生动形象的图片、动态的录像资料、优美准确的范文例句当课件，组成作文资料库供学生查询调用，还可以让学生利用搜索引擎在网络中查询。在查询中，除给学生作文提供了丰富的写作素材，还让学生学习的自主性得到充分体现，动手能力得到极大提高。

2. 利用服务器为班上每一位同学建立一个文件夹。让他们把网上浏览到的好的作品、图片、复制到个人文件夹中，作为写作素材，以备写作之用，再由学生自己分门别类建立下一级子文件夹，如文学、历史、政治、经济、体育等等，其中必须建立一个个人子文件夹，个人文件夹全部设置为共享，同学间可以互相访问、交流。每隔一段时间，教师可以逐个打开学生的文件夹，根据他们下载资料的数量、质量及个人作品的情况给予评定和指导。这样，学生在丰富自己文件夹的过程中开阔了眼界，贴近了生活，积累了素材，待到写作时文章的题材丰富了，质量提高了，写作兴趣浓了，积极性也高了。

三、利用网络创设写作的情境，优化学生的写作过程

有经验的语文老师常常带学生投入大自然的怀抱，让大自然陶冶他们的心灵，进而把大自然的美表达出来；让学生贴近生活，并把对生活的感受表达出来。这无疑是符合创作规律的行之有效的作文教学方法，但同时它也有时间和空间等方面的局限性。多媒体技术的出现，这一问题迎刃而解，它可以不拘时间、空间等因素的束缚而适时地再现情境，不但可以提高学生作文的质量，还可以培养学生的多种能力。

1. 定格、循环播放，培养学生的观察分析能力

要写好作文，观察至关重要。观察深刻，感受体验就深，就能触发写作动机，发现题材价值。多媒体教学可以根据作文教学的要求，注意快慢有度，突出重点，恰当"剪辑"。动用镜头定格、循环播放等方式，为创设教学情境，培养学生观察分析能力提供了极大的便利。镜头定格能够突出画面的重点或细节部分，使学生有时间认真观察、细致思考，进而准确表达。循环播放，则能为学生提供连续多次观察事物的良机，使学生观察更仔细，描写更具体，表达更生动。如将朝阳下荷叶上的露珠定格后，面对晶莹剔透的"宝石"，学生对荷叶、

露珠均有清晰的认识,激起丰富的想象,再慢放微风中荷叶摆动时露珠滚动的镜头,学生感受到它们的动态美,不由得妙语连珠、一吐为快、笔下生情……

2. 慢放画面,提高学生口头表达能力

慢放画面,能使生活中看似平常,转瞬即逝而又与中心密切相关的细节情景清晰地重现在学生面前。这时慢放画面,学生就可以一边看着速度适宜的画面,一边口头描述,有效地避免了"走马观花""言之无物"的弊病。如:在指导学生写猫的生活习性时,就把猫吃食、捕鼠、玩线团等内容慢放,让学生看着画面描述。此时学生便会聚精会神观察每一个画面,细致捕捉每一个动作的特点和行为过程,就能做到言之有物,条理清晰,内容具体,重点突出。

四、利用网络创新批改的方式,提高学生的修改能力

传统的作文批改方式,由教师一人唱独角戏,全批全改,费时费力,它占据了教师相当多的教学时间,而效果往往差强人意。学生拿到作文后关心的只是分数,然后丢到一边,教师倾注了满腔心血批改的成果顷刻间化为乌有。出现这种情况很大程度上是由于学生没有参与导致的,而运用网络技术在校园网上创设虚拟社区,将学生的作文以帖子的形式放在网上,教师就能自如地进行全面浏览,然后进行重点批改、典型批改,同时组织指导学生互批互改,让学生换位思考,也来充当"小老师"。这样既能发挥教师的主导作用,减轻教师教学负担,又能在一种民主、开放的教学环境中让学生全面参与,充分发挥学生的主体作用。学生在批改过程中可以取长补短,集思广益,提高评论文章和修改文章的能力,逐步摸索修改作文的门道,掌握写好作文的秘诀。

五、利用网络改变评讲的方法,提高学生的写作水平

传统的教学方式,由于教师批改费时,讲评与写作时间较长,学生对所写作文的印象与感受早已淡漠,再加上学生一般不参与批改,讲评时学生也无发言权,教师讲评起来滔滔不绝,而学生却感到评讲与己无关,毫无兴趣,一次作文训练下来,收效甚微。

如果利用网络功能进行讲评,这一现象就能得到极大改观。讲评之前,让学生利用课外时间登陆虚拟社区浏览帖子,选出几篇优秀习作和几篇典型病文,由教师制成课件展示出来。等到正式上讲评课,就先由优秀习作的作者谈构思

经过及心得体会，接着大家在网络上浏览教师和同学们对此作文的批改意见，然后教师组织大家自由发言，对批改意见进行补充、修正、再评价。之后就几篇典型病文组织大家修改，可以就主题、立意直至病句错别字等方面提出自己的修改意见。最后师生根据以上情况进行总结，归纳作文中的规律性内容，并用粗大的黑体字予以醒目展示。这样，在开放、参与、民主氛围中的讲评，常常使学生迸发出思想的火花、独到的见解。写作成为学生自觉自愿表达情感的一种激情和需要，一种展示才华的机会，一种不断学习他人和挑战自我的最佳途径。

实践证明，网络技术的运用可以说是作文教学的一次革命，它突破了传统教学中的时空限制，浓缩了丰富的信息，再现了相关事件的情景，促进了师生间的交流，激发了学生写作的兴趣，锻炼了学生的思维能力，提高了学生的写作水平。总之，随着计算机的逐渐普及，网络技术在作文教学中有着广阔的前景，它为提高课堂作文教学效率和学生的作文水平提供了新的平台，必将大有作为！

视频媒体在教学中的有效运用

黄勇

兴趣是最好的老师，学生对课堂的内容感兴趣，学习的积极性就会明显提高。在教学中，多媒体已经普及，它所提供的图像、文字、声音、动画视频等丰富的多样化信息，对学生形成了各种感官的有效刺激，能使学生保持一种积极的学习状态。而在多媒体课件中，视频媒体的应用，有着图片文字等信息无可替代的作用，能突破时间和空间以及区域的限制，把小学生平时感知不到的事物和现象，在有限的时间内形象、具体地显现出来。本文结合本人多年来的电教工作，谈谈对视频媒体在多媒体教学中应用的认识。

一、视频媒体在语文教学中的作用

在小学语文课文中，有不少课文离我们小学生的现实生活太遥远，要让小学生体会其中的意境和思想感情，非常困难。我们为了让学生理解，通常采用让学生反反复复朗读，再加上教师在课堂上的讲解，然而却往往达不到预想的效果。但若用上一段合适的音乐配上恰到好处的镜头，再配上课文的字幕或重点内容及字词，就可以将教学中抽象的知识形象化，使常规教学手段无法展现出来的东西栩栩如生地展现在学生面前。本人就做过的视频课件举几个例子，说说视频媒体在语文教学中的作用。如三年级课文《富饶的西沙群岛》，这课可以通过直观的录像，配上优美的音乐，让学生欣赏到西沙群岛优美的风景和丰富的物产，对西沙群岛产生深刻的印象。录像中五光十色、绚丽无比的海水，各种各样的珊瑚，慢慢蠕动的海参，全身披甲的大龙虾，形态各异的各种鱼类，还有颜色不一、形状千奇百怪的贝壳，庞大的海龟和成千上万的海鸟等等，都形象地展现在学生们眼前。充分地调动了学生的视觉和听觉感官，给学生以美

的享受，使学生感悟到课文中的形象美和意境美。

又如《植物妈妈有办法》这一课，蒲公英本身有像降落伞一样的小花，再加上风一吹，它就能传播种子了；苍耳是靠挂住动物的皮毛来传播种子的；太阳一晒，豌豆的豆荚炸开，它就能传播种子了。用视频录像能在很短的时间内，就让学生认识这些植物，并了解它们传播种子的办法，还能感受到大自然的神奇，激发了学生热爱大自然，勇于探索的情感。

在小学语文教材中，有很多课文对于我们的小学生来说，由于受时空区域的限制，其认识存在着缺陷，从而影响了学生对课文的理解和体验。在教学这类课文时，运用视频媒体，向学生介绍相关的知识，使枯燥的课文内容直观化，抽象的语言文字具体化，学生一目了然，有助于学生及时进入学习情境，有效地突破教学重难点，让学生快速达到预期的目的。

二、有效运用视频媒体应注意的问题

1. 淡化形式，讲求实效

所选择的视频素材必须紧扣课文，要从语文教学的实际出发，选择与重难点有关的素材内容，选择的素材必须发挥作用，不能从头到尾全都用上，变成观赏课。要明确视听的目的，与思考密切配合。使用录像前要对学生进行指导，带着问题看视频。要做到播放适合，讲解恰当，播放中指出要点，播放后要进行讨论和总结。

2. 多种媒体，配合使用

图像、文字、声音、动画视频等各种教学媒体都各有所长，语文课堂教学包括许多环节和步骤，需要多种媒体配合形成最优化的组合，以加强学习效果。如文字适宜表现概念、结论，而视频媒体的优势又在于表现运动中的事物。适合用图片的地方不要用视频，如在数学教学中，运用视频课件的就比较少。应在教学的不同环节，发挥各类媒体的作用。

3. 留意收集，巧妙剪辑

教学资料的收集整理也是一个漫长积累的过程。我们要做有心人，凡是发现精彩的视频，及时下载保存。精选后的视频绝大多数都是可以直接运用的。但有时候因为视频太长、内容太多或视频格式不同，或有的视频不清晰等，需要根据教学要求进行剪辑，剪辑后，有的还需进一步编辑，如加入课文主题、添加字幕说明，以增加需要的教学信息。

总之，视频媒体作为一种现代化教学手段，在小学语文教学中能够发挥巨大作用。它能激发学生的情感体验，让学生有身临其境的感受，能激发学生兴趣，引发学生思考，有效提高课堂教学效率，并推动教学质量的全面提高。

电子白板应用的常见问题及对策分析

程志华

去年，我校斥巨资建立起了多媒体教室，配备了电子白板和触摸电视，给每一位任课老师配备了笔记本用来改善教学质量，提高教学效率。但是在新设备应用的同时，也出现了诸多问题。如何在新的教学环境开展更有效的教学活动？学校教务处应该如何改革备课制度来适应新的教学方式？多媒体网络中心应该做出怎样的调整以便更好地为广大教师服务？这都是我们在新形势新环境下急需解决的问题。通过这半年的使用及日常的维护，我发现教师在使用白板方面一般存在以下几个问题。

一、软硬件操作不熟悉，影响课堂教学

我们学校的电子白板是将笔记本电脑通过中控与投影连接，在使用之前需要先连接好 VGA 线与 USB 线，然后通过中控开机才能使用。这种方式比一体式电子白板相对要复杂，影响白板使用的因素要多一些，影响到部分老师的使用热情，在这一年的维护中，经常接到老师要求维修的电话，过去一看，基本上都是应用上的小问题。常见问题有笔记本屏幕无法上投影，触摸不灵，或者音响无声音等等，究其根本原因，不外乎以下几个方面：

1. 教师对笔记本电脑热键的使用不够熟悉，不知道如何设置笔记本的双显模式，以至于图像无法在屏幕上显示。有的老师自己把笔记本静音了而导致声音无法播放等等。

2. 培训不到位，教师对白板软件不熟悉。白板的培训是由厂家集中培训，时间短，人数多，许多教师只能走马观花地看一下，没有真正熟悉白板软件。白板的定位非常重要，如果定位不准，当白板笔作鼠标功能用时就会出现点击

打开文件时电脑无反应的现象,实际上是由于定位不准,鼠标没能击中你想打开的文件而造成的。许多教师使用白板的时候不进行定位操作,导致白板触摸失灵,或者触摸笔定位不准。

3. 连线没有插紧,导致无法投影或者控制。笔记本电脑要是 VGA 线没有连接好会导致投影无图像或偏色,USB 没有连接好会导致触摸失效等等,经常有老师打电话说白板坏了,其实都是线头松动所致。

二、白板仅仅替代了幕布功能,没有充分发挥其交互作用

电子白板最大的优势在于教学中能够直接触控以交互的方式来进行教学,有效地解开了教师与计算机之间的束缚,而且,在将交互式电子白板技术引入课堂后,多媒体计算机和黑板的功能整合为一体,能有效弥补多媒体计算机的不足。但是在实际应用中仍然发现许多教师仅仅是把白板当作投影幕布来使用,没有充分发挥其作用。究其根本原因主要是教师观念没有充分改变,仍旧停留在传统教学"粉笔+黑板"的方式。课件制作停留在屏幕加演示的基础上,教师完全围绕着预设的课件讲课,课件只能以事先安排的顺序依次呈现,很难根据学生学习的实际情况进行及时调整,缺少了课堂教学中最为精彩的课堂生成。

三、资源库平台建设没有跟上,增加教师工作量

多媒体教学设施的使用,并非硬件配备到位就可以解决问题,要想得到高效的使用,往往离不开软件的建设。课堂教学中要想充分发挥白板的优势所在,需要建立配套的资源体系。否则,使用白板会增加教师备教的工作量,极大影响教师工作的积极性。目前建立资源库存在两个方面的问题。

1. 教师收集整理存储资源的意识不足,缺少收集整理资源的经验,只有部分年轻教师有精力和意愿。

2. 教材版本众多,导致资源建设无章可循。收集资料困难。资源库建设非一朝一夕的过程,需要一个长期的积累过程,如果要和白板配套使用,让教师在课堂中能够实时生成课堂资源,需要一个稳定的网络共享平台,大家齐心协力才能成功。

针对以上常见的问题,我觉得应该从如下几个方面来解决问题:

第一,加强培训指导,让每一位教师熟练掌握白板软件的运用。

我们学校教师年龄参差不齐，老中青都有，年轻人熟悉电脑，接受能力强，一般都能熟练掌握白板软件的操作，但是未必能够彻底理解白板软件在教学中的互动操作原理，因此开展专业的培训是非常必要的。早在白板安装初期许多教师已经接受过厂家的集中培训，但是由于时间短暂，而且授课教师不是一线教师，并不能深刻理解白板是如何在实际课堂中运用的，因此教务处有必要选择一些在白板运用中比较成功的典型案例来观摩，相互交流学习，共同提高白板软件运用的水平。同时也可以在集体备课中交流有关白板在课堂中的运用技巧，让所有教师尽快熟悉白板软件的运用，同时针对经常出现的硬件问题，可以由电教老师印发一些常见问题如何处理的小册子，以便教师尽快在课堂中应用起来。

第二，创建开放平台，加快校内资源库建设步伐。白板的运用离不开教学资源，要想充分发挥白板的功能，需要加快资源库的建设步伐，这依靠一两人的力量是非常困难的。因此需要建立一个开放的FTP平台，建立好相关学科的目录，发动所有老师的能量，从而完善校内资源库的建设。

（1）从网络平台收集资源。据我所知，有不少开放的平台已经有了相当多的资源，如课内网、人教社、e21的学科网群、各教材出版社的教材支撑网等，都有为数不少的资源，可以供广大教师借鉴，另外我校也通过淘宝网购买了一些成册的资源库，将收集和购买的分门别类放置在校内共享平台中，人人都可以为资源库建设添砖加瓦，也可以大大加快访问速度，提高教师的使用效率。

（2）自创优质教学资源。网络收集的资源虽然多，但是毕竟良莠不齐，与本校的课堂教学不够一致，因此可以在我校集体备课的基础上，让所有老师参与制作与集体备课相同的资源库。一个学期，每个年级教师在自己本单元集体备课的同时制作出与教案配套的相关课件，存放于FTP资源库分类平台中，供所有教师调用。这样一个学期下来，每一册书的资源库就建立完成了，既减轻了教师的工作量，又能使教学效果最优化，教学效率最高化。

第三，改革教学评价方式，促进互动教学。教学的评价体系应该与学科相对应，且与其所具有的特点相匹配，并且要具有一定的可操作性。可以从电子白板的几个功能对其产生的教学绩效进行简单的初步评价。

（1）灵活运用资源库。教师在教学过程中是否能够灵活调用资源库系统来进行教学，是否能够实时根据教学需要来添加生成自己所需要的教学课件，

更好地为教学服务。

（2）课堂实录的保存。白板软件可以把一节课中教学的生成状态保存下来，教师的批注，圈点都可以保存下来，通过保存的白板文件可以了解课堂是否抓住课程的重点。

（3）交互功能的应用。在教学过程中，师生是否利用电子白板来实现师生的互动，教学资源与课程的互动。教师应该对教学过程、教学方式、教学资源进行优化设计，同时加强自身的修养，以便能够更好地适应和运用电子白板，优化教学效果。

第四，加强后期建设维护管理，促进电教良性发展。再好的多媒体设备，在使用过程中总会出现各种各样的问题，总会存在一些故障，有些问题不是任课教师可以及时解决的。另外随着课程设置的要求及后期的使用，也需要做出一个长期的规划及管理维修制度，才能促进教师更好地使用电子白板为教学服务，从而提高教学效率。因此从学校层面应该做好以下几点：

（1）购买资源库服务器，建立资源库开放式公共平台，确保教师在校内可以随时添加资源并在课堂中实时访问。

（2）进一步加强校园局域网络建设，保证教师可以实时调用资源库教学资源，从而为互动教学提供更好的服务。

（3）建立良好的电教设备管理维护维修制度，设定配套的维修基金，专人专室对出现的问题及时处理，提高教师使用白板的积极性。

任何一种教学设备，都必然有其自身的优势以及局限性。无论是学校教师还是管理者都应该以积极的目光来看待，在实践过程中不断发现问题，解决问题。教师应该对教学过程、教学方式、教学资源进行优化设计，同时加强自身的修养。管理者要不断创建更好的教学条件，提供更好的应用平台，这样我们才能充分发挥教学设备的价值，提高设备的利用率，从而提升学校的教学水平，为教育事业做出更大的贡献。

电子白板，师生交互的新平台

刘向阳

去年，学校为各班安装了电子白板，相对以往的电脑＋投影仪，实物投影等多媒体设备，电子白板整合了现代多媒体教学优势，简单易学，操作方便。经过半年多对电子白板在各班的使用情况跟踪调查，我对电子白板在教学上所起的作用有了一定的认识，现在谈谈几点个人看法。

一、让教学更生动，激发学生的学习兴趣

传统教学中，教师以黑板、粉笔为主要手段，将书本上的知识传授给学生，学生再通过记忆将它转化为自己的知识。在这种被动的状态下，学生往往不甚理解，只能死记硬背。在教学时巧用电子白板，将新知识的形成过程以学生容易接受的形式形象地呈现在学生面前，顺利实现新旧知识的过渡，激发学生学习的积极性。如在一年级新生学习拼音的过程中，电子白板起到了非常大的作用。传统的拼音教学比较枯燥乏味，学生容易失去兴趣。电子白板课件能为学生提供生动逼真的教学情境、丰富多彩的教学资源，为学生营造一个色彩缤纷、声像同步、能动能静的教学情境，使学生眼、耳、口、手、脑等多种器官同时接受刺激，促使学生手脑并用，思维集中。一年级语文老师充分利用了电子白板进行教学，她们下载大量教学课件，在课堂上利用丰富的图片、优美的音乐、可爱的造型，把学生自然引入拼音教学中来，激发了学生的学习兴趣，大大提高了课堂效率。

二、让教学更直观，培养学生的观察力

低年级学生擅长记忆形象、具体的材料。在教学中运用电子白板提高教学

的直观性，借助形象直观富有情趣的多媒体动画来进行直观演示，能有效地唤起学生的正确感知。电子白板所具有的应用，如拉幕、聚光灯、拍照等特殊效果和应用技巧，可以设计出各种形式的教学活动，提高学生的注意力，使课堂气氛活跃。如一年级数学老师在教学整理加减法表这一课时，合理地运用拉幕这一功能，将加减法表先遮挡住，根据教学进度，分批呈现，不仅有利于学生集中注意力，更能有效引导学生发展思维，不但在新授课中非常实用，在平时的复习和练习中也非常有效。

三、素材性资源库阵容强大，分类明确，使用便捷

音乐、美术等艺术感染力很强的教学活动，需要制作音乐、美术课件，要寻找许多专业性很强的图片、符号等，这样导致把本该花在教学环节设计上的时间和精力浪费在了寻找资源上。电子白板的出现解决了这一问题，白板系统准备了大量的学科素材，但不是现成的、固定的课件，可以根据自己特定的教学设计和目标，应用资源库中的素材形成自己的教案。例如在音乐教学中，需要的时候从资源库中将它们拖拽出来就可以使用，方便快捷，大大节省了课堂上有限的时间，提高了课堂的效率。音乐老师在上课时经常使用音乐课件，给学生们创造一个良好的精神氛围，在教学活动中利用多媒体美丽的画面和清晰的声音设置情景，使他们身临其境，从而表现得更好，更投入。

四、充分体现了师生之间的互动

传统的多媒体课件一旦制定完成，在演示的过程中就无法修改。教师受到定型情节的课件影响，只能完全围绕着课件讲课。课堂教学只能以教师事先安排的顺序依次呈现，很难根据学生学习的实际情况进行及时调整，缺少了课堂教学中最为精彩的"即兴发挥"。学生自主学习的主动性、积极性难以发挥，只能跟着教师的演示而被动地进行学习，情感体验只能通过看、听来完成。而运用电子白板，为师生在教学过程中的互动和参与提供了极大的方便。利用电子白板，可以给予教学内容多方位的展示，引发学生的积极参与，更好地促进学生与学生之间、教师与学生之间的互动与协作。教学过程中教师可以灵活地把自己上课需要用到的各种教学资源（包括文字、图片、动画或课件等）保存到交互电子白板的资源库中，以便课堂上有需要时随机调用；教师在引导学生

探究新知过程中，还可以通过电子白板呈现相关的资料以便更好地指导学生进行有效的学习思考和探究。特别是白板对动画、视频的随时暂停控制与标注使教师能够更加自主地应用现有的多媒体教学课件，弥补了很多课件交互性较差的缺陷，有利于激发学生的主动参与，更有效地让他们体会到学习的愉快。电子白板很好地保留了传统黑板的书写功能，同时电子笔可以任意选择颜色、调节粗细，适用于任何时候任何地方的圈点批注。教师又可以重新站在讲台上，在电子白板上自由地板书。

  电子白板在教学中的作用是明显的，但我校老师在使用电子白板上也有很多不足之处：由于所用电子白板的书写速度、显示精度、系统稳定性等方面有所欠缺，老师们没有把电子白板当成黑板那样使用，而是把它复杂化为课件操作。总是花费大量时间提前做好电子白板课件，把情境提前输入到电子白板中，课堂上还是忙于操作课件。很多功能没有去认真研究、开发，只是单纯地使用一小部分功能，使很大一部分功能没有得到使用，这也是一种浪费。其次，交互式电子白板教学引入课堂后，可以更好地生成随机情境。然而很多教师并没有认识到它的这一优越性，总是忙于提前设置好情境，上课了不管合适不合适就将提前做好的拉过来用，无视学生的自主性。长此以往，会彻底让电子白板成为课堂的附属物，达不到积极的课堂效果。这些不足之处有的是由白板自身的缺点造成，也有因为在使用电子白板上没有经过更系统的培训造成。

  在传统课堂教学中，黑板就是教师与教学内容交互的界面，现在电子白板替代了黑板成为课堂教学的新交互平台。我们现在要做的就是充分发掘这个新交互平台中蕴涵的教学策略，使这一技术真正有效地融入日常课堂教学中。

培养注意力，让学生快乐学习

胡 柳

一年级学生刚刚踏入校园，年龄比较小，活泼好动是他们最大的特点，上课注意力最多能持续10分钟。一位教育家曾说过这样一句话："注意力是我们唯一的门户，意识中的一切必须经过它才能进来。" 因此，在教学中我们应该采取多种方法来培养他们的注意力，努力提高课堂教学效果。

一、巧妙设计，让学生愿学

学生对感兴趣的东西会表现得特别专心、投入。有一次，上班会课的时候，学习雷锋叔叔的事迹，同学们听得特别认真，教室很安静，我就发现孩子们对听故事是很感兴趣的。而且这个年龄阶段的孩子喜欢玩，喜欢做游戏，因此，我在教学过程中根据小学生的年龄特点，巧妙设计一些有趣的环节，调动孩子的积极性，吸引学生的注意力。一节课40分钟，中间肯定会有学生坐不住做小动作的，那么教师创设有趣的教学情景对培养学生注意力就很有帮助，比如说课中做做小游戏、唱唱歌、做做健康操。有老师设计了一个环节——静心，就是手放平，趴在桌子上休息几秒钟，让孩子们安静下来，调整心态，效果也不错。

二、灵活多样，让学生爱学

一堂成功的课，不仅靠学生的积极主动，关键还要看教师如何把握，如果教师讲课没有激情，那么孩子们也没有兴趣听。为了将学生分散的注意力吸引到特定的教学任务和活动之中，使学生的思维尽快达到最佳水平，教师的态度要和蔼可亲，幽默风趣，声情并茂、讲做结合，这样才能调动学生的听课兴趣，

才有助于学生对所学知识的注意。"良好的开始是成功的一半。"导入新课环节，往往也是一堂课成败的关键。教学一开始就设计新颖，激发学生的兴趣，那么学生就会集中注意力听课。巧妙提问，使用图片及多媒体课件，能够更吸引学生的眼球。

三、及时鼓励，让学生乐学

"鸟儿要奋飞，老师的鼓励是翅膀；花儿要浇灌，老师的微笑是甘露。"在学生主动回答问题的时候，多进行鼓励表扬，我发现现在的孩子最喜欢听老师的话，老师的话就像是圣旨，课堂上受到老师的表扬，能够让学生高兴好几天，从而喜欢听老师讲课，也更加能提高注意力。好学生是夸出来的，一点也不假。

四、培养好习惯，让孩子勤学

一年级学生刚进入校园，对很多事物都感到很新鲜，好习惯就是在这一阶段培养起来的。教师应多注意从点滴做起，比如：把上课的书本摆放在桌子的右上角；上课的时候手放平，脚并拢，坐端正；回答问题先举手；做操有精神，路队快静齐；记熟训练口号。比如：小眼睛看黑板，小嘴巴不说话，小耳朵仔细听。这一阶段重视培养良好的学习习惯，不仅能提高学生的学习成绩，还能在一定程度上促进其能力、性格的发展。

总之，学生是一个个鲜活的个体，他们有自己的思想和个性，我们应该多鼓励他们，支持他们，不断地想出好的方法去吸引他们的注意力，让孩子们在快乐的学习中不断进步，开心成长！

有效利用小学数学课的错误资源

朱亚兰

一、概念界定

1. 错误

《辞海》中对"错误"的定义是：不正确的。西方学者，从古代的亚里士多德到近代的洛克、贝克莱等人都认为错误在本质上是一种"不符合"或"不一致"。认知心理学派认为：错误是学习的必然产物，学生的知识背景、思维方式、情感体验、表达形式往往和成人截然不同，他们在学习过程中出现各种各样的错误是十分正常的。

2. 错误资源

指师生在认知过程中学生发生偏差或失误，并通过双边互动，在集体"识错""思错"和"纠错"过程中生成的课程资源。

二、错误资源的成因分析

在我们的数学课堂上，每天都有学生在出错。纵观自己的教学，通过长期观察，发现学生出现错误的原因形形色色，归纳起来主要有以下几种：

1. 生活经验不足引起的错误

小学生对事物的认识存在着片面性，生活经验的不足，往往会给学习带来一定的错误。比如，在教学"可能性大小"一课中有位学生说了这样一句话："儿子身高不可能比成人高。"随后，他振振有词地解释："你们看，我们的爸爸妈妈、爷爷奶奶他们都比我们要高。"显然，这位学生由于受到生活中"爸

爸妈妈、爷爷奶奶都比我高"的影响，考虑问题片面，认识发生了错误。

2．思维定势产生的错误

思维定势是指人用某种固定的思维去分析问题和解决问题的模式。在知识的迁移过程中，受到负性一面的影响，束缚了学生的思维，就会产生错误。例如：学生在解决"比多比少"的问题时，往往会受到"多"就"加"的思维定势造成解题的错误。

3．"特殊"成分的干扰产生的错误

这里的"特殊"成分指的是学生的感情色彩，学生会将一些感兴趣的、比较新奇的成分来掩盖其他弱的成分，忽略了对整体的认识。比如计算25×4÷25×4，学生对25×4=100非常熟悉，就会错误的先计算两个25×4=100，再计算100÷100=1，正因为学生感情色彩的干扰，导致学生运算顺序上的错误。

4．新旧知识干扰产生错误

学生前面学习的知识会影响后面知识的学习，后面学习的知识对前面学习的知识反过来也会产生干扰。印象最深的是学习乘法交换律、乘法结合律、乘法分配律时，学生经常会受到新旧知识的相互干扰而产生错误。如：在用简便方法计算（10+80）×125时，有的学生会受乘法结合律的干扰，往往会做成10+80×125；同样用简便方法计算（25×25）×4时，有的学生会受到乘法分配律的干扰，做成（25×4）×（25×4）。

三、捕捉课堂"错误资源"

1．倾听中发现

我们要学会倾听孩子们的每一个问题、每一句话。要在倾听中捕捉学生的错误信息，把学生的错误信息看作是孩子的思维火花。努力从学生的角度去解读学生，了解学生错误背后的学习障碍和蕴含的思维方式。

2．比较中选择

教师要在众多的错误信息中通过比较、判断、选择有价值的信息作为教学的资源。特别关注那些典型的错误资源，抓住时机推动课堂教学动态生成。有时候学生的错误同时出现，这时老师要正确、快速地选择典型、有用的错误资源，

使学生在接下来的学习中兴趣盎然，学生的错误资源有效地激发了学生学习的动力。

四、有效利用课堂中的"错误资源"

"错误"和"正确"本来就是相对而言的，我们不能抓住自己手中的"标准答案"不放。多一根评价的标尺，也许就会多一批优秀人才。

1. 利用错误资源，让学生自主探究

《新课标》中提出：有效的教学活动不能单纯地依赖模仿与记忆，动手实践、自主探索与合作交流是学习数学的重要依据。学生知识的建立，不是简单的复制粘贴过程，而是在教师的引领下，通过自己主动探究来解决问题，获取知识。一节真实的课堂教学，学生不可能不出现错误，就因为有了这样那样的错误，才使课堂教学更精彩，更能体现真实性。因为教师不但可以通过挖掘学生的错误资源，及时调整课堂教学，还可以利用学生的错误资源，引导学生主动探究。

例如：在学习《年、月、日》的知识时，在学习完判断闰年还是平年的方法后，我让学生来判断：2100年是闰年还是平年？因为没有学过除数是整百的口算，绝大部分学生不会计算。这时有一个学生突然说道：等于5，余数1，只要把被除数和除数末尾的两个0都去掉就可以算。其他学生受其启发，在练习本上计算起来，不一会儿，结果也出来了，都说是5，余数1，很多学生都洋洋得意。我不露声色地问了一句：你们能想办法证明一下自己的答案是对的吗？有的学生不假思索地说不用计算了，肯定是5，余数1，有的学生则拿起笔在验算。过了一会儿，发现$5×400+1$等于2001，不是2100。那可能是500，余数1，有的学生开始了猜测，我还是把探究的权利让给了学生，让他们自己去验算。紧接着我带着学生进行分析，找出正确的解决方法。当学生在探索2100年是平年还是闰年过程中出现错误时，我没有给予否定，而是让学生自己来证明答案正确与否，放手让学生自己去探究，把学习的主动权交给了学生。

2. 利用错误，培养学生的发现意识

爱因斯坦说过：提出一个问题往往比解决一个问题更重要。因此，我们在教学中要培养学生的发现意识，当学生在学习中出现错误时，我们可以利用错误，适时给学生创设一个自主探究的问题情景，让学生自主地发现问题、解决问题。

在教学《几分之一》一课时，当学生已经掌握了分数的意义后，为了巩固这一知识，我要求每个学生用纸折出 1/2，并涂上颜色。学生很快将一张长方形（正方形、圆形）纸折出 1/2，并涂上了颜色。然后，我又要求每个学生用纸折出 1/4，并涂上颜色。巡视时，我发现班内一个成绩中等的小男孩偷偷地将纸塞进了课桌，就问他怎么了？"老师，我折错了，我折了 1/8 。"这位学生红着脸拿出纸来。其他同学便议论开了，"他错在哪儿呢？"学生 A："他上课没在听。"学生 B："他可能把 1/4 听成了 1/8。"学生 C："1/4，只要把这张纸对折 2 次就可以了，他折了 3 次，多折了一次，如果这一次不折的话，就把这张纸平均分成了 4 份，其中的 1 份就是这张纸的 1/4。"我又不失时机地问："同学们，如果还是把这张纸平均分成 8 份，怎样才能得到这张纸的 1/4 呢？"学生们对照自己的纸，纷纷表示只要涂 2 格就可以了。我对这种新的表示方法进行了表扬。受此启发，学生讲出了许多等于 1/2 的分数，课堂的气氛一下子热闹了起来。 在获取知识的过程中，学生出现了偏差，我通过让学生来评判，使得犯错的学生受到了教育，保护了自尊心。最后，我利用这个错例，充分挖掘错误中潜在的智力因素，提出具有针对性和启发性的问题，让学生在动手中解决了问题，深化了对知识的理解和掌握，培养了学生的发现意识。

3. 在纠正错误中，逐步完善学生人格，磨砺学生意志

在新理念的倡导下，学生的主体地位越来越明显，教学氛围也越来越民主，学生在学习上出现错误时，我们老师能够理解、宽容学生，但我们也随时可以看到，当一位成绩稍弱的学生在回答一个简单的问题或计算一道简单的题目出现错误时，往往会引来同学们的嘲笑声。 在练习乘减、乘加、除减、除加混合的两步计算时，如 $192-152\div 8$，有位计算能力相对较弱学生在板演时先算减法，后算除法了，结果成绩相对好的学生就嘲笑他。我立即"刹车"，同时向同学们提了个问题：如果当你做错的时候，大家都像你们这样说这么难听的话，你的心情会怎么样？他们很惭愧，把头低下了。"这道题他计算错了，我们一起来帮帮他，找一找错在什么地方。"在大家的帮助下，这位学生很快把这道题目订正好了。我又问："以后碰到这样的计算题，哪些地方需要我们注意的？"大家共同总结出计算时应注意的地方：一要看先算什么后算什么？然后要看计算得对不对？最后要验算一下有没有做对？最后还利用小竞赛、小游戏等形式进行计算训练，使学生的情绪、情感始终处于蓬勃状态，自尊心、自

信心等得到满足。这样从消除同学间的耻笑，到同学之间的相互帮助纠错，最后到竞赛、游戏，逐步完善学生的人格，有利于学生对错误形成正确态度，在同学和老师的帮助下，鼓励学生克服困难，磨砺意志。

错误是一种学习资源，只要我们老师能够合理、有效利用，它就会给我们的课堂带来一道美丽的风景线，给老师和学生带来一笔无形的财富。教学的最高目标是人格的和谐发展，教学过程是师生平等、民主的合作互动。真实的课堂、有效的课堂应该成为我们构建和谐课堂文化、学习文化的重要方面。让学生在民主、和谐的氛围中，在出错知错纠错的过程中学习新知、增长知识。所以，用资源的眼光来看待学生学习中的错误，我们教学的天空会更广阔。

转变学习方式，培养创新能力

李秀英

创新是一个民族的灵魂，是一个国家不竭的动力。而素质教育的中心就是自主创新教育。小学数学《新课程标准》指出："动手实践，自主探索与合作交流是学生学习数学的重要方式。"因此，在数学教学中，不能只注重让学习认真听讲、学好书本知识，还应努力给学生提供充分参与数学活动的时间和空间，让学生有更多的机会学会动手，亲自探索，并分享探索的结果，感受成功的快乐。通过数学学习方式的转变，培养和提高学生的能力。

一、动手操作，启迪学生的创新思维

儿童的思维是从动作开始的，在爬行中，在捡拾食品、寻找玩具的过程中，儿童的思维能力得到不断发展。如果切断了动作和思维的联系，儿童的思维就得不到发展。数学教学过程也是一样，应该尽量放开学生的双手，让学生在动手操作的过程中学会数学思维。学生在动手操作的过程中，实现手、眼、脑等多种器官协同参与学习活动。这样，学生不仅能学得生动活泼，而且能学得扎实深刻，还能够启迪学生的创新思维。例如：学生认识了几分之一后，我指导学生拿出几张同样大小的长方形纸，用不同的方法分别折叠出它的1/8，并用自己最喜欢的图案表示出来。学生亲自操作实践，手、眼、脑并用，启迪了大脑思维，得出了很多种1/8的折叠方法，再用美丽的图案画出来，得到美的享受，也培养了学生的创新意识。

"纸上得来终觉浅，绝知此事要躬行。"知识来源于实践，又要通过实践来检验、来运用、来巩固。在设计教学内容时，教师要有意识地将教材知识与生活实践联系起来，寓数学知识于学生喜闻乐见的活动之中。例如，在教学"面

积和面积单位"后,我安排学生用面积单位去测量书本、课桌、教室地面、自家客厅面积,并设计出一份用不同面积单位的方砖铺设自家客厅所需地砖块数的报告。通过实地考察、操作实践,使学生的思维由课堂进入社会的大空间,拓宽了认知面,对所学知识也理解得更深刻了。

二、自主探索,培养学生的创新能力

在数学教学中,自主探索就是学生根据自己的认识水平和已学的知识,在教师的指导和帮助下,通过自己独立探索和发现去获取知识的过程。在探索过程中,学生始终是主体,要起主导作用,不能由老师包办学生的探索过程。教师在此过程中应突出发挥点拨引导的作用。只要学生自己能看懂的,就指导学生自己看;只要学生自己能讲出来的,就鼓励学生大胆说;只要学生自己能够实践的,就创造条件让学生自己动手做。总之,只要学生自己能够解决的问题,就放手让学生自己去解决。教学中,教师可以先提出尝试问题,用尝试题引导学生看书自学,使学生知道看什么,怎么看,需要解决什么问题,也就是自主探索一定要带有目的性。最后可让学生提出疑问,再合作交流。通过一系列的自主探索活动逐步培养学生的创新能力,让自主探索成为他们的一种好习惯。实践证明:好习惯的报酬就是成功。

三、交流合作,激发学生的创新情感

合作交流是人类社会的重要特点,也是社会进步的重要途径。在数学教学中,交流合作也是激发学生的创新情感,提高学生创新能力的重要途径和方法。交流合作是在鼓励学生独立思考、自主探索的基础上,在学生独立学习和充分感知所学知识的基础上,通过讨论或互相帮助去共同解决问题,促进教学任务的完成。合作交流是现代学习的重要方式。在合作交流中,学生的创新情感更容易得到激发,学生的创新思维更能够得到发展。在数学教学实践中,我深深体会到了合作交流是研究性学习的重要形式。例如"长方形面积的计算"教学中,我先让学生分小组拿出事先准备的 12 个 1 平方厘米的正方形塑料片,拼成一个长方形,看有几种拼法?并分小组填写实验记录。这样各小组学生分组合作,有的拼摆,有的记录。最后对实验记录进行观察分析、讨论。最终他们领会到:在 3 种拼法中,无论长、宽怎样变化,拼成的长方形所含的平方厘米数正好是

长和宽所含厘米数的乘积。为总结公式做好了铺垫，也培养了学生积极参与、相互协作的良好习惯。

如何才能让学生产生强烈的自主交流、自主合作的冲动呢？有两点值得特别关注：一是要让问题更具有思考性和探索性，不能太简单，要有一定的挑战性。数学教学中的合作交流不是日常随意性的谈话，应当具有一定的学习目标，应当是为解决某个具体的问题而进行的。在数学教学中要不断地让学生产生思维的困惑，让他们在思维的压力下，主动想到与别人合作交流。二是要以不同小组之间的竞争来促进小组内同学之间的合作。竞争和合作并不是一对相互排斥的概念，而是可以相互促进的。培养学生的合作意识、集体观念，可以通过竞争的机制增强学生对集体的责任感和荣誉感，即用外部的压力去促进内部的团结。

创新能力的培养过程是通过动手操作、自主探索与交流合作的相互联系、相互贯通来体现的。这是一种全新的教育理念，也是一种全新的学习方式。在动手操作、自主探索与交流合作中，学生们的动手能力和实践能力增强了，独立意识和合作精神提高了，创新意识和创新能力也不断得到提高。

在美术课堂构建新型教学模式

张雅琴

多媒体化、网络化的高速发展极大地开拓了课堂教学的新形式，信息技术和其他学科的整合已势在必行，在美术学科中充分发挥网络及多媒体资源的优势，灵活地运用现代媒体开展教学，可大幅度地提高学生的审美能力和创新能力。根据我在美术教学中的初步实践，我大致总结出信息技术与美术学科整合的三种形式。

形式之一：课堂演示助教

针对教学中的重难点，采用购买或自行开发多媒体课件辅助教学，使抽象、复杂的教学概念变得直观、形象。这种形式主要适用于新知识的教学，教师作为多媒体设备的主要操作者，以演示教学内容为出发点进行辅助教学，能充分发挥教师的主导作用。

如在《色彩——原色·间色》一课的教学中，我改变了传统的"授—受"教学模式，通过设问："大自然里有许多美丽的景色，下面我们一起来欣赏几幅色彩缤纷的图片，请同学们边欣赏边思考这些图片中有哪些主要色彩？"运用多媒体创设学习情境，然后再解答："告诉你们一个小秘密，刚才你们发现的这些色彩是由三个魔术师变化而来的，看，它们来了。"此时用多媒体显示出三原色。随后教师要求："同学们手中的材料盒里也有这三个魔术师，请对照屏幕上显示的色彩将它们找出来。"接着学生出示了红、黄、蓝三种颜色学具。教师提示："这三个魔术师都有自己的姓名，下面我们一起来听听它们的自我介绍及魔术表演。"再运用多媒体展示颜色鲜明的红、黄、蓝三个卡通形象，使学生了解自然界的色彩，掌握原色、间色知识。与传统的讲解传授法相

比，这样整合不仅使枯燥乏味的知识变得有趣，同时培养了学生热爱美的情感，激发了学生表现美的欲望。

形式之二：课堂交互教学

运用计算机进行美术课的交互教学，不仅能普及计算机基础知识，增强学习美术的兴趣，还可以培养学生的想象能力、创造能力和实践能力。用Windows98中自带的画图软件与《金山画王》组合进行绘画教学还有如下好处：

1. 巧构图

在纸上作画，构图稍不谨慎就会使画面不够理想，有时还会严重影响作画者的情绪，致使作画以失败而告终。在教学中运用计算机通过画布选定（整体布局）和工具箱中的选取图像工具（局部调整）可随时灵活处理画面构图。如：让学生打开文件，利用移动图块的方法，将图形拼完整，使学生在游戏中掌握操作方法，形成技能，品尝到成功的喜悦，真正做到寓教于乐。

2. 便设色

同一景物在不同的季节或一天中不同的时间里给人的色彩感觉是不一样的（如：春天百花盛开、嫩绿点点；夏天郁郁葱葱、一碧千里；秋天硕果累累、金光灿烂；冬天白雪皑皑、银装素裹），这就是我们通常所说的画面色调。色调有冷色调、暖色调（画面整体设色），具体为红色调、绿色调（在画面谁占据主导地位，就以谁定调）。要使同一幅画表现出不同的色调，用计算机来完成极为轻松。只需从软件的"颜色盒"中获取不同的色彩系列，就能让人欣赏到不同色调的画面美。

3. 易设计

作为"素质教育突破口"的美育，其工艺课、设计课及欣赏课目前在教材中的比重增大了。在"工艺与设计基础"教学中，教师要做大量的示范，学生要做大量的训练。由于这类教学（如适合纹样、二方连续、四方连续、重复构成等图案设计）运用的是各种几何图形的组合，要求非常规范、严格，填色技艺也很讲究，使范画的制作或作业的完成都非常耗时费力，学生往往不喜欢进行这类设计。用计算机来设计这类图案，就简单多了。只要掌握了图形复制、图形翻转、反色技艺就能轻而易举地制作出精细、复杂、多变和色彩有正负交替感的图案来。图形复制、翻转技术还可以表现水中之影、镜中之物。

4. 多画种

将多媒体引入美术课，不仅能画出独特的画面效果，运用特效还能模拟蜡笔、水彩、民间剪纸及在有色纸上作画的效果。

形式之三：网上探索求知

网络所固有的开放性，为师生们提供了丰富多彩的美术欣赏内容，开拓了学生的视野，使学生获得更多的美术信息知识，有利于提高学生的审美能力和信息素养。在传统的美术欣赏课教学中，老师一般只能采取指着书本上的图片为学生简单介绍的方法进行教学。如"这是XX画的""这是XX类型的画"等，往往是教师照本宣科，讲解吃力，学生学得枯燥无味，毫无兴趣。而借助于网络进行欣赏教学，可以变被动学习为主动探究，达到因才择学、因才择教的理想境界。在《土瓷罐》一课的教学中，我们课前将在网上下载、收集的大量资料加以整理，使学生在课上可以欣赏到古今中外的各类花瓶、瓷罐，由此切入到现代具有装饰味的花瓶造型、功能、色彩、材料乃至设计风格等方面的嬗变，帮助学生掌握制作土瓷罐所需要的一系列技法。

信息技术与美术学科教学的整合是一种创造性教学和研究的过程，作为教师应充分发挥信息技术和网络资源的优势，灵活地运用现代媒体进行美术教学，使之在实践中得到进一步的充实和完善。

让评价变成一种习惯

鲍 琴

课内的生生合作是指在课堂中学生之间的合作、交流，是学生思维的碰撞、观点的延伸，也是学生相互学习、取长补短、共同进步的一种有效方式。在低年级的数学课堂中我发现，摆在第一位的并不是背书，不是去记住别人的思想，而是让学生自己去思考。从这个意义上来看，生生互评为学生提供了一个自我展示的平台，孩子越小，越需要展示。所以我们要从一年级开始就让学生学习生生互评这种学习方式，让评价变成一种习惯。

生生互评在一年级教学中的意义：

1. 让学生成为课堂的主人，激发学习兴趣

兴趣是最好的老师，学习兴趣能有效地诱发学习动机，强化学习动力。生生互评，就是一个能诱发这种学习动机的载体，让学生愿意听同伴的发言，发现同伴的优缺点，调动他们的学习思维，激发学习兴趣。有多个人和多方面的刺激，他们注意力相对会集中些。而且他们不再是习惯地等待被老师评价，每位同学都有当小老师小评委的机会，成为课堂的主人。

2. 让学生学会倾听，培养良好的学习习惯

一年级的孩子本身具有好动、注意力分散、自律性差等特点，在课堂上最缺乏的就是倾听的习惯，他们很急躁，没有耐心。但是生生互评让他们成了发现者、研究者、探索者，他们就有了倾听的需求和动力。只有让他们有机会去评价别人或者被别人评价的时候，他们才会觉得自己是学习的主人，才会愿意倾听。有这么一句名言："播下一种行为，收获一种习惯；播下一种习惯，收获一种性格；播下一种性格，收获一种命运。"可见，习惯的力量是巨大的。

从小培养学生学会倾听的良好习惯，是学生学会学习的基础。

3. 让学生学会取长补短，塑造良好人格

生生互评的学习方式中，孩子都是拿自己和他人在比，每一次评价都是一个正视自我、审视自我的过程。生生互动评价使学生在知识能力、过程方法、情感态度、价值观等各方面取长补短。评价别人的同学会充分展示自己的优点，会有一种成就感，产生对学习的喜爱，同时也认识到自己的不足，向他人学习；被评价的同学会得到鼓励和补充，对自己有更充分的认识。在潜移默化中，孩子就知道了要取人之长补己之短，塑造良好的个人品质。

生生互评在一年级教学中实施的三部曲：

1. 生生互评的基础——学会倾听

一年级学生好动，容易受情感因素的影响。学习单调乏味，学生的注意力肯定容易分散，生生互评是让学生学会倾听的一种很好的途径。同时学生的互评要以倾听为基础，听清教师的问题，听清同学的发言，才能进行评价。所以要想实现生生互评，教师必须用各种手段让学生学会倾听。学会倾听是一种能力，也是一种习惯，更是一种意志的锻炼，不是一蹴而就的，具有长期性，贯穿教学的始终。

2. 生生互评的起点——建立"评价模型"

一年级的孩子是不会主动想到去评价他人的，那么就需要在班级建立一个"评价模型"，最好用班级自编的儿歌或者童谣，教师和学生或者学生和学生用童谣的调子一唱一对，孩子们一听，就知道现在是要评价同伴了。我在教学中是由单向到双向来建立"评价模型"的。

单向型，就是单向的评价，主要目的是让学生有意识地思考，也让学生知道自己怎么样才能做得更好。当这种训练经历了一段时间以后就可以进行第二步了。双向型，这种评价是双向的，建立这个评价模型初期，教师要教孩子如何说，特别是让他们学会学生间的对话。孩子在接受一个新生事物的时候必须先要给他建立个模型，要不他们就不知道怎么去做，就像婴儿学走路一样，在刚开始的时候必须要有学步车的帮助，不要怕固有的模式束缚了他们，当他们把评价当成一种习惯以后，这个模式也就不复存在了。

3. 生生互评的灵魂——利用"评价模型"多角度思考

在这个"评价模型"中，主体的部分是学生自己的思考。一年级孩子评价

的时候只盯住别人的缺点，这样不利于孩子的自信和发展，教师要在生生评价中引导学生学会一分为二地评价，先要用赞赏的眼光去欣赏他人的优点，再真诚地指出他人的不足。还要让孩子在评价时不要只看知识本身，还要关注声音、站姿、他人学习的进步、学习的状态等等。让孩子知道要从多角度评价别人，也能从多方面向他人学习。生生互评需要有个过程，绝没有哪个学生天生就能当评判员。当学生敢于评价时，不管精彩与否，教师首先要予以肯定。当学生评价得当时，教师更要由衷地赞扬，并适时抓住时机，给学生指明评价的方向。随着初尝的喜悦，榜样的树立，学生一定能渐渐生出评价的兴趣。

不积跬步，无以至千里。很显然，评价的本身不仅关乎学生的学业成绩，更重要的是能发现和发展学生多方面的潜能，了解学生发展中的需要，帮助学生认识自我、建立自信。所以，我们要建立科学的评价模式，让学生在评价中学习，在评价中成长，在评价中进步。

《竹子彩绘》一课随想

蔡慧芳

"竹,有节,有千节,虽清瘦,却挺拔,风过不折,雨过不蚀,千磨万击仍坚韧。君当如竹,坚韧不拔显气节。"这是中央电视台的一段公益广告词,我颇为喜爱。我爱竹,更爱竹之美。

我的家乡是湖北省最有名的楠竹之乡——咸宁,在这里一年四季都有翠绿欲滴的楠竹。

嘀嘀嗒嗒的春雨交响曲奏响了,林中那铆足了劲向外钻的竹笋娃娃,让我看到了生命的顽强;夏季炙热的阳光让楠竹绿得更加蓬勃;秋风吹过,竹枝只是稍稍随风而动,却依然那么笔直,那么绿;利刃般的北风,鹅毛般的大雪也没有让它弯腰。它的高风亮节,坚强不屈的精神,吸引了无数的诗人、学者、画家,他们用不同的方式来表达对竹子的喜爱,关于竹子的文章和绘画已经数不胜数。

宋代苏轼有诗曰:"宁可食无肉,不可居无竹;无肉令人瘦,无竹令人俗;人瘦尚可肥,土俗不可医。"革命家方志敏则说:"雪压竹头低,低下欲沾泥。一轮红日升,依旧与天齐。"从古到今,文人墨客都喜爱竹,喜爱以竹抒发情感与意志。

竹子高尚的精神风貌和特殊的审美价值不但激发了诗人的灵感,也激发了艺术家们的创作欲望,而且也成为他们推崇的楷模。所以,我国传统绘画艺术自古就重视画竹。

元代的柯九思、高克恭、倪瓒,明代的王绂、夏昶、徐渭,清代的石涛、郑板桥、吴昌硕等都是树一代画竹新风的画竹大家。

我爱竹,对竹有种特殊的情感,时常也画竹,用竹做些小工艺品。在一次

欣赏蛋彩作品时，突发奇想：人们在蛋壳上画、在石头上画、在人体上画，能不能在竹子上也来试试呢？于是，我经过多次实验，总算有了经验。原来，在竹子上彩绘还不是那么简单，要将竹子做些处理才可以。新鲜竹子有水分，上色后不久会脱落，所以要烘干，或用一些已风干的竹子。有竹青也不行，太光滑附着力不强，颜色上不去，所以还要去掉竹青，画好后还要上一层清漆起保护和美化作用。我做了大量不同造型的竹子彩绘作品，觉得还很满意。我想，这是课本上没有的，在我们咸宁，地处山区，有着得天独厚的竹资源，孩子们对竹并不陌生，但是他们对竹的了解又有多少呢？于是，我准备把我的想法带进课堂，我精心设计了《竹子彩绘》这节课，让学生体验一下，让这新鲜事物走进我们的美术课堂。我用赏竹，了解竹生活用品，欣赏竹工艺品等，让学生们认识竹，了解竹，爱竹。

在上课前，我特别安排了一节预备课——赏竹，孩子们在竹的世界里，那满眼的绿让他们惊喜、赞叹。在这里，孩子们看到了新竹与老竹，了解了竹的生活特性及形态，通过与乡间老农的交流、老师的讲解，他们更深刻认识到竹在我们生活中的重要作用。

课上，我准备了大量的与竹有关的竹艺品。如竹根雕、竹拼等，孩子们的兴趣一下子浓厚起来，争先恐后地上讲台观看、触摸。在这节课上，我主要是讲不同于这些竹工艺品的另一种表达形式——竹子彩绘，向学生们展示了大量的范作，并详细讲解其步骤，如烘干（或风干）竹子，去掉竹青，创作，再上色，最后上清漆。学生对这一新奇的绘画方式兴趣盎然，看到我准备的各种竹材料，学生们摩拳擦掌，展开了小组讨论，并制订了不同的设计方案，在创作的过程中，大多数学生都发挥了自己的想象力，有的甚至以组为单位，每个人画其方案的一部分，最后竟拼成了一幅大型竹子彩绘作品。我惊叹孩子们的想象力、创造力，整个过程取得了很好的效果。

在美术教学中利用当地的竹资源，采用不同的绘画工具在竹子上作画，呈现出异彩纷呈的效果。而新课标指出：在教学过程中应引导学生主动寻找与尝试不同的材料，探索各种造型方法。因此，我尽可能给学生提供绘画技法指导，让学生在尝试中掌握一些新的表达方式，更加随心所欲地创作，感受美术创作表现的多样性。实践证明，这样的教学方式不仅使小学美术充满活力和生命力，更重要的是使孩子们热爱美术，欣赏美、感受美、创造美的能力得到了很大的提高。

给学生一双数学的眼睛

张豫军

数学与生活有着千丝万缕的联系。在我们的生活中并不缺少数学，而是缺少发现数学的眼睛，缺少主动捕捉数学的意识和眼光。数学家华罗庚曾指出："人们早就对数学产生了枯燥乏味、神秘难懂的印象，成因之一便是脱离实际。"让学生写数学日记，则是为学生架起数学与生活沟通的桥梁。近年来，我尝试让学生写数学日记，让学生体会数学与生活的密切关系，激发学生用"数学的眼光"看生活，进而调动学生热爱数学、学好数学、用好数学的积极性。

一、生活化的数学

"数学来源于生活，又服务于生活。"在学习了《元、角、分》之后，我布置了写数学日记的作业。

今天，我和妈妈去了中百超市，买了纸，花了29.00元，还买了笔2.00元，薯片8.00元，一共用了39元。老师说让我们帮助家长算算买东西一共用了多少钱，找回多少钱。可我没看见妈妈给钱，买东西的阿姨也没找她钱啊！难道买东西不要钱？大人的世界真奇怪！（摘自刘翼恺的日记）

随着社会的进步与发展，越来越多的人在买东西的时候会用购物卡或信用卡等进行消费。"数学生活化，让学生学习现实的数学"是新课程的理念之一。而在我们的教材中未提到购物卡或信用卡的任何相关知识。从孩子的日记中我发现书本上的知识已不能满足发展的需要。走进学生心中，读懂学生需求，站在学生的角度看数学学习，按照学生的认知规律和心理需求来设计教学是一个老师必须做的。第二天，我收集了一些购物卡和信用卡在班级讲述了相关知识，并且让学生了解了超市购物小票上的有关知识。课后，许多学生围着我，"张

老师，您讲的卡片我早就见过，一直不知道是干什么的""我爸爸买东西从来不用钱买，都是用卡，我终于知道原来卡就是钱啊！""购物小票上的知识真多啊！"……数学日记使学生敞开了心扉。阅读学生的数学日记，不仅能使我更广泛地、更深刻地了解学生的学习情况，而且可以根据学生日记中反映出来的"数学现实"和他们的"生活经历"，及时调整自己的教学内容，改进教学方法，使课堂教学更贴近学生的生活，达到教学相长的效果。

二、有价值的数学

数学只有回归生活，才会显示其实用价值；学生只有回归生活寻找数学知识的"原型"，才能更深刻的理解数学，更深切地感受到数学的应用价值。

"我们已经学习了《长方体和正方体的认识》。今天老师让我们带来了长方体和正方体的纸盒，使我们在亲自动手操作中，体验了从立体变成平面的过程。表面积，就是指一个立体图形所有面面积的总和。我们把一个长方体纸盒剪开后，就成了一个大平面，展开的这个面将原长方体的面分为6部分，通过观察、比较可以发现，这6个平面可以分成3组，两个上面，两个前面，两个左面，每组面的面积相等。所以，只要求出它一个面的面积，就能知道与它面积相等的面的面积。通过计算，前面的面积等于长×高；上面的面积等于长×宽，左面的面积等于高×宽，再把它们的积相加后乘2，就得到了长方体的表面积。正方体由于6个面相等，所以就用它一个面的面积乘6，就得到了表面积。在我们身边，常常会看到建筑工人刷油漆、贴瓷砖等，这些就需要运用表面积的计算来解决实际问题的，真是生活中处处有数学啊！看来学好数学对我们的生活有着很大的帮助！"（摘自徐飞扬数学日记）

"人人学有价值的数学"，学以致用是数学教学的一个基本原则。在写数学日记的过程中，让数学更有生活味，让生活更有数学味，让学生体会到学习数学的价值，用数学可以解决生活中的实际问题，从而对数学产生亲切感，增强学生对数学知识的应用意识。

数学日记的撰写有助于学生感受数学与生活的密切联系，有助于学生学会用数学的眼光审视我们的生活，有助于学生亲近数学、理解数学。以数学的视角去观察，以数学的思维去探究，以数学的方式去发现，能让学生的数学眼光变得越来越敏锐。让我们以学生的发展为本，给学生一双数学的眼睛！

问渠那得清如许，为有源头活水来

孙惠明

12月8日，我走进了陈霞老师的《走近古诗》观摩课课堂。

到了新会议室，我的心境一下子不同起来。以往听课，听者主要是老师，这次会场坐得满满当当，有很多家长应邀而来。我看到家长们相互打着招呼，显得格外兴奋。我也被这种情绪所感染，不是吗，我既是听课教师，又是学生家长，怀揣着两种身份，既能领略陈老师上课的风采，又可以看看小孩上课的表现。一举两得，何乐而不为？

这堂课的容量很大，有两节课的课时，听完课后，我感想很多，觉得有许多值得学习的地方。

首先，陈霞老师设计的课堂形式活泼，扣人心弦。这节观摩课采用了竞赛形式，将全班分为四个小组，每组六位同学作为主要答题人。答题人后面是本组其他学生。先是抢答题，然后是必答题，最后是选答题，如此循环两轮后，进入"十大背诵大王"决赛。陈老师做了许多精心准备，从电子显示屏上的答题课件可以看得出来，画面精美，紧扣古诗意境。在抢答时，气氛活跃，现场十分紧张，有些小选手答不上来时，观众都在位子上想说出来，参与度很高。特别是有两个组比分相近时，其中一个组的种子选手雷雨樵先声夺人，小组成员欢呼的场面至今还记得。随即，该组比分一路领先。真可谓扣人心弦！

其次，全班动员，参与面广。五（1）班每一个孩子都积极参与，看到的是他们兴奋的笑脸，听到的是他们激昂的声音，难忘的是他们举起的如小树林般的手臂。在随机抽答题中，关注了全体学生。陈老师在讲课之前，一直在班上坚持鼓励学生背诵古诗70首。我的小孩书本上贴满了五颜六色的小枫叶，每一片叶子是老师对孩子的肯定，每一名学生的古诗扉页上都有，他们诵读诗

歌的热情很足很足。俗话说"功夫在诗外",这次观摩课不是一蹴而就的,还要从平时的积累做起。只有长期坚持诵读古诗,这节课才吸引人,才有看点。

最后,关注全体,积极性高。在整节课中,陈老师关注了全体学生,几乎每一名学生都展现了自己对古诗的了解。特别是主持人胡天宇,在课堂上表现从容,每一环节与陈老师配合得很好,最后还得了"背诵大王"的称号。在一道题中,要求回答有关荷花的一句诗,正确答案应该为"小荷才露尖尖角,早有蜻蜓立上头"。而一位选手却答成"接天莲叶无穷碧,映日荷花别样红",陈老师以激励为主,加了分,很好地保护了孩子的积极性。

这是一节上得很成功的课,值得学习的地方很多很多。欣赏完观摩课,我还久久地回味着。未到实验小学任教前就已听说陈老师的参赛课《骆驼和羊》讲得很好,那时她还很年轻,就已经崭露头角了。后来听过她讲的习作《好吃的水果》,还有班队课《诚信》等,每一次课都有许多闪光点。像这样邀请家长来听课,在我们老师中还是不多见的。

那么,陈老师为什么成长得这么迅速呢?她的灵感、创意的源泉从何而来?为此,我做了一番了解,陈老师长期坚持阅读教育教学的书籍,热心参与教学研究,教有所思,教有所悟。同时,她的教学思维是活跃的、开放的。她一方面能立足于教参,以语文课标为准,另一方面还能自我创新,从课外书、影视节目中搜集教学素材,加以整合,具有时代气息。例如,电视台有一个《一站到底》的抢答节目,陈老师把它运用到语文教学上,学生上课的思维大大激活。再如,她依据实际学情,对每册课文授课顺序进行调整,孩子们称之为"跳着上",使语文教学更为灵活,也锻炼了自己驾驭课堂的能力。

我想,作为一名教师,我们要敢于尝试,敢为天下先,敢于"吃螃蟹"。在教学研究中要有自己的想法,多想点子,勤于创新。只有老师有了活力,才有可能把学生带动起来。打造活力课堂,做一名魅力教师,让每一名学生真正地爱上语文课!

提高学生学习英语的兴趣

黄捷雁

时间过得飞快，转眼间，我已从事英语教学20多年了，整日与孩子在一起，其中的酸甜苦辣只有自己清楚。作为"孩子王"，我彷徨过、迷惘过、烦恼过，但更多的是收获和成长。审视自己的心灵，多了几分沉静，少了几分激动。从教的日子对我个人来说尽管平凡，但每一天都是珍贵的存在，每一天都在快乐地成长，每一天都在用心去发现，每一天都在用情去描绘。冰心说过："情在左，爱在右，走在生命的两旁，随时撒种，随时开花。"这是我的老师当年教给我的一句话，而多年以后，在细细的品味中，我发现这句话还有另一半，那就是：以心换心，以情融情。

一、兴趣引路

"磨刀不误砍柴工。"任教前我专门对孩子们的英语学习进行了分析，了解到有些学生认为学英语没用，不愿学习；有些学生感觉学英语枯燥无味，不想学习；还有些学生纯粹对英语提不起兴趣。英语该怎么教？事前我也问过许多教英语的前辈们，他们告诉我，学习英语除了多读多背，没有其他的好办法。这，能行得通吗？我开始尝试着按照传统的教学模式对孩子们进行教学。经过两个月的教学实践，我发现孩子们对英语学习处于一种疲于应付的状态。这让我有着一种深深的挫折感，小学生富有好奇心、听觉灵敏、善于模仿、心理障碍较少，应该会对英语这种奇特的语言感兴趣呀，怎么会越来越没有兴趣呢？后来我不断地翻阅教学资料才了解到儿童的注意力较容易分散，他们面对感兴趣的东西才能持久地集中注意力。

这一下我找到了突破口，兴趣是最好的老师。我开始尝试利用日常生活中

常见的实物，学习他们的名称，描绘它们的形状、颜色、性质、用途等，让学生在轻松愉快的气氛中掌握英语语言知识和语言技能，因为这些实物贴近学生的生活，学生特别感兴趣。如在教水果名称时，让学生准备水果，教师先拿出水果，用英语说"apple、pear、watermelon"等，然后让学生也拿着实物说，反复说几遍，很容易就将这些单词记住。在摸索过程中我发现鼓励孩子，树立孩子学习的信心，跟孩子们做朋友才能让孩子们更加主动寻找到学习英语的乐趣。"well done""You're clever""You're quite right. Congratulation！"，恳切的激励让失败孕育成功，一味警戒和责难，会让成功的喜悦化为乌有，甚至失去再次新尝试的勇气。对学生多一些关爱，对于表现出色的学生根据他们的表现给予奖励；并且对他们不断提出新的要求，使他们产生"惊讶"之感，优化他们新的兴趣，保持他们的上进心；对于一些学习困难的孩子，给他们更多的鼓励和宽容。注意从各方面发现他们点滴的进步，及时给予激励，激发他们的自豪感和自信心。

二、心灵交流

有一年接手实验班五（9）A班的英语课，因为是实验班，我感到责任重大。上课铃一响，我走进教室，只见他们毫无要上课的意识，下位的下位，说话的说话，我感觉进了猴子的乐园，心想：这是不是给我这个新老师的下马威呢？不行，我要好好地开导他们！于是我制定了三条规定：(1)课前要将英语书放好，安静地坐着；(2)上课要积极发言；(3)要按时完成英语作业。我想每个老师上课前都会说这样的话，关键是执行的问题。经过一段时间英语课的教学，发现孩子们根本不听讲，课堂上有的画画、有的发呆、有的说话，你讲到哪儿全然不知，只有少数同学参与学习，倘若这样，那我的课岂不是太失败了吗？课堂上都没学会，更别谈完成英语作业了。不行，我还得想办法。我要求每个学生准备一个和我交流的本子，一方面让家长知道孩子在校学习英语的情况，起到监督作用；另一方面也让孩子知道我是怎么努力让他们学好英语的。孩子们真的很喜欢和我交流，通过这种方式，有的孩子变化很大，比如金鑫、肖萧等，这些孩子都有共性：聪明、爱说话、不爱听讲。通过我的方法，他们慢慢地学会听讲了。在交流本上我是这样给刘云飞写的：你的可塑性很大，只要认真听讲，你的成绩一定会好，不信，试试哦！班上有一些理解能力强却不稳定的孩子，

比如叶嘉成、冯俊源等，我则和他们说：别急，你会学到更多的。有时没时间和他们写，他们就找着要我写。有的在本子上写：老师，我很开心！短短的几句语，让我也很激动，于是我说：其实你们的认真，也是我的享受，我们需要互相配合。通过这种方式，孩子们学习热情有了极大的提高，成绩也有了巨大的提升。

教学是平凡的，在平凡的日子中，我度过了19个春秋，也送走了一批又一批孩子。日复一日的重复教导，面对已经烂熟于心的课本，我产生了一种厌倦感。我对生出的这种情绪感到害怕，我难道忘记了老师肩负的职责吗？一段时间，我陷入了深深的迷茫。迷茫造成的后果是我在上课期间少了往日的那份激情和耐心。孩子们似乎也发现了我的"秘密"，有一天班长怯生生地递来了交流本，上面写着：老师，你怎么了，难道是我们惹您生气了吗？我们想念快乐的您。看到一个个孩子稚嫩的签名，我的心颤抖了，多么好的孩子啊，他们的话语让我走出了迷茫。你能体会到这种感觉吗？当你走在放学的过道时，一个个孩子争先恐后地叫着"Miss huang 好！"一路走一路响亮，就像那星光璀璨的明星般。

这几十年的朝朝暮暮，痛苦、欢笑、疑惑、迷茫伴随着我，然而更多的是一种责任。为了这份单纯，这份淳朴，我走进孩子的世界。看到孩子斑斓的世界，听到孩子的"一百种语言"，感受到孩子心灵的美丽。

结合生活 激活灵感
——习作指导《春天里的家乡》

郑 芳

三年级下册中第一单元的习作是写关于家乡景物的，其实这个命题学生并不陌生，在以前的习作训练中，学生已经接触过怎样写家乡的景物（类似于《香港，璀璨的明珠》），由总的介绍家乡的特点，到分说有代表性的景物。如何突破之前家乡景物描写的窠臼，渗透新课程的理念，让学生能从每一次的习作中得到切实的提高呢？

"到春景里去感受"

窗外，春日里柔和的阳光、拂面的微风、淡淡的花香、满眼的绿意，偶尔还会传来几声清脆的鸟鸣，使人感觉到春意浓浓。我灵感突发，何不结合这春，来一次关于家乡春景的习作指导，我也将随学生一起走近这春景，一起描写家乡。于是，我布置学生周末到户外去按照一定顺序观察家乡在春天里的独特景物，让家长陪同孩子去户外一同观察，用眼睛看，用小手轻轻摸摸，用小鼻子闻闻，可以拍下照片，画下春天里的家乡，也可以用一小段文字记录下自己的感受。

"春天的代表——油菜花"

第二天，阳光明媚，我手捧一把金灿灿的油菜花，笑着对学生说："这是春天里最有代表性的花，你们认识它吗？"

学生看了，大声说："认识！"

"它是什么花呢？"

"油菜花。"

"谁来观察一下油菜花的模样？"

眼前的一个男生举手,我把花放到他眼前,他看了说:"花是金黄色的,有四片花瓣,有点香。"

靠后排的女生说:"油菜花的茎是绿色的,花是金黄的。"

我微笑着点点头:"很好!这是你站在远处看到的。"我出示一张油菜花地的远景图,田野上一片金黄色。"一阵风吹来,你感觉怎样?"

"很美,像金色的海洋。"

"到这金色的海洋中走走,就像在海洋里游泳!"

"真香,不想走了,想躺下睡一觉。"

……

我总结学法:"刚才大家说得很好,我们观察事物都是应该有一定顺序的,刚才同学们运用的就是一种从近到远的观察顺序,经历了'看到—想到—感受到'这一情感体验过程。"

这一环节引导学生从细节入手,观察花的形、香,调动他们的感观、感受,为学生交流奠定基础。

"春天的家乡更美了"

我笑着问他们:"春姑娘已经悄悄地来到我们的家乡,除了油菜花,你还找到了哪些春景?"

整个课堂一下子活跃起来,孩子们有的拿着照片,有的展示自己找到的植物样本……开始叽叽喳喳地交谈。

五六分钟后,全班开始了集体交流。

"春姑娘来到我们的家乡,你们找到了吗?"

"找到了!"

"谁来说给我们大家听?"

在"树木发芽了,桃花开了,燕子飞回来了"这些言语之间,学生时不时发出令人惊喜的声音。

"这是我和爸爸拍到的广场,上面的海棠花开了,盛开的海棠花,挨挨挤挤的,争着开放。有的全开了,有的还是花骨朵。"这是一个聪明的小家伙活用了《荷花》一课的句子。

"海棠树旁,小蜜蜂在花丛中忙着采蜜,发出'嗡嗡嗡'的声音呢!"一个孩子说道。

"海棠树下有好多粉红色的花瓣,被风吹落下来,像下起了花瓣雨。"又有一个孩子站起来补充。

在一阵描述之后,一个胖乎乎的小男生说:"淦河水不像冬天那么冷了,水好像更清了,我看见水里的小鱼游来游去。"

"河岸两边柳树长出了嫩绿的枝条,河里还有它们的倒影呢!"

……

只有孩子们的心灵与周围世界发生了亲密接触,孩子们才能说出有个性的、独特的语言。语文课程的资源就在我们身边,走出课堂天地宽啊!

评析:

同样是家乡的景物描写,同一题材的习作,如果不想着创新、结合生活实际,只是一味地强调写作的技巧,学生不可能有真情实感的流露,课堂也会显得无话可说。让学生在春景之中去观察家乡,有什么好处呢?一是因为现在正是万物复苏的好季节,学生走在草坪上,用眼睛看看,用小手摸摸,用鼻子闻闻,耳闻目睹,有表达的对象,而且对象直观又形象。二是阳光明媚、和风拂面,满目的春色愉悦了学生的情绪,激发了学生的表达欲望。三是观察油菜花时学法的指导,教师的循循善诱,加之富有童趣味的照片、图画……激起了学生灵感的火花。

《语文课程标准》十分重视教学资源的开发与利用,明确地指出:"语文课程资源包括课堂教学资源和课外学习资源,例如:教科书、教学挂图、工具书、其他图书、报刊、电影、电视、广播、网络、报告会、演讲会、辩论会、研讨会、戏剧表演、图书馆、博物馆、纪念馆、展览馆、布告栏、报廊、各种标牌广告,等等。"

"自然风光、文物古迹、风俗民情、国内外的重要事件,学生的家庭生活,以及日常生活话题等也都可以成为语文课程的资源。"

因此创设情境进行习作训练是手段之一,充分利用现有的环境资源进行开放式的教学则更是一种有意义的探索。

在这个案例中,课程资源的开发与利用给予学生更多的自我表现空间。在走出课堂的活动中,引导学生按一定顺序对景物进行观察,调动学生的情感体验,再来关注每一个学生的自我表现。有收亦有放,学生能得到切实的提高。教师并不限于教科书的内容,而是借助大自然这一具体的实际环境,鼓励学生

奇思妙想，鼓励学生各抒己见。

从这一次的案例教学中，我们可以得到这样的启示：教师应当创造性地使用教科书，大胆地开发教学资源，将学习内容与学生的生活实际有机地结合起来，创造性地开展各类活动，有效地提高学生的学习兴趣，增强学生在各种场合学语文、用语文的意识，多方面提高学生的语文能力。

培养小学生数形结合的习惯

苏海波

数形结合是数学中四种重要思想方法之一,对于所研究的数的问题,有时可研究其对应图形的性质,帮助理解使问题得以解决(以形助数);或者对于所研究的图形问题,可借助于对应图形的数量关系使问题得以解决(以数助形),这种解决问题的思想称之为数形结合思想。华罗庚先生曾指出:"数缺形时少直观,形少数时难入微;数形结合百般好,隔裂分家万事非。"那么,数形结合思想方法到底是否像华罗庚先生描述的那般重要呢?

《小学数学课程标准(2012版)》中的内容标准指出:"能运用图形形象地描述问题,利用直观来进行思考。"然而,万丈高楼平地起,我们要想学生将来能够将数形结合思想在数学中运用得得心应手、如鱼得水,我们应该从现在——小学阶段开始充分培养学生的数形结合思想,打好基础。那么,在小学阶段数形结合思想应该从哪几个方面进行渗透呢?下面是我的一些心得与体会:

1. 数形结合思想在学习"认数"中的运用。在一年级学生学习认数时,学生对数字没有清晰的概念,但是对于图形或者实物接触得比较多,相对来说要敏感些,这时,可以借助图形或者实物来直观、形象地描述数字,将抽象的数字转化成具体的图形或实物,学生就更容易接受,更能培养学生的数感和理解数字的意义。

2. 数形结合思想在学习"十以内的加减法"中的运用。对于一年级的学生来说,思维还处在一个很低的阶段,而且刚接触数学,对数字和算法也很不敏感,在教学时可以采用"以形助数"方法来帮助学生学习、理解。如:

$$5 + 3 =$$

△△△△△　△△△

一共是 8 个△，所以 5+3=8，这样可以使学生很直观、形象地理解加法运算就是计算两个数量合在一起是多少，让学生能够很轻松地理解加法运算的算理，使学生更容易达到这一课时的教学目标。

3. 数形结合思想在学习"分数"中的运用。在学习《分数的初步认识》这一课时，对于刚接触分数的学生来说，学习、理解起来比较困难，通常采取图形的方法来帮助理解和认识分数，这样学生通过图形的直观描述，就很容易理解，学习起来就很轻松印象也深刻。如：

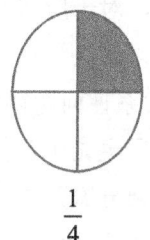
$\frac{1}{4}$

$\frac{5}{8}$

第一个图：把一个圆形平均分成 4 份，占其中 1 份，就是 $\frac{1}{4}$。

第二个图：把一个正方形平均分成 8 份，占其中 5 份，就是 $\frac{5}{8}$。

这样通过图形帮助理解，可以轻松地让学生认识分数，并能很好地理解分数所表示的意义。

4. 数形结合思想在解决"植树问题"方面的应用。学生在解答植树问题时，可以采用线段图来帮助解题，这样可以大大避免出现错误，还可以很直观地通过图形来理解中间的道理。如：

植树节到了，学校组织同学们在全长 100 米的小路一边植树（两端都栽），每 10 米一棵。一共需要多少棵树？

通过线段图，我们可以很直观的数出有 10 个间隔，却有 11 棵树，学生就很容易知道：棵数=间隔+1。那么，这一题的解就是：100÷10=10, 10+1=11（棵）。植树问题的类型比较多，学生常常会把公式弄混淆。我们也可以借助数形结合思想用线段图的方法来帮助他们理解记忆。

5. 数形结合思想在解决"行程、工程"问题方面的应用。行程问题和工程问题是小学阶段两个重要的问题，题型比较多、比较杂。学生在遇到一些比较复杂的题型时，常常不知道怎么下手，没有思路。此时，可以借助画线段图来帮助分析思考，从而找到解题的思路。如：

一辆公共汽车从甲地开往乙地，行到中途休息的时候发现行驶了全程的 还差 20 千米，已知剩下的路程是已经行驶路程的 5 倍，求全程有多少千米？

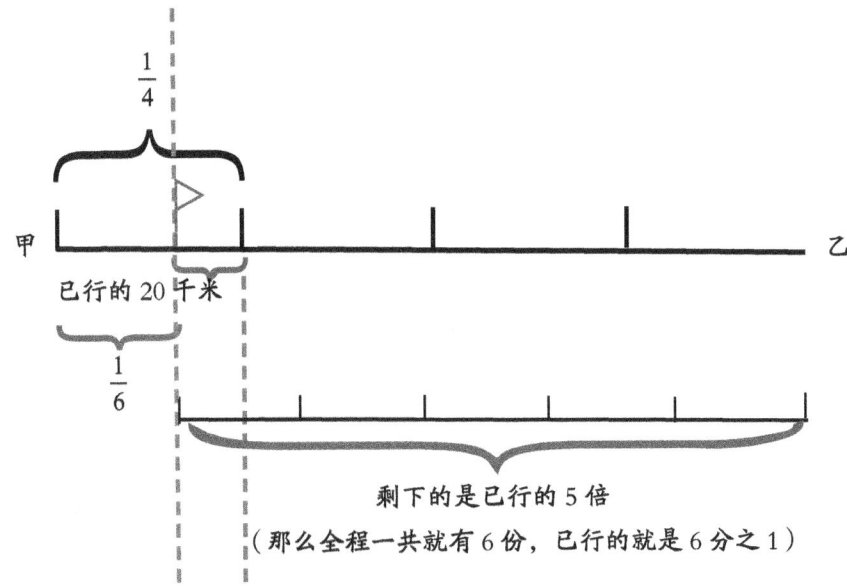

通过线段图，我就可以很直观的分析到，$\frac{1}{4} - \frac{1}{6}$ 对应的是 20 千米。那么要求全程就很容易了，$1 \div (1+5) = \frac{1}{6}$，$20 \div (\frac{1}{4} - \frac{1}{6}) = 240$（千米）。

以上谈到的是数形结合在小学数学中运用的几个方面，可见，数形结合在小学数学中的重要性，它有利于学生理解和学习新的知识，有利于学生分析题

中数量之间的关系，启迪思维，拓宽思路，迅速找到解决问题的方法，从而提高分析问题和解决问题的能力。因而在教学过程中，教师应充分利用"数形结合"优势，引导学生在解题研究中多利用图形来帮助分析、理解，更重要的是培养学生数形结合的思维方式，为以后数学的学习夯实基础。

批评在教学中的应用

黄万里

现在的学校教育呈现出一个怪现象，课堂上老师对学生的评价被肯定、表扬、赞赏和鼓励所充满。赏识教育被推崇备至，在课堂上处处可见，而批评教育却十分少见。批评教育作为一种重要的教师评价手段，在教育评价过程中是不可或缺的重要部分，它肩负着提高学生心理素质，提高学生心理承受能力，培养学生面对挫折的能力，完善学生的人格，促进学生全面发展的重大使命。教育部于2009年8月出台了《中小学班主任工作规定》，其中第十六条规定为"班主任在日常教育教学管理中，有采取适当方式对学生进行批评教育的权利"。可见，批评和赏识作为教师常用的两种评价手段，应该相辅相成，各施其用。

从教育效果而言，赏识教育带给学生的是增强自信、超越自我、心情愉快。而批评教育带给学生的的却是遇到挫折、意志消沉、情绪低落。正因为批评教育会带给学生一些负面情绪，才导致现在的课堂教育中批评教育的缺失。殊不知，人在社会中会遇到多少挫折，有多少次意志消沉，如果在成长的经历中没有尝试过，以后孩子们又将如何克服挫折，如何从消沉中走出来。作为教师，就应该面对学生的错误，公正地指出，严厉地批评，适当地惩罚。不指出，学生不知道哪里错了，不批评，学生不知道为什么错了，不惩罚，不足以培养学生的耐挫力，增强学生的责任感和上进心以及认识、改正缺点和错误的能力。近代西方教育家夸美纽斯在《大教学论》中指出："犯了错的人应该受到惩罚。他们之所以应受惩罚，不是由于他们犯了错，而是要使他们日后不再犯。"前苏联教育家马卡连柯也曾经指出："合理的惩罚有助于形成学生坚强的人格，能培养学生的责任感，能锻炼学生的意志和人的尊严感，能培养学生抵抗引诱和战胜引诱的能力。"可见，以教育为目的，教师是有义务和责任对学生进行

批评教育的。

我认为教师对学生实施批评教育时首先要尊重学生的人格，不可讥讽、侮辱和谩骂学生。特别是小学生，心理承受能力弱，既要防止学生意志消沉，又要防止学生破罐子破摔，油盐不进。通过耐心地讲道理，让他明白自己的错误，接受批评和惩罚。其次要对犯错的学生一视同仁，不可厚此薄彼，切不可由于某某同学成绩好，就不批评、不惩罚，某某同学成绩差就多批评、多惩罚。这样做不仅得不到教育的效果，反而会适得其反，使学生知错不改，屡错屡犯。最后教师在批评学生的时候，不能带情绪。教师应该以教育的目的去看待学生的错误，去实施对学生的批评。学生犯错可能会让老师生气，特别是一些多次犯错的学生，甚至会让某些性急的老师暴跳如雷，完全丧失教师的形象。我提议这时候不要去批评和惩罚学生，因为极易变成侮辱和体罚，甚至虐待，给自己的教师生涯造成不必要的污点。放一放，想一想，理智地以教育为目的去实施对学生的批评和惩罚。我认为：虽然批评教育对学生有着一些负面的影响，但如果多思考，以教育学生为目的，教师就可以大胆地对学生采取批评教育，让学生得到全面的发展。

课堂教学中实施批评教育要慎重考虑，不可草率了事。需要注意以下几点：

一、在实施批评教育之前，应该弄清楚事情的真相，在没有全面了解事情的真相之前，不可对学生进行言语批评或惩罚。有一次，一个平时写作业非常认真、工整的孩子交给我一份极其糟糕的作业，我当时非常生气，严厉地批评了他，并惩罚他重新做一次再交给我。至今还记得这个孩子立刻泪流满面，充满了委屈。我意识到不对，仔细询问，才明白他是在体育课上弄伤了手指，用左手完成的作业。我当时后悔莫及，回想我的行为，事非寻常必有因，试想当时我要是调查了事情的真相，这个同学必然会成为一个正面的典型而得到表扬。尽管我收回了我的话，并向孩子道歉，但不可避免地还是让这个孩子受到了伤害。批评教育的时机一定是在明了事情的真相之后，切不可草率行事。

二、实施批评教育时，对象要明确，不可群而罚之。孩子们在教室里写作业，教师针对学困生单个的辅导，4个学生开始说话，由小声到大声，教师的辅导也被打断，教师批评了一个组的同学，并罚一个组的同学全体起立5分钟。古语云：罚不责众。这位教师的批评没有让那4个学生受到教育，反而让那些没有说话的孩子莫名其妙地受到了批评。我们在实施批评教育的时候，针对性

一定要强，谁犯的错，就由谁接受批评和惩罚。这样，学生才会真的明白自己的错误，进而改正错误。

三、实施批评教育时，要特别留意身体和智力上有缺陷的孩子。这些孩子本身就有些自卑，如果要批评，也要慎重，把握好度，他们的教育应该以赞赏为主，批评时要特别注意，尽量用婉转的语气指出他们的错误，耐心地监督他们去改正。

"玉不琢，不成器。"面对学生的骄傲自满、懒惰松懈、打架骂人等等现象，教师应该及时实施批评和惩罚，矫枉过正。批评教育对学生来说是一副苦口良药。对教师来说，只有热爱学生、尊重学生、相互信任、师生关系融洽，学生犯了错误时，才会把教师对自己的批评看作是对自己的爱护，从而乐于接受，使批评收到良好的教育效果，反之，如果教师平时不关心爱护学生，与学生关系紧张，那么，学生就会把教师的批评看作是整人，不但拒绝接受，还易产生逆反心理，从而加剧师生间的紧张关系。我们只有怀着一颗爱学生的心，以教育为目的，把批评教育合理地运用在我们的课堂中，才会培养出优秀的全面发展的好学生。

让识字插上快乐的翅膀

罗兰

识字教学是低年级语文教学的一大难点，识字量大又枯燥无味，大多数教师用的方法是重复书写，这样学生的识字兴趣不高，取得的效果也不是很好，如何在识字教学中提高学生的学习兴趣呢？我从学生的年龄特点出发，在识字教学中，采用多种游戏活动方法，创设多种情境，为学生营造良好的学习氛围，以增强学生学习的主观能动性，激发学生的学习热情，注重学生在学习中自己独特的学习情感体验，使孩子们在轻松愉快的环境中学习。

一、通过汉字"加减法"识字

加一加就是用熟字加偏旁的方法来学习生字，用学生以前学过的生字加上偏旁变成新的生字，这样记忆起来就比较简单。同时在上课的时候还可以利用游戏的方法来加深印象。让一些同学来扮演偏旁，一些同学来扮演学过的生字，通过找朋友的游戏来记忆生字取得的效果不错。减一减的方法就是把以前学过的生字去掉某一部分变成新的生字。比如学习"去"字就是"丢"字掉了一笔就变成了"去"，"家"没有了房顶就成了"豕"。学习过程也可以变成一个游戏过程，让学生来扮演不同的生字，让他们说去掉哪一个部分就可以变成新的生字，这样课堂的气氛也活跃了，学生学习的兴趣也提高了，记住的生字就多了。

二、通过找"亲戚"识字

主要运用在识别形近字时。汉字中有许多形近字，低年级的学生往往会混淆这些字，学不得法。这个游戏主要帮助孩子们主动发现形近字的区别，减少

错误。如教学"请"时,我会让大家找出与"请"相似的字进行比较,学生列举了"清""情""晴""蜻"等,我告诉孩子们:"这些字就像亲戚,长得比较像,你们能用'火眼金睛'找出它们的区别吗?"学生不仅能说出字形的区别,还能说出书写时的注意事项。这样既有趣又减低了混淆的可能。

三、通过"猜谜语"识字

猜字谜是学生喜闻乐见的一种游戏,汉字的拆拆合合,变化多样,这正符合了低年级儿童好奇求异的心理特征。如在识记"蚂"时,我编了一个谜语:一条虫和一匹马是好朋友,虫在左来马在右;"苗":田上长草;沙:少水的地方。通过这些方法加上辅助的游戏,学生学习生字就充满了乐趣,也大大提高了识字量,省去了重复书写给学生带来的负担和压力。

四、通过"编儿歌"识字

低年级儿童很喜欢读儿歌,利用儿歌帮助学生识字认字,可以大大激发学生的学习兴趣,提高识字效果。如识记"唱"我编了一个儿歌:张开嘴巴轻轻唱,唱起两轮红太阳。太阳上小下边大,这个顺序不能忘;识记"鲜",我教学生:一条鱼,一只羊,熬鲜汤,味道香。

五、通过"讲故事"识字

爱听故事是孩子的天性。根据学生的这个特点,我将一些字编成一个小故事来记,让孩子在一种宽松愉快的氛围中没有任何压力地爱上了识字。如识记"淡"时,我就编了一个故事:从前,有一处地方起了大火,大家马上用水泼,最后在大家努力下,大火终于熄灭了。过了很久,那里只留下淡淡的痕迹了。同学听得津津有味,慢慢地,学生在我的影响下,也乐于编这样的小故事来记字,如一个学生是这样来记"苦"的:古时候有一种草,长得很美,一个嘴馋的人摘下来一尝,马上吐掉,原来这种草很苦。这样的识字教学给学生很大的空间,使每个学生的个性得以发挥,识记生字不再是死记硬背、埋头苦抄,而是快乐的活动。

六、通过赏图识字

所谓"百闻不如一见",现代的多媒体运用给教学一个很好的契机,它能

把直观的事物展示在学生面前，帮助学生进行拓展识字。在识字教学中，我创设情境，把孩子们带入图画之中，使之有形象感性的认识，从而加深对语言文字材料的理解。通常我在图画旁都设有文字进行拓展，多为词语、短语。例如在《画家乡》一课中，我分别找来海边、山里、草原等多幅图片，在各幅图边配上词：碧浪银沙、海阔天空、风吹草低见牛羊……孩子们仿佛置身于大自然中，调动多种感官参与了识字、记字活动，一张张兴奋的小脸上写满了轻松快乐，识字活动在轻松愉快的氛围中进行。

总之，识字教学有很多办法，只要我们抓住儿童的特点，给识字教学插上快乐的翅膀，让学生在自己喜闻乐见的形式中识字，在轻松愉悦的游戏氛围里识字，定能激发学生的识字兴趣。

让数学融入生活

樊春晖

记得小时候，老师教过我许多数学中常使用的单位，有长度单位、时间单位、质量单位、面积单位。那时候学这些单位的时候，老师只是要求我们死记下单位之间的进率及换算方法，对于这些单位到底代表多少，只有一个模糊的概念，并不知道它们在生活中的实际意义，特别是对于1吨有多重、1千米有多长，1平方米、1公顷到底有多大，我更是云里雾里怎么也想象不出来，怎么也搞不清。

直到渐渐长大，才弄清了这些单位在生活中的实际量，实际代表多少。这是随着年龄的增长，生活经验的累积才慢慢懂得的。回想起来弄清这些知识真是花了一个很漫长的过程。

现在我成了一名数学老师，不能让我的学生再像我原来一样花很长的时间去学习简单的数学知识了，而要让学生在生活中去学习数学，去感受数学，真正体验数学。

为了让每个孩子弄清1厘米、1分米、1米、1千米到底有多长，我让学生找到直尺上的1厘米跟自己的指甲盖比一比；量出1分米的纸条跟自己的一拃比一比；伸直自己的双臂跟老师的米尺比一比。学生终于明白，原来1厘米大约只有指甲盖那么宽，1分米大约只有我们的一拃那么长，我们的小手臂伸直大约就是1米。每天回家量一量家里冰箱、电视机、桌子、毛巾、牙刷等物品的长度，并使用合适的长度单位。可是要让学生建立1千米的长度概念在课堂上就很难做到了，于是我把学生带到学校的艺术长廊，告诉学生艺术长廊长100米，号称"百米艺术长廊"，同学们在长廊上走10趟就是1千米了。通过实地走一走，学生感叹："呵，1千米原来有这么长呀，我足足走了12分钟。"通过在实际生活中感受数学，学生在后来学习这些长度单位之间的进率及换算

的时候就很少出错了。

在学习质量单位"克、千克、吨"的时候我想了很多办法，学生还是想象不出1克、1千克、1吨到底有多重。因为学生在生活中接触的质量单位多为"斤、两"，质量单位和长度单位不一样，很抽象，不易理解和掌握。在教学中，我通过让学生看一看、掂一掂、猜一猜、称一称等实践活动，以增加学生对"克"和"千克"的感性认识，帮助学生形成质量观念。课前，布置任务：让学生到商店、市场、超市等一些场所调查采集关于"克和千克"方面的信息，记录5个物体和它的质量。通过实践，学生了解到很多商品上都标有质量，初步懂得轻的东西是用克米作单位的，重的东西是用千克作为单位。

在建立1克的概念时，首先让学生用手掂一掂2分或1角的硬币，感受1克的重量，然后举例生活中哪些物品的重量大约是1克。出示学生调查收集的用克作单位的物品，体会100克、500克的重量。

学习1千克时让学生每人带了1包500克的食盐，问：1000克有多重呢？孩子们马上将两包盐放在了一起，掂一掂，体会1000克有多重，接着我板书1000克=1千克。问题：想一想，生活中哪些物品的重量用千克作单位？巩固千克这个常用质量单位时课前学生已经记录下自己的体重，同桌互相背一背，抱一抱，感受一下30千克左右的重量。通过一系列的活动，让学生动手动脑，建立克和千克的概念。

"吨"这个大的质量单位是最难理解和感知的。我就让学生先抱一抱你的好朋友，感受他的重量，再让学生想一想大约30多个同学会有多重，1吨就相当于我们班30多个同学的重量。学生情不自禁地叫起来："哇塞，1吨有这么重哇！"我心里一松，真好！总算弄明白了。

为了让学生更好地理解和掌握这些抽象的数学单位，我想到了一个好办法，就是学习了什么数学单位就用这些数学单位说话，比如学习了长度单位米和厘米，就让学生说"我今天用长约6厘米的牙刷刷的牙，用长约30厘米的毛巾洗脸"。学习了质量克与千克后，就要求学生用克与千克说话如"我今天吃了个重约100克的苹果，背了重约2千克的书包上学"。学习其他数学单位也是创设生活情境让学生在生活中感受数学，知道数学与生活的紧密联系。

通过数学单位的学习让学生在生活中感受到数学的魅力，发现数学的奥妙，在教师精心设计的数学情景、熟悉的生活环境中学习数学，学生兴趣高昂，真正体验到了学习数学的快乐，使数学知识来源于生活又用于生活。

让音乐与孩子一同成长

杨 明

音乐教学需要情感的投入,因此,必须营造宽松愉悦的氛围,而善于为学生营造宽松、愉快的成长环境,甚至比学识是否渊博更为重要。童心就像一张白纸,有待于我们去描绘,童心又像羽翼未丰的小鸟,有待我们去哺育。教师与学生相互以心灵感受心灵,以感情赢得感情。下面,我就谈一谈自己在这方面的一点体会:

一、信心激趣

音乐课的内容是丰富多彩的,它的最大特点就是通过艺术活动来调动人的兴趣,打动人的情感,让人愉快地受到教育。鉴于这一特征,"新标准"把"情感态度与价值观"放在课程目标的首位。可是在现实音乐教学中,也有学生对它兴趣索然,这种现象形成,主要是来自于学生对自身学习能力缺乏正确的认识而表现出的信心不足。教师要帮助学生树立信心,激发学习主动性,让他们看到自己能行的一面。

记得在六(6)班一次音乐课上开展"小歌会",班上有一名胆子特别小的同学,平时很少说话,要上台唱歌就更别说了。针对这种情况,我特意安排她和一名歌唱得比较好的同学一起边唱边跳。当她们一曲下来,同学们报以热烈的掌声。这时,我看见胆小的她嘴角露出了一丝微笑。接着,我进一步引导,"既然他们的歌声这么美,那么我们请她单独再来一曲,好吗?"面对同学们期盼的眼神,她涨红了脸,但同时我们也惊喜地听到了从她嘴里发出的甜美歌声。在她的日记中这样写道:"我今天好开心,因为我为班上的同学表演了节目,老师表扬了我,全班同学都给了我热烈的掌声。其实做什么事情不要怕就一定

能做好！加油吧！"有了信心做基础，学生们学习的劲头更大了。

二、爱心鼓励

心理学家研究证明：当学生的行为表现受到教师的肯定、激励和赞赏时，他们就会产生愉悦、积极主动的情绪体验，就会以饱满的热情、百倍的信心投入到学习中去。在音乐教学中，要让学生人人都积极参与，并能充分发挥其主观能动作用和创新思维，需要教师用爱心鼓励他们大胆探究、大胆创新。要允许学生根据教学任务有独立的创作和实践，让每个学生的思维不受限制，对学生每一个思维的闪光点都给予充分鼓励。

在音乐活动中，我把学生分成若干组，让他们自由设计活动内容。如《新世纪的梦想》是一首深受初一年级学生喜爱的歌曲，歌词内容贴近学生的生活。在教学中，有个学生说："老师我想把歌词内容改一改，因为我有很多梦想，我还能给大家画出我的梦想呢。"听了孩子真诚而幼稚的话语，我欣喜地笑了："怎么不行，大家都可以画一画、改一改。"于是，课堂气氛活跃了，或三人一组，或五人一组，纷纷当起了小音乐家，画的画、唱的唱、奏的奏、演的演，学生情绪达到了极点。在教师的鼓励下，学生敢于对已有知识提出质疑和修改，从而引导学生创新思维的发展。

三、用心启迪

原苏联教育家苏霍姆林斯基曾经说："音乐教育并不是音乐家的教育，而首先是人的教育。"因此，音乐教育的根本目的是为了人的全面发展，是教育人、培养人，但我们绝不是要把每个孩子都培养成音乐家，而是为众多将来不是音乐家的孩子们着想，鼓励他们成为积极的，有一定音乐能力的音乐爱好者，使他们从音乐中享受到喜悦、乐趣，从音乐中得到启迪，使他们的智力得到开发，培养他们的创造力，为他们今后的成长发展打下良好的基础。

多年来，我校十分注重培养学生对音乐的兴趣和爱好，将乐器引进音乐课堂，较好地开发了学生的音乐记忆力和想象力，进而有效地培养了学生的审美意识。乐器的演奏也让孩子们找回了自信，充分展现了自我的表现能力，让他们的表现欲望得到最大限度的满足。

按照"由浅入深、由表及里、由普及到提高"的认识规律，我校的器乐演

奏教学实验经历了以下几个阶段。

第一阶段：组织音乐游戏提高学生的音乐记忆能力。根据学生的年龄特点和接受能力，我们在已开展实验的低年级教学班通过趣味性的音乐游戏，激发学生对音乐的兴趣；或创设听记节奏环境、默写旋律，或听音乐辨别乐器，或猜音乐谜语，或让学生听一些简单的乐曲，使学生在盎然的兴趣中产生对乐器跃跃欲试的感觉，知道通过乐器演奏是能够表达感情的，也是能培养兴趣爱好的。

第二阶段：下大力气普及乐器，使每个学生至少能学会一种乐器的演奏。其主要保障措施为：（1）开足音乐课时，使学生有充分的学习时间，并明确这一阶段器乐教学的要求。（2）保证第二课堂器乐训练时间，不随意更换活动内容。学校长期以来坚持了周二、周四下午的特色常规活动及周日的训练活动。（3）组建器乐教学的专兼职师资队伍和课余活动辅导教师队伍。学校在原有一名专职教师的基础上，还抽调了多名音乐教师协助进行第二课堂的训练活动。（4）创设器乐训练氛围。多年以来，学校配有专用的训练室，大型乐器如钢琴、爵士鼓等西洋乐器一一配齐。与此同时，我们还选择了一些价廉物美、音色好且便于携带的乐器，如口琴、竖笛等，大力开展器乐普及活动，做到中年级以上学生人人会一门器乐。在此基础上，及时进行乐器演奏辅导。我们还通过各种形式的艺术教育活动，综合评估检查各班学生的器乐演奏水平，并及时进行器乐汇报演出、器乐比赛，使学生之间有个相互观摩、研讨、学习的机会。

第三阶段：以演奏器乐为主要手段调动学生的审美思维。由于中年级以上学生每人能至少掌握一种乐器，学生对器乐已从感知向理解发展。我们也从共性的器乐教学进入个性的器乐教学，即认真抓好以培养特长学生为主体的"器乐提高班"，并确保组织、师资、活动时间和活动地点等有关措施的落实。同时我们采用了听奏结合——听中奏、奏中听的方法，使音乐欣赏、器乐教学有机地结合在一起。如学生在学习演奏一首新的乐曲前，我会先让学生欣赏这首乐曲，结合教师的介绍了解这一作品的内容以及它所表达的思想，然后再让学生按乐曲的要求反复进行练习，力求能生动地再现原作的深刻内涵。这一结合音乐欣赏与器乐教学为一体的教学方法，不但能愉悦身心，使学生从听奏中获得美的享受，而且提高了学生的演奏技能及审美能力。同时也培养了孩子们的合作精神，包括教育他们懂得如何协调自己和他人，使得整体活动得以顺利进

行，这是非常必要的。

由于器乐教学的不断深化，不仅使学生大大提高了审美情操、审美意识，而且潜在的智力因素也不断得到新的开掘。一批又一批特长生的涌现，使我们的器乐教学得到了社会的广泛认可和赞同。近几年来，我校学生多次在省市级的大赛中获得好成绩。实践证明，融乐理知识、演奏技能、音乐欣赏为一体的小学器乐教学，是从小提高学生审美意识的一个重要教育手段。这种寓乐于教的教学方法，既能提高学生的审美能力，又能提高学生的审美情操，因而在学生整体素质的形成中起着不可估量的潜移默化的作用。

总之，教师必须善于走进学生的情感世界，把自己当作学生的朋友，与学生平等相处，感受他们的喜怒哀乐，并让美的音乐去触动他们的心弦，让音乐与孩子的心灵靠得再近一些吧！

培养学生的数学阅读能力

杜小平

在数学教学中我们发现，一些学生在做计算题时正确率很高，但遇到判断题、解决实际问题等类型的题目时却经常出错。究其原因，往往是"题没看清""理解错了"。其实，最根本的原因是学生的数学阅读能力差。苏霍姆林斯基曾说过："学会学习，首先要学会阅读。"数学教材是学习数学知识的主要来源，教师不能一味地追求让学生从生活中感知数学，忽视在语言文字中理解数学，应该让学生与教材进行充分的"文本对话"。阅读数学教材是培养学生数学阅读能力的基础。

一、以问题引导阅读

"学贵有疑，小疑则小进，大疑则大进。"刚开始阅读数学课本时，学生可能会走马观花地浏览，根本不知道读什么、怎么读。老师可以适时"设疑"，以问题为主线，引导学生在阅读过程中对教材提供的"原材料"主动进行"加工"。

例如，在教学四年级下册"三角形的特性"一课时，设定了这样的问题：

1. 什么叫三角形？
2. 三角形有几条边？几个角？几个顶点？
3. 什么叫三角形的高？什么叫三角形的顶点？
4. 三角形具有什么特性？

让学生带着问题有目的地去读，不仅可以引导学生在重点、关键地方多分析、多思考，还可以帮助学生自觉地把握教材的重点、难点，提高了课堂教学效率，学生学习数学的能力也得到了提高。久而久之，学生在阅读时，也会抓住关键，思维的深刻性随之得到培养。

二、用思考提升阅读

数学阅读除了要求学生用"曲线"标明重点词语，用"？"标出有疑问的地方，用"…"表示注意等，还需要学生手脑结合，让学生亲自算一算、摆一摆、画一画、折一折等，然后互相交流讨论，真正感受与认识教材中抽象的表述，用思考提升学生阅读的效率。

比如，在学习"周角"时，学生间产生了激烈的争论，有部分学生误以为"周角就是一条射线，射线也就是周角"。此时，教师不给予简单的判定，而是要求学生去阅读教材中"周角"的定义，动手画一画。通过阅读，进一步明确：周角作为一个角应该有一个顶点，它的两边是从顶点引出的两条射线，而这两条射线位置恰好重合。通过对问题的思考、辩论和对教材的认真研读，学生理解了周角和射线的区别，牢固掌握了概念。

三、用比较简化阅读

数学内涵的真正获得离不开比较、辨析活动。通过比较阅读，全面理解知识的纵横联系、差别，从而将数学教材的知识点进行简化，促进内化。比较是多种多样的，可以是同类知识的比较，也可以是新旧知识的比较。

例如：异分母分数加减法的教学。教材在出示例题"计算 $1/2+1/3$"后有一段启发性文字：它们的分母不同，就是分数单位不同，不能直接相加，要把它们转化成同分母分数才能计算。学生阅读后，对"分数单位不同，不能直接相加"的含义并不理解。为此，引导学生联系已学过的整数、小数加减的计算法则进行思考：整数的加减法中"数位对齐"是什么含义？小数加减法中"小数点对齐"的含义又是什么？从而，使学生认识到"数位对齐""小数点对齐"的实质都是指相同单位的数才能相加减。通过比较，在新旧知识之间建立起联系，加深了知识的理解和记忆。这样可以使学生实现从机械阅读到意义阅读的转化，真正提高阅读效果。

四、用课外拓展阅读

心理学家皮亚杰指出："儿童是在周围环境的影响下，通过主客体的交互作用，获得心理发展的。"适宜的物质和心理环境，能激发儿童学习的欲望，增强其主动探究的意识，并促进自身发展。因此，老师要留给学生自由阅读数

学的时间和空间，提供一些有效的数学阅读材料（如《数学史》《趣味数学》《小学生数学报》《快乐数学》等课外数学读物及数学学习指导读物），让学生在多种形式的数学阅读中，抽象与形象自然地融合，数学与生活的自然融合，促进学科与学科之间的整合、融通。

例如，学习"年、月、日"之后，让学生多方搜集资料，动手制作当年的年历卡；学习了"千米和吨"之后，结合书后的"你知道吗？"，让学生上网查找我国测量工具不断变革的材料，制作成丰富多彩的数学小报。又如：学习统计后，收集一些统计图表和相关的文字让学生围绕这一主题独立阅读，组织学生交流、讨论、思考、发现，并发表自己的感想和独特的见解，使学生对统计有了更深刻和全面的了解。

总之，阅读数学教材的过程应是一个积极的思考过程，不能只是简单的课前预习或课后总结。教师应该在课堂上给学生提供"数学文本对话"的机会，让学生用眼、口、手、脑等器官充分协同参与，去发现问题、表述问题、解决问题。从而，循序渐进地提高学生的数学阅读能力。

实效评价 快乐写作

何丹丽

《语文课程标准》强调,作文教学要让学生多角度去观察生活,力求表达对自然、社会、人生独特的感受和真切的体验。这就需要语文教师在作文教学中运用行之有效的方法去启发、培养学生的创作思维能力,开拓学生的写作思路,从而激发他们的写作热情,养成良好的写作习惯。教师在指导写作、指导修改作文中实效性的评价,可以激励、唤醒、鼓舞学生的写作热情,拓宽思路,培养学生的写作能力。

一、巧妙命题,贴近学生生活体验

新颁布的《语文课程标准》中指出:"写作教学应贴近学生实际,让学生易于动笔,乐于表达。写作教学要加强与学生生活的联系,营造自由开放的生活环境。"何谓贴近学生实际?就是写作教学要加强与学生生活的联系,这与陶行知的"生活即教育""社会即学校"思想不谋而合。它们告诉我们:不能脱离生活,教育与生活紧密联系,是生活决定了教育,只有与生活相结合的教育才是真正的教育。

习作来源于生活,让学生真正做到"我口说我心""我手表我意"。老师在平时作文训练中设计的题目应贴近学生实际,使他们有话可说,有兴趣说。因此老师命题除了一方面有计划外,另一方面一定要抓住十几岁的孩子向往与人交流的心理,使他们能写出自己的真情实感。比如张细萍老师讲的《走进笑王国》。首先,教师善于挖掘贴近生活的写作题材,既新颖又便于学生观察,乐于描述。其次,写作是学生的难题,但张老师逐渐化解了这个难题。先让学生观看各种各样的笑脸,听各种各样的笑声,学生的兴致高涨、气氛活跃。这样,

学生自然、快乐、轻松地走进了作文课堂。

在交谈中自然渗透习作内容，让学生说说对各种笑的理解，既锻炼了学生的口头表达能力，又为写作做了铺垫；接着又别出心裁地让学生现场表演笑，精彩的表演让全班孩子乐翻了天，继而在笑声中让学生用上合适的语句，抓住不同的笑的特点来描述。这是在说作文，只有抓住这一重要环节，作文指导才落到了实处。在这一过程中，教师始终紧扣人物特点来评价学生的说话。从表演者笑时的神态、动作、声音等细节来指导孩子说清楚、说具体，说出不同的笑的区别。当描述的孩子说完后，教师又不失时机地问学生："你觉得他说得怎样？"因为学生亲身参与活动，所以评价非常恰当贴切。在师生共同评价中，学生依次说得更生动了。最后，教师设计了一个有趣的环节，让学生逗老师笑，师生互动，妙趣横生，因为语言的诙谐能够使师生的关系融洽，有助于情感的交流，激活学生的灵感，为学生创造一个宽松、和谐的学习氛围。这寥寥数语，无形中拉近了师生的距离，使学生感到老师是多么的坦诚、和蔼、有趣。

学生对老师产生了兴趣，排除了心理障碍，"亲其师，信其道"，自然会兴味盎然，畅所欲言的。在活跃热烈又秩序井然的课堂中，教师在学生说作文时适时给予补充与提醒，目的在于巧妙地引导学生说生动具体。教师多用精炼的语言，多用欣赏、鼓励的方式来评价学生，学生就会乐于参与，积极表达，真正体现了作文评价的实效性。

二、挖掘素材，激发学生观察兴趣

叶圣陶先生曾经说过："生活如泉源，文章如溪水，生活是写作的源泉。"为了激发学生的观察兴趣，老师应尽量在班级组织一些活动，在活动中激发学生的观察兴趣，这就告诉我们要重视作文素材选择。对于中年级的孩子来说，培养观察能力、乐于表达和树立习作信心比习作更重要。比如陈霞老师执教的《人物外貌描写》就体现出观察、思维和表达紧密结合的特点。通过聊班级、聊同学这个再熟悉不过的话题，巧妙重点谈一个人的外貌特点（与众不同的地方），引导如何观察。陈老师站在孩子的角度，利用观看照片、观察本人、根据描述猜同学等有趣的方式，调动了学生的习作兴趣，通过引导学生评价例文，让学生明白如何写才抓住了人物的特点。在学生描述不全时，她给予热情的鼓励，耐心引导学生将句子说清楚。纸上得来终觉浅，认识世界的主要途径是观察，

只有亲身去接触事物，仔细地观察事物，才能获得真实、深刻、细致的第一手资料，习作时才有话可写，写出的文章也比较真实生动。因此，习作教学应注重培养学生的观察能力，引导学生做生活的有心人。

三、品味修改，提高学生习作能力

习作后的评价与习作时的指导评价同样重要。如在教学《别了，母校》这一课，将习作后的评价课作为习作指导的重点。教师让学生复习本次习作的要点，归纳平时写作的方法，目的是为后面评价同学的作文服务。教师引导学生评价同学的范文，其好处有：1. 学生在评价他人作文时，也意识到了自己的不足，避免了犯同样的毛病。2. 学生在听他人评价时，学到了写作优点，自己写作时可以借鉴运用。3. 师生共同探讨，让本次习作在内容、方法、表达方式等方面更加明朗具体化。一堂课下来，学生对于如何才能让自己的作文更加具体生动已经胸有成竹了，最后自我评价，自己修改，在自我修改环节中可以借助古今中外修改文章的经典故事，让学生懂得，世界上一切好文章都是改出来的。只有反复多次修改，才能把文章中语句、段落、情节改好改美，才能使自己的文章更加生动感人，从而激发学生修改习作的兴趣，一篇好作文就在轻轻松松地写和改中完成了。修改后我们让学生认真比较、体会修改前后的异同，体验到"改"与"写"同样重要。学会修改习作，不仅能促进"写"，而且能让自己在不断品尝成功的过程中养成认真学习、勤于思考、精益求精的良好习惯。我们对学生习作的评价，不仅关注学生的初稿，还涵盖是否认真修改。通过这些方法，品味修改，提高学生的习作能力。

总之，习作指导要有的放矢，无论在习作的哪个环节，教师的评价要为学生的"写"服务，对学生的观察能力、选材、表达方法、方式，谋篇布局等等评价都不宜直接告之，而是通过实效性的评价来欣赏和借鉴，进而激发学生的创造力，让学生真正地做到快乐习作。

平年和闰年

刘春芬

春光明媚，艳阳高照，咸宁市实验小学三年级（9）班的教室里静悄悄的，大家正在认真地聆听数学老师的讲课。

"今天我们来学习平年和闰年的有关知识。"刘老师慢言细语地说。好动的田伟业特别爱表现自己，还没举手就大声嚷嚷："我知道我知道，闰年就是那年有2月29日嘛！"

刘老师继续提问道："那你们知道什么是平年？什么是闰年呢？"爱动脑筋的何思霖连忙举手回答道："我知道。平年全年只有365日，闰年有366天，在2月，多出1天。""回答得很好。"刘老师夸道，"为了弥补人为的年份规定与地球实际绕太阳公转的时间差，而人为补上时间差的年份，即为闰年，闰年共有366天，2月有29日，平年只有365天，2月只有28日。其他月份的天数都一样。"

"只要用这个年份除以4没有余数就是闰年，有余数就是平年，我爸爸早就教我了。"何禹一脸自豪地大声说道。

"是的，我前几天就提前看了书上2月的月历，前三年2月是28日，第四年2月是29日，然后又是前三年2月是28日到第四年2月29日，3个平年1个闰年，3个平年1个闰年，连着的4年中一定有一个是闰年。"喜爱数学的鄢苒马上也补充道。

"哇，真的和鄢苒说得一样。"田伟业连忙把书翻到49面，看完后激动地叫着。

大伙听了也纷纷开始翻书。

"是的。""是的。"……赞同声络绎不绝地传来。

"大家看书的最下面都写着呢，公历年份是 4 的倍数的一般都是闰年。"眼尖的卫馨宁兴奋地拉着同桌的手大叫道。

"一般来说，只要这个年份能被 4 整除的就是闰年。我们只要像何禹说的那样用这个年份除以 4 没有余数就是闰年，有余数就是平年。"刘老师补充道。

"哦，那每 4 年中只有 1 个闰年，在 2 月 29 日出生的人岂不是 4 年才过 1 次生日？"皮芷怡遗憾地摇摇头，微微叹了口气。

孙月杉摸了摸漂亮的蝴蝶结，嘟着小嘴接着讲道："哦，这样就要少过好多生日，收的生日礼物好少哟，幸好我不是闰年的 2 月 29 日生的。"

刘老师清清喉咙说了一句话，大家都惊呆了。"这还不算什么，还有人 8 年过一次生日的呢！"所有的学生都愣住了，一齐把目光投向老师，问道："这是为什么呢？""不会吧？"

刘老师走到黑板旁，拿起粉笔，一边画，一边讲解。原来，地球绕太阳运行周期为 365 天 5 小时 48 分 46 秒（合 365.24219 天）即 1 年的时间。公历的平年按 365 天计算的话，比 1 年的实际时间短了约 0.2422 日（5 小时 48 分 46 秒），所余下的时间约为 4 年累计 1 天，故 4 年于 2 月加 1 天，使当年的历年长度为 366 日，这一年就为闰年。因为按照每 4 年 1 个闰年计算，平均每年就要多算了 0.0078 天，这样经过 400 年就会多算出大约 3 天来，现行公历中每 400 年就只有 97 个闰年。因此，每 400 年中要减少 3 个闰年。所以规定，公历年份是整百数的，必须是 400 的倍数的才是闰年，不是 400 的倍数的，即使是 100 的倍数，也是平年，这就是通常所说的：四年一闰，百年不闰，四百年再闰。例如，1700 年、1800 年、1900 年虽然都是 4 的倍数，但它们是整百年，必须是 400 的倍数才是闰年，所以它们都是平年，2000 年是 400 的倍数才是闰年。

"哦，所以如果谁是 1896 年 2 月 29 日出生的，就算过了 4 年到了 1900 年也是平年，2 月只有 28 天，又过不了生日，那就只有等到 1904 年的 2 月 29 日才能过生日了，这样的人就会 8 年才能过 1 次生日。"聪明机灵的胡一凡一下子就反应过来了。

"是的，你的例子举得很好，在那个年代多数人的生活连温饱都成问题，更顾不上过生日了，到了 2000 年人们富裕了，大家对生日特别注重时，偏偏这个整千年份正好是 400 的倍数，是一个闰年，没碰上过 4 年过不了生日的情况，所以大多数人对这种 8 年一闰的情况就很容易忽略了，都误以为每 4 年中一定

有,1个闰年。

"是的,是的,我妈妈就告诉我每4年中一定有1个闰年,她也不知道这种情况,回家我教教她去。"阮晓雯一脸得意地和同桌说道。

"哦,我明白了,原来并不是每4年就有1个闰年。"孙一帆恍然大悟,为自己又学到一个新知识而高兴地拍着桌子。

又到了解决问题的时间,提问:(1)判断:每4年中一定有1个闰年这句话是对还是错呢?(2)1600年、1700年、1800年哪些是闰年哪些是平年?(3)小强满12岁的时候,只过了3个生日,猜一猜他是哪一天生的。"

"铃铃……铃铃……"一眨眼就到了下课时间。

"你是哪天生日?"

"有谁是2月29日生日吗?"

"我有个表姐就是闰年2月29日生的?"

"真的,真的吗?她可真倒霉呀!"

"哈哈,哈哈!"……

语文课堂教学与教师自我充实

孙 华

课堂教学是教师的中心工作,课堂教学的好坏直接关系到学生学习的效果。那么,怎样去搞好我们的课堂教学呢?

当然,搞好课堂教学有着多方面的因素,例如培养学生良好的学习品质;以学生为主体、教师为客体;多用启发式,反对灌输式;倡导自主、合作、探究的学习方式;师生相容、教学互动;起点低、步子小、反馈快……怎样搞好课堂教学,可谓仁者见仁,智者见智,"千个和尚千个法",莫衷一是。但是,其中教师的不断自我充实与否是决定课堂教学成败的关键,这个道理,恐怕就要放之四海而皆准了。宋代文学家苏子由曰:"文者,气之所形,然文不可以学而能,气可以养而致。"这是著名的为文"养气"说,指出文章要有"文气",写文章的人首先要善于"养气"。这句话大致可以借用来描述我们的课堂教学与自我充实的关系吧!我们面对不同的学生,课堂教学虽然不可以教而能,而教师个人的职业道德、思想内涵、艺术修养、学识气质、知识水平、生活经历、人生感悟、精神力量等这个"气"是可以不断"修炼"养成的。"问渠那得清如许,为有源头活水来",要想"课堂教学"这泓池水鲜灵见底,就得"不断自我充实"这个源头活水常来不枯。由此可见,教师的不断自我充实对于搞好课堂教学有着举足轻重的地位。另外,教师的社会本质,党的教育方针以及我校的"自信"教育思想,都从客观上证明了这一点。

那么,课堂教学与教师的不断自我充实究竟有着怎样的联系呢?我这里姑且摒弃其他因素不谈,也不妄言其他学科,我想结合语文教学实际来谈谈,尽管不是行家里手,也没什么真知灼见,虽然声音不及鹦鹉动听,但倒是自家本色,也算是一种拙见。对照其他学科来说,虽然不能以偏概全,但大概可以借一斑

略知全豹，以一目尽传精神吧！

要搞好课堂教学，先要搞清该学科的特点，然后考虑其课程目标是什么，需要培养出怎样的学生，结出什么样的教学成果。要达到这些目标，教师自身实力如何，是不是打铁本身硬，是满足已有的学识而止步不前还是要工作学习化，学习工作化，教学相长，不断提高。这些都是我们在教学之前要考虑的大事！

那么，语文的实质是什么？我认为，语文的产生、发展决定了语文的浅层次表达是生活实践，具有工具性；高层次表达则是精神万象，具有人文性。工具性和人文性的统一决定了我们语文教学的目标方向。因此，语文教学教师要以培养学生能力为己任，重视情感、态度、价值观的正确导向，要让学生走出社会学以致用，做到基本的字认得，常用的字用得，拿起东西看得通、读得懂，能具体明确，文从字顺地表述自己的意思，根据日常生活需要，运用常见的表达方式写作就行了。另外，语文应该是热爱，热爱生活、热爱山川风物，更应该热爱我们人自己，爱亲、爱友、爱人，便会有诗情，便会有语文。语文不仅表达着热爱，悠悠千古、浩瀚的文学海洋，更浮涌着多少忧愁、郁闷或是猛呼抗争，古今中外，灿烂的文学长卷都缀满一个"情"字，但也不乏冷静理性。语文的确是精神万象。语文教学要完成这么一个目标任务，教师务必要怀着一颗对生活炽热的心，以一颗深深爱着自己的孩子进而"幼吾幼以及人之幼"的真挚爱心去孜孜不倦、兴味盎然地努力学习，不断充实自己的实力。试想，教师如果不好好充实修炼自己从而具备丰富的知识、过人的才智、崇高的思品，又怎能驾驭课堂，胜任语文教学的大任，又将如何充当知识种子的传播者，文明之树的培育者，人类灵魂的设计者啊！

根据语文实质，语文课堂教学自然涉及面广，训练的内容颇多，多种能力亟待培养，但主要是阅读和写作教学。阅读教学要让学生读出主题，只有读出了主题，才算读懂了课文，才能解决课后习题，因为一切问题都是围绕主题设计的，其次才是学习文章的语言、写作方法、感悟思想价值、借鉴写作。教师的教也无不都是围绕课文的主题引导、分析、拓展、总结。但教师要能透彻地理解教材，准确地把握文章主题和重难点也绝非易事，因为时代在发展，知识在更新，语文教材从多角度考虑文化构成给学生多方面的营养，如：思想、道德、修身、做人、审美、科学、传统、现代、本民族、外民族、本国、外国，多种价值观特别是现代价值观，情感、理性等等。这些都要求我们知识全面、思想

深邃。而我们大都不是教学全才、知识水平有限，如果不认真备课，注重"养气"，就会在课堂上本末倒置，浑浑噩噩，隔靴搔痒，不着边际，最后不了了之。不是么？文学作品都是时代的产物，不充实历史、地理等知识，怎么把握作品所揭示出的一定社会本质或本质的某些方面？

读，是吸取营养往肚里添东西，含英咀华，其乐无穷；写，是从肚里挖东西出来，搜索枯肠，是苦事，也是乐事。一句话，读终究是为了写，学生的语文综合素养和能力最终都体现在写作上，而学生大都害怕作文，怯于写作，由此，教师要搞好作文教学，先得自己有深厚的语文功底！"博观而约取，厚积而薄发。"一位语文教师如果不积累成千上万的词汇，博览古今中外的书籍，精读几部甚至十几部名著，不背诵记忆上百篇美文，几百副对联，上千首诗词……一学年不写十几篇文章（日记除外），又拿什么去指导学生、提高学生，让学生对写作自信起来呢？去年冬天，纷纷扬扬的大雪下起来了，我特地去武汉听胡明道老师的作文课，胡老师指导学生写"雪"的文章。我不仅钦佩胡老师课堂上漂亮的板书、标准的普通话、良好的形象，更被她生动的语言、绝妙的口才、丰富的感情所感动。当学生面对飘飘洒洒、翩跹起舞的雪兴奋不已而又感到缺乏语言来形容的时候，胡老师便熟练地背诵《三国演义》中"山如玉簇、林似银妆……"，《水浒传》中"天丁震怒，掀翻银海，散乱珠箔……"的句子和唐诗中写雪的诗句，毛泽东的《沁园春·雪》以及自己的"流水"作文《雪》给学生听。学生们振作起来了，一个个充满了自信，似乎一下子有无穷的话说，都渴望释放一下心中几乎要蹦出来的情感。于是，纷纷拿起笔，一气呵成，写得十分成功。语文课堂教学诸如此类的例子不胜枚举，而课堂上语文教师准确、生动的语言，随口而来的绝妙口才，高屋建瓴的思想，秀外慧中的文学气质，石破天惊的精神力量等因素给学生带来美的熏陶，艺术感染力和强烈的驱动力，从而产生的良好课堂效应，都与教师平时的不断自我充实密不可分！

由此可见，要想搞好语文课堂教学，教师就得不断地充实。管中窥豹，略见一斑，据此可以举一反三，语文如此，其他学科也概莫能外，只是学科特点不同罢了。教师要搞好课堂教学，不但要充实自己所教学科的知识，还要认真学习其他各科知识，因为任何一门学科都不可能孤立存在，都是有机结合，密不可分。另外，不但要学有字书，还要学习无字书。"世事洞明皆学问，人情练达即文章。"林林总总的知识，深奥绵长而无页码的社会人生大书，我们什么时候才能读通啊！"活到老，学到老"，教师只有不断地充实自我，才能有

雄厚的资本去给学生"一杯水",才能有不竭的源泉活水去滋润学生干渴的心田,才能灵活自如地驾驭课堂,成功地搞好我们的教学。"寄蜉蝣于天地,渺沧海之一粟。"宇宙无穷,而生命渺小,人生短暂。同志们,让我们怀着对学生、对学校、对事业的无限热爱,抓紧时间,静下心来,少说多做,不断地充实自我,把我们的课堂教学搞得更好些吧!

体育教学中的心得体会

刘 涛

时间过得太快了，不知不觉从事小学体育教学已经上十年了。我觉得小学的体育教学真是不简单，我们一定要注意它独有的特点。首先，小学生活泼好动，注意力不集中；其次，小学生的心理和生理都不够成熟。因此，在教学过程当中要区别对待，通过这些年的教学实践，总结出几点教学经验，借此机会和大家分享一下。

一、利用游戏比赛形式培养健康心态

游戏比赛在小学体育教材中占有相当的分量，通过游戏教学能培养学生的创新精神、竞争意识、团结合作、热爱集体和遵纪守法等优良品质。而这些优良品质正是一个人健康心态的集中体现。游戏深受学生的喜爱，也为教师开展心理健康教育提供了良机。例如，在游戏比赛中一些个性较强的学生因不服输而与对方发生争执，也有失利的小组同学之间互相埋怨，导致受指责的学生产生怯场心理而退出比赛。这样一来，不仅影响了游戏教学的正常进行，还伤了同学之间的和气。这时，我抓住这一契机，耐心地教导学生，批评有碍团结的不良倾向，使学生认识到游戏比赛的意义，正确看待比赛的成败。同时还与学生一道分析造成失败的原因，找出制胜的有利因素。

二、培养善于接受意外事实的能力

任何人从事任何事情都不可能一帆风顺、事事如意。同样，学生在体育学习中也难免会遇到挫折。例如，在一次运动会上100米赛跑比赛中，我发现班主任准备用手推比赛的选手，我进行阻拦，结果使该班的学生转移了注意力而

导致失败。这种由于外界因素造成的失利使学生难以接受,情绪非常恶劣。对于这种意外事情的发生,我讲道理,充分肯定他们的实力,保护他们的自尊心,同时通过讲述我国运动员参加世界大赛出师不利的典型事例来教育学生,使学生了解到任何比赛都可能存在一定的意外,包括裁判不公等。以此培养学生接受意外事实的能力,增强其抗挫折能力和自我调节情绪的能力。

三、利用小组活动形式,培养乐于合群的性格

性格是个性的核心要素。良好的性格对于学习具有重要影响,而人的性格和交际关系、心理健康有着密切联系。小学阶段是性格形成期,我们应当通过体育教学培养学生良好的性格,使他们乐于交往,兴趣广泛,与人和谐相处、积极进取。如在体育分组活动中,常会发现个别学生不愿参与活动,只是坐在一旁观看或四处走动,询问原因,大多强调客观因素,经深入调查才得知是因怕苦怕累。针对这一情况,我指导小组的活动方法,并在巡视中不时地过问该小组每个成员的活动情况,及时表扬小组成员取得的成绩,使他们增添信心、融入群体。此外,还可创设两人合作的游戏比赛,让这类学生在愉快的气氛中与同伴打成一片。这样日积月累,持之以恒,就能帮助学生培养良好的性格。

四、采用"运动处方"教学方式

教学中为了锻炼同学们的自我组织能力、自我管理能力,为了有目的、有组织、有计划地教学,满足所有同学的兴趣和需要,有时我把教学内容科学地、严谨地设计成多种运动处方,让同学们选择自己喜欢的运动处方,然后根据选择情况自由结合成小组,每个小组选出一位小组长,小组长带领同学们完成教学内容。各小组在完成运动处方的内容时,根据自己情况选择组织方法和学习方法。这样充分发挥了同学们的聪明才智,发挥了同学们的想象力、创造力,充分调动了学生的主动性,课堂教学生机盎然。

五、培养创新精神和实践能力

创新精神和实践能力是衡量学生心理健康的一项重要指标。因为一项创新活动的完成,必须具有充沛的体力、饱满的精神和乐观的情绪。为此,体育教师在教学中应通过多种手段培养学生活跃的思维、丰富的想象及运用知识的实

践能力等。比如教材的安排要体现健身性、趣味性和实用性，以促进学生生理、心理和精神等方面的健康发展，获得成功和愉快的体验，使他们能热爱体育，增强自尊心和自信心。此外，还可通过教学方法的创新，开发学生的潜能和完善人格，培养学生自学、自练的能力，并给学生营造合作学习的氛围，同时为学生提供机会，培养他们的创造力、竞争力。

  日子在忙碌中匆匆而逝，回首每学期走过的一朝一暮，充实而平淡。生活琐事、待人处事、教书育人……凡此种种，在脑中挥之不去。参加工作十余年，有功也有过。曾为学生的冥顽不化而苦恼，也曾为教学质量的落后而感叹，但却从未有过放弃教师这一行的念头，告诉自己做人就要脚踏实地，严于律己，宽以待人。人生短暂，在经历了太多的选择与挫折后，慢慢成长起来，更加坚强，在一步步坚实的脚印中，在一次次拾级而上的过程中，成功就在眼前。

我与拼音教学

张 萍

学好汉语拼音是说好普通话的基础,是学生学好语言文字不可缺少的前提。由于所处城市在湖北南部,受地方方言的影响,学生中普遍存在平翘舌、鼻边音和前后鼻音不分的现象。针对此现象,我根据自己的教学实践,总结了以下几种较有效的教学方法。

一、激发兴趣,自主学习

兴趣是最好的老师,兴趣是学好知识的首要因素,让学生对学习汉语拼音充满兴趣是学好拼音的关键。一般来说,低年级的儿童有善于形象思维、比较好动、注意力不稳定、不持久的心理特点,一节课一般只能持续集中注意力15分钟左右。他们的学习动力在很大程度上取决于教学内容、教学方法的趣味性。因此,兴趣对低年级儿童尤为重要。它是顺利地进行教学,发展儿童智力,形成儿童个性的重要条件。

由此,在教学过程中,我有时故意把平舌音读成翘舌音,而翘舌音却又读成平舌音,学生一听老师读错了,一个个来了兴趣,都争当老师的小老师,帮我更正读音。在这一教一学中,字音牢牢地记在了孩子们的脑海里。

二、注重细节,及时纠正

拼音的教学在我班上并不是随着第一册拼音教学的结束而结束,我把它贯穿在每一堂语文课的教学中。当孩子们在读文中出现字音错误时,我及时指出,纠正后反复练习正确读音。还在同桌之间举行"你读我听"的活动,相互圈画、纠正,合作学习文中没有读准的字音,做到了全员参与,提高效率,增强了学

生读准每个字音的意识，培养了他们的合作学习精神。

及时纠正的学习还不仅仅是体现在读文上，对于课堂上的每一句话我都不放过。如学生在回答问题时常说到的一个词"因为"，我们的地方方言读作"yīn wéi"，所以在课堂上很多学生都读成此种方言读音，我不厌其烦地进行纠正，告诉学生普通话中"因为"的"为"要读成第四声，不能读成第二声。因而，当还有不记事的学生读错读音的时候，其他同学就会立即帮他更正过来。正确发好每个字的字音就这样深深嵌入我们班每个孩子的心中。

不仅是语文课，我在其他学科的教学中也注重融入、贯穿拼音教学。比如：音乐课的教学过程中，发现所带班级学生歌唱时的吐词完全没有翘舌音"zh、ch、sh、r"，一平到底，我没有急于纠正他们的发音，而是引导他们去想象，如果哪天发现自己崇拜的偶像歌星演唱时，像他们今天这样的吐词发音，是种什么感觉？孩子们立刻明白了我的意图，非常主动地练读歌词，有的还给较难读准的字注上拼音，就这样变被动为主动，及时纠正错误的读音，提高教学质量。

这种看似细致、繁琐的教学，并没有加重我和学生的负担，反而使得课堂生动、活跃起来，扎实有效地将拼音教学落到实处。

三、巧练儿歌、攻克难关

儿歌或口诀是小学生最喜欢的学习材料，于是我收集了大量的绕口令儿歌，融入孩子们的学习与生活中，有练习平翘舌音的"四是四，十是十，十四是十四，四十是四十，谁能分得清，请来试一试"；有练习前后鼻音的"金凤凰，黄凤凰，粉红凤凰花凤凰"等。并通过拍手唱、做游戏、比赛等各种有效的方式进行巩固练习。将拼音教学难点简易化、趣味化、生活化，真正做到了学好拼音，为说好普通话打下了坚实的基础。

四、妙用竞争，激发潜能

学生往往具有好强、不服输、爱表现、喜欢老师表扬等特点，我充分利用这些特点，开展各种形式的学习竞赛活动，以调动学生的学习积极性，使他们的精力真正集中起来，精神振作起来。在读准音近字的教学中，开展了"摘苹果""夺红旗""开火车""争当小老师"等竞赛活动。根据不同内容、不同情况，选择适合学生的最佳活动。比如，在复习过程中，我就制作大量的词语卡片，

并规定时间，看谁在规定的时间内读的词语又多又准，获胜者将赢得一次当老师的机会。为了争当小老师，学生们都积极主动地投入到巩固练习中来。

　　总之，培养学生学习拼音的兴趣是搞好拼音教学的关键；开展游戏、自编儿歌、组织竞赛等活动是学好拼音最有效的方法；重视教学细节，是巩固拼音教学的主要途径；注意方言和普通话发音的差距是教学中的重要环节。只要我们注重以上几点，就能收到事半功倍的教学效果。

合唱在教学中的应用

陈素芬

合唱教学是以培养学生具有独立、自主、创新等主体精神为目标，借助兴趣的培养、多角度聆听、动手能力的器乐合奏，营造合唱的教学氛围，激发学生情感为主要特点，以学生自我体验为主要学习方式，力求在师生互动的歌唱教学中达到认知过程和情感体验过程的有机结合，让学生在童声合唱的海洋里自由遨游。

一、借助模仿，在兴趣中体验

"培养兴趣爱好"是《音乐课程标准》的重要理念之一。"兴趣是学习音乐的基本动力，是学生与音乐保持密切联系、享受音乐、用音乐美化人生的前提。"美国音乐教育家穆尔加格连说："假如我们能在一个孩子身上唤起对音乐的一种强烈的热诚，他将为自己建立一个更广阔的生活空间和一个更好的个性。"在几十年的教育实践中，我深深体会到培养学生在兴趣中体验音乐、在兴趣中学习歌唱是我的教学方向。

"兴趣是最好的老师"，现在的小学生，聪明好动、好奇心强、相像力丰富、天生好玩。特别是一到三年级学生由于年龄的特点，他们喜欢用肢体语言来模仿表达自己所理解的音乐及对音乐的感受。我在教学中紧紧抓住这一特点，充分调动他们的兴趣，让学生用肢体语言对音乐的体验，培养他们自主表达能力与胆量，发挥他们的创编能力与想象力，让他们大胆的"动起来、跳起来"，把学生们从板凳上请起来。如：在学习《小雨沙沙》这一课时，学生自己用肢体语言自己创编，"小雨、小雨、沙沙沙""种子、种子、在发芽"等，然后再体验"沙沙沙"应该用怎么样的感情歌唱。有的学生讲："用轻轻声音演唱"，

有的学生讲:"用甜美的声音演唱"……(这时学生已经用肢体来表现不同"小雨"了),使学生既动手、动口、也动脑,快乐的迈进音乐天地,营造一个轻松愉快的学习乐园,为合唱教学打下良好的基础,在兴趣中体验美妙的音乐。

二、借助器乐,在合奏中体验

奥尔夫认为:"音乐教育是一种人必须参与的活动,人们不是作为听众,而是作为演奏者参与其间。"

在合唱教学中,借助竖笛的吹奏与合唱相结合,使两者相互交替、相互支持、相互配合进行的一种循环互动的合唱教学方法,以达到学生唱出准确、和谐的和声,在演奏中体验和声效果。

例如:三年级学生从声音上基本能辨别齐唱与合唱,但让他们唱准合声还有一定难度,这时我就借助竖笛让他们在合奏中体验和声美。

首先,让他们练习三度单音"13",然后分组练习 吹奏和声一组吹奏,另一组感受体验,这时我在边上细心观察,有的学生表情发生变化,从"茫然""微笑""噢",这就是和声 比单音"13"声音好听、美、饱满(这时请学生动口讨论、谈体会),引申到用声音歌唱,合唱教学中。

其次:将合唱基础练习与动物叫声相结合,老鸭与小鸭叫声

小鸭 1 3　5　　　5 5　5　5 5　5
老鸭 1 3　5　　　5 5　5　5 5　5

1. 先用竖笛吹奏(分声部练习)
2. 再合奏练习
3. 再用分组,分角色演唱

借助竖笛吹奏,能为学生合唱打下良好的基础,训练对旋律的支持和依靠,有效地解决音准和怕唱错的心理问题,也避免了声部间的相互干扰,最终达到完美的合唱效果。

三、借助声像,在聆听中体验

音乐是听觉艺术,听觉体验是童声合唱的基础,发展学生的音乐听觉应贯穿于音乐教学的全部活动中。在聆听各种类型的合唱曲来扩大音乐视野,提高自身对合唱的感受能力、鉴赏能力和体验合唱歌曲的感染力。

在一般情况下,通过直观的声像:
①聆听:齐唱《每当我走过窗前》《课间十分钟》……
②聆听:轮唱《还要睡么》《两只老虎》
③聆听:杨鸿年童声合唱《乘着歌声的翅膀》《缆车》……
④聆听:无伴奏歌曲《牧歌》……

在聆听高水准的合唱曲中能使学生心情愉快、心旷神怡。学生可以从那优美的旋律、鲜明的节奏、和谐的乐句中得到美的享受,了解体验中知道合唱比齐唱更饱满、更动听、更具有表现力。从而激发学生对美好合唱声音的向往和追求,为今后合唱教学培养了信心。

同时教师要求趁热打铁,更深一步在聆听体验的过程中着重从音乐作品的思想感情、创作背景以及作品本身所具有的音乐美中去启发和引导学生的感受、理解和体验音乐,使学生了解合唱中的和声美以及多声部合唱的和声效果。

例如:体验式教学在童声合唱中的应用是一个长久的持之以恒的课题,好的音乐教学应做到"三重"——"重教学过程""重音乐实践""重情感体验"。

音乐是体验艺术,感受音乐、表现音乐、创造音乐离不开学生对音乐的审美体验,学生只有在对音乐的体验过程中,才会感受到发现、探索、神奇音乐世界的兴趣与爱好,才能提高音乐文化素养、陶冶高尚情操,在优美深情的合唱教学中生动而深刻地体验音乐。

夸张手法在小学英语教学中的妙用

谭艳芳

夸张手法是文艺创作中为突出描写对象的某些特点而采用的一种手法，其原本意思是：夸大，过甚其辞，指为了启发听者、读者、观众们的想象力和加强所表达的力度，用夸大的言辞、动作、情景等来形容事物。夸张手法的特点是诙谐、幽默、直观易懂、引人入胜。

心理学家认为：某些刺激偏离它们的周围环境或偏离人的预期效果，会使人产生新颖感、独特感和惊奇感，这种能引起差异的刺激会很容易唤起人们的注意。小学生更是如此，好奇好动的天性使他们的眼光总会追寻不同寻常的事物。如：把大的东西变小，把小的东西变大，用部分代替整体，把无生命的东西拟人化，把有生命的东西无生命化，凡此种种都属于夸张范畴，这都会深深地吸引学生们的注意力，因为这些特点非常符合小学生自身心理发展的特点。

通过平时观摩和学习其他教师在英语教学上的长处，再结合自己的教学实践，发现发现一个共性的现象：对于相同的教学内容，不同的教师由于采用不同的教学方法，会使学生产生截然不同的反响。与此同时，再对那些学生反响强烈、兴趣盎然的课例进行分析比较，发现凡是教师在教学中采用了类似小品、相声的手法，利用语言、非语言（肢体、表情等）的表现功能，或借助其他媒体创设生动的情景，都会极大地调动学生学习的兴趣和积极性，并能明显地提高英语学习效果，我们称此种教学法为夸张手法。夸张手法在英语教学中已占有非常重要的一席之地。

一、夸张手法能够激发学生学习兴趣

英语教学的特性显示，凡是对教学内容的表达比较强烈、对比明显、不断

变化、带有新颖和刺激的艺术效果，都会引起学生学习英语的兴趣。夸张手法的艺术特点在小学英语教学中起到了激发学习兴趣、提高学习效果的积极作用。例如在进行 PEP 小学英语四年级上册 Unit3 My Friends 的教学中，需要掌握并会使用句子 "He/She is tall/short" 等描述自己的朋友。我首先是利用多媒体对比呈现图片：一只长颈鹿和一只小松鼠，以此导入复习单词 tall，short，在这么形象直观、对比鲜明的情境中学生很快掌握了这节课的主要内容，而且课堂气氛非常活跃，让学生在语言学习中留下深刻的印象。经常在这种环境中学习英语，学生心理上的积极因素被调动起来，使学生对学习内容在感官上出现了好奇和兴奋，学习的兴趣也由此产生。

二、夸张手法能够提高课堂学习效果

人们在发出有声语言时，常伴着身体、手势、表情的动作加强情感表达，这是人们语言交谈的需要。在语言交谈中，非语言行为比语言行为在加强情感因素方面起着更重要的作用。有人统计，在两个人交谈中，35% 的信息是由语言交流方式传递的，而 65% 的信息是由非语言交流方式传递的，所以如果老师上课反复领读几个单词和句子，学生容易厌倦和疲劳，课堂效果也会大打折扣。因此，在进行会话或故事教学时，我一般都会帮学生创设一个语言情景，并且让他们来模仿表演其中的一些角色，学生往往都能从多种角度设计出不同的生动形象和情景，这样一来大大拓展了学生对所学英语内容的想象空间，丰富的想象使学生对所学内容理解更全面、更准确。学生理解了学习内容，并且知道在生活实际情境中如何灵活运用这些语言知识，使课堂知识在生活中有一个很好的延伸，这也正好说明了夸张手法确实能提升课堂效果。

三、夸张手法能增强学生记忆

我们现在学校的英语课时较少（一般都是每周 2～3 节），小学生日常能接触英语机会不多，所学英语知识的复现机会少，所学英语知识无法得到必要的强化，小学生自觉性又较差，课后如果缺少必要的督促和辅导，将很容易遗忘知识，夸张手法也能很好地弥补这一遗憾。还记得我在教授句子 "My school is heavy" 时，故意装出使出浑身力气也拎不动书包的样子，不仅帮助学生理解了这个难点句型，而且使他们印象深刻。

四、夸张手法能培养良好的师生关系

夸张手法营造了一种融洽的师生关系，使学生感到自己的求知热情得到尊重，学习的信心进一步增强。学生更喜欢与教师共同创造合作，学习兴趣也得到加强和稳定。我曾经听过一个老师的公开课，在讲句子"I'm dizzy"时，要求与一位学生交换眼镜，带上不适合自己的眼镜后，老师摇头晃脑地说着："Oh, I'm dizzy"，并拿出事先准备好的眼镜片上画着晕圈图案的眼镜请学生带上并表演说句子"Oh, I'm dizzy"。这种师生之间合作互动的形式，呈现出一种开放、自由的课堂氛围，很受学生的欢迎。它更体现出一种平等的师生关系，非常有利于课堂教学活动的开展，也为学生拓展了学习、体验、交流英语知识的环境空间。

综上所述，夸张手法适应小学生的年龄特点，同时也符合新的教育理念，适当运用夸张手法都会起到激发学习兴趣、提高学习效果的作用。这种方法容易操作，使用范围广，是一种经济实用的英语教学手法，值得在小学英语教学中大力提倡。

要充分发挥夸张手法的积极作用，就要对小学英语教师提出新的要求：首先教师的知识面要广，要有一定的艺术修养，具备夸张手法运用时所需要的艺术表现能力；其次，教师要在充分了解学生年龄特点的基础上，针对不同层次的学生和不同的教学内容，细心分析，认真研究，从中挖掘出有趣且耐人寻味的因素，进行科学的设计和编排。教师还要虚心学习和借鉴他人的宝贵经验，自己平时留心积累，大胆改革和创新。对夸张手法不但要敢于运用，而且还要善于运用。

情境与阅读

程 瑛

语文是最重要的交际工具，是人类文化的重要组成部分。一堂语文课要做到生动有趣，触发学生进行合作阅读，情境的创设是关键。给学生空旷的阅读场地，发展他们的个性，协调课堂教学进程，如此便达到了教学目的。

每一篇课文蓄意地营造一个好的情景，势必会给整个课堂带来生机，推动学生的阅读进程。如在教"家国之思"之类的文章时，有意识地提出一些似让学生反馈的问题，待形成共识之后，再触发学生去理解"家国之思"的主题内涵。这样，学生的自主阅读兴趣便产生了，学生便会在问题中进行阅读思考，那么学生的情感态度也会变得更加强烈。当学生在潜意识间有了情感因素，阅读就会深入下去，情境气氛随之会充满整个课堂，其结果定能提高学生的思维能力，激发学生去思索作者是如何表达自己的思国思乡之情的。

课堂教学产生良好效果还取决于双边活动的开展，这又是阅读与情境协调的集中体现。课堂教学是在教师的有意引导下使学生从无意识到有意识，从被动变主动地参与到探寻问题、发现问题、解决问题、质疑问题、寻求答案的教学过程，以培养学生分析问题、解决问题的能力和提高学生基本素质为教学目标而进行的教学活动。这样的课堂对于学生的学习是"授之以渔"而非"授之以鱼"。学生自主地阅读，参与问题的探究，双边活动才有意义。

教学情境的设计应当体现出两个方面的特点：一是教师"教"的情境，这一环节教师将所教授的知识、内容更直观形象风趣地展现在学生面前。二是学生"学"的情境，在这个环节中学生能更自觉、更主动地去发现、分析和解决问题，在更加宽松自主的情境中独立地进行阅读理解和阅读探究。这两个情境的创设与实施是相辅相成的，同时进行，共同发挥作用。

如教学《祝福》一文时，为了更好地发挥学生的主动性，让学生深深同情祥林嫂不幸遭遇的同时，进一步认识到封建礼教和封建迷信吃人的本质（社会根源），在分析讨论了祥林嫂死因之后，阅读探究中又设编了一个小问题：有的学生把生活中一位因为车祸失去了儿子的年轻妇女的遭遇等同于祥林嫂的命运，并称之为"新时代的祥林嫂"。关于这一个问题的看法是否合适的研究，众多学生只局限于人失去亲人所产生的痛苦，未经过深刻思考便贸然做出判断，其结果可想而知。鉴于此，课堂上必须进行适当的情景创设，拓宽学生的阅读视野。

课堂教学是实施素质教育的主渠道。在教学过程中。教师有机地创设情景，调动学生在"学"境中的主观性，通过指导、引导学生主动构建知识，主动了解和发现知识的产生与发展，那么课堂中阅读教学的终极目标就达到了。

改变教学策略 培养探究能力

曹三桂

新课程标准十分强调通过数学学习，不断地提高学生研究问题的能力。在传统的教学模式中，教师往往以学生学会解题为基本宗旨，要求遵照老师传授的方法和模式去解题，一味追求解答的正确、完整和规范。这样大大限制了学生潜在的创造力，他们对于现实生活中的一些问题常常是束手无策。因此，培养学生的探究能力显得尤为重要。

一、引导质疑，让学生在学习中提出问题

问题是数学的心脏，要让学生学会解决问题，首先要使学生在头脑中产生问题。教师应该树立正确的学生观，在"以人为本"的教育观指导下，教师角色应从单纯的知识传授者转变为教学活动的组织者、指导者与合作者。努力营造学习氛围，促使学生主动发现问题，参与探索，培养学生的研究能力。在课堂教学中，教师应该多设置一些疑问和障碍，这样有利于学生引发争议。例如，我在教完立体图形的体积计算后，在班上安排了一次数学活动，让学生举例说说生活中哪些物体可以计算出它们的体积。同学们说了很多，就在这时，我拿出了一个鸡蛋，学生们又说："好小的鸡蛋呀！"于是我接过话题说："是呀，大家猜猜它的体积有多大？"同学们想了想说："它是一个不规则的物体，量不出它的长、宽、高，怎样计算呢？"一石激起千层浪，大家围绕着这个问题展开了激烈的讨论。巧妙设计疑问和出示难题可以激发学生探索问题、研究问题的热情和兴趣。

二、联系生活，让学生在探索中研究问题

传统的教学模式往往是知识传授灌输的偏多。因此，学生失去了应用数学的思维方法去观察、分析、解决日常生活的能力，只会死读书，不会灵活应用。所以，教师应该改变教学策略，把理论知识和现实生活紧密地结合起来，让学生充分体验到解决问题策略的多样性，从而培养他们勇于探索、勇于创新的科学精神和研究能力。

1. 让学生体验到策略的多样性。为了适应知识经济时代的需求，让学生多掌握几种解决问题的方法和策略是很有必要的。在课堂中，教师应不断地给学生提供空间和余地，让学生表现自我，鼓励他们产生直觉猜想、转化迁移、合理想象等许许多多有特色的解决问题的思路，充分发挥学生学习的自主性和潜在性。

2. 让学生学会与他人合作。在学生讨论问题的过程中，个人的见解往往带有一定的局限性，如果教师能够给学生提供合作、交流的机会，用来促进师生互动、生生互动，则能让学生从同伴中得到启发，而这样的活动也是将问题的解决过程变成合作研究的过程。

3. 对学生进行适时的启发和诱导。虽然让学生自己探索问题是发展的趋势，但不能忘记教师的主导作用。学生年龄尚小，掌握的知识点还很有限，因此，教师应该把握时机，找准切入点，恰当地给予点拨。例如：小学二年级中有这样一道题，小强从1楼到2楼需要6秒钟，用同样的速度从1楼到6楼，需要多长时间？许多学生用6×6，在这种情况下，我带领孩子们从1楼走到3楼后又从3楼到1楼，并问他们发现了什么，孩子们都说前面的题目应该是6×5。我联系了生活实际，给学生们适时的点拨，结果同学们都理解了。

三、改变评价，让学生在反思中解决问题

传统的教学对学生解决问题的能力和创新意识的培养并无多少实质性的意义。我认为，学生在解决问题的过程中，重要的不是结果，而是让他们通过观察、分析、操作、实践等亲身经历，去领悟其中的道理。因此，在每节课中要让学生逐步形成自我评价与自我反思的意识，学会分析成败的因素，获得经验和教训。这样的评价过程也正是学生认识的提炼升华与总结积累的过程。例如，上述例子中提到的测量鸡蛋的体积，有的学生想到用排水的方法计算体积，有

的想到把它捣碎装入容器中测量，还有的想到把它看成近似于圆锥体来计算。教师及时对学生的各种计算方法给予肯定，排水法适用于小的物体且计算麻烦，把物体捣碎法破坏性太大，看成近似于圆锥体来计算最方便。

数学问题常常可用多种方法解决，我们应选择最合理优化的方法。在解决了问题之后，通过同学们的总结和反思，就可以找到共同点，总结出数学中的"转化"思想，师生评价、生生评价，对学生创新意识和研究能力的培养，可以起到积极的作用。

用生活中的数学撞击学生心灵

黄美芳

数学是一门来源于生活，又回归于生活的自然科学，尤其是小学生数学的学习内容和日常生活联系紧密，真可谓"数学教学处处离不开生活，生活中处处有数学"。新课程理念提出的"生活中的数学"这一学习理念，体现了新课改下数学教学观、学习观的改变。教师要结合小学数学具有的现实性质，遵循"从生活中来"，即从生活现象和小学生的生活经验入手认识、理解数学知识，再"回到生活中去"，即将学到的知识运用到生活中去。这种将数学问题生活化的学习方式，有利于缩短数学学习与学生生活的距离，缩短学生的认知过程，既能满足学生求知需要，又能让学生潜移默化地体会数学学习的意义和价值，从而激发学生的学习兴趣。

一、感受生活中的数学，激发求知欲

新课标指出："数学教学，要密切联系学生的生活环境，从学生的经验和已有知识出发，创设情境，使学生通过观察、操作、归纳、类比、交流、反思等活动，获得基本知识和技能，进一步发展思维能力，增强学生学习的自信心。"

教学中，教师可结合学生的生活实际设置教学情境，导入新课，实现由生活现象到知识学习的自然过渡。如在学习《三角形的特征》时，教师首先为学生展示一组三角形在生活中运用的图片：老式自行车的结构、"土木"结构的房屋的房梁、建筑中"人字形"的屋顶、高压电线杆的支架、空调支架、照相机的三角支架、篮球架的支架等。然后设疑：人们为什么会这么钟情于三角形呢？引发学生的思考和探究兴趣。在学习了"圆的特征"后，向学生提问：我们是通过折叠的方式找到圆心的，我们常见的汽车、摩托车、自行车的轮子都

是圆的，但是它们都无法折叠，我们如何利用别的方式找到它们的圆心呢？学生通过讨论，很快想到了轴所在的位置就是圆心。教师继续引导学生思考生活问题：请你想办法找到你家使用的脸盆或锅具的圆心，寻找尽可能多的办法。这一问题立刻激发起学生的探索欲望，学习热情高涨。这种培养学生自觉将数学学习和生活应用联系起来的学习方法，实现了数学学习的生活化、灵活化、探究化，符合小学生好奇心强、爱动手操作的特点，极大促进了学生的求知欲望。

二、利用生活中的数学，提高理解能力

数学知识具有抽象性、系统性的特征，数学学习重在培养学生的逻辑思维能力。然而小学生却以形象思维为主。这就需要教师利用生活中的感性材料，直观展示、引导讲解，促使学生由形象思维逐步过渡、发展到抽象的逻辑思维，让生活现象成为学生由直观思维到抽象思维过渡的载体，符合小学生的学习规律，便于学生理解和接受，使数学学习变得有趣、生动、易懂。不断引导学生将学到的数学知识运用到生活实践中去，使数学学习成为"生活—数学—生活"的良性循环，实现学习和生活、学习和运用的统一，提高学习效率。如教学应用题常见的数量关系式时，可以设计这样一些问题：你最近在家里有没有帮父母买什么东西？每件商品的价钱是多少？买了多少？共付出多少钱？让学生认真思考，看看所说的事情有什么共同点？它们之间有什么联系？最后归纳出单价、数量、总价的数量关系式。这样，学生对这个数量关系式的由来理解了，也就容易记忆，懂得运用。教师进一步结合这一知识点在生活中的运用布置作业：假如现在每位学生都有20元钱去买铅笔盒、圆珠笔、笔记本3种文具，请你调查同样的文具在批发门市和超市价格的差别，然后计算出在这两个地方分别能卖到几件文具？比一比，谁的购物计划最合理？这样的作业虽然超出了课本知识的难度，但是它的探索性、实践性、趣味性，都在激发着学生的好奇心和求知欲，促使学生反复对比、思考，在运用中所学知识得到巩固提高，学生的实际运用能力也得以发展。

三、解决生活中的数学，提高解决问题的能力

《数学课程标准》中指出："数学推动了数字化社会的发展，它被广泛应用到现实世界的各个领域。"日常生活中的天气预报、储蓄、市场调查、工程

设计等等都离不开数学的知识。因此，在实际教学过程中，教师要搜索和充分利用这些贴近生活的资料，让学生走进数学，并将学习到的数学知识再回归到应用中来。教师要引导学生观察、认识周围事物，并运用所学知识和方法去解决生活中的实际数学问题。如在教学生学习"时、分、秒"之后，老师可以设计这样一个生活情境：小明早上7时起床，2分钟洗脸，3分钟刷牙，13分钟吃完牛奶和面包，15分钟走到学校，他能否在7时30分准时到达学校？通过这样与实际结合的应用情境，既促进学生用所学的时、分、秒的知识计算出经过时间，又引导学生合理安排时间，学以致用。在学习了储蓄知识之后，教师设置一个生活情境：某人现有10万元，他想投资理财，预计三四年后要将这笔钱投资买房。现在他要将这笔钱存入银行，请你结合这个人的具体情况和不同存款方式的利率，帮助他选择最佳的存款方式，以保证最大的收益。这个题目的设计，既帮助学生巩固了利率的相关知识、提高了学生的计算能力，还让学生对不同存款方式的收益进行反复对比，培养学生的理财观念，加强学生灵活利用所学知识解决生活问题的能力。

四、检验生活中的数学，拓展数学知识

应用是学习的最高价值，只有将所学知识在生活中运用，才能体现学习的意义，激发学生的学习热情。新教材增加了数学课外活动，这种由内容学习向课外应用的延伸，是数学生活化的具体体现。教师要结合教材内容，建设性地开展数学课外活动，组织学生进行社会调查，利用数学知识解决常见的生活问题，实现数学学习和生活的有效对接。让学生体验数学知识在实际生活中的广泛应用，提高学生的数学意识，对于培养学生学习数学的兴趣，促使学生自觉运用所学知识都有积极的推动作用。在运用的过程中，还能不断扩大学生的知识面，提高解决问题能力，实现发展性学习。

教师要善于以生活、家庭问题为切入点，设置探究性问题。比如，某商场节日实现返券促销，购物满100元，赠20元购物券，购物券需在活动期间使用。假如某位顾客在这个商场预算好自己将要消费的商品价格各是：520元、230元、198元、90元。如何安排购物组合和购物顺序最划算？比平时购物能节省多少元？再如，某假日让学生对用"煤气"和"电"哪个更便宜这个生活问题进行调查研究。学生先了解：电饭煲每小时用电量为0.8度，每度电0.56

元；煤气1罐是108元，大约可以烧60小时。再通过实践：电饭煲每次烧饭需30分钟，花费$0.56×0.8×0.5≈0.22$元；煤气每次烧饭也要30分钟，花费$108÷60×0.5=0.9$元。最后结论：用电比用煤气烧饭更便宜。这样很具有现实意义、便于实际操作的数学知识运用，最能激发学生的探究欲望和学习热情。不但能使学生利用已有知识解决数学问题，还能通过解决实际问题弥补学生课堂学习对知识认识的不足，对所学知识不断加深认识，并巩固提高。在一定程度上实现了对课本知识的拓展、延伸。

总之，利用生活现象引入数学问题，再利用数学知识解决生活问题，是新课程理念提倡的教学方向，也是数学学习的新模式、新探索。这种新教学理念的实施，需要教师不断结合教材的变化、自己的教学实践、学生的生活环境进行新的探索和适当的调整，时刻保持数学学习与生活同步，数学学习与时代发展同步，数学学习与学生求知需求同步。以数学学习带动学生思维的发展、思想意识的发展，用生活中的数学撞击学生心灵，让生活和数学碰撞出时代的火花，带动学生在学习、实践过程中领略数学给人们带来的快乐，并进一步享受数学学习的快乐。

运用多媒体技术　优化数学课堂教学

余水莉

随着科学技术的迅猛发展，信息技术的广泛应用，人们的生产、生活方式发生了巨大的变化。多媒体技术也以其特有的优势，给数学课堂注入生机，引起教学方式、方法的大变革，数学课堂不再是沉闷、枯燥的，老师也不再是一支粉笔、一块黑板地传授知识，整个课堂充满了生机与活力，课堂教学得到优化。下面我结合自己的实践谈谈多媒体技术在小学数学教学中的应用。

一、利用多媒体技术，丰富课堂教学内容，激发学生学习兴趣

现行教材知识容量大，以静态的形式呈现，因为篇幅有限，有些了解性的内容只是稍加介绍，学生印象不深，如果发挥多媒体技术的优势，把了解性的知识用图文并茂的形式展现出来，就会对核心部分知识进行补充，让知识体系变得更丰满、完整，激发学生的学习兴趣。如学习《认识分数》时，我在让学生理解了分数的意义后，通过多媒体课件介绍分数的发展史，配上图片和不同时期分数的表现形式，让学生感受到分数经历了一个漫长的发展历程，体会到我们今天所学的知识凝聚着前人的智慧，内心产生感激之情和对知识的亲切感，激发学生学习的热情，体会到数学与生活的密切联系。

二、利用多媒体技术，优化教学过程，提高课堂效率

教学过程是一节课的核心部分，好的教学过程能提高课堂效率，老师教得轻松，学生学得愉快，而混乱无序的教学过程会让学生思维杂乱，对学习产生厌烦情绪。每一个老师都希望自己的教学过程清晰、有效，能最大限度地让学生获取知识，但因受条件的限制，一块黑板、一支粉笔使学习过程的形式变得

单一，课堂无趣。而多媒体技术的应用，使教学过程设计更科学有效，每一个环节根据教学内容的需要，以不同的形式呈现，如课前导入可以借助多媒体课件，构建生动活泼的教学情景来吸引学生，引起学生的探知欲望。

新课教学借助多媒体的直观演示，加深学生对知识的理解，自主建构知识。特别是重难点部分，光凭老师的讲解和实物的有限操作，学生很难理解，而利用多媒体模拟、演绎的特点，把学生带到一个形象、生动的情景中，学生通过观察、分析，发现其中的规律，经历知识的形成过程。如教学《圆柱的体积》，学生对圆柱的各个部分与它所转化的长方体的各个部分之间的对应关系，分辨不清，阻碍了圆柱体积公式的推导，而利用多媒体课件，把圆柱不断等分，再拼合，并闪烁显示相应部分，圆柱的底面积就是拼成的长方体的底面积，圆柱的高就是拼成的长方体的高，圆柱的体积就是长方体的面积，从而成功推导出圆柱的体积＝底面积×高，不需要老师过多的语言描述，只需借助多媒体的模拟演示，清晰发现圆柱与它所分割、拼合成的长方体之间每个部分的关系，降低了学生的认知难度，而且有机渗透了化曲为直和极限的思想，学生的思维得到进一步拓展。同时节约课堂教学时间，增加课堂教学的密度，而且学生在这种直观生动的情景中学习，学生的注意力更集中。

多媒体课件的应用可以使课堂练习设计与课前导入相呼应，课堂结构更完整，让学生在同一情景中学习，学生感觉亲切，体会到知识的内在联系。如有一位老师在教学《两位数乘一位数》时就创设了以游乐场为背景的情景，从复习到新课教学，再到巩固练习，都是在游乐场这个情景中完成，特别是最后的闯关游戏，闯关成功者可以免费玩游乐场中自己喜欢的项目，多媒体配上声音、音乐、图像模拟的效果，学生身临其境，学习情绪高涨，课堂气氛活跃，教学效果很好。

三、利用多媒体技术，及时反馈练习，了解学生学习情况

传统的课堂教学反馈，都是课后老师通过批改作业来了解学生学习情况，评价滞后，不利于对学生进行因材施教，而且影响后一节课的教学效果。多媒体技术的应用，让练习的形式更多样，可以是判断题、填空题、选择题，出现的时间更灵活，可以根据自己的教学进度、教学需要随时展示，如在讲授了一定知识后，设计相应的几个练习让学生完成，检测学生当堂掌握的情况，如果

掌握较好，可以进入下一个知识的学习，如果掌握得不好，分析问题出现的原因并及时补救，进退自如。如教学《24时计时法》，按照计划先观察钟面上两圈的数字有什么不同，引导学生发现它们之间的关系，找出规律，尝试24时计时法的表示法，但在实际教学过程中，一部分学生对看钟面认时间都不熟练，甚至认错时间，这时我改变计划，放慢教学的进度，重新教学生根据钟面认时间，只有会认时间了，才能进入下一个环节的学习。

  多媒体技术的应用，优化了数学课堂教学，但在实际教学中，我们要找到最佳切入点，根据学生的年龄特点、教学内容选择合适的多媒体技术，让多媒体技术真正成为数学课堂教学有力的辅助工具。

在童话中引领学生说话写话

李 刚

初入小学的孩子们，还徜徉在幼儿园阿姨讲的各种童话世界里。开心时，他们会和七个小矮人一道去为心爱的白雪公主采花；伤心时，他们会和丑小鸭一道孤单地走在下雪的田野里；成功时，还常常和蓝猫去探索宇宙的奥秘……我们成年人能提及的童话故事无一不是孩子们耳熟能详的。在班级管理中，我们不难发现，不论什么大道理，只要你能用童话里的人物来做解释，孩子们一下就能明白。让一个还在做着童话梦的孩子一下来学习干巴巴、生硬的说话写话的内容，未免太不人道，更是太不科学，倒不如延续他们的童话梦想，在童话中引领他们说话写话。

目前我们采用的新课程在教材的选取上做了很大的变动。我们拿到的每一篇课文都很美，都是极富童趣的儿童短文，读起来朗朗上口，而且还配上了精美的插图，对孩子来说就是一篇篇图文并茂的童话故事。利用这一有利条件，我在教学中带孩子走进这些童话世界中，让他们变成童话故事的主人公，对课文进行仿写或续编，进行说话写话训练。

一、要求孩子创造自己的童话天地

新课标在阅读目标中非常强调语言和积累，"没有积累，谈不上良好的语感，也绝不可能有真正的听说读写能力，当然也学不好语文。"说话、写话的基础也正是阅读和积累。

开学初，我就鼓励班上每位同学购买一些著名的童话书籍，如《安徒生童话》《格林童话》《中外童话故事集》等等，几乎人手两册以上，形成了一种浓厚的童话氛围。但是有一个要求：所有的童话书得有拼音与汉字，以利于初入小

学的孩子学习拼音，培养自主阅读能力。童话故事的情节曲折有趣，十分引人入胜，受到孩子们的普遍欢迎。我发现通过阅读，孩子们逐渐形成了良好的语感，同时丰富了想象力，还在一定程度上积累了一些优美的、极富童心童趣的词句，为写作打下良好的基础。

二、鼓励孩子展示自己的童话口才

除了在校阅读，我还鼓励孩子在家进行固定半小时阅读。孩子们每天晚上阅读后，到第二天，多少都能留下些故事的印象。每天早晨，我规定每人10分钟讲故事，鼓励学生把头天的故事讲给大家听，并告诉他们只要你的故事能讲得完整，和读的故事不一样也没关系。比如，有一个女生在讲小红帽的故事时这样改编：

"……小红帽和外婆出来后，没有往大灰狼肚子里装石头而是往里面装进去了一肚子的火。大灰狼醒来后，肚子太沉了走不动了，他开始后悔自己不应该做这样的错事儿了……"

这个女生解释说："虽然我也觉得大灰狼是坏蛋，可是往大灰狼的肚子里装大石头让它疼死太残忍了。所以我想这个故事让大灰狼自己改过比它死去要好一些。"

虽然10分钟太有限，不能让每一个孩子展示自己，但是贵在坚持，只要你天天坚持，一定会给孩子们一个习惯上的约定：明天我要上讲台讲一个童话故事，是我自己的童话故事。只要有机会就提供给他们，让他们以讲故事的形式向大家汇报读书成果，使孩子们初步体验到成功的乐趣。孩子们在展示口才的同时无形中培养了说话的能力，为下一步写话做好了铺垫。

三、帮助孩子拿起笔续编童话

孩子像童话一样充满幻想，在他们的幻想中，云儿会说话，风儿会唱歌，花儿中会走出一位漂亮的姑娘，而他们可以爬长梯上天，在月亮上荡秋千，真是光怪陆离、千奇百怪。幻想是孩子的可贵之处，让他们写童话作文正是顺应了他们富于幻想的特点，让他们的幻想在作文中得以实现。童话作文除了幻想成分，还应体现事物的特点。如狼是凶残的，羊是温顺的，童话中也应是这样。因此，我引导学生留心观察身边的事物，注意它们的特征和变化。在引导他们

说好这些童话人物形象的同时，还从仿写续编方面做了一些尝试。

1. 续编童话故事，放飞想象的翅膀。亚里士多德说过："没有想象，心灵就不会思想。"《课标》将充满意趣的想象作文，列为小学生习作的样式，开辟了学生自由作文的重要途径，丰富了学生的作文题材，有利于发展学生思维能力和表达能力。续编童话故事，是培养学生想象能力的一种有效形式。如学完《小木偶的故事》后，学生对小木偶的遭遇充满同情。我趁热打铁，启发学生想象：在小木偶的身上，又会发生什么事呢？让我们来续编下去。学生联系生活实际，想象新的结局，构思新的情节。于是在学生们的笔下，小木偶有了精彩离奇的人生。小亮同学笔下的小木偶到科技国拜金丝猴博士为师，成为了科学家；小林同学让小木偶考上著名的哈佛大学，还与哈利波特交上了朋友……学生鲜活的思想融进了很多童心、童趣、童真,抒写着他们精彩的内心世界。这样的读写结合，丰富了习作练习的内容。

2. 结合学习情境，仿写创编诗歌。《课标》提倡"认识中华文化的丰厚博大，吸收民族文化智慧"。古诗词中的名篇佳作，是中华民族不朽的国粹，诗歌的语言美、形式美和韵律美，对于学生丰富语言、提高语文水平大有益处。让学生结合学习情境，仿写创编诗歌，是小练笔的一种有效形式。俗语说"熟读唐诗三百首，不会作诗也会吟"。我从本学年开始，坚持让学生背诵《课标》推荐的古诗词，向学生灌输"学以致用"的观念，把各种特殊时间如节日，作为特定的学习情境，让学生背相应的诗歌，并仿写或创编诗歌。如一年四季到来时，让学生背诵与四季有关的诗歌，如春天时让学生背《春日》《惠崇春江晚景》等诗，并根据观察到的春天景色仿写一首。学习课文时，可让学生和老师一起用课文中的重点词语编写成诗句，以概括课文主要内容，共同完成板书，比如仿写儿歌《四季》。

《四季》是一篇极富童趣的儿歌，全文通过以植物、小动物等自然界生命的有趣的对话让学生了解四季的特点：春天小草发芽了，夏天荷花开了，秋天稻谷成熟了，冬天下雪了。品读儿歌后，我请学生展开大讨论，春、夏、秋、冬还有哪些变化呢？你用你的眼睛观察到什么了？用你的感官感觉到什么了？学生踊跃发言，说了自己眼中的四季，列举了各个季节的特点。春天：百花盛开，春雨沙沙，柳树发芽，小燕子回来了；夏天：青蛙出来活动了，知了在树上叫喳喳；秋天：树叶黄了，菊花开了，石榴红了，柿子红了，苹果红了；冬天：

北风来了，雪花飘了，梅花开了。接着让学生挑选自己最喜欢的季节变化仿照课文也来编一首儿歌。孩子们积极性很高，模仿课文编出了富有童趣的儿歌。

实践证明，有了童话引路，又有表达形式上的借鉴，学生才会对说话、写话感兴趣。现在，我班的学生很喜欢在他们的故事中插入一些与经典童话不同的情节，我称他们为"小作家"。这些"小作家"的作品虽然有时免不了幼稚，免不了缺乏逻辑，但有表达形式的模仿和创新，有表达的欲望和热情，这不正是习作起步阶段我们想看到的"乐于表达"和"有创意的表达"吗？

总之，用童话引路，不仅锻炼了孩子们的说话能力，培养了他们主动写话的习惯，而且发展了他们的思维，丰富了想象，满足了他们的心理需求，让他们刚步入小学就觉得说话与写话其实这么容易，这么愉快！我们何乐而不为呢？

在数学教学中培养学生猜想的习惯

陈顺园

数学猜想是人们依据已有的数学知识和经验，运用非逻辑的思维方法，凭借直觉而做出的假设和预测。科学家牛顿有句名言："没有大胆的猜想，就不可能有伟大的发明和发现。"在数学教学中培养小学生猜想的习惯，不仅能够调动学生学习的积极性、主动性，促使学生主动获取知识，而且有利于培养学生的直觉思维、探索精神和创新意识，发展学生的推理能力。因此，我们在小学数学教学中应当努力培养和提高学生的猜想能力，养成猜想的习惯。

一、用猜想的方法引入新课激发学生的学习兴趣

小学生单纯，善于猜想。每个小学生都具备猜想的天赋，在新课程中引入猜想，可以提高他们参与问题分析的热情，激活他们内心潜在的猜想欲望，对探究数学知识产生兴趣。例如：在教学圆面积计算公式时，我从已教过的平面图形如长方形、正方形、三角形等的面积公式导入，问：你们还记得这些平面图形面积公式的推导方法吗？既然圆也是平面图形，我们能否利用转化的方式，化圆为方，依据数学"化生为熟"的原则，将它转化为已学过的平面图形来推导面积公式呢？问题一提出，学生们立刻活跃起来。有的说："我们能否将圆变成近似的长方形来求面积？"有的说："可不可以把圆拼成近似的三角形呢？"还有的说："我认为把圆割补为近似的平行四边形好一些。"猜想是数学发展的动力，它可以激发学生的求知欲望，促使他们不断探索。当学生发现自己的猜想与课本上基本一致时，他们会感受到猜想的乐趣，享受到成功的喜悦，就会以更大的热情投入到对新知的探求中去。

二、用数学猜想解决各种现实问题

数学来源于生活,服务于生活。现实生活是数学知识产生和应用的不竭源泉,通过创设鲜活的生活情境,引导学生运用数学猜想解决各种现实问题,体验数学的无穷魅力,这是数学教学的首要整体目标。因此,引导学生运用探究出的结论与规律,解决生活中的实际问题,使学生从中感受到生活与数学息息相关,体验数学活动的愉悦性和处理问题的优越性。这一阶段既培养了学生学习数学及在生活中有效地运用数学的积极态度,又培养了学生的创新意识和实践能力,有助于学生的可持续发展。如圆的周长计算中,我这样提问,如何获得圆的周长呢,这时候可以引发学生的猜想,有的学生说可以用卷尺衡量,有的学生说可以在圆上打个记号,然后在底下滚动一圈测试滚动痕迹的长度……大家进入了对圆周长猜想的热烈气氛中,同学们各抒己见,对圆的周长计算方式充满了兴趣,最后教师可以提问,大家说的方法都不错,那么试问,地球也基本上可以算一个圆形,怎么计算地球的周长呢?显然,用学生的猜想去解决这个问题不太符合实际。带着这种疑问和猜测,教师引入 π 在圆周长中的运用,通过这样的解答,使学生增加了对计算圆周长的兴趣,获得了他们对新课程的学习兴趣。

三、用课外活动提高数学猜想能力

课外活动是课堂教学的补充和延伸,相较于课堂教学,课外活动具有空间开放、时间充裕的特点。我们不仅要在课堂教学中应用"猜想教学",还要在课外活动时间设计丰富的猜想活动,不断提高学生的猜想能力,使学生能在课堂上更好地使用"猜想—验证"的学习方式。

比如在平面图形面积的总复习课中提出"给定周长时,什么图形的面积最大",这是一个非常好的能进行猜想的问题。先让学生大胆猜想:周长一定的时候,什么平面图形面积最大?学生会根据日常经验、个人喜好等有各种不同的猜想。然后由学生自主验证,可以是独立验证,可以是有同一个猜想的小组验证,也可以是有不同猜想的小组验证,学生在验证过程中充分发挥自主能动性,运用绘画、计算、推理等方法来进行验证。

四、抓住相关联系，引导联想猜想

许多事物之间有着千丝万缕的联系，某个概念、法则、性质、公式等与其他概念性质、法则、公式等往往有着相关的联系。在数学教学中，我们应引导学生抓住事物之间的联系，抓住概念、性质、公式之间的联系，通过联想获得猜想。例如，教长方形和正方形面积计算时，教师要求学生将12个1平方厘米的正方形拼成不同的长方形，并收集数据如下：

长	宽	长方形面积
12厘米	1厘米	12平方厘米
6厘米	2厘米	12平方厘米
4厘米	3厘米	12平方厘米

然后要求学生观察数据，回答：长方形面积与长方形长和宽之间有什么联系？这个问题一提出，学生立刻产生强烈的求知欲，经过小组的充分讨论，归纳出：长方形面积＝长×宽。接着教师再拿出长方形纸板，引导学生用1平方厘米的正方形摆成长方形加以验证，这样学生通过观察、猜想、验证，由自己发现得出结论的过程，不仅变被动为主动学习，而且拓展了学生的思维和视野。

总之，平时同学们学习数学，往往跟着感觉走，没有固定的数学思考方法，思想方法比较单一，提不起学习兴趣，课堂死气沉沉，阻碍学生的思维发展，课堂失去活力，失去了良好的教学效果，猜想的应用，又点燃了学生思维的火花，使课堂活起来。在数学教学中，营造猜想氛围培养学生猜想能力的同时，不仅发展了学生的创造性思维，也为学生解决一些探索性、开放性等数学问题提供了可靠的途径，还有利于调动学生的积极性，提高学生素质，开发了学生的智力。

体育教师的形象展现力

阮国耀

许莉老师在她所著的《赢在校园》中说道:"能力是影响教师教育教学效果的最直接、最基本的因素",同时认为教师的形象展示力是打造教师职业核心能力的重要部分之一。作为一线体育教师,我非常认同许莉老师对于教师形象展示力的见解。小学体育课学生之所以喜欢,我通过十多年的教学生涯认为一个原因是体育课没有学习负担(作业),学生能快乐地学习;第二个原因就是体育课好玩,当然这就和教师良好的身体素质有关,和教师的运动魅力有关,和教师从容多样的教法有关及和谐的师生关系有关。

和学生一起参与游戏

平时每当问起学生是否喜欢上体育课,大多数学生都会投赞成票,原因虽然多种多样,但其中教师在课堂教学中和学生一起参与行为及游戏应该是最主要的原因之一。教师设计一堂精致的体育课,和学生们"打"成一片,玩在一起,做游戏身先士卒,自觉遵守游戏规则,自身被游戏淘汰也要以身作则坦然面对,给学生做出好的榜样;教师在游戏时没有高高在上的架子,和自己是"同龄人"也就会接受教师的指导。当然,这和教师具备良好的身体素质有着密切的关系,有些游戏学生可以玩得非常棒,教师如果没有一定的身体素质还真不能和学生们一起玩了,比如教学中最基本的学习内容篮球、足球、排球、跳远等,体育教师如果没有一定的体能和技术,肯定会和学生们产生一定的距离。这就要求我们体育教师要掌握基本的技术技能和良好的身体素质,有了这些才能和学生"玩",才能在"玩"中让学生自觉遵守规则,提高学生的身体素质和能力。所以我认为打造教师职业核心能力中主要的一条就是教师要有良好的身体

素质。

多样的教法，自然从容的教态

许莉老师在教师的形象展示力中较多评价了教师的仪容仪表以及佩戴的服饰，这些可能针对在室内上课的教师有着关键的作用。作为体育教师我认为，体育教师应该应以一身简洁的运动装束来进行课堂教学，避免过多的装饰而造成不必要的运动损伤，同时也要求学生穿着简洁，运动衣裤，运动鞋，甚至连头上的装饰都要求简洁。那么，体育教师没有了仪容仪表以及佩戴的服饰怎么吸引学生呢？我的回答是课堂的设计，多样的教法和自然从容的教态。

体育课堂在室外，有着更加严格的纪律约束，从严格的纪律中要求学生遵守课堂教学的规则，从而潜移默化地影响学生在生活中养成遵守各项规则的习惯，如整队的纪律，游戏的规则，动作的要求等，一直延伸到生活中走马路要走人行道，吃饭要讲究礼仪，按时睡觉起床，等等。另外我认为多样的教法和自然从容的教态也是教师最核心的能力，一位体育教师是否成功教学就要看他的教法和教态。在室外，学生和教师一样要忍受寒冷冬天和炎热夏天的气候，要学生们在这些气候下还要感受到活动的快乐，教师就必须要有多样的教法来吸引学生的兴趣，用自然从容的教态来激励学生，给学生做出榜样，就像"郝拉克利特"所说"请留意您的行为，因为行为很容易成为您的习惯；请留意您的习惯，因为习惯很容易成为您的个性；请留意您的个性，因为个性很容易成为你的性格；而性格最终会造就您的命运"。

体育教师的内在美

内在心灵美。在每一节课堂教学中我都要学生发扬勤奋好学、吃苦耐劳的精神，不断接受新知识、学习新技术。另外，根据体育课的复杂性特点，体育教师更要在课前认真备课吃透教材，钻研教法。对运动水平相对较高的学生要严格要求，激发他们的运动热情；对较差的学生要给予鼓励，增强他们的信心。课后，无微不至地关怀学生，晓之以理，动之以情，平等对待每个学生。只有这样才能得到学生的理解和尊重。

知识智慧美。知识智慧是教师的精神财富，随着社会的发展，学生对教师的要求越来越高，常常从技术专长、教学能力、文化知识、水平能力面对教师

进行评价。一个体育教师，不仅要品德高尚，热爱学生，而且知识丰富、运动技术水平较高，才会是学生的信赖伙伴和爱戴的好老师。所以，教师必须富有真才实学，必须具有广博的知识。

情感美。要使学生自觉积极地投入活动，教师就要对每一个练习投入极大的热情。如在做游戏时，教师要和学生打成一片，兴致勃勃地一起呼喊，欢乐地投入活动，这样才可以调动学生的练习热情。在保护帮助时，教师要热情地一个接一个地保护学生，并不失时机地对每个学生的优缺点加以讲评。如果教师情感上与学生格格不入，本身情绪不高，就会大大影响学生的积极性，教学效果就不会好。

把健美操融合在体育课中

陈 娟

随着社会的发展，人们越来越注重"健康"二字，通过各种各样的锻炼方式健身。通过健美操运动锻炼健身的人越来越多。为什么这么多人会选择健美操这项运动作为锻炼身体的方式呢？对于体育教师来说，健美操能否给我们带来一些新的启示呢？随着课程改革的发展，我们能否更好地把这项运动融入体育教学中呢？带着这些疑问和想法，我进行了一些尝试。

想要把健美操运用到体育课中就必须了解这项运动。首先我参加了一些关于健美操运动的学习培训。通过培训使我对健美操这项新兴的运动有了更深刻的认识：健美操是以人体为对象，以健美健身为目标，以身体练习为主要内容，以艺术创造为手段，融体育、舞蹈、音乐于一体的一项新兴的体育项目。为了能突出健美操的特点，我们必须将形体美、姿态美和动作美有机地结合起来，着重强调动作的力度、激情与表现力，以及在动作的设计与成套编排中的巧妙、合理、新颖。

在体育教学实践中，我发现如果准备活动只是一般的徒手练习，很容易使学生感到枯燥乏味，无法调动学生的积极性，难以取得锻炼效果，因而影响了准备活动的质量。为此，在准备活动中，我做了一些小小的尝试，有了很大的收益。我根据基本部分内容的需要，以健美操代替一般徒手操进行教学，深受学生欢迎，大大提高了准备活动的质量。我总结了一下质量提高的原因所在：

1. 健美操是一项新兴的体育运动，融体操和舞蹈于一体，具有健美性、韵律性、时代性。

2. 因为健美操这项运动本身的特点就是需要健康活泼、节奏鲜明的音乐以及轻松欢快的动作，所以它能够更好地迎合学生的兴趣，激发学生的积极性

国家中等职业教育改革发展示范校精品课程丛书

现代旅游信息技术运用

Xiandai Lüyou Xinxi
Jishu Yunyong

主　编　陈佩翔
副主编　蒋　娜

北京·旅游教育出版社

策　　划：景晓莉
责任编辑：景晓莉

图书在版编目（CIP）数据

现代旅游信息技术运用 / 陈佩翔主编. — 北京：旅游教育出版社，2015.12

（国家中等职业教育改革发展示范校精品课程丛书）

ISBN 978-7-5637-3300-2

Ⅰ.①现… Ⅱ.①陈… Ⅲ.①信息技术—应用—旅游—中等专业学校—教材 Ⅳ.①F59

中国版本图书馆CIP数据核字(2015)第312785号

国家中等职业教育改革发展示范校精品课程丛书
现代旅游信息技术运用

主编　陈佩翔

副主编　蒋娜

出版单位	旅游教育出版社
地　　址	北京市朝阳区定福庄南里1号
邮　　编	100024
发行电话	（010）65778403　65728372　65767462（传真）
本社网址	www.tepcb.com
E - mail	tepfx@163.com
印刷单位	北京京华虎彩印刷有限公司
经销单位	新华书店
开　　本	787毫米×960毫米　1/16
印　　张	15
字　　数	167千字
版　　次	2015年12月第1版
印　　次	2015年12月第1次印刷
定　　价	42.00元

（图书如有装订差错请与发行部联系）

目录 CONTENTS >>

第一章 学生用书使用说明

单元1 信息搜集与下载 009
单元2 选购计算机 022
单元3 管理你的计算机 026

第二章 PowerPoint演示文稿制作

单元4 制作基本PowerPoint演示文稿 036
单元5 让演示文稿结构清晰，具有交互性 045
单元6 让演示文稿生动起来 049
单元7 让演示文稿power并且point 055

第三章 字处理

单元8 邀请函 070
单元9 绘制校园接待地图及导游线路图 078
单元10 格式化字符及段落 083
单元11 制作接待水牌、指引牌 090

单元12 编排和制作多文字文档　097
单元13 制作倡议书　103
单元14 制作旅游招贴　117
单元15 设计制作校园简介展板　134
单元16 使用表格组织旅游信息　143
单元17 文字处理、综合排版课程设计
　　　——编辑制作行程单等旅游产品文档　149

第四章　照片处理

单元18 色调调整　154
单元19 照片抠图，换背景　161
单元20 消除抢镜杂物、提升画面美感　170

第五章　旅游电子商务基础

单元21 旅游电子商务初体验　178

第六章　电子商务采购服务

单元22 采购航空服务　184

单元23 采购铁路服务 189

单元24 采购住宿服务 195

第七章 Excel电子表格

单元25 Excel 入门 200

单元26 Excel 基本操作 206

单元27 格式化电子表格 215

单元28 计算与处理数据 222

单元29 制作数据图表 228

后记 234

第一章

学生用书使用说明

要在21世纪取得成功，首先要学会做事的正确方法。本书中所有的活动和项目都要求你们以制订计划、动手操作、认真检查和交流分享四个阶段去完成。

第一个阶段是"制订计划"，其对应的图标是一支铅笔。使用铅笔是因为制订计划需要用到笔和纸。在此之所以用铅笔图标的形象而不是钢笔的形象，是因为铅笔写的字容易被擦去，这表示你们可以根据需要修改原定计划。

在开始制订计划前你们要明确每个活动的任务要求。通过讨论和回答书中在这一阶段提出的问题，确定你们最感兴趣的是什么，打算怎样做，并在《资源手册》上写下对这些问题的答案，画一幅草图，撰写设计概要，这对细化你们的计划很有帮助。你们的创意应该有别于书上的样例，应该更加贴近你们的生活。

当你们把完成的计划交给小组和教师讨论，得到互相认可之后，制订计划阶段就算完成了，你们才能进入"动手操作"阶段。

· 你以前做过计划吗？是什么计划？计划后来发生变化了吗？预先制订计划起到了什么作用？

· 制订计划对于更好地完成活动有哪些帮助？

第二个阶段是"动手操作"，对应的图案是一个计算机鼠标。使用鼠标图标是因为动手操作通常会用到鼠标、键盘来操作计算机。

在动手操作的时候，你们将按照所制订的计划完成规定的任务，同时请仔细

第一章 学生用书使用说明

阅读步骤指示，结合你们的创意，合理使用操作步骤提示。操作步骤提示中给出了一些有用的建议和一些新的挑战。

你们在动手操作的过程中允许修改原先的计划。当完成了该阶段所有的活动步骤之后，动手操作阶段就结束了。你们可以尝试一个或更多的挑战。记住：在动手操作过程中，要注意经常存盘，防止因为断电或机器故障而丢失作品（建议：在新建一个文档后就以要求的文件名保存）。

- 你们是否有过按说明步骤做事情的经历？
- 为什么阅读并按照指示去做非常重要？
- 有没有在做事的过程中不得不去改变原来所制订的计划的情况发生？为什么？

第三个阶段是"认真检查"，图标是一个放大镜。使用放大镜图标是因为当我们想仔细看清楚某件东西的时候常常会使用放大镜。

在认真检查阶段，你们需要全面而仔细地检查你们的作品。你们要确认作品是否是按照计划或参考步骤提示完成的，还要确认你们的作品是否包含所有的必备要素。如果有些元素遗漏或者需要进一步修改，在这个阶段就可以进行添加或修改。当你们完成了检查，保存了作品之后，认真检查阶段就算完成了。

- 你们是否曾经有过为了查找遗漏或者挑出需要修改的地方而对完成的作品进行检查？还记得是什么事情吗？
- 从头检查一遍是否有助于改进和完善你们的作品。

第四个阶段是"交流分享"。交流分享的图标是两只紧握的手。使用紧握的手图标是因为当人们分享

彼此劳动成果的时候常常需要互相欣赏和支持。

在交流分享阶段，你们要有一名成员留在计算机前，向他人展示你们的作品。每一位同学用欣赏的眼光去观摩其他小组的作品，并对同学们的作品提出一些合理的建议。几分钟后，你和你的同伴互换角色，继续交流分享环节。

作为交流分享环节的一部分，你们需要向其他人介绍你们的作品并回答他们提出的问题。同时，你们还需要阅读书上的问题，并讨论这些问题的答案。

· 你们以前和别人分享过自己的工作成果吗？分享了什么？通过彼此分享作品能够学到什么？

· 你们是否喜欢和他人分享自己的工作成果？为什么？

第一章 学生用书使用说明

填写《资源手册》

实训内容				时　间	
姓　　名		小组成员			

制订计划：
任务要求

计划概要

动手操作：
用到的技能和技巧

遇见的问题和解决办法，印象最深或最难做的部分

认真检查：
计划完成情况

改进和完善了哪些

交流分享：
小组分工情况：你负责的工作是哪部分？完成的情况

自我评价

组间互评

合作要点

作为一名学生,有时会独自学习,有时会和其他同学一起做事。你们是喜欢自己单独做事还是与他人合作?为什么?

你们将会有很多的机会与他人合作。你不仅要和你的同伴共同搜集和使用一些资料、一台计算机,而且还要共同创作一些作品。

- 与他人合作做事有哪些优点?为什么?
- 当与他人合作的时候,可能会遇到哪些问题和挑战?为什么?

常见冲突

当与他人一起工作时,有可能会发生冲突。下面列举了一些常见的冲突,大家一起来讨论可能的解决办法。

1. 有位学生拒绝和另一位同学合作或者不愿意在小组合作。
2. 没有人愿意和某位学生一起学习。
3. 有位学生很害羞,不愿意开口说话。
4. 有位学生独霸资源,不让他的同伴或小组其他成员使用。
5. 有位学生不尊重或不愿意听取同伴或小组成员的建议。

成为诤友

要与他人融洽合作,成为诤友是很重要的。想一想,当一位朋友就他的言行征求你的意见时,你是否喜欢或赞同他的说法或做法?当你喜欢或赞同他的说法或做法的时候,给出建设性的反馈是很容易的事情。但是,当你不喜欢或不赞同他的说法或做法的时候,成为一名诤友就不是一件容易的事。重要的是要知道如何给出建议而又不会伤害他人的感情。

作为一名诤友,你必须用友善的方式给出有价值的反馈。在给出反馈之前,思考以下问题:

- 他们演示的时候我认真听了吗?
- 我是否明白演示中所有的观点和信息?
- 在给出反馈前我还有什么问题需要问吗?
- 有什么特别的东西是我所喜欢的吗?
- 演示可以怎么改进?应该增加什么或修改哪些地方?
- 我怎样评论才能听上去很正面?

当给出反馈的时候,你应该先从他人作品让你喜欢的地方说起。你可以用下列句式作开场白:

- 我很喜欢你……的做法。
- 你在……真的做得很棒。
- 让我印象深刻的是……

在说他人作品的优点之后,你可以很友好地说说不喜欢的地方。最好的做法是针对如何改进演示提出具体的建议和想法。你可以考虑用下列句式开始你的陈述:

- 我不知道我理解的对不对……
- 我想大概明白你想干什么了,但是……是不是更好?
- 如果……我可能会更喜欢。

记住你的言论只代表一种观点,其他同学也许会有不同的观点。最重要的是,在给出反馈的时候要保持友善。要设身处地地想想,如果是你,听到别人对你的作品如此评价你会怎么想。思考下列问题:

- 换种语调或换个措辞是不是效果就不同了?
- 在提修改建议前,先肯定别人作品的长处,为什么说这样做很重要?你对如何成为诤友还有其他意见吗?

合作自测

在与他人合作工作的时候,你们需要做到:

- 让小组中的所有成员都参与小组活动，让其感到是小组中的一员。
- 小组成员对于所制作的作品的目的和计划有统一认识。
- 小组成员了解各自职责，分工协作，共同完成作品。
- 小组成员能够一起检查作品，并力求使它更加完善。
- 在完成作品的过程中能够不断讨论、互相帮助。

还有其他可以促进合作的方法吗？

第一章 学生用书使用说明

单元1 信息搜集与下载

随着网络的普及，网络已经深入到我们的日常生活中，利用网络帮助解决我们在学习、生活中遇到的问题，已经成为现代人必须要掌握的一项技能。然而，如何在浩瀚如海的网络中快速、高效地找到我们需要的信息呢？

任务1 搜集信息及下载

任务导入

某旅行社接待一个客户，客户想携全家五人出游，并对一年一度的"洛阳牡丹节"感兴趣。销售部门为客户设计一条四日游旅游线路，并需要提供直观、具体的文字和图片信息。

制订计划

认真思考下面的问题：和你的同伴讨论一下你们的想法。把想法写在《资源手册》上，并在《资源手册》上写出信息搜集及下载的方法，这些对你们将要进行的活动会很有帮助。

- 平时在网上找一首喜欢的歌是如何做的？
- 什么是搜索引擎？常用的搜索引擎有哪些？
- 怎样在网上高效地搜到相关信息？搜索关键字有什么作用？
- 如何将网上找到的信息保存到计算机中？

你们需要带着任务要求，认真按照"动手操作"阶段中的操作步骤完成任务。

为了更好地完成这一任务，你们需要了解和掌握以下几组技能的内容：

技能1：了解常见的网络搜索工具——搜索引擎。

技能2：掌握快速查询信息的技巧。

技能3：能提取关键词和选用查找方法，快速从搜索引擎中获取所需信息。

技能4：会巧用关键字连接符。

技能5：会保存网页文字和图片信息。

动手操作

操作要领：

1.打开浏览器，进入"百度"首页。

仔细观察百度首页上的内容：新闻、网页、贴吧、知道、MP3、图片、视频、地图、百科、更多。试着点击一下"更多"，会发现里面的内容几乎无所不有。

首页搜索框的作用：选择"网页"或"知道"，输入关键字"洛阳牡丹节"，然后点击"百度一下"按钮（或按Enter键），看到包含我们需要的信息的若干个网页"链接"（这也是搜索引擎的基本作用）。

2.在搜索框中输入"洛阳牡丹节"，单击"百度一下"按钮会出现很多网页信息。

第一章 学生用书使用说明

3. 打开搜索到的第二个网页信息。

会出现如下图所示的内容。

4. 保存网页内容。

选择网页内容复制：按住鼠标左键，然后在所需内容上拖动鼠标，选择要保存的文字内容。

鼠标光标在已选择的文字区域内时，点击鼠标右键，在出现的快捷菜单中选择"复制"命令，或按键盘上的Ctrl+C组合键。

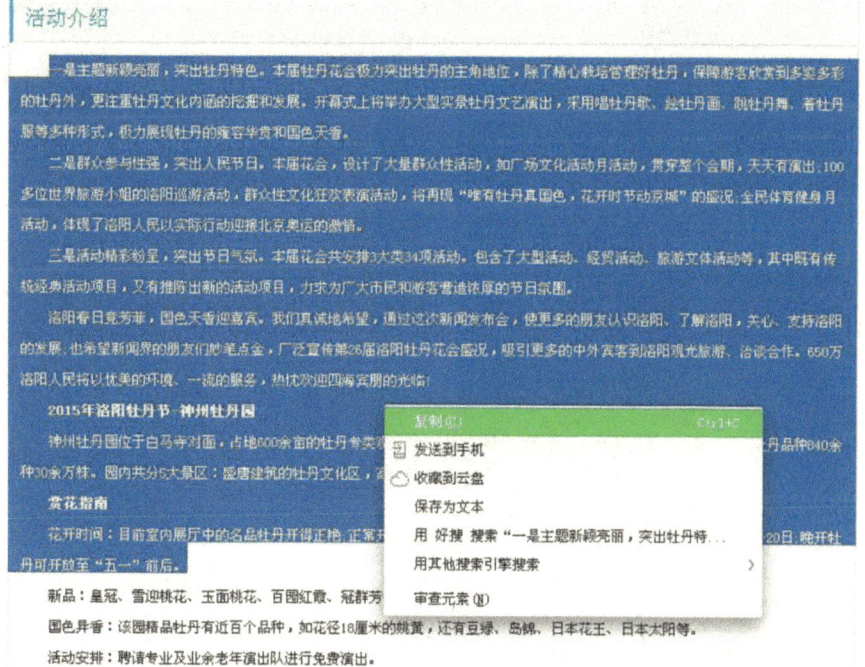

第一章 学生用书使用说明

选择存储目的地为"桌面"（或D盘、E盘、U盘……）。

新建空白Word（或写字板或记事本）文档，在存储地点击鼠标右键，选择"新建"→"Microsoft Word 文档"命令。

打开建好的空白Word文档，点击鼠标右键，选择"粘贴"命令。

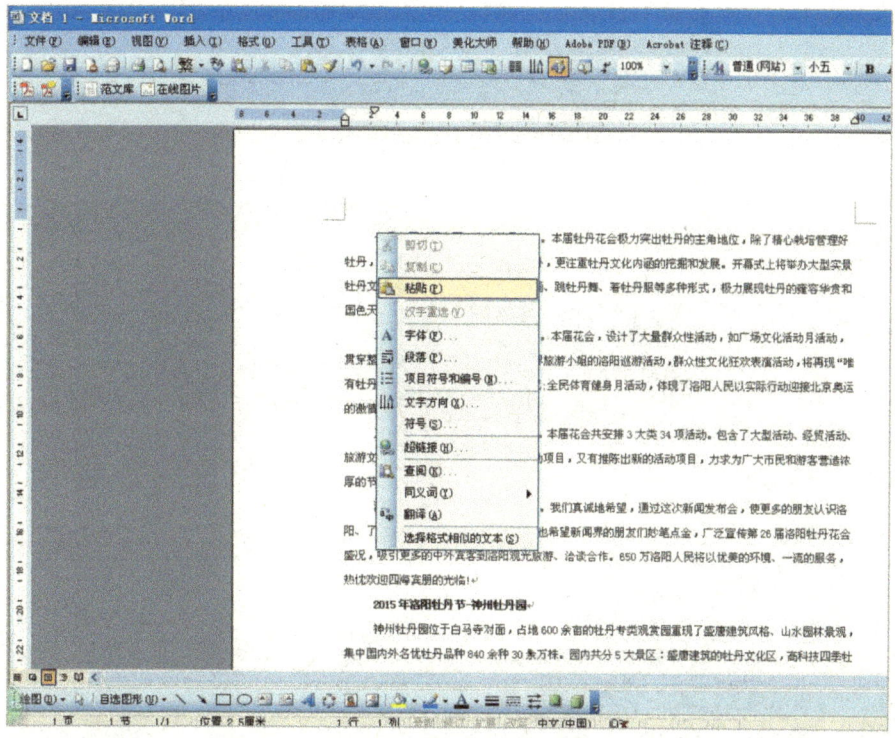

如果需要更改保存路径，选择"文件"→"另存为"命令，在弹出的对话框中选择保存位置为"D盘"，最后点击"保存"按钮。

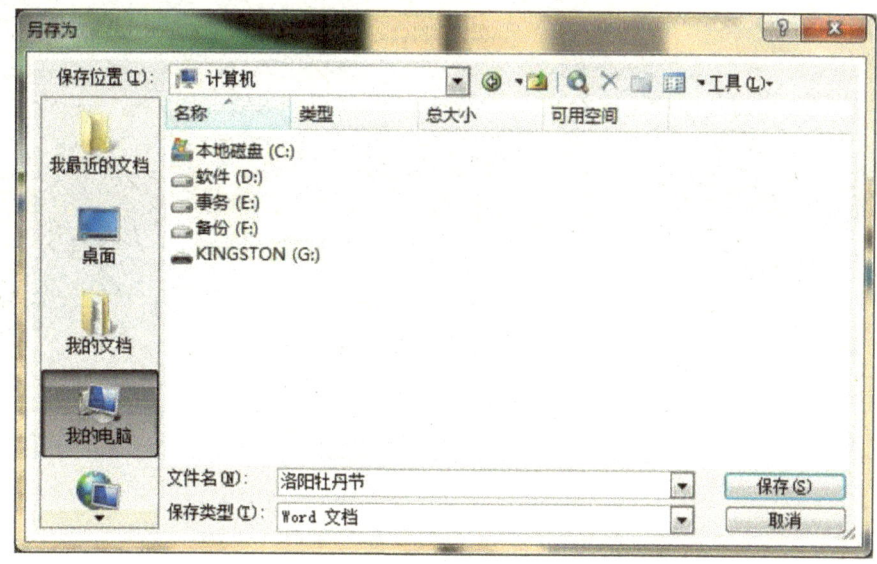

第一章 学生用书使用说明

5. 保存图片。在图片处点击鼠标右键，选择"图片另存为"命令，选择保存位置为D盘，点击"保存"按钮。

 **认真检查**

检查你们搜集的信息，看看它是否包含了下面的这些元素：

· 保存了洛阳牡丹节文字信息的文档。

· 保存了洛阳牡丹节图片信息的图片文件。

此外你们还可以进一步完善作业：搜集两篇牡丹节两日游的信息和相关图片，别忘了保存你们的辛勤劳动成果，最后进行提交。

 **交流分享**

在分享作品时，你们需要思考下列问题，以便在接下来的讨论中和大家一起

探讨这些问题：

· 下载文字等信息之前为什么要新建一个空白文档？

· 文档保存的位置重要吗？如果忘记下载的信息存放位置了，还能找到吗？

· 在搜集信息的过程中你用到了哪些技能和技巧？遇到了哪些问题？如何解决这些问题的？给你们印象最深的是哪个技巧？及时将这些学习经验记录在《资源手册》中。

· 你认为在互联网出现之前在图书馆搜集信息的过程是怎样的？

· 为什么搜索引擎是搜索信息的好工具？搜索结果是什么？搜索引擎是网站吗？

· 搜索信息最难做的是哪一部分？你和你的同伴是如何克服这个困难的？

· 你们还想搜集哪些信息？

挑战

1. 搜索并下载一首你喜欢的歌曲文件。
2. 搜索并使用浏览器下载视频文件的相关文档。
3. 学习用浏览器下载视频。

完成挑战中的三个任务，并展示、提交。

任务2 快速搜索信息

如果想在学校网站里查看班级军训的风采，看看里面有没有自己出现，首先要进入学校的网站。谁能准确记得"桂林职业教育中心学校"的网址？如果每次上网查看我们需要的信息都要记住和输入网址，显得太麻烦。另外，有没有遇到网页上显示的内容没有自己想要的，或者找到想要的资源却用时很长的

第一章 学生用书使用说明

情况?

通过今天的学习,我们无须记住所有的网站,只需在搜索引擎对话框中输入"关键词"或关键词组,让搜索引擎帮助我们过滤并快速搜索,定位到我们需要的信息。

任务导入

快速准确地完成信息搜索操作,并完成下面的搜索练习。

 制订计划

为了更好地完成这一任务,你们需要了解和掌握以下几组有关"关键词选择技巧"的知识:

1. 提炼中心词。

有很多同学习惯用问题本身直接搜索,不注意提炼中心词。这样一来,输入整个句子要耗费时间,而且成功率也不高。所以搜索信息之前,首先要提炼中心词,去掉作用很小的词。例如:常见的疑问词、叹词、助词,我想找……我想搜索……关于……的资料,直接提炼关键词组合,切忌直接用问题本身整句输入来搜索!

例如:大理四绝中的"风花雪月",分别指____风,上关花,苍山雪,洱海月。(需填两个汉字)

(1)你搜索答案的做法是:

(2)提炼搜索关键词:大理四绝。

例如:修改下列搜索关键词组合:关于天津危险品爆炸的报道。

2. 使用多个关键词时,借用"空格"来链接多个关键词,可以提高搜索效率。

• 017 •

（1）很多时候，想找的内容一个词无法表述妥当，要提炼出多个关键词。

例如：半夜里，突然牙齿痛得厉害，不方便去医院，只好上网找紧急止痛方法。

关键词：牙齿 止痛方法。

（2）关键词也可以是两个以上，例如：刘德华 身高 年龄。

3. 使用特定词法。

"特定词法"是指用目标信息应该含有的一些特定字词搜索。对于迅速查找"英文翻译"和"迅速找到某段文章"是极其有用的。

例如：查找《再别康桥》的英文译稿。

分析：有些同学可能用"再别康桥英文译稿"去搜索，这样找到的信息同时含有"再别康桥"和"英文译稿"两个词语的页面，但不容易找到"英文版的《再别康桥》"。

可以猜到，《再别康桥》的英文译稿里面肯定含有"again"这个特定词。于是，可用以下关键字：再别康桥 again。

4. 使用相关词法（或近义词法）。

"相关词法"是指用与要查找的信息有密切联系的字词（或近义词）搜索，就可以很快查找到所需要的资料。

例如：找"青梅竹马"一词由何人创造的。

分析：可以取"青梅竹马"作第一关键词，再加上相关的词，如 "来源""由来""典故""出典""渊源"等，可能会找到相关解释。

关键词：青梅竹马 典故。

出自唐·李白《长干行》诗："郎骑竹马来，绕床弄青梅。同居长干里，两小无嫌猜"。

5. 对你所获取信息的价值进行判断。

千辛万苦搜索到的信息是否可靠？尤其是一些经常动态变化的数据。

例如：查找当前全世界域名总数、我国域名总数等最新最权威数据，查找计算机硬件报价信息等，都要看找到的信息是否具有时效性。

请搜"内存报价"，鉴别信息，填写答案。

型　　号	价　　格	参考时间	是否可靠

学习目标：

技能1：能提炼搜索中心词。

技能2：会组合多个搜索关键词，提高搜索信息的效率。

技能3：会一些常识，遴选和甄别搜索到的信息。

动手操作

操作要领：

1. 登录搜索引擎网站。

搜索引擎是在因特网上帮我们查找资料的服务网站。需要记住一些常用的搜索引擎名字和网址：

百度_____　　谷歌_____

搜狗_____　　雅虎_____

2. 选择一个搜索引擎，选择对应查找类型（网页、图片、MP3、视频、地图等）。

3. 设计关键词，完成下列操作练习：

（1）在搜索对话框中输入多个关键词时，需要用连接符连接多个关键词。请搜索并下载关于关键词连接符（空格）、（+号）、（-号）的作用，并下载文档保存。

（2）被古人誉为"朝辞白帝彩云间，千里江陵一日还"的长江三峡不包括下面哪一个峡：

　　A. 瞿塘峡　　B. 虎跳峡　　C. 巫峡　　D. 西陵峡

（答案：B）

（3）中国一些历史悠久的中药店，都喜欢叫"某某堂药店"，像"同仁堂""九芝堂""达仁堂"……人们是为了纪念哪位医生才这么叫的呢？

　　A. 华佗　　B. 孙思邈　　C. 张仲景　　D. 李时珍

（答案：C）

（4）第二次世界大战中，最早发明并广泛使用雷达的国家是：

　　A. 德国　　B. 前苏联　　C. 美国　　D. 英国

（答案：D）

（5）小孙一个人从烟台去济南进行为期三天的旅游，他只带了2000元，请你利用搜索引擎在网上帮他查出：

· 他来回车票的价格。

· 住宿的酒店，酒店最好是靠近山东大学，酒店的地址、房价是多少。

· 请为他推荐几个旅游景点，并写出景点的门票价格。

· 济南有什么特色小吃？

· 济南有什么特产？价钱是多少？

认真检查

重新检查你们的搜索任务，需要提交的文档，看看它是否包含了下面的这些

元素:

·记录每次任务搜索过程中设计、提炼出的"搜索关键词",如果有多次修改,修改"过程"也要记录下来。

·你与小组其他成员设计的搜索关键词有不同吗?讨论一下。

如果其中有哪一个任务遗漏了,现在就把它加上去。别忘了保存你们的辛勤劳动成果。

交流分享

展示你们小组的作业,并评选出组内、组外的搜索能手。

自我评价,组友评价内容:

·通过本节课的学习,你认为快速、准确地搜集信息分几个步骤?

·你是否学会了熟练设计和组合关键词?体会深刻的有哪些?

·你能否在小组合作中和同学协作交流?你所起的作用是什么?

·你在学习中发现自己还有哪些知识没有掌握好?

单元2 选购计算机

任务导入

1. 旅行社因为业务量增大，需要增加两台计算机，如何为旅行社选购新计算机？

2. 我们希望拥有一台自己的计算机。怎样从实用性和性价比考虑，选购一台计算机？

制订计划

为了更好地完成这一任务，你们需要了解和掌握以下几组知识：

技能1：通过互联网学习计算机六大主要部件的作用，并下载学习资源，能在选购计算机时读懂各部件的缩写和表现形式。

技能2：知道计算机六大部件的技术参数。

技能3：能在电脑城或网上商城选购计算机。

布置任务：（小组讨论）

1. 你们小组（每组4~5名学生）想要一台什么功能的计算机？主要拿来做什么用？

2. 计算机的主要部件有哪些？各自起什么作用？主要功能是什么？要使计算机具有以上能力，应该如何合理选配设备呢？

第一章 学生用书使用说明

3. 小组根据实际情况和需要，确定配置一台什么价格的计算机。

模拟攒机：

小组交流完成购买计划：

第_____小组

组长_____

小组成员_____、_____

我们小组对准备购置的计算机配置要求：

主要用途：

主要部件：

价格范围：

动手操作

（一）硬件知识

计算机硬件主要有：主板、CPU、内存、显卡、声卡、硬盘、光驱、网卡……

简单了解计算机硬件的作用、品牌、型号、参数和价格范围：

（1）主板：

（2）CPU：

（3）内存：

（4）硬盘：

（5）显卡：

（6）显示器：

（二）网络搜索

搜索引擎：http://www.baidu.com

关键词选择：电脑装机、买电脑、电脑配置……

相关的网站：京东商城

亚马逊商城

http://www.pchome.net 电脑之家

http://www.zol.com 中关村在线

http://zj.zol.com.cn/模拟攒机

http://www.pconline.com.cn 太平洋电脑网

初步完成配置方案：

_____

_____

认真检查

我们小组的计算机采购清单：（三种以上备选方案）

名称	型号	图片	主要参数	性能	参考价格
总计					

第一章 学生用书使用说明

小组讨论并记录选择理由。

将清单保存并提交。

交流分享

1. 选出小组优秀作品展示并交流，对小组作品进行评价。

评价量规	内容评价
能根据实际用途，明确计算机配置要求	
能熟练使用网络工具进行信息检索	
能够完成合理经济的采购清单	

2. 学生根据这节课的学习，通过评价平台，进行自我评价和小组互评。

评价内容：

（1）通过本节课的学习，你是否知道了怎样去做好购买计算机的准备？

（2）你是否能熟练使用网络搜索工具？

（3）你能否在小组合作中和同学协作交流？

（4）你能否通过网络来完成计算机采购清单？

（5）你在学习中发现自己还有哪些知识没有掌握好？

单元3 管理你的计算机

任务1 文件存放路径

有很多人喜欢将计算机中的文件胡乱摆放,急着用的时候却怎么也找不到。应利用计算机文件管理功能,实现对计算机中信息的分类管理,做一个有条理、高效率工作的人,为今后的学习生活乃至工作养成良好习惯。

任务导入

1. 学校将要举行班级国庆合唱比赛,节目单就在E:\桂林职业教育中心学校\旅游部\高一年级\节目单.doc。先找到的同学可以先睹为快,看看我们班排在第几个?

2. 现在同学们看看你们的计算机桌面,散落了30个图片文件,影响了计算机的启动速度,且开机后桌面显得很凌乱。现在需要将计算机桌面上的文件分类存放到D盘中。

制订计划

1. 老师给出的路径有什么作用?

2. 将30个图片根据图片内容事先分好类,如:昆虫、人物、风景、汽车……并把你的想法记录下来。

第一章 学生用书使用说明

3. 在D盘事先做好接收桌面文件的分类文件夹（标记）。

4. 将分好类的图片存放到D盘，让C盘的开机桌面整洁起来（桌面只存放常用工具的"快捷方式"）。

5. 画出你最终的文件路径树形图。

为了更好地完成这一任务，你们需要了解和掌握以下几组知识：

技能1：学习如何根据适当的标准（方便今后的查找和使用）对计算机中的文件进行分类整理和合理存放。

技能2：掌握计算机文件管理的具体操作过程（新建文件夹、重命名、复制、粘贴、删除、属性设置）。

 **动手操作**

操作步骤：

1. 打开计算机D盘窗口。

2. 在D盘空白处点击鼠标右键，选择"新建"→"文件夹"命令，新建4个或多个文件夹。

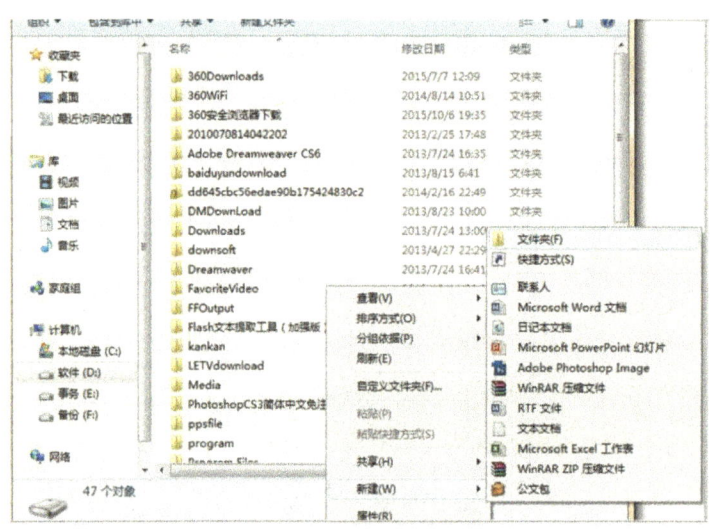

3. 选择新建的文件夹，点击鼠标右键，选择"重命名"命令，分别将新建的文件夹重命名为"昆虫""人物""风景""汽车"……

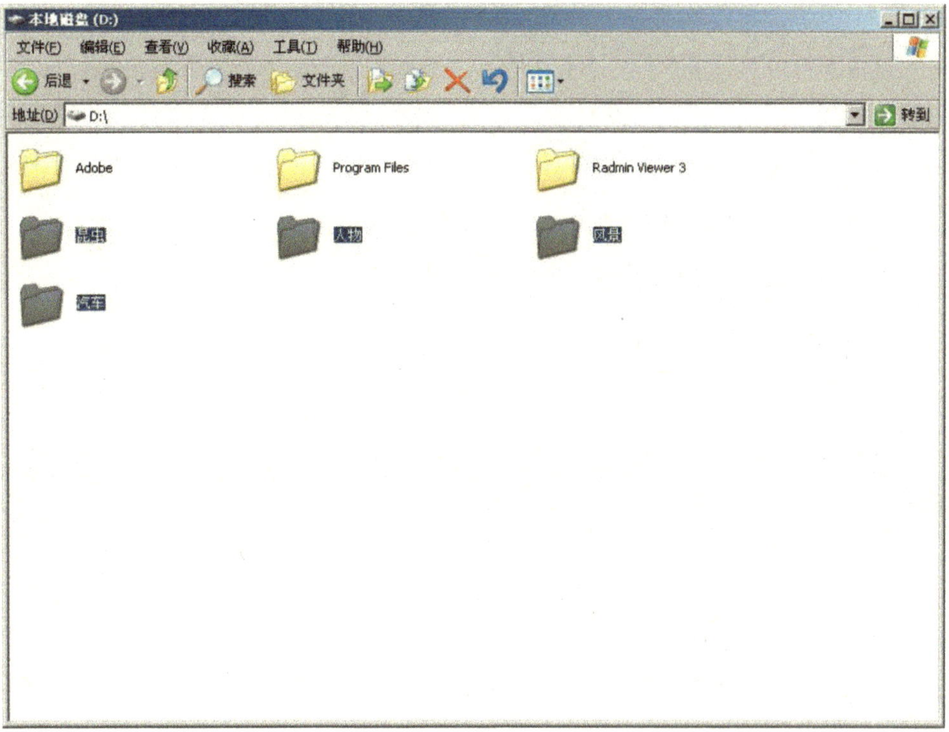

[图：D盘窗口，显示Adobe、Program Files、Radmin Viewer 3、昆虫、人物、风景、汽车等文件夹]

4. 分别在桌面文件上点击鼠标右键，选择"复制"命令打开D盘中新建的对应每个分类的文件夹，在空白处点击鼠标右键，选择"粘贴"命令。

5. 将桌面文件删除：选择桌面文件，点击鼠标右键，选择"删除"命令。

6. 查看文件大小：选择文件，点击鼠标右键，选择"属性"命令，查看文件大小、路径和文件属性（抓图，保存并和作业一起提交）。

认真检查

重新检查你们整理的文件和文件夹：

・在整理的过程中是否误操作造成丢失或多增了文件？

・新增文件夹的名称的含义有否重叠？

・以后再增加文件时，存取路径是否清晰？

如果其中有哪个路径结构或名称不清晰，修改一下。对任务文件夹中整理好的文件逐一检查，确认无误后提交。

交流分享

在进行分享时，你们需要思考下列问题，以便在接下来的讨论中和大家一起探讨这些问题。

1. 有什么办法可以一次将桌面图片文件直接移动到各自的文件夹中，而不需要复制然后删除两次操作？

2. 如何再次找到桌面上刚才删除的文件？如何恢复到原处？

3. 如果忘记文件路径，记得文件名能找到该文件吗？

挑战

1. 如果在某一分类中还想再细分文件该怎么办？
2. 画出各级分类目录的结构图。
3. 整理文件夹，整理文件存放位置。
4. 如果忘记存放文件的路径和文件名，怎样按时间进行模糊查找？

任务2 文件管理

任务导入

D盘下面名为"生活"的文件夹里面有四个文件夹,其中两个文件夹中还有两个子文件夹。这些文件夹中的文件存放凌乱,文件夹里存放的图片与文件夹名称"人物""美食""动物""汽车""风景""花卉"不相符。我们按照文件夹的名称整理这些文件,以方便下次能快速地找到规整的同类文件。

制订计划

学习目标:

技能1:熟练进行文件、文件夹的选择、复制、移动、删除和更名。

技能2:通过体验快乐整理的过程,对文件进行分类整理。

技能3:养成合理存放、定期整理文件夹的好习惯。

为了更好地完成学习任务,你们需要了解和掌握以下几组知识:

1.关于"文件"的基本知识:

(1)文件名的格式为:____、____,其中,_____表示文件的名称,_____表示文件的类型。

(2)请完成下列的连线题:

   图片文件   .mpeg

   声音文件   .fla

   视频文件   .bmp

   Flash文件 .MP3

第一章 学生用书使用说明

（3）下列关于文件的基本操作正确的是（　　），说明理由。

A. 使用Alt键可选中多个不连续的文件

B. 剪切相当于拷贝，复制相当于移动

C. 查找命令中，"?"代表符合条件的一个字符，而"*"则代表符合条件的多个字符

2. 关于文件的基本操作：

复制文件步骤：选择文件→点右键进入快捷菜单→选择复制命令→切换和选择存放路径→点右键进入快捷菜单→选择粘贴命令。

移动文件步骤：选择文件→点右键进入快捷菜单→选择移动命令→切换和选择存放路径→点右键进入快捷菜单→选择粘贴命令。

动手操作

操作步骤：

1. 选择与文件夹名称不相符的文件，移动到名称相符的文件夹中。

2. 如果需要，可以添加下一级文件夹。

3. 选择文件时如果需要同时选择多个，需要配合Ctrl键和Shift键。

Ctrl键：可以同时选择不连续的多个文件。

Shift键：可以选择连续的多个文件。只需按住该键的同时用鼠标选择开始和末尾的两个文件。

4. 点击鼠标右键，用快捷菜单进行"复制"或"剪切"。

5. 切换到目标路径后，点击右键进入快捷菜单，选择"粘贴"命令。

认真检查

1. 整理完成后,文件总个数少了吗?

2. 整理完成后,小组成员互换机器,看看能否理解别人的分类意图,快速找到想要的文件。

交流分享

1. 交流、学习小组内其他同学整理文件的方法,有哪些收获?

2. 养成合理存放、定期整理文件夹的习惯有什么好处?

3. 整理文件和文件夹的关键点是什么?

整理整个计算机的文件存储

1. 了解容易混乱的几个地方。

首先需要了解系统中最容易变得混乱的几个区域,这样才能开始有针对性地整理。在 Windows 中,比较混乱的区域通常有:

(1)桌面(Desktop)。

(2)我的文档(My Documents)。

(3)系统中用户的文件夹(X:Documents and Settings)。

(4)个人下载目录(X:Downloads)。

2. 定期整理你不再需要的文件。使用计算机时间长了以后,有很多文件是你不会再去使用的,把你确定不再使用的文件删除掉。

3. 创建其他一些目录分类存放文件。根据自己的使用习惯和要求,创建一些

第一章 学生用书使用说明

有意义的目录,这些目录分别存放相应分类的文件(夹)。例如,你可以在磁盘根目录或者某一个总的文件夹内,再创建"工作""个人""朋友""家庭"等分类。你也可以按照日期和时间,相关的人、活动事件、文件类型、地点等分类。只要让目录看起来更容易识别,方便查找即可。

4. 创建子目录合理存放文件。在已经分好类的文件夹中,如果文件还是很多,要尽量根据文件的属性,创建一些子目录,然后把相关的文件分别存放到子目录中。创建子目录要注意的是,不要创建层次很深的目录结构,这样反而会使查找更困难。

5. 最重要的一点:在你下载文件或者新建文件时,不要图方便,都放到桌面上。要确保你把它们都放在了有意义的文件夹中,这样才能避免混乱,保持计算机整洁有序。

6. 在操作完上面的步骤后,应该执行一下"磁盘碎片整理"任务,因为你整理文件的过程中,文件的索引会改变,磁盘会产生很多的碎片文件。

7. 如果使用 Shift + Delete 组合键,会彻底删除文件而不进入回收站。如果回收站满了的话,再删除文件就会被直接删除。

警告:

不要删除其他用户或属于其他人的文件。

· 不要删除重要文件(夹),例如 C:WINDOWS 或者 Documents and settings 目录中的文件。

· 不要删除注册表项和系统文件。

· 不要试图去整理文件(夹)名为Temp 或者 Temporary的文件,因为这些是系统或者应用软件使用过程中存放临时文件的地方。

第二章

PowerPoint演示文稿制作

单元4 制作基本PowerPoint演示文稿

PowerPoint被认为是目前使用最广泛的演示文稿制作软件，以其交互性强、图文并茂、集成多媒体、制作方便快捷等特点，广泛应用在与客户交流、例会汇报、演讲、教学等方面，深得广大职场人士的喜爱。

任务导入

制作一个简单的演示文稿：

第二章 PowerPoint演示文稿制作

制订计划

认真思考下面的问题，和同伴讨论你们的想法，把想法写在《资源手册》上。

·你们的演示文稿想表现什么？主题是什么？主要是给什么人看的？围绕你的主题，需要涵盖并呈现哪些内容？

·你们打算在演示文稿上如何排列这些文字、图片以达到美观、个性突出的效果？

·你们还见过什么地方、什么情境下使用演示文稿？有什么特点？

在动手操作之前，你们要根据案例的格式和要素概要，自己阅读"动手操作"阶段中的操作步骤提示。

为了更好地完成这一任务，你们需要了解和掌握以下几组技能的内容：

技能1：认识PowerPoint软件，熟练对幻灯片进行添加、删除、调整顺序等操作。

技能2：能熟练调用软件内部文字版式和背景，快速制作幻灯片。

技能3：能从外部导入图片，充实幻灯片内容。

技能4：会简单修饰幻灯片中的文字和图片。

动手操作

首先需要了解制作PPT幻灯片的一般流程：

1. 准备素材及幻灯片软件：首先你得有安装并能使用的PowerPoint软件，素材主要是准备演示文稿中所需要的一些图片、声音、动画等文件。

2. 确定方案：对演示文稿的整个构架作一个设计（如直序型或主页型）。可以在PowerPoint的"设计"菜单中选择一种幻灯片样式主题，也可以自己设计一个幻灯片模板套用。

3. 初步制作：将文本、图片等对象输入或插入相应的幻灯片中。插入文本、图片等对象的方法：在PowerPoint的"插入"菜单中，可以分别在幻灯片中插入表格、图像、文字、链接。

4. 装饰处理：设置幻灯片中的相关对象的要素（包括字体、大小、动画等），对幻灯片进行装饰处理。例如：自定义动画的添加：在"动画"的"添加动画"中为对象设置"进入""强调""退出"等自定义动画。

5. 预演播放：设置播放过程中的一些要素，然后播放查看效果，满意后正式输出播放。

经历上面五个步骤后，一个幻灯片就制作完成了。

怎样制作幻灯片，如何制作PPT，想要把PPT制作好，一次两次的制作是不够的，要多加尝试，才能把PPT做到得心应手的地步。

一、认识窗口

启动PowerPoint：点击屏幕左下角的"开始"→"所有程序"→"Microsoft Office"→"Microsoft Office PowerPoint 2013"命令，就可以打开一个PowerPoint窗口。

窗口分成三栏，中间宽大的是工作区，左边是幻灯片的序号，右边是任务属性窗格，幻灯片主要在中间的工作区中进行。

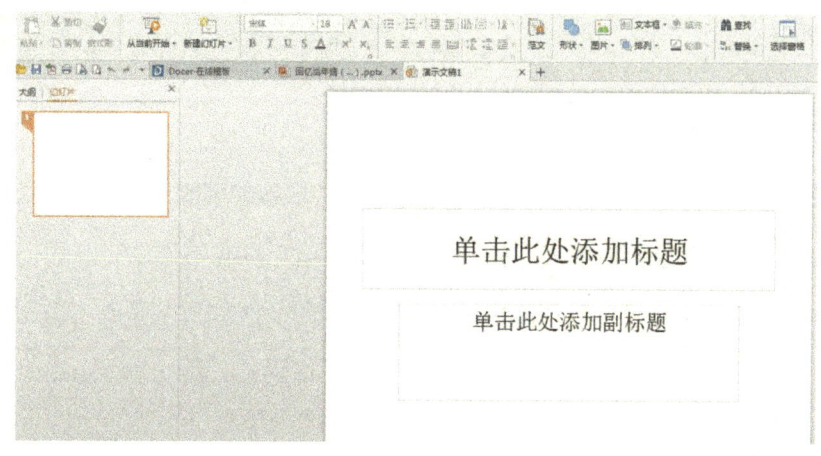

第二章 PowerPoint演示文稿制作

1. 添加或插入空白幻灯片，调整幻灯片排列顺序，删除幻灯片操作。

选择"开始"菜单下面的"新建幻灯片"，可以插入多张幻灯片，通过上下拖动左边的幻灯片列表可以调整幻灯片的排列顺序，删除幻灯片则选择左边列表区幻灯片并点击鼠标右键，选择"删除幻灯片"命令。

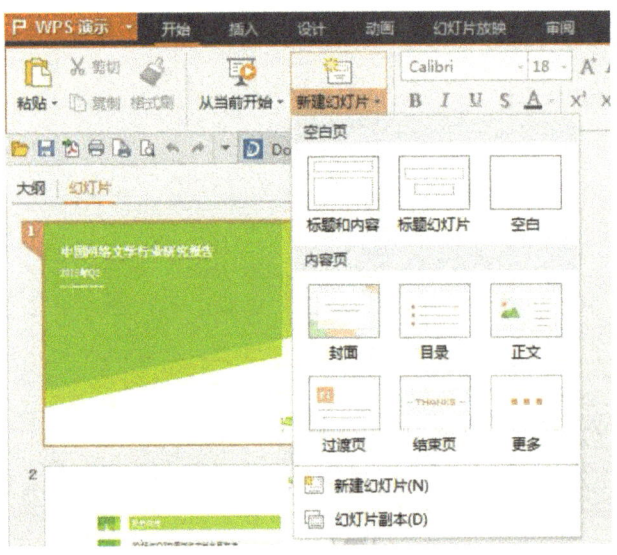

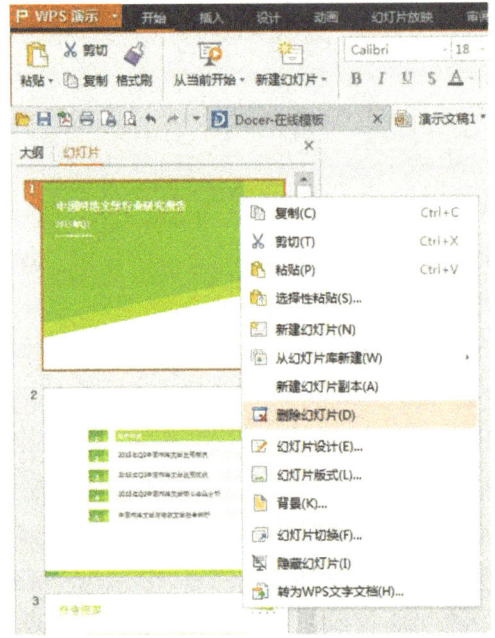

·039·

2. 输入和编排文本。

（1）在工作区中间有两个虚线框，里面写着"单击此处..."，这个就是文本框，文本框是用来输入文字的；播放幻灯片的时候这些提示文字是不显示的。

（2）调用系统已编排好的版式，可以直接快速制作幻灯片文字。

选择"设计"菜单下面的"幻灯片版式"，调用系统内部的文字版式，即可直接输入文字。

也可以删除系统提供的文本编排，自行设计文字版式：把鼠标指针移到第一个文本框的虚线上，这时鼠标指针变成一个花的形状，点击左键选中文本框；选

中后，文本框的边框变成粗虚线，然后按键盘上的删除键Delete，这样可以删除这个文本框（同样操作也可以删除图片）。然后选择"插入"→"文本框"→"水平"命令，鼠标指针变成一个竖线|；在工作区中拖动鼠标，画一个方框，松开鼠标，这时出现一个文本框，光标插入点在里头一闪一闪，即可输入文字。

选择"文件"→"保存"命令，以"美丽"为文件名，保存文件到自己的文件夹。

3. 调用背景库。

选择"设计"→"背景"命令，选择背景图下面的箭头，确定是否仅仅运用于"当前幻灯片"。

4. 插入图片。

制作图文并茂的幻灯片，让页面更加生动：选择"插入"→"图片"→"图片"命令，通过"查找范围"找到自己的图片，点击"插入"，将图片插入幻灯片后，可以拖动四周的圆点控制手柄使图片充满整个幻灯片，也可以用此方法使图片作为背景图，充满幻灯片。

5. 放映幻灯片。

选择"幻灯片放映"菜单,可以播放这一张幻灯片或选择从头播放。

第二章 PowerPoint演示文稿制作

播放完成后在空白处点击鼠标右键，退出放映，回到工作区中。

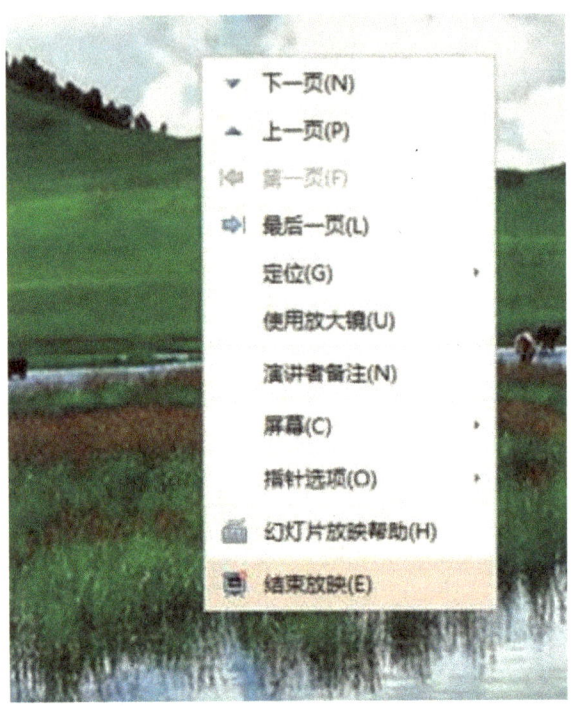

二、尝试制作简单的演示文稿

结合专业课同步学习内容，建议选择一个主题：

1. 介绍一个国家的一个旅游城市。

2. 介绍一个国家的一种民族风情。

认真检查

重新检查你们设计制作的演示文稿，看看它是否包含了下面的这些元素：

1. 体现你们演示文稿的重要人物、地方、事物或事件有关的图片。

2. 每张幻灯片是否有标题，让观众时刻知道你讲的是什么。

3. 是否达到制作要求：

（1）页数6页以上。

（2）文字至少有三种不同的版式。

（3）有两种不同背景。

（4）表现了多块不同类别的内容。

（5）修饰你的幻灯片，文字大小、字体、颜色运用合理。

（6）图文并茂。

如果其中有哪一个元素遗漏了，现在就把它加上去。此外，你们还可以进一步完善作品。别忘了保存你们的辛勤劳动成果。

交流分享

在分享作品时，你们需要思考下列问题，以便在接下来的讨论中和大家一起探讨这些问题：

- 在制作演示文稿的过程中你们都用到了哪些技能和技巧？遇到了哪些问题？你们是如何解决这些问题的？给你们印象最深的是哪个技巧？及时将这些学习经验记录在《资源手册》中。
- 演示文稿最难做的是哪一部分？你和你的同伴是如何克服这个困难的？
- 你们还想制作什么样的演示文稿？

第二章 PowerPoint演示文稿制作

单元5 让演示文稿结构清晰，具有交互性

我们来欣赏一下这个案例，这是一个介绍我国少数民族侗族的演示文稿，包含了民族概况、服饰、民俗、民居、饮食、节日六大部分。播放演示文稿的时候同学们注意观察两点：一是演示文稿的第二页是一个目录页，通过目录页的精练介绍，使我们一开始观看演示文稿时就对文稿的内容和结构有一个清晰的认识；二是观察这个演示义稿的播放顺序与我们上节课做的演示义稿有什么不同。它可以选择播放内容，如同我们到餐厅点菜一样，可以全部观看，也可以选择观看我们需要的部分，这就是我们说的演示文稿的交互性。

今天我们要将上节课制作的演示文稿进行改进，让它的结构和框架脉络更清晰，使每个框架进一步丰富起来，更加充实和完整。这样可以方便地随时添加我们另外想到的内容，特别是我们在演讲的时候更有条理和更能清晰地表达，并使我们的演示文稿具有良好的交互操作性。

制订计划

现在，将进一步完善演示文稿，认真思考下面的问题，和同伴讨论你们的想法，把想法写在《资源手册》上。

- 前面选的主题是否宽泛，能方便扩展到30页，需要换其他什么主题吗？
- 你们打算用什么内容涵盖演示文稿中的人物、地点、事件？

·045·

为了更好地完成这一任务，你们需要了解和掌握以下几组技能的内容：

技能1：掌握幻灯片中超链接的制作、编辑、修改方法。

技能2：能提炼表现的内容，生成目录菜单页。

技能3：能制作内容充实、结构清晰的幻灯片（幻灯片不仅能按编号顺序播放，还可以根据需要跳转播放，具有良好的交互性）。

动手操作

1. 制作菜单页。在第二页处新建幻灯片，思考一下你的演示文稿想要表达的内容，提炼成提纲目录，作为第二页输入的文字内容。修饰幻灯片。

2. 制作超链接。

（1）鼠标选择菜单页的一项菜单文字，选择"插入"→"超链接"命令。

（2）进入"编辑超链接"窗口，选择左列"本文档中的位置"，然后选择需要链接跳转的幻灯片标题"民族概况"，点击"确认"按钮。

第二章 PowerPoint演示文稿制作

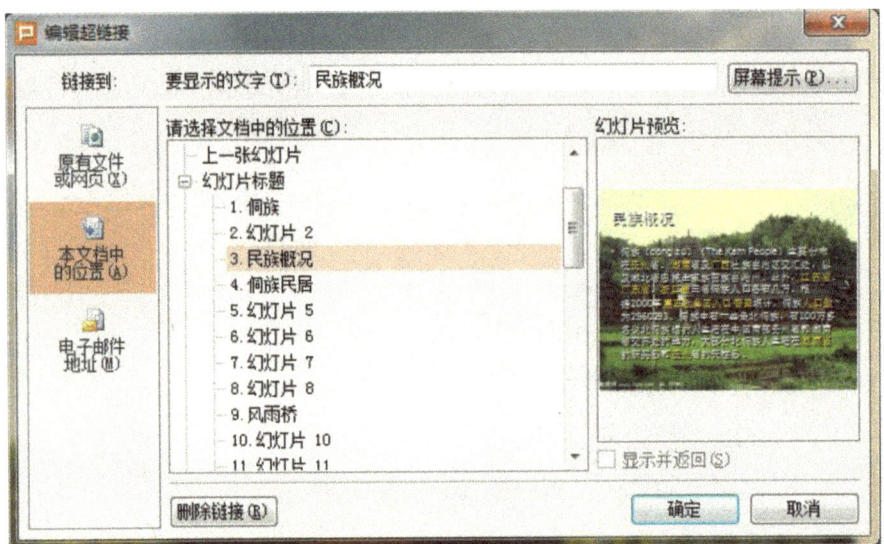

3. 观察一下，当超链接设置成功，刚才选定的文字下面会出现一个下划线。但是编辑状态下不能观看超链接效果，只有在播放幻灯片时才能演示跳转。

4. 使超链接跳转到对应幻灯片，之后按顺序播放相应的内容，当播放完成相关的部分时，需要再次设置超链接，返回到"目录菜单页"。我们可以插入一个指示图标 ，或加上文字"返回"，用上面设置超链接的方法将其超链接到目录菜单页。

认真检查

重新检查你们设计制作的演示文稿：

1. 试运行一遍，看看链接到的页面是否正确。

· 047 ·

2. 播放完某块内容后是否有返回提示按钮，返回的页面是否正确。

3. 补充你的演示文稿内容，一个页面的文字介绍不宜太多，可以分开放置在添加的页面上，使观看者能看清楚并提升观众的关注力。

4. 可以进一步完善作品。别忘了保存你们辛勤劳动的成果。

5. 对照本次课的制作要求：

（1）有目录页。

（2）有链接跳转改变播放顺序。

（3）链接结构合理，交互性强。

（4）内容丰富，图文并茂，生动翔实。

（5）页面协调美观。

（6）页面15页以上。

交流分享

在分享作品时，你们需要思考下列问题，以便在接下来的讨论中和大家一起探讨这些问题：

・为什么要在演示文稿中设计这样的菜单页？如果没有菜单页，演示文稿有什么缺憾？

・在设计制作演示文稿的过程中你们都用到了哪些技能和技巧？遇到了哪些问题？你们是如何解决这些问题的？给你印象最深的是哪个技巧？及时将这些学习经验记录在《资源手册》中。

・演示文稿最难做的是哪一部分？你和你的同伴是如何克服这个困难的？

・其他小组的演示文稿有什么值得你们学习的地方？

・你为你的小组完成演示文稿做了什么？你的工作是负责哪部分？完成的效果如何？还有哪些方面可以做得更好？

第二章 PowerPoint演示文稿制作

单元6　让演示文稿生动起来

任务导入……（见老师演示课件）

幻灯片随着演讲者的演讲步骤，按序出现在屏幕上，吸引观众关注演讲的节奏和重点。出现方式生动、丰富，有动画效果，有背景音乐，有更直观的视频嵌入……比原本单一的文字或图片更能打动观众。

制订计划

现在，你们将为学校或班级设计制作一个演示文稿，并用于配合专题讲解和展示。

将上节课的演示文稿加入合适的动画和音效，使你的演示文稿更加吸引观众。

为了更好地完成这一任务，你们需要了解和掌握以下几组技能的内容：

技能1：能制作动画，设计编排幻灯片各内容的出现顺序，进一步修饰幻灯片。

技能2：能合理编排文字格式，突出文字效果。

技能3：能插入动画和视频等多媒体。

动手操作

1. 设置动画。

（1）选中需要设置动画效果的对象（文字或图片），选择"动画"→"自

· 049 ·

定义动画"命令,也可点击鼠标右键,在快捷菜单里选择"自定义动画"命令。

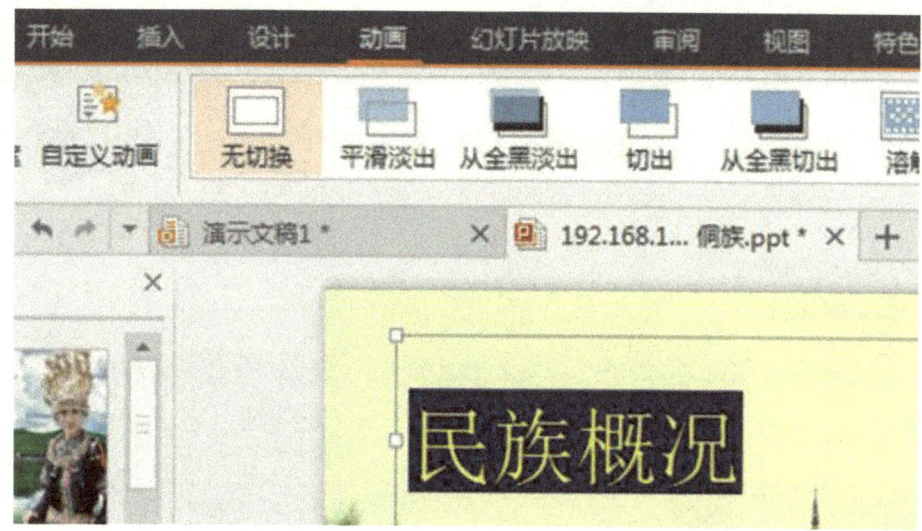

(2)在右边的窗格中上边,显示"添加效果"按钮,点击下拉列表,把鼠标指针移到第一行"进入"→"1.百叶窗",点击选中后工作区中的文本框会闪一下,左边出来一个小方块1,表示你设置好了第一个动画,保存文件。

第二章 PowerPoint演示文稿制作

（3）放映一下幻灯片，可以发现百叶窗没有出来，那个位置是空白；需点击一下鼠标左键，然后文字就按照百叶窗的样式出来了，点击鼠标退出放映，回到工作区。

（4）依次设置其他动画对象。

（5）保存一下，放映看看动画的效果。

2. 设置动画效果。

（1）看一下右边的窗格，现在有三个动画效果。

现在选中的是第三个（外边有个框），效果后面都有一排下拉按钮，点击后可以更换效果；在弹出的下拉菜单中，选择中间的"效果选项"（选择最下面的"删除"可以删除这个效果）。

· 051 ·

（2）选择一个效果，按住鼠标左键上下拖动次序，可以改变播放时动画效果的出现顺序。

（3）在点击鼠标右键弹出来的效果面板中，把中间的声音选择"打字机"，点击"确定"按钮然后就可以听到清脆的"打字机"的声音。

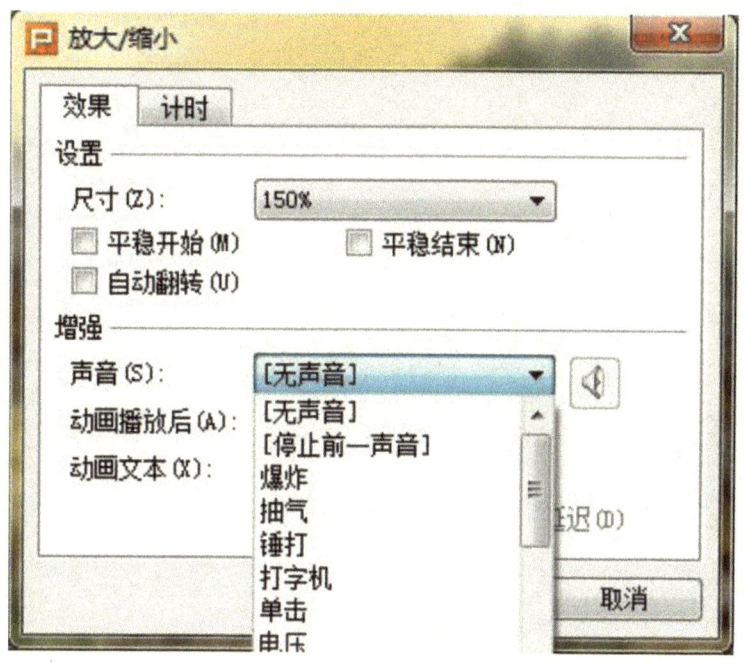

（4）保存文件，放映幻灯片，点击鼠标看一下动画效果。

3. 插入音乐。

（1）复制一首音乐到自己的文件夹，选择"插入"→"声音"命令，弹出一个对话框。

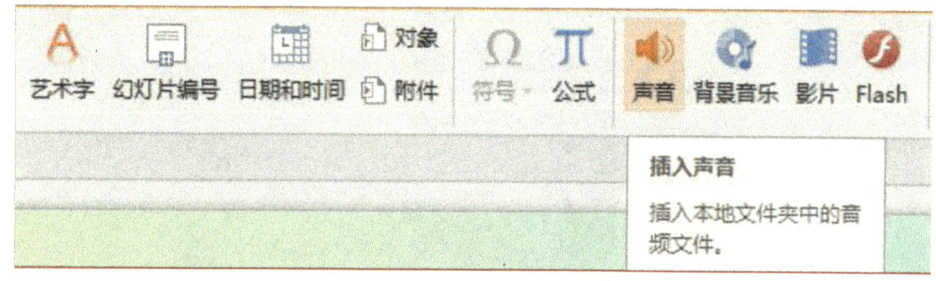

第二章 PowerPoint演示文稿制作

（2）在"查找范围"中找到自己的文件夹，要将音乐文件提前放到自己的文件夹中，与幻灯片文件放在一起。

（3）点击"确定"按钮，弹出提示对话框，询问是否自动播放。点击右边的"在单击时"，选择单击时播放。背景音乐一般可以设为自动播放，这时在幻灯片中央出现一个小喇叭图标，这就是插入的音乐文件的标志；把小喇叭图标拖动到合适的位置，保存文件。

4. 插入背景音乐。

选择"插入"→"影片和声音"→"文件中的声音"命令，照着刚才的方法插入一首音乐；在出现提示对话框的时候，选第一个"自动"，出来一个小喇叭。由于是背景音乐，小喇叭图标可以隐藏起来，把它拖到左边的灰色区域中，这样播放的时候就看不到小喇叭图标了；保存文件，选择"幻灯片放映"→"观看放映"命令，看一下音乐的播放效果。

5. 插入视频。

（1）插入视频的方法跟插入音乐的方法相同，先复制一个视频到自己文件夹，然后选择"插入"→"影片和声音"→"文件中的影片"命令。

（2）视频当中既有图像也有声音，效果比较好，缺点是占用空间较多，另外，视频文件也需要提前复制过来，跟幻灯片文件放在一起。

（3）插入视频后拖动白色小圆圈控制点，改变图像大小。

6. 插入Flash动画。

Flash动画具有更好的交互功能和动画效果，在幻灯片中插入一个Flash动画，可以完成一些更加复杂的动作。

注意：系统需要安装Flash Player网页播放控件。

认真检查

重新检查你们设计制作的演示文稿，播放几次，思考一下这节课加入所学技术后是否存在下列问题：

（1）动画出现顺序是否合理？

（2）动画是否过于繁多？在主要内容展示的时候是否会影响观众的注意力？

交流分享

在分享作品时，你们需要思考下列问题，以便在接下来的讨论中和大家一起探讨这些问题：

·演示文稿中用了哪些技能和技巧？你们小组作品比较得意的地方是哪里？

·在制作演示文稿时你们都用到了哪些技能和技巧？遇到了哪些问题？你们是如何解决这些问题的？给你印象最深的是哪个技巧？及时将这些学习经验记录

在《资源手册》中。

- 演示文稿最难做的是哪一部分？你和你的同伴是如何克服这个困难的？
- 其他小组有哪些值得你们学习借鉴的地方？
- 你为你们小组做了什么？小组中其他人哪些表现很重要？

单元7 让演示文稿power并且point

制订计划

结合目前正在学习的专业课内容，完成课程设计。

要求：

（1）幻灯片30页以上。

（2）有交互性、美观性、实用性、创新性。

加油站

经常做PPT的人们，都会用这句话自嘲：大多数做PowerPoint的人既没有力量（power）也没什么观点（point）。

在Office家族里，最和"用户友好"的似乎就是PowerPoint了，似乎谁都能随手做出几页。但是，如果你把PPT做成这样：

不娱乐也得要时尚

不管你是男性还是女性，都是有自己的着装规律的。重点就是两点，第一就是你的个人色彩规律，第二就是你的风格规律。今天我主要和大家谈谈第二点。

我们都知道这世界上没有完全相同的2个人，每个人都是一个独立的个体，所以我们的脸型、身材、骨骼的大小，头发眼珠皮肤的颜色都是不同的，所以这些的不同也就造就了我们在选择服装类型上有些许的差别。夏奈尔曾经说过："流行转瞬即逝，唯有风格永存。"所以找对自己穿衣的风格对于每一个人来说不管是在职场还是在生活中都极其重要。

构成人风格的类型主要有3个因素：轮廓，量感和比例。这3个方面决定你适合的服装风格,面料,饰物,发型以及和造型相关的所有事物。

轮廓就是一个人的外部形状,说的通俗点，女性是曲线型，男性是直线型。但是在这个大的范围下，还有很多细小的差别。比如很多欧美国家的老外看中国人，韩国人和日本人都感觉一样，他们很难分辨出来，但是我们自己却很容易就能分辨的出来，因为这3个地方的人都有一些看似细小的地域特征，甚至我们在我们国内，北方人和南方人都能看出很明显的地域差异。同理，当我们看一群来自美国，英国，法国和意大利的老外时，他们不说话我们估计都很难看出他们是来自哪里，但是他们自己却能分辨出来，这也是由于细小的地域差异所决定的。正是这些细小的地域差异造成了我们在选择服装时有细微的不同。

或者这样：

4. 其他原因导致的的不和谐

大学是社会的一个入口，社会上激烈的竞争已经波及到了大学校园，同宿舍的同学既是密友，又是竞争对手。一些人为了眼前的利益，会不择手段的为自己增加竞争的筹码，从而导致寝室关系紧张；此外，随着网络的普及，有些大学生沉迷于网络的虚拟世界当中，淡化了与室友之间的交往；还有，大学生们的心理、身体、家庭、恋爱等一系列问题都有可能成为寝室关系不和谐的隐患。

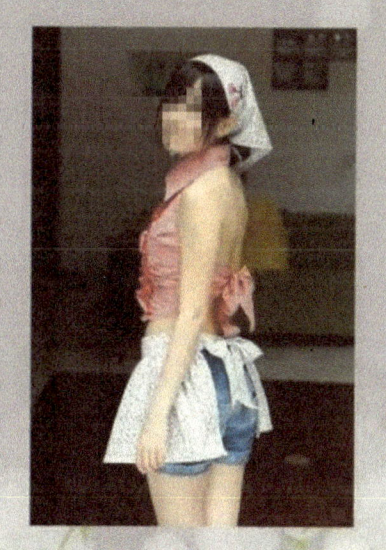

那就真的既没力量又没观点了。

第二章 PowerPoint演示文稿制作

有人说，做PowerPoint的人既没有Power也没有Point？

Power（在这里我们叫它"冲击力"）得益于精巧的排版、抓人的配色、合适的字体及锦上添花的图片。Point（在这里我们叫它"要点"）来源于得体的形式、你的想法、你表达的方式，以及各要素的组织形式。

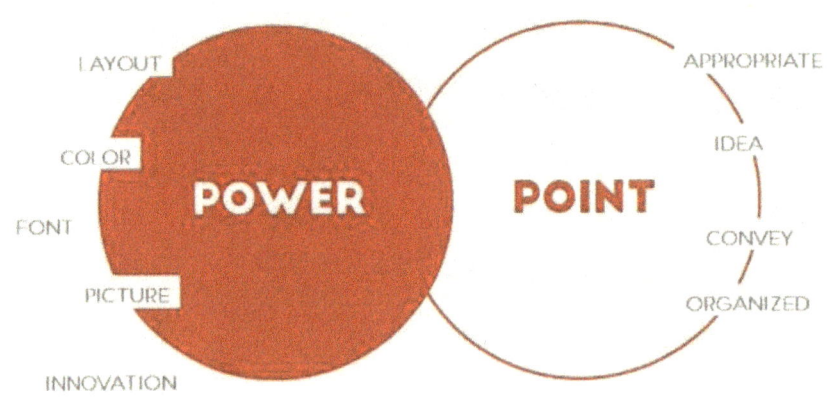

下面我们就从这些方面来一个一个说说如何做出高水准的PPT吧！

1. 打开软件前先想一想。

在开始做PPT之前，你就要想清楚，你需要的最终呈现效果是怎么样的？是一丝不苟的学术分析，是抓人眼球的商业报告，还是可以充分展示各种想法的个人展示？然后把握结构和骨脉，丰满内容。

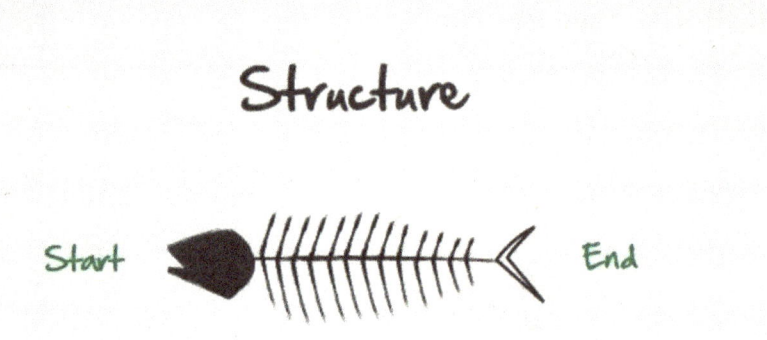

结构骨架如同你的目录页，后面只需在骨架目录上填充、丰满你的内容。可谓"磨刀不误砍柴工"。

比起打开PowerPoint胡乱拼凑几页的做法，你更需要的是一个全局的想法。这要根据你的演讲流程走。

2. 只展示最核心信息。

你不需要把所有的信息全部放在一页幻灯片上，你需要的是简明有力的标题和最吸引人的核心信息。切忌把一整段话放在PPT上，你以为这可以在展示时帮到你，但照着念只会让听众觉得你不够专业。

第二章 PowerPoint演示文稿制作

在每一页幻灯片中,哪些是核心信息,哪些是次要信息,你应该用"字体、字号和颜色"等元素有效区分出来。

3. 排版,实用干货来了!

PPT排版的四大法则:

· 对齐 alignment。

· 对比 contrast。

· 集中 assembly。

· 统一 coherence。

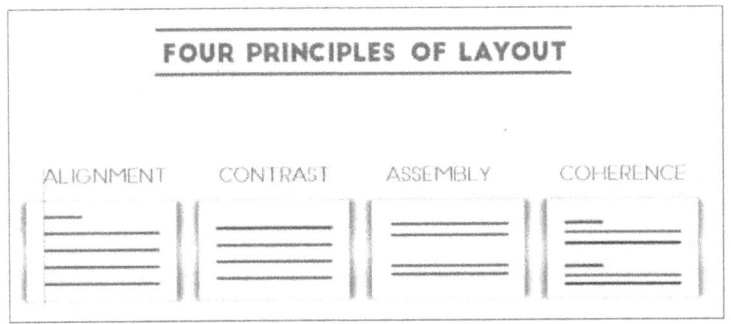

· 059 ·

关于对齐

对齐方式有几种？相信你们都能给出正确答案——三种：左对齐，右对齐和居中对齐。

但你知道每种对齐方式都有什么优缺点吗？

我是左对齐

我给人一种随和自然的感觉，人们说我又简洁又好看

但不要不恰当地使用左右对齐

我是居中对齐

我给人的感觉是安全又顺眼
正式而严肃
但是也很呆板
有的时候
就像
墓志铭

我是右对齐

我不符合
一般书写方式
因此显得很独特

但是，
有时候，
也会很尴尬

巧妙运用各种对齐方法，你的文案能迅速散发出高大上的光环。

我的滑板鞋
约瑟翰·庞麦郎

有些事我都已忘记 但我现在还记得
在一个晚上我的母亲问我
今天怎么不开心
我说在我的想象中有一双滑板鞋
　与众不同最时尚跳舞肯定棒

整个城市找遍所有的街都没有
她说将来会找到的 时间会给我答案

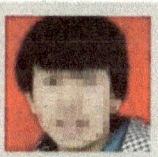

我的滑板鞋
约瑟翰·庞麦郎

有些事我都已忘记
但我现在还记得
在一个晚上我的母亲问我
今天怎么不开心
我说在我的想象中有一双滑板鞋
与众不同最时尚跳舞肯定棒
整个城市找遍所有的街都没有
她说将来会找到的
时间会给我答案

ALIGNMENT

第二章 PowerPoint演示文稿制作

| 居中+紧凑有新鲜感 | 巧用分散对齐 | 左对齐与右对齐的结合 |

关于差异对比

要么完全一样，要么完全不同。比如下图这两个文字块，每一个部分内部都是相同的，但两个部分之间是完全不同的。

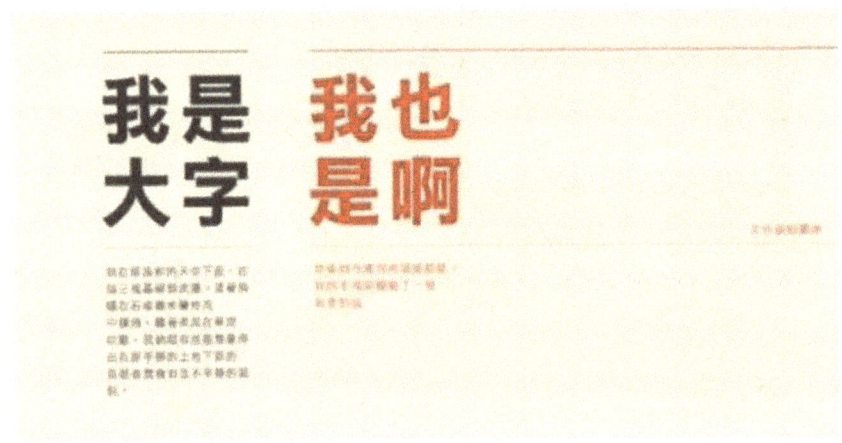

关于集中

要么靠得很近,要么离得很远。比如下面三首"神曲"的歌词,每一首歌曲内部排得都很近,而不同歌曲之间保持一定的距离。

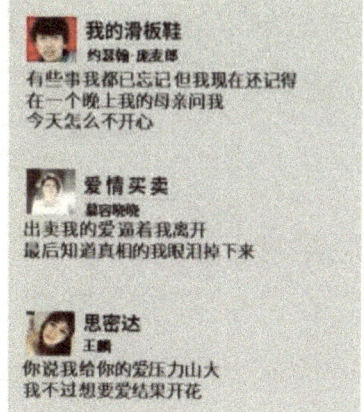

关于统一

让你不用模板,但你也别每页都换一种style。

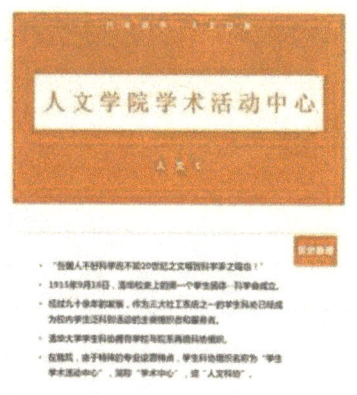

第二章 PowerPoint演示文稿制作

勤俭节约的精神就不用发扬到做PPT上了。注意！你有的是空间！有的是版面！不要费尽心机地把每一页幻灯片都填满，更不要故意调大字体。

4. 配色Color。

你以为只有"东北大妈"才能hold住红配绿么？

并不是！如果控制好色相、亮度和饱和度，红配绿也能配出时尚范儿！

红: RGB(255,0,0)
绿: RGB(0,255,0)

红: RGB(235,114,85)
绿: RGB(100,191,196)

好吧，那就记住这条"傻瓜口诀"：一页幻灯片不要出现三种以上的颜色。

· 063

避免过高对比，避免和背景相似，学习颜色搭配是一个漫长的过程。一些我觉得好用的配色方案：

· 经典——黑白灰。

· 酷炫——黄黑、红黑。

· 和谐——深色配浅色。

· 活泼——酸橙配果绿。

· 沉稳——深蓝配浅蓝。

· 现代——黄蓝。

如果你还是对颜色不敏感，这里有小工具可以帮助你：

Adobe Kuler（color.adobe.com）是在线色彩工具的典范。有数千个出色的预置色彩模板可供选择，你也可以利用这款既先进又好用的工具来生成自己的模板。

其他类似的工具还有Piknik（color.aurlien.net），Piknik是地球上最基本的色彩工具之一，只需轻轻移动鼠标去改变颜色，滚动一下改变亮度，然后点击复制数值到粘贴板上，大功告成矣。

5. 有关图片Pictures。

非主流、渣像素以及水印，你好，再见！

珍爱智商，告别非主流　　　小图放大丑不丑

第二章 PowerPoint演示文稿制作

如果有一组图片，你可以尝试稳重的矩形排版，以及稍微活泼一些的圆形剪裁。在某一页插入一张全景图片，高清图片全屏显示，再配上一句加框的文字。

最后，PPT是最有创意的工具之一，以上这些规则并不是用来严格遵守的，而是需要聪明的你来打破的。毕竟，大众的审美永远不是最美的，你的才是。

交流分享

1. 通过上面的经验分享，你收获了什么？用到了哪些来改进你的演示文稿？

2. 另外，你们小组在网上搜集和学习了哪些制作PPT的经验，并应用改进了你们的作品？请保留网址或文档。

通过各种渠道的学习，获取演示文稿的制作经验，不断地改进和提高。如同我们毕业后在职场上需要不断地学习新知识和新技能一样。新知识层出不穷，只有练就良好的学习能力和学习习惯，你在工作中、事业上才能保持竞争力。

第三章

字処理

字处理概述

在计算机出现以前,人们通常使用哪些工具来进行写作呢?铅笔、钢笔、毛笔都是常用的写作工具。现在装有字处理软件的计算机也可以帮助我们写作。字处理软件不仅可以让我们又快又方便地改变文字的外观,还可以在文中插图,甚至制作网页。

到目前为止,市场上已经推出多款处理软件,其中就包括你们即将学习的Microsoft Word(没有安装Microsoft Office系统的学校也可学习WPS Office系统),和你的同伴一起启动字处理软件,用10分钟的时间一起来完成下面的活动:

- 探索1:输入你和同伴的名字。
- 探索2:改变你们的名字的外观。
- 探索3:复制你们的名字,而不是重新输入。
- 探索4:将文档中的名字移至页面中央,至少用两种方法。

利用剩下的时间,和你的同伴一起尝试一些别的操作,看看字处理软件还能用来做什么。

讨论

用5分钟的时间,和你的同伴一起讨论下面的问题:

- 问题1:你学会了字处理软件的哪些技能?
- 问题2:在计算机上写作和在纸上写作各有什么优势?
- 问题3:你可以使用字处理软件做什么事情?

现在按照老师的要求,和同学一起分享你们的答案。

字处理资源

为了学到更多的处理软件操作技能,在完成各项活动和项目的过程中,你们

第三章 字处理

需要不断查阅《技术指南》，在处理活动中，与之相关的操作技能共有7组，它们是：

- 文字处理技能1：了解Microsoft Word（或WPS）。
- 文字处理技能2：输入并改变文字。
- 文字处理技能3：改变文字的外观。
- 文字处理技能4：美化文字的段落和行。
- 文字处理技能5：将图片加入文档页面。
- 文字处理技能6：设计页面。
- 文字处理技能7：用表格工作。

你们最想学习哪个字处理技能？为了学会这个技能，应该学习哪个技能组的内容？

字处理活动

通过完成以下这些非常有特色的字处理活动，你们将有机会学习和使用相关的字处理技能：

- 字处理活动1：邀请函和回复函。
- 字处理活动2：旅游接待水牌及指引牌。
- 字处理活动3：旅游行程单编辑。
- 字处理活动4：景点介绍宣传页。
- 字处理活动5：景点招贴制作。
- 字处理活动6：旅游展板制作。
- 字处理活动7：使用表格组织旅游信息。

工作情景

景区宣传，行程报价，旅游团接待，会议筹备及接待，旅游节会展……

现代旅游信息技术运用

单元8 邀请函

学校要举办一个研讨会，或者邀请其他友好学校来学校观摩交流，需要向对方公司或学校发出邀请。制作一个图文并茂的邀请函，这样的邀请函比传统公文格式的邀请函显得更有个性。

制订计划

现在，为你们所在的学校或公司设计制作一份邀请函，邀请函的效果应该与社区商店里卖的请柬效果相似。先看看下面的样例：

桂林灵川中学
教学研讨交流展示会邀请函
尊敬的灵川中学：
您好！我校将于2012年9月10日至9月13日在穿山东路10号，桂林市职业教育中心学校多媒体展示厅举行教学研讨会，每天的展出时间为9：00~16：00，欢迎各界朋友的光临。
此致
敬礼

桂林市职业教育中心学校
2009年8月25日

认真思考下面的问题，和同伴讨论你们的想法，把想法写在《资源手册》上，并在《资源手册》上写出邀请函的基本格式，用文字描述邀请函的形状和内

第三章 字处理

容等，这些对你们将要进行的活动会很有帮助。

・你们所在的社区有没有什么学校、公司和人物、地点或其他什么会议可以作为邀请函主题的？你们打算怎么用邀请函组织这次活动？邀请函里的人物、地点、事件如何涵盖？

・这个邀请函是以什么方式送达到客人手上的？可能的方式有哪些？

・你们想在邀请函上写什么字？

・你们打算在邀请函上如何排列这些文字、图片以达到美观、突出个性的效果？

・还能用其他什么样式来制作邀请函？

在动手操作之前，你们要根据案例的格式和要素概要，自习阅读"动手操作"阶段中的操作步骤提示。

根据"动手操作"的操作步骤能否制作你们所设计的邀请函？

为了更好地完成这一任务，你们需要了解和掌握以下几组技能的内容：

・技能1：了解Microsoft Word。

・技能2：设置页面。

・技能3：应用图片。

・技能4：制作艺术字。

・技能5：应用文本框。

・技能6：绘制自选图形。

动手操作

在基于模板创建一篇文档后，系统将会默认给出纸张大小、页面边距、纸张的方向等。如果用户制作的文档对页面有特殊的要求或者需要打印，这时用户就需要对页面重新进行设置。

页面设置包括对纸张大小、页边距、字符数/行数、纸张来源和版面等设

置,这些设置是打印文档之前必须要做的准备工作。

1. 启动Word(或WPS)软件,新建一个空白的文档。

2. 设置页面:基于模板创建一篇文档后,系统将会默认给出纸张大小、页面边距、纸张的方向等。如果用户制作的文档对页面有特殊的要求或者需要打印,这时用户就需要对页面重新进行设置。

页面设置包括对纸张大小、页边距、字符数/行数、纸张来源和版面等设置,这些设置是打印文档之前必须要做的准备工作。

选择"文件"→"页面设置"命令,打开"页面设置"对话框,设置纸型为横向,纸张大小为A4,点击"确定"按钮。

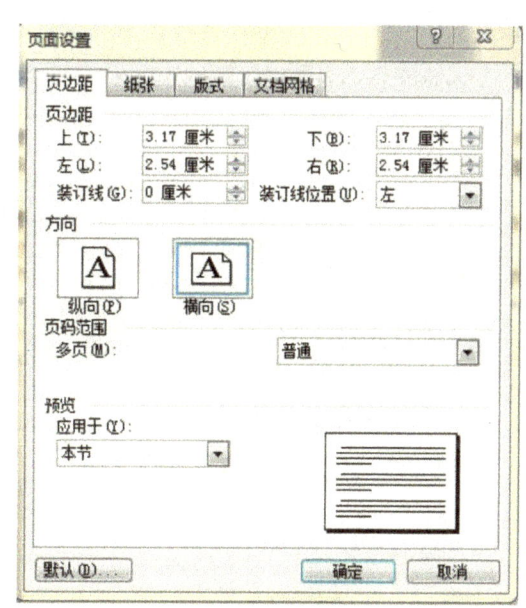

第三章 字处理

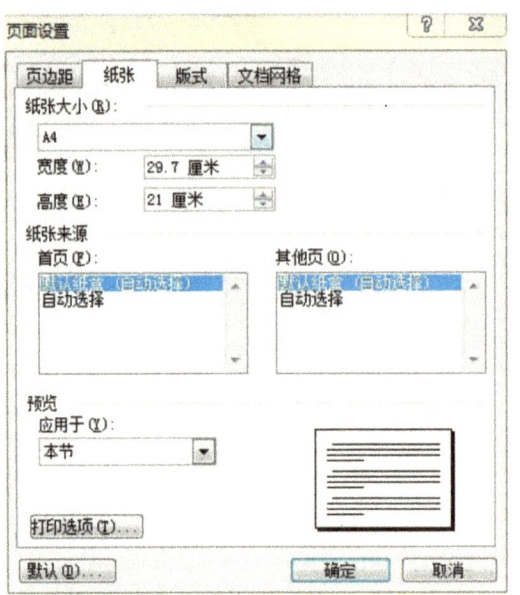

3. 绘制一个与邀请函大小相近的矩形，作为邀请函的正面。

4. 复制这个矩形，并将其移动到第一个矩形的正下方，作为邀请函的正文。

5. 输入邀请函文字。

6. 应用图片：用户可以很方便地在Word 2003（或WPS 2013）中插入图片，

图片可以是一个剪贴画、一张照片或一幅图画。在Word 2003（或WPS 2013）中可以插入多种格式的外部图片，比如*.bmp、*.pcx、*.tif和*.pic等。

（1）插入图片。选择"插入"→"图片"→"来自文件"命令，打开"插入图片"对话框，利用"插入图片"对话框可以插入多种格式的外部图片。

（2）设置图片版式。选择"格式"→"图片"命令，或者在"图片"工具栏上单击"设置图片格式"按钮，打开"设置图片格式"对话框，在"版式"选项卡中可以对图片的版式进行设置。

（3）设置图片大小。掌握利用鼠标拖动和利用"设置图片格式"对话框调整图片大小的方法。

（4）调整图片位置。掌握利用鼠标拖动调

第三章 字处理

整图片位置的方法。

（5）裁剪图片。掌握利用"图片"工具栏上的"裁剪"按钮裁剪图片的方法。

7. 制作艺术字。通过对字符的格式设置，可将字符设置为多种字体，但这远远不能满足文字处理工作中对字形艺术性的设计需求。使用Word 2003（或WPS 2013）提供的艺术字功能，可以创建出各种各样的艺术字效果。

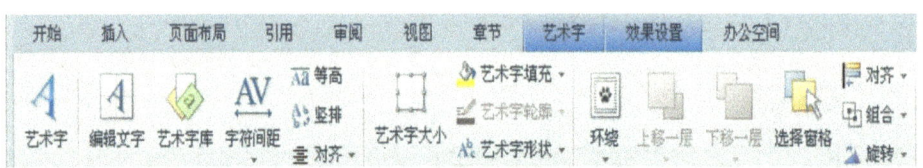

掌握在文档中创建艺术字的方法。

掌握设置艺术字版式的方法。

熟悉调整艺术字位置的方法。

掌握设置艺术字填充效果的方法。

了解设置艺术字阴影效果的方法。

挑战

将艺术字的填充方式选择为图片填充，使艺术字更具个性化，不过首先要选择好图片。

8. 应用文本框。在文档中灵活使用Word 2003（或WPS 2013）中的文本框对象，可以将文字和其他各种图形、图片、表格等对象在页面中独立于正文放置并方便地定位。根据文本框中文本的排列方向，可将文本框分为"横排"和"竖排"两种。

（1）文本框的绘制。掌握文本框的绘制方法；掌握文本框中字体格式，以

及文本框格式的设置方法。

（2）设置文本框。默认情况下，绘制的文本框带有边线，并且有白色的填充颜色。在文本框的边线上单击鼠标选中文本框，单击鼠标右键，在出现的快捷菜单中选择"设置文本框格式"命令，或者直接用鼠标左键双击文本框，打开"设置文本框格式"对话框，选择"颜色与线条"选项卡，在对话框中用户可以对文本框的线条颜色和填充颜色进行设置。

挑战

将文字定位到邀请函的任意一个地方。使用文本框的透明边框设置，可以更加灵活地使用文本框，排出更生动的版式。

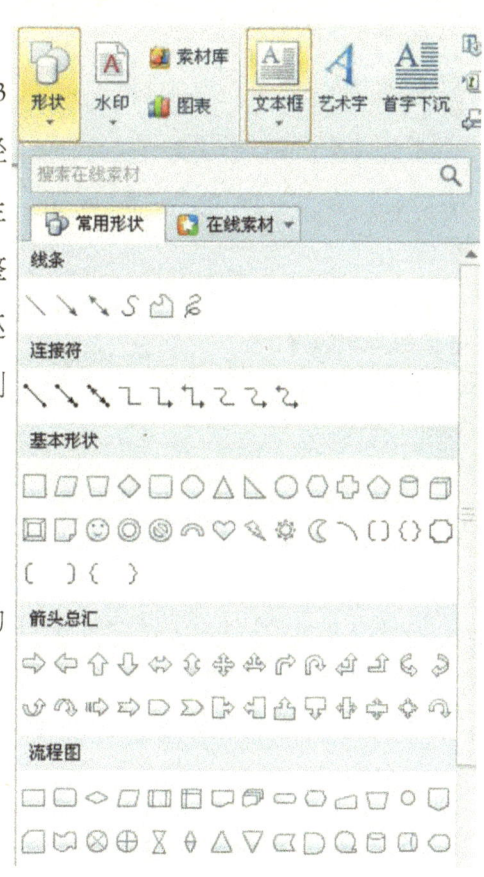

9. 绘制自选图形。利用Word 2003（或WPS 2013）的绘图功能用户可以轻松快速地绘制出各种外观专业、效果生动的图形来。绘制出来的图形可以调整其大小，旋转、翻转、添加颜色等。还可以将绘制的图形与其他图形组合，制作出各种更复杂的图形。

（1）掌握绘制各种自选图形的方法。

（2）熟悉调整自选图形的方法。

（3）掌握设置自选图形填充效果的方法。

10. 保存你们的作品。

认真检查

重新检查你们设计制作的邀请函，看看它是否包含了下面的这些元素：

·一幅体现你们所在公司、学校的重要人物、地方、事物或与事件有关的图片。

·用艺术字制作邀请大家走访你们学校或公司的欢迎词。

·被邀请公司的名称。

·发邀请函的公司的名称……

如果其中有哪一个元素遗漏了，现在就把它加上去。此外，你们还可以进一步完善作品。别忘了保存你们的辛勤劳动成果。

交流分享

在分享作品时，你们需要思考下列问题，以便在接下来的讨论中和大家一起探讨这些问题：

·为什么要在邀请函中设计这样一幅图？为什么说这幅图能代表你们公司特点？

·在设计邀请函的过程中你们都用到了哪些技能和技巧？遇到了哪些问题？你们是如何解决这些问题的？给你印象最深的是哪个技巧？及时将这些学习经验记录在《资源手册》中。

·你们认为在计算机出现之前邀请友方来开会、研讨的过程是怎样的？为什么Word软件是制作邀请函的好工具？

·邀请函最难做的是哪一部分？你和你的同伴是如何克服这个困难的？

·你们还想制作什么样的邀请函？

现代旅游信息技术运用

单元9　绘制校园接待地图及导游线路图

你们有过迷路的经历吗？后来是怎样找到正确路线的？通常人们在一个陌生的地方总是容易迷路。怎样才可以避免迷路呢？一种方法是找人问路，另外一种方法是使用当地的地图。地图是什么样的？地图上通常表明了哪些信息？你们是否有通过地图而找到目的地的经历？

作为一个导游员，你就是游客的路标，更应该具备快速准确地找到目的地的能力，以及娴熟的设计游览线路的技能。

制订计划

现在，你和你的同伴要为你们的学校制作一张地图，在带领游览学校的客人实地参观重要的或有特色的地点之前，用于介绍和讲解总体游览线路。先看看下面的样例：

认真思考下面的问题，和同伴讨论你们的想法，把想法写在《资源手册》上，并在《资源手册》上画出社区地图的设计草图或设计概要（用文字来描述学校地图的内容和标志重要建筑物的图例和颜色等），这些对你们将要进行的活动会很有帮助。

· 你喜欢去学校的哪些地方？还有别的什么地方游客们可能想去看看或者值

得去看看的？

· 这些地方都分布在校园的哪些地方？在哪个方位和经过哪条路？

· 按照什么线路参观游览校园，可以既不遗漏校园的重要景区又让游客走最少的路？

· 是不是还有一些主要道路需要出现在你们的地图上？每一条道路的走向是什么样的？参观的客人如何随时知道自己所在的位置？

· 还有没有其他一些标志性建筑需要出现在地图上，以便人们能够自行找到去这些地方的路？

在动手操作之前，你们要根据所设计的草图或设计概

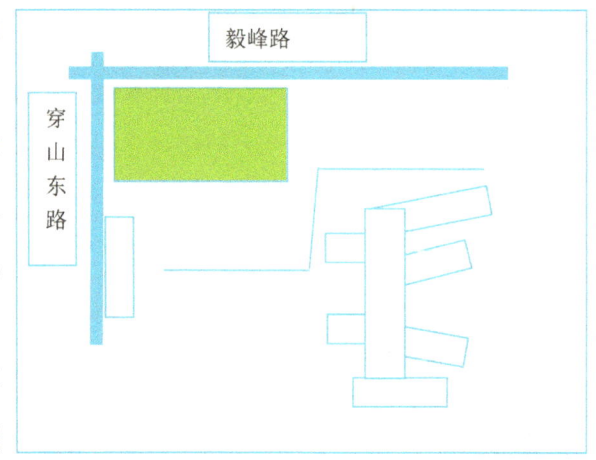

要，仔细阅读"动手操作"阶段中操作步骤提示。

根据"动手操作"中的操作步骤能否制作自己设计的校园游览地图？

为了更好地完成这一任务，你们可以参见《技术指南》中以下几组技能的内容：

·绘图技能1：深入了解Microsoft Word（WPS 2013）。

·绘图技能2：使用自选图形工具。

·绘图技能3：改变线条和图形的外观。

·绘图技能4：在图片中添加文字。

·文字处理技能1：将图片加入文档页面。

·文字处理技能2：自选图形组合及叠放次序操作。

动手操作

1. 启动Word软件，新建一个空白的文档。

2. 创建一个文本框，在里面写上学校的名字。通过改变文字的外观以及移动文本框到合适的位置，使文字更加醒目。

3. 在地图上，用直线来表示街道，一条直线对应一条道路。线条的方向应该能够真实地反映游览校园的实际走向。移动和交叉这些线条，使它们能够真实地反映出所在学校的道路布局情况。

4. 尝试用不同粗细的颜色的直线来区分学校的主要道路和次要道路。

5. 使用文本框以及复制粘贴操作，使每一条直线旁都有一个文本框。

6. 在文本框里写上对应的道路名称。根据需要可以改变这些道路名称的外观。

挑战

如果希望每个道路的名称都能够沿着对应道路的走向排布，那么你们就要改变文本框的方向。

7. 将所绘文本框放在合适位置之后，清除文本框的边框及填充色。

8. 用不同形状的图形代表那些有趣而重要的地方。也可以使用自选图形或基本图形，别忘了将它们放置在正确的位置上（在哪条道路旁边）。

9. 为了区分不同的图形，你们可以为每个图形添加不同的外框线型，填充不同的颜色，还可以添加一些特殊效果，比如图案、过渡等。

10. 游客怎么知道这些图形的含义呢？所以你们还需要制作一个图例来说明每个图形分别代表什么。在地图上的一个空白区域里，画一个矩形作为图例的外框。根据需要来改变其线条和填充色。

11. 逐个复制地图中的图形，并将其粘贴到图例区域内。如果需要的话，可以调整图形的大小和位置，使它们在图例框内对齐排列并均匀分布。（注意：为了看得更清楚一些，可以放大图片。）

12. 在每一个图形旁边添加一个文本框，写上这个图形所代表的地方名称。适当改变文字的外观并消除文本框的边框和填充色。

13. 使用箭头制作地图的方向标识，来指明东西南北四个方向，根据需要调整箭头的外观。

14. 当自选图形较多时，在制作和移动自选图形时会影响其他图形的原有位置，产生错位现象，可以同时选择相关的几个自选图形（配合按住Ctrl键），然后点击鼠标右键选择"组合"命令，将相关的或已经定位好的自选图形群组起来，使"自选图形组"不再发生错位现象。

挑 战

你们也许还想加入一些树木、动物、人物、汽车或社区里常见的有趣事物的剪贴画。这时不要忘了改变图片与文字的环绕方式，以便在需要时轻松地调整图片的大小和移动图片的位置。（参考文字处理技能：添加图片或剪贴画；改变文字图片周围的环绕方式。）

15.保存你们的作品。

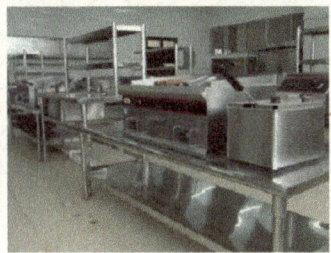

 **认真检查**

重新检查你们所设计制作的地图，看看它是否包含了以下这些元素：

· 学校、道路的名字。

· 代表学校里不同道路的线条。

· 不同颜色的图形分别代表有趣而重要的地方。

· 写有"道路""教学楼""实训室"等重要讲解地点的名称的文本框。

· 表示有趣而重要地方的图例说明。

· 指明东南西北的方向箭头。

如果其中有哪一个元素遗漏了，现在就把它加上去。此外，你们还可以进一步完善作品。不过，最后可别忘了保存你们的作品。

 **交流分享**

在进行作品分享的时候，你们需要思考下列问题，以便在接下来的讨论中和

第三章 字处理

大家一起探讨这些问题：

・为什么地图上要出现这些道路和建筑而不是其他的？

・你们在地图上做了哪些设计可以方便游客快速找到要去的地方？

・你还想制作其他种类的地图吗？你认为哪些绘图技能和绘图工具可以有效方便地绘制地图？

单元10 格式化字符及段落

现在，为你们所在的旅游公司设计制作一份行程单，行程单是呈现给客户的旅游行程设计文稿。先看看下面的样例：

现代旅游信息技术运用

对比案例中两个版式，认真思考下面的问题，并和同伴讨论你们的想法，把想法写在《资源手册》上，并在《资源手册》上写出行程单的基本格式（用文字描述行程单的内容和表现形式等），这些对你们将要进行的活动会很有帮助。

· 你们所设计的旅游线路中有哪些重要旅游点需要重点介绍？你们打算怎么呈现自己的行程单，行程单里景点、建筑、地点、事件如何表现？重在提升你的行程单的吸引力和竞争力。

· 这个行程单是以什么方式送达到客人手上的？可能的方式有哪些？

· 你们想在行程单上放置并凸显哪些文字？如何排列这些文字、图片？

· 还能用其他什么样式来制作行程单？

在动手操作之前，你们要根据案例的格式和要素概要，自己阅读"动手操作"阶段中的操作步骤提示，制作你们所设计的行程单。

为了更好地完成这一任务，你们需要先从下面这个版式预热一下。

第三章 字处理

任务导入

制订计划

合理地使用文字编排技巧，可以使内容重点突出，层次清晰，版面生动，吸引读者。本单元我们进行文字编辑、处理的基本操作训练。

我们需要了解和掌握以下几组技能的内容：

技能1：熟练使用分段符、空格字符进行文字的基本排版。

技能2：熟练进行文档的页面设置，包括纸型、排列方向等。

技能3：熟练进行字符格式化操作，包括字体、字号、颜色、字间距等文字修饰。

技能4：熟练进行段落格式化操作，包括段落的对齐方式（居中、靠左、靠右、分散对齐）、行距、段前距、段后距。

技能5：能设置和编辑页眉页脚。

使用分段符和空格将排列不清晰的文字分段，或插入空行和空格，能使文字排列结构清晰。分段符在后面的单元对文字的编辑排版也起了重要作用；字符和段落格式化操作，是对整篇文档进一步的精细修饰，使文档更加生动和美观；"页面设置"通常在着手排版的开始就要先行设置，以免影响后面排好的版式。

动手操作

1. 使用空格和回车键初排版。对照所给目标案例，通过插入空格、回车及空行，将文档进行排版，注意：体会三者的作用，分段的标记是什么？

2. 字符格式化。选择"开始"菜单，出现字符格式设置工具栏。

按照任务效果，设置正文文字的大小为4号、楷体，标题3号字、宋体。

观察输入文字时默认字体是什么，默认字号是多少。

3. 段落格式化。选择需要设置的多个段落（如果是一段则只需将光标落在该段，无须选择一段），点击鼠标右键弹出快捷菜单，选择"段落"命令。

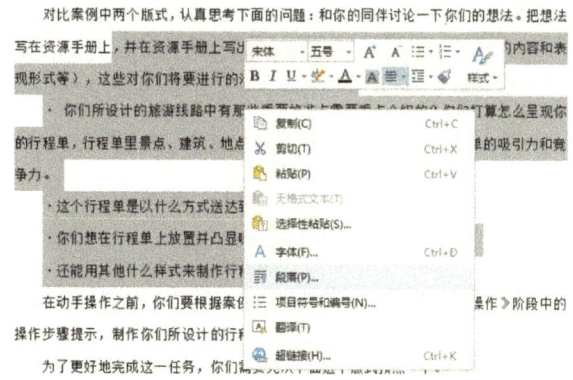

打开"段落"对话框。

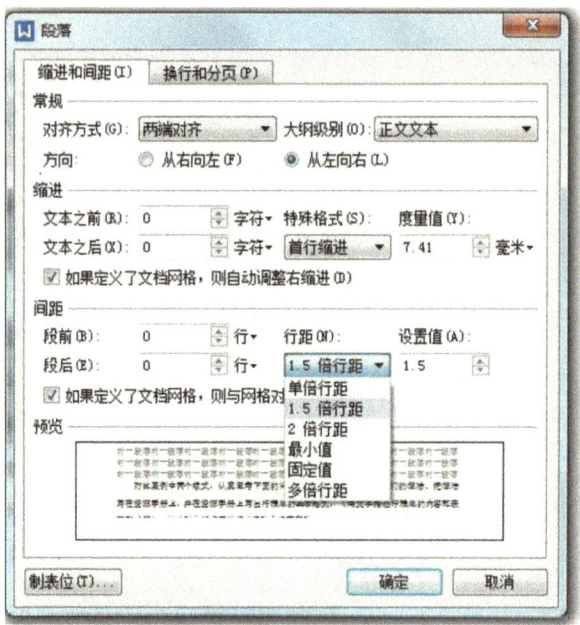

选择行距下拉按钮,选择固定值,设置值为22。

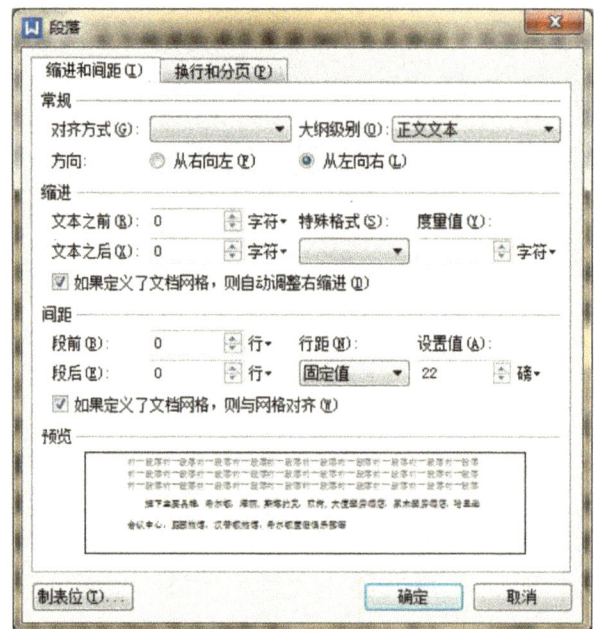

设置段前距、段后距为零,最后点击"确定"按钮。

4. 插入页眉和页码。

（1）点击"插入"菜单，出现"页眉和页脚"选项，以及"页码"选项。

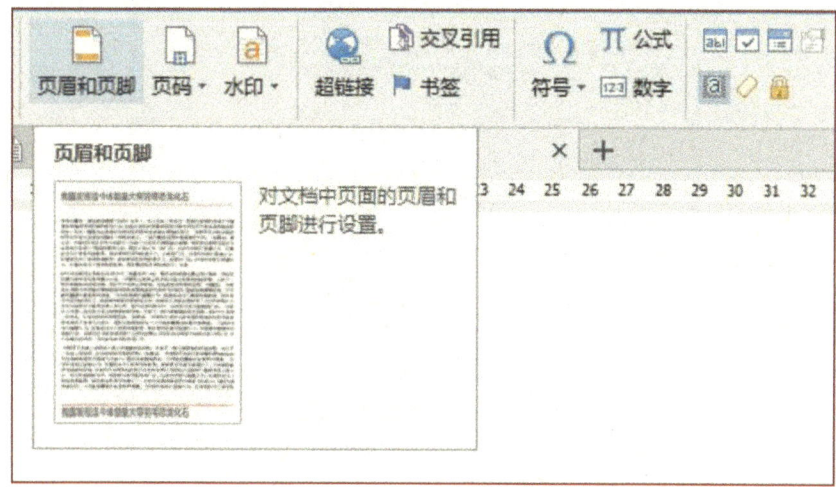

（2）输入页眉内容——桂林山水旅游公司。

再次进入"插入"菜单，输入页码，并设置靠"页脚右侧"摆放。

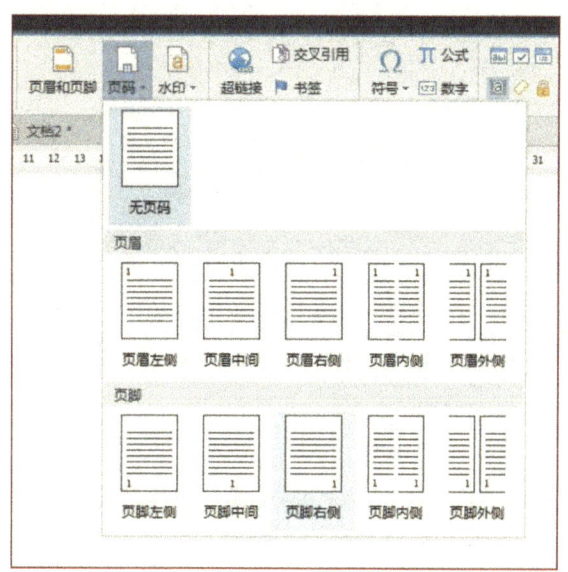

第三章 字处理

效果如下图：

认真检查

重新检查你们设计制作的行程单，看看它是否包含了下面的这些元素：

· 一幅体现公司的重要人物、地方、事物或标志的图片。

· 用空行和空格定位你的标题和文字。

· 用不同字体、字号突出你的子标题。

· 打开"桂林三日游行程单"文档，按照提供的参考样式进行仿照排版。

· 修饰你的重要标题和提示信息。

如果其中有哪个元素遗漏了，现在就把它加上去。此外你们还可以挑战一下，进一步完善作品。别忘了保存你们的辛勤劳动成果。

交流分享

在分享作品时，你们需要思考下列问题，以便在接下来的讨论中和大家一起探讨这些问题：

· 在设计行程单的过程中你们都用到了哪些技能和技巧？遇到了哪些问题？你们是如何解决这些问题的？给你印象最深的是哪个技巧？及时将这些学习经验记录在《资源手册》中。

· 行程单最难做的是哪一部分？你和你的同伴是如何克服这个困难的？

· 你们还想制作什么样的行程单？

现代旅游信息技术运用

单元11 制作接待水牌、指引牌

任务1

桂林山水旅游节会议就餐地点和时间：

会展中心五楼中餐厅（自助餐）

中餐：12:20—13:00

晚餐：18:20—19:00

任务2

热烈欢迎

参加桂林山水旅游节

会议的嘉宾！

会议日期：2009年8月30日

上午8:30—12:00　下午14:30—18:00

会议地点：会展中心三楼第三报告厅

 请由此上三楼

第三章 字处理

制订计划

现在，你的公司接待了一个会议旅行团，需要为会议制作接待指引牌和就餐水牌，其效果与你去参加亲戚婚宴时，在门口和餐厅见到的相似。

认真思考下面的问题，和同伴讨论你们的想法，把想法写在《资源手册》上，并在《资源手册》上写出指示牌和水牌的基本格式（用文字描述指示牌和水牌的形状和内容等），这些对你们将要进行的活动会很有帮助。

·你们打算在指示牌和水牌中提供哪些指引信息，人物、地点、事件如何涵盖？

·这个指示牌和水牌是以什么方式呈现给客人的？可能的方式有哪些？

·你们做多大的指示牌和水牌？如何排列这些文字、图片……以达到美观、醒目、个性的效果？

·还能用其他什么样式来制作指示牌和水牌？

在动手操作之前，你们要根据案例的格式和要素概要，自行阅读"动手操作"阶段中的操作步骤提示。

·根据"动手操作"的操作步骤能否制作你们所设计的指示牌和水牌？

为了更好地完成这一任务，你们需要了解和掌握以下几组技能的内容：

·技能1：熟练设置页面，知道自定义纸型的最大幅面。

·技能2：熟练设置段落行距及段前距和段后距。

·技能3：熟练使用打印预览调整整体布局和版式。

·技能4：会进行"打印设置"。

一、设置页面

1. 选择"页面布局"菜单,弹出对应工具栏。

分别设置"纸张方向"为横向;选择"自定义纸型",了解最大幅面的高度和宽度为_____。这个尺寸显然不能满足我们的需求,没关系,我们暂且设置纸型为A4,后面会有办法调整页面的打印尺寸。

参照案例调整页边距。

2. 输入文字,修饰文字格式,调整段落格式(行距等)。

3. 制作任务1和任务2中的指引牌。

4. 选择"文件"→"模拟显示"命令查看排好版式的整体布局,关闭模拟显示,返回编辑页面进一步调整版面。这是打印输出文档版式之前至关重要的一步。

5. 打印输出:选择"打印"命令。

进入"打印"对话框。

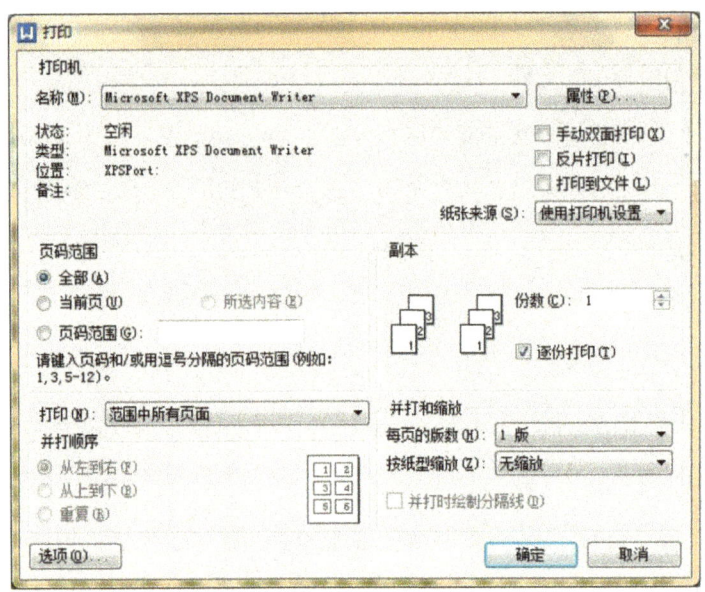

观察页码范围和打印份数。

可以选择当前页或部分页码打印，以及打印份数。

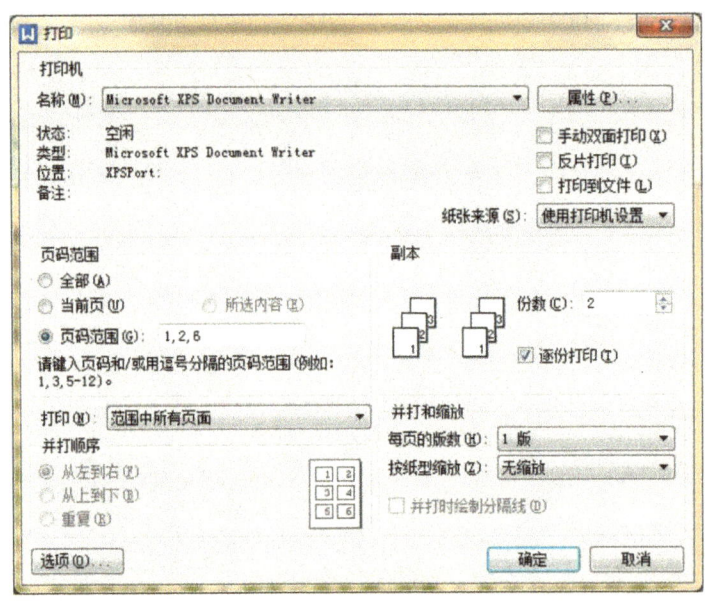

选择完成后单击"确定"按钮即可打印输出（如果计算机已经连接了打印机）。

二、打印大幅面文档

如果我们需要打印大幅面的页面，由于Microsoft Word 2013中允许定义的最大纸张是55.87 cm×55.87 cm，需要进一步进行打印设置才能使Epson大幅面打印机输出大幅面文档。

（一）准备

1. 准备爱普生大幅面打印机（以Stylus Pro 9600为例）。

2. 准备大幅面的纸张（如果想达到最好的打印效果，建议选择爱普生专用纸）。

（二）操作步骤

以打印A0 (914 mm×1292 mm)幅面的海报为例。

1. 制作海报：在Word 2003（或WPS 2013）中制作一个A4幅面的通知，边距要适当缩小，否则放大输出后边距会很大。

2. 设置打印参数。

3. 进行打印机驱动程序的属性：选择"文件"→"打印"命令，出现如下界面，选择已安装的大幅面打印机型号，点击"属性"按钮。

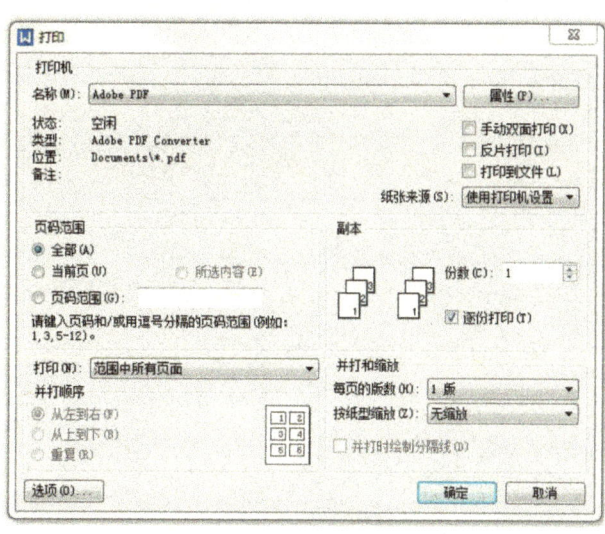

第三章 字处理

4. 设置打印纸的属性：点击"属性"按钮进入"打印纸"选项卡，定义"打印纸来源"为卷纸，"打印纸尺寸"为A4。

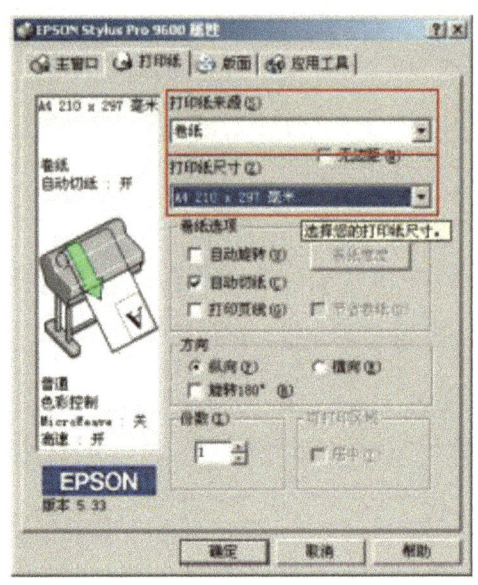

5. 设置打印版面的属性：进入"版面"选项卡，选中"缩放"复选框，同时选择"输出打印纸尺寸"(请确保与实际使用的打印纸尺寸一致)，本文以"超A0"为例，下面的"比例"项自动出现缩放的比例为432%。可以通过左侧的信息观察设置是否正确。

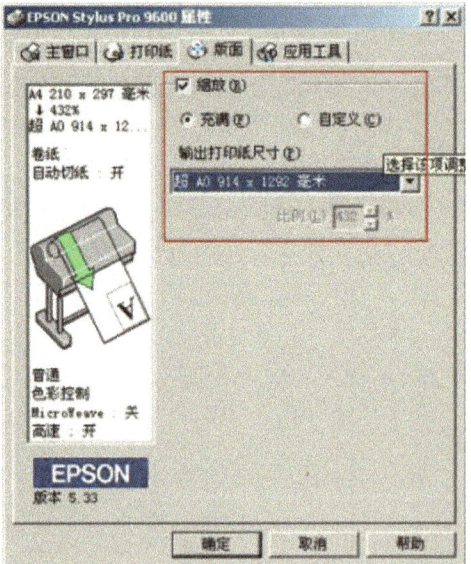

·095·

6. 打印预览：通过打印预览可以看到版面的设计是否合适。预览没有问题后，就可以单击"打印"按钮，进行打印输出。

认真检查

重新检查你们设计制作的指示牌和水牌，看看它是否包含了下面的这些元素：

·你们的公司名称、会议名称、地点、时间、事物……

·指示牌是否基本布满整个纸张页面，利用有限的页面，最清晰、醒目、无误地表达你的指引。

此外你们还可以进一步完善作品。别忘了保存你们的辛勤劳动成果。

交流分享

在分享作品时，你们需要思考下列问题，以便在接下来的讨论中和大家一起探讨这些问题：

·在设计打印指引牌的过程中你们都用到了哪些技能和技巧？遇到了哪些问题？你们是如何解决这些问题的？给你印象最深的是哪个技巧？及时将这些学习经验记录在《资源手册》中。

·如果在会场有几个公司的会议同时进行，每个小组代表一个会议接待组，如何让你们的指引牌既具备指引的作用，又能让看过的人印象深刻？你们是怎样做到的？

·排版打印输出你的文稿，其中最难做的是哪一部分？你和你的同伴是如何克服这个困难的？

第三章 字处理

单元12 编排和制作多文字文档

我们工作中经常会使用字处理软件编辑一类文档，其中文字占据大部分版面，图片只是起点缀的作用，例如报纸、书籍、导游解说词等，字处理软件能够把文字编排紧凑，富有层次。其中，"分栏"效果改变了默认的文字排列顺序，使有限的版面排列了更多的文字，且文字紧凑凸显。本节课我们就来学习如何使用分栏等技术，编排我们的文字文档，并使用艺术字标题点缀和修饰。

任务导入

 **制订计划**

学习目标

技能1：能将文字文档通过设置文字背景、改变文字格式等方法，使版面富有层次。

技能2：能排出分栏效果，并能调整分栏，使分栏平整。

技能3：会插入艺术字标题，并与文字实现混排。

 **动手操作**

操作步骤

1.打开学生文档，选择第二段设置段落背景。

选择菜单"开始"下面的"底纹颜色"工具，在下拉颜色色板中选择颜色。

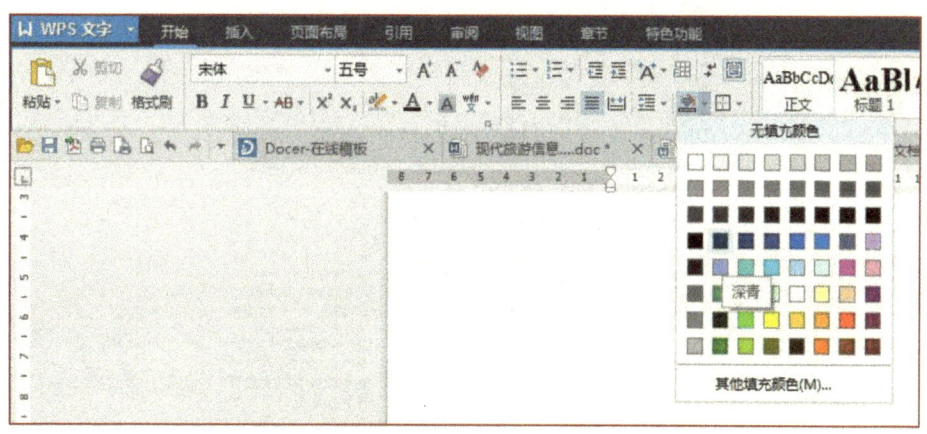

2.设置第三至四段的"分栏"效果。

（1）选择第三至第四段文字，选择"页面布局"→"分栏"命令，选择"更多分栏"进入分栏窗口。

（2）选择分栏，并勾选"分隔线"复选框，然后单击"确定"按钮。

第三章 字处理

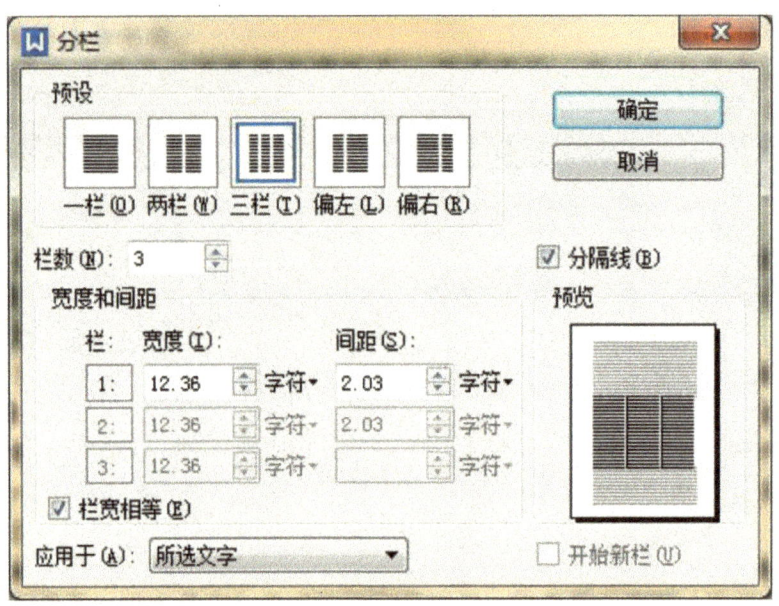

3. 设置分栏部分的文字格式。选择分栏部分文字，点击鼠标石键，选择字体选项，进入字体设置窗口，选择空心字。

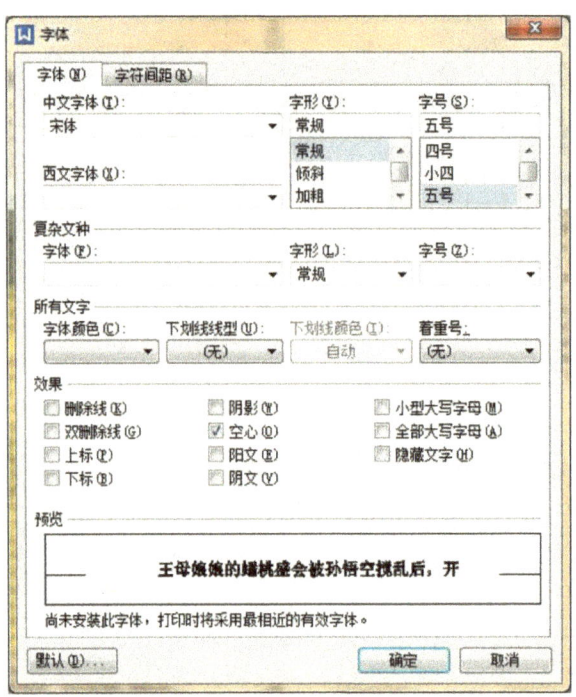

·099·

4. 设置分栏部分文字的底纹。

5. 插入艺术字。

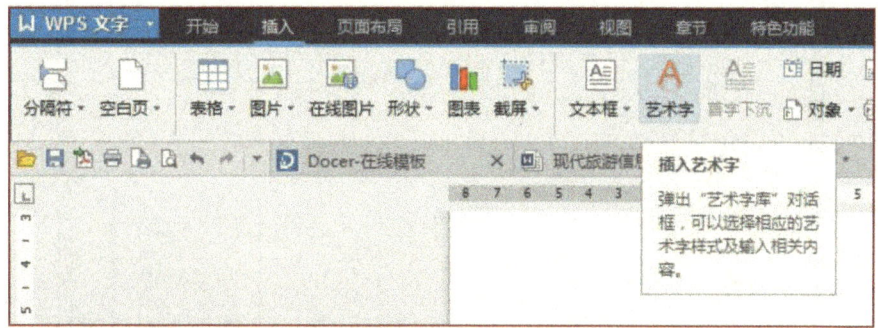

（1）选择艺术字样式和格式。

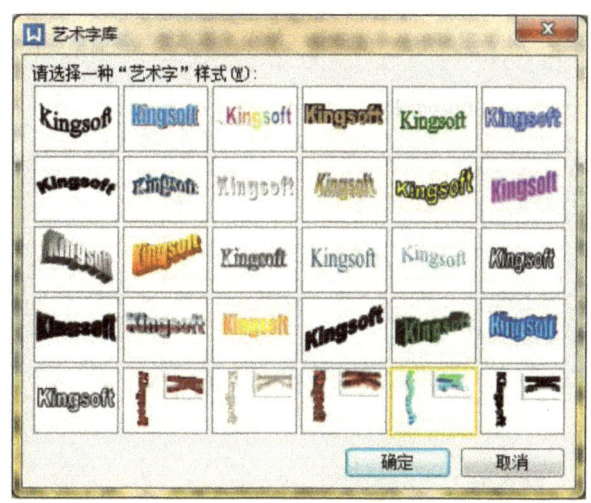

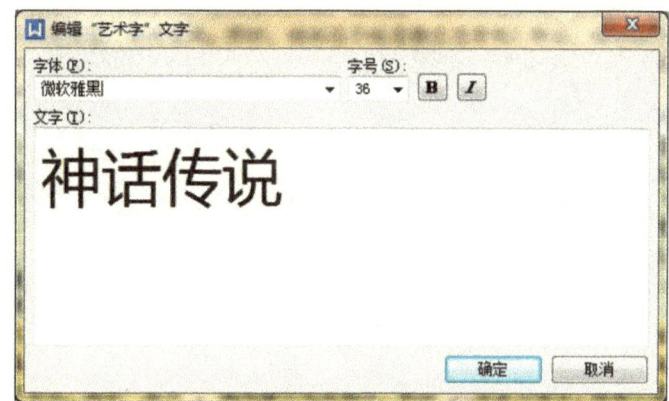

(2)设置艺术字"环绕",与文字混排。

(3)选择艺术字(四周出现8个控制点),选择菜单"页面布局"→"环绕"中的"四周型环绕"。

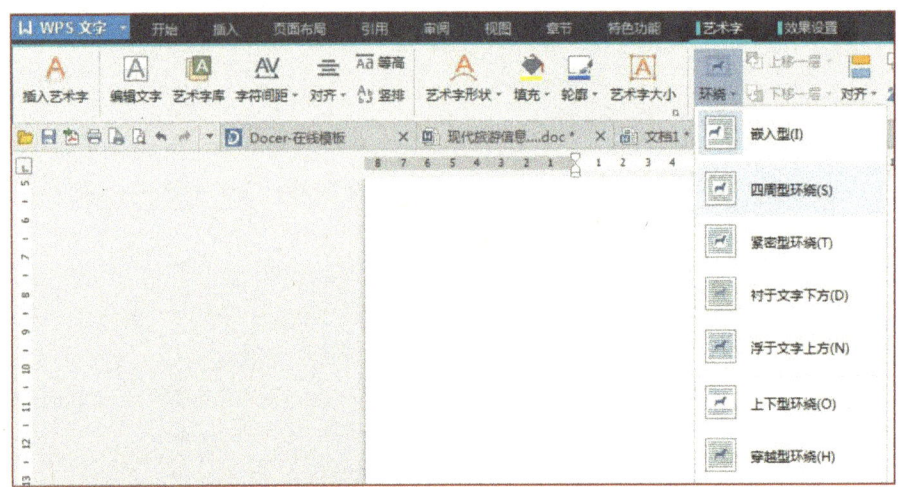

6. 对照案例样式,分别设置各块文字的字体和字号。完成排版。

 **认真检查**

重新检查你们设计制作的文档,看看它是否注意了下面的细节:

·是否有文字或图片被遮挡了?

·是否能浏览一眼大概就能知道文档中主要介绍了什么内容?

此外你们还可以进一步完善作品。别忘了保存你们的辛勤劳动成果。

 **交流分享**

在分享作品时,你们需要思考下列问题,以便在接下来的讨论中能和大家进一步探讨这些问题:

·什么时候使用分栏较好？分栏有什么效果？

·系统默认文档的初始分栏是多少？

·如果需要改变已被分栏的部分文档，恢复成一栏的效果，如何操作？

·在设计文档的过程中你们都用到了哪些技能和技巧？遇到了哪些问题？你们是如何解决这些问题的？给你们印象最深的是哪个技巧？及时将你们的经验记录在《资源手册》中。

·文档排版最难做的是哪一部分？你和你的同伴是如何克服这个困难的？

第三章 字处理

单元13 制作倡议书

任务导入

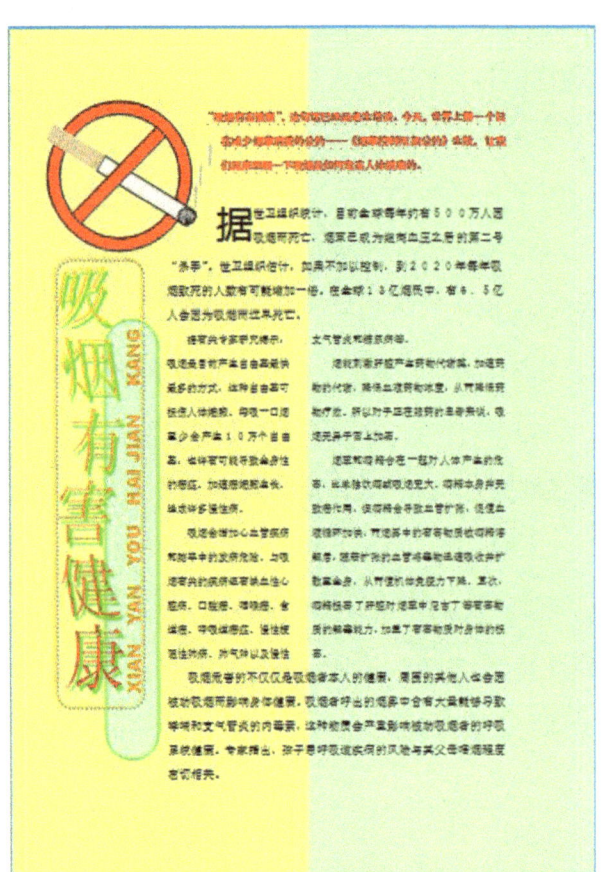

制订计划

现在，为你们所在的学校或公司设计制作一份倡议书或活动告知书，效果应该就像校园招贴、校园小报以及公司举办的活动通告，可以是邮件、幻灯片或文稿。

认真思考下面的问题，并和同伴讨论你们的想法，把想法写在《资源手册》上，并在《资源手册》上写出倡议书包含了你认识的哪些操作，这些对你们将要进行的活动会很有帮助。

·你们所在的班级有没有什么重要的事件、活动或其他什么专题可以作为倡议书主题的？你们打算怎么用倡议书组织这次主题班会？

·这个倡议书是以什么方式送达到观众手上的？可能的方式有哪些？

·你们想在倡议书中写什么内容？

·你们打算在倡议书上如何混合排列这些文字、图片……以达到美观、突出个性的效果？

·还能用其他什么样式来发起倡议或通告你们的社团活动？

在动手操作之前，你们要根据案例的格式和要素概要，自习阅读"动手操作"阶段中的操作步骤提示。

根据"动手操作"的操作步骤探究制作你们所设计的倡议书。

为了更好地完成这一任务，你们需要了解和掌握以下几组技能的内容：

·技能1：熟练掌握文字的格式设置方法。

·技能2：熟练掌握段落的分栏、对齐方式设置方法。

·技能3：能绘制形状，使用形状修饰文稿。

·技能4：会设置形状格式，实现与文字的混合排版。

·技能5：了解形状的应用。

动手操作

讨论分析案例的技术内涵，分解技术步骤，讨论操作要点。在动手操作前规划你的排版步骤：（参考思路）设置页面布局；设置文字段落格式（分栏、对

第三章 字处理

齐……）；设置文字格式；绘制并插入形状；在形状中添加文字；设置形状与文字的混排；插入底纹（形状），衬于文字下方……

1. 设置页面布局。设置纸张大小为A4，纸张方向为纵向。

2. 制作分栏效果：

（1）打开文档，用鼠标选择第三段至第六段。

（2）选择"页面布局"→"分栏"→"两栏"命令。

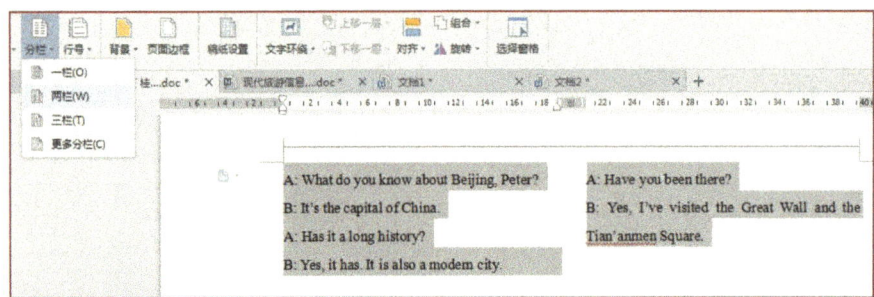

3. 制作第二段落的"首字下沉"效果。

（1）将光标置于第二段后，选择"插入"菜单下面的"首字下沉"。

（2）选择"首字下沉"对话框"下沉位置"和"下沉行数"，点击"确定"按钮。

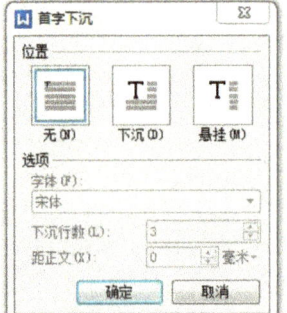

· 105 ·

4. 制作右边双框文字环绕效果。

（1）选择"插入"菜单下面的"形状工具"，点选"圆角矩形"形状。

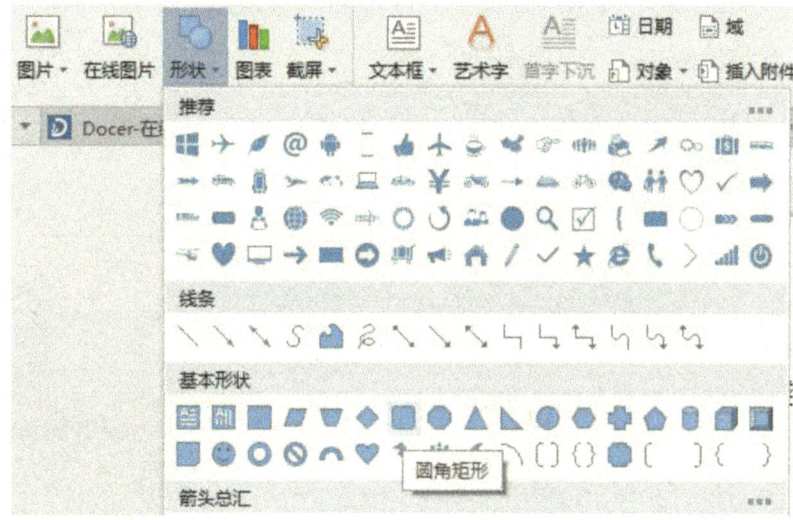

（2）绘制形状。拖动鼠标，在页面左侧绘制两个纵向的圆角矩形。拖动右侧的"菱形小黄框"，调整圆角角度。

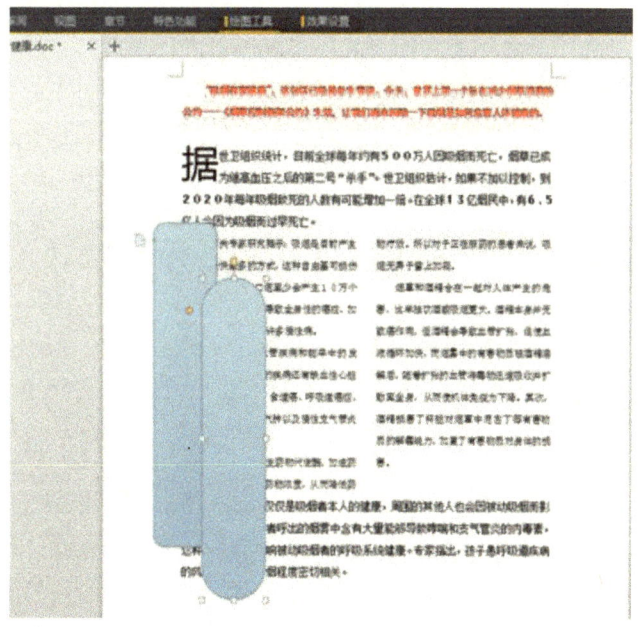

(3)修饰圆角矩形。选择左边的圆角矩形,设置其"轮廓"为"方点"状"虚线线型"。

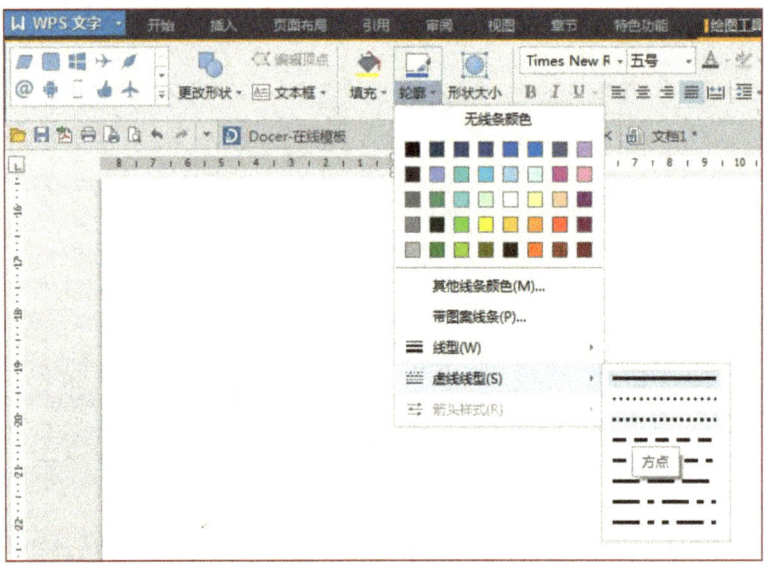

(4)再次选择虚线圆角矩形,进入"轮廓"工具选择"黄色线条色"。

(5)选择相邻的圆角矩形,用如上方法选择"轮廓"线为绿色。

(6)选择绿色实线圆角矩形,进入"绘图菜单"的"填充"工具,选择"鲜绿"。

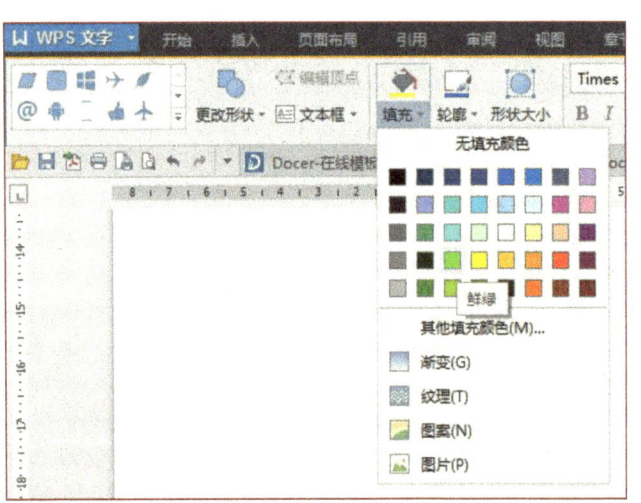
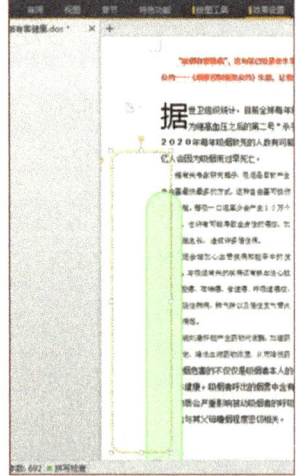

5. 在圆角矩形中添加文字。

（1）插入纵排方向的文字。选择鲜绿色圆角矩形，点击鼠标右键，选择"添加文字"命令。

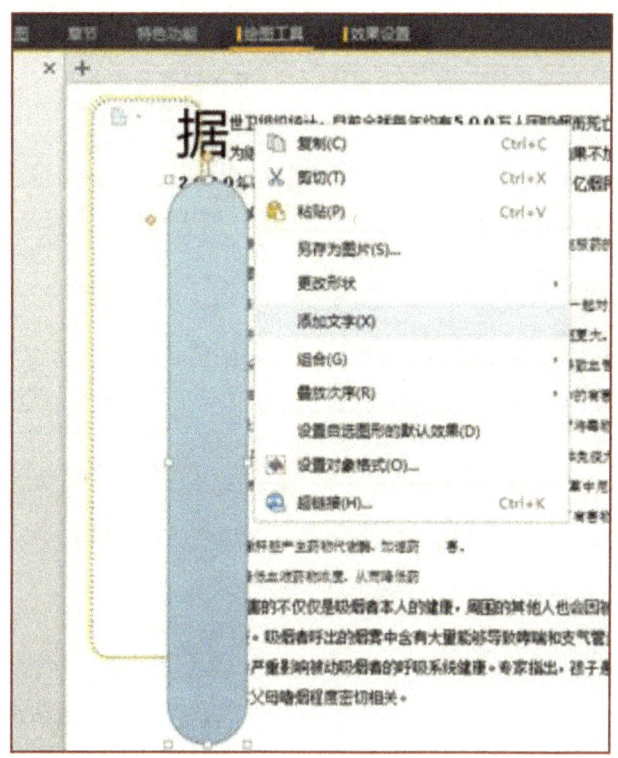

（2）将光标置于绿色框的插入点，选择"绘图工具"下的"文字方向"。

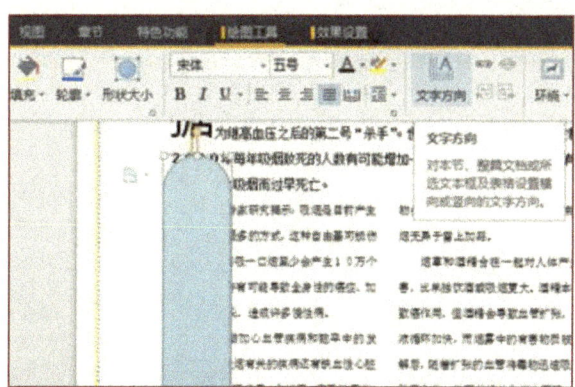

第三章 字处理

（3）选择"竖排文字"样式后，输入"XIYANYOUHAIJIANKANG"，调整文字的大小颜色。

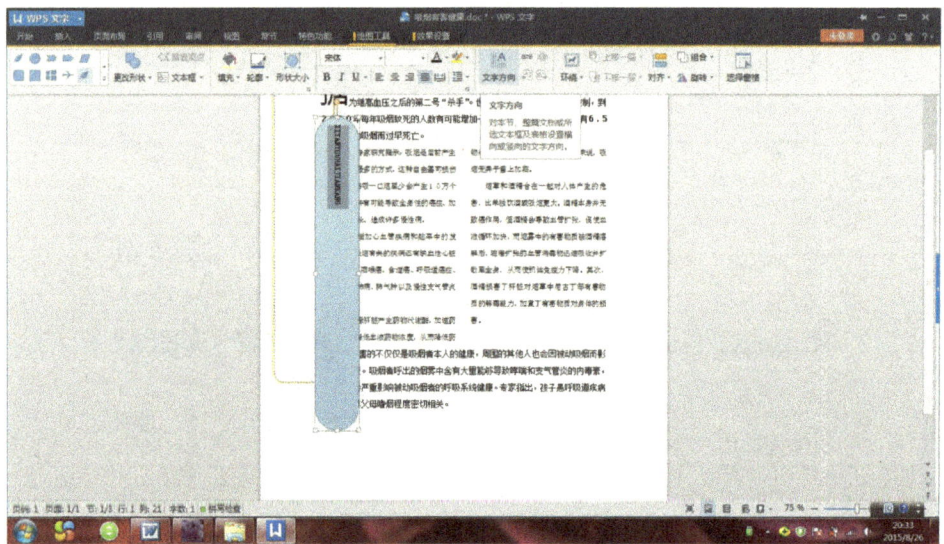

6. 插入并设置艺术字格式。

（1）插入艺术字。

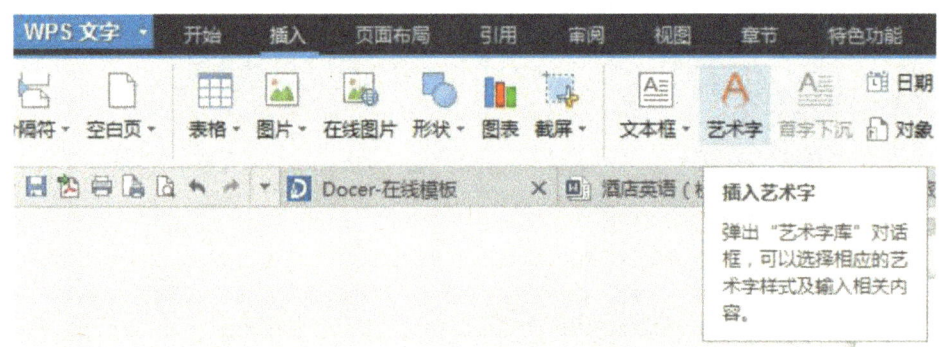

· 109 ·

(2)选择艺术字样式:选择第五行的竖排艺术字样式。

(3)输入"吸烟有害健康",并设置字体和大小样式,点击"确定"按钮。

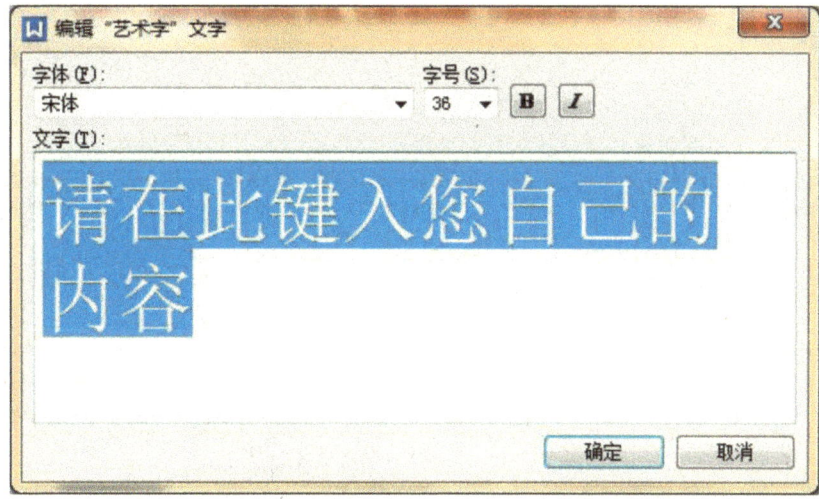

第三章 字处理

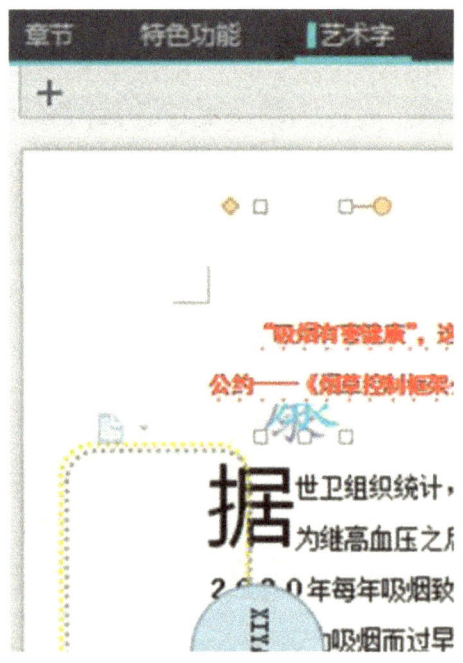

（4）设置艺术字格式：刚插入的艺术字只能显示一部分，需要设置艺术字格式，才能完全显示和自如移动。

选择显现的一部分艺术字。

选择页面布局菜单下的"文字环绕"工具中的"四周型环绕"。

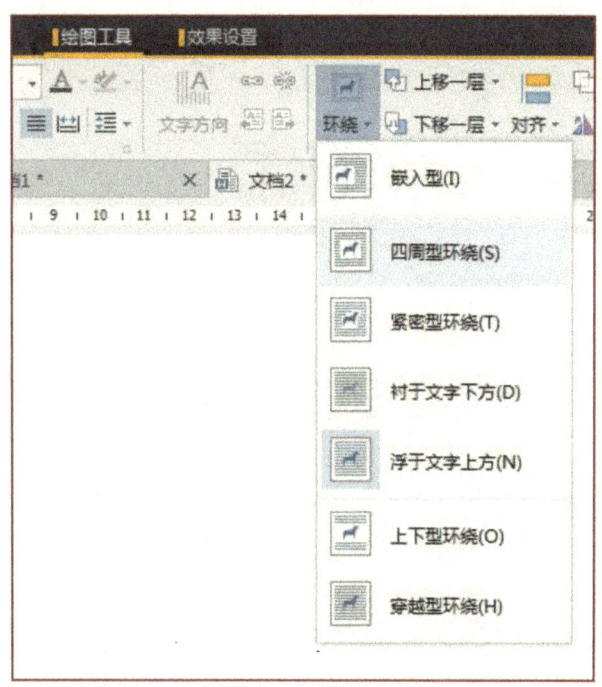

这时，艺术字就会完全显现，并能自如移动和调整大小。将艺术字摆放至虚线圆角矩形框中。

7．调整两个圆角矩形的"叠放次序"。

选择虚线圆角矩形框，点击鼠标右键，选择"叠放次序"→"置于顶层"命令。

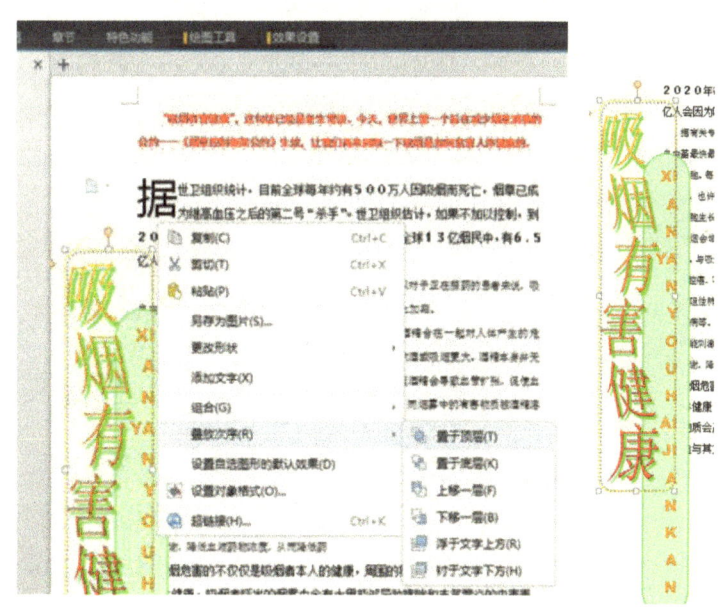

第三章 字处理

8. 设置圆角矩形与文字的环绕方式，使图形不会遮挡文字内容，实现图形形状与文字的混合排版。

（1）选择绿色圆角矩形后，选择"绘图工具"→"环绕"→"四周型环绕"命令。

（2）设置后圆角矩形不再挡住后面的文字，实现图文混排。

9. 制作双色底纹。

（1）绘制两个矩形形状，并填充颜色。选择"插入"→"形状"→"矩形"形状。

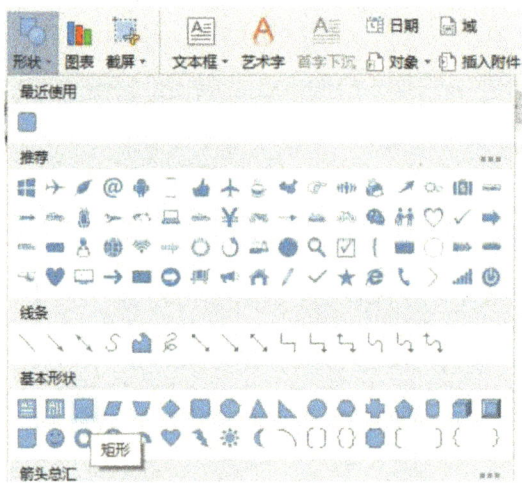

（2）在页面空白处拖动鼠标，绘制两个矩形。

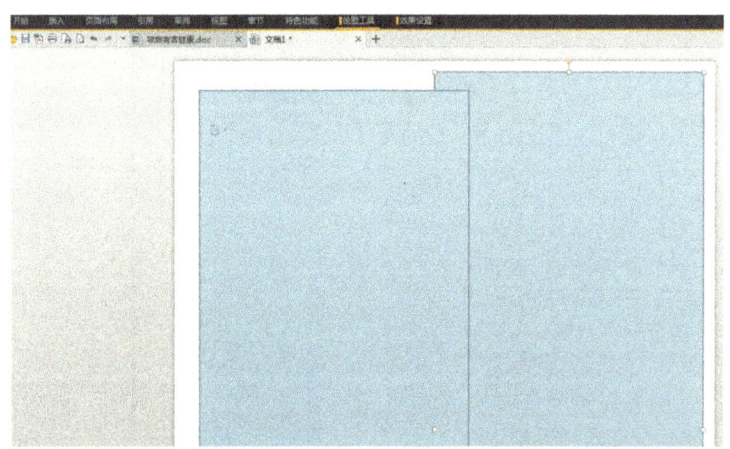

·113·

（3）分别选择两个矩形框，选择"绘图工具"→"填充"，两个矩形填充两种颜色。

（4）调整两个矩形形状的位置和大小，充满页面。

（5）分别选择绿黄两个矩形框，点击鼠标右键，选择"叠放次序"→"衬于文字下方"命令，将两个浅色矩形放置页面底层，作为双色底纹。

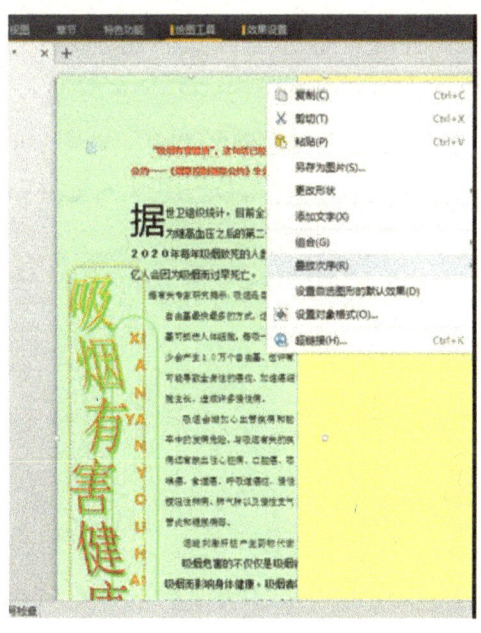

第三章 字处理

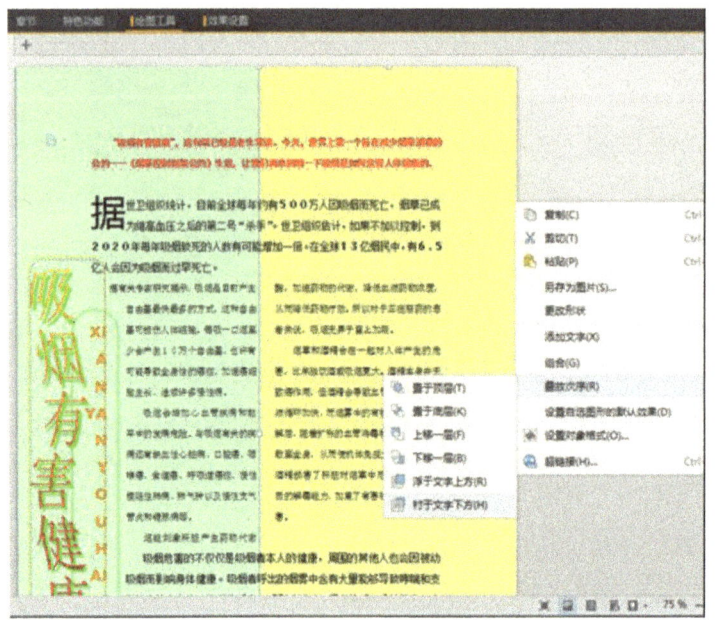

（6）去掉多余轮廓线。

拓展训练

绘制适合的图形形状，并调整叠放次序，制作"禁烟标志"并设置环绕方式，使整篇文档图文混排。

 认真检查

重新检查你们设计制作的倡议书，看看它是否包含了下面的这些元素：

· 倡议书或活动的完整的文字介绍。

· 一组表现你们活动或事件的醒目的标志形状。

· 用艺术字制作的醒目标题。

· 是否有多余的边框线条，需要设置"轮廓"为"无线条颜色"。

如果其中有哪一个元素遗漏了，现在就把它加上去。此外你们还可以进一步

·115·

完善作品。别忘了保存你们的辛勤劳动成果。

交流分享

在分享作品时，你们需要思考下列问题，以便在接下来的讨论中能和大家进一步探讨这些问题：

· 在设计倡议书的过程中你们都用到了哪些技能和技巧？遇到了哪些问题？你们是如何解决这些问题的？给你印象最深的是哪个技巧？及时将这些学习经验记录在《资源手册》中。

· 倡议书最难做的是哪一部分？你和你的同伴是如何克服这个困难的？

· 你们还想制作什么样的倡议书或活动通告？

第三章 字处理

单元14 制作旅游招贴

任务1

任务导入

制订计划

现在，为你们所在的学校或公司设计制作一份墙上招贴，招贴的效果应该与公司承办会议或会展时，有装饰、宣传效果的墙上招贴相似。先看看上面的样例。

认真思考下面的问题，并和同伴讨论你们的想法，把想法写在《资源手册》上，并在《资源手册》上写出编排出如案例招贴所包含的基本技术（用文字描述并记录下来）的方案，这些对你们将要进行的活动会很有帮助。

· 你们所在的社区有没有什么学校、公司和人物、地点或其他什么会议可以作为宣传主题的？你们打算怎么用招贴表现这次活动？招贴里的文字、形状、事件如何涵盖和凸显？基本要素有＿＿＿＿＿＿＿＿＿＿＿＿＿＿＿＿＿＿＿＿＿

· 这个招贴是在什么地方、以什么方式呈现的？可能的方式有哪些？

· 你们对招贴的第一关注点在哪里？

- 你们打算在招贴上如何排列文字、图片……以使主题突出，层次丰富、立体？
- 还能添加其他什么技巧来制作招贴？

在动手操作之前，你们要根据案例的格式和要素概要，自习阅读"动手操作"阶段中的操作步骤提示。

为了更好地完成这一任务，你们需要了解和掌握以下几组技能的内容：

- 技能1：熟练根据需要设置页面布局。

- 技能2：掌握形状的绘制、填充、叠放次序等操作。

- 技能3：会应用形状的无色、透明色填充方法，以及用图片填充制作丰富的层次效果。

- 技能4：掌握艺术字的编辑、形状、格式设置等操作。

- 技能5：能任意调整各对象的叠放次序。

- 技能6：会调整和设置多层次对象的格式，实现图、文、形状混排。

动手操作

1. 页面布局。

（1）纸张大小为：自定义550 mm×210 mm。

（2）纸张方向为：横向。

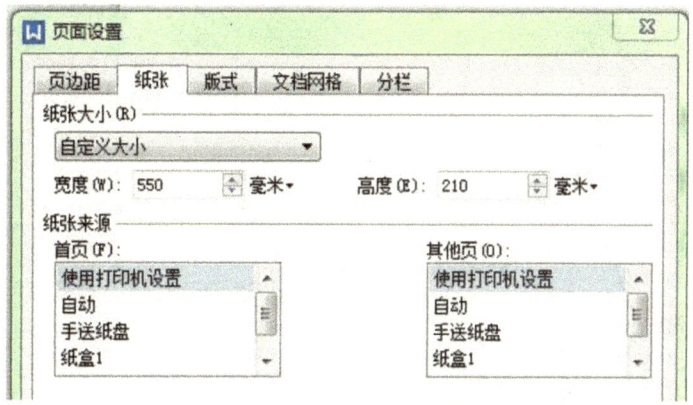

第三章 字处理

2. 调整显示比例，使排版可以在局部和放大效果间切换，方便排版。

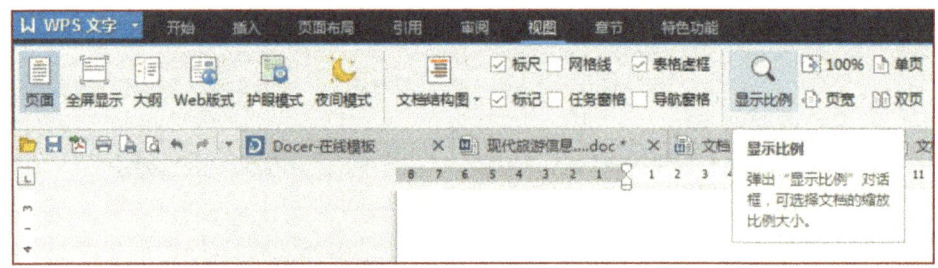

3. 导入第一张底图。

（1）插入形状——选择"平行四边形"。

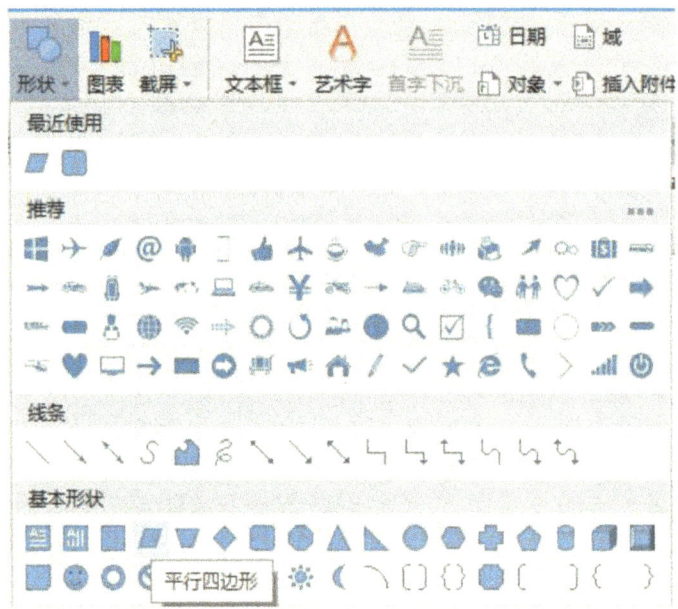

（2）调整平行四边形大小：在编辑区拖动鼠标绘制四边形，调整四边形周围八个尺柄，以调整其大小。

·119·

（3）调整平行四边形位置：点击四边形边线，选择并拖动图形到合适位置。

（4）选择平行四边形（鼠标点击边框），进入"绘图工具"菜单，点选"填充"按钮，点击"其他填充颜色"中的"图片"，选择自己需要的图片。

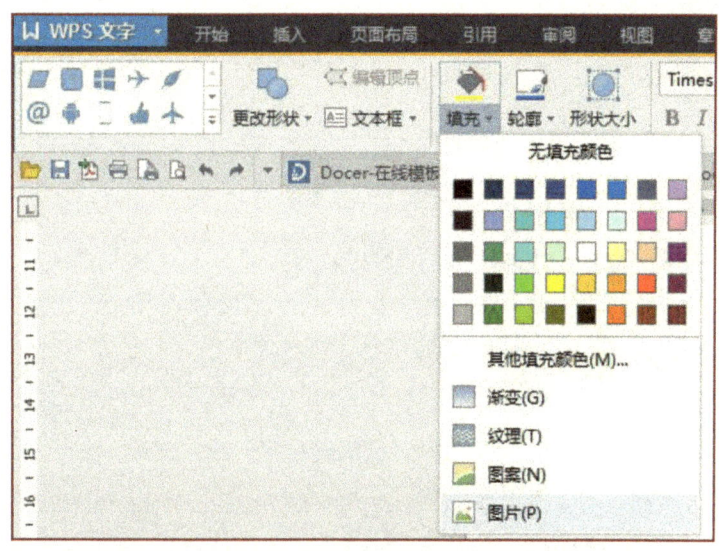

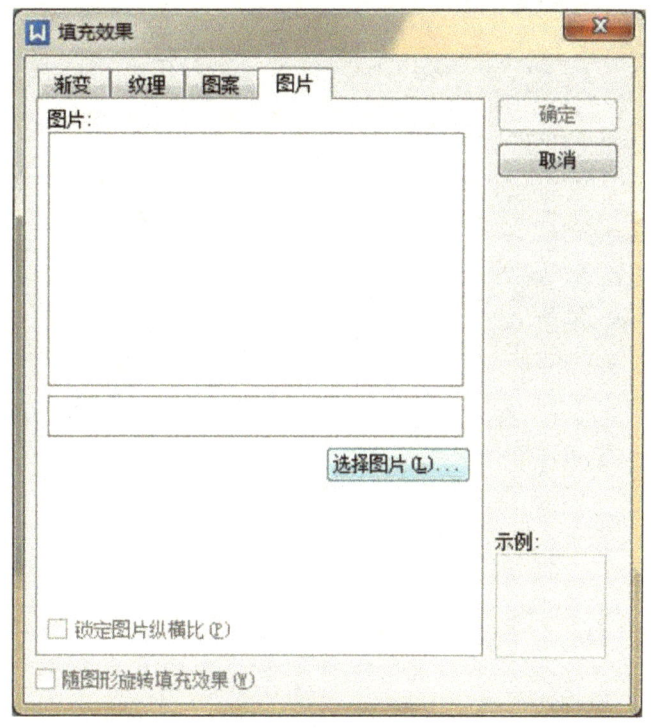

（5）导入图片后，图片由默认的矩形变成平行四边形。

4. 导入第二张底图。

（1）选择"插入"菜单中的"图片"，下拉显示"来自文件"。

（2）选择底图2，确定导入。

（3）设置底图2的"图片格式"，以便于自由调整图片。

选择底图2，进入"图片工具"菜单，选择环绕。

环绕下拉菜单中有七种图片格式，我们选择四周型环绕，此时便可以任意移动图片位置了。通常每次导入图片后，都需要设置图片的格式。

5. 绘制蓝色箭头形状。

第三章 字处理

（1）选择"绘图工具"，将箭头形状"填充"为蓝色，轮廓为白色，改变"轮廓"的"线型"为宽边。

（2）完成如下图所示。

6. 制作箭头形状的图案。

（1）绘制箭头形状（方法与绘制蓝色箭头相似）。

· 123 ·

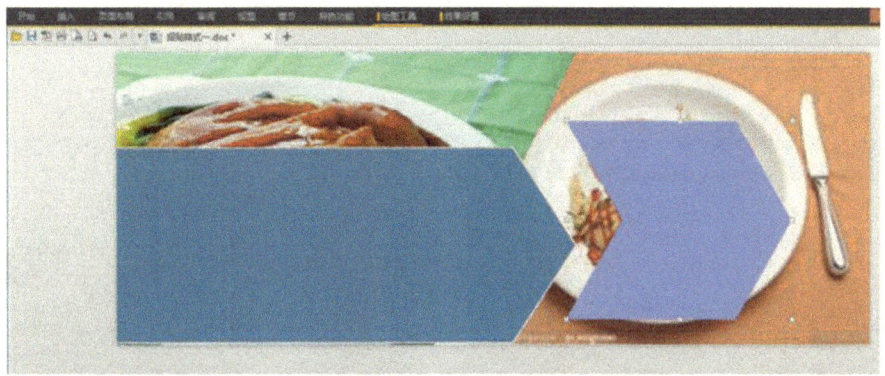

(2)选择填充方式为"图片"。

7. 绘制半透明箭头。

(1)选择需要设置成半透明的箭头。

(2)选择"绘图工具"下的"填充"中的"其他填充颜色"。

(3)选择"标准"颜色中的白色,并拖动在窗口下方的"透明度"滑块,设置为25%。

(4)完成后的效果如下图所示。

8. 插入艺术字。

(1)选择"插入"菜单,选择"艺术字"工具插入艺术字。

(2)设置和调整艺术字字体和大小、颜色、字库样式。

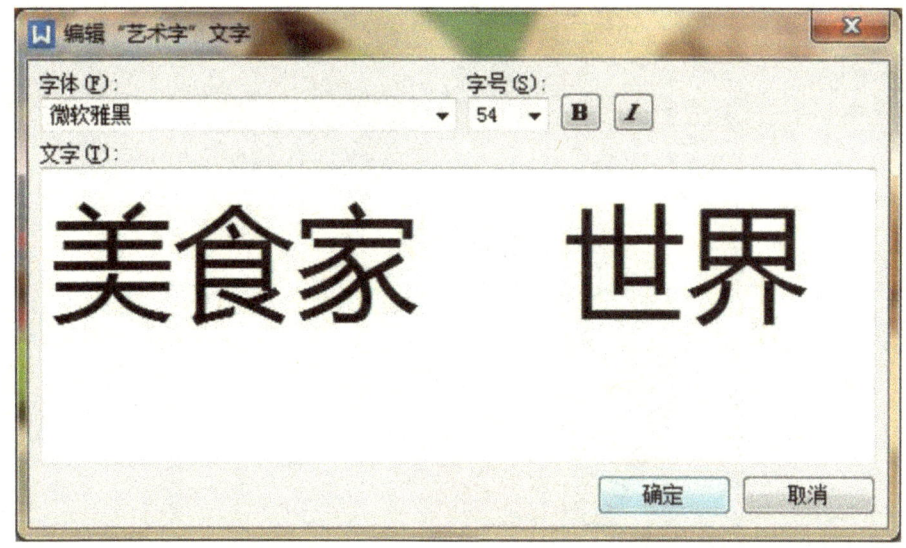

（3）完成任务。

认真检查

重新检查你们设计制作的招贴，看看它是否包含了下面的这些元素：

· 是否有多余的边线，需要设置为"无色"。

· 是否有主要的文字和图片被遮挡，需要调整层次。

· 是否凸显和体现你们公司、学校在本次会议接待中需要表现的主题，或与

事件有关的图片。

·用艺术字制作夺人眼球的主题并呈现和摆放合理。

如果其中有哪一个元素遗漏了或冲击力不够，还可以进一步完善作品。

交流分享

在分享作品时，你们需要思考下列这些问题，以便在接下来的讨论中能和大家进一步探讨这些问题：

·在设计招贴的过程中你们都用到了哪些技能和技巧？遇到了哪些问题？你们是如何解决这些问题的？给你印象最深的是哪个技巧？及时将这些学习经验记录在《资源手册》中。

·制作招贴最难做的是哪一部分？你和你的同伴是如何克服这个困难的？

·你们还想制作什么样的招贴，并决定使用那些技巧和步骤来完成？

现代旅游信息技术运用

任务2

任务导入

动手操作

1. 设置页面布局：纸张大小为A4，纸张方向为横向。

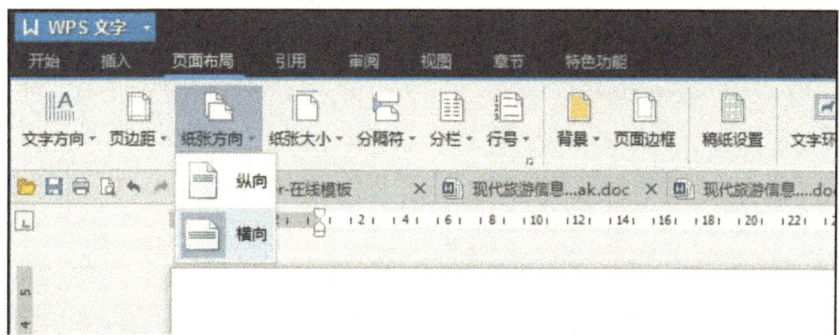

第三章 字处理

2. 导入底图。

(1) 选择"插入"菜单,插入底图。

(2) 设置底图的图片格式——四周环绕。

(3) 调整底图大小和位置。

3. 制作云彩边线的草莓图案:插入云朵形状,选择填充草莓图片。

4. 制作标题艺术字。

(1) 绘制矩形形状。

·129·

(2)选择"填充"为"无填充颜色"方式,矩形变透明。

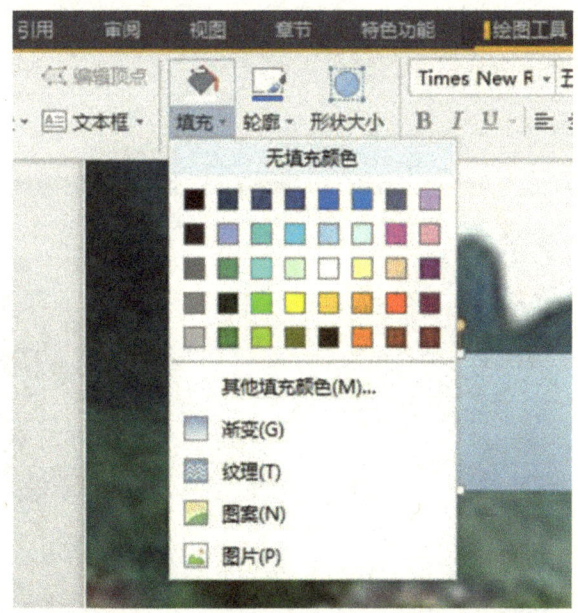

(3)选择矩形,点击鼠标右键选择"添加文字"命令,输入标题文字。

(4)设置矩形边框为双线,白色框,完成。

5. 导入文字。

（1）绘制横排文本框。

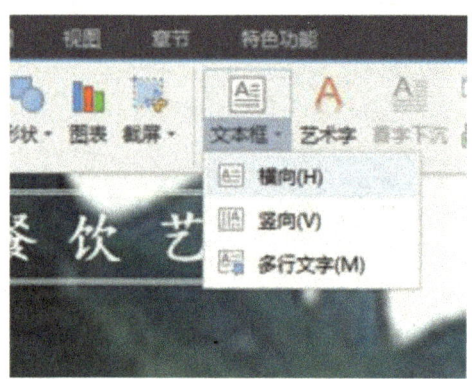

（2）粘贴文字，并调整文字的字符格式和段落格式。

6. 制作弧线区域。

（1）点选"插入"→"形状"→"椭圆"命令，绘制椭圆并旋转。

（2）调整和旋转椭圆的大小和方向（拖动黄色圆点可旋转形状）。

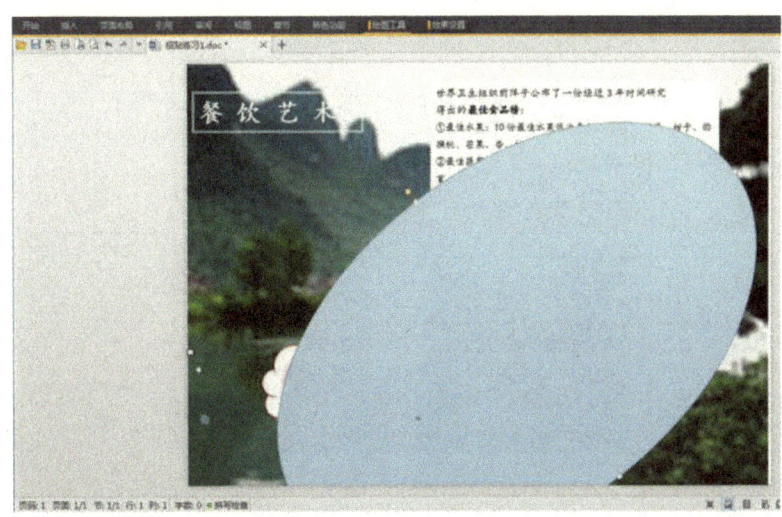

（3）设置形状和其他图片、文字等对象的"叠放次序"。

也许会多次调整，直到不挡住文字和小图片。在底图的上一层，最后用前面的方法插入椭圆状另一幅小图，完成。

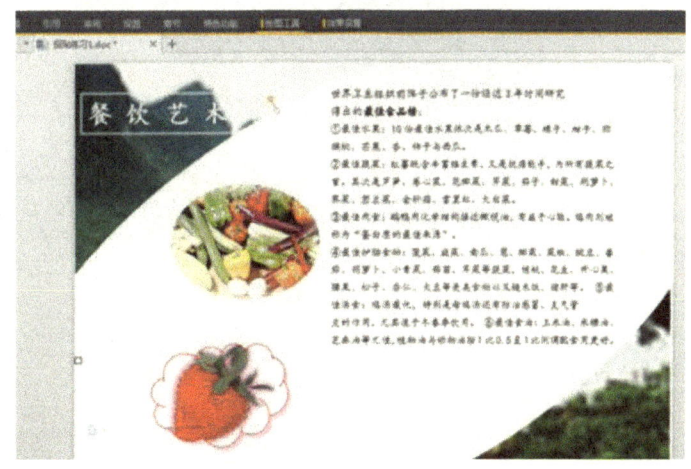

认真检查

重新检查你们设计制作的招贴,看看它是否包含了下面的这些元素:

·是否有多余的边线,需要设置为"无色"。

·是否有主要的文字和图片被遮挡,需要调整层次。

·是否凸显和体现你们公司、学校在本次会议接待中需要表现的主题、或事件有关的图片。

·用艺术字制作夺人眼球的主题并呈现和摆放合理。

如果其中有哪一个元素遗漏了或冲击力不够,还可以进一步完善作品。

交流分享

在分享作品时,你们需要思考下列问题,以便在接下来的讨论中能和大家进一步探讨这些问题:

·在设计招贴的过程中你们都用到了哪些技能和技巧?遇到了哪些问题?你们是如何解决这些问题的?给你印象最深的是哪个技巧?及时将这些学习经验记录在资源手册中。

·两个招贴任务最难做的是哪一部分?你和你的同伴是如何克服这个困难的?

·你们还想制作什么样的招贴,并决定使用哪些技巧和步骤来完成?

现代旅游信息技术运用

单元15 设计制作校园简介展板

学校要举办一个研讨会，或者邀请其他友好学校来学校观摩交流……需要会议人员到达学校时，在校园内能看到关于学校特色和成绩等多方面的介绍。制作一个图文并茂的展板，这样使得客人对学校、企业的文化建设有个整体认识，并方便客人自主参观。

 制订计划

现在，为你们所在的学校或公司设计制作一份展板，展板的效果应该与社区和公司门口橱窗的文化建设介绍相似。先看看下面的样例：

第三章 字处理

认真思考下面的问题，和你的同伴讨论一下你们的想法，把想法写在《资源手册》上，并在《资源手册》上写出展示板的基本格式（用文字描述内容展示板的形状和内容等），这些对你们将要进行的活动会很有帮助。

·你们所在的社区有没有什么学校、公司和人物、地点或其他什么会议可以作为展示主题的？

·这个展板如何能够吸引客人关注，如何体现你们公司的特色？表现的素材有哪些？

·你们打算展示的企业文化内容涵盖哪些，展板里的人物、地点、事件的架构如何？

·你们打算在展板上如何排列这些文字、图片，以达到美观、突出个性的效果？

·还能用其他什么样式来制作展板？

在动手操作之前，你们要根据案例的格式和要素概要，自习阅读"动手操作"阶段中的操作步骤提示。

根据"动手操作"的操作步骤能否制作你们所设计的展板？

为了更好地完成这一任务，你们需要了解和掌握以下几组技能的内容：

·技能1：设置页面。

·技能2：绘制自选图形灵活定位你的文字。

·技能3：导入文字。

·技能4：制作艺术字。

·技能5：应用图片。

 动手操作

在基于模板创建一篇文档后，系统将会默认给出纸张大小、页面边距、纸张

·135·

方向等。如果用户制作的文档对页面有特殊的要求或者需要打印，这时就需要对页面重新进行设置。

页面设置包括对纸张大小、页边距、字符数/行数、纸张来源和版面等，这些设置是打印文档之前必须要做的准备工作。

1. 启动Word软件，新建一个空白的文档。

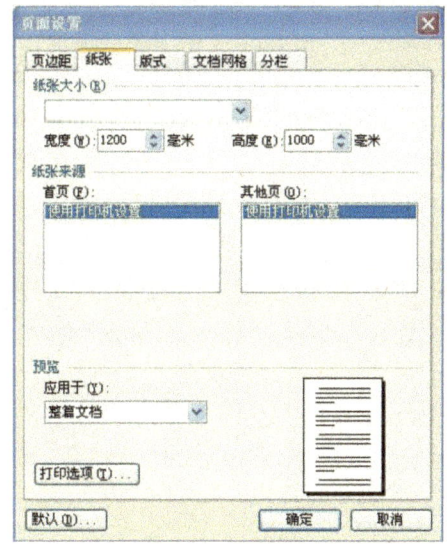

2. 设置页面。

（1）执行"文件"→"页面设置"命令，打开"页面设置"对话框。

(2)设置"纸张大小"为A3。

(3)掌握在"页面设置"对话框的"纸张"选项卡中设置各种纸张的方法。

(4)掌握在"页面设置"对话框的"页边距"选项卡中设置页边距的方法。

3. 定位你的文字。

(1)插入形状图形。由于图形中插入的图片无法设置环绕,需要使用Enter键将需要放置图形的位置预留出来。

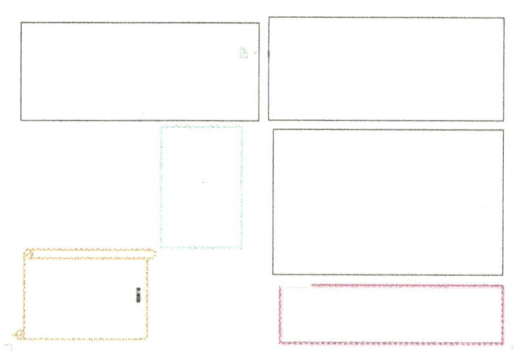

(2)在形状图形中添加文字。

(3)修饰自选图形,将轮廓颜色设置为无线条色或者为带图案线条。

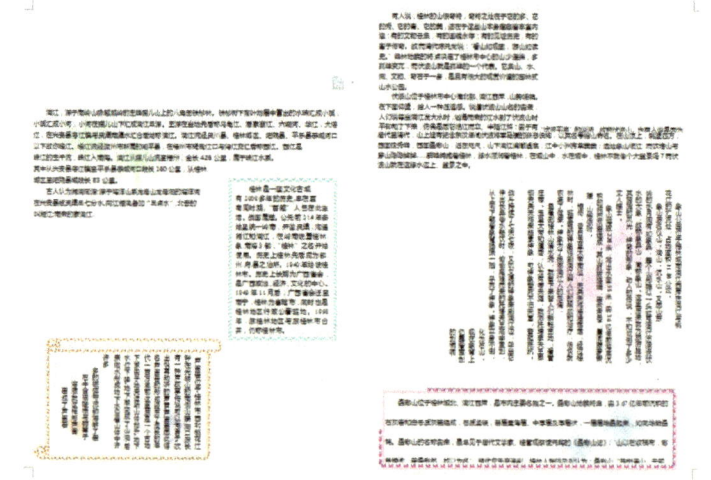

4. 应用图片。

（1）插入图片。执行"插入"→"图片"→"来自文件"命令，打开"插入图片"对话框，利用"插入图片"对话框可以插入多种格式的外部图片。

（2）设置图片版式。执行"格式"→"图片"命令，或者在"图片"工具栏上单击"设置图片格式"按钮，打开"设置图片格式"对话框，在"版式"选项卡中可以对图片的版式进行设置。

（3）设置图片大小。手动调节图片大小或利用鼠标拖动和利用"设置图片格式"对话框调整图片大小。

（4）调整图片位置。掌握利用鼠标拖动调整图片位置的方法。

（5）裁剪图片。掌握利用"图片"工具栏上的"裁剪"按钮裁剪图片的方法。

5. 制作艺术字。

通过对字符的格式设置，可将字符设置为多种字体，但这还远远不能满足文

字处理工作中对字形艺术性的设计需求。使用Word 2003提供的艺术字功能，可以创建出各种各样的艺术字效果。

（1）熟练掌握在文档中创建艺术字的方法。

（2）熟练设置艺术字版式的技能。

（3）熟悉调整艺术字位置。

（4）熟练设置艺术字填充效果。

（5）掌握设置艺术字阴影效果的方法。

6. 绘制填色"形状图形"点缀修饰页面。利用Word 2003（或WPS2013）的绘图功能，用户可以很轻松快速地绘制出各种外观专业、效果生动的图形来。绘制出来的图形可以调整其大小、旋转、翻转、添加颜色等。还可以将绘制的图形与其他图形组合，制作出各种更复杂的图形。

(1)绘制自己需要的图形形状。

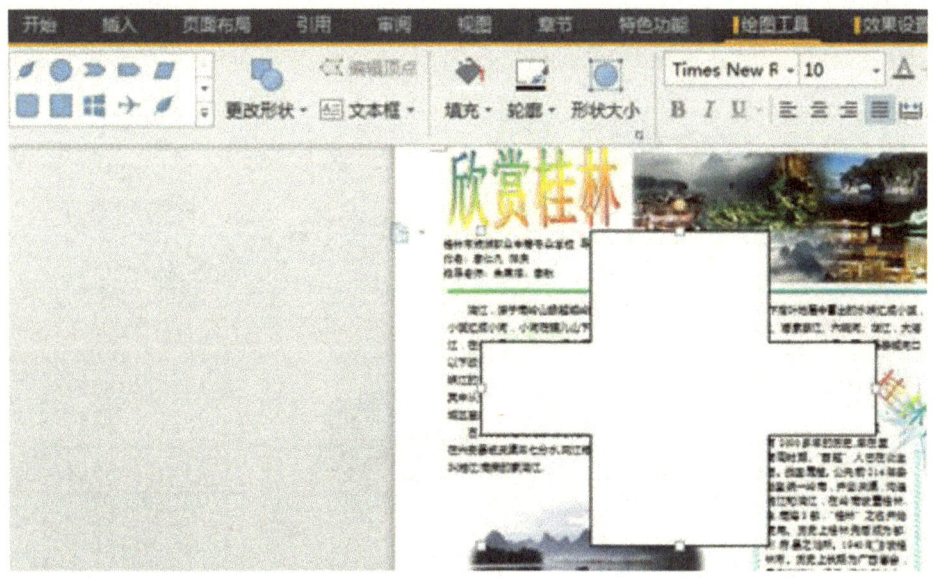

(2)选择"绘制工具"→"填充"→"渐变"命令,掌握设置形状图形填充效果中填充渐变色的方法。

第三章 字处理

（3）选择"双色"填充，样式为"中心辐射"。

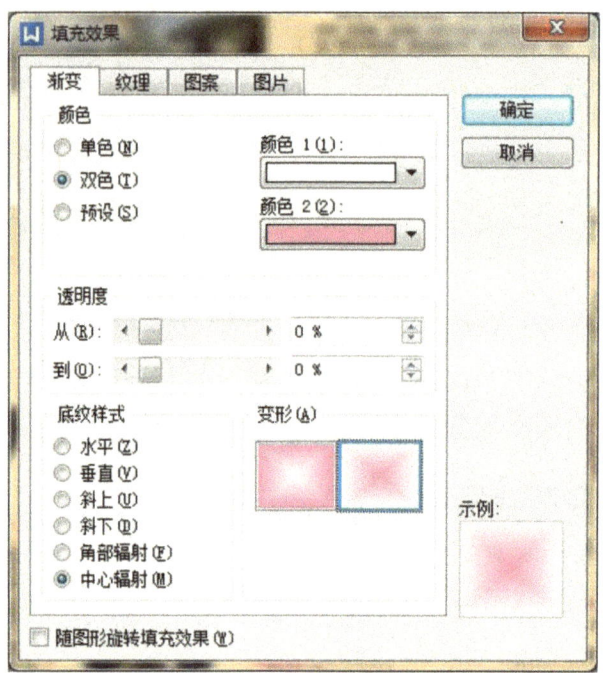

（4）点击"轮廓"按钮，选择"无线条颜色"，就可以去掉所选形状的边框。

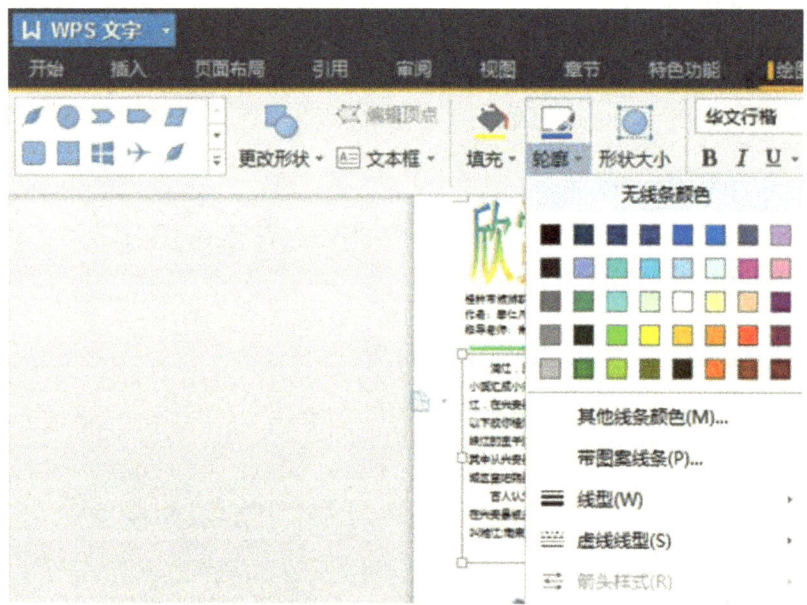

（5）调整形状的大小、叠放次序，摆放在合适的底层上。

（6）熟练掌握绘制各种形状以及多种填充效果的方法。

（7）保存你们的作品。

认真检查

重新检查你们设计制作的校园文化展板，看看它是否包含了下面的这些元素：

· 体现你们所在学校取得的成绩、文化理念、未来展望等相关的人物、活动、事物或事件有关的图片。

· 用艺术字制作的醒目标题、构架、主题。

· 展示板表现的学校名称。

如果其中有哪一个元素遗漏了，现在就把它加上去。此外你们还可以进一步完善作品。别忘了保存你们的辛勤劳动成果。

交流分享

在分享作品时，你们需要思考下列这些问题，以便在接下来的讨论中和大家一起探讨这些问题：

· 为什么要在展板中选择这些图片和文字？为什么说这些图片和文字最能代表你们学校的特点？覆盖面是否完整？

· 在设计展板的过程中你们都用到了哪些技能和技巧？遇到了哪些问题？你们是如何解决这些问题的？给你印象最深的是哪个技巧？及时将这些学习经验记录在《资源手册》中。

· 展板最难做的是哪一部分？你和你的同伴是如何克服这个困难的？

· 你们还想制作什么主题的展板？

单元16 使用表格组织旅游信息

任务导入

上海春秋旅行社有限公司桂林分公司导游接待通知书

团号:		组团社:		等级:标准 日	
人数:		餐标: 早: 含中:		晚: 早 正	
餐厅:					
地陪:		全陪:	司机:		车辆:
桂林住店:					
抵桂日期: 年 月 日			离桂日期: 年 月 日		
行程安排					
日期	早餐	上午	午餐	下午	晚餐	住宿
1/2						
1/3						
1/4						
1/5						
备注:						
客人名字: 身份证:						
经办人: 年 月 日						

· 143 ·

现代旅游信息技术运用

制订计划

使用表格可以组织和存储庞大的旅游信息，优化信息的存储结构，方便信息的加工处理，并直观呈现。

学习目标

技能1：会根据实例内容设计表格的行数和列数。

技能2：熟练使用自动制表功能快速绘制初表，使用手动制表窗口进一步调整、编辑和修改表格。

技能3：能熟练修饰表格。

动手操作

1. 输入标题"上海春秋旅行社有限公司桂林分公司导游接待通知书"。

2. 选择"插入"菜单中的"表格"工具，绘制表格。

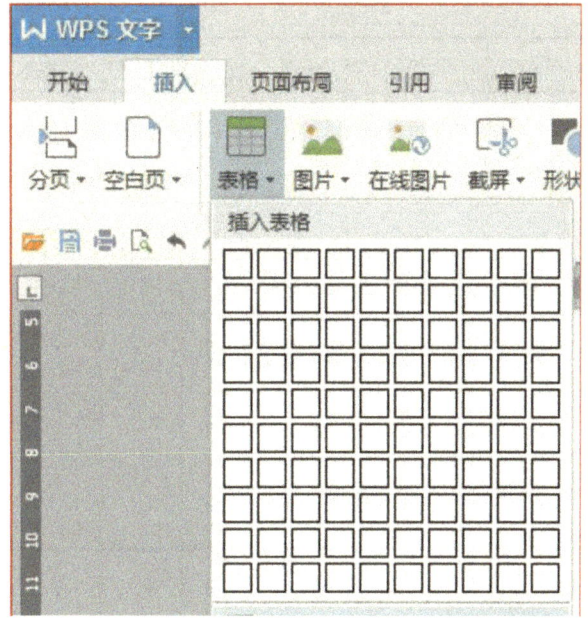

3. 选择"插入表格",生成4行、14列的表格。

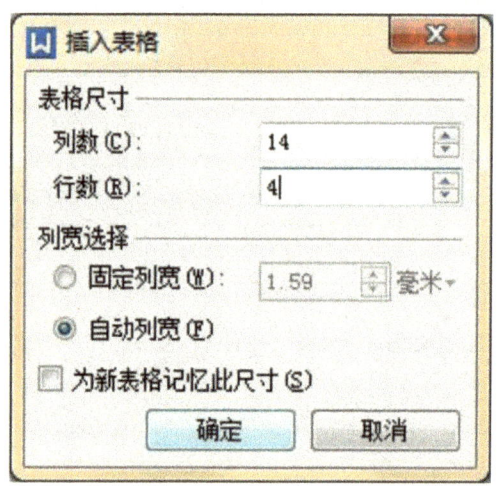

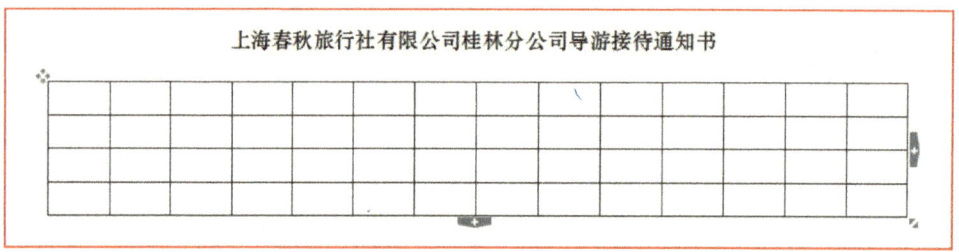

4. 调用表格菜单的"合并单元格"工具,调整表格。

(1)用鼠标选定两个以上的单元格,在"表格工具"菜单中选择"合并单元格"命令。

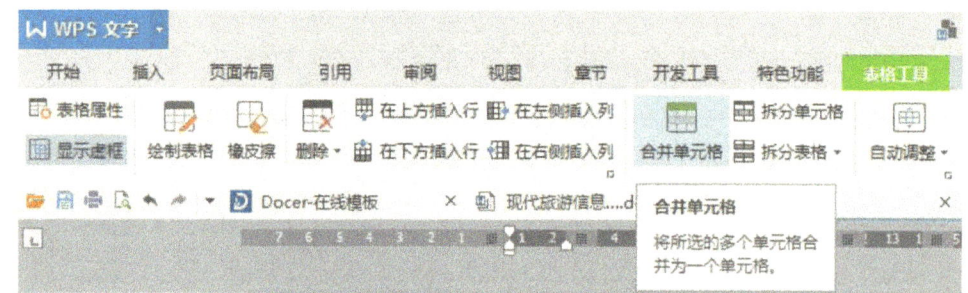

（2）按照案例需求，合并、调整单元格大小。

上海春秋旅行社有限公司桂林分公司导游接待通知书

（3）将光标置于表格中，选择"表格工具"菜单下面的"绘制表格"，在需要添加表格线的地方调用手动制表工具。

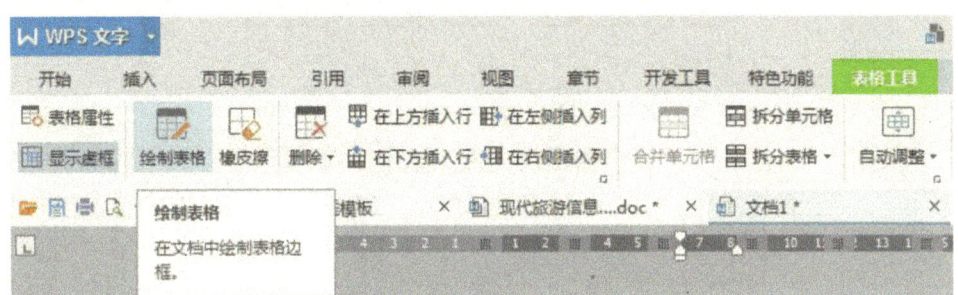

上海春秋旅行社有限公司桂林分公司导游接待通知书

第三章 字处理

（4）不想再绘制表格时，只需再次点击"绘制表格"按钮，即可退出"绘制表格"状态。

5. 在表格中输入文字。

上海春秋旅行社有限公司桂林分公司导游接待通知书							
团号：		组团社：			等级：标准 日		
人数：		餐标：早 含 中： 晚：					早 正
餐厅：								
地陪：		全陪：		司机：		车辆：	
桂林住店：						
抵桂日期：	年 月 日				离桂日期：	年 月 日	
行程安排							
日期	早餐	上午		午餐	下午	晚餐	住宿
1/2								
1/3								
1/4								
1/5								
备注 客人名字： 身份证：							
经办人：							年 月 日

 **认真检查**

重新检查你们设计制作的表格，看看它是否包含了下面的这些元素：

·显眼的标题。

·表格中待填写的内容是否留有足够位置。

·如何使表格中的"行程安排"部分列向分布均匀。

·行高和列宽是否合理美观。

如果其中有哪一个操作遗漏了，现在就把它加上去。此外，你们还可以进一步完善作品。别忘了保存你们的辛勤劳动成果。

交流分享

在分享作品时，你们需要思考下列问题，以便在接下来的讨论中能和大家进一步探讨这些问题：

· 结合专业课程，看看任务书涵盖的内容是否不足？如何增加、修改、删除单元格？

· 在设计制作表格的过程中你们都用到了哪些技能和技巧？遇到了哪些问题？你们是如何解决这些问题的？给你印象最深的是哪个技巧？及时将这些学习经验记录在《资源手册》中。

· 你们认为使用表格组织和呈现信息有什么优势？

· 通知书最难做的是哪一部分？你和你的同伴是如何克服这个困难的？

· 你们还想制作什么样的通知书？

第三章 字处理

单元17 文字处理、综合排版课程设计
——编辑制作行程单等旅游产品文档

案例：

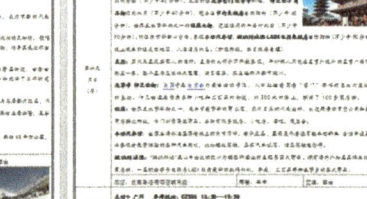

现代旅游信息技术运用

课程设计

（1）排版应用：旅游产品宣传展示。

（2）借鉴搜集的旅游会展宣传册或网络样式，小组协作完成。

第三章 字处理

认真检查

根据专业课程知识，填写行程单包含的要素：_____

_____

_____

交流分享

小组、师生评价作品，主要从五个方面，每个小组派一名代表讨论，进一步细化各模块的子项目，制定评分细则。

评价	得分
1. 主题明确	
2. 技术技巧性、协调性	
3. 艺术美感	
4. 小组展示团队协作性	
5. 创新性	

第四章

照片处理

现代旅游信息技术运用

单元18 色调调整

客人在旅游时通过照片记录美好的风景、趣事、心情……有时候受天气和季节以及室内外光线对照片的影响，会为游客带来旅游的遗憾。帮助客人对照片进行色调处理，可以让客人的照片更完美，为客户提供贴心的服务，与客户建立信任和良好的关系。

制订计划

现在，为你的客户的照片调整亮度和对比度，效果应该就像正常或者相对均匀的光线下的照片一样。先看看下面的样例：

春节要到了，选择在此时出游的人越来越多了。冬季出游很多人都会到温暖宜人的南方感受彩色的冬天。而旅行时大家也总会必备相机，以便及时记录途中遇到的好风景。一路拍摄下来，我们会发现相机拍摄的效果与肉眼看到的有偏差，宜人的风景在相机里略显失色。那就快来用"美图秀秀"进行后期修复，轻松还原风景原本的瑰丽吧！首先来看下对比图（见图18-1）。

经"美图秀秀"处理过的照片恢复了亮丽的色彩，这样的风景照无论是放在相框里还是做桌面壁纸都很合适哦！

认真思考下面的问题，和同伴讨论你们的想法，把想法写在《资源手册》上，这些对你们将要进行的活动会很有帮助。

· 你们到哪里旅游过？对哪次旅游的印象最深刻？怎样来记录你们旅游的美好记忆，有遗憾的照片你们是怎么处理的？

第四章 照片处理

图18-1

·每一张照片你们都照得很成功吗？照片的后期制作对记录你美好的人生有何帮助？

·与游客沟通的方式通常有几种？在旅游过程中如何为游客提供多方面良好服务？

·还有什么软件可以调整照片的色调？

在动手操作之前，你们要根据案例的格式和要素概要，阅读"动手操作"阶段中的操作步骤提示。

为了更好地完成这一任务，你们需要了解和掌握以下几组技能的内容：

- 技能1：了解"美图秀秀"软件，认识界面窗口
- 技能2：熟练基本的操作面板——缩放图片、撤销操作
- 技能3：熟悉"基础特效"的几种常用效果，调整图片色调

 **动手操作**

1. 在软件中打开原图后，选择"美化图片"。
2. 点击左边菜单中的"基础"按钮，调整图片的亮度和对比度。

3. 选择菜单右边特效窗口中的"基础-去雾"特效，增强图像的通透感。

4. 选择"基础-全彩"特效，还原风景照中的好天气。

5. 选择"人像-粉嫩系"特效，让照片呈现暖色调。

6. 然后选择"人像-小清新"特效，使照片的色调更宜人。

7. 最后选择"人像-冰灵"特效，将透明度设为35%，整个风景照的美化过程就完成啦！

第四章 照片处理

最后再来看看美化后的效果图：

色彩清新的风景照就这样制作好了。同学们在自己制作的时候，可以根据风景的意境和自己的喜好，尝试不同的特效叠加和设置透明度。喜欢这个效果的你，也赶快试一下吧，最后记得保存你们的作品。

 认真检查

重新检查你们编辑制作的照片，看看它是否光线自然，调整痕迹是否明显。如果其中有哪一个元素忽略了，现在就把它加上去。此外，你们还可以进一步完善作品。

 交流分享

在分享作品时，你们需要思考下列问题，以便在接下来的讨论中和大家一起

·159·

探讨这些问题：

·处理照片的过程中你们都用到了哪些技能和技巧？遇到了哪些问题？你们是如何解决这些问题的？给你印象最深的是哪个技巧？及时将这些学习经验记录在《资源手册》中。

·你们认为在美图秀秀软件在调整色调时基础特效中有几个特效比较实用？分别适用于什么效果？

·调整照片色调最难做的是哪一部分？你和你的同伴是如何克服这个困难的？

·尝试将风景照制作成春、夏、秋、冬鲜明特色的效果。

·你们还想利用什么样的调光效果来制作艺术化照片，试着上网搜集和学习一些进阶作品。

第四章 照片处理

单元19 照片抠图，换背景

在旅游过程中因为某些突发事情错过了一些风景，没有在最有纪念意义或标志性的风景前留下美丽的倩影，或者没能和旅途中的好友来一张合影。如果能移花接木，合成人物和背景照片，将使美好的旅游更加圆满。

任务导入

换背景后

上面两幅图片的背景不同，人物来自一张照片。

现代旅游信息技术运用

制订计划

在照片中添加人物，将游客的单人照添加到风景照中或合影照中，效果应该就似"移花接木"。先看看下面的样例：

认真思考下面的问题，和同伴讨论你们的想法，把想法写在《资源手册》上，并在《资源手册》上写出用美图秀秀来抠图的基本步骤（用文字描述步骤），这些对你们将要进行的活动会很有帮助。

·你们到某地旅游时，记录的照片是否完整？是否因为没有在哪里留影，或者在哪里拍的照片表情不够理想破坏了整个画面，而留下了遗憾？

·你们每一张照片都抓拍得很成功吗，自然、动人的表情和美丽的山水合一对于一次美好旅游的意义何在？

·还有什么软件可以达到移花接木的效果？制作的效果以什么为评价标准？

在动手操作之前，你们要根据案例的格式和预期达到的目标，自习阅读"动手操作"阶段中的操作步骤提示。

为了更好地完成这一任务，你们需要了解和掌握以下几组技能的内容：

·技能1：熟练操作抠图工具。

·技能2：调整对象大小、裁剪照片。

·技能3：熟练调整合成照片的色调。

1.首先运行"美图秀秀"软件打开照片。

第四章 照片处理

2. 点击"场景"中的"抠图"工具,选择"抠图换背景"功能。

· 163 ·

3. 选择"手动抠图"。调整图像显示比例，使物体轮廓更清晰，按窗口左上角提示，对图中人物轮廓做"描边"处理。

4. 大家可以调节各个节点的位置以使抠出来的图片更加完美哦。

5. 轮廓描边成闭合曲线时，描边完成。此时轮廓边线会出现若干圆点，这些圆点都可以调节，弥补刚才因为手的抖动使轮廓线不够贴合。调节圆点，使轮廓线更完美，完成第一次抠图。

6. 调整抠出人物的羽化半径，使轮廓虚化，使下一步与新背景融合更自然一些。

7. 由于一次抠图效果不够理想，可以进行多次抠图。

8. 由于需要保留的部分是人物，选择"反选"，然后调整第二次抠出部分的羽化系数，完成第二次抠图。

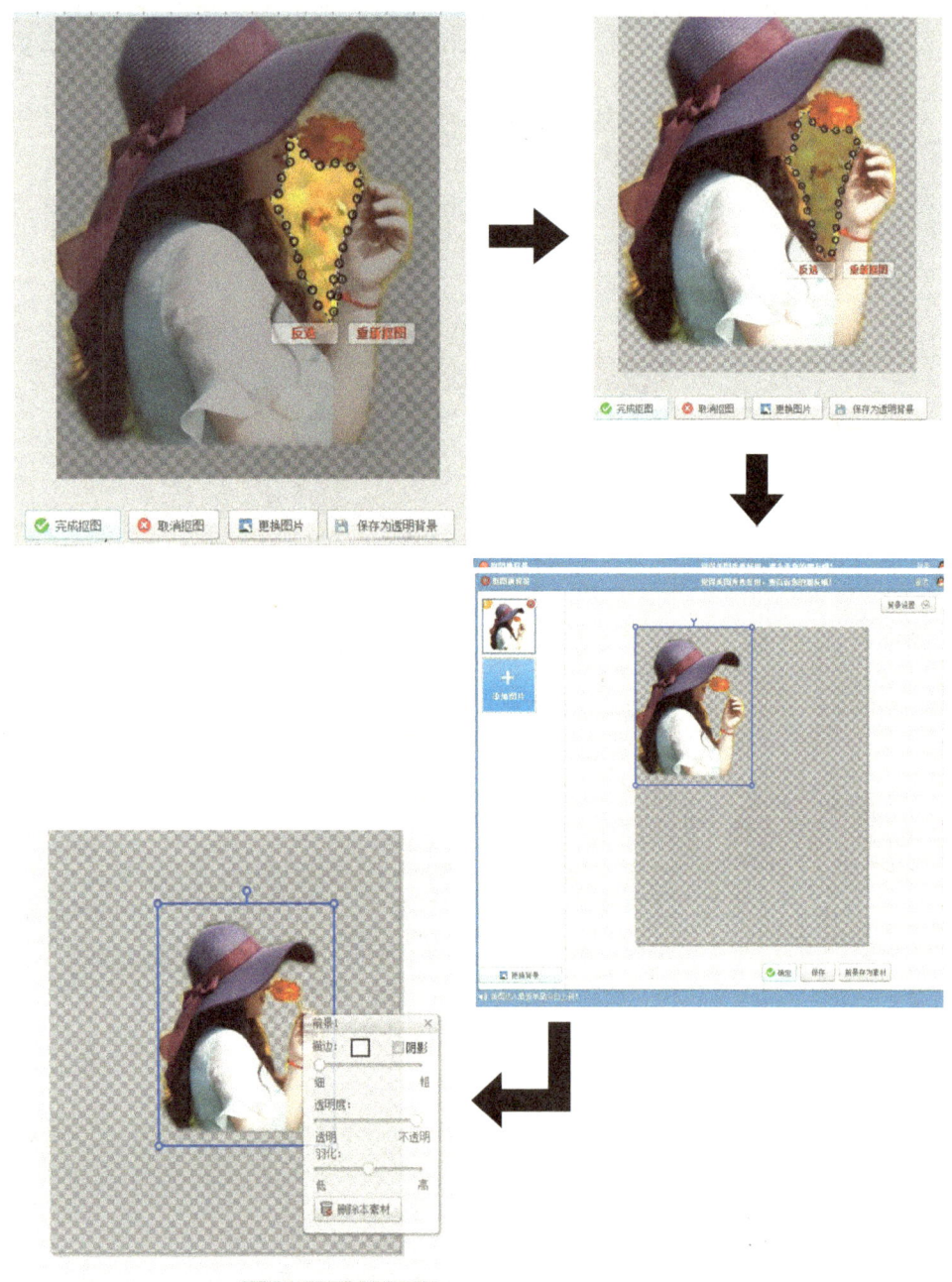

9. 选择右边窗口背景库中满意的背景图，还可以选择左下角的"更换背景"，更换为你指定的任意场景哦！

10. 换了背景后，调整好前景的大小比例摆放位置，点击"保存"按钮，就可以直接保存做好的图片啦。

小贴士

美图秀秀新版本有四种抠图方式（自由抠图、圆形抠图、矩形抠图、圆角矩形抠图）供大家选择，操作对比一下，看看各有什么特点。

认真检查

重新检查你们编辑制作的照片，看看它是否包含了下面的这些元素：

· 能体现设计意图的人物、地方、事物或事件。

第四章 照片处理

・调整后的前景图和背景图的光线和色调自然协调，调整痕迹不明显。

・大小、透视效果自然，人物和背景自然融合。

如果其中有哪一个元素被忽略了，现在就把它加上去。此外，你们还可以进一步完善作品。别忘了保存你们的辛勤劳动成果。

 **交流分享**

在分享作品时，你们需要思考下列问题，以便在接下来的讨论中和大家一起探讨这些问题：

・处理照片的过程中你们都用到了哪些技能和技巧？你遇到了哪些问题？你是如何解决这些问题的？给你印象最深的是哪个技巧？及时将这些学习经验记录在《资源手册》中。

・抠图描边后轮廓线的若干圆点有什么作用？羽化轮廓有什么作用？

・合成照片最难做的是哪一部分？你和你的同伴是如何克服这个困难的？

・你们还能想到和制作出什么样"移花接木"效果的照片？

单元20 消除抢镜杂物、提升画面美感

　　走进大自然，轻嗅着迷人的花香，呼吸着清新的空气，目光所及都是宜人的景致，这就是旅游带给人的惬意。我们在旅游时，会将所见的美景悉数收进相机镜头留念。可是在一些风景照中，总有些杂物抢镜，大大降低了画面的观赏性，如果能去掉这些杂物就再好不过了!现在我们就来学习如何利用"美图秀秀"轻松去除杂物，让画面更具美感（如图20-1所示）。

去除电线杆后

图20-1

第四章 照片处理

制订计划

用"消除笔"消除抢镜杂物,操作起来比较简单。同学们要在操作中体会操作技巧,特别是消除比较大的物体时,需要反复操作和体会,熟练掌握各项技巧,以提高照片处理的质量和效率。

技能1:熟练使用消除笔消除抢镜杂物。

技能2:进一步熟练调整照片的光和色调。

动手操作

去除碍眼的杂物,再微调色彩,风景画面效果是不是大不一样了?快来看看这一切都是怎么做到的吧。

1. 在"美图秀秀"操作界面打开待处理的照片,进入"美化"菜单,点击"消除笔"(如图20-2所示)。

图20-2

2. 选择合适的画笔大小后,调整照片显示比例,将需要涂抹的部分放大显示,便于细致操作。涂抹有杂物的地方,只需等待几秒即可去除杂物。若杂物过大或者有多个杂物,要小区域分开消除(如图20-3所示)。

图20-3

3. 多用几次消除笔,直到完美消除这些杂物,点击"应用"按钮后退出编辑界面(如图20-4所示)。

图20-4

4. 然后进入"美容"菜单，点击"消除黑眼圈"功能的"取色笔"，也就是用局部图章功能来处理消除笔后一些"不自然的细节"部分，比如这里的路面和草丛连接处，可以用画笔在周围取色，调至100%透明度的画笔来掩盖不自然的地方（如图20-5所示）。

图20-5

5. 最后，返回"美化"菜单，点击"LOMO"分类，选择"反转色"特效，并调节透明度，点击"确定"按钮，再微调"亮度"，即可完成调色。整个操作就大功告成啦！

认真检查

重新检查你们设计制作的照片，看看它是否协调自然，进一步完善作品。

交流分享

在分享作品时，你们需要思考下列问题，以便在接下来的讨论中和大家一起

探讨这些问题：

· 处理照片的过程中你们都用到了哪些技能和技巧？遇到了哪些问题？你们是如何解决这些问题的？给你印象最深的是哪个技巧？及时将这些学习经验记录在《资源手册》中。

· 调用美容里面的"消除黑眼圈"功能不仅对美化人像有用，还能运用到风景图片处理中。大家都来尝试一下，看看有什么效果。

· 消除杂物最难做的是哪一部分？你和你的同伴是如何克服这个困难的？

· 你们还能制作什么特效的照片？

第五章

旅游电子商务基础

旅游业被认为是对因特网敏感度最强的产业之一，旅游电子商务企业主要业务范围包括提供旅游信息、在线预订服务、客户服务、代理服务、旅行线路及商旅实用信息查询检索等。

制订计划

学习目标

1. 理解旅游电子商务的概念。
2. 了解旅游电子商务的功能。

实践目标

1. 学会在网络中搜寻符合自己需要的旅游电子商务网站。
2. 能自己动手在旅游电子商务网站操作完成需要的功能。

旅游电子商务基础

（一）什么是旅游电子商务

旅游电子商务是指以网络为主体，以旅游信息库、电子化商务为基础，利用先进的电子手段运作旅游业及其分销系统的商务体系。旅游电子商务为旅游业（包括旅游参与者和经营者等）提供了一个互联网交互的平台。

旅游电子商务平台是专业的旅游买卖电子交易市场，汇聚了大量的游客客源、旅游企业及旅游相关行业企业，这个平台将旅游行业进行了细分，精致打造，为游客提供了专业的旅游服务。其强大的资源数据库、交易功能及多种游客出游必备的查询功能，汇聚了大量的旅游业从业者和出游者，平台按期发布旅游咨询、询价信息、线路报价信息、寻找合作伙伴等旅游相关信息，拥有庞大的客流，是旅行社等在网上开店展示、宣传及销售的最佳窗口。

第五章 旅游电子商务基础

（二）旅游电子商务网站的分类

旅游电子商务网站可以提供比较全面的涉及旅游中食、住、行、游、购、娱等方面的网上资讯服务。

按照旅游不同的侧重点可以分为以下六种类型：

（1）旅游供应商自建型网站。

（2）旅游中介商主导型网站。

（3）地区性旅游网站。

（4）政府背景类网站。

（5）专业化旅游信息提供型网站。

（6）门户网旅游频道网站。

从服务功能看，旅游网站的服务功能可以概括为以下三类：

（1）旅游信息的汇集、传播、检索和导航。

（2）旅游产品（服务）的在线销售。

（3）个性化定制服务。

（三）旅游电子商务特性

旅游产品在市场经营活动中以信息形态方式表现。网络信息技术对旅游业的这种信息形态发展注入了新的力量。旅游业和互联网资源经技术创新后融合成的旅游网站，使传统的旅游运作方式得到极大的改善，并创造出了新的产品价值。它充分利用了网络资源的优势，互动、开放、动态、整合各地旅游资源，不受时空限制。同时还利用了电子商务的模式，通过架构在旅游商务网站平台上，使交易操作程序简便，交易环节兼并压缩，交易成本大幅节省，交易的效果也将变得非常显著。

（四）旅游电子商务特性

具体说来，旅游电子商务的特性有：

（1）聚合性。

（2）有形性。

（3）服务性。

（4）便捷性。

（5）实惠性。

（6）个性化。

单元21 旅游电子商务初体验

任务导入

欧阳逍遥是旅游专业一年级的学生，即将暑假，他和同学们想借此机会出去游览一下祖国的大好河山。但是因为景点繁多，费用不一，而他们的经济能力有限，能不能迅速找到让他们觉得价有所值的旅游景点，并安排好相关的行程和路线，解决住宿和吃饭问题呢？于是他们想到了上网，但是旅游网站众多，通过网络到底能不能帮助他们获得中意的方案呢？

任务分析

欧阳逍遥的想法就是利用互联网去实现旅游计划和安排，这是旅游电子商务的一个典型应用，那么到底该如何实施这个任务呢？国内的旅游网站众多，各具特点，风格不一，那又该如何选择呢？俗话说：货比三家不吃亏，欧阳逍遥可以选择几家有特点的旅游网站进行比较，看看彼此的推荐方案和价格。不仅如此，很多网站还有景区的三维动画和视频，非常直观。另外，很多驴友的旅游评价可以帮助甄别出货真价实的旅游景点、线路和酒店等，帮你做好旅游前的功课，有

第五章 旅游电子商务基础

了这些建议，你有信心帮助欧阳逍遥实现他的任务了吧。

经过认真的思考和研究后，欧阳逍遥开始上网亲自体验旅游电子商务的实际功能，实现他和同学们旅游的梦想。

1. 确定旅游网站：要找就找最好的网站，欧阳逍遥在百度（www.baidu.com）输入搜索关键字"旅游网"，找到携程、去哪儿、蚂蜂窝、驴妈妈、途牛……

2. 登录旅游网站并注册成会员。

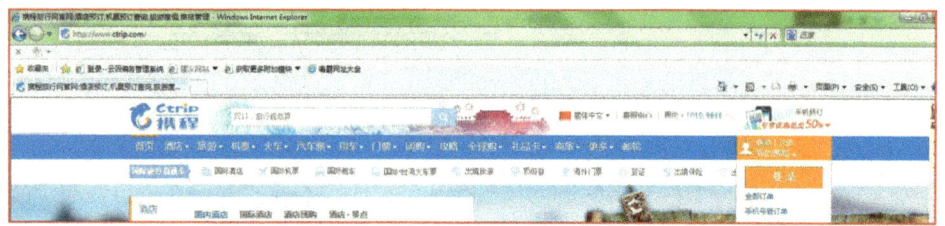

3. 查询目的地：选择"目的地探索"这个栏目，去寻找旅游理想的目的地。

·179·

4. 对目的地进行网上旅游考察。

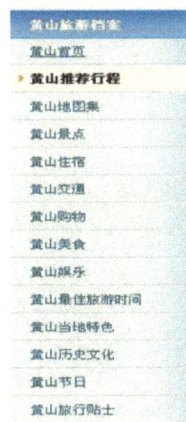

5. 目的地的住宿安排。

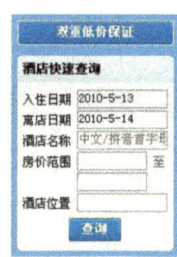

认真检查

重新检查你们设计制作的旅游攻略，看看它是否包含了完整的旅游元素。

1. 设计制作黄山二日游旅游攻略，包括旅游住宿预订，景点介绍，旅游特产，美食等，以及其他信息如天气等，下载并保存。

2. 设计制作三亚三日游旅游攻略……

如果还有其哪些元素遗漏了，现在就把它加上去。此外，你们还可以进一步完善作品。

第五章 旅游电子商务基础

 **交流分享**

旅游电子商务出现之前，是怎样设计旅行计划、完成采购操作的？

结合生活中以及专业课程知识，你会使用哪些电子商务网站，从计划、预算、实施、付款……各个环节，为旅行提供建议？有哪些心得和技巧？

第六章

电子商务采购服务

现代旅游信息技术运用

对计调而言，降低成本与质量控制是计调岗位的两大核心。必须在保证团队有良好的运作效果的前提下，在不同行程中编制出一条能把成本控制得最低的线路。通常比较重要的预订工作包括交通预订、客房预订、餐饮预订。

旅游过程中最常用的交通工具有飞机、火车、轮船、汽车等。为了合理地安排行程，选用哪种交通工具显得尤为重要。旅行团行程确定后，组团社计调人员应根据旅行团的预算金额、出行方式合理安排往返交通工具。若为飞机或火车出行，应了解旅游者和航班、列车等信息的基础上，及时订妥合适的航班和列车；如需旅游车接送，应根据旅游团人数向汽车公司预订旅游车。网络电子商务系统以高效、准确、便捷的优势成为采购航空服务、铁路服务、水路服务、公路服务的首选。

单元22 采购航空服务

现在，先看看下面的旅游团航空采购需求：

2003年1月27日从桂林出发，到三亚旅游，航空采购机票，出票16张。

第六章 电子商务采购服务

制订计划

认真思考下面的问题，和同伴讨论你们的想法，把想法写在《资源手册》上，并在《资源手册》上用文字描述网上遴选航班的理由和网上预订航班的步骤等，这些对你们将要进行的活动会很有帮助。

- 作为大众旅游时期远程旅行方式之一，航空服务的主要优点是？
  A. 安全　　B. 快速　　C. 舒适　　D. 干净　　E. 可以吃东西

- 一般而言，旅行社选择航空公司主要考量以下哪些因素：
  A. 机票折扣——竞争力　B. 机位数量——是否满足　C. 工作配合度
  D. 付款方式　　　　　　E. 航班密度　　　　　　F. 各地联络网络方便与否

- 常用的综合旅游搜索引擎有哪些？列举四个。
- 航空公司在线旅游服务与旅游搜索引擎服务有什么不同？分别适用何种情况？
- 航空采购应该核实哪些信息？信息分别的含义是什么？
- 公布票价和折扣票价是指什么？如何购买价格较低的折扣票？（购买时间？购票网？）

在动手操作之前，你们要根据案例的格式和要素概要，自习阅读"动手操作"阶段中的操作步骤提示。

为了更好地完成这一任务，你们需要了解和掌握以下几组技能的内容：

- 技能1：熟悉常用的旅游搜索引擎，并熟练操作。
- 技能2：熟悉航空采购的流程并提供完整的出票信息。
- 技能3：知道如何遴选和设计航空计划。
- 技能4：懂得设计备选方案，并提供选择理由。

现代旅游信息技术运用

动手操作

1. 打开旅游搜索引擎。

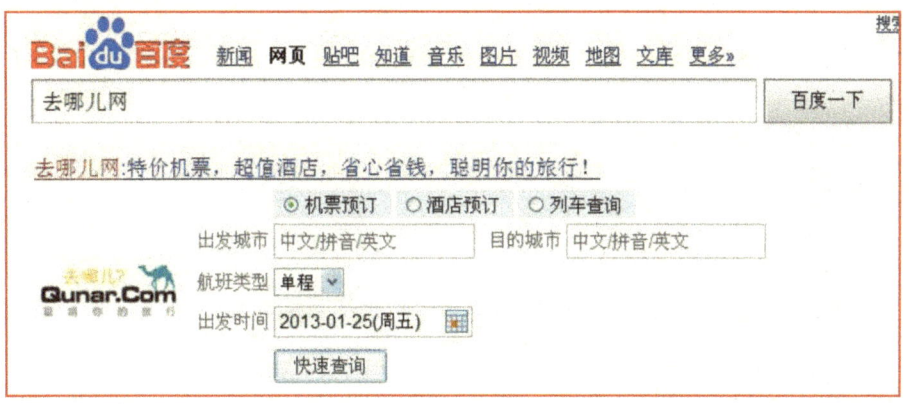

2. 填写"窗口"中的出发城市、到达目的地、日期等信息。

3. 确认信息后点击 搜索 确定。

第六章 电子商务采购服务

4. 查看航空公司票务信息。

挑战

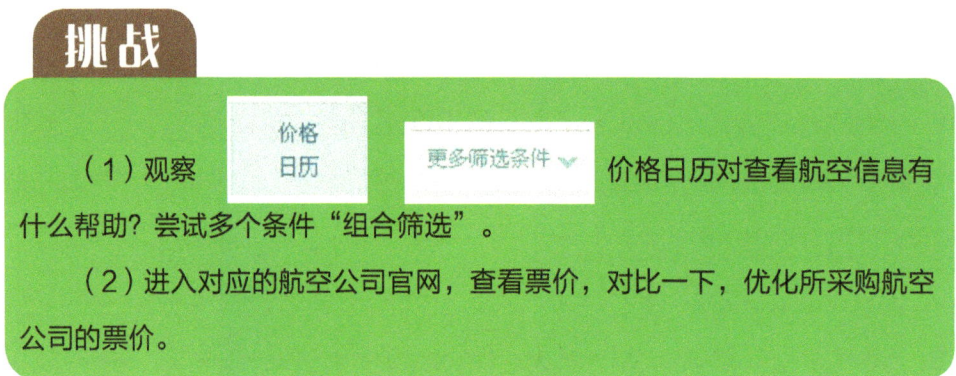

（1）观察 价格日历 更多筛选条件 价格日历对查看航空信息有什么帮助？尝试多个条件"组合筛选"。

（2）进入对应的航空公司官网，查看票价，对比一下，优化所采购航空公司的票价。

5. 保存你们收集的航空采购信息，整理排版后提交。

现代旅游信息技术运用

 **认真检查**

重新检查你们收集的航空采购信息，看看其是否包含了下面这些元素：

·航班、航班号、机型、直达（经停）、舱位等级、票价。

·对比一下用其他旅游搜索引擎搜索到的信息，查看自己收集到的是否是最低折扣。

·电子客票须出票，用作财务票据凭证。备注提醒全陪现场打印客票，并提醒再次认真核对机票上的姓名、航班、起飞时间、票价金额、前往目的地等内容。

如果其中有哪一个元素遗漏了，现在就把它加上去。此外，你们还可以进一步完善作品。别忘了保存你们的辛勤劳动成果。

 **交流分享**

在分享作品时，你们需要思考下列问题，以便在接下来的讨论中和大家一起探讨这些问题：

·完整的航空采购信息应包含哪些内容？

·购买到低折扣的机票有哪些技巧？

·在完成航空采购任务时你们都用到了哪些技能和技巧？遇到了哪些问题？你们是如何解决这些问题的？给你印象最深的是哪个技巧？及时将这些学习经验记录在《资源手册》中。

·为什么旅游搜索引擎是计调、全陪、接待的好工具？

·采购航空最难做的是哪一部分？你和你的同伴是如何克服这个困难的？

·设计、尝试"另一条线路"的航空采购，并实际操作完成。

·计调部根据旅游接待预报计划进行航空采购时，航空公司无规定时段的航班，怎么处理？

第六章 电子商务采购服务

单元23 采购铁路服务

现在，先看看下面的旅游团采购铁路需求：

2015年11月25日从桂林出发，到昆明旅游，停留两天，采购铁路，出火车票16人（往返*2）=32张。

购买硬、软卧铺火车票的方式有多种，其中，在中国铁路客户服务中心官网直接购买是最高效、直接的。

制订计划

认真思考下面的问题，和同伴讨论你们的想法，把想法写在《资源手册》上，并在《资源手册》上用文字描述网上遴选列车车次的理由和网上预订火车票的步骤等，这些对你们将要进行的活动会很有帮助。

（1）乘坐火车的优点：

A.价格便宜　　　B.沿途可以饱览风光

B.可以随时下车玩　D.在包价产品中具有竞争力

（2）火车客票按价格分类分为软卧、_____、_____三种，按运输分类分为普快、_____、_____等。

·189·

（3）火车票官网网址：_____（防钓鱼）

（4）火车票官网服务与旅游搜索引擎服务有什么不同？

（5）采购火车票应该落实哪些信息？

为了更好地完成这一任务，你们需要了解和掌握以下几组技能的内容：

· 技能1：熟悉"中国铁路客户服务中心"电子商务平台，并熟练操作。

· 技能2：熟悉"火车票硬、软卧铺"的采购流程，并提供完整的出票信息。

· 技能3：知道遴选和设计列车车次、上车站点、下车站点的计划。

· 技能4：懂得设计备选方案，并提供选择理由。

制订计划

1. 打开中国铁路客户服务中心官网。

第六章 电子商务采购服务

2. 点击进入 客运服务 "用户登录"窗口。

3. 第一次登录的客户需要新用户注册。

4. 阅读服务条款。

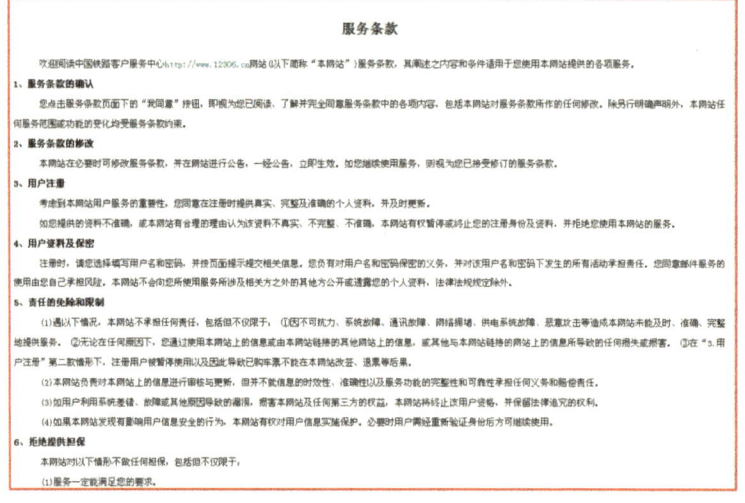

5. 在"新用户注册"窗口填写相关信息。

6. 登录进入"客运服务"的"车票预订"窗口。

第六章 电子商务采购服务

7. 填写查询信息。

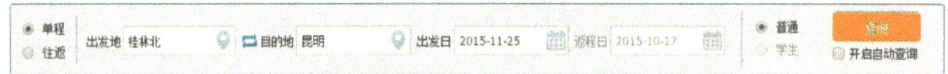

8. 显示并查看"软卧、硬卧"等余票信息。

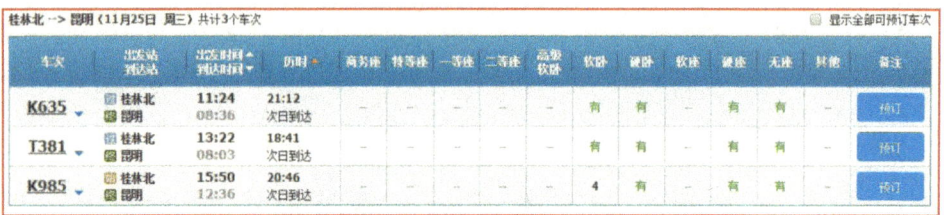

9. 点击相应车次右边的"预订"按钮，进入订票流程。

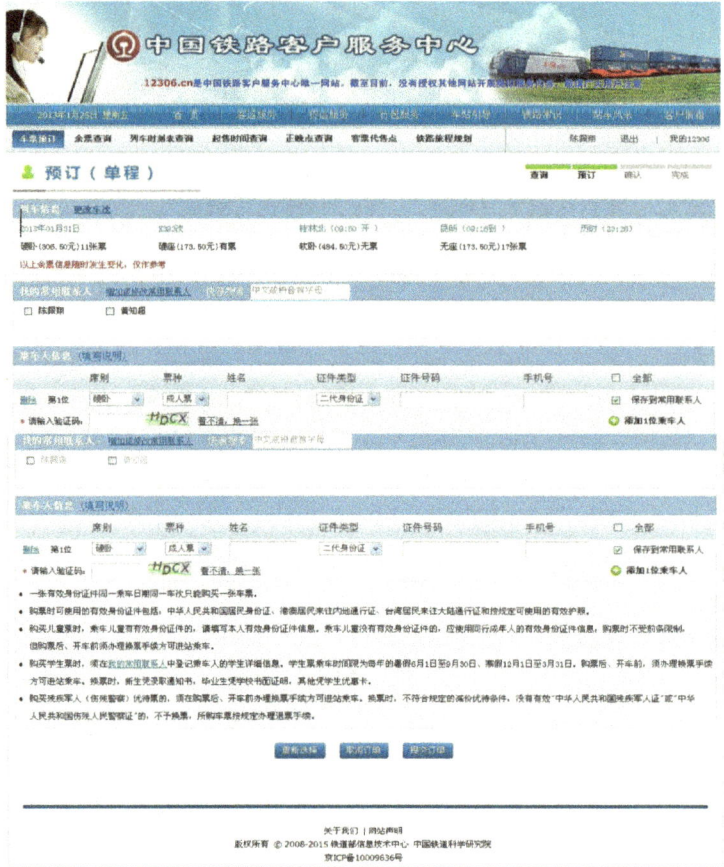

·193·

10. 信息填写完毕后"提交订单"。

11. 使用网银支付订票款（时间限制）。

12. 订票成功后核对信息：短信确认列车车次、时间、姓名等信息。

认真检查

重新核查火车票订购信息，看看其是否包含了下面这些元素：

· 列车车次，出发站，到站名称，姓名，发车时间，座次等级……

· 备注提醒：需备注提醒全陪提前到火车站打印客票，并再次认真核对火车票上的乘车人的姓名、票价金额、前往目的地等内容。

别忘了保存你们的辛勤劳动成果。

交流分享

在分享作品时，你们需要思考下列问题，以便在接下来的讨论中和大家一起探讨这些问题：

· 中国铁路客户服务中心与旅游搜索引擎提供的火车票代购服务有什么区别？

· 如何把握余票信息更新时间段，想想如何提高火车票订购的成功率？

· 在预订火车票时你们遇到了哪些问题？你们是如何解决这些问题的？给你印象最深的是哪个技巧？及时将这些学习经验记录在《资源手册》中。

· 预订火车票服务最难做的是哪一部分？你和你的同伴是如何克服这个困难的？

· 设计、尝试"另一条线路"的预订火车票，并实际操作完成。

第六章 电子商务采购服务

单元24 采购住宿服务

旅游团的大交通票务预订成功后,可以进行下一步的客房预订工作了。应该依据交通票的具体时间,准确确定预订客房的入住日期。

> 2013年1月27日从桂林出发,到贵州旅游,首站到贵州"兴义站",预订"兴义市"的两天住宿,团队人数为16人,计8间标准间。

 制订计划

认真思考下面的问题,和同伴讨论你们的想法,把想法写在《资源手册》上,并在《资源手册》上用文字描述网上遴选酒店的步骤等,这些对你们将要进行的活动会很有帮助。

· 依据旅游团经费预算,设计酒店方案。按酒店分类有商务酒店、度假酒

店、会议酒店、旅游酒店等5个等级。

·依据交通预订时间安排团员的入住时间和退房时间。

·了解入住酒店的酒店安全、同级备份、房况、酒店销售配合、房价以及结算方式。

·使用旅游搜索引擎预订酒店。

·采购客房服务应该落实哪些重要细节？

A. 地段交通便利否　　B. 是否安静　　C. 含早否　　D. 是否漂亮

D. 卫生条件　　　　　E. 室内用具　　F. 房间大小　　G. 服务水准

为了更好地完成这一任务，你们需要了解和掌握以下几组技能的内容：

·技能1：熟练使用旅游搜索引擎查询、预订、评价酒店，进行住宿采购。

·技能2：熟悉订房流程，并提供完整的客房信息。

·技能3：知道配合旅游时间和行程遴选、设计住宿计划。

·技能4：懂得设计备选方案，并备注选择理由。

动手操作

1. 打开旅游搜索引擎，填写相关信息。

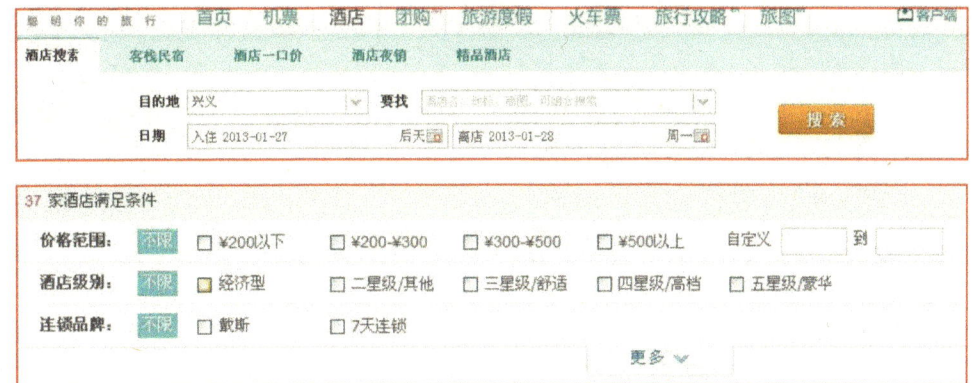

2. 查看酒店地图、评价、房况等信息，遴选酒店，确定后查看酒店详细信息，完成预订。

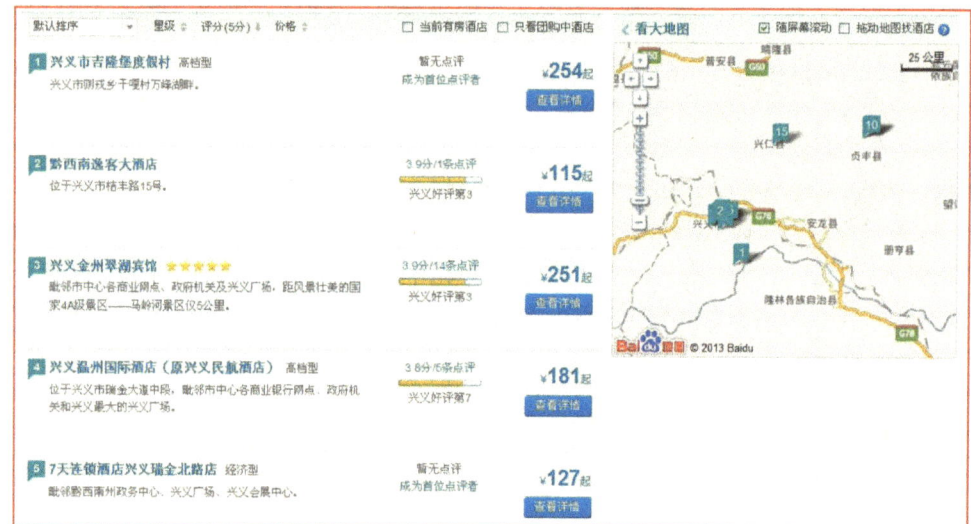

3. 依酒店要求结算房款，保存采购信息。

认真检查

重新核查记录下来的订房信息，是否与行程相匹配，并核实信息的完整性。别忘了保存你们的辛勤劳动成果。

交流分享

在分享作品时，你们需要思考这些问题，以便在接下来的讨论中和大家一起探讨这些问题：

· 遴选客房应从哪几方面考虑？

· 采购住宿服务应收集哪些信息？分别有什么作用？

· 采购住宿服务最难做的是哪一部分？你和你的同伴是如何克服这个困难的？

· 设计、尝试"另一条线路"的采购住宿服务，并实际完成操作。

第七章

Excel电子表格

现代旅游信息技术运用

单元25 Excel入门

教学内容：Excel工作界面认识，了解Excel。

知识目标：认识Excel的工作界面，了解Excel的启动、退出程序。

能力目标：会填写表格；会设计表格。

情感目标：培养学生的信息素养，培养学生学习信息技术的浓厚兴趣。

教学重难点：编辑工作簿。

教学方法：任务驱动法、合作学习法、自学法。

设计理念：

1. 体现信息技术学科特点，具有操作性、实践性、趣味性、综合性等。

2. 体现以学生为主体、以教师为主导，培养协作和解决问题的能力。

制订计划

激发兴趣、布置任务：

同学们，你们在旅游之前都要考虑什么问题？如果是自己带团，从接团到送客，你们会接触各类表格，比如：报价表、计划表、派团表、行程单、派车表、报账表等。每一种表格都有自己的格式，自己的内容，为了更好地做好导游工作，我们需要学会用表格来完成各项计划。这节课，让我们用表格来记录旅游的开支，做个能干的"小管家"。

为了更好地完成这一任务，你们需要了解和掌握以下几组技能的内容：

·技能1：了解Excel工作窗口的组成部分。

第七章 Excel电子表格

- 技能2：了解工作簿文件的扩展名以及工作簿与工作表的关系。
- 技能3：创建、编辑和保存工作簿。

1. 启动Excel

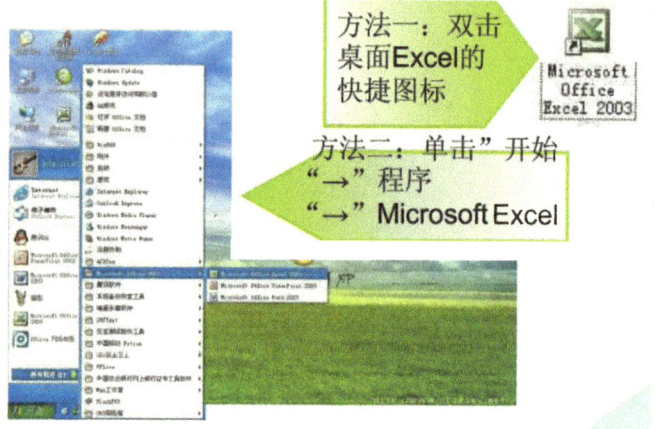

方法一：双击桌面Excel的快捷图标

方法二：单击"开始"→"程序"→Microsoft Excel

2. 认识Excel工作界面及单元格。

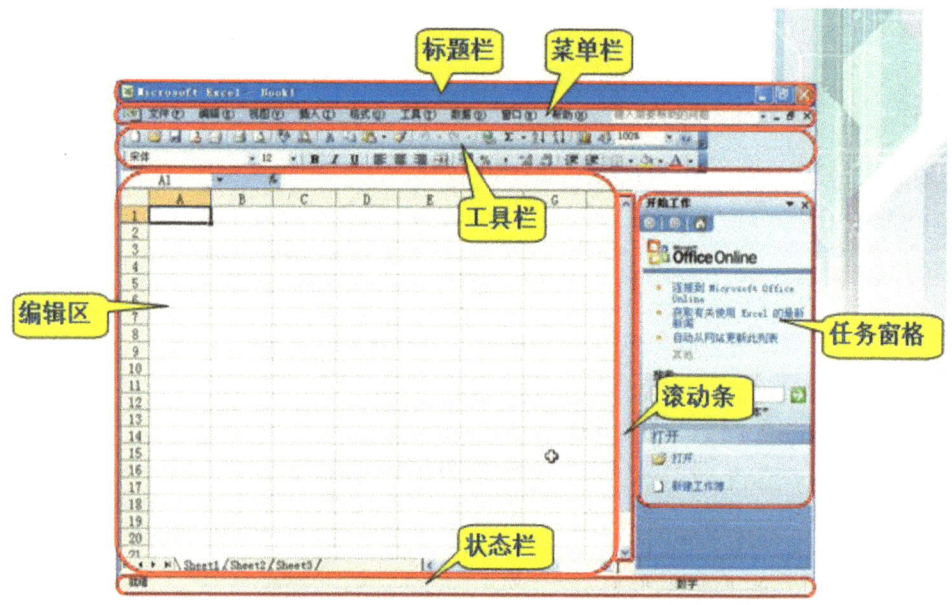

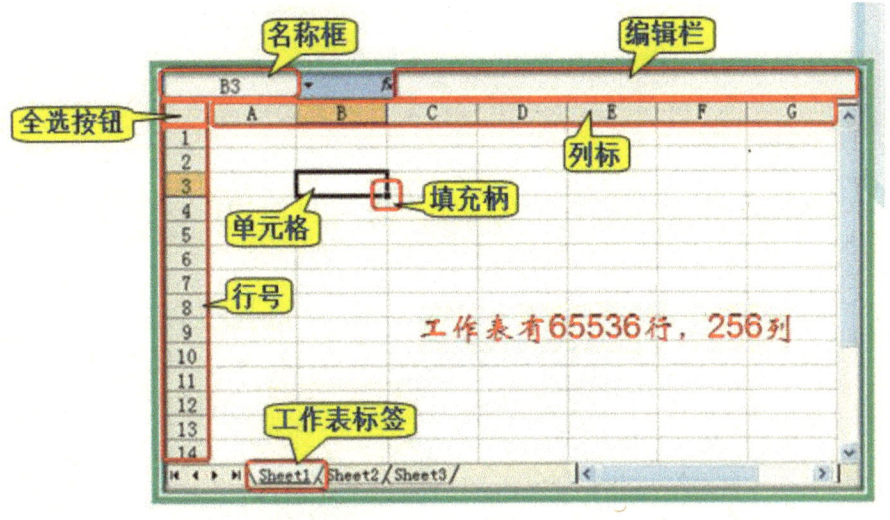

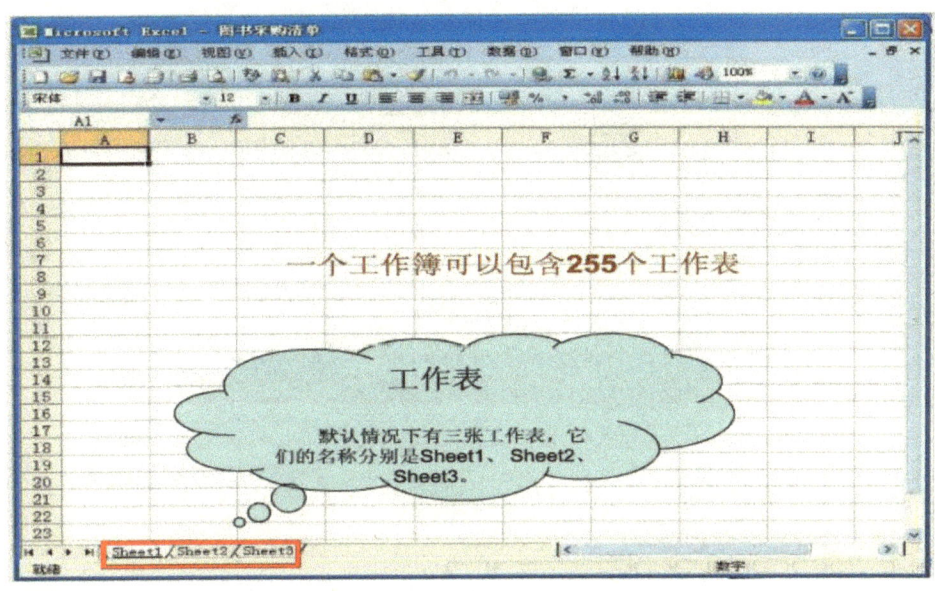

3. 输入数据，设置数据格式。

如下表所示的"桂林阳朔旅游开支表"是在旅游活动中产生的数据表，包括开支的时间、开支名目、开支费用等信息，还需要统计出开支的总额。使用Excel就可以对"旅游开支表"进行数据处理，但首先要将数据输入到工作表中。

第七章 Excel电子表格

	Time	Item	Description	TOTAL
	7:30-8:00	taxi 前往虹桥机场	71	71
	8:50-11:00	春秋航空飞往桂林两江机场	(560+110)*2	1340
	11:10-12:00	机场大巴至桂林火车站附近	20*2	40
	12:30	桂林花满楼check in	100	100
DAY 1	13:00	和记米粉店午餐	17	17
	13:30	公交11路往返七星公园	1.2*4	4.8
	13:40:-15:00	七星公园七星岩	(30+35)*2	130
	18:30	正宗老明记马肉米粉晚餐	10.5	10.5
	19:30	乘车11路至十字街附近逛街	1.2*2	2.4
	20:00	桂林百货大楼超市水果食物+KFC	16.3+6	22.3
	8:30	正宗老明记马肉米粉早餐	5.5*2	11
	9:10-10:30	桂林汽车站至阳朔巴士	(15+2)*2	34
	11:00	阳朔国际青年旅馆check in	54*2	108
	11:10	食物，地图	5+5	10
DAY 2	11:30	租自行车，导游辛苦费	5+5+20	30
	14:30	遇龙河漂流	150	150
	16:00	路边午饭，水	11+5	16
	17:00	大榕树公园	18*2	36
	18:00	康泰克	15	15
	18:30	RED STAR PIZZA 晚餐	73	73

（1）选取单元格。在单元格内输入数据时首先要选取单元格。下面是单元格及单元格区域的几种选取方法。在Excel工作表中按照下面两图所示，试着自己选取一个单元格、一行、一列、一个连续区域、几个不连续区域。

选取单元格的一个单元格、一行、一列：

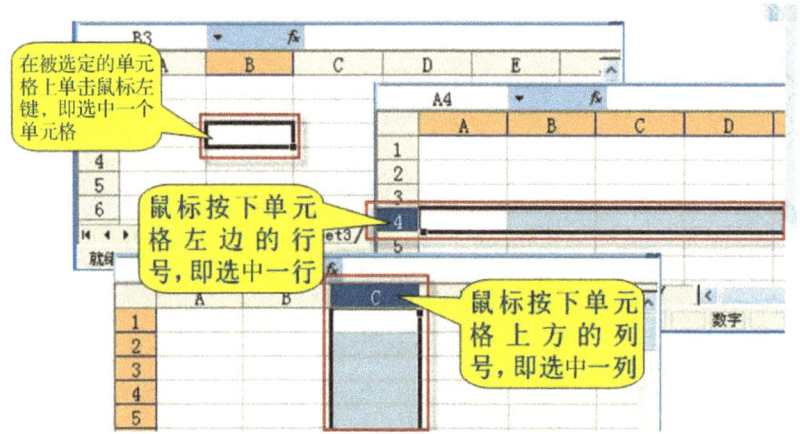

选取单元格的一个连续区域、几个不连续区域：

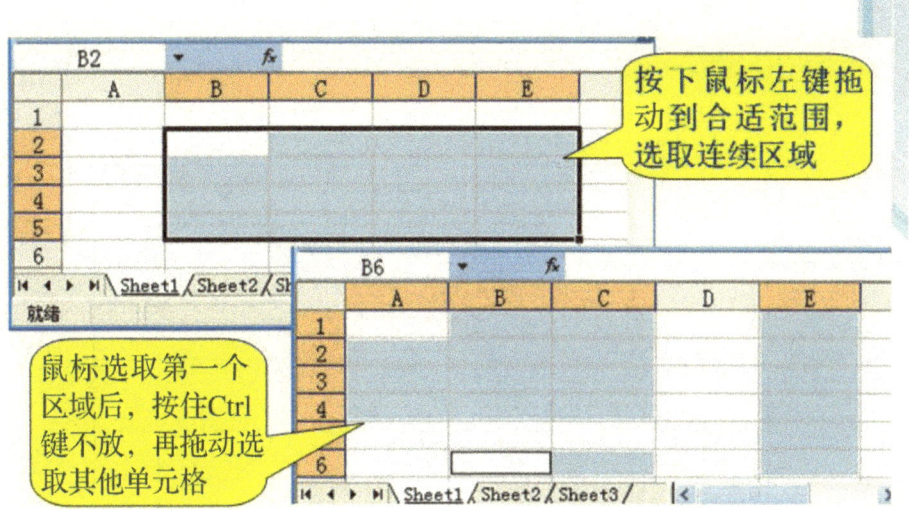

（2）输入数据。将DAY1的数据输入到Book1工作簿文件的Sheet1工作表中。

	Time	Item	Description	TOTAL
	\multicolumn{4}{c}{桂林阳朔旅游开支表}	

	Time	Item	Description	TOTAL
DAY 1	7：30-8：00	taxi前往虹桥机场	71	71
	8：50-11：00	春秋航空飞往桂林两江机场	(560+110)*2	1340
	11:10-12：00	机场大巴至桂林火车站附近	20*2	40
	12:30	桂林花满楼check in	100	100
	13:00	和记米粉店午餐	17	17
	13:30	公交11路往返七星公园	1.2*4	4.8
	13:40:-15：00	七星公园七星岩	(30+35)*2	130
	18:30	正宗老明记马肉米粉晚餐	10.5	10.5
	19:30	乘车11路至十字街附近逛街	1.2*2	2.4
	20:00	桂林百货大楼超市水果食物＋KFC	16.3+6	22.3

（3）保存工作簿，退出Excel。输入数据后，单击"常用"工具栏上的"保存"按钮，或选择"文件"→"保存"命令，在"另存为"对话框中，选取保存的路径，给文件取名为"旅游开支表.xls"。

（4）单击Excel主窗口的"关闭"按钮，可以退出Excel。

第七章 Excel电子表格

Excel的保存和退出的方法与Word的相似。

重新检查你们输入的数据，看看它是否有错别字，时间和价格的格式是否正确。

在输入数据时，你找到了快速输入的方法吗？你注意到Excel对于输入的数据有记忆功能吗？输入数据的长度如果超过单元格宽度会怎么样？使用自动填充功能时，单元格格式是否也会被一并复制？请大家好好观察，然后交流分享吧！

单元26 Excel 基本操作

教学内容：编辑和管理工作表。

知识目标：编辑和修改工作表数据。

能力目标：会修改、补充数据；会设计表格；会设置行高和列宽。

情感目标：培养学生实践能力，培养学生对工作表进行管理的能力。

教学重难点：复制、粘贴单元格。

教学方法：任务驱动法、合作学习法、自学法。

设计理念：

1. 体现信息技术学科特点，具有操作性、实践性、趣味性、综合性等特点。
2. 体现以学生为主体、以教师为主导的理念，培养协作和解决问题的能力。

 制订计划

在制定任务操作单的时候，需要录入非常多的信息和数据，同时还要进行格式的设置，这样才会使表格美观，让导游一目了然。为了让导游能拿到美观的操作单，接下来这节课，我们就一起来学习怎么编辑和管理工作表吧。这节课要掌握的技能如下：

· 技能1：编辑和修改工作表数据。

· 技能2：管理工作表。

第七章 Excel电子表格

动手操作

在Excel中删除和插入单元格、行、列，调整行高与列宽，复制与粘贴单元格等操作与在Word中有区别。

1. 打开"旅游开支表.xls"工作簿，可以看到Sheet1工作表是一张有行和列空白区域的表格，如图26-1所示。

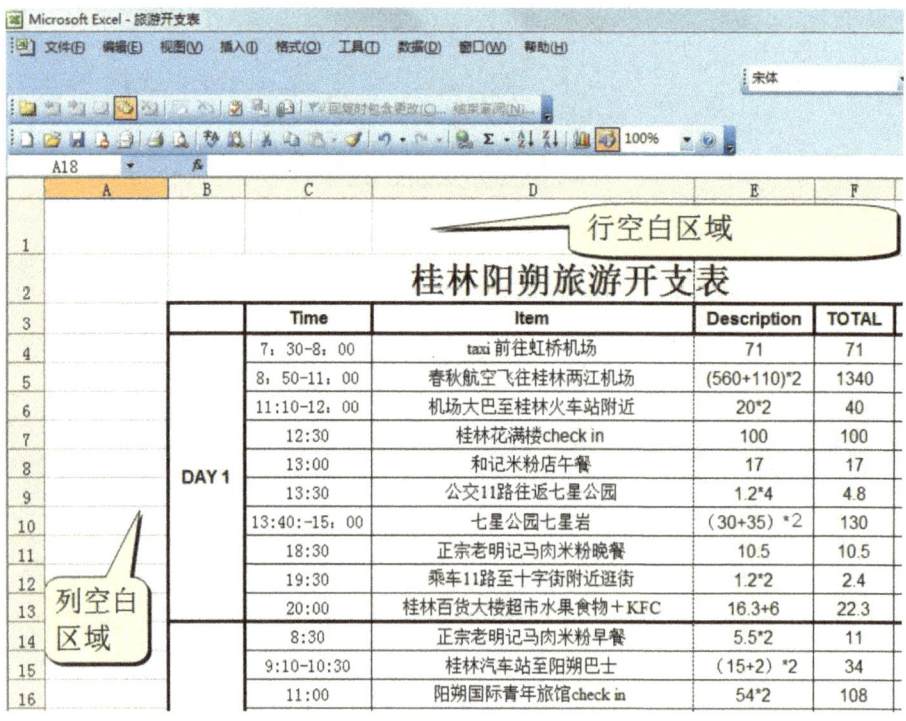

图26-1

2. 删除或插入行、列。

（1）删除图26-1所示Sheet1工作表中的行和列空白区域，操作步骤如图26-2、如图26-3所示。

· 207 ·

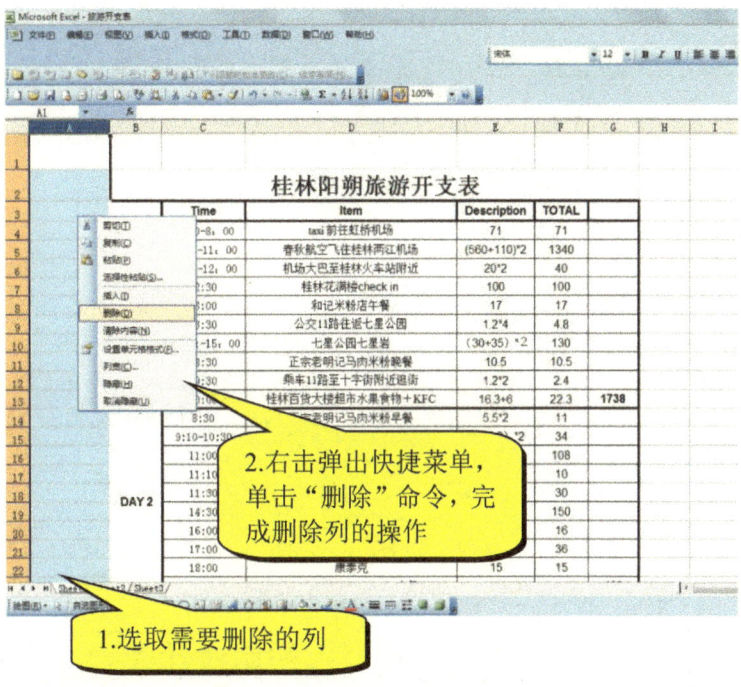

图26-2

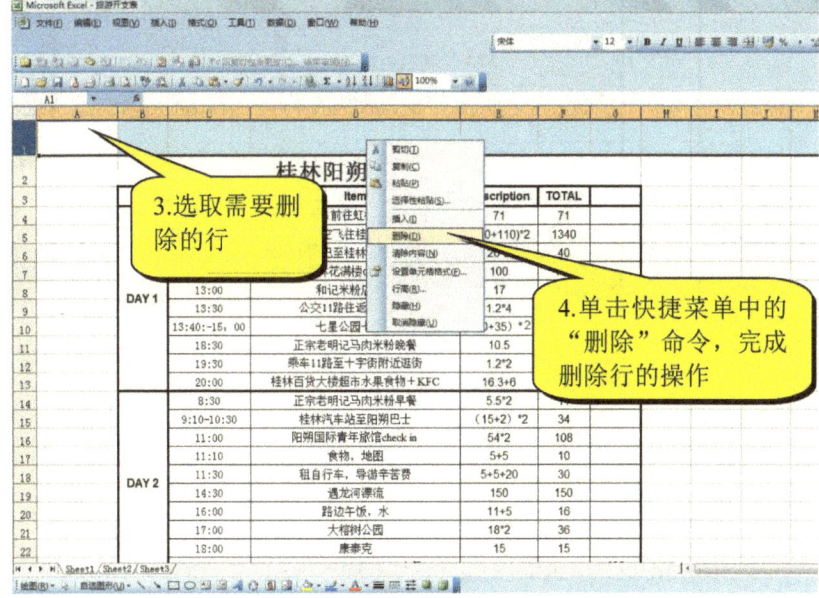

图26-3

第七章 Excel电子表格

（2）在Sheet1工作表中插入一个空行，并输入数据，操作步骤如图26-4所示。

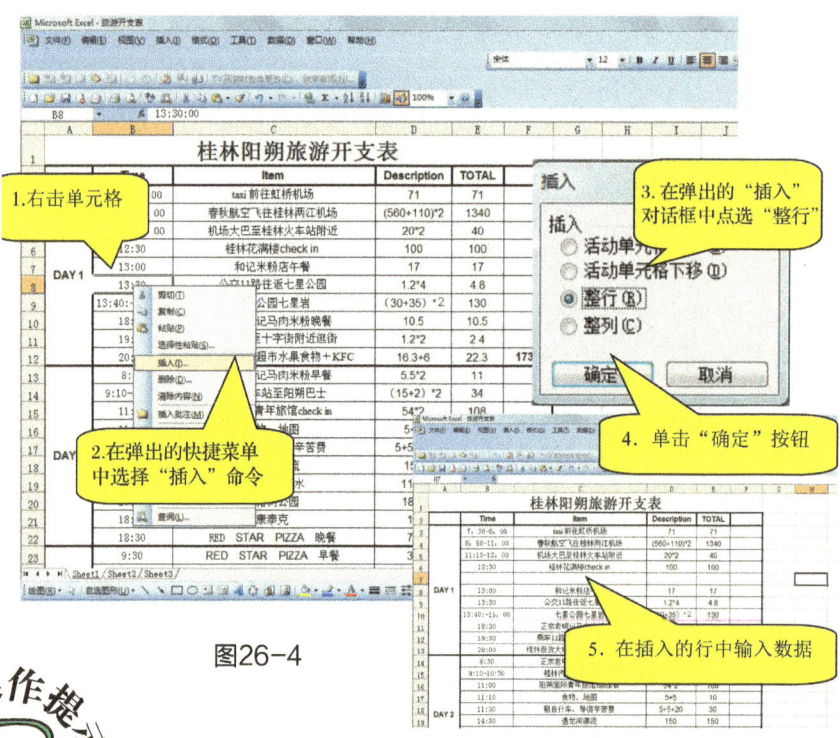

图26-4

操作提示

插入和删除操作还可以使用"编辑"菜单中的"插入"和"删除"命令完成。插入或删除行之前选取的行数和插入或删除的行数相同。如果删除操作时选取的不是整行或整列而是单元格或单元格区域，则会弹出"删除"对话框，如图26-5（a）所示。插入操作时弹出"插入"对话框，如图26-5（b）所示。

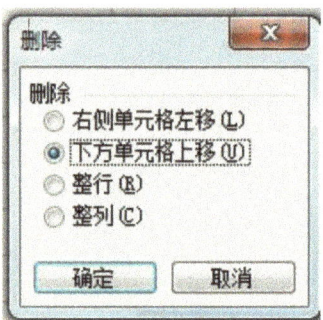

图26-5（a）

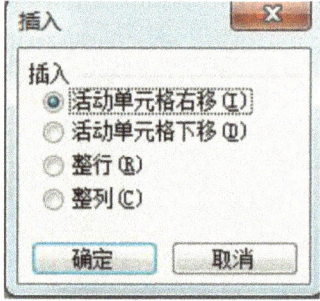

图26-5（b）

·209·

3. 调整列宽与行高。在编辑工作表过程中，经常会出现列宽或行高不合适而无法显示单元格的数据，这时，就需要调整列宽或行高。

（1）调整工作表的行高与列宽（精确调整），操作步骤如图26-6所示。

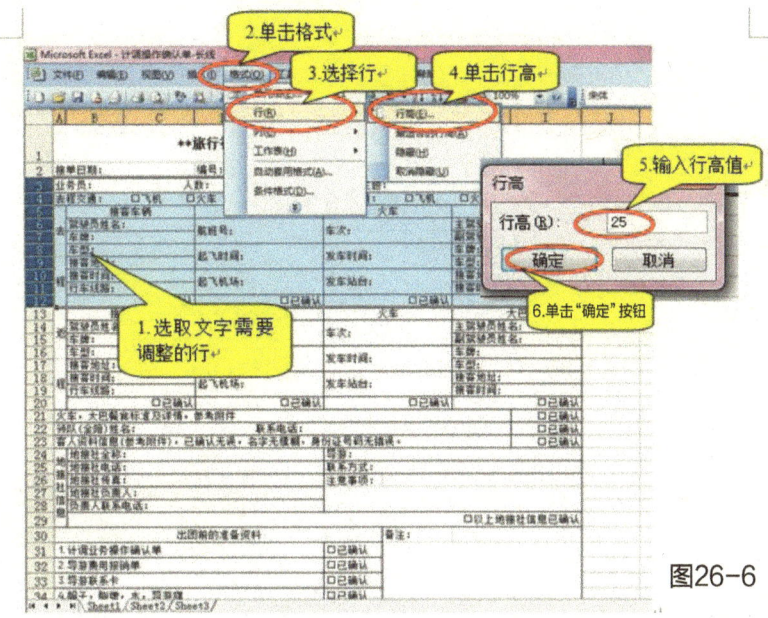

图26-6

精确调整行高的操作结果如图26-7所示。

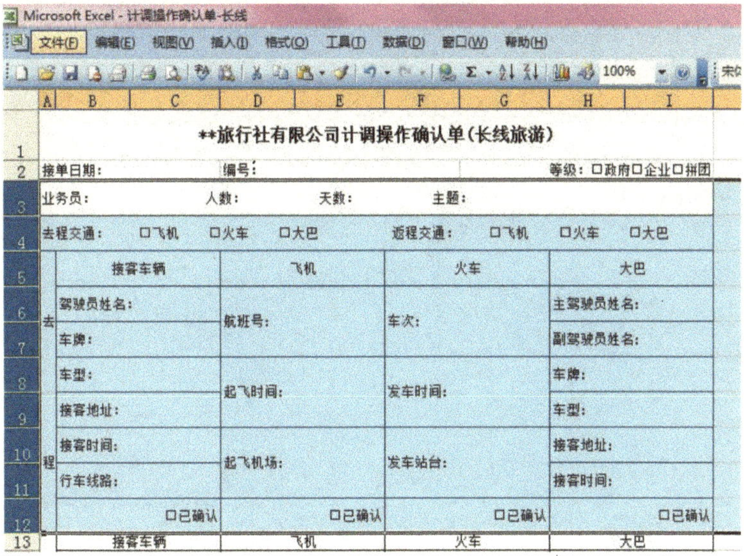

图26-7

（2）简单调整工作表的行高与列宽（简单调整），操作步骤如图26-8和图26-9所示。

调整列宽：将光标移动到列标中间的分隔线上，此时鼠标变成 ✢，单击鼠标左键向左（或向右）拖动，即可调整单元格的列宽。

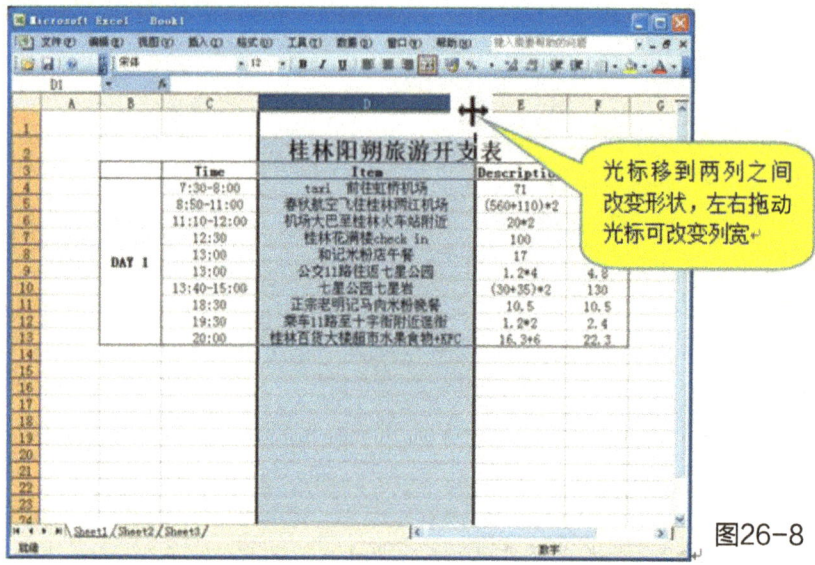

图26-8

调整行高：将光标移动到行号中间的分隔线上，此时鼠标变成 ✢，单击鼠标左键向上（或向下）拖动，即可调整单元格的行高。

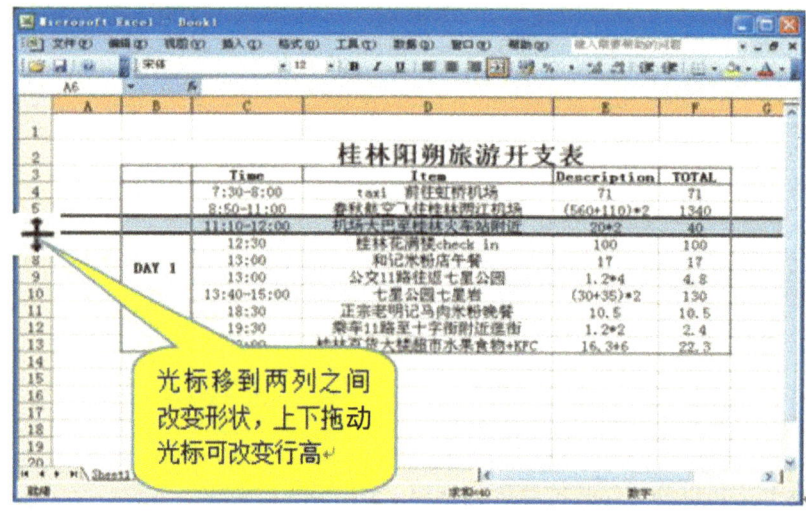

图26-9

（3）复制、粘贴与移动单元格。将Sheet1工作表中的A1:H1单元格区域复制到A45:H45单元格区域，操作步骤如图26-10所示。

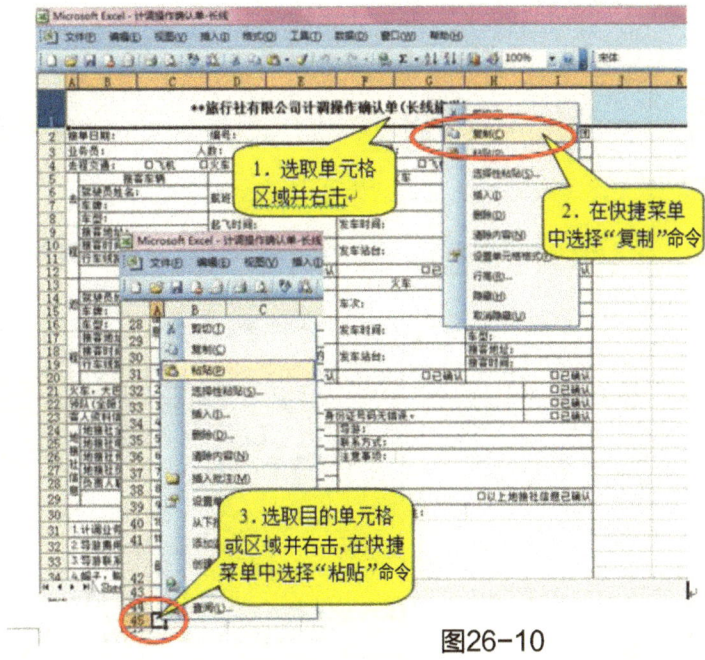

图26-10

操作结果如图26-11所示。

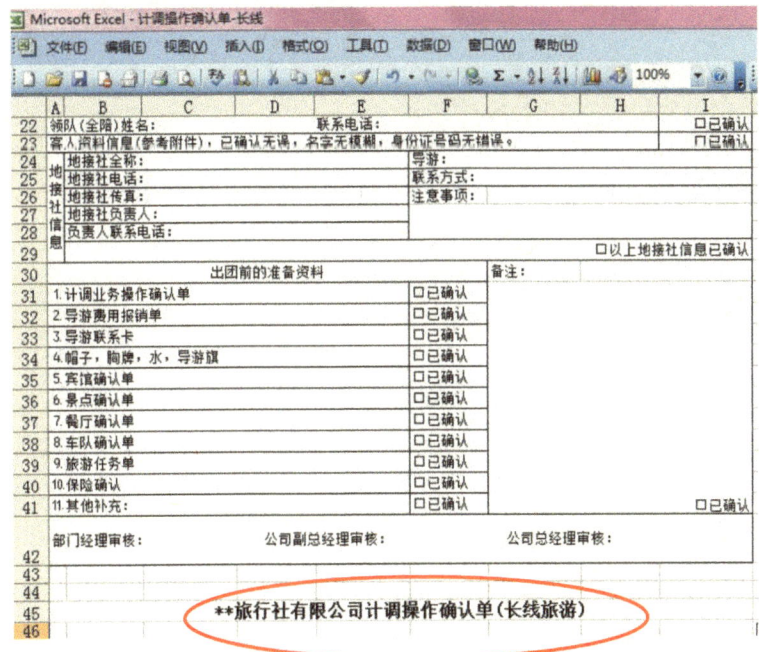

图26-11

（4）新增工作表。在"旅行社运行计划表"工作簿中新增Sheet4工作表，操作步骤如图26-12所示。

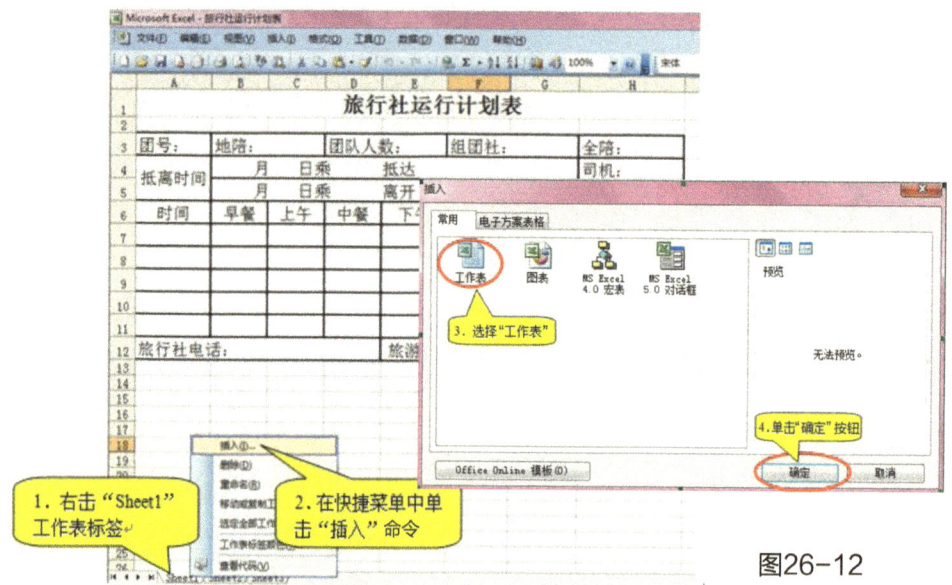

图26-12

（5）工作表的复制和移动。在管理工作表时，可能需要移动或复制某张工作表到其他位置，例如，复制"Sheet1"工作表标签，按住Ctrl键，按下鼠标左键将工作表拖动到指定的位置，松开鼠标左键完成复制，如图26-13所示。

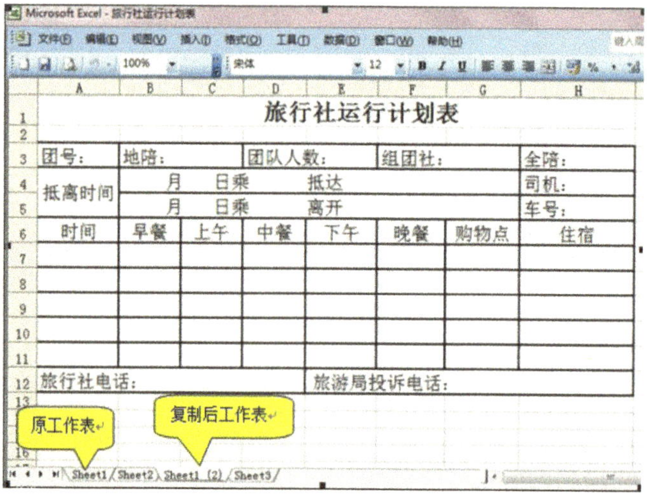

图26-13

不按住Ctrl键的操作结果是移动操作内容。

 认真检查

在插入或者删除行和列的时候，你的操作结果是正确的吗？插入的位置合理吗？请对照自己的操作结果仔细检查，如果存在问题，请立即改正，使表格更美观合理。

 交流分享

插入和删除操作的另一种方法是什么？你找到了吗？复制、移动工作表的时候，你有什么其他更好的方法？把你在操作过程中的方法和想法跟其他同学一起交流分享吧。

第七章 Excel电子表格

单元27 格式化电子表格

教学内容：Excel常用功能学习。

知识目标：掌握在Excel中设置边框，设置字符数据格式。

能力目标：理解自动套用格式修饰工作表。

情感目标：培养学生的信息素养，培养学生学习信息技术的浓厚兴趣。

教学重难点：插入背景、底纹、标签颜色。

教学方法：任务驱动法、合作学习法、自学法。

设计理念：

1. 体现信息技术学科特点，具有操作性、实践性、趣味性、综合性等特点。
2. 体现以学生为主体、以教师为主导的理念，培养协作和解决问题的能力。

 制订计划

在Excel中，除了可以利用系统提供的"自动套用格式"方法直接修饰工作表外，还可以运用"单元格格式"对话框提供的各项功能设置电子表格的格式，制作个性化的工作表。为此，这节课要掌握以下几项技能：

- 技能1：对字符和数字进行格式化。
- 技能2：对工作表进行格式化。
- 技能3：使用自动套用格式修饰工作表。

 动手操作

1. 格式化数据。在Excel中，"单元格格式"对话框为用户提供了许多格式参数，"数字"和"字体"选项卡分别用于设置数字的分类和字符的字体、字形、字号、颜色等格式，"对齐"选项卡用于设置对齐方式。

（1）字符格式化。使用"单元格格式"对话框将"桂林阳朔旅游开支表"工作表的标题（单元格区域C1:H1）的对齐方式设置为跨列居中对齐，操作步骤如图27-1所示。

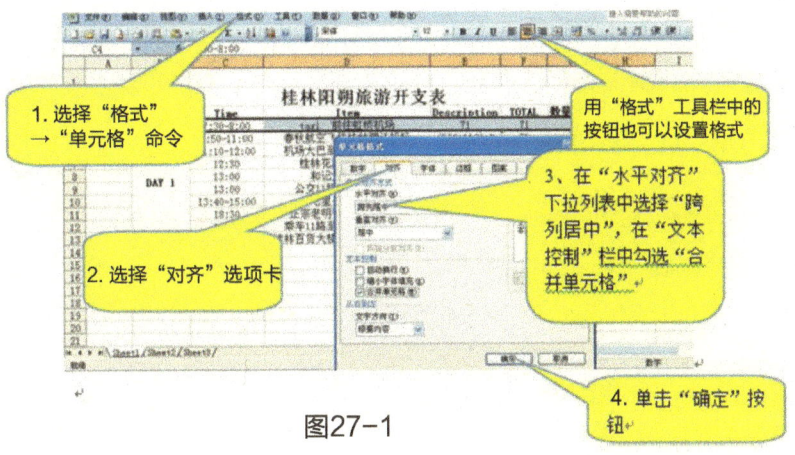

图27-1

参照上面的方法将单元格区域C4:F49的字符格式设置为楷体、14号、加粗，操作步骤如图27-2所示：

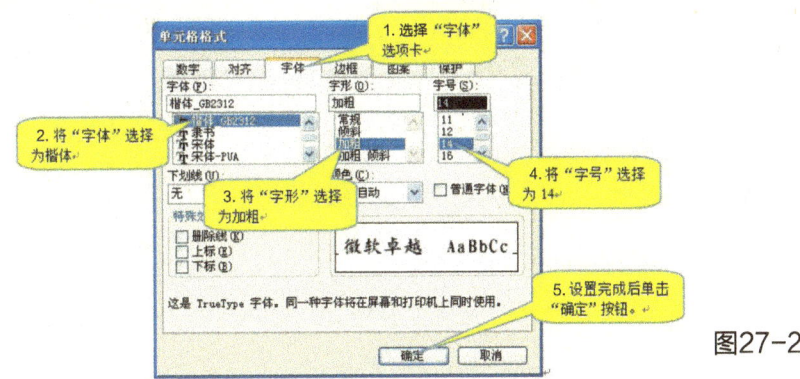

图27-2

（2）数字格式化。使用"单元格格式"对话框将"桂林阳朔旅游开支表"工作表F4:F13单元格区域设置为会计专用、应用货币符号、2位小数位数。操作步骤如图27-3所示。

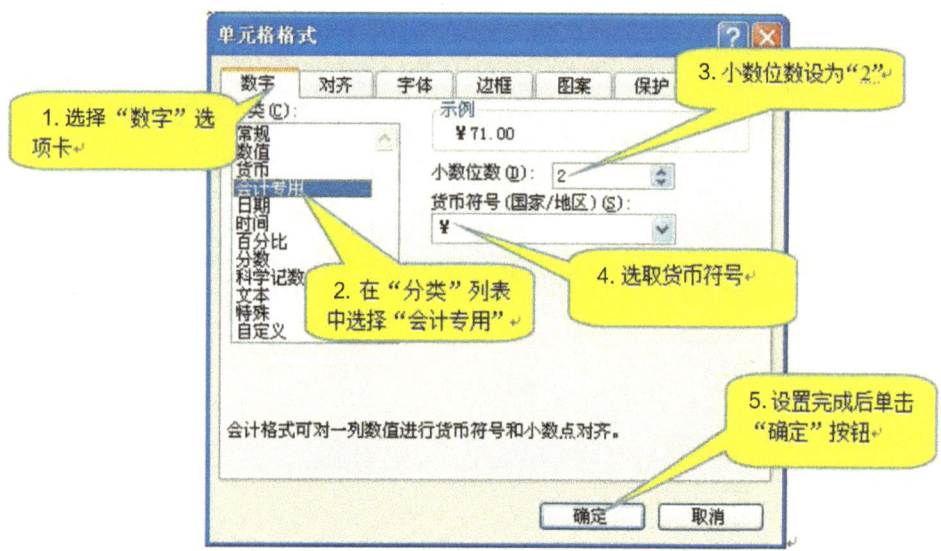

图27-3

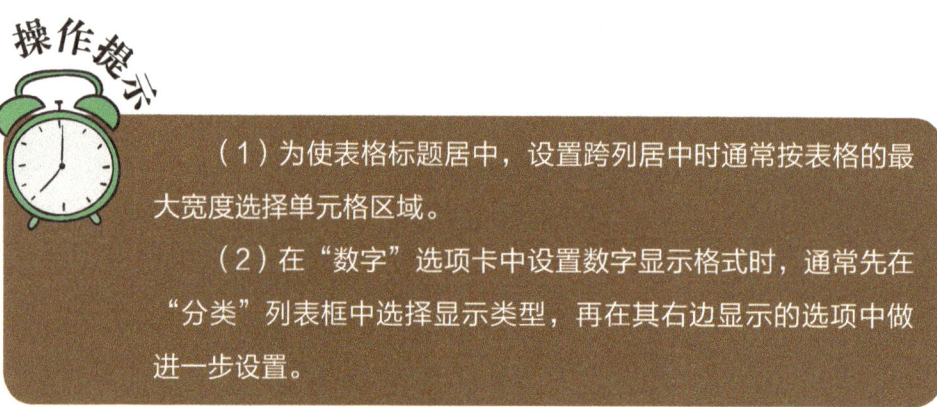

（1）为使表格标题居中，设置跨列居中时通常按表格的最大宽度选择单元格区域。

（2）在"数字"选项卡中设置数字显示格式时，通常先在"分类"列表框中选择显示类型，再在其右边显示的选项中做进一步设置。

2. 格式化工作表。

（1）设置边框。为"桂林阳朔旅游开支表"工作表添加外边框和内部线的

操作步骤如图27-4所示。

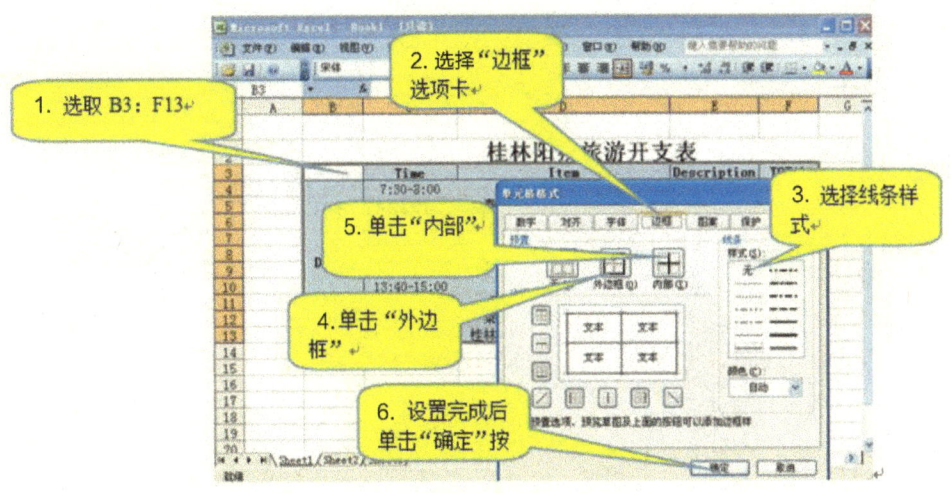

图27-4

（2）插入背景、底纹、标签颜色。在工作表中插入背景、底纹、标签颜色可以标识重点，加强视觉美感。在"桂林阳朔旅游开支表"工作表中插入背景、设置工作表标签颜色、插入底纹，操作步骤分别如图27-5~图27-7所示。

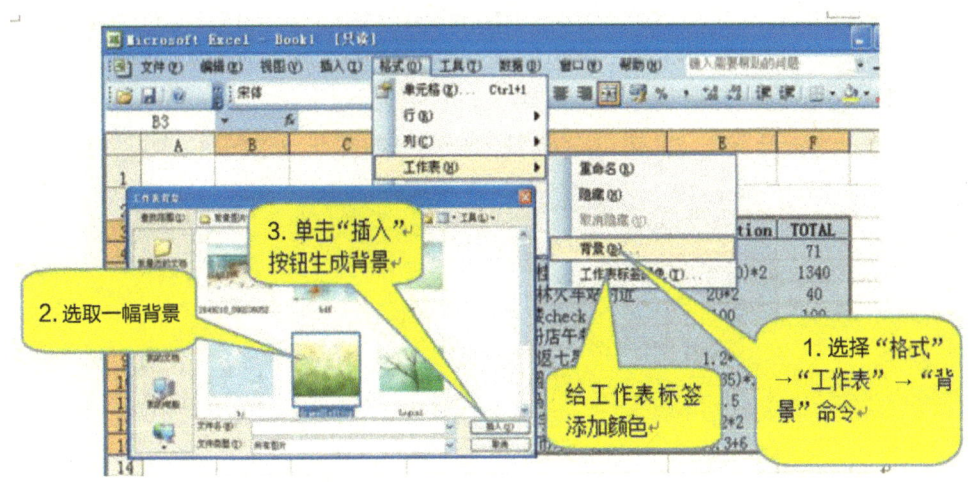

图27-5

第七章 Excel电子表格

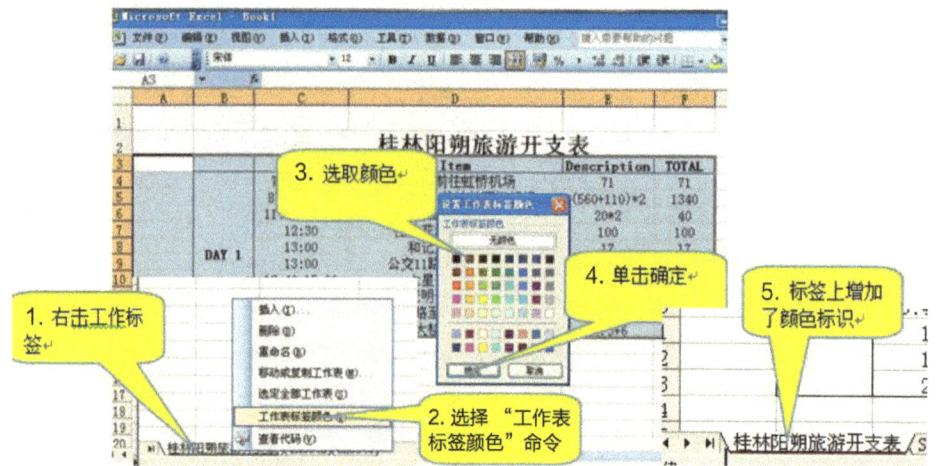

图27-6

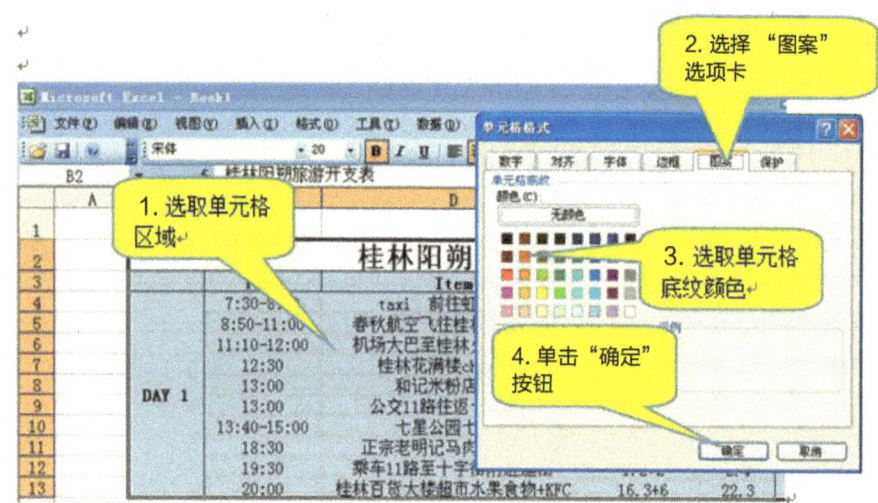

图27-7

（3）用"自动套用格式"功能修饰工作表。打开"桂林阳朔旅游开支表"文件，为工作表套用"自动套用格式"对话框中的"序列2"格式，操作步骤如图27-8所示。

·219·

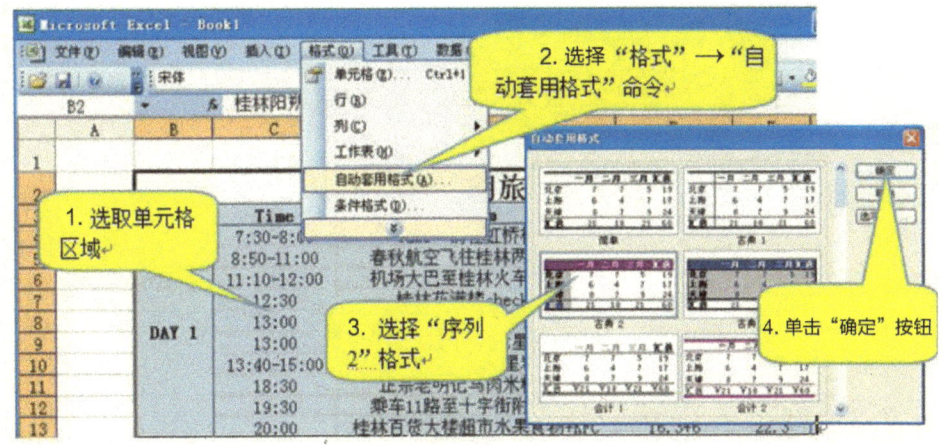

图27-8

"自动套用格式"效果如图27-9所示。

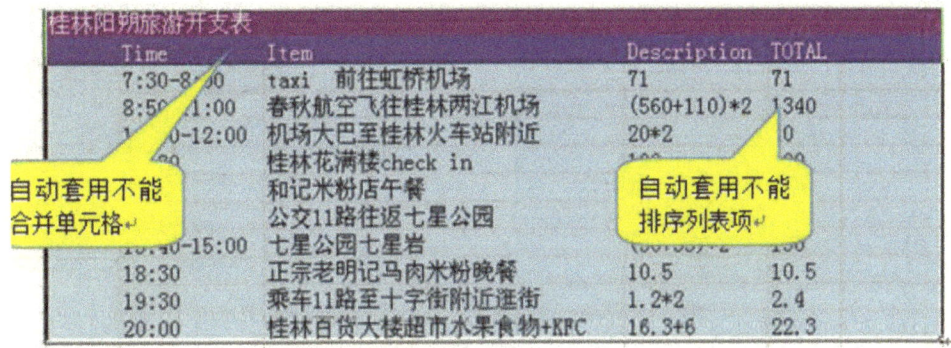

图27-9

操作提示

在"自动套用格式"对话框中提供了17种常用格式,可以满足一般格式设置的需求,并且对于设置结果还可以使用"单元格格式"对话框修改。另外,单击"自动套用格式"对话框中的"选项"按钮可以显示"数值""字体""对齐""边框""图案""列宽""行高"等格式的选项,这些选项表示使用或不使用提供的格式。

第七章 Excel电子表格

认真检查

重新检查你们修饰的工作表，看看你设置的字符和数字格式是否正确，边框和背景、底纹等设置是否美观，如果没有，要怎么设置才更符合人的审美观？多试几种效果看看吧。

此外，你们还可以进一步完善作品。别忘了保存你们的辛勤劳动成果。

交流分享

在操作过程中，你又发现"格式刷"这个功能了吗？你探索出怎么快速输入操作菜单中的命令了吗？再回过头去探索一下吧，顺便把你的探索心得和同伴们交流分享。

现代旅游信息技术运用

单元28 计算与处理数据

教学内容：Excel常用公式和函数功能学习。

知识目标：掌握在Excel中计算和处理数据。

能力目标：理解公式运用以及函数计算数据。

情感目标：培养学生的信息素养，培养学生学习信息技术的浓厚兴趣。

教学重难点：使用公式处理数据。

教学方法：任务驱动法、合作学习法、自学法。

设计理念：

1. 体现信息技术学科特点，具有操作性、实践性、趣味性、综合性等功能。

2. 体现以学生为主体、以教师为主导的理念，培养协作和解决问题的能力。

 制订计划

Excel提供了对数据的统计、计算和管理功能。用户可以使用系统提供的运算符和函数建立公式，系统将按公式自动进行计算。如果参与计算的相关数据发生变化，Excel会自动更新结果。通过排序、筛选和汇总等操作能够帮助用户分析数据，从而做出科学决策。这对导游们在使用"团队费用结算"和"对账单"等数据会有极大的帮助。这节课需掌握的技能有：

· 技能1：认识Excel公式中的运算符优先级。

· 技能2：运用设置数据，并运用公式进行数据计算。

第七章 Excel电子表格

- 技能3：熟练Excel基本操作。
- 技能4：学会使用简单的函数。

1. 使用自定义公式计算。在"桂林阳朔旅游开支表"工作表中对日销售额进行小计。使用自定义公式计算的操作步骤如图28-1所示。

图28-1

图28-2

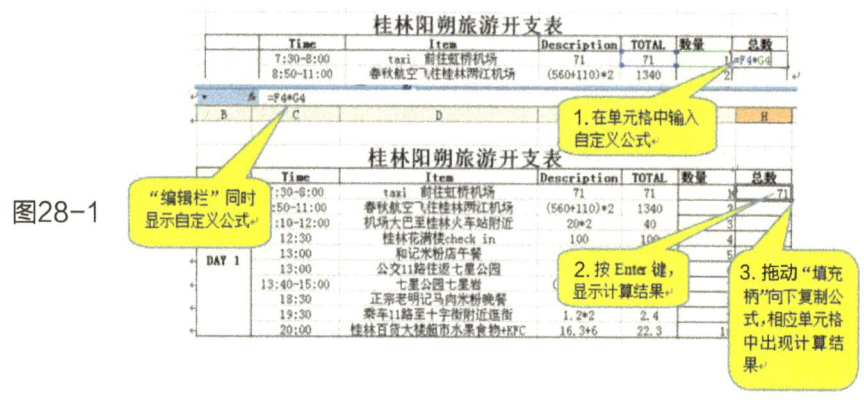

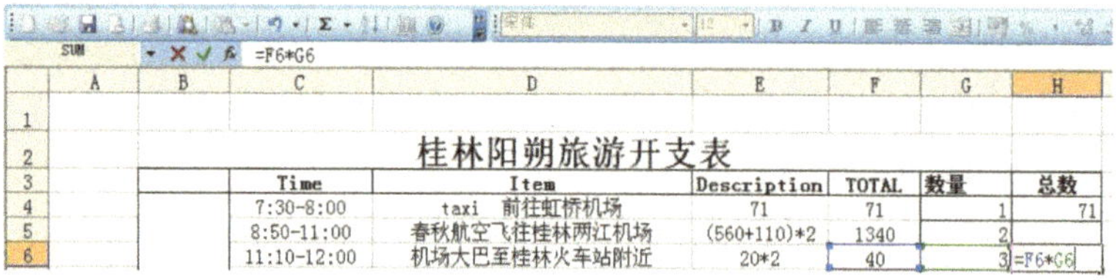

操作提示

在单元格或者"编辑栏"中输入公式，首先输入"="，公式中的加、减、乘、除以及小数点、百分号等都可以从键盘上直接输入。公式建立完成后，按Enter键或者单击"编辑栏"的"输入"按钮获得计算结果。如果后面输入的计算公式相同，则拖动"填充柄"实现公式的复制，随着位置的变化，公式所引用的单元格地址也发生相应变化，称为单元格地址相对引用。在公式中，引用的单元格地址用颜色字符表示，对应的单元格边框显示为相应颜色并四角有小方块。

·223·

公式相关知识：

Excel 中的公式是对单元格中的数据进行计算的基本工具。公式以"="开头，后面是表达式，表达式可以包含各种运算符、常量、函数和单元格地址等。

Excel 的算术运算符见下表，其中加法、减法、乘法、除法、乘方运算符的意义和使用方法与数学中的对应运算符相同，而百分号运算符表示一个数除以100的值。例如，40%表示40除以100的值0.4。

运算符	普通的数学运算符	计算机中的数学运算符
加	+	+
减	−	−
乘	×	*
除	÷	/
计算机中没有大括号、小括号和中括号的概念，只有括号（ ）		

算术运算符的优先级依次为：百分号、乘方、乘法和除法、加法和减法。同级运算按从左到右的顺序进行。如果有括号，则先进行括号内运算，后进行括号外的运算。

2. 使用函数计算。

（1）使用"乘积（PRODUCT）"函数对桂林阳朔旅游开支表进行小计，操作步骤如图28-3和图28-4所示。

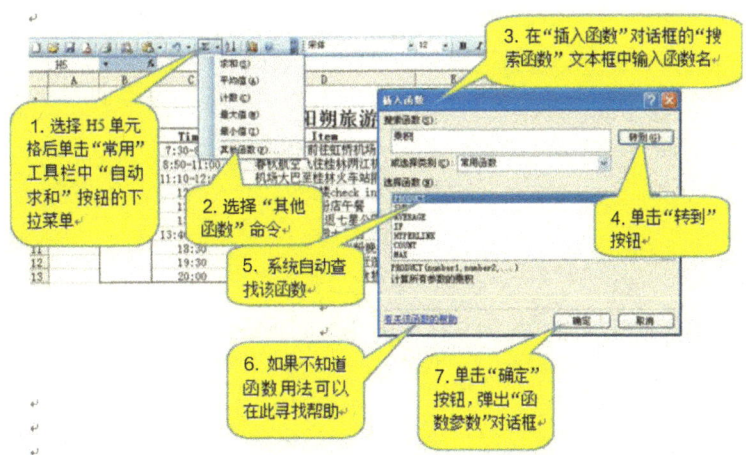

图28-3

第七章 Excel电子表格

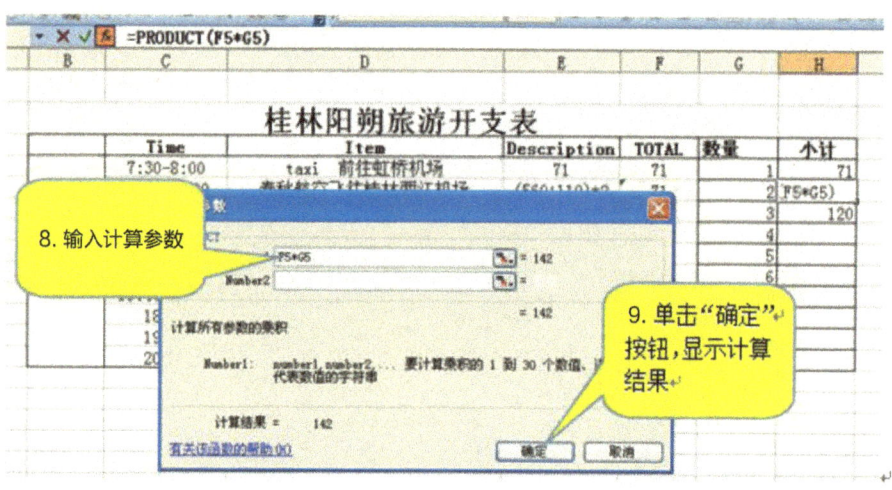

图28-4

（2）使用"自动求和（SUM）"按钮计算桂林阳朔旅游开支表小计金额的总和，操作步骤如图28-5所示。

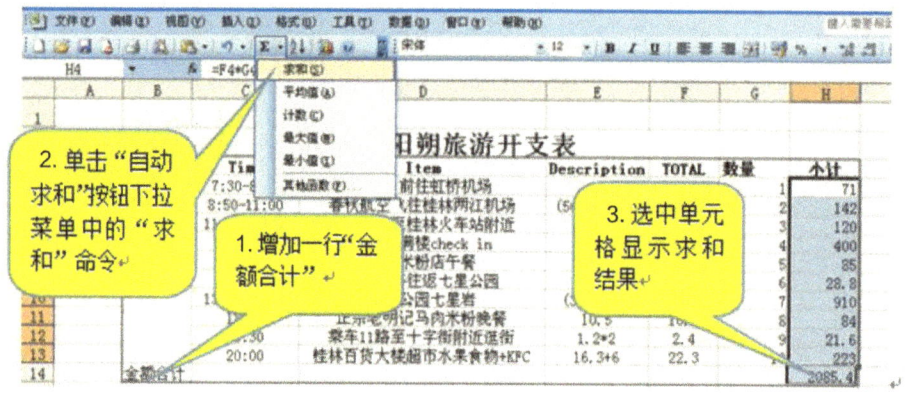

图28-5

（3）使用统计函数计算桂林阳朔旅游开支表的最高金额、最低金额和平均

·225·

金额、操作步骤如图28-6所示。

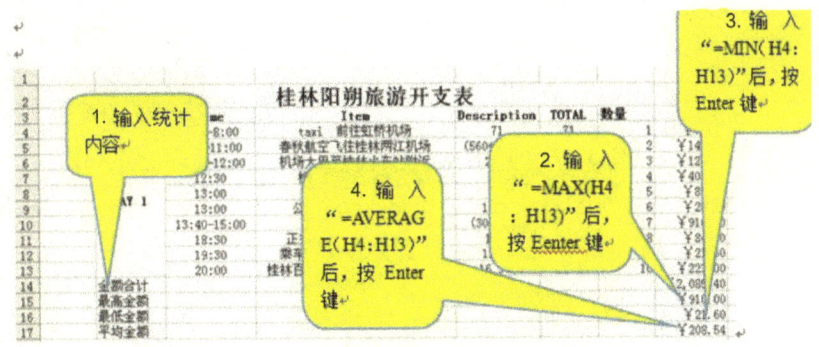

图28-6

3. 数据筛选。Excel中的筛选是指让某些符合条件的数据行显示出来，而暂时隐藏不符合条件的数据行，这样可以更清楚地显示需要的数据。Excel筛选分为自动筛选和高级筛选两种类型。

（1）在"旅游开支表"中进行自动筛选，操作步骤如图28-7所示。

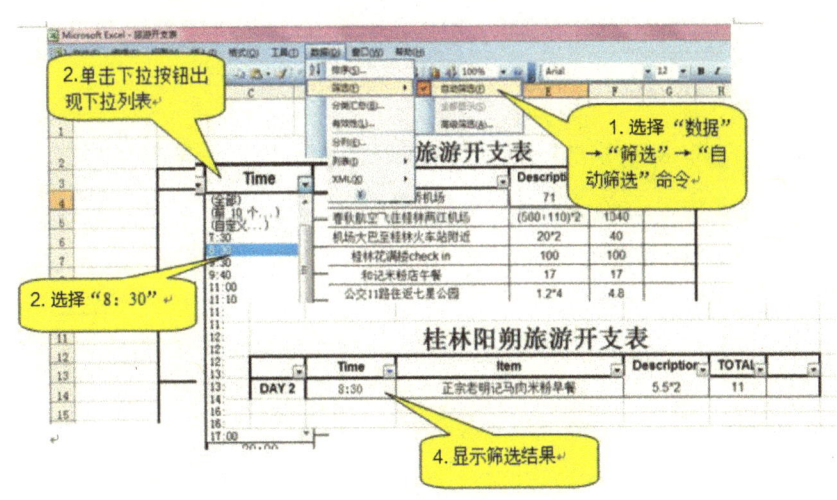

图28-7

（2）如果有多个筛选条件，使用自动筛选需要多次完成，而使用高级筛选可以一次完成。高级筛选步骤如图28-8所示。

第七章 Excel电子表格

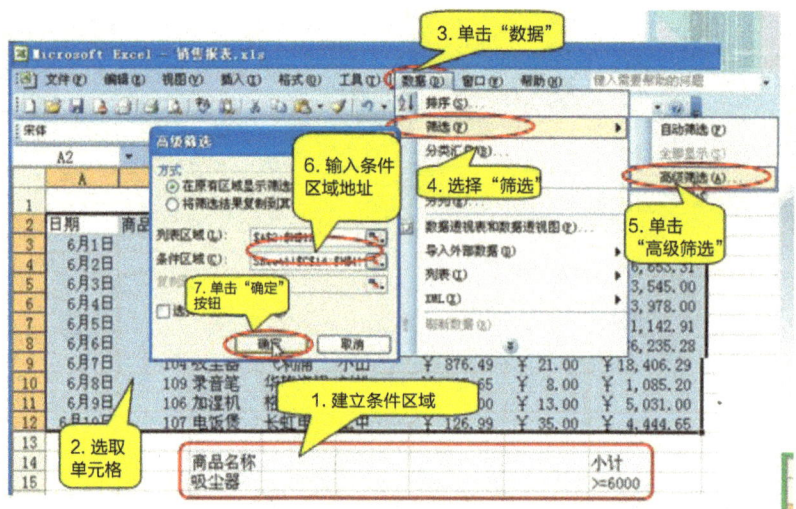

图28-8

 认真检查

在使用函数计算数据时，公式的引用是否正确？"填充柄"的应用是否熟练？各种运算符的顺序不同的话，计算结果会怎么样呢？请对照表格，一一去验证吧。

交流分享

在分享作品时，你们需要思考下列问题，以便在接下来的讨论中和大家一起探讨这些问题：

在使用常用统计函数时你们都用到了哪些技能和技巧？遇到了哪些问题？你们是如何解决这些问题的？给你印象最深的是哪个技巧？及时将这些学习经验记录在《资源手册》中。

·你们认为高级筛选和自动筛选各自的特点是什么？

·Excel的单元格数量很多，若只用Excel提供的列号及行号作为地址引用，很容易记错或混淆，Excel提供了"名称"功能，与同学一起探索"名称"功能的使用方法。

单元29 制作数据图表

教学内容：数据图表。

知识目标：了解常见图表功能与使用方法。

能力目标：创建数据图表、格式化数据图表。

情感目标：培养学生的信息素养，培养学生学习信息技术的浓厚兴趣。

教学重难点：格式化数据图表。

教学方法：任务驱动法、合作学习法、自学法。

设计理念：

1. 体现信息技术学科特点，具有操作性、实践性、趣味性、综合性等功能。

2. 体现以学生为主体、以教师为主导的理念，培养协作和解决问题的能力。

制订计划

数据以图表形式显示，将会使数据直观和生动，有利于理解，更具有可读性，还能帮助分析数据。在Excel中，可以将工作表的数据制作成各类类型图表，还可以编辑和修饰图表，并且当工作表数据发生变化时，图表数据能够自动更新。

- 技能1：了解常见图表功能与使用方法。

- 技能2：创建数据图表。

- 技能3：格式化数据图表。

第七章 Excel电子表格

动手操作

1. 创建数据图表。创建图表前首先选择好工作表中的数据源，然后单击"常用"工具栏上的"图表向导"按钮，利用Excel自带的图表向导生成"三维分裂饼图"，操作步骤如图29-1~图29-9所示。

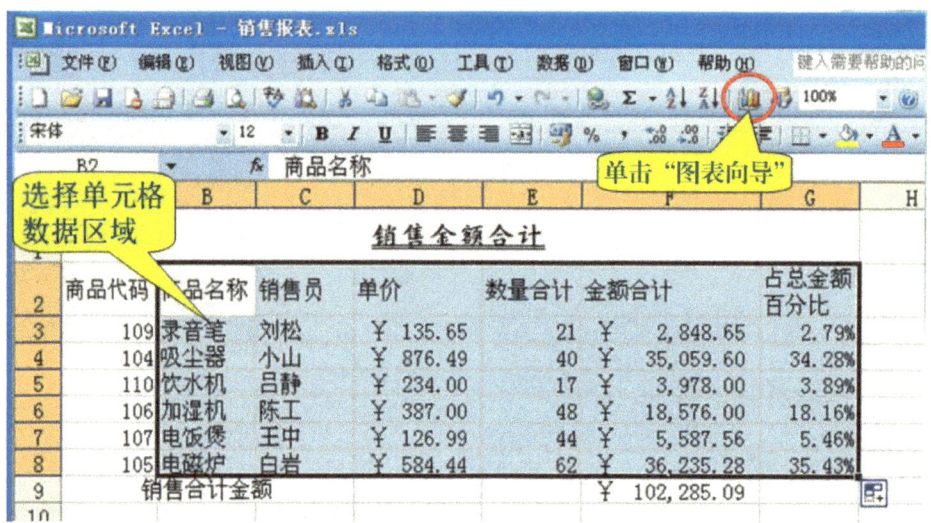

图29-1

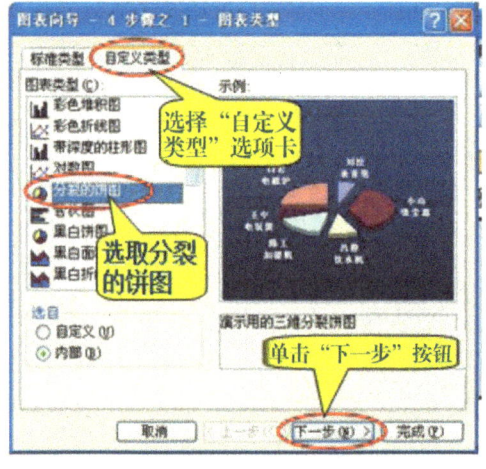

图29-2

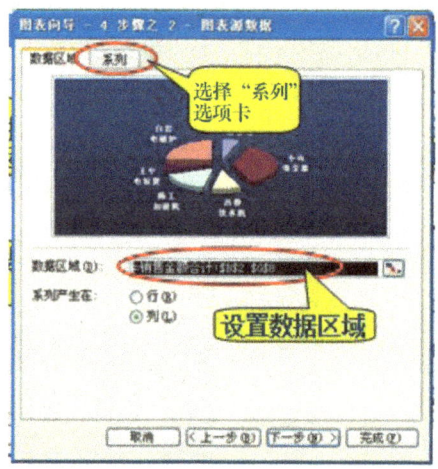

图29-3

·229·

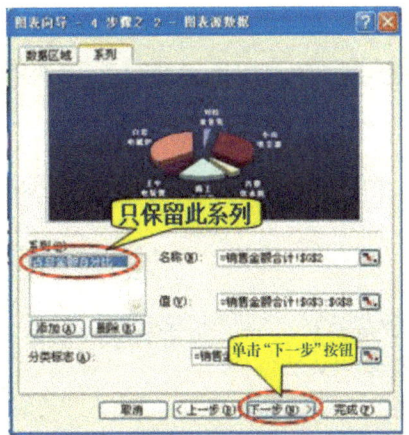

图29-4

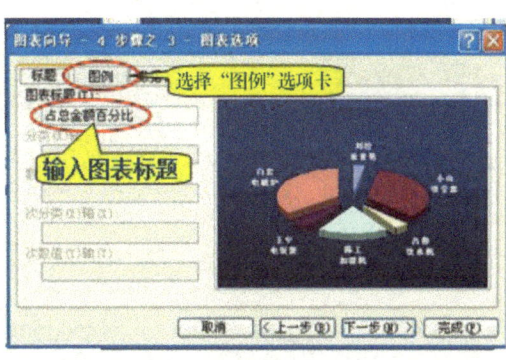

图29-5

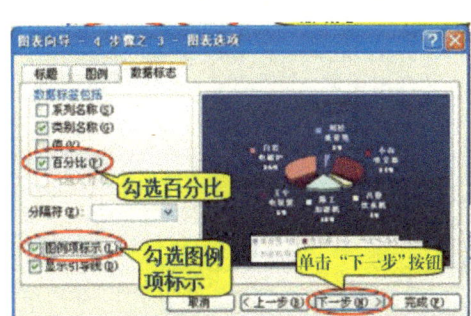

图29-7

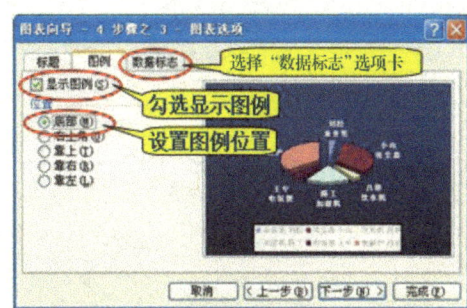

图29-6

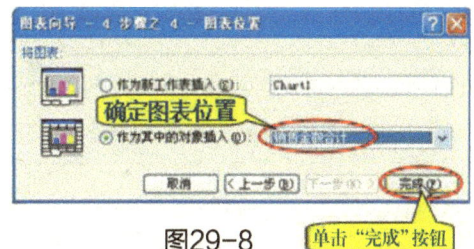

图29-8

图29-9

第七章 Excel电子表格

Excel提供了多种不同的图表类型，使用时要根据工作需要选择，以合适、有效的方式展现工作表的数据特点，下表是常见图表类型的使用特点。对于不能显示三维效果图形的图表类型，在设置相应命令时呈现灰色状态。

图表类型	使用特点
柱形图	显示一段时间内数据的变化或者描述各项之间的比较，主要反映几个序列之间的差异，或者几个序列随时间变化的情况
条形图	描述各个项之间的对比情况，纵轴为分类，横轴为数值，突出了数值的比较，而淡化了随时间产生的变化
折线图	以等间隔显示数据的变化趋势，强调随时间变化的速率
饼图	显示数据系列中每一项占该系列数值总和的比例关系，一般只显示一个数据系列（若有几个系列同时被选中，也只选其中一个），多用于突出某个重要项

2. 格式化数据图表。格式化数据图表是指对已经生成的图表进行编辑，如修改字体、调整位置、设置图案、设置图表的大小等。对图29-9所示的图表进行格式化：区域颜色设置为灰色，字体设置为楷体、14号，边框设置为阴影、圆角效果，操作步骤如图29-10~图29-13所示。

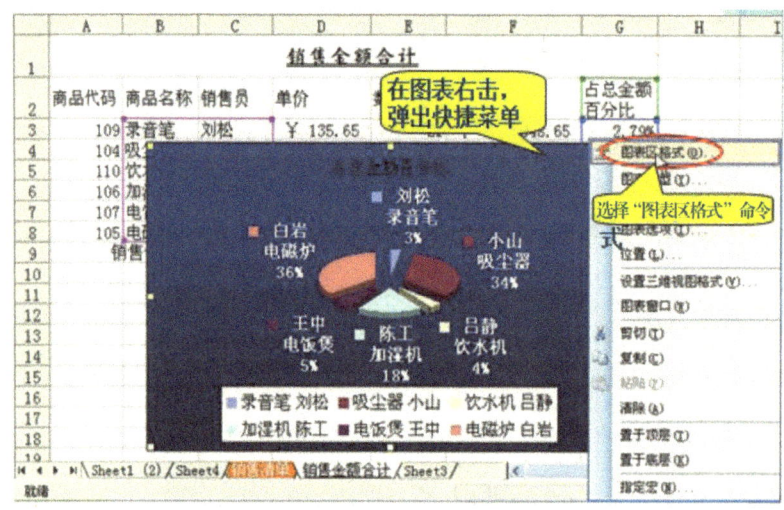

图29-10

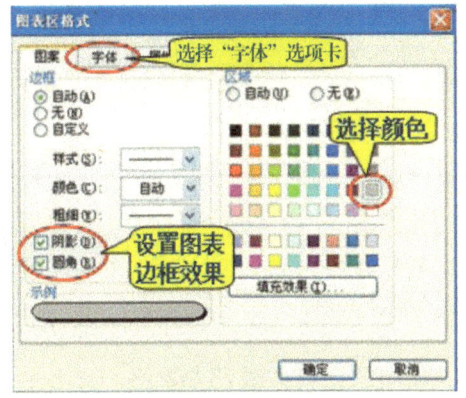
图29-11

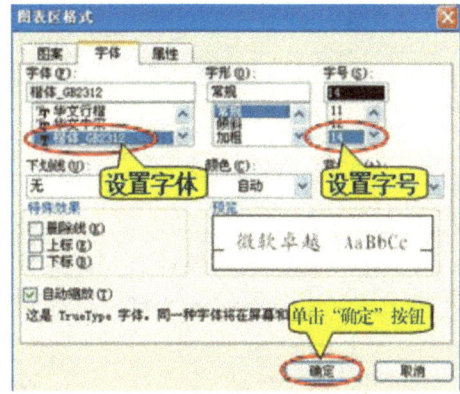
图29-12

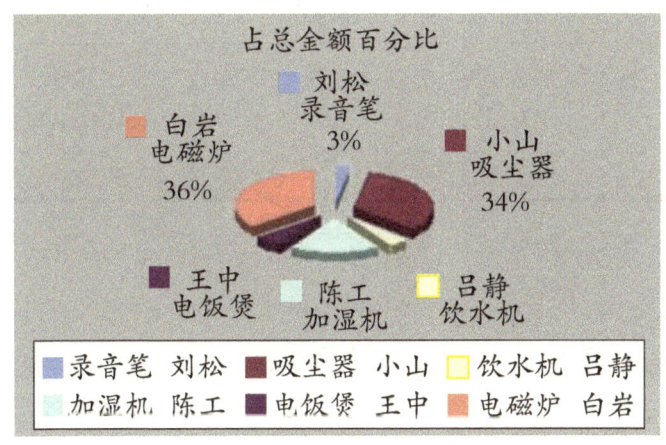
图29-13

操作提示

如果要修改图表内字符的字体、颜色和大小,可以在选取该字符后,使用"格式"工具栏上的字体相关按钮进行设置。

认真检查

重新检查你们制作的数据图表,看看这个图表类型是否与数据源的表格相适合?在对数据图表进行格式化设置时,是否是按要求进行设置的?

第七章 Excel电子表格

如果其中有哪一个元素遗漏了，现在就把它加上去。此外，你们还可以进一步完善作品。别忘了保存你们的辛勤劳动成果。

交流分享

Excel提供的几种图表类型，各自的数据特点是什么？分别创建每一种类型，看看各自的效果，对比一下，再与同学交流一下各种图表的效果。

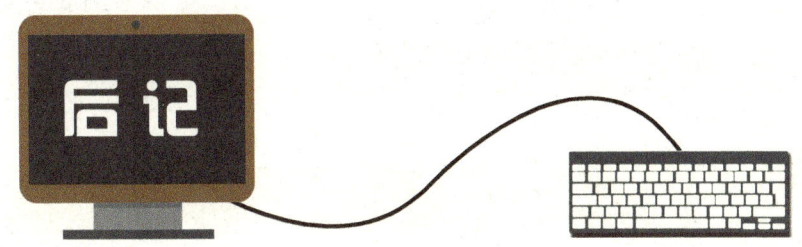

后记

　　本书是为中等职业学校旅游专业编写的教材。根据信息技术发展的趋势，以及旅游行业对信息技术的需求，我们将典型工作任务转化成学习任务，编写了这本教材。

　　本书充分考虑中等职业学校学生的学情、学习特点和认知水平，按照行动导向，以工作任务为线索组织教材。本书注重对学生信息技术应用能力的培养，让学生在学习过程中通过自主探究、团队协作，获取解决问题的方法和经验。同学们通过本书的学习，不仅能够获得旅游行业与信息技术相关的知识与技能，更重要的是在信息和文化素养、思维与学习能力、动手与实践能力，以及职业能力等方面均会有所提高，能够主动适应就业岗位对信息技术的要求。

　　本书由广西桂林市职业教育中心学校陈佩翔老师担任主编并统稿，编写1~24单元；蒋娜老师担任副主编并编写第25~28单元；唐漓红老师协助录入1~3单元的文字。本教材共29个单元，建议授课学时为120节。

　　由于旅游信息技术的发展速度迅猛，编者水平有限，书中难免存在一些错误和疏漏，恳请广大读者批评指正，以便进一步完善本教材。

编者